경제편

식민지 산업기반 침탈(1)

조선 철도 정책의 수립과 운영

경제편

일제침탈사 자료총서 43

식민지 산업기반 침탈(1)

– 조선 철도 정책의 수립과 운영

동북아역사재단 일제침탈사 편찬위원회 기획
양지혜 · 박우현 · 김태현 · 이민성 · 고태우 · 구병준 · 이명학 · 박진서 편역

동북아역사재단
NORTHEAST ASIAN HISTORY FOUNDATION

❙ 발간사

일본이 한국을 침탈한 지 100년이 지나고 한국이 일본의 지배로부터 벗어난 지 70년이 넘었건만, 식민 지배에 대한 청산은 이루어지지 못하고 있다. 일본의 독도영유권 주장은 도를 넘어섰다. 일본은 일본군'위안부', 강제동원 등 인적 수탈의 강제성도 인정하지 않고 있다. 일본군'위안부'와 강제동원의 피해를 해결하는 방안을 놓고 한 · 일 간의 갈등은 최고조에 이르고 있다. 역사문제를 벗어나 무역분쟁, 안보위기 등 현실문제가 위기국면을 맞고 있다.

한 · 일 간의 갈등은 식민 지배의 역사를 어떻게 볼 것인가 하는 역사인식에서 기인한다. 역사는 현재와 과거의 대화이며 이를 기반으로 미래로 나아갈 수 있다. 과거 침략의 역사를 미화하면서 평화로운 미래를 말하는 것은 불가능하다. 식민 지배와 전쟁발발의 책임을 인정하지 않고 반성하지 않으면 다시 군국주의가 부활할 수 있고 전쟁이 일어날 위험성도 배제할 수 없다. 미래지향적 한일관계를 형성하고 나아가 동아시아의 평화와 번영의 기틀을 조성하기 위해 일본은 식민 지배의 책임을 인정하고 그 청산을 위해 노력해야 할 것이다.

식민 지배의 역사를 청산하기 위해서는 식민 지배는 어떻게 이루어졌는지 그 실상을 명확하게 규명하는 일이 긴요하다. 그동안 일본제국주의에 맞서 조국의 독립을 위해 헌신한 독립운동가들의 활동을 찾아내고 역사적으로 평가하는 일에는 상당한 성과를 거두었다. 반면 일제 식민침탈의 구체적인 실상을 규명하는 일에는 충분한 노력을 기울이지 못했다. 제국주의가 식민지를 침탈했다는 것은 너무나 당연한 사실로 여겨졌기 때문에, 굳이 식민 지배에서 비롯된 수탈과 억압, 인권유린을 낱낱이 확인할 필요가 없었는지도 모른다. 그러는 사이 일본은 식민 지배가 오히려 한국에 은혜를 베푼 것이라고 미화하고, 참혹한 인권유린을 부인하는 역사부정의 인식을 보이는 데까지 이르고 있다. 일제의 통치와 침탈, 그리고 그 피해를 종합적으로 조사하고 편찬할 필요성이 여기에 있다.

일제침탈사를 체계적으로 정리하는 일은 개인이 감당하기 어렵다. 이에 우리 재단은 한국학계의 힘을 모아 일제침탈사 편찬위원회를 꾸렸다. 편찬위원회가 중심이 되어 일제의 식민지 침탈사를 정치 · 경제 · 사회 · 문화 모든 방면에 걸쳐 체계적으로 집대성하기로 했다. 일제 식민침탈의 실체를 파악하기 위해 2020년부터 세 가지 방면으로 사업을 추진하고 있다. 하나는 일제침탈의 실상을 구체적이고 생생한 자료를 통해서 제공하는 일로서 〈일제침탈사 자료총서〉로 편찬한다. 다른 하나는 이들 자료들을 바탕으로 연구한 결과물을 〈일제침탈사 연구총서〉로 간행한다. 그리고 연구의 결과를 대중들이 이해하기 쉽게 〈일제침탈사 교양총서〉를 바로알기 시리즈로 간행한다. 자료총서 100권, 연구총서 50권, 교양총서 70권을 기본목표로 삼아 진행하고 있다.

〈일제침탈사 자료총서〉에서는 정치 · 경제 · 사회 · 문화 모든 방면에 걸쳐 침탈의 역사를 자료적 차원에서 종합했다. 침략과 수탈의 역사를 또렷하게 직시할 수 있도록 생생한 자료를 제공하는데 목표를 두었다. 그동안 관련 자료집도 여러 방면에서 편찬되었지만 원자료를 그대로 간행한 경우가 많았다. 이번에 발간되는 자료총서는 해당 주제에 대한 침탈의 실상을 체계적으로 이해할 수 있는 구성방식을 취했으며, 지배자의 언어로 기록되어 있는 자료들을 독자들이 쉽게 읽을 수 있도록 모두 번역했다. 자료총서를 통해 일제 식민 지배의 실체와 침탈의 실상을 있는 그대로 이해할 수 있게 되기를 기대한다.

2021년

동북아역사재단 이사장

| 편찬사

1945년 한국이 일제 지배로부터 해방된 지 76년의 세월이 지났다. 그럼에도 불구하고 일본 사회 일각에서는 여전히 일제의 한국 지배를 합리화하고 미화하는 주장이 나오고 있으며, 최근에는 한국 사회 일각에서도 일제 지배를 왜곡하고 옹호하는 주장이 나오고 있다. 이는 한국과 일본 사회, 한일 관계와 동아시아 국제관계의 미래를 위해서도 결코 바람직하지 않은 일이다.

이에 동북아역사재단은 일제의 한국 침략과 식민 지배에 대한 학계의 연구 성과를 총정리한 〈일제침탈사 연구총서〉를 발간하기로 하였다. 이에 따라 2019년 9월 학계의 전문가를 중심으로 편찬위원회를 구성하였으며, 편찬위원회는 학계의 연구 성과를 토대로 정치 · 경제 · 사회 · 문화 부문에서 일제의 침탈이 어떻게 이루어졌는지 정리하여 연구총서 50권을 발간하기로 하였다.

주지하듯이 1905년 일제는 러일전쟁에서 승리한 뒤, 한국에 군대를 주둔시키면서 한국의 외교권을 빼앗고 통감부를 두어 내정에 간섭하였다. 1910년 일제는 군사력으로 한국 정부를 강압하여 마침내 한국을 강제 병합하였다. 이후 35년간 한국은 일제의 식민 통치를 받았다.

일제는 한국의 영토와 주권을 침탈하였을 뿐만 아니라, 군사력과 경찰력으로 한국을 지배하면서, 정치 · 경제 · 사회 · 문화의 모든 부문에서 한국인의 권리와 자유, 기회와 이익을 박탈하거나 제한하였다. 정치적으로는 군사력과 경찰력, 각종 악법을 동원하여 독립운동을 탄압하고, 한국인의 정치활동을 억압하고 참정권을 박탈하였으며, 집회와 결사의 자유를 억압하였다. 경제적으로는 일본자본이 경제의 주도권을 장악하고, 일본인 위주의 경제정책을 수행했으며, 식량과 공업원료, 지하자원 등을 헐값으로 빼앗아 갔고, 농민과 노동자 등 대다수 한국인의 경제생활을 어렵게 하였다. 사회적으로는 한국인들을 차별적으로 대우하고, 한국인의 교육의 기회를 제한하고, 한국인으로서의 정체성을 박탈하여 결국은 일본의 2등 국민으로 만들고자 하였다. 문화적으로는 표현과 창작의 자유, 종교와 사상의 자유를 억압하고, 한

글 대신 일본어를 주로 가르치고, 언론과 대중문화를 통제하였다. 중일전쟁, 아시아태평양전쟁을 도발한 뒤에는 인적·물적 자원을 전쟁에 강제동원하고, 많은 이들을 전장에 징집하여 생명까지 희생시켰다.

〈일제침탈사 연구총서〉는 침탈, 억압, 차별, 동화, 수탈, 통제, 동원 등의 단어로 요약되는 일제의 침략과 식민 지배의 실상과 그 기제를 명확히 밝히고자 하였다. 이를 통해 일제의 강제 병합을 정당화하거나 식민 지배를 미화하는 논리들을 비판 극복하고, 더 나아가 일제 식민 지배의 특성이 무엇이었는지, 식민 통치의 부정적 유산이 해방 이후에 어떤 영향을 미쳤는지를 밝히고자 하였다.

편찬위원회는 연구총서와 함께 침탈사와 관련된 중요한 주제들에 관하여 각종 법령과 신문·잡지 기사 등 자료들을 정리하여 〈일제침탈사 자료총서〉도 발간하기로 하였다. 아울러 일반인과 학생들이 보다 쉽게 읽을 수 있는 〈일제침탈사 교양총서〉를 바로알기 시리즈로 발간하기로 하였다.

일제의 한국 침략과 식민 지배의 역사는 광복 후 서둘러 정리해냈어야 했지만, 학계의 연구가 미흡하여 엄두를 내기 어려웠다. 이제 학계의 연구가 어느 정도 축적되어 광복 80주년을 맞기 전에 이와 같은 작업을 할 수 있게 된 것을 다행으로 생각한다. 한일 양국 국민이 과거사에 대한 올바른 역사인식을 갖고 성찰을 통해 미래를 향해 함께 나아갈 수 있기를 기대하면서 삼가 이 책들을 펴낸다.

2021년

동북아역사재단 일제침탈사 편찬위원회

| 차례

일러두기

1. 일제침탈사 자료총서는 가급적 일반 시민들이 읽고 이해할 수 있는 현대적인 문장과 내용으로 구성했다.
2. 인명 및 지명 등 고유명사는 처음 등장할 때 원어를 병기하고 이후에는 한글만 표기했다. 한글 표기는 국립국어원 외래어 표기법에 따랐다.
3. 연도는 서력 표기를 원칙으로 하고 관련 연호는 병기했다. 날짜는 원문 그대로 하고 음력과 양력 여부를 알 수 있는 경우에만 '(음)' 또는 '(양)'으로 기재했다.
4. 숫자는 천 단위까지 아라비아 숫자로 표기하고 만 단위 이상은 '만' 자를 넣어 표기했다. 도표 안의 숫자는 가급적 그대로 표기했다.
5. 신문 기사의 경우 원문의 맥락을 해치지 않도록 한글을 우선 노출하되 한자어를 병기하는 방식으로 표기했다. 단, 한자어 병기만으로는 문맥을 이해하기 힘든 한문투 기사에 대해서는 현대어에 가깝게 윤문했다.
6. 낱말이나 문구에 대한 설명이 필요한 경우, 또는 편찬 사업의 취지에 따라 자료 해설이 필요한 경우 편역자 주를 활용했다. 단, 편역자 주는 1), 2) 등으로 표기하고, 원 자료의 주석이 있는 경우는 *, ** 등으로 표현했다.
7. 판독이 불가한 글자의 경우 ■로 표기했다.
8. 일본어 자료에 한해, 마일(mile), 리(哩) 등 거리를 나타내는 단위는 현대식 표기에 맞추어 킬로미터(km)로 환산 후 표기를 대체하거나 병기하는 방식으로 번역했다.
9. 일제강점기 당대의 시대적 맥락을 반영하기 위해 차별적 표현이라고 해도 순화하지 않은 채 그대로 수록했다. 단, 역사적 사건이나 인물에 대한 설명에서 사실관계에 오류가 있는 경우 편역자 주를 통해 이를 바로잡았다.

| 편역자 서문

일반적으로 철도는 근대화의 상징으로 불린다. 유통망을 비약적으로 확장시켜서 사람과 물자의 이동을 극대화해 줄 뿐만 아니라, 인접한 다른 산업 분야의 발달까지 촉발시키는 이른바 산업 연쇄 효과의 중심이기 때문이다. 그렇기 때문에 1825년 영국에서 철도 건설이 시작된 이래 많은 나라가 철도를 통한 산업 혁신을 이룩할 수 있었으며, 이를 바탕으로 국민국가를 건설하고 선진국의 반열에 오르는 데 성공할 수 있었다.

1899년 9월 18일 한반도에서도 경인선이 개통되며 철도의 시대가 그 막을 올렸다. 그러나 1945년 8월 해방에 이르기까지, 철도는 조선 또는 조선인 본위로 운영되지 못했다. 일제의 지배 아래에서 조선의 철도는 일본제국의 지배와 침략을 위한 목적에서, 대륙으로 군대와 물자를 수송하는 침략로이자 한반도에서 일본으로 자원과 인력을 동원하는 수탈로로 활용되었다. 본 자료집은 일제하 한국철도의 구상과 정책, 건설과 운영, 그 결과와 영향에 관한 방대한 자료 중 반드시 참고해야 하는 핵심 자료를 선별 수록했다. 이를 통해 명확한 자료를 바탕으로 일제하 철도 형성의 역사와 침탈성을 파악하는 데 도움이 될 수 있을 것이다.

1) 기존 연구와 주요 논점

일제하의 철도사에 대해서는 그동안 많은 연구가 진행되었다. 1999년 발표된 정재정의 『일제침략과 한국철도, 1892~1945』(서울대학교 출판부, 1999)는 철도사 연구의 선구적 업적으로, 일제하 철도를 거시적인 관점에서 개관하며 관련 연구의 기틀을 세웠다. 이후, 2005년 임채성의 『전시경제와 철도운영(戰時經濟と鐵道運營)』(東京大學出版會)과 2006년 고성봉의 『식민지의 철도(植民地の鐵道)』(日本經濟評論社)가 일본에서 출간되어 관련 연구를 심화시켰다. 최근에는 〈한국철도의 역사와 문화 총서〉 시리즈가 출간되어, 일제하 철도의 정치·사회·문화·지리적 특징이 다각도에서 규명될 수 있었다. 또한 연구서 외에도 여러 연구논문이 축적되면서 관련

연구의 지평은 계속 확장되고 있다. 이러한 여러 기존 연구를 통해 밝혀진 일제하 철도사의 특징을 요약하면 다음과 같다.

첫째, 일제하 조선철도의 건설은 대륙침략의 매개라는 군사적 목적에 편중되어 건설되었다. 이로 인해 철도 건설을 위한 자금과 인력은 일본 열도와 만주를 연결하는 경부선과 경의선을 잇는 '종관노선'과 한반도 북부 소재 노선에 집중되었다.[1]

둘째, 서고동저(西高東低)라는 한반도의 지형적 특성상 종단선만큼 횡단선을 구축할 필요성이 높았지만, 일본으로서는 제국주의 지배에 필요하지 않았기 때문에 횡단선의 건설은 제대로 이루어지지 못했다.[2]

셋째, 일본의 대륙침략이라는 정치적·군사적 목적이 철도 건설의 최상위의 조건으로 작용했기 때문에, 경제적 목적을 반영한 노선 부설이 이루어지지 못했고 연선(沿線) 개발도 소홀해 일본의 대륙침략이 본격화되는 1933년 이전까지 조선철도는 적자를 면하기 어려웠으며, 적자분은 조선총독부의 조세 수입으로 보전될 수밖에 없었다.[3]

넷째, 철도 설립 자금의 모집, 철도 토목공사, 철도 시설물의 운영은 모두 일본인을 중심으로 이루어졌다.[4]

---

1 橋谷弘, 1982, 「朝鮮鐵道の滿鐵への委託經營をめぐって-第一次戰前後の日帝植民地政策の一斷面」, 『朝鮮史研究會論文集』 19; 金景林, 1988, 「日帝下 朝鮮鐵道 12年計劃線에 關한 研究」, 『경제사학』 12; 정재정, 1999, 『일제침략과 한국철도, 1982~1945』, 서울대학교 출판부; 정재정, 2005, 「역사적 관점에서 본 남북한 철도연결의 국제적 성격」, 『동방학지』 129; 高成鳳, 2006, 『植民地の鐵道』, 日本經濟評論社; 사카모토 유이치, 2006, 「植民地期 朝鮮鐵道에 있어서 軍事輸送-시베리아출병, 만주사변과 부산을 중심으로」, 『한국민족문화』 28; 정재정, 2007, 「조선총독부철도국장 大村卓一과 朝滿鐵道連絡政策」, 『歷史教育』 104; 송규진, 2013, 「일제의 대륙침략기 '북선루트'·'북선3항'」, 『한국사연구』 163; 송규진, 2014, 「함경선 부설과 길회선 종단항 결정이 지역경제에 끼친 영향」, 『한국사학보』 57; 정재정, 2015, 「일제하 '北鮮鐵道'의 경영과 日朝滿 新幹線의 형성」, 『역사교육논집』 54; 정태헌, 2015, 「조선철도에 대한 滿鐵 위탁경영과 총독부 直營으로의 환원 과정 및 배경」, 『한국사학보』 60; 정재정, 2016, 「일제말기 京慶線(서울-경주)의 부설과 운영」, 『서울학연구』 64; 박우현, 2017, 「1930년대 조선총독부의 사설철도 매수 추진과 특징」, 『역사문제연구』 38; 정태헌, 2017, 『한반도철도의 정치경제학-일제의 침략통로에서 동북아공동체의 평화철도로』, 선인; 박우현, 2019, 「1920년대 조선사업공채 정책 변화와 재원조달의 부실화」, 『한국사연구』 185; 박우현, 2020, 「1910년대 조선사업공채 정책의 전개와 난맥상」, 『한국근현대사연구』 93.

2 전성현, 2017, 「일제강점기 東海線 3線과 지역」, 『석당논총』 69; 박우현, 2020, 「일제시기 평원선 부설과 횡단철도의 주변화(1904~1941)」, 『한국문화』 89.

3 平井廣一, 1997, 『日本植民地財政史研究』, ミネルヴァ書房; 박우현·정태헌, 2020, 「일제시기 철도재정의 식민지성-회계과목 분석과 순익 추산을 중심으로-」, 『한국사학보』 78.

4 정재정, 1999, 앞의 책; 이금도, 2007, 『조선총독부 건축기구의 건축사업과 일본인 청부업자에 관한 연구』, 부산대학교 박사논문; 전성현, 2011, 『일제시기 조선 상업회의소 연구』, 선인; 矢島桂, 2012, 『戰間期日本の對朝

다섯째, 일본인 거주지를 중심으로 철도역이 우선 건설되면서 조선인 인구 비율이 높았던 전통적 중심지 중 쇠퇴하는 지역이 늘어났다.[5]

여섯째, 철도기술은 당대 최첨단의 전문 기술이자 군사적 성격을 가진다는 이유로 그 기술 교육은 해방 직전까지도 강고한 민족차별 속에서 이루어졌다.[6]

일곱째, 1937년 중일전쟁 이후 전시총동원을 위해 무리하게 철도를 운영하면서, 해방 직전 조선철도 운영은 파탄 상태에 놓였다.[7]

2) 자료집의 구성

기존 연구를 통해 규명된 이러한 주요 논점들을 반영해, 본 자료집은 다음과 같이 5개 장으로 구성했다.

Ⅰ장에서는 개항~일제 시기에 발행된 신문 속에서 조선철도와 관련된 주요 기사 138개를 선별 수록했다. 기사는 1. 일본·일본인 본위의 철도 개발 비판, 2. 조선·조선인 본위의 철도 개발 요구, 3. 철도와 저항, 4. 철도와 고용 차별, 5. 철도와 사고, 6. 철도와 통학, 7. 철도와 전쟁, 8. 철도와 관광 등의 중요 주제를 중심으로 했다. 이를 통해 일본인 중심의 철도 개발과 조선인의 배제 문제, 조선인 노동자에 대한 차별과 폭력의 실상, 철도를 둘러싼 일상적 차별의 맥락을 상세하게 살펴볼 수 있을 것이다.

Ⅱ장에서는 일제 시기 조선철도정책의 구상과 세부 계획, 그리고 그 실제 운영 내용을 살펴볼 수 있는 주요 자료를 수록했다. 먼저, 철도정책의 '계획'에 대해 6개의 주제를 선정했다. 첫째, 한국병탄 직후 일본의 대륙침략 구상과 조선철도계획, 둘째, 1910년대 만주침략 구상

鮮鐵道投資 1918~1929年』, 一橋大學 大學院經濟學硏究科 博士論文; 박우현, 2016, 「대공황기(1930-1934) 조선총독부의 사설철도 정책 전환과 특성」, 『역사와 현실』 101, 한국역사연구회.

5 허영란, 1997, 「1910년대 경기남부지역 상품유통구조의 재편」, 『역사문제연구』 2; 송규진, 2002, 「일제강점 초기 '식민도시' 대전의 형성과정에 관한 연구」, 『아세아연구』 45; 허영란, 2007, 「시가지 개조를 둘러싼 지역주민의 식민지 경험-안성의 철도·시장·공원 그리고 지역주민-」, 『역사문제연구』 17.

6 한국철도대학 100년사 편찬위원회, 2005, 『한국철도대학100년사』, 한국철도대학; 정재정, 1988, 「朝鮮總督府鐵道局의 雇傭構造에 관한 硏究」, 『한국방송통신대학 논문집』 9; 임채성, 2010, 「근대 철도 인프라스트럭처의 운영과 그 특징-한일비교의 시점에서」, 『경영사학』 25-1; 정태헌, 2017, 앞의 책.

7 임채성, 2004, 「미군정하 신국가건설과 한국철도의 재편」, 『경제사학』 36; 林采成, 2005, 『戰時經濟と鐵道運營: 「植民地」朝鮮から「分斷」韓國への歷史的經路を探る』, 東京大學出版會; 정태헌, 2017, 앞의 책.

과 조선철도의 만철 위탁경영, 셋째, 1920년대 자원 수탈을 위한 산업철도 개발정책으로의 전환, 넷째, 1920년대 조선철도12년계획의 구상과 수립, 다섯째, 1931년 만주사변의 발발과 북선 철도계획의 수립, 여섯째, 전시하 일본제국의 연락 강화와 조선철도 구상의 수립이다. 이어서, 철도정책의 '내용'에 대해서는 정책의 전체 개관을 포함해 7가지의 주제를 선정했다. 첫째, 일제하 조선철도의 시기별 주요 정책과 그 시행, 둘째, 조선철도의 각 노선별 건설과 개량, 셋째, 조선철도의 영업, 넷째, 조선철도의 수입과 지출, 다섯째, 조선철도의 운영 기구와 조직, 여섯째, 전시 말 조선철도의 운영, 일곱째, 해방 직전 조선철도의 운영이다. 각각의 주제는 조선철도정책 전개의 큰 방향성을 보여 주는 동시에, 건설·사업·재정·인력이 구체적으로 어떻게 운영되었는가를 드러내 일제하 철도의 식민성과 침탈성을 상세하게 보여 줄 것이다.

Ⅲ장에서는 일제 시기에 제정된 조선철도 관련 주요 법령을 번역 수록했다. 1. 조선총독부철도국관제, 2. 조선총독부철도국사무분장규정, 3. 조선국유철도건설규정, 4. 조선사설철도보조법이다. 이를 통해 일제하 철도정책 수행의 법적 근거를 확인할 수 있을 것이다.

Ⅳ장에서는 일제 시기 철도정책의 결과를 살펴볼 수 있는 6개의 주요 통계와 도표를 수록했다. 1. 조선총독부의 국유철도 운영·공사 규모, 2. 조선총독부의 국유철도 여객운수 운영 실태, 3. 조선총독부의 국유철도 화물운수 운영 실태, 4. 조선총독부의 연도별 철도 건설 및 개량비 지출 규모, 5. 조선철도의 노선별 개업 현황, 6. 조선총독부의 철도 재정(수입·지출) 변화이다. 이를 통해 일제하 철도의 양적 팽창의 실상과 그 이면의 취약성을 객관적으로 확인할 수 있을 것이다.

편역자를 대표하여

양지혜

I

관련 신문 기사

해제

Ⅰ장에서는 개항~일제 시기에 발행된 신문 속에서 조선철도와 관련된 주요 기사 138개를 선별 수록했다. 신문은 개항기에 발간된 ≪독립신문≫, ≪황성신문≫, ≪대한매일신보≫를 비롯해, 일제하에서 발간된 ≪매일신보≫, ≪동아일보≫, ≪조선일보≫, ≪시대일보≫, ≪중외일보≫, ≪조선중앙일보≫를 대상으로 했다. 기사는 1. 일본·일본인 본위의 철도 개발 비판, 2. 조선·조선인 본위의 철도 개발 요구, 3. 철도와 저항, 4. 철도와 고용 차별, 5. 철도와 사고, 6. 철도와 통학, 7. 철도와 전쟁, 8. 철도와 관광 등의 중요 주제를 중심으로 선별했다. 각 주제별 주요 내용은 다음과 같다.

1. 일본·일본인 본위의 철도 개발 비판

1절에서는 일본·일본인 본위의 철도 개발 비판에 관한 33개의 주요 기사를 선별 수록했다. 이는 일제하의 철도 관련 신문 기사에서 가장 중요하게 다루어진 주제 중 하나로, 조선철도가 어떻게 일본·일본인의 본위로 기획·운영되었는지 그 실상을 잘 보여 준다. 이 책에서는 일본의 대륙침략 계획과 조선철도 구상, 일본인 이민 계획과 조선철도 속성(速成)의 관계, 조선철도 예산, 조선철도망 부설 계획의 추진, 조선총독부의 철도 행정 개편 등의 거시적 문제부터 철도 개통으로 인한 인접지의 세금 증가, 철도 노선별 시설 수준에 반영된 민족차별, 철도 내 일본어 전용(專用)과 같은 일상적이고 미시적인 문제를 포함해서 수록 기사를 구성했다. 이를 통해 일제하에서 일본·일본인의 이해관계를 본위로 조선철도가 구축되는 과정의 실상을 파악할 수 있을 것이며, 아울러 그에 대한 조선인 언론의 비판의 대요(大要)를 확인할 수 있을 것이다.

2. 조선·조선인 본위의 철도 개발 요구

2절에서는 조선·조선인 본위의 철도 개발 요구와 관련된 기사를 수록했다. 일본·일본인 본위의 운영에 대한 비판에서 한발 나아가, 어떻게 조선·조선인을 중심으로 조선의 철도와 관련된 이해관계를 재편할 것인가에 초점을 맞춘 기사들이다. 이 책에는 논설·비평과 함께, 실제 개발운동의 사례를 모아 총 32개의 관련 기사를 수록했다. 논설·비평 기사는 조선철도가 일본의 군사적 목적을 중심으로 구성되고 있으며, 철도 개발의 이익은 일본인에게 편중되고 있다는 점을 비판했다. 이에 대항해 조선인들은 '군사'가 아닌 '산업'을 본위로, '일본인'이 아닌 '조선인'을 중심으로 조선철도를 재편해야 할 것이며, 이를 위한 경제력을 길러야 한다는 주장이었다. 한편, 실제 개발운동의 사례로는 철도노선이나 철도역의 입지를 조선인 생활권으로 유치하려는 운동과, 철도 개발 과정에서 일본인에게 돌아간 부당한 이익을 환수하려는 운동들을 주로 수록했다. 이를 통해 일제하에서 조선철도를 보다 조선·조선인 본위로 재편하고자 했던 조선인의 구상을 상세히 파악할 수 있을 것이다.

3. 철도와 저항

3절에서는 일제하의 철도를 둘러싼 저항운동에 대해 17개의 관련 기사를 수록했다. 이 책에는 일본·일본인 본위의 조선철도 개발이 불러일으킨 직접적인 저항운동과 함께, 식민지 지배 일반에 대한 저항운동이 '철도'라는 상징적 공간을 중심으로 진행된 사례를 다루었다. 구체적으로 먼저, 1900년대를 중심으로 일본인의 철도 건설에 대한 저항운동과 철도역 및 그 연선을 따라 발생한 의병과 일본군의 충돌을 살펴보았다. 이어서 병탄 이후 발생한 3·1운동과 광주학생운동 등 주요 항일운동의 전개 과정에서 철도를 둘러싼 맥락을 확인할 수 있는 기사를 수록했다. 한편, 조선인 건설노동자에 대한 폭행이나 차별을 비판하며 발생한 파업 및 습격 사건을 비롯해, 철도노동자들의 비밀결사 조직, 철도 폭파를 기도한 반제운동 등의 사례를 다루었다. 이를 통해 일제하에서 철도가 저항의 공간으로 상징적으로 활용된 다양한 흐름을 확인할 수 있을 것이다.

4. 철도와 고용 차별

4절에서는 조선인의 고용 차별에 대한 16개의 기사를 수록했다. 일제하에서 철도와 관련된 전문지식과 기술을 교육하기 위해 설립된 고등교육기관인 철도학교는 졸업과 동시에 철도국 취업이 보장되기 때문에 조선인과 일본인 학생 모두에게 인기가 많았다. 이와 관련해 신문 기사에서는 철도학교의 입학과 교육과정이 일본인에 편향되어 운영되었기 때문에 지원 규정이나 입학시험, 입학 통계 등의 다양한 측면에서 조선인에 대한 민족차별이 노골적이라는 점이 자주 언급되었다. 이 책에서는 그에 관한 대표적 기사를 선별 수록하는 한편, 일본인 철도 종업원에게 조선어를 교육시키기보다는 조선인을 더 많이 채용해야 한다고 주장하는 논설을 비롯해, 조선인 중 총독부 철도국의 상급 기술자인 '기사(技師)' 승진자가 1939년에 와서야 최초로 등장했다는 보도기사 등을 다루었다. 이를 통해 철도와 관련된 조선인의 고용 차별의 맥락을 상세히 파악할 수 있을 것이다.

5. 철도와 사고

5절에서는 철도를 둘러싼 각종 사고에 대해 14개의 기사를 수록했다. 일제하의 철도 운행은 안전을 도외시한 채 운영되었기 때문에 철도 노동자와 승객, 나아가 철도 연선의 주민을 대상으로 크고 작은 사고가 빈발하며 많은 인명 피해가 이어졌다. 이 책에는 철도로 인한 화재와 교통사고, 산업재해 사고를 비롯해, 투석(投石)이나 자살을 둘러싼 사건들도 함께 다루었다. 이를 통해 일제하에서 철도로 인한 각종 사고의 발생 양상을 대체로 확인할 수 있을 것이다.

6. 철도와 통학

6절에서는 철도와 통학에 관한 12개의 기사를 수록했다. 일제 시기 교육기관의 부족으로 인해 철도를 이용한 원거리 통학은 사회적 세태의 하나로 자리 잡았다. 이 책에는 철도 통학생의 규모와 철도 요금 등의 일반적 정보들을 비롯해, 1937년 중일전쟁의 발발 이후 통학열차의 재편 문제를 다루었다. 즉, 전시하에서 대륙침략를 위한 군사적 목적으로 철도가 재편되면서 그 피해가 일차적으로 열차 통학생에게 전가된 측면이 있었다. 이를 통해 일본의 전쟁 수행을 위한 조선철도의 개편이 조선인에게 어떠한 피해와 혼란을 초래했는지 그 상징적인 단면을 살펴볼 수 있을 것이다.

7. 철도와 전쟁

7절에서는 철도와 전쟁에 관한 8개의 기사를 수록했다. 주로 철도 운영의 재편과 철도 건설 공사장으로의 조선인 노동자 강제동원 문제를 다루었다. 철도 운영의 재편과 관련해서는 철도 및 기타 운송 요금의 가격 통제령 시행을 비롯해, 철도 기구의 재편 등을 보도한 기사를 수록했다. 조선인 노동자의 강제동원과 관련해서는 전시하에 급격하게 추진된 중앙선 및 경경선(京慶線)의 터널 공사 사례를 살펴보았다. 이를 통해 전시하에서 조선철도의 재편이 조선인에게 남긴 영향을 보다 상세히 확인할 수 있을 것이다.

8. 철도와 관광

8절에서는 철도와 관광에 대해 6개의 기사를 수록했다. 철도를 통한 관광은 철도가 조선 사회에 불러일으킨 가장 중요한 변화를 상징했다. 이 책에서는 병탄 이전 고종황제의 순행과 이후 조선총독의 조선 순시를 비롯해, 이광수, 한용운 등의 철도 여행 기행문을 다루었다. 더불어 일제 시기 철도관광의 상징적 공간이었던 금강산 탐승에 대한 기사를 수록했다. 이들 기사에는 기차 안에 동승한 일본인들이 조선인을 멸시하는 등의 구체적인 정황이 담겨 있어, 일제하 철도의 사회상을 생생하게 확인할 수 있다.

1. 일본·일본인 본위의 철도 개발 비판

〈자료 01〉 관보(독립신문, 1896.11.19, 1면 3단)

조서하여 가라사대 철도와 광산은 인민들에게 이익이 됨이라. 그러므로 우리 정부에서 이미 철도를 미국(美國), 프랑스(法國) 두 나라 회사에 허락하여 함께하는 속에 철도에 선로만 만드는 때와 집 지을 때와 달리 긴히 쓸 땅을 다 우리 정부에서 자비하고 값을 두 나라 회사에 물리지 않고 다만 이제 우리나라 재정이 넉넉지 못하여 능히 다시 땅을 출판하지 못하오니. 지금 반령한 날로부터 1년까지는 철도를 각국 인민들과 허락하지 않을 터이니 대소 신민은 다 알라고 하셨더라.

〈자료 02〉 별보(別報)(황성신문, 1899.03.23, 1면 1단)

이제 일본 《지지신보(時事新報)》를 열람한즉, 한국에 이민이라는 제목이 있으니 그 언론이 다음과 같다고 하더라. 오호라, 일본에서는 국내에 인민은 번창하고 생업은 줄어드는 것을 걱정하고 탄식하여 다른 나라로 이식할 계책을 꾀하고 있는데, 대한에서는 내지(內地)에 스스로 가진 인민도 보호하지 못해 날로 이산할 지경에 이르렀으니 어찌 통곡할 바가 아니리오. 다만 바라건대 대한의 관민들은 이 일편(一篇)에 주목하시오.

종래에 일본인은 한국의 일을 다음과 같이 이야기했다. 독립을 돕고 잘못된 정치를 바로잡아 고치는 것이 옳다 하여 오로지 정치상에만 힘을 쓴 것이 실패 원인이다. 기왕의 일은 막론하고, 일본과 한국 관계에서 가장 중요한 것은 통상무역의 한 가지인즉, 앞으로는 일본 국민이 크게 몸과 마음을 기울여 힘을 쓰는 것이 마땅하다. 세계는 넓고 장사꾼은 많아 통상·무역의 이익이 도처에 적지 않다. 그러나 나의 소견으로 헤아리건대, 일본과 한국의 통상에 특별한 편리가 한두 가지에 그치지 않는다. 첫째는 그 거리가 매우 가까워 시모노세키(馬關)에서 부산까지 항정(航程)이 거의 6시간에 달하니, 도쿄(東京)에서 시즈오카(靜岡)·하마마쓰(濱松) 사이를 궤도로 이동하는(輪車) 시간과 다름이 없다. 또 풍속·습관으로 논하더라도 언어를 바로 통하지는 못하지만 그 문맥(語脉)은 서로 비슷하여 상호 간 학습하기에 쉽고, 문자는 예로부터 공통되어 붓 한 자루만 있으면 곧 어떠한 담화라도 장애가 없다. 뿐만 아니라 의복, 음식과 일용물품이 거의 같으니 한국의 특산은 곡물이라 일본에 수입하고, 또한 일본의 직물,

가구, 잡기 등류(等類)는 한인의 기호에 적합한 수용(需用)이라 한국으로 수출하여 양국 교통이 갈수록 번창하면 피아(彼我)의 산물이 더욱 늘어나 앞으로 왕성해질 것을 가히 점칠 수 있다. 그러나 내가 피아의 이익에 대해 특히 바라는 바는 일본인을 한국 내지에 이식하여 농업에 종사케 하는 한 가지이다. 근래에 일본 인구가 해가 갈수록 매우 늘어나 국내의 생활이 점점 어려워져서 남양제도(南洋諸島)와 남아메리카 주변까지 이주하는 터인데, 지금 한국 내지를 보면 그 지미(地味)는 극히 풍요하되 인구가 드물어 매우 좋은 토지를 헛되이 황무지로 내버려 두어 눈에 보이는 모든 것이 황량한 곳이 적지 않다. 그러하니 일본 인민을 한국 내지로 옮겨 그 토지를 경작하게 하면 이는 양국의 이익이 이에 더할 바가 없을 것이다. 한국의 신실한 자에게 이야기를 들은즉, 한국 내지에 족히 500만 인구를 이주하더라도 넉넉히 수용할 여지가 있을 터인즉, 만약 다수의 일본인이 내지로 이주하여 경작에 종사하면 매우 나태한 한국 농민도 이로 말미암아 충격을 받아 자연히 분발심을 내어 농산물을 발달시킬 공효(功効)가 매우 클 것이라 한다. 그러니 일본 농민을 이주하여 한국 산물의 발달을 도모함은 즉 양국의 이익이라. 이는 우리가 이민의 목적을 주장한 바이니 이에 대해 필요한 것은 경부철도(京釜鐵道)를 속성(速成)하는 것이다. 이 철도의 선로에 가까운 전라, 경상, 충청 3도 지방은 한국 중에서도 가장 풍요로운 토지이며, 물산의 소출(所出)이 적지 않다. 일본에 수출하는 곡물은 특히 이 지방에 많으니 만약 철도를 준성한 후에는 그 수익이 다시 의심할 바가 없을 것이다. 하물며 이민 계획을 실행하여 선로 연도(沿道)에 일본 농민을 이주하여 개간, 경작에 종사할 때에는, 토지는 더욱 개발될 것이고 산물은 더욱 늘어나 철도의 번창을 가히 볼 수 있을 것이다. 이에 한국으로의 이주는 남양, 남미의 주변에 비하면 그 편리함은 서로 차이가 너무 커서 같이 비교할 수 없을 것이다. 현재에 이르러 부산은 그 실상이 일본의 시정(市町)이라고도 가히 부를 만한 것이, 일본인이 한국 내지로 따라서 귀국하는 길에 이곳에 머물러 숙박하는즉, 고향에 돌아온 것과 비슷한 감이 든다고 말하니, 필경 왕래가 편리함으로 인해서도 더 많이 이주하는 것에 다름 아닐 것이다. 그러한즉, 경부철도가 개통하는 때에는 그 연도에 속속 일본인을 이주시켜 물산의 발달을 힘써 이루고, 또한 양국 무역의 관계를 빈틈없이 치밀하게 하면 양국이 동일한 이익을 균점할지니, 나는 일본인이기에 이 일에 주목하여 철도의 속성과 이민 사업의 계획을 바라노라. 혹자는 한국 정부에 대하여 폐정(弊政)을 운운하지만, 만일 다수의 일본인이 내지에 이주하면 생명, 재산의 보호법도 자연히 한꺼번에 바뀔 것이오, 한국

인민도 자연히 그 덕택을 누릴 수 있을 것이다. 즉 일본인의 이주는 실로 한국 폐정을 개혁하는 효력이 있을뿐더러, 철도도 개통시키며, 이주도 행하는 대로 한국에서는 일본의 이해관계가 더욱 커질 것이니 그 이해를 옹호할 필요가 더욱 크다면 자연히 독립을 도울 목적도 가히 달성할 수 있을 것이다. 다만 바라건대, 일본인은 정치상의 관계는 도리어 놔두고 철도의 속성과 이민의 계획에 크게 힘을 쓰기를 희망하노라, 라고 하였다.

〈자료 03〉 논설: 이객(二客) 논(論) 철도(황성신문, 1900.10.19, 2면 1단)

두 나그네가 혜정교(惠政橋)를 지날 때 나그네 한 명이 물으며 말하기를, 철도원(鐵道院)에 서양식 건물을 건축한 것이 저와 같이 크고 뛰어나니, 철도 사무에 사용하는 곳인지 모르겠다. 철도원, 철도용달회사(鐵道用達會社), 철도역부회사(鐵道役夫會社), 철도학교가 곳곳에 들어서고 군(郡) 밖에 철도 지사(支社)가 무수히 설립하였으니, 우리나라에서 철도를 이제 어느 곳에 부설할지 그 범위, 계획, 공사가 어찌 이렇게 번성하는가. 다른 나그네가 답하며 말하기를, 우리나라의 철도가 경인(京仁)과 경부(京釜)는 일본에 빌려주어 15개년이 만기하면 돌려받는 조약을 정립하였고, 경원(京元)과 경의(京義)는 우리나라에서 부설하기를 처리하는 중이라더라. 나그네가 다시 묻기를, 경인은 일본이 기설한 줄 알았거니와, 경부는 용달회사에서 선로를 답사하여 일본인이 부설할 경우에 물품의 공역에 지원하기로 약정하였다는 것도 알지 못하겠고, 역부회사에서는 역부(役夫) 2만 명을 모집함에, 총무 20명과 백장(百長) 200명이 합자(合資) 4,000원(元)으로 사무를 준비한다 하며, 선로 연군(沿郡)에 지사를 파견하여 설치하는데 경쟁이 일어난다고 한다. 가령 일본인이 부설할 경우에 물품이나 역부를 해당 회사가 받게 되면 이익이 있을지 알지 못하지만, 가령 한국인을 고용한다 하여도 일본인이 염가로 선수들을 채용할 것이니, 용달과 역부 등 회사를 어떻게 적합하게 사용할지 알지 못하겠다. 철도학교는 배우는 것이 측량과 건축과 교량과 궤도 등 법식까지 통습(通習)하려면 언제 졸업할지 알 수 없다. 경원과 경의 두 선은 국가의 재용(財用)이 쪼들리어 군색한데, 어느 때에 시작할지 알지 못하겠다. 철도원은 건축 경비와 관원 봉급과 그 도례(徒隷)의 월급에 국고를 헛되이 모두 써 버리고, 실제로는 확연히 정기하는 것을 알지 못하겠으니, 진실로 한스럽다. 비록 그러나 우리나라에서 두 선을 실시하여 머지않아 부역을 시작한다면, 철도원도 참으로 있을 만할 것이고, 철도용달회사도 있을 만할 것이며, 철도역부회사도 있을 만할 것이고, 철도

학교도 있을 만할 것이다. 이제 경부선 하나를 좌우할 수 있는 힘은 타인에게 양여하고, 우리나라에서는 나머지 이익을 취하는 것이 많지 않을 것이다. 외양으로 배포가 굉장하고 할 일만 매우 많으니 어찌 개탄스럽지 않겠는가. 다른 나그네가 다시 대답하며 이야기하였다. 회사는 영업에 불과한즉, 그때를 당하여 사무에 타당한 자를 응용할 것이다. 학교는 인민의 학식을 열어 준다면 언제든지 적용할 것이다. 철도원은 직원이 공예를 힘써 분명히 하며, 실업을 힘껏 꾀하다가 국가에 재력이 나아질 것을 기다리면 15년 안에 경인, 경부 두 선을 찾아오는 것도 바랄 수 있을 것이다. 언제든지 경원, 경의 두 선을 착수하는 것도 기대할 것이니, 실로 만약 이와 같으면 철도원도 없어서는 아니 될 것이며, 철도, 용달, 역부회사도 없어서는 아니 될 것이며, 철도학교도 없어서는 아니 될 것이다.

〈자료 04〉 잡보(雜報): 경부철도(京釜鐵道)와 농민 이주(황성신문, 1900.10.26, 2면 3단)

경부철도(京釜鐵道)는 음력 10월 27일 명령서를 하부(下附)하고 근일에 고금주총회(股金主總會)를 열었다. 이제 이 철도의 부설지를 실사한 가토(加藤) 농학사(農學士)가 이야기하며 말하기를, 이 철도는 부산(釜山)에서 시작하여 경상, 충청, 경기 3도를 거쳐 경성(京城)에 이르는 것인데, 그 연장(延長)이 200여 리(哩)라. 이 3도는 기후가 중화(中和)하고 토지가 고옥(膏沃)하여 농작에 가장 적합하지만, 한국의 농업이 진보하지 못하여 농민이 산처럼 조금 높은 곳에 밭을 일굴 뿐이오, 평야는 거의 버려두고 돌아보지 않는다. 또한 비료는 말라죽은 풀을 유일한 재료로 삼고 기타 기구 등도 매우 조악한 것을 사용한다. 대개 저 지역의 농작에 대하여 관개의 편리를 도모하는 자는 없고 하천은 항상 범람하여 평야를 침범한다. 그러나 감히 제방 등을 쌓지 않으며, 농민 등은 평야를 스스로 피하고 산과 구릉을 선택해 경작한다. 이렇게 비옥한 땅을 버려두고 돌아보지 않는 것은 가히 애석한 일이다. 만일 일본 농민으로 하여금 이 지역으로 이주하게 하여 그 평야를 개척하고 관개의 이익을 도모하여 경작하게 되면 그 산출력을 증가할 것은 말할 나위 없다. 다행히 경부철도에 정거장 부설지로 가히 20만 평을 빌려 받을 터인즉, 그 일부를 할당하여 우리 농민의 이주지로 충당하여 하나의 촌락을 만들고 농작에 종사하게 하면 그 생산력을 증가시킬 뿐 아니라, 철도에도 많은 편익이 있겠다, 하였더라. (《목포신보(木浦新報)》)

〈자료 05〉 열차 시간에 대하여 변경 운동과 반대: 통학생의 학부형은 변경 운동, 시내 생선상은 반대(조선일보, 1921.08.20, 3면 4단)

경부선(京釜線) 군포장(軍浦場), 안양(安養), 시흥(始興) 등 각 정거장 부근에 거주하는 조선인과 일본인들은 연서(連署) 신청으로 총독부 철도부에 통학생을 위하여 기차의 발착 시간을 변경하여 달라는 청을 하였으므로 철도부에서는 경성관리국(京城管理局)에 통첩하여 관리국에서는 목하 각종으로 연구 중인데, 만일 그 신청한 인민들의 희망과 같이 제11호 열차, 즉 군포장 출발 오전 5시 30분, 안양 출발 오전 5시 41분, 시흥 출발 오전 5시 53분, 영등포 출발 오전 6시 4분을 한 시간을 늘린다 하면, 통학생의 불편은 조금 줄일 듯하지만은 그 열차는 부산(釜山)에서 오후 2시 30분에 떠나서 그 이튿날 오전 6시 40분에 남대문에 도착되어 주로 경성(京城) 시중에 공급하는 생선을 운송하는 열차인즉, 얼마 아니 되는 1시간 동안을 늘린다 할지라도 수산물시장의 매매가 지연되어 경성 시내에 공급은 정오가 지난 후에 될 모양이라 하여 생선장사단체는 ■에 대하여 맹렬한 반대를 일으키므로 경성관리국에서도 아직 결정하지는 못하였으나, 한편으로 생각하여 보면 어린 학생들이 오전 5시 30분에 정거장에 나오지 아니하면 아니 될 일에 대하여 엄동설한에는 동정하지 아니할 수 없는 일이므로 경성관리국에서도 상당한 연구와 처치가 있으리라더라.

〈자료 06〉 횡설수설(동아일보, 1922.09.18, 2면 8단)

조선중앙철도회사(朝鮮中央鐵道會社)에서는 재계의 불황으로 자금 관계가 원활하지 못하여 공사가 진보하지 못하여 미국의 모 회사와 1,000만 원의 차관계약을 체결하고 그 자금으로 부울(釜蔚), 충청(忠淸) 양선(兩線) 공사에 착수할 터이라 한다. 조선 땅에 와서 일본인이 철도를 부설하고 일본인이 철도를 부설하되 미국인의 자금으로 한다면 좀 기이한 생각이 없지 아니하고, 그 기차는 조선인이 타고 그 이익은 일본인이 먹고 그 이익의 이자는 미국인에 수합한다면 더욱이 괴이한 생각이 나나, 만사에 남의 하는 것이나 보지 스스로 들어서서 활동하기를 싫어하는 조선인의 입지로서 보면 이것도 당연하다 할는지.

이와 같이 하여 조선인은 금일에 일촌(一寸)의 땅을 빼앗기고 내일에 또 일촌의 땅을 빼앗겨 결국 사망의 구렁텅이로 몰려가는 것은 불상(不祥)하다 하면 불상도 하지만은 이것이야말로, 자본주의 국제적 자유경쟁인즉 그 불상을 누구에게 호소할까. 호소하여서 조선인의 생존을 유지할 수가 있다 하면 호소가 아니라 통곡이라도 할 터이지만은, 호소보다는 참말 세계적으로 활동을 하는 것이 그 마땅한 길이 아닐까.

이 의미로 보면 내(來) 10월 하순에 하와이(布哇)에서 개최되는 태평양상업대회에 조선인 대표로 김윤수(金潤秀) 씨가 출석하게 된 것은 무한한 의미가 있다 할 것이다. 적어도 조선 땅에 조선인의 손으로 직접 외국 자본을 흡수하는 기회는 얻게 될 터이지, 잘만 하면.

〈자료 07〉 삼선(三線) 연대(連帶) 수송 상황 조사(조선일보, 1923.06.02, 2면 7단)

조선철도 작년도의 영업 성적은 일반을 통하여 전년도보다 다소 호성적을 거둔 것이 있으나, 그 대강은 아직 양호하다고 말하기 어려운 점이 있는 모양인데, 특히 일본, 만주(滿洲) 관계의 삼선(三線) 연대(連帶) 수송에 관계된 수송 인원은 최근 재계 불황에 있음에도 불구하고 북행(北行) 즉 일본에서 조선, 만주로 향하는 자가 현저한 증가를 보였는데, 이는 주로 만주의 개척이 착착 진보되는 것과 일본 재계가 불황의 결과 이 방면에 유입하는 자가 증가함을 증명하는 것이오. 다만, 작년도에 일본에서 도래한 자에 대하여 일본으로 향하는 자가 많게 됨은 점점 불황에 위협을 당한 자들이 일본 철귀(撤歸) 및 군대 철귀 등 관계에 의하는 것이겠으며, 대체에 있어서는 금후(今後) 일본에서 도래하는 자의 수는 증가만 되리라고 예상되는데, 일본 대 만주 관계자는 모두 재작년도에 비하여 작년도에는 감소하였으나, 일본 대 조선 관계자는 모두 현저히 증가하고 조선에서 일본으로 가는 여객은 일본에서 조선에 도래한 자의 수에 비하여 3만 1,780인의 증가를 이룬 것은 곧 조선 내 거주자의 감소를 만든 모양이나, 근년 조선 내의 재계가 자못 불황한 결과 각종 사업이 다시 침체 정태(情態)에 있으므로 일본에 출산하는 조선인이 급격히 증가하였음과 일반 불황의 결과 어느 정도 조선 내의 이주, 혹은 도래 여객의 수를 감(減)한 것이라 하면, 일본 대 만주 관계보다도 일본 대 조선 관계의 것이 다소 양호한데, 다시 화물수송의 정황을 보면

(단위: 톤)

연도별	조선부터 일본까지	만주부터 일본까지	일본부터 조선까지	일본부터 만주까지
1920년	8만 8,025	2,911	5만 7,690	1만 7,650
1921년	3만 9,634	2,112	5만 8,216	2만 6,973
1922년	5만 2,814	2,988	4만 7,867	1만 6,994

남행(南行) 즉 만주, 조선으로부터 일본에 대한 화물의 이출은 3작년도(三昨年度)에 비하여 1921년도(大正 10)에 다소 감소하였으나, 재작년도에 비하여 작년도는 비상히 증가하였고 일본으로부터 조선에 이입된 것은 작년에 비하여 재작년은 증가하였거늘 작년도에 오히려 감소한 일은 화물수송이 삼작년도에 공황의 결과 조선, 만주가 공히 비상한 타격을 입었다 할지라도 주문이 종료한 것은 제(諸) 원료 등의 이입이 있는 결과로 재작년도에 비하여 작년도가 감소한 일은 일반이 긴축 방침에 나섬과 금융 경색의 영향을 받은 것이오, 북행에 비하여 남행이 항상 호황을 노정함은 일층 주의를 요할 것이라더라.

〈자료 08〉 총독부 예산 계획의 대변혁에 대하여(조선일보, 1923.10.02, 1면 1단)

일본에서 지진 피해가 극심하여 경제상 손실이 과당(過當)함을 처음 들을 때부터 조선에 관한 내년도 예산이 어떻게 변동되는가를 주의하여 관측한 바이러니, 근일(近日) 전해지는 바를 열거하건대, 이번 재해와 동시에 일본 정부에서 전(前) 내각의 손으로 대장성(大藏省)까지 수집된 각 성(省) 예산서와 각 식민지의 특별회계 예산을 반환하고 다시 신규 사업을 절대 중지할 것과 이미 착수한 계속사업에까지 가급적 연기를 단행할 방침으로써 예산 편성을 명하므로, 총독부에서는 중앙 정부의 지시한 바에 의하여 예산을 다시 계상할 터임으로 신사업이 중지될 것은 물론이요, 중앙 정부가 부흥할 비용으로 외채(外債)를 모집하고 당장의 내국(內國) 공채(公債)의 모집은 중지하거나, 혹은 최소한도로 체감(遞減)할 관계상 조선사업공채의 모집과 같은 것도 대대적으로 삭감할 외에 다른 방도가 없으며, 또는 총독부의 예산에 일 재원인 국고보급금은 당연히 단절될 터인즉, 따라서 총독부의 제반 계획에는 대정체가 발생하는 결과로 총독부의 예산에 대변혁이 반드시 있을 터이라 하니, 이것이 보통 전례와 같이 할감(割減), 긴축 등으로 도말(塗抹)할 수 있는 것이 아니라 재원이 고갈하고 차입의 방법이 없는, 조선을 병합한 지 10여 년에 재정상으로 가장 위험한 기회며 곤란한 관문이 될지니, 총독부 당국에서는 자못 앙옥발탄(仰屋發歎)의 감(感)이 있으리로다.

그러나 우리 조선인의 경우로 이를 볼진댄, 예산 관계로 인하여 당국의 소위 치선방침(治鮮方針)이라 할 이 근본적 변동이 없는 이상에는 원래부터 예산을 긴축하거나 팽창하는 때에 관찰이 각기 달라 총독부의 예산이 긴축되면 비관을 만들고 팽창하면 낙관을 만드는 것도 있었고 그와 반대로 혹 어떤 사람은 긴축을 낙관하며 팽창을 비관하는 것도 있었으니, 그는 다

각각 생의(生義)와 관념과 또는 이해가 부동(不同)함으로 그럼이라. 과거사는 금일에 있어 번언(煩言)을 비할 필요가 없거니와 내년도 예산에 대하여는 우견(愚見)으로써 조선인의 현재 입장을 고찰할진댄, 당국의 예산에 대삭감을 가하고 대긴축을 행함이 대체 특별한 고통은 불감(不感)하리라 하노니, 그 이유를 대략 열거하건댄 다음과 같은 사실이 10여 년 이래로 철안(鐵案) 같은 관례를 만들었음을 위함이로다.

이래 당국에서 예산을 편성하여 그와 상당한 금액의 지출됨을 볼진댄, 경무 비용의 과다함과 같은 것은 예외로 하여 논하지 아니할지라도 이외에 관리의 봉급, 공상업 자금의 보급, 항만의 수축, 철도의 부설 등 제반 사업과 용도가 한 개라도 조선인을 본위로 인정함이 없고 절대로 일본인을 표준함이었으니, 그 금전이 융통될 때에 가령 금전동(金殘銅)을 얻을 수 있는 기회가 없었던 것은 아니나, 그 마지막 결국을 엄정히 논하자면, 조선인의 생활 정도가 향상함이 아니라 자본가의 자본 기관이 정돈되려 함이니, 우리는 예산이 긴축하거나 팽창하거나 다만 납세할 의무만 극진하였으면 능사를 마쳤다 할지로다.

그러나 우리가 예산 문제에 이상과 자못 이하와 같이 말할진댄, 당국의 감정을 손상할 우려가 있는 동시에 당국의 자금 착출책(搾出策)을 미리 지시함과 같지만은 만일을 고려하여 감히 노노(呶呶)함이니, 데라우치(寺內) 씨 시대로부터 항상 주창하든 재정독립안이 혹 천재로 인하여 다시 재론된다 할지라도 충분한 고려를 가하여 민력을 휴양하는 데에 착안하라. 어느 때라도 우리가 재정의 독립에 대하여는 이의를 주장하고자 함이 아닌데, 정치의 근본책이 너무나 차별적 방면으로 경도하여서 조선인인 우리는 저마다 개걸(丐乞)의 경계에 들어섰으며, 감망(減亡)의 운수와 기회를 당하였으니, 아무리 비상한 재해가 돌발하였더라도 조선인의 능력으로는 도저히 어떻게 할 수 없는즉, 이러한 사세(事勢)를 깊이 헤아려 당국의 방침은 당국에서 호위지(好爲之)하고 피폐 무력한 조선인은 잠시 문제 이외에 두라. 1922년도(大正 11)의 1억 5,800만 원과 1923년도(大正 12)의 1억 4,500만 원의 세출입에서 만일 보급금 공채의 내로가 단절될진댄, 예산에 기천만 원의 부족을 고할 것은 정한 사세이지만은 이를 조선 내에서 신재원을 찾아서 보충하지 못할 것은 다언을 불요(不要)할 바이니, 이러한 때를 맞아 조선에 대한 정치의 근본 방침을 변혁하여 군경 등 과람(過濫)한 비용을 절약하고 예산의 편성은 되도록 중앙과 통반(通盤) 합산하여 조선인으로 하여금 재해의 영향을 편벽(偏僻)히 느끼게 하지 말지어다.

〈자료 09〉 명년(明年) 예산관(豫算觀) 시국으로 논하면 성공?(조선일보, 1923.11.16, 2면 6단)

총독부 내년 예산의 귀결 여하는 즉시 일반 재계에는 막대한 영향을 미치는 것이라, 일반이 주의 주목하는 바이라. 이것의 대체 사정도 14일 오후 임시 국·부장회의로 우선 종료되어 조서 작제(作製)한 후 내(來) 19일경 와다(和田) 재무국장이 다시 도동(渡東)[8], 대장성(大藏省) 당국과 실제로 교섭할 터이나, 시국에 비추어 당(當)■ 어느 정도의 삭감은 피하기 어렵다 할지라도 그 삭감의 정도 여하는 조선으로는 중대한 영향이 있다 하여 시민대회, 혹은 상업회의소연합회에서 특히 도동 위원을 선정하여 이것의 희망 관철에 노력한 터이라. 지난번 와다 국장 귀래 후의 이야기를 들은즉, 이미 정해진 보충금 1,500만 원을 2,000만 원으로 증액함은 무참히도 이때에 용인될 모양이 없어 1,500만 원으로 하고 사업공채의 중지는 일본 중앙 정부의 대체 방침에 준하여, 특히 조선만 제외 예로 할 이유가 없고 이것도 표면 중지한다 하더라도, 특히 일본 기타 각지와 다소 사정을 달리하는 조선으로는 이때에 하등 명목하에 당시의 요구액 2,060만 원에 대하여 약 반액 이상의 특별 보급을 받기로 대체의 양해를 얻은 것을 성명한바, 이에 의하여 보면 총요구액보다 약 1,500만 원의 삭감으로 내년도 예산에 있어서는 금년도의 1억 4,500만 원에 비하여 약 1억 30만 원으로 감액하는 부득이에 이르렀는데, 대장(大藏) 당국이 각 성의 예산에 대하여 각 계속사업을 5할(割) 감(減)으로 하고 이에 대한 경비도 일반세계 중에서 특히 착출하여 보전하고자 이때에 특히 5억 50만 원의 잉여금을 지출함과 같은 것은 도저히 허락하기 어려운 것이라고 극히 강경한 태도에 나선 이때에, 특히 조선만 사업공채를 반액으로 삭감되었다 하여 보충금이나 혹은 특별히 차입금으로도 교부하게 됨은 요컨대 아리요시(有吉) 정무총감 도동 후의 노력 결과이니, 가령 금액상에는 약간의 삭감을 입었다 하더라도 이는 비상시의 일본 재정으로 역시 부득이한 것이라고 총독부 고관은 말하는데, 다시 이것의 삭감을 당한 예산으로 제(諸) 시설을 행한다 하면 과연 어떠한 사업을 중지할는지, 각 주무 국·부의 협의에 의하지 아니하면 결정되지 아니하나, 대체로 현재 최급을 요하는 것으로 공채지변의 것은 철도, 전신, 전화사업, 해항만, 도로사업, 염전 확장, 사리(砂利)공사, 자혜의원 등이나, 이 중에 다시 최급을 요하는 것과 비교적 불급의 것이 있음은 피하기 어려운 바이라. 현재의 조선으로 최급을 요하는 동시에 중지의 곤란인 것은 우선 철도

---

8 도쿄로 건너감, 즉 도쿄 출장을 의미한다.

사업인데, 특히 함경선(咸鏡線)과 같이 어떠한 희생을 지불하더라도 이를 수행하여야 할 경우를 조우한 이상 예산 면의 1,500만 원에 대하여 다소의 변화는 가한다 하더라도 이것의 중지는 절대 불가능이오, 동시에 당국에서도 이것의 중지에 의하여 발생하는 경제상의 손실 이외 최근에 일본에서 송환된 조선인 노동자가 약 8만에 달하는 이외 이들 철도공사의 휴지(休止)로 발생하는 노동자의 실업이 어떠한 사회적 변동을 일으킬까 함은 역시 최중대한 문제로 고려되는 바이라. 예산의 관계상 일시 예산 공정(工程) 연도할(年度割)에 있어서는 변경된다 하더라도 이에 대신할 철도공사, 혹은 이외의 공사로 이것의 조절을 도모하는 외에 없고 자연 토목 공사와 같이 중지한다 하더라도 이들을 단순히 경비상으로만 이를 판정함과 같은 방침에는 이르지 아니한다 한즉, 삭감의 결과로 인한 정부사업의 휴지·연기는 어느 정도 출현한다 하더라도 당국자의 방침으로는 최신중한 고려를 번민하는 중인즉, 직접 심한 영향은 없을 듯 관측되며, 또한 동시에 이에 따라 금융 문제도 이재(理財) 당국에서 조절에 노력하는 중인즉, 마찬가지로 급격한 타격을 입는 것과 같은 일은 없을 듯 예상하고 또한 이러한 삭감을 당한 경과에 있는 예산 편성상에 있어서는 부득이한 것에 대하여는 1,000여만 원과 금년도의 긴급 칙령(勅令)에 의하여 수입품 관세 감면으로 발생한 감수(減收) 200만 원을 내년도에 교부를 받을 것으로 하면 이 중에서 일시 지출하여서는 어떠한가 하는 의견을 가진 자도 있는 모양이나, 재무 당국에서는 특히 이러한 비상시에 잉여금을 지출함과 같은 것은 대단 고려할 것인 동시에 내년도의 응급 준비로 이것의 지출은 절대로 행하지 아니할 방침인 듯하더라.

〈자료 10〉 사철 상황: 현재 6회사, 미성(未成) 4회사(조선일보, 1924.04.06, 2면 5단)

조선의 각 사설철도회사(私設鐵道會社)는 모두 성립된 지가 오래지 못하여 겨우 그 사업을 정돈하자, 마침 재계의 변동으로 많은 장애를 얻었다. 그러나 이 사업은 조선 개발상 매우 중대한 관계가 있으므로 ■무자(■務者)는 노력한 결과 사업은 착착 진보하여 1921년도(大正 10) 중에는 3선, 그 연장(延長)이 41리(哩) 2분(分), 1922년도(大正 11)에는 2선 34리 5분, 1923년도(大正 12)에는 4선 72리 5분을 개업하였다.

현재 사설철도의 경영자는 주식회사 6, 개인회사 1인데, 이외에도 선로 부설의 면허를 받고 아직 회사가 되지 못한 주식회사가 4개소이다. 현재의 6회사는 작년 9월에 중앙철도주식회사(中央鐵道株式會社) 외 5사의 합동으로 성립된 조선철도주식회사(朝鮮鐵道株式會社), 전북철도주식회사(全北鐵道株式會社), 조선경남철도주식회사(朝鮮京南鐵道株式會社), 도문철도주식회사(圖們鐵道株式會社), 금강산전기철도주식회사(金剛山電氣鐵道株式會社)의 5사와 부산(釜山)-동래(東萊) 간의 전차를 경영하는 조선와사전기주식회사(朝鮮瓦斯電氣株式會社)이오. 미성립 4사는 북선철도주식회사(北鮮鐵道株式會社), 북선흥업철도주식회사(北鮮興業鐵道株式會社), 조선경동철도주식회사(朝鮮京東鐵道株式會社)와 경춘전기철도주식회사(京春電氣鐵道株式會社)이다. 현재의 사설철도회사 중에는 상기한 조선와사전기주식회사를 제외하고 기타 5사는 사설철도보조법에 의하여 보조를 받는바, 그 자본금은 총액 7,310만 원 중 불입액은 2,860만 원이니 다른 곳에서 자금으로 차입한 금액은 1,561만 3,000원이다. 이들 회사의 주식 분포 상황을 볼진대, 그 대부분은 일본 재주 일본인의 소유로 전부의 8할(割) 4분(分)에 달하고 그 잉여주의 1할 6분 중 조선 재주 일본인의 소유는 약 1할 4분이오, 그 나머지 2분은 조선인의 소유이더라.

〈자료 11〉 조선철도망의 미개업 허가선(매일신보, 1924.04.23, 2면 6단)

조선의 철도는 30여 년을 돌아보면, 남북 관통의 경부(京釜), 경의(京義), 호남(湖南), 겸이포(兼二浦), 진남포(鎭南浦), 경인(京仁) 및 탄광선을 합하여 1,165리, 다시 궤도 215리를 더하여 합계 1,467리인데, 면적 100방리(方里)에 대하여 조선은 10리(哩)에 불과하다고. 내지는 30리로 천양의 차이가 있으니, 조선의 철도망 보급은 긴급의 문제인데, 현재에 미개업의 허가선을 보면 다음과 같더라.

선명	리수	선명	리수	선명	리수
조철(朝鐵)	205	평북선(平北線)	29.8	경남선(慶南線)	46.6
함북선(咸北線)	130.80	경동선(慶東線)	120	함경선(咸鏡線)	256.1
황해선(黃海線)	72.3	조철	46.6	경남선	5.9
경북선(慶北線)	72	충북선(忠北線)	120	도문선(圖們線)	25
금강산	65				

미설립에 속한 노선 리수(哩數)를 보면 다음과 같더라.

○ 북선철도(北鮮鐵道) 85

○ 북선흥업(北鮮興業) 46.5

○ 경춘(京春) 49.6

〈자료 12〉 불평(동아일보, 1924.05.28, 2면 9단)

○ 대합실 신문은

나는 조선 사람입니다. 어찌 알면 조선 사람이라 약한 것을 내보이는 듯합니다만, 경성역 정거장 일이등 대합실에 끼워 둔 신문은 일본문 신문만 끼워 두니 조선인 손님은 없단 말인가요. 그렇지 않으면 이것도 차별인가요. 좀 묻고 싶습니다. (괘씸해라! 생)

○ 허가만 있으면

세상은 그렇게 오해가 많습니다. 근데 왜 조선 손님은 돈을 내지 않고 차를 타나요. 조선인 손님을 차별하느라고 그럴 리가 있겠습니까. 그런 말씀은 하지도 마십시오. 대합실에 비부한 신문들은 모두 그 신문사에서 직접 용산관리국의 허가를 얻은 까닭입니다. 용산관리국에서만 허가하면 아니 끼울 리가 있습니까. (경성역장의 말)

〈자료 13〉 사철(私鐵) 금후(今後)의 예정선(매일신보, 1924.07.22, 2면 6단)

아(我) 조선철도 금후(今後)의 공사선 중 제1기 후보선은 대체 이와 같은데, 내년 상반기에 착수하게 될는지, 혹은 금년 내에 착수하게 될는지는 자금 조달 여하에 의할 것이라.

○ 함북선(咸北線) : 고무산(古茂山)-무산(茂山) 간 35리(哩) 중 12리, 준공의 잔여 25리, 이것의 공비 약 150만 원이라. 단, 신참(新站)까지면 9리인데, 22일부터 실지 조사한 후에 결정할 예정이며,

○ 함남선(咸南線) : 오로(伍老)-상통(上通) 간 8.8리 약 62만 원

○ 충북선(忠北線) : 청안(清安)-충주(忠州) 간 29리 약 400만 원

○ 전남선(全南線) : 진주(晉州)로부터 30리 연장 약 423만 원

○ 경북선(慶北線) : 15리 공비 약 170만 원

○ 황해선(黃海線) : 신천(信川)으로부터 저도(猪島)까지 11리 약 100만 원, 혹은 해주(海州)까

지 215리 약 170만 원 하의 일방(一方)이라 하더라.

〈자료 14〉 이관(移官) 후 철도국(鐵道局) 현상 유지: 감리과만 증설(시대일보, 1924.11.09, 2면 9단)

이관(移官) 후의 철도국 조직에 대하여 이미 철도부에서 구체안을 작제(作製)하여 참사관실에 이전하고 목하 일본 정부에서 심리 중인바, 탐문한 바에 의한즉 철도부의 원안에 인사이동은 가급적 피하겠다고 하는 총감의 방침에 준하여 현재의 만철(滿鐵) 조직을 그대로 하여 과·소장의 계원도 현상 유지를 대체의 방침으로 하고 사철(私鐵) 감독, 기타 관계상 다만 감리과를 1과 증설할 터이요. 현재 철도부원 60여 명도 다 각각 운전·영업·공무 등 적당한 곳에 응하여 만철 현(現) 과에 편입할 계획이며, 또 철도는 본래 원칙 상 특별회계로 할 성질이나 근간 중앙 정부가 정무의 번잡을 피하기 위하여 가급적 특별회계를 두지 않는 방침인 관계상 총독부에서도 기성(旣成)의 총독부의원, 제생원 등의 특별회계라도 이때에 일반회계에 변경할 현상임으로 철도도 이를 특별회계로는 하지 아니하기로 하였다.

신(新) 국장이 문제

직영 후의 철도국관제는 아직 기초(起草)되지 아니한 모양임으로 지금부터 총독부와 경성국(京城局)과의 협의에 의하여 결정할 터이나 대체의 추세는 대개 현상 유지할 모양인바, 즉 경철국(京鐵局) 현재의 서무, 영업, 운전, 기계, 공무, 경리의 6과는 처치(處置)하고 철도부의 감리과는 그대로 존속 합병할까 하는 데에 있다고. 다만 철도부의 공무과가 있게 될까 불명하나, 이도 감리를 주로 한 공무인 관계상 대부분을 감리에 합하고 아라타(新田) 공무과장은 종래의 경철국 공무과 건설·보선의 2과로 분(分)하여 일방(一方)의 과장으로 될 터이요. 지방의 공무사무소, 운수사무소의 정리론이 일부에 비상히 농후하나 모 유력자의 말에 의한즉, 대개 이런 일이 없고 멀리 장래는 여하간 급격히는 축소·감소 등은 절대로 없겠고 따라서 현재의 상세(狀勢)로는 각 과장, 지방 사무소 등에는 전연(全然) 이동은 없겠다고 하는 것이 유력하고, 신 국장에 대하여는 아직 판연(判然)하지 아니한 점이 있으나 안도(安騰) 국장이 유임하지 아니하는 것은 기정인 사실임으로 일시 다네다 카도(種田門) 철국장(鐵局長)의 (원본의 편철상 1줄 누락) 에 빈궁한 조선철도국장에 올 리도 없고, 장래에 중앙 철도 1성(省)의 중요한 지위에 있으려고 다른 방도를 갈망하고 있는 동씨(同氏)에게 그 의사도 없는 모양인데, 조선으로 보아도 경제 상태, 기타 각종 사정을 달리하는 점으로 일본에서 국장을 받아들이는 것은 불리라고 하는 설이 유력한데, 결국 신 국장은 유게(弓削) 철도부장이나 구로자와(黑澤) 경철국 차장이나 양씨(兩氏) 중에 결정되리라고 하며 기술관과 사무관으로 보아도 궁삭 씨가 상당히 중요시하고 있으나, 신 국장은 심히 난국임으로 단순한 논거로는 결정하지 못할 사정인바, 그곳에 미소(微少)한 점이 있으며 일설에는 안도 국장이 의사를 뒤집어 유임할 터이라고 한다.

〈자료 15〉 조선철도 직영 후 속히 실행할 이대(二大) 정견(政見): 안도 마타사부로(安藤又三郎) 씨 담(談)(시대일보, 1925.01.01, 1면 5단)

회고컨대 1924년(大正 13)은 상당히 다망하였었다. 먼저 조선선(朝鮮線) 경영상에 대하여는 재계 부진으로 인하여 철도 수입이 현저히 감소한 결과 예정액에 이르지 못하고 금년도 내에 150만 원 내외의 부족을 고하는 상태에 이르렀으므로, 그 대책으로는 경비 절약에 극력 부심한 바, 다행히 출곡기(出穀期)에 들어서 다소 호황을 노정하게 되어 근심이 줄어들었으나 오히려 전도의 낙관은 묘연하며, 작추(昨秋)부터 철도 직영 문제가 전하다가 금년도에는 총독부 경영에 이속(移屬)하기로 결정했으므로 목하 인계 사무에 번망한바, 인사와 급여에 관한 근본 사항은 이미 협정을 완료하여 발표한 바와 같거니와 그 이외의 회계, 물품과 영업, 기타의 인계 세목은 아직도 협정 중이다.

그러나 조선선은 7, 8개월 간 아(我) 만철회사(滿鐵會社)에서 경영하여 관청 식으로 하던 방법을 대개 회사 식으로 변하게 된 금일에 다시 관청 식에 돌아가게 되었으므로 그동안 복잡하였든 여러 가지 점을 충분히 연구하지 않으면 아니 된 바인데, 그 세목에 대한 연구 중으로 해를 지나게 되었다. 겸하여 철도사무집행법에 대하여 관청, 회사의 다른 것은 물론이다. 대개 관청에서는 법규만을 준하여 모든 것이 규칙에만 의하게 되나, 회사에서는 법규의 구속을 받지 아니하고 운용이 비교적 자유임으로 이번에 본 철도가 관청에 이전되었다 하더라도 모든 것을 관청 식으로 변경할 필요도 없고 지금까지 회사 식에서 편리한 점이 있으면 법규가 허락하는 대로 그와 같이 실무 본위로 진행한 것이 현업(現業) 사무에 대한 득책이었었다.

철도 직영 후 시비에 대하여는 발표를 꺼리나, 원래 조선선의 위임 경영은 데라우치(寺內) 총독 시대에 동(同) 총독이 조선선이 일조 유사한 때에는 충분한 활동을 하게 하자는 것이 평소 그의 철도 배양의 필요이었다. 그러므로 조선 내의 물자는 과소함으로 북만(北滿)에 있는 대량 화물을 조선으로 경유하지 않으면 아니 되겠다는 견지에서 선일만(鮮日滿) 철도 간에 운임쟁의 즉, 철도계 미증유의 삼선연락운임문제(三線連絡運賃問題)를 야기하게 하였으나 세론은 분분하여 용이하게 해결되지 못하였었다. 그러자 데라우치 총독은 총리대신으로 전임하고 정부 당국에서 해결에 노력한 결과 조선선이 위탁경영으로 되었다. 그런즉 만철이 과거 7년간 위탁경영에서 북만의 대량 화물이 과연 예상과 같이 조선선으로 수송되었느냐 하면 유감이나마 그렇지 못하였다. 요컨대 북만 화물의 조선 경유는 부자연(不自然)이오, 무리라고 하는 결론에 그치고 만 것이다. 어떤 논자로 말하면 당선(當線) 직영 후는 필연적으로 이 삼선 연결문제가 재연하여 운송계의 혼란을 재기하리라고 관측하나, 금후(今後) 몇 번이나 이것을 번복한대야 하등의 소용이 없을 것은 과거의 사적으로도 명백한 바이다.

이상은 당(當) 철도 위탁경영에 관한 경위의 줄거리이나, 이 기회에 나는 조선철도에 대하여 반드시 하지 않으면 아니 될 중요 사항이 두 가지 있음을 성명하노라. 이에 대한 비견(卑見)을 말하면, 2대 요항이라 함은 (1) 선로는 1리(哩)라도 더 연장할 일, (2) 철도 운임은 되도록 저렴할 일 등이다. 일본의 철도가 금일에 이미 사통팔달됨을 불구하고 또한 1925년도(大正 14)에도 건설비 4,600만 원, 개량비 1억 1만 원 이상을 투자하게 된바, 조선과 같이 선로 보급이 아직까지 충분하지 못한 토지에 대하여 겨우 건설비를 합하여 1,000만 원을 지출하게 됨은 비상한 모순이오, 당착이다. 일본의 재정상 관계로 불능이라 하면 그만이지만은, 조선의 현상으로는 이상의 비용을 투자한다 하여도 수긍할 자 많을 터이라. 만약 이때에 조선에 대한 철도 건설 개량비를 증액하지 못하게 된다 하면, 일본의 일부를 덜어다가 조선선을 연장할 필요가 있다.

물론 이는 관설뿐 아니오, 사설도 역시 그러하다. 이러한 의미에서 나는 선로의 경사도와 곡선, 기타 정차장 설비 등에 관하여는 어느 정도 불편이 있다 하더라도 그 방면의 경비를 절약하고 오직 선로 연장을 도모하기 바란다. 요컨대 일본 철도는 금일 개주건종(改主建從)의 시대이나, 조선선은 정확히 건주개종(建主改從)의 시대인 줄 사료하노라. 운임 문제에 대하여는 조선과 같이 산업이 유치한 곳에는 되도록 운임을 저렴하게 하고 산업 발달을 조장시켜야 한다. 나는 특히 이 점에 고려하여 재작년도 하반기부터 화물 운임의 인하를 단행하였으나, 금후 물가 하락과 철도경영비를 보아서 총독부로서는 더 인하할 필요가 있다. 운임을 감하하려면 내용에 경비를 절약하지 않으면 아니 됨으로 나도 여기에 노력하였으나 불행히도 작년도 재계 불황으로 필경 경비의 보상을 얻지 못하고 대부분 수입 부족을 당함은 실로 송괴불감(悚愧不堪)하는 바이나, 금후 운임 감하에도 이러한 사정을 잘 고려할 필요가 있는 줄로 사료한다.

조선철도 수입의 반 이상을 점령하는 여객 운임을 저감하고 거리비례법(距離比例法)을 거리체감법(距離遞減法)으로 개정할 의견은 때때로 들었으나, 가령 이것을 실행한다 하면, 이에 의한 수입 감소의 보전책으로서는 단거리 운임을 고등하게 하든지, 혹은 화물 운임을 인상하든지에 있으나 그것은 도저히 실행키 어려운 바이오, 우선은 현상대로 나갈 외에 다른 방도가 없으며, 만약 경제의 여유가 있는 경우이면 운임의 감하가 필요하다. 조선선의 화물 운임은 만철에서 위임 경영할 때도 모두 조선 본위로 고려한 바이므로 직영이 된다 하더라도 운임 개정 등의 근본 개정은 절대 없을 줄 확신한다. 근일 부산(釜山), 기타 일부에서 원거리 저감론(低減論)을 주창만 한다고 얼핏 들었으나, 철도의 운송 실비의 저감을 실현한다 하여도 타 경로에 의한 수송비와 권형(權衡)을 취하지 않으면 도저히 그 실현은 불가능한 바이라. 하물며 각 지방의 물자는 그 세력권에 있는 항만에 탄토(呑吐)되는 근본 원칙은 변하지 않으리라 하는 것만 알면 다언(多言)을 불요(不要)한다.

철도 시설로서는 또한 이외에 '호텔', 창고의 경영과 만철에서 시험한 소위 사회 등 각반의 문제이나, 조선철도 장래 매우 긴요한 문제로 중요한 것은 상술한 선로의 연장을 촉진할 것, 운임 저감을 실행할 것에 주목할 줄로 확신하는 소감을 기술하여 신년의 인사를 대신하노라.

〈자료 16〉 만주속(滿洲粟) 이입 문제(1)(조선일보, 1925.02.26, 1면 1단)

조선미(朝鮮米)의 일본 이출이 매년 증가되므로 조선인의 보충 식물로써 만주속(滿洲粟)의 이입이 따라서 매년 증가되는 것은 필연의 세이라. 작년 중 이입액이 약 135만 석(石)에 이르렀는바, 작년의 흉작의 결과로 금년은 150만 석 이상에 달하리라고 일반은 예측하는 터이다. 그런데 최근 원산(元山) 방면으로 이입되는 만주속이 점증하는 것은 동중철도(東中鐵道)를 통하여 해삼위(海蔘威)를 경유되는 것인데, 이것은 물론 동중철도의 운임이 만철(滿鐵)의 그것보다 저렴한 까닭에 이입에 많은 시일을 요함에 불구하고 원산 방면으로 이입되는 것은 의심할 여지가 없는 사실이다. 따라서 원산 방면 시세가 만철 경유의 것에 비하여 매석 약 40전의 염가를 부르게 된다 한다.

동중철도가 저임(低賃)으로써 만주속 이입을 인수하는 것은 다렌(大連) 집중책에 일대 위협이라 아니할 수 없다.

만주속 이입 문제(2)

만철 경성관리국(京城管理局)이 당연히 솔선하여 만철 속 이입에 대하여 최선의 노력을 다시 아니하면 안 될 의무를 가졌다고 할 수 있는 터인데, 도리어 냉담 무성의한 태도로써 하등의 편의를 도모하지 아니하는 것은 불가(不可)의 불가가 아닌가.

만주속이 조선인의 주식물이 되는 관계로 그렇듯 고의는 냉담한 태도를 취하는가. 만철의 다롄 집중책을 고집하여 조선이 기근으로 말미암아 비상한 곤경에 처하여 만주속 이입을 필요로 하는 시기에 있어 교통기관으로서 사명을 자손(自損)하려는가.

이에 오인(吾人)은 조선의 계발을 도모한다는 본의를 의심하지 아니할 수 없는 바이다.

그리고 조선총독부 당국자도 모름지기 일본 대장(大藏)·농무(農務) 양 성(省)에서 금년 일본의 식량 부족에 대한 응급책으로 외미(外米) 수입관세를 철폐함에 대하여 반성함이 없지 못할 바이다.

작년의 흉작으로 미작의 대감수를 보게 된 조선에서 일본 이출액은 의연하게 된 결과, 조선 식량의 부족이 극에 달한 금일의 사태에 비추어 관세의 철폐 같은 것도 단행함이 가(可)하려니와, 만철로부터 조선선(朝鮮線)을 이관하게 되었으니, 만주속 이입에 대하여 절대의 보호책을 강구하지 아니하면 불가할까 한다. 아울러 만주속 품질의 통일을 기하기 위하여 구매기관에도 상당한 고려를 가함이 어떠할는지.

〈자료 17〉 철도와 경찰(조선일보, 1925.04.11, 1면 1단)

만철(滿鐵)에게 위임경영하든 조선철도가 조선총독부의 직영으로 환원되었는데, 해당 종업원에게 경찰권을 부여하게 되리라 전한다. 이것은 일본에서도 실시되는 것이니, 사실로 실현되리라고 미루어 판단하여도 결코 과언이 아닐 것이다.

조선총독부는 조선 전토에다 아주 빽빽하게 경찰망을 포장하여 놓고도 오히려 부족하여 치안유지법의 실시, 군사적 시설의 완비, 철도종업원에게 경찰권의 부여 등으로써 조선 민중을 이중삼중으로 질곡(桎梏)하는 그 유일의 구실은 "치안유지"이다!

치안을 유지한다는 것은 무엇을 의미함일까?

당국자는 말하리라. 온건 또 선량한 조선인의 생명과 재산의 안전을 보전하기 위하여서의 치안이라고. 그러나 우리가 그것을 신뢰하기에는 너무나 영리하게 되었다. 또 그런 구실이 우리에게 얼마나 악용 또 남용되는가를 잘 이해하고 있다.

철도종업원에게까지 경찰권을 부여하게 된 후의 조선의 치안은 당국자가 바라는 치안은 어느 정도까지 유지될 것이다! 기차 내에서 검거, 수색, 신문(訊問), 구인(拘引), 취체(取締)라는 구실 아래 우리 조선인은 얼마나 쓰리고 억울한 시련을 받게 될까, 상상하기에 족(足)한 바 있다. 조선인이 이와 같이 불안과 위협을 느끼는 반면에 당국자는 치안의 축배를 들게 될까?

〈자료 18〉 열차 승무원에 경찰권 부여안: 철도국은 환희 안 해(조선일보, 1925.04.25, 1면 1단)

열차승무원에게 경찰권을 부여한다는 문제는 조선 내에서도 여러 가지 논의가 있어 당국은 이미 이에 관한 복안을 가지고 중앙 정부와 절충 중이라고까지 보이는 점도 있는 듯하나, 이 문제에 대하여는 일본 철도성(鐵道省)에서도 과거 십수 년간 고심참담하여 승무원의 심리 상태를 겨우 영업 본위로 만들어 놓은 금일에, 이러한 특수 권한을 부여하여 여객과의 물의를 만들며 민중의 반감을 유치하는 등 일은 극력 회피하고자 하는 모양인데, 조선철도에서도 작금(昨今) 만철(滿鐵)이 철도국으로 되자 종업원의 태도에 관하여 지방 소역(小驛) 조선인 종업원 간에 비난의 소리가 일어나려고 하는 형세로서, 이 태도의 관료화는 자못 우려되는 바이라. 또한 승무원이 아닐지라도 경의선(京義線)이 국경에 접근함에 따라 세관 관리 내지 형사·경관 등이 열차 내를 빈번히 왕래함에 대하여서도 승객은 쾌히 감(感)을 느끼지 아니하거든, 하물며 승무원에게 이러한 권능을 부여하였다 하면 접객의 심리에 어느 정도의 오만한 기(氣)가 생길 것은 피하지 못할 것이오. 이것이 여객에게 끼치는 인상이 어떠한 결과를 일으킬지는 명료한 사실임으로 철도 당국에서는 이에 대하여 환희하게 아니하는 듯하다. 지난번 미쓰야(三矢) 경무국장 담(談)과 같이 열차 내 치안에 관하여는 경관 내지 형사의 경계에 의하여 승무원에게 이를 부여할 만한 사고는 발생하지 아니하였으므로 따라서 당국 간에도 이 문제에 관하여 구체적 교섭은 진행되지 아니한 듯하므로, 아직 당분간은 승무원에게 경찰권 부여는 되지 못할 듯하다더라.

〈자료 19〉 철도 업적 불량 : 승객은 증가, 수입은 감소(조선일보, 1925.12.26, 4면 1단)

철도 여객 수입은 예년 12월부터 다음 해 1월에 걸쳐 화객(貨客)이 증가되어 1년을 통한 최호황기인 4월에 다음과 같은 업적을 거두는 것을 통상으로 하는데 금년은,

구분	상순	중순
승객(명)	342,300	301,000
수입(엔)	403,000	442,000

인 숫자를 보여 이를 작년 동기(同期)의

구분	상순	중순
승객(명)	538,000	495,009
수입(엔)	430,000	457,000

과 비교하면 각 순(旬) 공히 인원은 3,000인 내외를 증가하였으나 여객 수입상 상순은 2만 7,000원, 중순은 1만 5,000원인 대감수(大減收)로 여러 계속 업적 불량에 노심초사하던 철도국이 12월을 기대하던 바도 자못 부진하였는데, 그 주된 원인 조사를 각 역에 명령하였는바, 즉 종래 1, 2등 승객이 2등 내지 3등으로 변하여 승차임(乘車賃)의 절약과 일반 거래에 침체와 미면(米棉)의 저락으로 조선인의 여행도 극히 감하였고 작년은 일본 도항(渡航)의 조선인이 많았으나, 금년은 일본도 불황으로 도항하기 원하는 장거리 여객이 저감(著減)한 때문인데 상급 승객의 여비 절약은 1920년(大正 9) 이래의 경향이라더라.

〈자료 20〉 시평: 철도망계획(1)(조선일보, 1926.06.06, 1면 1단)

조선의 기성 철도는 아직 2,000리(哩)의 총연장(延長)에도 이르지 못하였다. 빈약하다 할 것이다. 일반적 교통의 필요로 보더라도 아직 완비의 정도까지는 상당한 거리가 있다 할 것이다. 평양(平壤) 방면의 사녀(士女)가 경성(京城)까지 와서 다시 원산(元山)까지 우회(迂廻)하기는 시간과 비용도 낭비가 적지 않고 이외에도 불편한 지방은 한두 군데가 아니다. 이제 조선의 위정 당국은 약 20년의 계획으로써 철도망의 완성을 기한다 하니 그는 피등(彼等) 당연한 일

일 것이다.

평원선(平元線)의 계획은 이미 묵은 것이오, 공사도 멀지 않아 크게 진보되려니와 부산(釜山)-원산의 사이를 동해(東海)에 따라서 부설되려는 동해철도(東海鐵道)의 계획, 진주(晉州)-하동(河東) 간과 하동-전주(全州) 간으로 영호(嶺湖) 양남의 중요한 도시를 연락하게 하는 경남(慶南)-전남(全南)의 선(線), 웅기(雄基) 동관진(潼關鎭) 간과 순천(順川)-만포진(滿浦鎭) 간을 각각 연락하는 국경철도(國境鐵道) 같은 것이 모두 새로 계획되는 것이다. 어느 것이나 모두 지방 경제상 매우 필요한 교통기관이 되는 것이니 근자 지방 인민들이 철도의 기성(期成)을 위하여 많이 운동하는 바 있는 것은 전혀 이 까닭이다.

철도망계획(2)

두 개의 국경선은 그의 경제적 가치를 운위할 여지가 있을 것이다. 동관진, 만포진과 같이 무진한 삼림을 공(控)하고 곳곳이 다시 광맥이 풍부한 대산장곡(大山長谷)을 경유하게 되니 경제적 가치도 거연(遽然)히 의심할 바 아니다. 그러나 이것들은 소위 일단 유사 시기의 필요를 위하여 준비하고자 하는 바 있으니 이는 국경철도가 다시 군용철도의 이름을 얻게 되는 이유이다. 그리고 철도망의 계획과 국경수비대(國境守備隊)의 충실과 일반적 군비의 확장, 산미증식을 주안으로 하는 산업제일주의의 삼자는 서로 떠날 수 없는 삼위일체의 정책을 이름이다.

전북철도(全北鐵道)와 도문(圖們), 경동(慶東) 양 노선을 합하여 모두 광궤(廣軌)로 고치게 하고 금후(今後)에 부설되는 사철(私鐵)까지 모두 광궤로써 제한하여 철도선의 통일 균형을 실현하고자 하니, 교통정책의 필요한 안목이다. 무력을 끼고 부력(富力)을 개발하며, 다시 교통의 편리를 이용하여 조선 13도의 산하로 그의 견고한 통재(統裁)의 밑에 넣으려 함이 그들의 '웅대한 계획'이 아니면 즉 소위 심모원원(深謀遠遠)일 것이다. 그리하고 다시 소위 '내국이민'의 계획으로써 하니 일찍이 독일제국이 그의 국내에서 행하고 또 '포젠(Posen)'주에 베푸는 교통이민의 정책이다. 그러나 이로 인하여 2,300만에 이르는 조선인 대중이 문득 그러한 것의 영구한 구사압취(駈使壓取)의 대상이 되리라고는 망단(妄斷)할 수 없다.

〈자료 21〉 유아사(湯淺) 총감 북선관(北鮮觀): 함북(咸北) 탄항만철도(炭港灣鐵道) 등을 주제로(조선일보, 1926.07.24, 1면 9단)

북선(北鮮)을 관찰하고 22일 오후 5시 55분 도착 열차로 사임한 유아사(湯淺) 정무총감은 다음과 같이 말하더라.

▲ 간도(間島)와 훈춘(渾春) 지방의 조선인은 모두 근면하며 사상도 극히 온건한 모양인데, 중국 타현(他縣)에 있는 것과 같은 불온한 공기는 없다. 그러나 일반이 경제적으로 무력한 생활을 계속하는 듯싶으며, 특히 금리가 턱없이 고(高)함에는 놀랐다. 최근 조선인이 이곳에 이주하는 자가 많은바, 이는 함북(咸北) 방면보다도 지미(地味)가 풍부한 것과 일위대수(一葦帶水)의 관계는 이주가 용이한 결과이다. 그러나 귀환자도 상당히 있은즉, 특히 이주자가 증가하였다고는 할 수 없다.

▲ 함북탄(咸北炭)

함북탄은 광구의 지주(持主)가 비상히 다수인데, 모두 자금이 결핍한 결과 상당한 계획이 불능하다. 그러나 총독부가 이를 직영할 수는 없다. 다만 광구의 지주들이 직영으로 하든지 반관반민의 회사 조직으로 하여 달라고 희망은 하는 듯싶다. 함북탄의 장래에 관하여는 상당히 사견도 있고 복안(腹案)도 있으나, 실현하기까지에는 용이한 일이 아니다. 그러므로 이것을 외부에 발표할 수는 없다. 그러나 자금과 운수 설비가 되면 동탄(同炭)의 수요는 증가할 것이다.

▲ 항만(港灣)

전술(前述) 함북탄, 기타 동 지방의 물자 수송에 있어서는 현재 청진항(淸津港)은 일척(一隻)의 기선도 들어가지 않으므로 부선(艀船)으로 배 운하를 하는 터이므로 물질(物質)의 수급이 불편하다 하여 동 지방민의 진정(陳情)도 있는즉, 재정이 허락하면 상당한 희망에 준하려고 생각한다. 그러나 예산 증액 등은 물론 다른 문제인즉, 우선 동항(同港) 기정 예산 연할(年割)의 범위 내에서 공사의 방법을 변경하여 기선 한 척이라도 연속하여 안벽(岸壁)에 착하도록, 예컨대 방파제의 축조공사 진보에 동반하여 풍파가 없는 방면의 잔교공사를 행하려고 생각하는데, 이는 물론 전문기사의 의견을 들은 후가 아니면 알 수 없다. 웅기항(雄基港)도 금년도부터 60만 원으로써 선유공사(船溜工事)에 착수한즉 점차로 상당한 선박이 출입할 것이다. 웅기항을 다렌항(大連港) 이상으로 만들겠다는 계획도 좋은 일이니 이 역시 재정상의 문제이다. 종단항문제(終端港問題)에 대하여는 웅기에서든지 청진에서든지 진정을 받고 종종의 설명도 청취하였으나, 어떤 곳을 종단항으로 할 것인지는 나의 입으로는 말할 수 없는 사정(事情)이 있다. 결국은 물자의 집산(集散)과 해운의 발달에 의하여 자연히 해결을 볼 것이다.

▲철도 웅기를 기점으로 하여 국경을 돌아서 회령(會寧)에 이르는 철도계획은 불원한 장래에 해결하려고 생각하는데, 이 역시 예의 재정 형편으로 지금 곧바로 실행할 수 없다. 국경에 가깝도록 부설함의 육군■(陸軍■)과 의견이 상이하다 하나, 이는 용이하게 해결될 것으로 믿는다. 이러한 철도 부설에 의하여 원춘(源春)과 두만강(豆滿江) 방면의 물자는 웅기에 집합하고 간도 방면의 것은 회령을 경유하여 청진에 집합할 것인데, 예의 종단항도 와족(蛙足)의 형태와 같은 청진(淸津)이나 웅기(雄基)나 쌍방이 종단항으로 생각하고 있으면 가(可)할 줄로 도■(渡■)하는 조선인도 있는 터인즉, 청부업자와 교섭하여 조선인 토공(土工)을 모집하여 생활의 안정을 흥(興)하려고 생각하고 있으므로 상당한 편의를 부여하도록 연구할 터이다.

〈자료 22〉 철도계획 확정(조선일보, 1926.11.13, 1면 1단)

최근 조선의 통치군들의 경제적 시설이 매우 약진적으로 되어 가는 것을 오인(吾人)은 여러 번 말하였다. 그것을 물질(物質)고압정책이라고 명명하였다. 철도망의 완성 계획 같은 것을 그의 중요한 일 과목으로서 또 오인이 항상 지적한 바 있었다. 이는 교통 그것이 어느 의미로는 지배 그것을 대표하는 것임으로 더욱이 이를 지적하기를 잊어버리지 아니한 바 있었다. 이제 도쿄(東京)정부는 총경비 3억 2,000만 원 12개년의 계속사업으로서 조선철도망완성계획을 단행하기로 확정하였다 하니 새삼스러운 일은 아니지마는 퍽 중요한 일이다. 본보 경제면에 이미 보도된 바이지마는 8,990만 원의 기정액과 2억 3,165만 원의 신설 자금으로 총액 3억 2,155만 원의 제출안이 있었던바, 155만 원의 삭감이 있었고 결국 전기한 액수로 단행하게 되었다 한다. 예산상의 문제는 전문가의 논할 바이지마는 대체로 보아서 산미증식안과 아울러 조선 정치가 2대 계획안이라고 하겠다. 그리고 내년도에 1,900만 원의 예산으로 곧 기공하게 되리라 하니 소위 경제상, 국방상의 고려한 결과인 것을 다시 한 번 착안할 일이다.

웅기(雄基)-동관진(潼關鎭) 간의 197리(哩) 되는 도문선(圖們線), 길주(吉州)-혜산진(惠山鎭) 간의 88리 되는 혜산진선(惠山鎭線), 순천(順川)-만포진(滿浦鎭) 간의 178리 되는 만포진선(滿浦鎭線)은 모두 서북 조선에 있어서 두만(豆滿)·압록(鴨綠) 양 강 연변의 국경에 통하는 것이오, 원산(元山)-포항(浦項)으로 울산(蔚山)-부산(釜山)에 미치는 341리 되는 동해진선(東海津線)과 진주

(晉州)-전주(全州) 간과 원촌(院村)-담양(潭陽) 간의 156리 되는 경전선(慶全線)은 혹은 동부 조선을 종단하여 원산, 부산 등 남북의 대상항(大商港)을 연락하고 혹은 경전남(慶全南)의 주요 도시를 연결하여 장래 조선의 교통 상태와 지방 경제의 계발상으로 중대하다는 정도를 알 것이다. 다만 일본의 조선된 오늘날에 일본인에 의하여 지배되는 이러한 교통망이 조선인의 생활에 얼마큼 큰 영향을 미칠지가 주목되는 일이다.

지금까지 한각(閑却)되었던 함남북과 평남북의 산협지대(山峽地帶)의 천연한 부원(富源)이 널리 개척될 것이라든지, 두만, 압록 양 강 유역의 대삼림과 광맥도 모두 개척 이용될 것이오, 뿐만 아니라 잠겨 있고 숨겨 있던 모든 산물은 다시 개척되고 이용될 것이다. 영동 여러 마을이 안은(安隱)해지고 모든 지방도 모두 경제 개발에 따라서 더욱 훤소(喧騷)를 도도하게 될 것이다. 그리고 연선(沿線) 각지 역점의 시설지에 지가(地價)의 등귀로 인한 투기적 매매의 성행도 예상할 수 있고 또는 곡물 가격의 일반적 등귀로 인한 토지 가격의 등귀 같은 것도 퍽 현저한 일일 것이다. 이러한 점은 관계 지방의 인사들이 미리부터 퍽 명념하여 의외의 손실을 방지할 것이오, 경제 사정의 급격한 변동에 처하여 적극적으로 통상 흥리(興利)의 준비를 한다든지, 소극적으로 경제적 파탄을 방지한다든지 하여간 명목장담하기를 일깨워 둔다. 깨여라, 지켜라, 그리고 잘 이용하도록! 만일 백계가 허사인 줄 아는 때에는 다시 고려할 바 있을 것이다.

〈자료 23〉 논설: 다카키(高木) 의원의 망론(妄論) 철도정책에 대하여(매일신보, 1927.02.18, 1면 1단)

1. 조선이 제국의 영토이며 조선인이 제국의 신민으로 된 것은 비록 삼척동자일지라도 이를 부정할 수 없는 것이다. 만약 금후(今後) 장래에 있어서 조선을 제국 판도의 중으로부터 제외하고 혹은 조선인을 제국의 통치하에 두지 아니한다 하면, 이는 별문제이지마는 만약 그렇지 아니하고 제국의 조선 통치가 금후에 있어서 영구히 변할 것이 아니라 하면 조선의 정치가 교육이든지, 산업이든지 내지의 그것과 일호(一毫)의 차별을 설정하지 못할 것은 지금에 다시 노노(呶呶)한 논변을 요할 바가 아니다. 이는 조선의 통치를 위하여 위정가로서 당연히 행하지 아니하지 못할 의무로 된 것이며, 조선인은 제국의 신민으로서 당연히 요구하지 아니하지 못할 권리로 된 것이다. 그러면 권리와 의무는 천장지구(天長地久), 금후 몇백 년을 걸쳐

서라도 이것이 소멸될 수 없으며, 혹은 소멸될 이유가 없는 것이다.

2. 병합 이후 조선의 위정가는 이러한 정신으로부터 발족하여 위로는 일시동인(一視同仁)의 성조(聖詔)를 체득하고 아래로는 조선 민중의 복리를 위하여 통치가 당연한 의무를 이행하기에 급급히 태만하지 아니하였었다. 가령 정책상 다소의 허물이 있어서 아직 진선진미(盡善盡美)한 영역에까지는 이르지 아니하였다 할지라도 그 통치의 근본정신은 일시동인의 성지로부터 나오지 않은 것이 아니다. 그러므로 조선에도 제국 영토로서의 적응할 교육을 실시하며, 산업도 또한 이와 같이 개발을 도모하며 교통, 위생, 기타 백반(百般) 시설에 이르러서도 또한 그 보급, 향상을 기하는 터이다. 더욱이 금년부터는 산미정책에 상반할 철도계획이 일대 주안으로써 예산 면에 나타나 금후 10개년의 계획으로써 조선의 철도망을 완성하게 하려는 대책을 확립하였었다.

3. 이와 같은 것은 조선 민중의 복리를 증진하기 위하여 만전을 기하려는 정책을 운용하는 것이다. 그럼에도 불구하고 이번 중의원 조선사업공채법 개정법률안 위원회에 있어서 다카키(高木) 의원의 망론(妄論)은 실로 오인(吾人)으로 하여금 태연하지 아니함을 부득(不得)하겠다. 그는 현재에 조선인이 지력적 독립운동을 위하고 있는 금일에 있어서 철도를 부설하는 것이 불가함을 논하고 그 산액(産額)으로써 내지(內地)에 철도를 부설함이 가(可)하다는 것을 주장하였다 한다. 이와 같은 '좌정관천(坐井觀天)'의 식견은 소아도 이를 입에서 내뱉지 아니할 터인데, 소위 의원의 자격으로서 이와 같은 협량천견(狹量淺見)을 토로함과 같음은 오인은 실로 의외 천만(千萬)이라고 느끼지 아니함을 부득할 것이다. 일부 조선인의 독립운동으로 인하여 산업정책도, 철도정책도 그 시설을 한각(閑却)하라 하면, 이것은 즉 조선의 통치권을 포기하라고 하는 것과 별로 차이가 없는 논법이다.

4. 반도 국민의 기대에 반한 정책을 취한다 하면, 그야말로 조선인의 반항심을 도발하게 하며 따라서 조선인의 독립운동을 조장하게 하는 것으로 될 것이다. 원래 정치의 요체는 민을 사랑하는 한편, 민을 이롭게 함에 있는 것이니, 회유애무(懷柔愛撫)는 전자에 속하고 식산흥업은 후자에 나아가는 것이다. 만일 조선의 통치로 하여금 이 두 개의 정책에 있어서 만전의 공(功)을 얻게 된다 하면 조선인은 이에 열복(悅服)할 것이며, 혹은 이에 만족할 것이다. 이와 같이 당국의 정치에 대하여 인민이 열복하고 혹은 만족하게 된다 하면, 당국에서 아무리 독립운동을 장려한다 할지라도 구태여 이것을 행할 자가 없을 것이다. 대저(大抵) 나무가 먼

저 썩은 후에 벌레가 발생하는 것이니, 이와 같은 이치로 일부 조선 ■■ 독립운동은 이것이 지난날 조선 통치에 얼마간 결함이 있었던 까닭이 아닐까. 그러면 금후의 계획은 전기한 애민이민(愛民利民)의 정신으로서 그 정책을 더욱 발휘하여 진선진미의 영역에까지 이르게 함에 있는 것이다. 현재의 조선 통치 방침은 이를 실행하는 중에 있지만은 이것의 근본 문제를 제외하고 조선인이 독립운동을 위한다 하여 철도정책을 포기하라 함과 같음은 이 어찌 어리석은 자의 망론이 아니고 무엇이랴.

〈자료 24〉 민간에 의뢰하여 화차(貨車) 40대 제작: 실업자의 구제책으로, 철도국의 신계획(매일신보, 1927.08.24, 1면 8단)

철도국은 12개년계획 철도 건설에 있어서 조선 내 노동자의 실업문제를 완화하고 그 구제에 이바지할 일조(一助)로 가급적 조선인 노동자로써 이에 종사하게 할 방침을 채용하고 청부업자에 대하여도 그 뜻을 보여 실행 법에 대하여 종용 중인바, 다시 객화차(客貨車) 제조 등 공작 방면에 대하여 기술상 지장이 없는 이상 될 수 있는 대로 민간에 제작을 위임하고 조선인 노동자를 사용하게 하였다. 그리하여 그 순서로 이번 화차 45량을 1양일(兩日) 중에 용산공작소에 제작을 명하기로 되었던바, 전연(全然) 조선 내 민간에 제작하게 하는 일은 조선으로서는 철도 창설 이래 전혀 첫 시험이다.

〈자료 25〉 생활은 날로 곤궁한데 호세(戶稅)는 더욱 증징(增徵): 박천면(博川面)에서만 1,000여 원 증액(조선일보, 1929.05.25, 4면 7단)

평북 박천군(博川郡) 박천면(博川面)은 불과 수천 호로 그중 1,012호는 농가인바, 수년 전 맹박선(孟博線) 철도가 개통된 이후 외관으로는 발전된다고 볼 수 있으나 기실 일반 조선인의 생활은 날로 곤궁하여지는 중인데, 철도 개통으로 인하여 발전되었다는 이유로 금년도 호세(戶稅)를 박천면에만 1,300여 원이나 증가되어 아직까지 납부하지 못함으로 면 직원들은 매일 출장하여 납부를 독촉함으로 일반 주민은 공포에 싸여 있다더라.

〈자료 26〉 긴축정책과 조선이 받는 영향(조선일보, 1929.07.09, 1면 1단)

1. 하마구치(濱口) 내각은 5일 각의에서 금년도 실행 예산과 내년도 예산 편성 방침을 결정

하였다. 금년도 실행 예산 방침으로 말하면, 이미 전(前) 내각에서 세운 예산이 방만함으로 이것을 감액(減額)하는 것이 그 주지(主旨)라 할 것이니, 이제 곧 구체적 방침을 결정하기는 매우 곤란할 것임으로 다소 추상적인 혐의가 없지 아니하나, 조각(組閣) 후 불과 3일에 재정상 긴축 방침을 수립하여 이미 3개월 전부터 실행에 착수한 금년도 예산에 대하여도 따로 실행 예산을 편성·실행하려 함은 시의(時宜)에 적합한 일이라 할 것이다. 다나카(田中) 내각의 방만(放漫)정책에 의하여 성립한 금년도 예산은 그 총액 27억 7,300만 원으로 일본에서 전례 없는 방대한 예산이니 여기에 상당히 부월(斧鉞)을 가(加)함은 금일 재계 불황에 비추어 마땅한 일이다. 금년도 실행 예산 방침은 (1) 극력 긴축 방침을 취하고 (2) 신규 사업 중 아직 착수하지 아니한 것은 실행 예산 결정까지 보류하고 (3) 공채 지변(支辨)의 사업은 일반회계·특별회계를 아울러 중지 또는 유예하여 공채 발행액을 극력으로 감축하는 등이다. 더욱이 공채 발행액에 대하여 내년도 공채 방침으로써 사정(查定)한다면 일반회계 9,000만 원, 특별회계 5,000만 원, 합계 1억 4,000만 원의 신(新) 공채 발행을 감소할 수 있는 것이니, 만일에 예산 긴축, 공채 정리에 철저한 결심이 있다면 금년도 실행 예산의 편성에도 이와 같이 적용하지 아니하지 못할 것이다.

2. 그리고 내년도 예산 방침에 이르러서는 일찍이 보지 못한 정도로 구체적 긴축의 내용을 들게 되었다. 첫째 "신규 사항은 일절 이것을 요구하지 아니할 일"을 천명한 것은 과단(果斷)한 태도라 아니할 수 없다. 종래 예산 편성 방침이 너무나 추상적이어서 신축자재(伸縮自在)한 문자를 사용하는 것이 상례이었으니, 전 내각의 예산 편성 방침에도 그 제1항에 예산 긴축 방침을 들면서도 필요 부득이한 신규 사업은 이 제한에 있지 않다 하여 금년도 예산 편성 때에 각 성(省)의 신규 요구가 3억 원 이상에 달하였던 것이다. 더욱이 정당 내각으로서는 당세(黨勢) 확장을 위하여 때때로 급하지 아니한 사업을 일으키어 절대적 긴축 방침을 실현하기 어려운 터인데, 하마구치 내각이 이와 같이 단호한 결정을 한 것은 실로 의외의 일이다. 다음에 "일반회계에 있어서는 공채를 발행하지 아니하고 특별회계에 있어서는 각기 발행 예정액의 반액 이하로 개정할 것"을 명기하여 공채 발행의 최고 한도를 결정하였다. 동경부흥사업(東京復興事業)이 금년도로써 종료하게 되니 일반회계에 있어서 공채를 발행하지 아니함은 민정당(民政黨)의 종래의 주장에 비추어 당연하다 할 것이나, 특별회계의 전채(全債)까지 예정 계획의 반액 이하로 깎은 점은 용이한 일이 아닐뿐더러, 감채기금(減債基金)의 조입(繰入)까지 각 특별

회계의 부담으로 만든 것은 더욱이 그 긴축의 결심을 추측할 수 있는 것이다.

3. 그러면 이러한 긴축 방침의 조선에 미치는 영향은 어떠할 것인가? 금년도 실행 예산에 들어서도 아직 실행에 이르지 아니한 신규 사업은 실행 예산 결정까지 착수하지 못할 것은 물론, 공채도 200만 원의 삭감을 피하지 못하리라 한다. 그리하여 금년 신규 사업 중 일부의 중지를 피하지 못할 것이나, 보조사업과 불급(不急)한 조장사업 등에는 다소의 부월이 가하여질 것이다. 그중에도 철도 연장의 12개년계획에 있어서 현재 조선의 유일한 사업 공채를 발행하는 터인데, 만일에 금년도에 200만 원을 삭감한다면 금년도 예정 발행액 2,000만 원은 1,800만 원이 될 것이며, 내년도에 반액을 삭감한다면 결국 2,500만 원이 1,250만 원으로 되어 철도 부설 예정 선(線)에 일대 지장을 초래하게 될 것이다. 그리고 금년도의 신규 사업은 아직 눈에 띄는 것이 없으나 내년도의 신규 사업으로는 운합(運合) 문제와 관련되는 소구(小口) 화물 취급의 직영(直營), 화전민정리사업 등이 난관에 봉착할 것은 물론, 조우(朝郵)에 대한 명령항로 보조, 항만의 시설 등에도 어느 정도의 감폐(減廢)를 피하지 못할 것이며, 토목, 교육, 식산 등 각 방면에 미치는 영향이 적지 아니할 것이다. 그리고 1억여 원의 공채를 가지고 있는 조선으로서는 감채기금법(減債基金法)에 의하여 새로이 매년 350만 원을 지출하지 아니할 수 없게 될 터이니, 특별회계에 속한 총독부 예산은 근본적으로 뜯어 고치게 될 것이다. 그러면 이러한 재정 긴축으로 인한 격동은 상당히 클 것은 물론, 앞으로 금해금(金解禁) 준비기를 통하여 재계에 많은 파동을 일으킬 것이니, 이와 같은 변동기에 있어서 이에 감당할 능력이 결여한 조선인으로서는 특히 우려되는 점이 적지 아니한 것이다.

〈자료 27〉 경남철도 당국의 차별적 철도 시설(조선일보, 1929.09.09, 3면 4단)

경남철도주식회사(京南鐵道株式會社)에서는 동(同) 회사 경영인 충남선(忠南線)과 경기선(京畿線)의 기차에 대한 시설에 차별이 막심하여 경기선 방면 승객들의 불평이 여간 많지 않다는데, 예를 들면 충남선 기차 안 일반 시설은 모두 깨끗하고 완전할 뿐 아니라, 여름에도 동 이등실에는 전기 풍선까지 장치하였으나, 경기선 기차에는 의자 하나 완전한 것이 없을 뿐 아니라 청소 같은 것도 자주 하지 아니하여 먼지가 켜켜로 앉았고 불결한 물질이 낭자하여 악취가 촉비하고 구역이 저절로 나게 되었으며, 또는 소위 이등실이라는 것도 의자 보를 자주 빨지 않아서 여간 추하지 않을 뿐 아니라, 여름에도 풍선의 장치까지 없으며 또는 비가 오면 기차 지붕이 새어서 그 안에 있는 승객이 물난리를 만나게 됨으로 그 편 승객들의 여론이 비등하다는데, 동 회사 당국자들이 이와 같이 차별하는 이유에 있어서는 충남선 방면에는 일본인 승객이 많은 까닭에 그와 같이 화려하게 꾸미는 것이요, 경기선 방면 승객은 대부분이 조선 사람인 까닭에 그와 같이 차별하는 것이 아닌가 한다더라. (안성)

〈자료 28〉 경동철도(京東鐵道) 자금 차입, 약 90만 원(매일신보, 1930.06.20, 8면 6단)

경동철도회사(京東鐵道會社)에서는 예정선 연장에 동반한 자금을 철도국 공제조합에 차입 방식을 절충 중인데, 동(同) 조합에서는 긴급 운용위원회를 개최하고 협의한 결과 90만 원을 대출하기로 결정하고 이자율은 7분(分), 기간은 2개년이며 동사에서는 철도재단을 설정하여 이를 담보하기로 목하 그 수속을 급하니, 7월 중에는 실현될 예정이다.

〈자료 29〉 남조선철도(南朝鮮鐵道)에 130만 원 대출: 철도 공제에서(중외일보, 1930.07.27, 4면 6단)

철도국 공제조합 금융부에서 남조선철도회사(南朝鮮鐵道會社)의 건설 자금으로서 260만 원을 대부한 것은 기보(既報)와 같거니와, 24일 이 금액의 제1기로서 130만 원을 대여하고 잔금 130만 원은 이번 가을 10월에 주게 되었으며, 동부(同部)에서 조선경동철도회사(朝鮮京東鐵道會社) 철도재단 대부 90만 원 중 10만 원을 26일에 빌려준다는데, 동부에서는 유리하고 확실한 사업이면 가급적 대출한다더라.

〈자료 30〉 총독부 소관 철도의 공채 발행을 요구: 조선인의 도항(渡航)을 방지하고자(조선일보, 1930.12.09, 1면 7단)

정부는 실업 구제를 위하여 일본 철도 공채 1,200만 원의 발행을 인정하였으므로, 송전(松田) 척상(拓相)으로부터 조선총독부 소관 철도에 있어서도 실업 구제, 조선인의 도항 방지를 위하여 공채 발행을 요구한 바, 발행액은 600만 원으로 금후(今後) 대장(大藏) 당국과 특별회계 예산 결정까지 교섭을 완료하기로 되었다. 그 우에 화태(樺太) 사업 공채 발행 요구액은 200만 원이다.

〈자료 31〉 철도의 개량 건설 예산 반감은 난면: 특별회계 삭감의 희생(조선중앙일보, 1933.12.14, 6면 3단)

철도국의 1934년도(昭和 9) 일반 예산은 요시다(吉田) 국장이 그 통과에 노력 중이나, 정부의 예산 팽창을 피하려는 의도로 특별회계는 전면적으로 삭제하려는 비도(悲度)에 나서 이 희생으로 철도국의 개량비 추가, 건설비 선상(線上)은 약 반감될 염려가 있게 되었다. 즉 개량비 추가 요구는 200만 원이었던 바, 겨우 140만 원이 용인되고 건설비 조상(繰上)은 460만 원 요구 중 300만 원이 용인하게 되었다. 그리하여 개량비는 주로 수송의 증가, 즉 '스피드업'에 향할 터로 건설 비용은 북부 척식선(拓殖線), 만포혜산선(滿浦惠山線)의 완성에 충당할 모양이다.

〈자료 32〉 철도와 은택: 국영사업의 사명을 다하라(조선일보, 1934.09.18, 1면 1단)

1. 조선 사람으로 문명의 혜택을 감사할 일이 있다면 국영철도를 빼고는 거의 없을 것이다. 옛날 10일, 20일 걸린 길을 1일 내지 1주야(晝夜)에 도착할 수 있고 100원, 200원 걸린 비용을 불과 10원, 20원으로 능히 만족할 수가 있다. 더욱 1개월, 2개월을 걸려도 운반할 수 없던 궁산벽촌(窮山僻村)의 물화(物貨)가 신속히 저렴하게 원거리에 수송할 수 있게 된 것을 생각하면 실로 금석(今昔)의 감(感)이 있을 것이다. 이것은 철도가 국영으로 된 이유도 있을지나, 당로자(當路者)들이 조선 산업 개발에 주력한 때문이 클 것이다.

2. 그러나 이 관영철도가 다른 한편으로 민간에게 불만족과 불편을 주는 예도 있음을 한마디하지 않을 수 없다. 가령 철도의 대(大) 고객은 조선인, 그중에도 조선어 외에 다른 언어를 이해하지 못하는 대중이다. 그런데 각 역마다 역명(驛名)과 기타 사용 언어는 조선어가 아니다. 그러므로 승강할 때에 승강하지 못하는 사람, 승환(乘換)할 때에 승환하지 못하여 내릴 역을 통과하는 예는 불가승수(不可勝數)다. 이것은 승객에게도 불편하려니와 철도국 자체에도 이롭지 못할 것이다.

3. 둘째, 기차의 혼잡할 때가 많은 것이다. 가령 하기(夏期) 휴가라든가, 축제일이라든가, 일요일 같은 때는 학생, 유산객(遊山客), 해수욕장 행인(行人)이 정해 놓고 다수하다. 그러므로 임시로 특별열차를 내는 것은 물론이나, 열차를 더 증발(增發)시킴이 적당하다. 그럼에도 불구하고 이런 때에는 항상 혼잡으로 승객에게 고통을 주는 예가 많으니, 이것은 작금의 초가을 맞이 교외에 산책하는 사람이 많은 경원선(京元線) 등지의 일요일을 봄이 적당할 것이다.

그리고 종래 초등학교 아동에게 무조건으로 무임승차권을 발행하던 것을 인제부터는 조건을 붙여서 3킬로 이내에 학교가 없는 아동에게와 5, 6학년이 없는 학교의 소재지 아동과, 만원이 되어 수용능력이 없는 지방학교 아동에게만 한(限)한다는 것은 종래 철도국의 은택을 감사히 여기는 자로 하여금 박정(薄情)을 말할 것이 아니랴.

4. 물론 철도는 관영이오, 관영기관이며, 국어가 일본어인 이상 일본어를 용어로 한다는 논(論)이 선지 모르나, 이것은 이론을 위한 이론이오, 실제화하지 못한 이론이다. 또 열차의 증발, 무임승차권 발행의 계속은 재정상 불허하는 것이라 할지나, 철도에 있어서 거의 매년을 두고 흑자를 보여 종업원의 대우가 후하고 신규 사업이 연년(年年) 증대하는 것은 세인의 주지하는 바다. 철도국은 왜 이 점을 등한히 하는가.

5. 원래 국영사업은 독점사업이니 고객에게 불친절하기 쉽다. 그러나 국영사업의 이상은 1, 2 자본가의 횡포를 방지하고 겸하여 인민에게 이익을 더 많이 부여하기 위하여 있는 것이다. 그렇게 늘 인민의 요구와 이익을 무시하고 전연(全然) 국영을 위한 국영이라면 도리어 자본가에게 맡김만 같지 못한 것이다.

당국의 심심한 반성을 촉(促)하는 바이다.

〈자료 33〉 국영사업과 민익(民益): 특히 철도에 대하여(조선일보, 1935.03.31, 1면 1단)

1. 국영사업에 대한 이해는 상반(相半)하다. 국영사업의 이로운 점은 일부 자본가의 영유(領有)할 이윤을 국가가 대신하여 그 이익을 다시 국민에게 균점하게 하는 것이오, 국영사업의 해로운 점은 독점사업이니만큼 고객에게 불공손(不恭遜)하기 쉽고 고객에게 불편을 주기 쉬운 점이다. 그러나 원칙으로 국영사업은 그 이윤이 국민에게 되돌아오는 관계상 찬성할 점이 많다.

2. 그런데 조선의 국영사업을 보면 인민에게 불편을 주는 점이 많다. 첫째, 연초(煙草)에 대하여 볼 것 같으면 외국 연초에 비하여 고가요, 미미(美味)가 적다는 것이 정론(定論)으로 되어 있다. 이에 대하여 당국은 혹은 기호품이니 다소 고가라도 무관하다고 변명할지 모르나, 그러나 아무리 기호품이라도 이미 주(酒)와 연초는 대중의 성수품(成需品)으로 되어 있다. 대중의 필수품을 고가로 판매하는 것은 그 이익을 다시 인민에게 돌려준다 하더라도 찬성하지 못할 일이다.

3. 그러나 연초보다도 국영사업 중 가장 불이익을 주는 것은 최근의 철도다. 철도사업은 국영사업 중 가장 대규모의 것이오, 총독부 세출 예산 중 최대한 항목을 점한 것이거니와, 이에 대한 비난의 목소리는 점고(漸高)하여 간다. 즉, 조선어 불사용, 좌석 협착 등 이것이다.

조선 내의 열차 승객은 조선인이 대부분이다. 그리고 그들의 대부분은 조선어 외에는 다른 말을 이해하지 못하는 이다. 그런데 역명(驛名)을 붙인 게시판에나, 역에서 부르는 역명은 조선말로 부르지 않는다. 아무리 일본어가 국어로 되었다 할지라도 인민에게 불편을 주면서까지 국어를 강요할 이유는 어디 있는가.

4. 둘째, 좌석의 협착한 것이다. 전에 오인(吾人)은 일요일 등 휴일과 학생들의 휴가 때에 열차가 협착하여 대혼잡을 이룸을 지적하였거니와 최근에 이르러는 평시(平時)에도 일층 혼잡함을 발견한다. 그것도 경제의 부족이라든가 하면 모르지만, 국선(局線)은 말할 것은 없고 사철(私鐵)도 1, 2의 신선(新線)을 제외하고는 모두 흑자가 크다 하지 않는가. 이익을 남기면서도 고객에게 불편을 준다는 것은 국영의 본의를 잊었다 하겠다.

5. 물론 철도가 인민에게 끼친 이익이 없다는 것은 아니다. 과거의 10일의 노정(路程)을 1일에 가고 수백, 수천 원을 요하든 운임 여비가 불과 수십, 수백 원으로 저렴해졌음은 그 현저한 사실이다. 그러나 최근 업적이 양호하여 그 이윤이 막대함에도 불구하고 예전보다도 일층 불편을 주는 것은 고객으로서, 인민으로서 반대하지 않을 수 없다.

철도의 이익은 사철의 매수 등 간접으로 이익을 끼치는 점이 없는 것도 아니다. 그러나 사철의 매수는 따로 공채의 발행도 있지 않은가. 그러므로 철도사업의 이익은 철도사업의 개선에 이용하되 전부 고객 본위로 할 것이다.

당국의 신속한 개선을 촉(促)하는 바이다.

2. 조선·조선인 본위의 철도 개발 요구

〈자료 34〉 조선 민족의 각성할 때: 사활의 양도(兩途)(동아일보, 1922.05.28, 1면 1단)

오인(吾人)은 재래에 기회 있을 때마다 조선 민족의 희망이 존재하고 생명이 발동하고 신아(新芽)가 발(發)하는 것을 지적하고 논파하여 일반의 주의를 환기하며 노력을 요망하였노라. 이는 일반의 주지하는 바이거니와 오인은 실로 암흑 중에 광명을 보는 자이며, 폭풍 중에 화평을 구하는 자이니 비록 흑암(黑暗)에 광명이 없을지라도 오인은 궂하여 이를 보고자 하며, 비록 폭풍에 평정이 없다 할지라도 오인은 강하게라도 이를 구하고자 하는 것이라.

혹은 이를 조소하며 이상가라 하여 냉평(冷評)하는 자 있으나, 그러나 오인이 사랑하는 자가 어찌 그 민중에게 대하여 희망과 광명은 보지 아니하고 발생하며, 그 사회 전도에 대하여 생아(生芽)와 동맥의 흥하고 약함을 관찰하지 아니하고 심(心)을 안(安)하리오. 오인은 진실로 조선인에게 대하여 희망을 구하며 생명을 보는 자로라.

이번에 지방을 순회하여 각종 사실을 종합한 결과 오인은 과연 오인의 이러한 희망과 광명의 관찰이 객관에 근거가 없는 일종 주관적 환각에 불과한 것이 아니라 엄연한 사회적 사실의 일면인 것을 감각하였나니, 교육의 발흥과 청년의 활기와 시대적 사상의 잠입은 이를 증명함이 아닌가. 오인은 이러한 현상을 목도하고 귀로 듣고 친히 감각할 때에, 일종 감격에 격하여 자연히 뜨거운 눈물이 동(動)함을 금하지 못하였노라.

그러나 오인이 이제 사랑하는 형제에 대하여 특히 일언(一言)을 제창하여 주의에 일층 주의를 환기하고 결심에 일층 결의를 가하게 하고자 하는 것은 대개 만사에 표리가 있고 명암이 존재하는 것이니, 조선인이 목하 광명을 향하여 생명을 구하여 약진하려 하는 것은 물론 전술한 바와 같이 엄연한 사실이나, 그 반면에 사회적 경쟁과 경제적 경쟁이 오인은 특히 경쟁이란 어구에 만근의 중(重)을 가하여 형제에게 제언하고자 하노라. 이 경쟁의 일면에는 죽음이, 암흑의 죽음이 대저 알 수 없는 심연이 존재하고 다른 일면에는 화란만(慢花漫)하고 향복욱(香腹郁)한 춘야(春夜)가 전개하였나니 일보(一步)를 패하면 실로 사(死)의 연못에 빠질 것이오, 일보를 승하면 생(生)의 복을 취할 것이라. 형제는 계심(戒心)할지어다. 이 생사의 분기점인 경쟁을 일진월가(日進月加)하여 점차로 맹위를 발휘하게 되는 것이 또한 사실이라. 일례를 들어보건대 철도의 신설은 지방 발전과 문화 향상에 물론 가(可)하며 도시 발전이 현대적 산업

조직의 필연한 결과이며, 따라서 인생 생활에 대(大)한 편리를 증가시키는 것은 사실이나, 그러나 철도의 부설을 따라서 철도선의 연장에 비례하여 조선인의 경제적 지위와 세력이 궁축(窮縮)하며, 도시의 발전을 따라서 그 주회리(周回理)의 확대에 비례하여 조선인의 호구가 구축을 당함을 어찌 오인은 이를 ■하고 이것을 ■할 때에 실로 전율을 금치 못하였노라. 초목이 춘양(春陽)에 신아(新芽)를 발하는도다. 그러나 일조(一朝)에 폭설이 가하면 어찌 그 맹아의 발백(發白)을 기하리오.

아울러 오인이 경종을 타(打)하고자 하는 것은 시세가 이와 같은 것이라. 조선인이 생맥(生脈)의 동(動)함으로써 만족하고 안심할 것이 아니라 이 생명을 비록 폭풍 중에라도 한설리(寒雪裡)에라도 보호하고 조장하고 양육하여서 충분히 발달을 기하여야 할 것이니 이 업(業)이 용이한가. 오인은 절벽에 당도하였도다. 어느 정도의 결의와 어느 정도의 주의와 어느 정도의 노력으로써 능히 만족에 도달하기 어렵도다. 무릇 사회적 생활에는 두 가지 길이 있으니, 하나는 사의 길이오, 다른 하나는 생의 길이라, 사도를 없애고 생도를 선택하려면 원래 그간에 부단하고 비상한 노력을 요함은 고래 경험이 증명하는바, 오(吾) 성현의 교훈한 바 아닌가. 그런즉 어찌 오인이 더불어 논하여 조선인의 각성할 때라 함은 요컨대 이러한 사실을 지적하고자 함이니, 구체적으로 주장하면 조선인은 말에 용(勇)하지 말고 행(行)에 충(忠)하여야 하며, 쟁투에 발분하지 말고 단결에 용의하여야 할 것이라. 좀 더 부지런하며 좀 더 착실하며 좀 더 지속성이 있으며 좀 더 꿋꿋하여야 할 것이 아닌가. 오인의 생활 전체의 필요상으로 말하는 것이니, 이는 실로 오인의 사활을 결정하는 출발점이오, 근본 문제라 감히 일언을 발하여서 일반 청년의 참고에 제공하노라.

〈자료 35〉 전주 시민대회: 시민은 일본인뿐인지 조선인은 권리의 포기(조선일보, 1924.06.21, 4면 1단)

세무감독국 위치 문제로 금년 4월 13일에 당지(當地)에서 시민대회를 개최하고 위원을 파견하여 총독 당국에 직접 교섭 중이라 함은 이미 각 신문지를 통하여 누차 보도한 바 거니와 해당 문제는 필경 실패에 돌아갔었다. 그러나 이들 문제는 전혀 전주(全州) 번영을 위하여 하려는 문제임으로 전주 번영 문제의 세무감독국보담도 전주-이리(裡里) 간 경편철도(輕便鐵道)를 관영으로 시설(施設)하여 전주-이리-군산(群山) 간을 직통으로 호남 본선(本線)과 연락하여 교통을 편리하게 하는 것이 무엇보담도 최선의 이익이라는 의견이 일치되어 대표위원 4인이 지난 12일에 상경하여 사이토(齋藤) 총독을 면회하고 일장의 진정을 한 결과 어느 정도까지의 양해가 되었으나, 총독은 목하 도동(渡東) 중임으로 7월 말경에 귀임하기를 기다려서 다시 상경하여 결정적 교섭을 하리라는데, 지난 15일 하오(下吾) 8시에 당지 공회당에서 시민대회를 열고 창립 이래의 경과 보고와 금회 상부위원의 교섭 전말 보고가 있은 후에 시민대회라는 것은 임시로 된 모임인 까닭에 영구 존속할 일이 없으니 조직을 변경할 필요가 있다 하여 명칭을 전주시민대회로 변경하고 즉석에서 회칙까지 통과가 되어 회장 히사에이 린이치(久永麟一, 대의사), 부회장 마쓰나미(松波千海, 전북일보사장), 부회장 이해만(李海晩, 도평의원) 3씨가 피선되었는데, 모임의 목적은 전주의 번영을 도모하기로 한다 하며 전기 경철(輕鐵) 관영의 목적을 관철하기까지는 기어이 노력할 모양이라는데, 당석(當席)에 출석한 회원은 200여 명에 달하였으나 조선인은 10여 명에 불과하고 전부가 일본인이었다. 금후(今後)로 시민회가 열리는 때에는 조선인 시민들도 자기의 권리를 포기하지 말고 다수가 출석하여 의사를 주장하는 것이 좋겠다더라. (전주)

〈자료 36〉 해주(海州) 시민대회(조선일보, 1924.07.19, 4면 7단)

지난 15일 오후 1시에 해주(海州) 남본정 세옥좌(笹屋座)에서 시민대회가 개최되었는데, 100여 명이 출석하여 다음 사항을 처리하였더라.

좌장은 윤헌구(尹憲求) 씨로 선정한 후 연사의 웅변을 토하였다. 기중연(其中演) 아라타니 세이노스케(荒谷誠之助) 씨는 분개한 언사로 아래와 같이 청중에게 느낌을 주었도다.

1. 본도(本道)는 전도(全道) 중 제■위에 있는 면적은 1,085방리요, 인구도 제6위인데 130만 9,02■인이며 경지는 제1위에 있어 54만 ■,228정보로, 해주면은 전도 면(面)에 비하면 제16위, 인구가 1만 5,880인, 도 소재지로 말하면 제8위인데, 조선인으로만 제10위, 일본인으로는 제21위, 도 소재지로 하면 순서 제7위, 일본인은 제12위라. 이와 같은 번창한 도를 종종 이전(以前) 혹은 본월(本月) 6일 《대판매일신문(大阪每日新聞)》과 《서부매일(西部每日)》에 게재된 황해도를 경기도와 평안도로 한다는 기사가 있음도 해주 시민에 대하여 수수방관할 수 없다는 열변을 토하였고 무토(武藤) 씨 협의■에 대하여 일본인과 조선인은 일치 가결하였는데 아래

와 같더라.

1. 황해도의 폐지·분할의 신문 기사는 가치 없는 기사이므로 당국의 의향을 확정하여 허위의 기사한 자를 징벌할 일
2. 철도의 속성(速成)과 연선(沿線) 설치 청원하기 위하여 위원을 정하여 상경하게 할 일
3. 본 건 진정과 청원위원은 일본인과 조선인 각 2명으로 하는, 그 비용은 일본인과 조선인이 각자 부담할 일
4. 철도부지(신원(新院)-해주 간 및 정거장)와 연선용 부지는 일본인과 조선인이 합동하여 기부할 일
5. 장래 본 건 협상하기 위하여 일본인과 조선인으로서 상설위원 각 6명을 선출하여 처리하게 할 일

본 건에 대하여 토의한 후 동 5시 반에 폐회하였다더라. (해주)

〈자료 37〉 조선 본위의 경제책과 조선인에게 급할 영향(중)(조선일보, 1924.07.29, 2면 1단)

우편저금과 같은 것은 봉급생활자, 기타 중산 이하 세민(細民) 중의 저금자가 많을 것인데, 조선인의 봉급자는 일본인과 달리하여 동일한 관공리일지라도 일본인에게는 일정한 봉급 외에 사택료가 존재하고 가봉이 있되, 조선인에게는 이것이 없으며, 심지어 직무로 인한 병기(病氣)에 대하여 치료비를 제공함에 일본인에게는 조선인보다 후하기가 배 이상에 이르는 실례가 있다.

이와 같이 빈약한 수입을 가진 조선인이 호구하기에도 오히려 더 부족일 것인데 어느 겨를에 저금할 여유가 있으랴. 일본인의 저금액과 조선인의 그것을 숫자로 비교하고자 하는 것은 무모한 것이다. 조선 내의 우편저금 이자 인상은 지극히 좋은 일이겠으나 저금할 여유가 없는 조선인에 어떠한 이익이 있으랴. 이것이 즉 경제상으로 본 조선과 조선인을 혼동시할 수 없다는 것이다.

또는 조선 자금의 유출을 방지하여 조선 내에서 자금이 윤택하고 금리가 저하된다 한들 연연(年年)이 빈약하고 궁핍하여진 조선인이 이로 인하여 속히 사업이 왕성하여질 것인가. 한

갓 조선에 있는 일본인 기업가나 자본가가 기왕에 있는바, 경제적 실력과 새로이 보장되는 산업시설의 편익을 겸득(兼得)하여 가속도로 발전될 것이 요연하고 이에 수반하여 조선인의 경제력이 역시 그만큼 속도로 축소될 것으로 상상할 수 있다고 한다. 이것은 오인(吾人)이 고의로 이러한 말을 농하여 당국을 비난하고자 함이 아니오, 종래 당국의 정책이 편파하고 간여(干與)하여 조선인으로 하여금 금일과 같은 경제적 궁지에 빠지게 한 일이 있으므로 그러함이다.

종래의 당국도 조선에 대한 시설이 없지 않았다. 도로의 정리와 철도의 연장 등은 조선 개발상 유익한 것이다. 그러나 이로 인하여 최다의 이익을 얻은 자는 일본인이다. 보라, 기차도 불통되던 벽촌의 왜소한 초가는 그나마 조선인 소유이던 것이 일조에 정거장 소재지로 변하고 2, 3층의 양옥이 즐비하게 되는 때에는 벌써 조선인의 손으로부터 이전된 것을 발견하겠고 수리가 불편하고 황폐하던 박토(薄土)는 오히려 조선인의 소유이던 것이 관개의 편의를 얻어 비옥하게 될 때에는 벌써 동척(東拓)이나 기타 일본인 고리업자의 저당의 목적물을 성한 것을 보지 못하였는가. 이것이 즉, 시모오카(下岡) 총감의 특히 조선을 위한다고 하는 산업책에 대하여 희열하지 아님은 물론이오, 한편으로 우려를 느끼게 된다 함이다. 그러나 오인의 소요와 같은 조선 본위의 신 산업책이 현실 되는 때에 조선인 생활에 미칠 영향이 어떠할까?

〈자료 38〉 활기를 띄운 점촌(店村)의 광야: 10호밖에 없던 촌이 갑자기 100호가 늘어(매일신보, 1924.12.13, 5면 3단)

점촌(店村)번영회에서는 이번 양군(兩郡)의 시민운동에 승리를 얻고 각 방면으로 활동하여 인근 읍(邑)의 음식장사와 잡화상을 모아 들여 가옥 건축에 급급하던바, 본시 10호에 불과하던 벌판에 벌써 새 가옥이 거의 100호나 건축되었으며, 따라서 정거장도 굉장하게 건축되었을 뿐 아니라 통신기관이며 미두검사소(米豆檢查所)도 설치하게 된 동시에 시장까지 개시하여 지방의 장사가 매일 집중하도록 대계획을 가지고 활동 중이며, 또한 재등(齋藤)자동차부와 경북자동차부를 교섭하여 각 방면으로 교통을 도모하였고 이전 낙동강(洛東江)으로 운반하던 의성(義城), 안동(安東)의 곡물, 기타 물화를 전부 점촌을 경유하여 경북선(慶北線)으로 운반되도록 운동 중이며, 기타 각 방면으로 발전에 대한 운동을 계속 중인데, 점촌이란 원래 넓은 벌판이라 장차 발전될 여지가 많다 하며 따라서 번영회에서도 소기의 목적을 달성할 예정으로 점점 계획을 세우는 중이라더라.

〈자료 39〉 손해는 조선인뿐: 일본인 지주의 음흉한 계책, 승낙한 조선인은 취소 의사, 안성정거장 기지 문제(동아일보, 1925.01.31, 3면 4단)

경남철도(慶南鐵道) 안성정거장 위치가 안성읍(安城邑) 내 석정리 피병사(避病舍) 부근에 확정된다는 말을 듣고 작년 봄 이래 전 안성경찰서장 우루시하라(漆原) 모 외 수삼 일본인의 모리배가 암중에 비약하여 토지를 매수하고 동(同) 회사에 대하여 폭리를 취하려 한다 함은 당시 보도한 바거니와, 그 후 동 정거장 위치는 과연 전기 지역 내로 확정되어 조선인 소유 토지는 이미 대부분이 논 매평 최고 85전~40전으로 매매 승낙이 되었음에도 불구하고 전기 일본인 등은 표준가격의 4~5배 내지 7~8배를 호가하고 동 회사의 매수에 응하지 않을 뿐 아니라, 평택금융조합 이사 요시다 신이치로(吉田眞一郎)는 표준가격 매평 40전의 밭을 매평 3원씩으로 매도계약을 체결하여 지난 12월 중에 동 조합 사이라이지 유도(西來路勇道)의 명의로 이전 등기를 내이고 동 회사에 대하여 3원 이상의 가격이 아니면 매수에 응할 수 없다 한다는데, 이 사실을 알게 된 조선인 측 지주들은 염가로 매매한 것을 후회 불기(不已)한다 하며 아직 승낙하지 않은 지주들은 일본인 지주의 조처 결정을 보지 않고는 절대로 매도하지 않겠다 함으로 철도공사에 막대한 장애가 있다고. (안성)

〈자료 40〉 해주철도기성시민대회: 선전 연설 후에 결의문을 통과(조선일보, 1925.04.08, 2면 2단)

해주철도기성동맹준비회를 지난 1일에 해주(海州) 남본정에 있는 황해도 금융조합연합회 누상에서 개최하였다 함은 이미 보도한 바와 같거니와, 지난 5일 오후 2시부터 해주 제일공립보통학교 교실에서 해주철도기성시민대회를 열고 해주면장 오키모토(冲本正晴) 씨의 발회사가 있은 뒤이어, 김영택(金泳澤) 씨와 시미즈 후사키치(清水房吉) 씨 외 선전 연설이 있었고 결의문을 통과한 후 아래와 같이 임원을 선정하고 동 오후 4시에 폐회하였더라.

◇ 결의

조선철도(朝鮮鐵道) 사리원-신원선(沙里院-新院線)을 해주를 경과하여 용당포(龍塘浦)까지 연장하는 것은 각하의 상세(狀勢)상 매우 중요한 것으로 인정하고 오인(吾人)은 더불어 협력일치하여 당로(當路)에 양해를 얻은 후 속히 목적의 달성을 기함.

◇ 임원

회장 김영준(金泳準), 부회장 무토(武藤哲), 평의원 (일본 측) 니시무라(西村守三) 외 19인, (조선인 측) 김광국(金光國) 외 24인, 회계 해주면서기 중. (해주)

〈자료 41〉 군사로 본 평원선(平元線), 국경선(國境線)(시대일보, 1925.05.29, 1면 9단)

조선 내 미착수 철도 중 평원선(平元線)과 국경선(國境線)의 군사상에 관계된 가치에 대하여 조선군사령부(朝鮮軍司令部) 도지(田路) 참모소좌는 말하되, 소련(露國)이 현재와 같은 상태로 나아감에 한하여 우선 일본해(日本海)의 제해권은 일본 해군에 의하여 파악하게 될 것이므로, 일본해는 일본내해(日本內海)라고 간주한다. 따라서 이에 대한 외해(外海)라고 볼 것은 동중국해(東中國海) 방면이오, 조선으로서는 육상교통의 주 동맥인 간선철도는 이러한 외해 방면에 덧붙여 부설될 터이오, 장래 일본이 전력을 들어 확보하지 않으면 만몽(滿蒙)에서 사변이 일어날 때에 이곳과 일본이 결부하는 교통선이 다만 하나의 조선해협(朝鮮海峽)으로부터 경부(京釜), 경의(京義)의 일선이라고 운위함은 너무 견실하지 못한 일이다. 현재에 있어서 경원선(京元線)은 존재하나, 만약 평원선이 다시 완전한 때를 상상하면 내해인 일본해 방면으로부터 안전히 수송하여 원산(元山)으로부터 평양(平壤)에 보내게 됨으로 대외작전상의 가치는 비상한 것이다. 이에 대하여 국경 방면 즉 신안주(新安州), 강계(江界)의 선은 국경경비상에는 편리하게 되나, 대외작전상에는 대안(對岸) 중국 영토 내에 이것과 접속할 하등의 시설도 없으므로 거의 가치가 없다고 말하여도 가(可)하다. 그러나 일보 나아가 국방 자원의 충실의 의미로서 산업의 개발을 주안으로 하여 보면, 혹은 국경 방면에 풍부한 광산물, 임산물이 매장되면 이 노선도 결코 군사상에 중대한 의의를 가진 것이라고 단언함을 기탄(忌憚)하지 않는다. 그 무엇을 먼저 할까 하는 문제는 전혀 총독부의 방침에 의한 것인데, 들은 바에 의하면 국경 방면에는 목하 민간에 일대 수력발전의 계획도 있으므로 일개인으로서는 국경선과 같은 것은 그 사업의 일부로써 민간의 경영에 위임할 것도 일안이 되리라고 생각한다. 총독부로서도 주요한 간선은 이를 국력으로 진행하게 하여 비교적 유망한 배양선(培養線)은 이를 민간 회사의 경영에 맡긴다고 말함과 같은 방침으로 진행하는 것 같다고 운운한다.

〈자료 42〉 철도 부설 신계획: 평원선(平元線)보다 신안주(新安州)-만포진(南浦津) 간이, 긴급함을 설(說)하는 자(者)도 유(有)(매일신보, 1925.05.30, 3면 3단)

철도국은 목하 일의(一意) 함경선(咸鏡線)의 속성(速成)에 매우 집중하여 다른 것을 불원(不願)하는 모양이나 그 사이에 새로운 노선 계획도 진행되는 듯한데, 그 대부분은 의회의 협찬을 경유하는 관계상 이는 당연 평원선(平元線)을 착수할 줄로 간주되며 어떤 노선에 착수할까 함은 아직 미정인데, 신안주만포진선(新安州滿浦鎭線)이 될까 하는바, 동선(同線)은 국경의 치안 유지상에도 매우 필요하나 강계(江界), 만포진 방면은 경제적으로도 상당히 부유하고 대안(對岸) 지나(支那)와의 무역도 철도 개통 후는 상당 발달될 것으로 예상되는데, 다만 청천강(淸川江)과 수로강(秀魯江)의 곡절(曲折), 유하(流下)에 따라서 선로를 부설하게 될 터이므로 철교와 수도(隧道) 등이 다할지오, 양(兩) 강의 분수령이 될 구현령(狗峴嶺)이 공사의 난관인데, 함흥(咸興) 방면으로부터 장진(長津) 경유 강계, 만포진에 도달하는 선로보다도 이 노선의 시공이 용이할지오, 혜산진(惠山鎭)과 함경선의 북청(北靑), 혹은 길주(吉州)를 연결할 노선도 지금 부설의 필요를 인정하되, 그것은 만포진선 개통 후가 될지며, 평원선은 그다지 경제적 가치가 있는 것도 아니오, 철도로도 화객이 특히 증가할 것도 아니며, 대지(對支)무역, 국경 경비의 점으로 오히려 평원선보다도 안주선(安州線)을 선행하는 것이 가(可)하다는 설도 존재하나, 필연 평원선이 우선 착수되리라더라. (함흥)

〈자료 43〉 시평(時評)(조선일보, 1925.06.16, 1면 1단)

황폐호(荒廢乎) 발전호(發展乎) (1)

조선은 농산국(農産國)이다. 전원(田園)의 상황은 곧 조선인의 안락과 근심을 반영하는 것이다. 그러나 최근 빈발하는 천재시변(天災時變)으로 인하여 전원의 황폐, 달리 말하면 산야의 황폐가 심상하지 아니한 바 있다. 작년의 한수재(旱水災)와 충해(蟲害), 박재(雹災) 등은 지금도 기아의 부르짖음이 끊어지지 않거니와 불시의 홍수로 인하여 산악의 붕괴와 하천의 범람은 더욱 농산물의 부원(富源)을 파괴함이 많다.

남으로 만경강(萬頃江)의 수리문제 또는 개수문제가 저 총독부 당국의 항시 운위하는바 되거니와 서로 재령강(載寧江)의 개수공사는 현하 당국들의 자못 과요(誇耀)하는 바이다. 혹은 수십 리의 방수제와 누천간(累千間)의 호안공사(護岸工事)를 베풀어서 재령(載寧), 봉산(鳳山) 등 호망(浩茫)한 옥야를 보호하여서 100여만 원의 농산액을 증가할 것을 예기하며 공사비로는 총액 323만 원을 지출하리라 하니, 소위 산업제일주의의 표방하에 산미증식의 계획에 여념이 없는 당국으로서는 더욱 특수한 공업인 감이 있을 것이다.

황폐호(荒廢乎) 발전호(發展乎) (2)

하천의 범람과 전야(田野)의 황폐는 만경, 재령 양 강의 유역뿐이 아니다. 오인(吾人)의 목격한 기억에만 한(限)할지라도 경성(京城)의 서교(西郊) 임진강(臨津江)의 유역 사력(砂礫)이 옥야의 일면을 뒤덮음을 보았고 호남선(湖南線)의 연변(沿邊) 공주(公州), 논산(論山)의 열주(列州) 또한 동일한 상태하에 있다. 그러나 이제 당국자 재령강의 개수공사로써 해서(海西) 일부의 부원을 회수하고자 한다 하니 오인은 사람으로서 그 사업을 폄하여 말하지는 아니한다.

사람으로서 그 사업을 폄하여 말하는 것은 오인의 취치 않는 바이다. 그러나 재령, 봉산의 일대 해서의 부고(富庫)에 관하여는 오인이 드디어 무관심하게 지나갈 수 없다. 연래로 반복하는 소작쟁의 조선인 농민의 패퇴(敗退)의 역사는 이 유수한 부고가 차차로 어떻게 그 소유주를 바꿈을 알 것이다. 만경강의 유역 김제(金堤) 만경 일대의 호남 수위의 대옥야(大沃野)도 근년 이미 대부분의 소유주를 바꾸었다 하지 않는가?

발전의 진상

철도가 개통한다. 지방이 발전한다. 그러나 그는 곧 조선인의 패퇴와 일본인의 침입을 의미하는 바이다. 개수공사가 진행되고 수리사업이 완성된다.

농산물이 증식된다. 그러나 그것은 곧 어느덧 조선인 소지주의 몰락을 일으키고 그리하여 조선인 소작민의 이산까지를 유치하게 된다. 이것이 발전의 진상이다.

총독부 당국이 위하여 해설하여 말하길, 합법적 계약에 인하여 정당한 대금을 주고 매수하며 취득하니 아무런 불가함이 없으리라고. 역시! 그러하도다. 임금 말씀이 이러하리니 오인은 강변하고자 아니한다. 그러나 이 합법적의 정당한 행위는 곧 천하인을 아울러 위연(喟然)

히 현상의 대파괴를 꾀하는 재앙의 원인이로다. 오인 이제 발전의 진상에 생각이 미치고 또한 천하의 선구자들로 더불어 드디어 고침안와(高枕安臥)할 날이 없음을 크게 탄식하리로다.

〈자료 44〉 사설: 조선의 경제와 조선인의 경제(조선일보, 1926.01.18, 1면 1단)

1. 일한합병(日韓合倂) 이래 지금까지 십유여 년간(十有餘年間)에 조선에는 시정 당국자의 방침을 따라 혹은 무단정치(武斷政治)에 의하여 극히 구식의 압박으로 능사(能事)를 삼던 시대도 있었고, 또 혹은 소위 문화정치(文化政治)라는 근대식 간판으로써 일시를 추이한 일도 있었지만 이것은 이미 케케묵은 오래된 일에 속한지라 구태여 다시 생각할 필요가 없다. 그러나 최근에 이르러 더욱 고(故) 시모오카(下岡) 총감 부임 이후 기세를 앙앙하게 된 소위 산업제일주의가 성대히 선전되어 당국자의 의기척게(意氣揚揭)한바 있는 것을 본다. 이 산업제일주의 실현의 유력한 사업의 하나 되는 산미증식안을 금년부터 실시하게 되어 의회를 통과하면 연년(年年) 거대한 금액이 일본에서 조선으로 유입될 것을 기대하겠고 이외에도 산업에 관한 시설이 다종에 걸친바 있으며, 또 다른 한편으로는 조선 내 생산품 소비에 대하여 적극적 장려를 하는 것 등을 보면 불원(不遠)한 장래의 조선에도 호경기 시대가 출현할 듯이 생각하게 한다.

2. 또 당국자들은 조선 치적(治績)에 대하여 스스로 자랑하는 바 많다. 더욱 경제적으로의 조선은 매년 세세발달(歲歲發達)을 노정하였다고 볼 점도 없지 않다. 이에 관한 주요한 예를 들면 조선의 경지면적 같은 것은 일한합병 당초인 1910년(明治 43) 말의 전답(田畓) 합계 246만 4,904정(町)이던 것이 1924년(大正 13) 말에는 432만 865정으로 경이적인 증가를 보인 것도 있고, 특히 무역에 이르러는 누년(累年) 입초(入超)를 보이던 것이 조선미(朝鮮米) 일본 수출의 증가로 인하여 작년 중에는 100여만 원의 소액이나마 출초(出超)를 보게 되어 모두 조선의 발전을 선전할 만한 재료로 제공되었으며, 따라서 이와 같은 조선의 발달은 곧 조선인의 생활을 향상하게 하는 것이며 조선인의 행복을 증진하게 하는 것이라 함이 당국자 부류의 결론인 것 같다. 또 이와 같이 결론되는 것이 원래는 당연할 것이다. 그러나 조선인의 생활은 과연 향상되고 행복되는 바 있는가?

3. 조선 내의 인구는 아직 과잉의 정도에는 이르지 못하였고 조선의 경제는 경지면적의 증가, 무역의 호전을 위시하여 각종으로 발달되었건만 북으로 만주(滿洲)에 향하며 남으로 현해탄(玄海灘)을 도항하는 다수한 조선인은 그들이 조선 내에서 생활의 방도가 없음으로 인함이

아니고 무슨 의미일까. 경제가 발달되는 조선으로는 한 기이한 현상이라 하겠다. 조선의 발달은 도회나 농촌이나 마찬가지이다.

인구가 근소하고 상공업이 미약하던 지난날의 도시에는 오히려 조선인의 활동하는 바 있었더니, 발달되었다는 금일에는 조선인의 활동은 미약하고 지난날의 농촌에는 박전악토(薄田惡土)일지라도 오히려 조선인이 소유하였지만, 철도가 개통되고 관개수리의 편리가 증진되어 전답이 비옥하게 되자 벌써 조선인의 손으로부터 떠나는 것을 볼 수 있다. 이에 대한 구체적 재료는 이미 본지상에 누보된 통계가 족히 증명한 지 오랜지라 번거로움을 피하지만은, 이와 같이 조선의 경제가 발달되나 조선인의 경제는 쇠퇴되고 조선의 부는 증진되나 조선인의 생활은 빈핍하게 되는 기현상을 노정한다. 오인(吾人)으로 하여금 조선의 경제와 조선인의 경제를 구별하지 아니하지 못하게 하는 근거는 실로 이에 있는 것이다.

4. 이러한 기이한 상태는 종래 조선의 위정자가 단순히 조선 본위라는 피상적 관찰에 의한 조선인의 처지를 무시한 정책에서 기인된 것이다. 조선에 대한 경제적 시설 내지 특수 보호도 다수 경우는 조선인에게는 그 이익을 받을 기회가 없는 것이다. 이것은 경제상 실력이 약하고 하등 특수의 보장이 없는 조선인이 그의 정반대되는 경쟁자와 대립한 관계상 당연한 결과라 하겠다. 이와 같으므로 조선의 경지면적이 증가되나 조선인 된 자는 별로 기대하는 바 없고 무역이 발전되나 역시 등한한 경향을 볼 수 있나니, 이것은 경지의 증가나 무역의 발전이 반드시 조선인의 이익을 위한 것이 되지 않음으로 인함이다. 이러한 경우에 당국자나 또는 일본인 지식인의 다수는 흔히 조선인이 경제상 무관심한 것이라고 말하는 것이다. 이상의 관찰로 보면 지금까지의 소위 조선을 위한다는 경제정책은 그 대다수가 조선인을 무시한 것임을 피하지 못하리라 한다.

〈자료 45〉 정거장을 중심으로 안성시구(安城市區) 또 문제: 구시가를 무시하면 조선인 생활에 대타격(동아일보, 1926.02.25, 4면 7단)

기보(旣報)= 안성(安城)시장의 시구 개정에 대하여 시구개정기성회와 토목 당국 간의 의견이 불일치함으로 이 실현상 장애가 적지 않다 함은 이미 보도한 바거니와, 이제 또 한 가지 문제가 생겨서 시민과 기성회 간에 상호 의견이 일치되지 않고 무형(無形) 중에 분규가 심하여 간다는데 내용을 듣건대, 다년 현안이든 시구 개정 확장 문제를 작년 9월에 갑자기 기성회를 조직하고 실현하려고 노력하게 된 동기는 작년 11월에 경남철도(慶南鐵道)가 안성까지 개통됨을 따라 안성역 부근에 신시가가 생기게 될 것을 예상하고, 신시가 생기게 되면 구시가의 상업 세력이 신시가에 빼앗길 것을 염려하고 구시가 상인 일동이 분기하여 시구 개정 확장을 계획하고 신시가에 대항하려고 막대한 희생을 바치어 극력으로 활동하는 한편에, 경남철도회사에서는 "철도를 따라가는 것인즉 정거장 부근 철도촌을 만들어야 된다"는 의사로 안성역 부근 신시가 설치에 대하여 극력으로 원조하며 은근히 신시가에 일본인의 촌락을 만들어 현재 안성시장에서 조선인이 가지고 있는 상업상 중심 세력을 신시가 즉, 소위 철도촌으로 옮기려고 하는 터이오. 관변(官邊)에서도 역시 신시가에 주력하는 경향이 보임으로 구시가 상인(9할 5푼까지 조선인)들은 한사코 신시가에 대항책으로 시구 개정 확장을 실현하고자 하여 거액에 달하는 토지·가옥을 무조건 제공키로 되었던 바, 토목 당국의 고집으로 이것의 실현에 난관이 생겼을 뿐 아니라 오는 4월부터 기공할 안성-여주 간 철도가 구시가의 중심 지대를 관통하게 될 것이오, 이와 같이 되면 구시가는 교통상 지대한 불편이 생기어 일대 치명상적 타격을 받게 될 것이 명백한 사실인즉, 막대한 비용을 주민이 부담하여 시구 개정을 한다 할지라도 하등 효과가 없을 것이라 하여 시민 중에 시구 개정을 반대하는 인사가 생기게 되어 토지·가옥의 기부를 취소하고자 하는 인사도 적지 않다 하며, 시구개정기성회 내부에서도 반대파와 찬성파로 나뉘어 무형 중에 분규가 심하여 간다는데, 반대의 의견을 가진 동회(同會) 상무위원 모씨는 말하되 "시구 개정은 전연히 민력(民力)으로만 한다는 것이 잘못된 계획일 뿐 아니라, 관변에서 하등의 비용 부담도 없으면서 시구 개정에 대하여 도로 폭의 간수(間數)를 증가시켜려고 하는 일은 무리한 일이나, 원래 3간(間) 폭의 도로라는 것은 부적당한 것이오. 이것이라도 막대한 비용을 민간에서 부담하여 실현시킨다 할지라도 철도가 시가 중심을 관통하게 되면 구시가 발전상 하등의 효과가 없을 것인즉 차라리 중지하는 것이 상책이다" 한다 하며, 동 회장 이정진(李正鎭) 씨는 말하되 "철도가 시가 중심을 관통한다 할지라도 교통상 불편이 있지 않을 터인즉 시구 개정은 기어이 초지(初志)를 관철하여야 하겠다" 한다는데, 만일 시구 개정이 실현되지 않으면 구시가 상업의 세력은 신시가에 빼앗기고 말겠다더라. (안성)

〈자료 46〉 예천(醴泉) 외 5군 연합 경북선(慶北線) 연장운동: 진정위원 다시 도동(渡東)
(매일신보, 1926.02.27, 3면 6단)

경북선(慶北線) 연장 속성을 기약하고 예천군(醴泉郡) 외 5군이 연합하여 경북선 연장 속성 기성대회를 개최한 결과 진정위원으로 각 군에 대하여 혹은 2명, 혹은 1명씩 선발하여 총독부와 철도국에 파견하게 되었다 함은 본보에 이미 보도한 바거니와, 그 진정위원인 예천상공회장 도요타(豊田是蘇) 씨 외 8명은 지난 17일 각기 당지(當地)를 출발하여 총독과 의도(議道) 국장(局長), 기타 중역의 간부를 일일이 방문하고 구체적으로 진정 교섭한 결과 다행히 그 운동의 취지에 공명할 뿐 아니라 속성기성대회의 운동 여하(如何)에 따라서 지속(遲速)이 있음은 물론이요, 또 금번 도쿄(東京)서 개최되는 조선철도주식회사(朝鮮鐵道株式會社) 중역회의 처리를 보아서 금년 6, 7월경에는 공사에 착수할 예정인즉, 여하간 지방적 무엇을 위하여 운동을 일으킨 이상에는 어디라도 목적을 달성하도록 노력하기만 바란다는 의미 깊은 동의를 얻은 위원 일행은 지난 22일에 귀환하였으므로 동일 오후 3시에 협의회를 긴급히 개최하고 먼저 상경한 위원 중 도요타 씨로부터 진정한 전말 보고를 들은 후에 이어서 진행 방법을 난상 협의한 결과 다시 국면을 전개하여 오는 27일 도쿄에서 개최되는 조선철도주식회사 중역회 및 주주총회에 다음과 같은 진정위원을 파견하기로 하였다더라. (예천)

〈자료 47〉 조선인과 산업문제(3). 노력의 여지가 과연 없는가(조선일보, 1926.04.01, 1면 1단)

1. 국가의 권력을 배경으로 한 자본주의 경제의 진공(進攻)이 있는 곳에 열약(劣弱)한 경제가 파멸되는 것은 피하지 못할 형세이다. 이러한 견지에 있어서 조선인의 기업이 많이 형편없이 패하고 조선인의 경작지가 많이 일본인에게 흡수되는 것은 필연한 경향이다. 그러나 수십 년 동안 조선인의 기업이 실패에 돌아간 세밀한 내용은 다만 외래 자본의 침식뿐이 아니라 그 당사자들의 불충(不忠), 불명(不明) 등 인격적 결함이 대부분의 원인을 지었다 할 것이오, 경작지의 이동은 또한 백열한 시장리(市場裡)의 산업적 각축에서의 실패로서보다는 무모한 사행심의 발작과 혹은 천박한 유흥벽의 만족으로 인한 바만 있었다. 미숙한 경험과 소홀한 지식으로 미두(米豆)의 거래와 광산의 경영 등에 착수하여 일단에 가산을 탕진한 것 같은 것은 그 예가 매우 많은 바로서 누구나 수긍할 바이다. 하물며 소위 백면서생(白面書生), 겨우 학창을 나온 자가 거연히 천하의 대사업가나 우수한 기업가와 같이 자처하고 성세(聲勢)를 허장(虛張)

하며 꾸밈을 가식(假飾)하여 방만화사(放漫華奢)한 시설이 필연의 대손실을 목전에 당하게 되는 것은 거의 항례(恒例)와 같이 되어 왔었다. 이것은 자본주의 경제의 침식을 통론하는 자가 아울러 명심 또 심찰할 바이다.

2. 산미증식안과 치산치수(治山治水)의 사업 등 당국의 경제적 시설이 매우 획시기적으로 나아감을 지적하였었다. 두만강(豆滿江)의 수량을 이용하여 함남의 영흥(永興) 일대에 대규모의 수력전기를 일으킴으로 동(同) 지방이 머지않아 일대 공업지대를 이룰 것이라 하거니와, 저 국영과 사설의 철도를 합하여 남조선의 상업도시들을 종관하는 교통망의 건설운동이 있을 뿐 아니라 동해안을 따라서 영동철도(嶺東鐵道)와 그 실현의 도정 중에 있는 평원철도(平元鐵道)와 장래 부설되리라고 예상되는 압록(鴨綠), 두만 양 강에 접근된 국경철도(國境鐵道) 같은 것을 합하여, 이러한 조선에 대한 교통정책은 다만 산업적 요구에만 응함이 아니오, 더욱 군사적 필요에 의함이 많은 것을 엿볼 것이다. 신임한 모리오카(森岡) 군사령관은 조선에 증병할 필요를 말하였다 하거니와, 장갑열차(裝甲列車)의 설치와 경성(京城), 신의주(新義州) 등지에 고사포대(高射砲臺)의 건설과 항공대(航空隊)의 확장 등 계획은 전기한 교통망의 설치, 대공업의 기획 등과 아울러 그러한 통치군이 적극책을 적나라하게 성명하는 바이라. 이러한 사면의 초가성중(楚歌聲中)에 있어서 조선인의 산업 발전을 논함이 매우 현실과 거리가 먼 것에 가깝지마는 이들의 성세가 어떻게 천지를 흔드는 바 있음에 불계(不計)하고 조선인이 그의 가진바 최대의 능률을 발휘하여 최후적인 산업적 운동을 일으킴은 가장 현실과 거리가 먼 듯하되 가장 현명한 생존운동의 일 대책인 것이 명백하다.

3. 먹고자 하되 먹을 것이 없다. 배웠으되 직업을 가질 수 없다. 그리고 조선인은 온갖 향상의 기회로부터 제외되었다. 이는 오인(吾人)이 천하인에 솔선하여 큰소리로 외치고자 하는 바이다. 그러나 오인은 오히려 조선인은 구설의 웅(雄)이라고 지적하는 것이 가장 충실한 고언(苦言)인 것을 안다. 오래전 고려의 서희(徐熙)는 수구(數句)의 언사로써 소손녕(蕭遜寧)의 70만 병사를 물리쳐서 거란인(契丹人)의 남하운동을 방지한 바 있었다. 그러나 이는 서희의 수구어보다는 고려의 태조에 의하여 훈련된 30만의 광군(光軍)이 그의 배후에 있던 것을 생각하지 않아서는 아니 될 것이다. 구설에 장(長)함으로 그 실제에 등한함이 민족의 번영을 장해(壯害)한 바 있고 민족적 운명이 이미 궁곤(窮困)하여서 갈수록 더욱 구설에 흐름이 있다 할진대, 이는 갈수록 더욱 그 형세를 만회할 길이 없어지는 것이다. 조선의 부유계급들은 금후(今後)에

더욱 현대적 기업에 성공자 되기를 기하고 서로 연합하여 신사업을 일으킬 것이거니와, 조선의 선구자들은 또한 이 복잡한 사회의 사정을 음미하고 성찰하여 대중의 지도에 만전의 방책을 기하여야 할 것이다. 산업운동의 소리는 반듯이 사회투쟁의 논(論)과 아울러 일어나야 할 것이라 한다.

〈자료 48〉 조선인은 주인이다: 일본인 본위는 불가(不可)(조선일보, 1926.05.13, 1면 1단)

1. "천염이덕(天厭夷德), 호무백년(胡無百年)"을 부르짖고 "입주중국(入主中國)"한 몽고족(蒙古族)을 방축하던 명조(明朝)의 개조(開朝) 주원장(朱元璋) 부류의 대의명분을 내세우자 함은 아니다. 고루한 천외사상(賤外思想)을 오늘날까지 품고 있는 자를 상상할 수 없는 바이며, 편협한 인종적 이기심으로서 배외심을 고집하고자 하는 자도 없을 것이다. 다만 2천만 대중이 자리를 잡고 사는 그들의 향토 조선에 있어서 조선인 본위의 백반(百般) 시설을 주장하는 것은 가장 합리한 요구이다. 조선인은 당연히 조선의 주인이어야 하는 것인 까닭이다. 그러나 조선인이 항상 생활권 외에 제외되고 오직 일본인 본위로 운행되는 것이 조선 현하의 정치적 현상이므로 이것이 문제되지 아니할 수 없고 일부러 문제 삼지 않는다 하더라도 여기에 저절로 천하의 화기(禍機)가 감추어 있게 되는 것이다.

2. 통치의 수뇌부로부터 일반 금융경제의 중추까지를 물론하고 일반 산업의 기관으로부터 백반의 사회적 기능이 일본인 본위로 또는 일본 중심으로 자못 철옹성과 같은 조직의 힘으로써 하는 것은 이제 노노(呶呶)함이 도리어 치둔함을 깨닫게 하는 바거니와, 근자 교육기관의 운용에 있어서도 또한 더욱 일본인 본위의 방침을 고조하는 것은 매우 부당한 것으로서 조선인의 매양 차분하고 침착하게 있지 못할 바이다. 경성대학과 각종 관립 전문학교의 재학생을 일본인 본위로써 함은 고사하고 그의 졸업자의 수용에 있어서도 자연 일본인을 본위로써 하니 조선인의 그것은 낙후되고 또 제외됨을 피하지 못하는 것이다. 이러한 문제는 이미 논평을 거듭한 바이라 이제 번잡하게 말할 필요가 없다.

3. 지난번 중등학교의 수신(修身), 역사(歷史), 지리(地理) 및 기타 중요 교원은 일본인으로 충용하도록 제한하려는 지령이 있을 때에 이미 그를 논평한 바 있었다. 그리고 보통교육에 있어서는 그 용어와 교재 등을 조선인 본위로 변경할 필요에 관하여서도 오인(吾人)은 이미 누차 주장한 바 있었거니와 이제 보통학교 교원은 전부 조선인으로 채용할 것을 주장한 자 있

어 적지 않게 식자의 주목을 끈 바 있다. 이러한 것은 물론 지엽의 문제로서 근본적 해결을 오게 하는 바 아니거니와, 대체로서 조선인 대중의 백열적인 성능을 무시하고 일본인 본위의 또는 소위 동화정책(同化政策) 본위의 부자연한 또 불합리한 시설로써 하는 것은 매우 부당한 일이다. 그리고 이것이 조선인의 민족적 생장(生長)을 방해한다는 근본적 대문제는 물론이거니와, 일본인 본위의 교원 임용 같은 것이 조선인 청년의 직업을 빼앗는 점으로서도 매우 중대한 문제이다.

4. 근자 그들의 국방계획과 경제적 시설 등은 이러한 교육적 영위와 아울러서 매우 현저한 활동을 보이는 것 있으니, 사단의 증설이라든지 항공대(航空隊)의 확장, 고사포대(高射砲臺)의 건설, 특과치중병(特科輜重兵)의 설치 같은 것도 그 중요한 예이오, 군대 수송의 편리를 위한 국경 군용철도(軍用鐵道)의 계획과 장갑열차(裝甲列車)의 준비 같은 것도 그의 중요한 예이다. 이러한 한편으로 산미증식의 실현과 그에 부수하는 토지개량의 사업이라든지 기타 조림, 어업 등의 기획이 모두 일본인 본위로 돌아가고 마는 것은 종래의 추세가 스스로 예외가 없는 일이라 소위 물질 결합의 방책이 자못 대규모로 여행(勵行)됨을 알 것이다. 그들의 온갖 조건, 그의 사회적 제(諸) 세력이 방금 조선인을 능가하고 있는 외에 다시 그들의 지배 권력으로써 하니 일본인 본위를 탄핵(彈劾)하는 것이 매우 현실과 거리가 먼 짓인 것을 안다. 그러나 이들 위정의 수뇌자들이 항상 이에 인위적 편견을 가하여 조선인으로 더욱 역경에 침윤하면서 서로 모의(謀議)를 단념할 수 없게 하니, 오인은 천하 인심의 기미에 돌아보아 그들의 오견(誤見)을 지탄하지 아니할 수 없는 바이다.

〈자료 49〉 조선인의 경제적 경륜 여하: 철도·전기 양 사업의 발달을 반하여(조선일보, 1926.08.10, 1면 1단)

1. 조선의 생산액은 총계에 있어서 매년 증가되는 것이 사실이오, 더욱 그 증가율이 장족(長足) 진보의 현상을 정하는 바 있는 것도 긍정할 만한 것이 적지 않다. 이제 그 어떠한 종류의 산물이 얼마나 한 수량으로 증가된 것은 구태여 번거롭게 언급할 필요가 없으나, 그 증가가 사실인 이상 그만큼 조선의 부가 증진된 것이라고 볼 수 있는 것도 당연한 것이다. 그러나 이와 반대로 조선인의 실생활은 한층 빈핍(貧乏)이 가중되고 경제생활상 불안이 심각하여 가는 것을 볼 수 있는 것은 어떠한 원인이 없지 못할 것이다. 이에 대하여는 세간 식자들의 논평한

바, 이 1, 2에 부지(不止)하여 새삼스럽게 고구(考究)하지 않더라도 용이하게 지적할 수 있을 것이다.

2. 즉 조선의 부는 조선인 자신만이 처분하고 향유하는 것이 되지 못하고 어떠한 외래 세력의 참여 지배로 인하여 조선인은 역시 그 일부를 향유함에 지나지 못하는 현상됨을 인한 것이다. 조선 산업의 발달이 비록 장족의 진보를 정하였다 할지라도 저 외래 세력의 참가가 그 이상의 형세로 증가된 이상에는 조선 산액의 증가라는 것은 전체로 보아 조선인에게 대하여 혜택을 미칠 여유가 없을 것이다. 그러면 조선인 생활의 현상은 단순히 전기 예와 같은 원인 이외에 달리 추구할 여지가 없을 것인가? 물론 전기한 사실이 조선인의 경제적 생활을 불안하게 하는 중대한 원인됨 이상에는 이외의 군소 지엽의 방책으로 능히 대세를 운위함이 무익하다고 볼는지도 모르겠다. 그러나 오인(吾人)의 고찰하는 바에 의하면 또한 간과하지 못할 사실이 있다 하는 바이다.

3. 즉 일면으로 관찰하면, 조선 현재의 경제적 내지 문화적 시설 중에는 이상은 별회(別回)로 하고 실제 조선인 생활에 적응되지 못한 것이 종종 있는 것이다. 이에 소위 적응하지 못한다는 것은 그 불필요를 의미한 것이 아니오, 오직 모종의 시설이 실생활의 전력 이상으로 초진(超進)함을 인하여 도리어 곤란한 형태를 느끼게 하는 등 경우를 의미한 것이다. 이러한 의미하에서 오인은 조선의 철도, 전기 양 사업의 발달 계획에 대하여 조선인의 생활로서 과연 최선을 다해 이용할 수 있을지를 의심하여 마지않는 바이다. 먼저 철도에 대해서 보면 주되게 일본인들의 창도(唱道) 중인 조선철도망 보급촉진운동이 있는 것은 물론이오, 철도국의 계획에 의하면 현재 관선 1,330리(哩)를 10년 후에는 그의 2배인 2,660리로 연장하리라는바, 이 철도의 보급은 실로 산업 개발상 지대한 편리를 줄 것으로 종래 벽향궁촌(僻鄕窮村)에 매몰되었던 보고(寶庫)는 급속력으로 세간에 소개될 것이다. 조선인 된 자 과연 이를 이용할 준비가 있을까?

4. 또 전기사업 중에도 특별히 주목되는 것은 수력전기이다. 최근까지 조선 내에서 수력전기를 이용할 만한 지점에 대하여 조사한 바에 의하면, 1,000마력 이상의 곳이 37개소에 달한다 함으로 그 풍부한 바를 알 수 있는 바이다. 그리고 수전사업에 대하여는 이미 공사에 착수한 조선수력전기회사(朝鮮水力電氣會社)를 위시하여 장진강(長津江), 금강(錦江), 섬진강(蟾津江), 낙동강(洛東江), 무주(茂朱) 등 수력전기도 내년까지의 동안에는 출원 기업할 예정이라는 바,

그 발전 총량 40만 '킬로와트', 투자액 1억 수천만 원에 달하리라 한다. 그리하여 이것만으로도 조선의 농촌을 전화(電化)함에 얼마나 유력할 것을 상상할 수 있을 것이다.

5. 철도가 개통되어 10일의 행정을 능히 1일에 돌파할 수 있고 궁항벽촌(窮巷僻村)에 전등이 휘황(輝煌)한 것을 볼 때에 우부우부(愚夫愚婦)도 그 신기함에는 경탄할 것이다. 그러나 철도가 보급되고 전기사업이 발달될지라도 그들을 경제적으로 이용하지 못한다 하면, 한갓 경이의 태도로써 문명의 이기를 대함에 지나지 못하게 된다. 그리고 이 철도, 전기 양 사업의 발달은 종래의 다수 농촌 생활양식에 있어서는 심각한 개혁을 촉진하게 될 것이오, 또 산업상 일대 충동을 줄 것이다. 이에 불구하고 조선인 된 자 하등 경제적으로 그를 이용할 경륜과 능력이 없으면 한갓 외래의 세력 부식이 더욱 편리하게 되고 조선인은 비생산적 방면으로 그를 이용하게 되어 도리어 생활의 불안을 초래하는 결과가 되지 않을 것인가. 영국의 산업혁명은 기계의 발달에 의한 바 많고 기계의 발달은 산업혁명을 초래하지 않고서는 말지 않았다. 조선의 철도, 전기 사업의 발달도 그 실현을 수반하여 산업상 지대한 충동을 야기할 수 있을 것이오, 이에 부적응한 생산양식 또는 생활방식으로는 도리어 쇠퇴됨을 피하지 못할 것이다. 조선인의 궁핍한 이면에는 종래 상술(上述)과 같은 의미의 원인이 있었던 것을 발견할 수 있음에 비추어 장래에 대한 경륜과 준비가 없지 못할 것을 제언하는 바이다.

〈자료 50〉 논설: 조선철도망의 완성과 우리의 각성할 일(중외일보, 1926.12.19, 1면 1단)

조선총독부 내년도 예산 중에는 10개년계획의 신규 사업으로 3억 2,000만 원(내년도 배분액 1,960만 원)을 계상(計上)하였으며, 이에 대하여는 의회가 해산되는 경우에라도 특별회계에 계상할 수 있도록 교섭되었다고 한다.

이 철도계획의 내용이란 것은 경원선(京元線)의 갈마(葛麻)로부터 기공되어 강원도의 영동 여러 읍(邑)을 종관하게 되는 동해선(東海線)과 함흥(咸興)을 기점으로 하여 만포진(滿浦鎭)에 이르는 만포선(滿浦線)과 길주(吉州)로부터 혜산진(惠山鎭)에 이르는 혜산선(惠山線)과 마산(馬山)으로부터 경목선(京木線)에 연결되는 경전선(慶全線)과 간도(間島)에 연결되는 도문선(圖們線) 등으로서 그 연장이 1,200리(哩)에 달하는 것이라고 한다.

이제 전기 각 노선이 준공되는 10년 후의 조선철도망을 생각하여 보건대 경부(京釜), 경의선(京義線)과 경함(京咸), 경목의 관영 간선은 X자형으로 반도의 남북을 종관하고 동해, 경전의 양(兩) 선은 반도의 동남해안에 연주(沿走)하여 선을 두르게 되고 순천(順川), 성천(成川), 맹산(孟山) 등을 경유하여 경함선 고산(高山)에서 연락되는 경원선은 반도의 허리를 두르는 띠가 될 것이니, 이는 관영의 중요 간선뿐이거니와 기타 관사철(官私鐵)에서 건설할 연장선까지 계산 중에 넣기로 하면 경부 연선(沿線)으로는 대구(大邱)를 기점으로 하여 경주(慶州), 포항(浦項)을 거쳐서 다시 부산(釜山)에 우회 접속되는 경동선(慶東線)과 김천(金泉)을 기점으로 하여 경북 안동(安東)에 이르는 경북선(慶北線)과 조치원(鳥致院)을 기점으로 하여 충북 충주(忠州)에 이르는 충북선(忠北線)과 천안(天安)을 기점으로 하여 장호원(長湖院), 여주(驪州)를 경유하여 다시 수원(水原)에 돌아드는 일선(一線)이 있을 것이며, 경의 연선으로는 현재 진남포(鎭南浦) 이외에 사리원(沙里院)을 기점으로 하여 해주(海州), 장연(長淵)을 거쳐 다시 사리원에 돌아드는 황해선(黃海線)과 신안주개천선(新安州介川線), 안주희천선(安州熙川線) 등의 지선이 생길 것이요, 경함 연선으로는 전기 만포선을 위시하여 동선(同線)에서 분기되는 후주고읍선(厚州古邑線)이 있고 또 혜산선의 합수(合水)로부터 무산(茂山)을 경유하여 고무산(古茂山)에 돌아드는 일선과 회령(會寧)을 기점으로 하여 경원(慶源), 경흥(慶興)과 나진(羅津) 등지를 연결하는 일선이 있으며, 다시 도문선으로부터 간도에까지 연결될 것이다.

오는 10년간에 전기 각 예정선이 하나도 빠짐없이 준공될지는 일이 미래에 속한즉 아직 단정하기 어렵다 할 것이나, 비록 10년이라는 한정된 세월 간에 이것을 준공하지 못한다 할지라도 이보다 과(過)히 장구(長久)하지 아니한 장래에 있어서 이것이 실현되고 말 것은 분명한 사실이라고 아니할 수 없겠다.

이제 조만간 완성될 전기 철도선은 그것 그대로의 철도망을 이루게 될 것이며, 이 철도망은 무릇 물자의 산출되는 곳과 부원(富源)의 존재한 곳에 빠짐없이 그 맥관(脉管)을 뻗치게 되는 것이다. 경부, 경의, 경목, 경전의 각 선과 그 지선은 조선의 곡향(穀鄕)이라는 각 지방에 서리어 있고 해산물의 풍부한 동해안에는 함원(咸元), 동해의 2선이 뻗어 있고 임산, 광산의 풍요한 지방에는 만포, 혜산, 도문의 각 선과 희천, 개천 등의 지선이 뻗어 있다.

교통기관의 발달은 현대 자본주의 문명에 서로 떠나지 못할 깊은 관계가 있는 것이니 철도와 상선과 전신, 전화 등의 신교통기관을 제외하고는 현대의 생산 방법이 성립될 수 없으며 현대의 상업이 성립될 수 없는 까닭이다. 동시에 철도선의 운긍(運亘)되는 곳에는 반드시 자본가의 발자취를 보게 되는 것이다. 순박한 지방 사람들이 몹시 요란한 바퀴 소리와 몽몽(濛

濛)한 매연을 태연한 얼굴로 바라보고 있는 동안에 자본이라는 정예한 신무기를 가진 외래의 자본가들은 개척이라는 미명하에 염치없이 비집고 들 것이다. 물론 그들은 산야를 개척할 것이다. 인적부도(人跡不到)의 처녀림에는 말뚝을 박는 부착(斧鑿)이 들릴 것이요, 지중(地中)에 매몰되었던 천부(天富)와 해중(海中)에 널려 있는 물자도 다 우리 목전에 나타나게 된다. 그러나 이들 부원은 우리가 과연 우두커니 서 있는 동안에 미지의 곳으로 이출되고 만다. 이것이 비록 현재에 있어서 우리에게 이용되지 못한다 할지라도 우리의 가진 부원인 것은 물론이었다. 그러나 1차 미지의 곳으로 이전된 이후에는 비록 이용을 생각한다 할지라도 후회막급이 될 것이다. 오인(吾人)은 이 후회가 없도록 미리미리 여정분발(勵精奮發)할 필요가 있음을 절실히 각오하여야 될 것이다.

〈자료 51〉 조선 최장 철도(조선일보, 1927.01.30, 1면 1단)

함경철도(咸鏡鐵道)는 조선의 최장선이 되겠다 한다. 함경선(咸鏡線)이라고 이름은 지었지마는 실상은 원산항(元山港)에서부터 함흥(咸興), 북청(北靑)의 여러 군을 지나서 함북 회령(會寧)에까지 가는 것이 함경선이란 것이오, 회령에서 다시 경편철도(輕便鐵道)에 의하여 서로 간도(間島), 북으로 훈춘(琿春)에 두만강안(豆滿江岸)까지 가는 선과 접속되는 것이다. 15개년계획과 7,500만 원의 거비(巨費)로써 건설공사를 진행하는 것이 내년도이면 필역이 되겠다는데, 중간에 엄청 어려운 수도공사도 있고 하나 우선 다 개통이 될 모양이오, 그리되면 그 총연장(延長)이 388리(里) 4푼—약 1,460~1,470리에 달하는 말과 같은 조선의 최장선이다. 국경철도(國境鐵道)의 부설로 인하여 동북 조선의 석탄, 삼림 등 무진한 부원(富源)을 막 파내 먹자는 이러한 계획은 엊그제도 말하였었다. 그리고 조선철도주식회사(朝鮮鐵道株式會社)의 신경영인 황해도의 삼선저도선(三線楮島線), 장연선(長淵線), 해주선(海州線)에도 금년 내는 줄잡아 하나쯤은 부설되리라고 한다. 이리하여서 종횡으로 얼기설기하는 철도망은 전 조선의 부원을 빠짐없이 계발해 먹게 될 것이다. 천물(天物)을 계발하는 데야 항의할 이유는 없다. 그러나 조선인 식자 자본가 제군은 그야말로 "나를 잡아 잡수" 하고 뒤통수에 손을 얹고 보아야만 할 것이냐? 그럴지라도 최후로 각각 연결하여서 ■대산업전을 하여 볼 기백은 없느냐? 인민 의기(意氣)의 타락은 다만 직접인 정치투쟁에서만, 혹은 포화(砲火)를 마주 보내는 야전장에서만 걱정되는 것이 아니다.

〈자료 52〉 경남철도회사 토지 대금을 불불: 무리한 태도에 비난이 자자(조선일보, 1927.01.31, 4면 1단)

경남철도주식회사(慶南鐵道株式會社) 제5기선으로 안성(安城)-장호원(長湖院) 간 부설 선로가 작년 6월경부터 공사를 착수하여 작년 말까지 선로공사가 거의 다 끝났는데, 다시 동(同) 회사에서는 사리선(砂利線) 부설공사까지 착수하게 되어 목하 진행 중이나, 선로에 편입된 토지 매수 상황을 보건대 그 토지 소유자 대부분은 조선인인바, 작년 4월 이래 사원이 출장하여 안성-장호원 간 선로 편입 토지를 매수하기 시작하였던 토지를 물론하고 토지대장의 공정 등급 가격보다 3배 남짓이니, 4배니 하고 동 회사 사정가격을 제시하여 편입 토지 매도 승낙서에 지주의 승낙 인장 날인을 받아가기에만 열중하더니 작년 12월경까지 그 대부분 지주의 승낙이 끝났는데, 가격 문제로 승낙에 불응하는 지주에게는 토지수용령 재결 신청까지 하였다 함은 기보한 바거니와 당초에 동 회사에서 토지 매수를 가급적 사정가격대로 매수하다가 중도(中途)부터는 토지 가격이 일정하지 못하고 1평당 3, 40전으로 불평한 차액이 발생하게 되어 비밀리에서 매수 승낙을 체결하고 특별 교부금이니, 잔지(殘地) 문제이니, 특별한 관계니 하고 사정이라는 것에도 차액이 발생하였다는데, 특히 안성, 죽산(竹山) 등지의 지주에게는 작년 봄에 토지 매도 승낙을 받아가고 지금까지 1개년이나 지나도록 토지 대금을 지불하지 않으므로 매일 지주가 동 회사원 출장힐소(出張詰所) 문전에 배회하면서 토지 대금 청구를 하는 상황인데, 동 회사원은 토지 분할 측량이니, 회사 금전 출납 관계니 하고 차일피일하여 오다가 근일 음력 연말을 맞아서는 출장원까지 천안 본사에 들어가고 하등 결정도 없으므로 일반 지주는 동 회사의 전횡적 사무 처리가 무리하다고 비난이 자자하다더라. (안성)

〈자료 53〉 투쟁 방법 종종(조선일보, 1927.02.01, 1면 2단)

경남철도회사(慶南鐵道會社)에서 대부분의 조선인 토지를 그의 부지로 사용하고 그 대금은 지불하지 아니한 바 있으므로 비난이 자자하다 한다. 피해자는 싸워야 한다. 조선 내의 각종 전문학교는 일본인 본위로 운용된다. 학생도 일본에까지 가서 초모권유(招募勸誘)하여 조선인보다 절대 다수를 만드는 것을 그 철칙을 삼고 있고 졸업자의 채용에도 또 일본인을 본위로써 한다. 그리고 그들의 1호(戶)로써 조선인의 3, 4호 분의 토지를 점유하는 일본 이민의 도도(滔滔)한 진입으로 인하여 조선인은 식자, 문맹, 유산, 무산을 통하여 직업이 없고 밥이 없게 된다. 이것은 항쟁함을 요하는 것이다. 그는 배일도 불령(不逞)도 아무것도 아니오, 오직 그 자체의 생존을 위한 천연의 요구에서 나옴이다. 그러나 조선인은 대개 인순고식(因循姑息)하니 그것이 결단 나는 이유이다.

〈자료 54〉 관(觀) 지방 소식(조선일보, 1927.02.07, 1면 2단)

평원선(平元線)이 개통되고 국경철도(國境鐵道)가 개통된 후 원산(元山), 쓰루가(敦賀) 간의 직통 항로로서 북부 조선과 북부 일본의 교통 운수를 융성하게 하겠다고 서둔다. 조선의 사업가라 할 자 있어 이를 주목하느냐? 북조선의 실업가란 자들이 그에 대한 준비가 있느냐? 안녕수리조합문제(安寧水利組合問題)는 부평수조(富平水組), 동진강수조(東津江水組) 이상으로 지역 주민의 사활 문제가 된다. 400호 주민의 생활의 자원인 일대의 옥토(沃土)가 저수지 속에 묻혀 버리고 그의 생계를 대충할 수 없으니, 그 지방 발전을 위하여 이 주민들을 김치로 만들어 버림이 문명의 정치이냐? 어획고 400만 관(貫), 과물(果物) 수확 134만 관을 칭하는 평남의 산업은 그 조선인의 경제를 윤택하게 함이 얼마이뇨? 평남 일대에는 오히려 중국인의 밀수자가 있고 조선의 평과(苹果)는 근자 일본산 품(品)에게 압도되려는 기세이다. 과물의 수출지는 북서의 대륙이 유망하다고도 하겠지마는 조선인 당사자는 이 준비가 있느냐? 1일 4만 족(足)의 '고무신'은 농민들의 상용하던 '짚신'을 구축하였으니 짚신 삼든 시간과 노력은 어디로 전용되느냐? 성천(成川), 덕천(德川), 영원(寧遠) 등 산악 지대에 있는 11만의 화전민은 화전 금지로 사활이 박두하였다. 그들로 하여금 동척(東拓), 흥업(興業), 불이(不二) 등 각 농장의 외래 이민 대신으로 옥야의 경작을 시킴은 불가능하냐? 홍성(洪城)에 공업학교가 되고 대전(大田)에도 고등농업학교의 설립을 희망한다 하니 이것으로 얼마나 조선인의 생존을 도울 수 있겠느뇨? 조선인이 그 최후로 그 정력을 동원하여 봄이 가(可)할 것이다.

〈자료 55〉 조선의 부와 조선인의 부(상)(조선일보, 1927.08.27, 1면 1단)

1. 조선은 역사적 필연에 의하여 당국자의 유의식적 계획에 의하여 날로 경제적으로 진보 발전되어 간다. 산에는 수목이 늘고 미간지는 개간 수리에 의하여 비옥한 경지로 변화한다. 항만이 수축되고 도로가 개선되고 시가가 정리된다. 연돌과 벽돌집이 늘고 철도가 부설되고 무역액이 증가된다. 30년 전 40년 전은 물론이오, 10년 전의 조선과 현재의 조선을 비교할 때

에 누군가 그의 급격한 경제적 발전에 놀라지 아니할 수 없을 것이다.

2. 이제 당국자의 발표한 통계에 본받아 18년 전의 조선과 현재의 조선—즉 1910년(明治 43) 병합 당시의 조선과 1925년(大正 14) 말의 조선을 비교한다면 인구는 1,300만이던 것이 1,900만으로, 경지는 240만 정보(町步)에서 430만 정보로 늘었다. 무역 총액은 5,900만 원에서 6억 8,000만 원으로, 회사는[1911년(明治 44) 말] 152사(社), 자본금 3,900만 원, 불입자본금 1,600만 원에서 1,189사 자본금 4억 3,200만 원, 불입자본금 2억 2,000만 원으로, 공장은[1911년(明治 44)] 252개, 자본금 1,000만 원, 생산품 가격 1,960만 원에서 4,239만 원으로, 자본금 2억 6,500만 원, 생산 가격 3억 3,700만 원으로, 광산물 연산액은 600만 원에서 2,000만 원으로, 어획고는[1912년(明治 45) 말] 840만 원에서 5,100만 원으로 선박은(톤수선) 등기 8,000톤, 부등기 100톤에서 등기 6만 1,000톤, 부등기 5만 8,000톤으로, 총독부의 세입세출(특별회계)은 세입 2,200만 원과 세출 1,800만 원에서 세출입 각 1억 7,000만 원(예산)으로 증가되었다.

3. 18년은 결코 짧은 세월은 아니다. 그럼에도 불구하고 이상의 통계를 대할 때에 누구나 그동안의 조선의 경제적 진전이 심히 급격하였음에 놀라지 아니할 수 없을 것이다. 즉 과거 18년간에 조선의 무역 총액은 11배로, 회사 자본금은 13배, 공장 자본금은 16배, 광산물은 3배, 어획고는 6배, 선박은 14배, 세입세출은 8배로 증가되었나니 이와 같은 급격한 경제적 발전에 대하여 놀라지 아니할 자 누구냐? 특히 총독부 당국자의 조선 통치 방책이 최근에 이르러 경제적 방면에 더욱 치중하게 되는 것은 가장 현저한 사실이니, 현재 계획 진행 중인 식산교통계획 중에는 총액 3억 2,000만 원의 철도망계획, 동(同) 3억 1,000만 원의 800만 석(石) 산미증수계획, 500만 석의 잡곡증수계획, 1억 근(斤) 사탕무증수계획 등이 있다. 또 수산, 기타에 대하여도 적극책을 강구 중이라 하고 항만증축계획, 도로망계획 등이 있다 하니 이 모든 것이 실현되는 날에는 조선은 경제적으로 완전히 면목을 일신하게 될 것이 명백하다.

4. 그러나 여기에 우리로서는 생각하지 아니할 수 없는 한 가지 문제가 있다. 즉 이와 같은 조선의 급격한 경제적 발전이 조선인의 생활과 어떠한 관계에 있는가 함이다. 조선의 자본은 결코 조선인의 자본을 의미하지 않고 조선의 경제적 발전은 결코 조선인의 경제적 발전을 의미하지 아니하니, 여기에 우리의 피압복자(被壓服者)로서의 근본적 불리(不利)가 있는 동시에 현 사회조직의 근본 비밀이 복재(伏在)한다. 그럼으로 오인(吾人)은 이하에 조선의 경제적 발전과 조선인과의 관계를 숫자적으로 일고(一考)하여 보려고 한다. 즉 조선의 부와 조선인의

부와의 관계를 구명하여 보려는 바다.

〈자료 56〉 철도 개통과 오인(吾人)의 소감(조선일보, 1927.09.17, 4면 12단)

(장호원지국 일 기자) 오인(吾人)은 이 붓을 들어 재삼(再三) 주저함을 마지않았다. 필자도 조선인이며, 또 장호원(長湖院)의 일분자인 이상 조선인이 모두 기대하는 철도부설(각지에서 철도부설 운동에 맹렬함을 보고)과 장호원 인사가 모두 환호하는 철도 개통을 필자인들 어찌 감히 반대함이 있으랴! 작추(昨秋) 이래 계속 공사 중이던 경남철도(京南鐵道) 장호원선(長湖院線)은 근근 완성되어 본사 소재지인 천안(天安)에서 개통식을 거행하는 한편 장호원에서도 번영회의 주최로 15일에 1,500원이라 거대한 예산으로 개통 축하식을 성대히 거행되었다. 필자도 또한 장호원의 발전을 위하여 깊이 감사하게 여기는 동시에 또한 깊이 축하하는 바이다. 그러나 이 철도 개통이 우리 조선인인 우리에게 어떠한 이익이 있으며 어떠한 영향을 줄 것인가? 정차장에 나아가서 노동하여 먹을 터이니 이익이라 할까? 이도 또한 쉬운 일이 아닐 것 같다. 벌써부터 길가에 나서 보면 볼을 쥐여 지르는 것 같은 소리로 '죽겠다(走了)'고 하며 지절대는 임금 싼 중국인 노동자며, 게다(下駄) 소리 딸깍거리는 저 섬나라 신사들의 왕래가 빈번함을 볼 수 있다. 아! 이것이 장차 무엇을 상징하는 것일까?!

장호원 인사 제(諸)씨여! 좀 더 각성하라. 그저 기적(汽笛) 소리가 나고 사람이 많이 왕래하며 인구가 늘고 상점이 늘며 여관이 늘고 시가지가 넓어지며 가옥이 사치하여지니 발전이라 할까? 각지에서 물화가 집중되고 짐꾼이 왕래하며 전화가 가설되니 발전이며 진보라 할까? 아! 장호원 인사여! 우리는 즉 이상의 외적 발전과 진보로써 만족하다고 할 수 있을까? 이것이 장호원을 위하여 무상한 광휘(光輝)가 있을까? 이것은 오직 내면으로 조선인은 퇴축하여 생활 근거가 하루라도 더 속히 파감(破減)의 구렁으로 이끌 뿐이다. 이렇게 말하면 돈 있고 권력 있는 사람은 말하리라. 사람의 왕래가 번잡함을 이용하여 장사를 한다든지 혹 딴 방면으로 활동하기로서니 어찌 철도 개통 전에 비할 바라고 한다. 그렇지마는 상업을 경영한다 가정하고 보자! 장사하려면 다른 한편, 다시 말하면 소비자를 대상 삼지 않으면 안 될 것이니 소비자는 누가 될 것인가? 물론 조선인이 될 것이다. 조선인 중에도 다수한 소농민이 될 것이다. 그리하여 상업자 1인이 10전의 이익을 본다 하면 우리 소비자, 다시 말하면 조선인에게는 50전 내지 1원의 손해가 미칠 것이니 이는 상품의 제조자와 판매자가 조선인이 되지 못하는 까닭이다. 그러므로 우리는 변화함을 따라 상품을 더 쓰게 되고 상품의 수요가 증가됨을 따라 소농민인 조선인이 더욱 피폐하여 갈 것은 필연의 추세인가 한다.

그러므로 오인은 외적 발전보다도 내적 발전을 요구하며 철도 부설보다도 견인불발(堅忍不拔)하고 확호불변(確乎不變)할 자활적 토대를 축조하기를 요구한다. 그저 남이 시장에 가니까 오장이 지고 나서는 격(格)으로 남이 발전하며 좋다 하니깐 자기에게 어떠한 이해관계가 있을 것도 생각하지 않고 그저 좋아하는 것은 어리석은 일이라 한다.

〈자료 57〉 충북 교통기관에 대하여(조선일보, 1928.03.26, 4면 7단)

(음성분국(陰城分局) 일 기자) 충북은 경기도를 인접한 지방으로 교통의 이편이 너무도 적은 곳이다. 전 조선을 도별로 본다면 충북이 제일 교통이 불편하다고 할 것이다. 철도는 겨우 청주군(淸州郡) 부강(芙江)서 영동읍(永同邑)까지 관통하는 것과 조철회사(朝鐵會社)에서 경영하는 경편철도(輕便鐵道)가 충남 조치원(鳥致院)으로부터 청주를 경과하여 괴산군(槐山郡) 청안(淸安)까지 있을 따름이요, 다음은 현재에 착수만 하여 있는 충북선(忠北線) 연장이다(청안에서 음성까지). 그리고 이외의 교통기관으로는 충북자동차부라고 주소를 청주에 둔 일본인 핫토리 후사키치(服部房吉)가 충북도 내 전부를 독점하여 영업하는 중인 바, 독점한 전매업(專賣業)인 만큼 승객에게 여간 불편을 주는 것이 아니다. 그 실례로 하나를 들어 보면 청안, 충주(忠州) 간 중앙지방인 당지 음성(陰城)에는 왕래객 불편이 여간이 아닌 모양이니, 청안 방면으로 갈 사람은 충주에서 오는 자동차가 요행히 만원이 아니라야 승차할 수 있고 충주로 갈 승객도 마찬가지로 청안서 오는 자동차가 만원이 아니라야 승차할 수 있는 형편이다. 그러므로 일반적으로 다대한 시간 손실이 있는 것은 사실이 매일 증명한다. 그러나 당국자들은 하등의 조처가 없음을 볼 때에 우리는 그 모든 것이 가면적 시설이라고 아니할 수 없다. 일개인의 구복(口腹)을 채우기 위하여 대중의 복리를 저지함이 어찌 보정자(報政者)들의 정당 행동이랴? 현하 조선 사회에 모든 시설이 다 그러함은 이미 숙지하는 바이나, 그 극함을 볼 때에 계속해서 공분을 금할 수 없다! 자동차 영업할 자력을 가진 사람이 핫토리 한 사람뿐이라면 용인할 수도 있겠지마는, 실지로서 각 선(線)에 허가원을 제출한 사람이 비일비재나 전의(詮議) 불능이라는 부전일매(付箋一枚)로 모두 각하하고 핫토리 일인에게 전권을 주어 일반 대중에게 그 같은 불편을 끼치는 정신이 어디에 있느냐 말이다. 전설(傳說)에 들으면, 청안역전에는 선일인(鮮日人) 차

별로 일대 표본을 만들어 놓았다 한다. 연전(年前)에 옛 청안읍에 있는 금융조합을 신청안(新淸安)으로 이전할 때에 지방 인사가 맹렬히 반대운동 함을 방지하기 위하여 자동차 영업에 목말은 옛 청안 유지 한 사람에게 허가한 일이 있어 현재도 청안서 괴산까지 자동차운전 영업을 하는 중이다! 그러나 근 10년토록 독점 영업을 하던 핫토리는 의외 사변으로 아는 동시에 임금 경쟁을 시작하여 전에 승객 1인에 1원 65전씩 받던 것을 현금 80전으로 운전한다는 기괴한 소문을 들을 때에 아래로는 경해(驚駭)를 마지않는 바이다. 상기한 전의 불능의 부전일매로 허가원 각하를 받은 당사자들이 불허가의 이유를 질문할 때에는 반듯이 임금 경쟁으로 민간의 손실을 보도록 할 필요가 없다고 답하면서 휘발유 1대(代)도 확실히 되지 않는 임금으로 경쟁하기를 근 1년이 된 오늘에도 하등의 간섭과 조정이 없이 저 대안의 불 보듯 할 뿐이다. 핫토리에게는 임대 허가까지 주고 조선인 경영자에게는 임대 허가도 전의 불능이라는 부전으로 각하하였다 하니 그 심함이 어찌 여기까지 미치느냐? 당국자들이여, 군등(君等)의 관권을 기화(奇貨)로 하여 모든 일을 임의로 좌우하여서 경영자 일개인뿐만 아니라 일반 인민에게 가진 고노(苦勞)와 파멸을 주면서 방약무인(傍若無人)의 태도를 갖지 말고 속히 반성하여 공평무사의 근본정신을 발휘하기를 바란다.

〈자료 58〉 원산과 진주(조선일보, 1928.04.14, 1면 1단)

축항·철도 부설·학교기성지(學校期成地)·면소(面所) 이전의 찬부(贊否), 공업시설지의 경쟁 등 가지가지 조건으로 지방 인민은 거의 쉴 새 없이 움직이고 있다. 목하에도 이러한 문제로 동서남북의 인민이 따로따로 움직이고 있지마는 지금 원산(元山)과 진주(晉州)의 전후하여 문제되는 두 가지 사건이 자못 특출한 경향이 있다. 전자는 시민대회를 거쳐서 함남 도지사와 동(同) 내무부장 불신임을 결의하고 공직자 총사직의 막(幕)에까지 갔었으며, 후자는 우선 진주 시사문제 의견 발표 연설회가 열려서 다소의 기세를 돋운 모양이나 예전 도청 이전 반대운동의 경험에 돌아보아 또 일반의 주목을 끌 만하다.

원산의 그것은 편창(片倉) 제사공장(製絲工場)의 위치 문제로 발단된 것이다. 그 본래의 동기는 무엇이었든지 원산의 주민들이 지방 번영책을 위하여 다룬 바이오, 일본인, 조선인이 합작하였고 그 외에도 자못 광범한 문제에까지 뻗쳤었다. 원산 중학의 현재 2학급을 3학급으로 하여 조선인의 1학급을 수용하게 하라 하였으니, 원산으로서 1개 고보교(高普校)의 설치가 곤란함에 인함일 것이나 이 점으로는 어디인지 불철저한 구석이 있어 보인다. 석우동의 화물역 설치, 축항의 확장, 전력의 증급 등 순전히 지방 문제에 속한 것도 있었으나, 행정구역의 변경으로 함남과 강원도의 일부를 할취(割取)하여 원산도(元山道)의 설치 요망을 결의한 것 같은 것은 그들 연래의 주장으로 흥미를 끄는 것이었다. 이러한 것은 어찌 되었든 근자 공직자들이 흔히 지방 문제를 움켜잡고 일치 항쟁을 한다는 것은 그들의 입장으로 보아서 정치적 신경향이라고 보겠다. 문제 해결되기까지 총사직 철회를 절대 거절한다는 것은 이쯤에 어찌 되었는지 자못 잠잠하다.

진주에는 도립사범학교(道立師範學校) 이전 방지를 위하여 시민 항의의 제일성(第一聲)이 일어난 것이다. 예전 도청 이전도 실로 장군이 하늘에서 내려오듯(將軍從天降) 신기한 비법으로 결행되어서 진주 주민들의 광란적 대항쟁을 격발한 바 있었거니와, 남강의 가교, 남녀 고보교의 완성, 도립사범의 존속 등 제(諸) 조건이 도청 이전과의 교환으로 되어서 소위 행정 중심의 도시로부터 교화 중심의 도시로 전화되었다고 하든 것이었거늘, 만일 도립사범까지 또 이전하게 된다 하면 그는 마산(馬山), 통영(統營)으로 거창(居昌), 함양(咸陽)에 이르기까지 1부 11군의 천연적 중심지를 지은 진주군을 위하여 불행이라 하겠다. 진주 인사가 경해(驚駭)하다시피 떠드는 것이 당연하다 할 것이다.

원산이 동해안의 중심 도회이오, 경원(京元), 평원(平元), 동해(東海) 함경의 제 철도의 완성을 기다려서 경성(京城), 평양(平壤)과 아울러 삼각지점을 형성하리만큼 원산항의 번영책과 원산도 창설의 운동은 경청할 가치가 있을 것이다. 그러나 이에는 또 상대 지방 인민의 의사를 퍽 고려할 필요가 있겠지마는, 진주의 도립사범 문제는 그다지 복잡하다 할 수 없다. 경남도청을 진주로부터 부산(釜山)에 옮기는 것은 오늘날에 있어서 그 불가를 생각할 자 없겠지마는 1개의 도립사범은 진주 안정한 도시에 영구히 머물러 무슨 불가가 있으랴? 이전하지 아니하면 아니 될 이유가 어디 있으랴? 진주 인민의 계엄(戒嚴)은 당연하다 하겠다. 오인(吾人)은 각지의 지방 인민이 각각 그 당면한 이해 문제를 중심으로 모두 움직여서 멈추지 않음을 볼 때에 적지 않은 정치적 흥미를 감수하는 것이다.

〈자료 59〉 마산부 소유지 문제로 유지자 대회: 신임 부윤에 질문하고 감독관청에 진정할 터. 앙분한 시민의 결의(조선일보, 1928.04.28, 4면 1단)

(누보) 목하 마산부(馬山府) 소유지인 마산법원지청 부근의 토지는 20여 년 전 당당한 조선인의 소유로서 당시 마산철도(馬山鐵道)가 부설될 때에 극도의 헐가로 철도국에서 매수하였다가 그 후 마산부에서 1만 7,900여 원을 기채하여 철도국으로부터 불하를 받은 이래로 마산부에서는 해당 토지의 불하에 조금의 노력도 없을 뿐 아니라 하등의 연고 관계가 없는 마산 일본인 학교조합을 해당 토지의 연고자라 하여 학교조합에 매평 1전 5리의 지헐한 소작료로서 대여한 결과 그 수입이 400원에 불과함으로 불하 당시에 기채한 1만 7,900원에 대한 이자 1,800여 원 중 400원을 제외한 나머지 1,400여 원은 일반 부민에게 징수하는 부비(府費)로서 지불하게 되는 한편으로 일본인 학교조합에서는 해당 토지를 조선인에게 대여하고 매년 소작료로는 해당 조합이 부에 지불하는 금액의 5, 6배나 되는 10전 9리를 취득하는 터임으로, 1개 학교조합을 배불리기 위하여 전 부민에게 손해를 가하는 부정(府政)에 불평을 갖게 된 조선인 협의원 4씨가 정당한 이론으로써 싸워 오다가 이것이 편파, 야비한 부의 방침이 되어 있을 뿐 아니라 다수를 점령한 일본인 협의원이 또한 자가의 이익을 위하여 이를 찬동하게 됨에 조선인 협의원 일동은 분연히 사표를 제출한 사건에 대하여 마산 동인회(同人會)에서는 전 부민의 이해관계를 도외시할 수 없다 하여 부민대회를 열고 그 대책을 강구하려 하였으나, 마산경찰서에서는 무리하게도 부민대회를 금지함으로 지난 25일 오후 9시부터 상지표정 한양관(漢陽館) 내에서 마산 부민 유지자(有志者) 대회를 명도석(明道奭) 씨 사회하에 개최하고 먼저 취지 설명이 있은 후 황갑주(黃甲周) 씨의 부의원(府議員) 총사직에 대한 전말 보고와 이형재(李瀅宰) 씨의 부윤에게 교섭한 전말 보고가 끝나자 이어 대책 토의에 들어가 장시간의 토의가 있은 후 다음과 같이 결의하고 그 실행위원을 선정한 후 동(同) 12시경에 폐회하였더라.(마산)

◇ 결의

1. 철도국으로부터 불하를 받은 토지의 대부료는 해당 토지 대금 부채 이식(府債利息)과 공과(公課)를 상각할 한도에서 임대할 일

1. 아래 목적을 달성하지 못할 때는 다음의 대책을 실행할 일

(가) 마산의 일반 조선인 공직자를 자의 사임하게 할 일

(나) 도청과 총독부에 진정할 일

(다) 부민대회를 개최하여 엄격한 여론을 환기할 일

◇ 실행위원

김동철(金烔轍), 민영학(閔泳鶴), 최철용(崔喆龍), 손덕우(孫德宇), 김귀동(金貴東), 여해(呂海), 창동주(彰東柱)

〈자료 60〉 경작지 문제로 마산부민 분개: 유지대회로 대책을 협의(조선일보, 1928.09.21, 4면 3단)

철도국에서 불하를 받은 마산(馬山) 중앙 경작지 문제에 대하여 이타가키(坂垣) 마산부윤은 소수의 일본인 학교조합의 이익을 옹호하기 위하여 절대다수인 일반 조선인 부민의 이익을 무시하고 불공평 처분을 하게 된다는 내막을 알게 된 조선인 측에서는 크게 분개하여 적극적으로 그 반대의 기세를 높이어 이에 대한 대책을 강구하는 중이라는바, 지난 17일 오전에는 마산부 유지 이우식(李祐植), 서상원(徐相源), 김형철(金烔轍), 옥■환(玉■煥), 김성현(金性炫), 남경우(南瓊祐) 등 제(諸)씨가 말썽 많은 이타가키 부윤을 방문하고 그 불공평한 처분에 대하여 엄중히 항의를 하는 동시에 그 복안의 철회를 요구하였으나, 부윤은 의연히 그 태도가 애매함으로 결국 교섭이 결렬되고 말았다는바, 이를 들은 조선인 부민 측에서는 부윤의 전횡적 태도를 그대로 간과할 수 없다 하여 조만간 유지 대간담회를 개최하고 구체적 방안을 협의하여 적극 반대하리라는바, 일반은 부윤과 부협의원의 반성을 기대하여 마지않는다더라.

〈자료 61〉 조선 경북선 개통을 앞두고(조선일보, 1928.10.13, 4면 11단)

(예천지국(醴泉支局) 일 기자) 우리 군민(郡民)의 다년 숙망(宿望)이던 조철(朝鐵) 경북선(慶北線)이 의외로 공사가 속진되어 내(來) 11월 1일에는 성대한 개통식을 거행할 예정으로 방금 모든 준비에 분망(紛忙) 중이라 한다. 이 얼마나 희소식이며 얼마나 다행한 일이냐? 우리 군민은 다년 숙망인 만큼 기뻐하며 축하한다. 따라서 쓸쓸한 예천(醴泉)도 신면목을 노정할 것이며 번화한 도시로 형성할 것도 사실이다. 그러나 오인(吾人)은 이 점에 있어 기쁘다는 것보다 우리의 생활상, 우리의 경제상 얼마나 한 혜택을 입을 것인가 하는 것이 먼저 감상을 일으키게 된다. 왜 그러하냐면 우리는 경제적 의식이 박약하고 지방적 관념이 유치함을 따라서 도회라는 그곳을 다만 동경하고 사모할 따름이오, 거기에 대한 하등의 견해가 없는 관계상 직접, 간접으로 받는 영향이 어느 정도에 미치는가를 염두에 두지 않고 오직 허영(虛榮)의 생애를 영위

하는 것이 우리 조선인의 큰 병으로 볼 수밖에 없으므로 장차 오는 대(大)예천이 심히 우려가 된다는 말이다.

보라, 전 조선 각지에 어디를 물론하고 소위 도회란 그 내부를 해부하여 볼진대, 모든 것이 우리의 수중을 떠나고 말았다. 어찌 한심한 일이 아닌가? 앞으로 오인은 이제 경북선 개통을 앞에 두고 몇 마디 우견을 적고자 하는 바이다.

아— 예천 인사 제씨(諸氏)여, 우리는 어떠한 처지에 있으며 어떠한 환경에 우는가를 아는가. 만일 안다고 하면 그만이어니와 모른다고 하면 여기에 어떠한 깨달음이 있어야 할 것이다. 지금에 예천의 현상을 살펴보라. 농산물이 풍부함은 물론하고 상업계로 본다 해도 타군(他郡)에 떨어지지 아니할 만치 발달된 곳으로 볼 수 있다. 그뿐만 아니라 상권이 아직 우리 수중에서 떠나지 아니한 것만은 희한한 일이란 것보다 대자벌가(大資閥家) 그들의 마수에 걸리지 않고 굳센 용력을 다하여 싸워 온 결정이라고 볼 수 있다.

아— 예천 인사 제씨여, 아니 상업가 제씨여. 예천은 자고로 색향(色鄕)이란 별명도 들어왔거니와 지금 와서는 제2 개성(開城)이란 별명을 듣게 되지 아니하였는가? 이것만 보아도 과거 안일시대(安逸時代)를 떠난 금일에 있어서 얼마나 민지(民智)가 발달되고 또한 자신지책(自身之策)에 놀라우며 단결력이 굳센 것도 깊이 알 수 있다.

그러나 이 경북선이 개통되는 때는 우리에게 얼마나 한 이익을 주며 우리 군민의 행복 증진을 위하여 얼마나한 도움을 줄는지? 알 수 없으나, 여하간 조선 고유의 천연적 부원(富源)을 조선인 우리의 손으로써 개발시키게 된다고는 단언할 수 없을 것이다.

어찌하여 그러냐 하면, 2만여 호(戶)에 8만여 인구를 가진 지방이라 할지라도 우리의 힘으로만 들어 놓은 회사는커녕 조합하나 충실한 것이 없다. 다만 보문면(普門面)에 산업조합이 있다 해도 그 지배권이 우리에게 없으며, 주조주식회사(酒造株式會社)가 설립되었으나 단순한 우리의 것이 아니다. 그리고 몇십 개의 상업가를 제외하고는 모두가 농업에 생활을 부치고 있으므로 무엇보다 농산물이 풍부한 것은 숫자로도 능히 증명할 수 있으나, 그 역시 철도가 개통됨을 따라서 대자벌가 그들의 마수가 번득거리는 때는 잠식의 세(勢)로 그들의 장악에 들어 벌고 말 것은 남다른 우리의 환경으로 보아 명약관화한 사실이 아닌가. 그뿐만 아니라 특권 계급에 있는 유산자, 대지주를 제외하고는 품팔이 생활에 급급(汲汲)할 것이다.

예천 인사 제씨여. 이 모든 일을 생각할진대 실로 개탄을 아니할 수 없다. 다시 말하면 우리는 어떻게 하여야 이 난관을 돌파하며 또한 이상의 생활을 영위할 것인가. 처지가 다르고 환경이 다른 우리로써 이 점에 대하여 특히 고려할 문제이며 또한 우리의 생활상 중대 의의가 있는 것을 심각하여야 할 것이다.

그러면 어떠한 경로를 밟아야 될 것인가? 일언이폐지(一言而蔽之)하고 단결력이 필요한 동시에 상업가는 상업에, 농업가는 농업에 각기 주위 사정을 따라서 그 무슨 통일적 기관을 성■(成■)하고 겸하여 우리는 우리끼리 상부상조란 의미에서 생계를 도모하여야 할 것이다. 만일 그렇지 않으면 우리는 여지없이 파멸을 당한 농촌의 경제, 그야말로 참담한 지경에 빠지고 말 것은 목전에 나타날 것이 아닌가. 자각하고 자성하라. 그리고 단결하라. 예천 인사 제씨여 그 누가 우리를 위하여 울어 주며 붙들어 줄까, 오직 그대들이 반성에 있다.

〈자료 62〉 철도 불하지 문제(鐵道拂下地問題)로 마산부민대회(馬山府民大會)(조선일보, 1929.01.17, 1면 1단)

신·구 마산(馬山)의 중앙에 있는 마산부유지(馬山府有地)에 대한 부 당국의 불법 처리를 전제로 작년 이래의 마산부 협의회에서 조선인 협의원의 강경한 반대로 험(險)한 파란이 거듭 연출되어 왔음은 누보(累報)함과 같거니와, 마산부의 이해(利害) 휴척(休戚)을 장악한 마산부윤으로서 현재의 해당 토지가 당당한 부의 소유임에 불구하고 과거의 연고자라는 모호한 구실하에 전 부민의 3분 2 이상을 점령한 대다수 조선인의 이해를 도외시하고 일부 일본인 학교조합과 암합(暗合)이 되어 그 토지의 소작료를 하등의 관계가 없는 학교조합으로 하여금 불법 횡취(橫取)하게 한 후 마침내 그 토지를 학교조합에 양도하고자 하였으나, 부의 규례(規例)로써 이를 적용할 만한 하등의 조건이 없음에 그 불법 처리에 적응하도록 부의 규례를 개정하는 등 내부의 야비한 암흑면(暗黑面)이 일반 부민에게 폭로되자, 극도로 격앙한 마산 부민 유지는 최후까지 항쟁하며 부민으로서의 이해를 밝히는 동시에 인권을 잃지 않겠다 하여 지난 13일 오후 7시부터 당지(當地) 한양관(漢陽館) 내에서 마산 부민 유지자대회를 개최하고 먼저 이형재(李瀅宰) 씨의 취지 설명이 있은 후, 김태호(金泰鎬) 씨의 사회하에 부협의원 중 황갑주(黃甲周) 씨의 전말 보고 끝나자 이어 대책 토의에 들어가 다음과 같이 결의하고 동(同) 10시 반에 폐회하였더라. (마산)

◇ 결의

1. 시민대회를 개최하여 적극적으로 항쟁하는 동시에 도 당국과 총독부 당국에 진정하기로 하되 실행위원에게 이를 일임함.

◇ 실행위원

이우식(李祐植), 이형재(李瀅宰), 최철용(崔喆龍), 여해(呂海), 명도석(明道奭), 김철두(金轍斗), 이현각(李鉉覺), 옥기환(玉麒煥), 서기홍(徐基弘), 김치수(金致洙)

마산부민유지회, 실행위원회, 각 요로(要路)에 타전(打電)

마산부의 원(元) 철도용지 불하지의 불법 처리 문제로 마산 부민 유지자대회를 개최하고 대책 방침을 토의한 후 실행위원 10인을 선거하여 실행 방침을 일임하였다 함은 별항 보도와 같거니와, 동 실행위원은 지난 14일 오전 10시부터 당지 만정 마산동인회(馬山同人會) 사무소 내에서 위원장 김치수(金致洙) 씨 사회하에 실행위원회를 개최하고 다음과 같이 토의 결정한 후 오후 1시경에 폐회하였더라. (마산)

1. 우선 전보로써 시급히 도 당국을 비롯하여 조선 총독, 총독부 정무총감, 총독부 내무국장에게 진정하기로 함.

▲ 전문(電文)

◇ 불하를 받은 전 철도용지 불법 처분에 대하여 부민은 이를 반대하는 동시에 이것의 처분 정지 방도를 마산부윤에게 명령하기를 요청함. 상세는 다음 서면(書面)으로 제출하기로 하고 아울러 전보로써 진정함.

1. 구체적으로 진정서를 제출하되 도 당국에는 진정위원으로 옥기환, 김치수, 김철두, 이우식씨 등을 파견하고 총독부 당국에는 우편으로 발송하기로 함.

▲ 진정서 약(略)

1. 시민대회는 16일 오후 2시부터 마산독립교회(馬山獨立教會) 내에서 개최하기로 함.

〈자료 63〉 이타가키(板垣) 마산부윤 규탄 연설회: 불신임과 동시에 규탄 연설회 개최 마산유지회 결의(조선일보, 1929.01.21, 4면 1단)

누보(累報) = 마산(馬山) 부유지(府有地)로 신·구 마산의 중앙에 있는 토지 1만 7,000여 평은 최초 철도국으로부터 불하를 받을 때 당당한 부의 재산으로써 불하를 받은 것임에 불구하고 그 당시 마산 일본인 학교조합에서 불하를 받으려다가 학교조합으로서는 해당 토지의 불하를 받을 만한 하등의 조건이 없다는 이유하에 대장성(大藏省)으로부터 전후(前後) 2회나 기각을 받았다는 것이 현재 마산부와 학교조합이 주장하는바, 해당 토지와 조합 간에 가장 큰 연고 관계가 되어 연년(年年)히 해당 토지로부터 상당한 수확이 있음에도 불구하고 그 수확은 일본인 학교조합으로 하여금 부정 취득하게 하는 반면에, 부의 세출입 예산은 부족이 되어 추가 예산으로 차입하는 등 모순된 처치가 있다 하여 이것을 적극 반대하는 조선인 협의원 제씨(諸氏)의 공박(攻駁)으로 언제나 예산 문제를 협의하게 되는 협의회 석상은 분규를 연출하여 오던 중, 근래에 와서는 그 토지의 반(半)이나 되는 8,600여 평을 불하 당시의 원가로써 학교조합에 양도하겠다 하여 이타가키(板垣) 부윤과 학교 당로자(當路者)[부협의원으로 학조(學組) 관계자 다수] 등의 암중(暗中) 활동이 점점 노골화하자 여론이 비등(沸騰)하게 되었던 것인데, 이에 판원 마산부윤은 지난 13일의 협의회 석상이 역시 극도의 험악한 공기 중에 하등의 문제 낙착이 없이 막을 닫게 되던 당시에 10일가량을 고려한 후에 협의회를 소집하겠다 선언하였음에도 불구하고 일반 부민의 여론이 비등함을 추찰(推察)하여 신속히 처치하여 버릴 필요를 느꼈던지 그다음 날인 14일에 도청을 갔다가 돌아온 후 부민대회의 하루 전인 15일 긴급히 협의원회를 소집하여 조선인 일동이 다함께 결석하였음에도 문제시하지 않고 일본인 의원[과] 함께 문제의 "자(諮)25와 자26"을 원안대로 통과하였다는 데 대하여, 부민 유지(有志) 측에서는 대다수 조선인을 안중에 두지 않는 부윤의 태도에 분개하였으나 준비가 완성되었던 부민대회까지도 마침내 경찰의 간섭으로 금지를 당하였으므로 부득이 지난 18일 오후 7시부터 당지(當地) 한양관(漢陽館) 내에서 다시 부민 유지자대회를 개최하게 되었는데, 참석자는 50여 명에 달한 중에 먼저 과거 실행위원장 김치수(金致洙) 씨로부터 그동안의 실행한 결과를 보고하자 이어 도 당국 진정위원의 보고가 있은 후 다시 의장 김치수, 서기 여해(呂海) 씨 등으로 임시집행부를 선거한 후 대책 토의에 들어가 장시간을 토의한 후 다음과 같이 결의하고 동(同) 12시경에 폐회하였더라. (마산)

◇결의

1. 이타가키 마산부윤은 대다수의 조선인 부민을 무시하고 일부 일본인 학교조합을 옹호하는 점으로 보아 마산부의 복리를 증진할 마산의 부윤이 아님을 인정하고 단연(斷然)코 불신임안을 제기함.

1. 이타가키 마산부윤은 지난 16일 오후 2시 마산부민대회를 개최하기에 임하여 마산경찰서에 이르러 서장에게 호소하였으며 부민대회준비위원에게 서장과 동일한 경관의 태도를 가졌음에 부윤으로서의 정당한 일은 밟지 않고 세궁(勢窮)하여짐에 경관의 뒤에 은신하여 호가호위(狐假虎威)의 비겁한 행동을 하였을 뿐 아니라, 암암리에 활동하여 조선인 부협의원을 극복시키려 하여 마침내 부민에게 해독을 끼친 점으로 보아 판원 부윤의 규탄연설회를 개최할 것.

1. 금번 도 당국의 진정 결과를 보건대, 조선인 부협의원과 마산부윤 사이에 비공식 언론이 었든 3만 원 기부[토지대(土地代)로 학조(學組)에] 운운(云云)의 근거 없는 말이 성행하여 진정의 지장이 되었으나, 모든 실체를 밝히어 총독부 당국에 진정원을 파견하는 동시에 도쿄(東京)에 가서 내각과 의회에도 진정원을 파견하기로 함.

◇ 실행위원

김철두(金轍斗), 장재■(張在■), 노기수(盧琪洙), 김성현(金性玹), 구지서(具芝書), 김형철(金炯轍), 여해, 이형재(李瀅宰), 명도석(明道奭), 구인욱(具麟旭), 황갑주(黃甲周), 김치수, 서기홍(徐基弘), 이우식(李祐植), 하성오(河聖吾), 김귀동(金貴東), 최철룡(崔喆龍), 이현각(李鉉覺), 김태호(金泰鎬), 옥기환(玉麒煥)

부민유지회 실행위원회, 진정위원 선발

별항(別項) 보도와 같이 마산부민유지회를 긴장한 공기 중에 마치자 선거된 20명의 실행위원은 계속하여 김치수 씨의 사회하에 실행위원회를 개최하고 다음과 같이 결의하였더라.

◇ 결의

1. 실행위원장으로 김치수 씨를 선정함.

1. 진정위원을 경성(京城)과 도쿄에 파견함에 대하여 그 비용은 재무위원 옥기환, 이우식 등

양씨(兩氏)에게 일임하여 부민 유지의 자발적 기증을 추렴하게 함.

1. 우선 경성에 파견할 진정위원으로 김치수, 이우식 외 1인을 선정함.

토지보다도 인권문제이다. 김(金) 실행위원장 담(談)

별항 마산 부유지의 불법 처분에 대하여 실행위원장 김치수 씨의 말을 듣건대, 금번 이 문제에 대하여서는 문제의 중심이 중앙 토지문제이겠지마는 지금에 와서는 토지문제보다도 전 부민의 절대다수를 점령한 조선인 부민의 인권문제가 하나 큰 부수 조건이 되어 있는 터임에 더한층 최후까지 싸워야 하겠으며, 더욱이 이것은 조금이라도 불온하다고 인증(認證)할 만한 투쟁이 아닌 만큼 최후의 성공이 있을 것을 자신합니다 하더라.

〈자료 64〉 평원선(平元線) 촉진 관계 민 진정(매일신보, 1932.12.06, 2면 3단)

평안남도 지방민은 평원철도(平元鐵道)의 속성(速成)을 열망하고 있었던바, 평안남도 도평의원(道評議員)은 13일 도평의원 의회를 기회로 또 평양부협의원(平壤府協議員)은 14일, 평양상공회의소 의원은 15일 각각 회합하여 각 3명씩의 위원을 선정하여 동(同) 철도 장림(長林), 신읍(新邑) 간의 약 18마일 부설공사를 기필 내년 1933년(昭和 8)에 기공하도록 본부에 진정하기로 결정하였다.

〈자료 65〉 평양상공(平壤商工)과 각 단체 평원선(平元線) 촉진운동(매일신보, 1936.12.25, 5면 3단)

평양(平壤), 원산(元山) 간을 연결하는 평원선(平元線)은 1926년(大正 15)에 수립을 보게 된 조선철도건설12개년계획에 준거하여 총공비 4,750만 원을 들여 1939년도(昭和 15)에 준공시킬 작정으로 공사를 진척하고 있는 중, 진남포(鎭南浦) 등지에서는 평원선이 완전 개통되게 되면 원산 상권이 서조선(西朝鮮)으로 신장되어 항도(港都) 진남포에 중대 타격을 줄 것이니 차라리 현상을 유지하여 양덕역(陽德驛)을 종단으로 방임하는 것이 유리하다는 논의가 일부에서 대두하고 있어서 동선(同線) 서부선(西部線)의 내년도 계속 공사에 관한 예산 문제에 있어서 아직도 중앙 정부의 태도가 명확히 결정되어 있지 아니한 이때에 동(同) 공사의 전도가 위구(危惧)되고 있는데, 이에 대하여 평양상공회의소와 평원선기성회, 도매상조합 등 여러 단체에서는 진남포는 동계(冬季) 선박 출입이 곤란한 시기가 있으므로 평원선이 개통되면 부동항의 원산항을 보조항으로 가지게 되어 양항(兩港)은 표리신응(表裏信應)하여 화물 탄토(呑吐)가 일층 원활하게 되어 서조선 발전에 공헌이 막대함이 있을지언정, 결코 진남포항을 위협하는 일은 없을 것이라는 대승적 견지에서 기필코 그 전체 개통을 실현시키자 하여 적극적으로 그 촉진에 노력하기로 되었다. 또한 평원선의 개통은 그 외에 서조선과 함남북 도문(圖們) 방면에까지 교통 거리를 단축시키는 결과를 낳게 되어 공업도시 평양의 판로 확대를 위하여서도 지극히 유리할 터이라 한다.

3. 철도와 저항

〈자료 66〉 잡보(雜報): 오호만의(嗚呼晩矣)(황성신문, 1901.05.17, 2면 3단)

경부철도(京釜鐵道) 정거장 기지를 남문 외로 정하고 한성부(漢城府)에서 표지를 세웠더니, 해당 동(洞) 거주민 500여 명이 재작일(再昨日) 한성부에 회동 호소하되, 의민(矣民) 등이 동지(同地)에 거주안업(居住安業)하더니, 이제 훼철하오니 수백 년 내 생계가 갑자기 폐지(廢止) 즉 몇천 인구가 흩어질 지경에 이른지라. 해당 회사에 이조(移照)하여 청파 부근 공한지(空閒地)로 이정(移定)하게 하라 하였더라.

〈자료 67〉 지방경보(地方警報)(대한매일신보, 1907.08.16, 2면 5단)

각 지방 통신을 들은즉, 강릉(江陵)으로 파견한 일병(日兵) 1중대는 8월 13일에 해군육전대(海軍陸戰隊)로 공히 남대천(南大川) 하구로 상륙하여 강릉을 점령하였다 하고 평창(平昌) 의병은 강릉 진부(珍富)에 300명, 평창에 3,000명이 존재하고 수괴는 원주진위(原州鎭衛) 대장 김덕제(金德濟)라 하고

14일 강릉 내전(來電)을 들은즉, 일병은 작일(昨日) 강릉을 점령하고 4, 5일 간에는 원주 파견 일병과 연락할 터이라 하며, 강릉 우편국 일인(日人) 3명이 의도(義徒)에게 피해를 입었다 하고

평창과 강릉 방면에는 지난날 체전부(遞傳夫)가 의병에게 포착(捕捉)된 이래로는 교통이 두절하여 정황이 불온하고 충주(忠州)의 피난한 제천(堤川)군수의 소전(所傳)을 들은즉, 평창 우편취급소 일인 2명과 체전부 1명은 총살하였고

남원(南原) 진위대 무기, 탄약은 일인이 수용한 이후에 점점 불온하더니 점차 경성(京城) 결사대에 격문이 동지(同地)에 전포(傳布)하매 인심이 더욱 동요하여 각처 유생들이 회집한다 하고, 10일에 홍주(洪州) 진위대는 수위해산(雖爲解散)하였으나 도당(徒黨)이 봉기하여 녹도(鹿島)를 점거하여 모병(募兵) 거사한다 하며, 강화(江華) 탈영병이 통진(通津)에 내도(來到)하여, 우선 방공총(放空銃)하고 양민을 위협하며 동지 분파소(分派所)에 보관한 총 10정(挺)과 탄약을 몰수하고 탈거(奪去)하였고

의병 40여 명이 여주(呂州) 분파소를 습격하여 일(日) 순사 1명은 즉살하고 1명은 부상하고

1명은 일인의 가족을 엄호하여 도주하다가 중로(中路)의 피곤(疲困) 전도하여 원주 수비대로 향하였고

15일 오전 0시경에 흑의(黑衣)를 입은 한인(韓人) 수십여 명이 수원(水原) 정거장 부근을 향하여 10여 발 방포(放砲)하였는데, 수원 수비대에서 파병(派兵) 추적(追跡)하였고

15일 안성(安城) 전(電)을 들은즉, 의병 300명이 무기를 휴대하고 죽산(竹山)에 내도하여 안성을 습격한 형세가 있고 장호원(長湖院)에 거류하던 일인 9명은 피난하여 안성을 향하다가 죽산에서 1명은 피해를 입었고, 12일에 의병 40명이 여주 분파소를 돌연히 습격하여 일 순사와 3시간을 접전하였는데, 일 순사 마쓰무라(松村)는 하복부(下腹部)에 총상하고 쓰쓰이(筒井)는 두부(頭部)를 상(傷)하였고 사토(佐藤)는 수환(受丸) 즉사하고 이때에 일인의 탄환 10여 발이 근여(僅餘)한지라. 상인 남녀 10인을 거느리고 일 순사 3인은 탈위(脫圍)하여 구호이왕(救護而往)하다가 일녀(日女) 1인은 중로에 도사(倒死)하고 오래 걸리지 않아 의병 10여 명이 추격하여 산곡(山谷)에서 대전하다가 과부적중(寡不敵衆)하여 일 순사가 산중으로 도주할 때에 일모불견(日暮不見)하고 구호하던 일인 10명은 생사를 알지 못하더라.

〈자료 68〉 각지통신(各地通信)(대한매일신보, 1907.09.10, 2면 4단)

▲8일 수원(水原)발(發) 전(電)을 들은즉, 경부선 병점역(餠店驛) 동북 30리 선장동에 의병 700명이 집합하여 오산역(烏山驛)과 진위역(振威驛)을 습격한다 공공연하게 소리 높여 말하고

▲7일 충주(忠州)발 전을 들은즉, 지난 3일에 의도(義徒) 30명이 연풍(延豊)에서 문경읍(聞慶邑)에 도래하여 당지(當地) 보좌원(補佐員)과 우편국원과 일본 상인들과 접전하여 일인(日人)은 상주(尙州) 방면으로 퇴각하였는데, 그중에 1명은 중상하며 일인 체전부(遞傳夫)는 피해를 입고 의병은 일인 거주하던 부근 민가 15호(戶)와 우편국을 소각하고, 그곳과 가까운 전주(電柱) 6본(本)을 절도하고 연풍으로 퇴각하였고

▲8일 대구(大邱)발 전을 들은즉, 당일 오후 3시에 의병 약 150명이 성주읍(星州邑)을 내습(來襲)하여 청사와 일인 가옥 전부를 소각하였는데, 우편국장과 일인 3명과 순검(巡檢) 3명은 생사가 불명하다 하고

▲ 예천군(醴泉郡)에도 불온하여 우편국과 분파소(分派所)는 상주로 옮겼다 하고

▲8일 조치원(鳥致院)발 전을 들은즉, 추풍령(秋風嶺) 북방 약 40리 달영(達寧) 지방에 의도

수백 명이 집합하여 성주 분파소를 습격했다는 보고가 있고

▲병점역 동북 약 30리 용인군(龍仁郡) 선곡동에 의병 700여 명이 집합하였는데, 소내(所內) 서남산동 윤기선(尹基善) 집에 화승총(火繩銃) 2병(柄)과 동면(東面) 김영희(金永喜) 집에서 서양식 엽총(獵銃) 1정(挺)을 약탈하고 죽산(竹山) 방면으로 향하였다 하고

▲9일 조치원발 전을 들은즉, 경부선 열차가 평택역(平澤驛)을 출발하여 약 40간(間)을 경과할 때에 한인(韓人) 5, 6명이 투석하였으나 손해는 없다 하고

▲2일 오후 8시에 의병 70명이 돌연히 평해(平海) 분파소를 습격하매 일본 순사 3명이 대전(對戰)하다가 중과부적(衆寡不敵)하여 각자 도피하였다 하고

▲영월(寧越) 동방 50리 지점에서 의병 50명과 일병(日兵) 일 부대가 우연히 만나 접전(接戰)하여 일병 1명이 전사하였고 의병은 사상이 불명하다 하고

▲충주군 부근 전투보도(戰鬪報道)를 들은즉, 8월 23일 오전 11시에 한병(韓兵) 약 200명이 제천(堤川) 가도에서 충주군을 진격한다는 보고가 있는데, 일병에 풍요(豊饒)대는 북문을 점령하고 전투 척후(斥候)는 교동 고지와 남부 고지에서 1시경을 대전(對戰)하였는데, 조장(曹長)은 위병(衛兵)과 부하를 지휘하여 병사를 수비하게 했다 하고

▲동일(同日) 2시에 교동 전투척후(戰鬪斥候)에 보고를 들은즉, 의병 약 50명이 청풍(淸風) 가도 1,200미터 고지 중심에 산개하고 그 후방 800미터에서 구식 야포를 거치하고 맹렬히 사격하였다 하고

▲동일 오후 영시(零時)에 충주, 제천 간 체(遞), 보초(步哨)에 보고를 들은즉, 충주읍 약 35리 지점 일대 고지에서 의병과 일병이 교전하는데, 의병의 기세가 맹렬하여 일병 1여 명이 부상하였다 하고

▲동일 3시의 니노미야(二宮)대에 보고를 들은즉, 의병 약 100여 명이 청풍 가도에서 익(翼)으로 북방 약 1,500미터 되는 곳을 지나쳐 점령하고 일병은 약 1,200미터 거리에 주재하였는데, 20여 명 의병은 500미터 부근에 전진하고 또한 약 10명은 일병의 좌익으로 우회하여 교전하였다 하고

▲동일에 충주 동(東) 방면에서 의병이 일본 풍요대와 강경히 교전하였다 하고

▲8월 26일의 의병 약 300명이 정농읍(廷農邑)을 내습하여 군수와 서기를 붙잡고 동군(同郡) 남방 약 30리 지방으로 퇴각하였고

▲7일 오전발 성환(成歡) 전을 들은즉, 안성 부근에 의병이 봉기할 모양이 있어 동일 아침에 거주 일인 40여 명이 성환으로 도주하였다더라.

〈자료 69〉 철로에 석괴(石塊), 두 명의 악희자(매일신보, 1919.03.11, 3면 6단)

지나간 3일 오전 10시경에 호남선(湖南線) 학교역(鶴橋驛)을 상거한 북방 일마이루 지점 철도 선로 위에 주먹보다 큰 돌덩이 수십 개를 산같이 쌓아 놓은 것을 발견하고 크게 소동되었는데, 그는 함평군(咸平郡) 학교면 사가리 사는 이돈상(李敦相, 12)과 심영대(沈英大, 40) 두 명의 악희로 알고 즉시 인치되었더라.

〈자료 70〉 국장(國葬)과 철도 증수(增收)(매일신보, 1919.03.14, 2면 6단)

고(故) 이태왕(李太王) 폐하의 국장(國葬) 때에 지방에서 배관(拜觀)하기 위하여 ■입경한 자(者)는 약 20만 인이라 하는데, 그 가운데 철도에 의한 입경 인원은 약 7만 인을 증가하고 20만 인 내외의 증수가 되었다더라.

〈자료 71〉 소요(騷擾)와 철도화물, 안도(安藤) 경관(京管) 운수과장(運輸課長) 담(談)(매일신보, 1919.03.15, 2면 4단)

지방 소요(騷擾)로 곡류(穀類)의 출회는 거의 두절되었다. 전(傳)하는 것이 있는바, 이에 대하여 경성(京城) 관리국(管理局)의 안도(安藤) 운수과장은 망동(妄動)의 초반에는 철도 화물의 수송에 거의 영향이 없고 또한 탁송(託送)도 하등

▲감퇴(減退) 등의 사실을 인정하지 아니하며 현재에 최근 조사에 속한 전선(全線) 체화(滯貨) 수량은 14만 8,000여 톤(噸)에 달하여 매일 수송의 전(全) 능력을 발휘하나 또한 감퇴의 경향이 용이하게 불견(不見)함을 ■하여 알게 된지라 각 노선의 체화별을 보면 다음과 같음.

경부선(京釜線)	6만 7,582톤(噸)
경의선(京義線)	7만 2,941
경원선(京元線)	1,649
호남선(湖南線)	6,167

〈자료 72〉 조선인과 중국인의 격투, 진주(晉州) 어속령(束嶺鐵) 철도공사 노동자가 (조선일보, 1923.08.06., 3면 3단)

경남 진주군(晉州郡) 이반성면(二班城面)과 함안군(咸安郡) 군북면(郡北面)과 경계되는 사이에 어식이재[어속령(魚束嶺)]에는 방금 남조선철도주식회사(南朝鮮鐵道株式會社)의 제4공구(第四工區) 철도의 수도 공사를 행하는 중인데, 이 철도 공사에는 조선인 노동자 350여 명과 중국인 노동자 50여 명이 한가지로 공사에 노동하는 중이라. 중국인 노동자는 조선인 노동자와 뜻이 맞지 아니하고 또한 노동 임금에 관하여서도 중국 노동자는 그네끼리만 헐하게 하려 함으로 조선인 노동자는 그네들과 서로 단결하여 자본주를 대응하고자 하나 절대로 단결하지 아니하며, 모든 일에 의사가 절대로 규합되지 아니함으로 마침내 조선인 노동자는 일제히 단결하고 중국 노동자를 배척하는 바, 지난 28일에는 오후 2시부터 오후 7시 반이 되기까지 맹렬한 격투가 일어나서 일대 수라장을 이루었다는데, 그곳으로부터 돌아온 모씨의 말을 듣건대, 당일 오후 2시쯤 되어 조선인 노동자는 중국 노동자를 대항하며 돌과 몽동이로 중국 노동자를 구타한바, 중국 노동자는 수효가 적은 까닭에 하는 수 없이 함안 방면으로 퇴거하였는데 중국 노동자 측에서는 중상자가 2명과 경상 3명을 내었으므로, 이 소문을 들은 진주경찰서에서는 와다(和田) 경부가 현장에 급행하여 사실을 조사 중이며, 진주 노동공제회(勞動共濟會)에서는 강달영(姜達永), 조우제(趙佑濟) 양씨(兩氏)와 각 신문기자들은 현장에 사실을 조사하기 위하여 방금 출장 중이라더라. (진주)

〈자료 73〉 조철(朝鐵) 종업원이 철우회(鐵友會)를 창립 계획(조선일보, 1925.08.20., 4면 2단)

조선철도주식회사(朝鮮鐵道株式會社)에 종업하는 조선인이 1,500여 명에 달하나 하등의 단결이 없음을 유감으로 생각하는 바, 경북선(慶北線) 유지 제씨(諸氏)의 발기로 철우회(鐵友會)를 조직하고자 동서분주한 결과 이미 영동(靈東), 충북(忠北), 황해(黃海) 3선에 있는 동지의 찬동을 얻어 지난 16일 오전 9시에 경북선 옥산역전(玉山驛前)에서 발기회를 개최하고 홍보용(洪甫容) 씨 사회하에 20여 명의 출석자로 제반 사항을 결의한 후 오후 3시에 폐회하였는데, 창립총회 시일과 당선된 준비위원은 다음과 같다더라.

1. 시일 8월 30일 오전 9시

1. 장소 경북선 옥산역전

◇ 위원

(경동선) 이기현(李起賢) 이수명(李守明) 김경효(金敬孝) 하이용(河二龍) 박종영(朴淙榮) 황순조(黃順兆) 김태석(金泰錫)

(충북선) 김희창(金熙昌) 유득량(劉得良)

(황해선) 손기수(孫麒秀)

(경북선) 손창수(孫昶秀) 백효철(白涍喆) 이성실(李聖實) 한상우(韓相禹) 서창운(徐昌云) 정동주(鄭東柱) 홍보용(洪甫容) 김원출(金元出) (옥산)

〈자료 74〉 회사의 방해로 철우회(鐵友會) 창립총회는 연기(조선일보, 1925.09.04, 4면 3단)

조선철도주식회사(朝鮮鐵道株式會社)에 종업하는 조선인으로서 조직하려든 철우회(鐵友會) 창립총회는 8월 30일 오전 9시에 경북선 옥산역전(玉山驛前)에서 개최하고자 하였던바, 당일에 돌연히 김천(金泉) 출소(出所)로부터 경북선에 있는 위원 제씨(諸氏)에게 공휴일임도 불구하고 출장을 시킴으로 몇십 원에 지나지 못하는 월봉에 목을 매인 제씨(諸氏)는 부득이 종업하게 됨을 따라 각 선(線)에서 내도한 대표도 하는 수 없이 쓰린 가슴을 부비며 창립총회는 무기로 연기하고 섭섭히 돌아갔다더라. (옥산)

〈자료 75〉 직공 300명이 일인(日人) 수위(守衛)를 습격(조선일보, 1925.12.29, 2면 5단)

평양(平壤)에 있는 철도국 조선인 직공 300명은 24일 오후 1시 30분경에 돌연히 수위실(守衛室)을 습격하여 우사미(宇佐美), 구리하라(栗原), 모리우치(森內) 등 3명을 인사불성에 빠지게 구타한 후 고함을 지르며 물러 나와서 그날부터 일제히 태업 상태를 계속하여 그 형세가 매우 험악하다는데, 그 원인은 직공 중 어떤 사람이 수위에게 횡포한 행동을 받은 것을 분개하여 그와 같이 습격한 것인 듯하다는 바, 그 이면에는 어떠한 흑막이 있는 듯하다더라.

〈자료 76〉 평양철도국 수위(守衛) 습격사건의 진상(조선일보, 1925.12.30, 2면 4단)

평양철도공장(平壤鐵道工場)에서 종업 중인 조선인 직공 300명이 본인 수위(守衛)의 난폭한 행동에 분개하여 결국 구타 중상하게 한 사실이 있었다 함은 이미 보도한 바거니와, 철도 당국에서는 사건의 일절을 비밀에 부치고 내용을 발표하지 않는 중인데, 사실인즉, 지난 23일 아침에 일본인 수위 우사미(宇佐見)가 순시를 하다가 공장에서 나오는 한모(韓某)란 직공의 호흡하는 것을 보고 연초(煙草) 연기가 아닌가 하는 의심으로 공장 규칙을 위반하였다고 한모에게 퇴장을 명하였으나, 듣지 않는다고 다른 일본인 수위 구리하라(栗原), 모리다(守田) 두 명과 협력하여 한모를 무수히 구타하였다. 한모는 너무나 통분함을 못 이기어 전기와 같은 사실을 여러 동료에게 말하는 동시에 여러 직공까지 분개하여 다음 날 24일 오후 1시경에 100여 명의 직공은 전기 일본인 수위 3명을 둘러싸고 함부로 구타하여 중상을 당하게 한 것인데, 철도공장 측에서는 일본 수위의 잘못은 불고(不顧)하고 직공 한모 이하 수명을 퇴직시켰으므로 300여 명의 직공들은 공장 측의 부적당한 처치에 더욱 분개하여 장차 어떤 행동을 취하게 될는지 알 수 없으며, 공장 측에서는 사건의 확대를 염려하여 비상한 경계를 하는 중이라더라. (평양)

〈자료 77〉 경남철도(京南鐵道) 공부(工夫)와 촌민(村民)의 대난투(大亂鬪)(조선일보, 1929.03.03, 5면 4단)

충남 보령군(保寧郡) 청소면(靑所面) 진죽리 오타 이치사부로(太田一三郞)의 집에서는 지난 19일 밤 3시경에 일본인 4, 5인이 모여, ■■■■ 주류 제조업자에 집에 있는 용인 이춘만(李春萬)(31)을 기둥에 묶어 놓고 곤봉 또는 철봉으로 무수 난타하며, 그 사경 중에 있는 것을 자기 아우 이춘봉의 보호로 인하여 중지되었는데, 그 자세한 원인을 들어본즉, 경남선 제2구 공사 담당 대전사무소에 십장으로 있는 최점쇠[9]가 당지에 도착한 후 김성녀라는 여자와 동거하게 되었던바, 당일 밤에 전기 최점쇠의 처 김성녀가 이모 주점에서 술을 먹고 남자들과 같이 노는 것을 당지에 거주하는 김용성이가 그 여자에게 대하여, 가정에 있는 여자가 되어 주점에 다니며 술 먹고 남의 남자와 같이 노는 것은 부당하니 가라고 책망하며 가라고 권한즉, 그 여자 말이 "이 세상은 자유의 세상인데 남이야 술을 먹건 무엇을 먹건 당신이 무슨 관계이냐"고 반항함으로 만류하던 김용성은 다시 그 여자에게 대하여 나는 당신 남편하고 친한 처

9 같은 기사에서 '최점쇠'와 '최금쇠'를 혼용하여 기록했는데, 하나로 통일하지 않고 원문 그대로 유지했다.

지이기 말함인데, 그와 같이 반항하느냐고 말한즉, 그 여자는 자기 남편하고 친하다는 데 놀래어 잘못되었으니 용서하라 하며 자기 남편이 아는 때이면 나는 죽은 사람이니 부디 우리 남편에게 이르지 말아 달라고 부탁한 후 간 사실이 있었는데, 그 여자는 자기 집에 가서 먼저 자기 남편 최점쇠에게 대하여 앞에 주점에 볼일이 있어 갔더니 어떠한 남자가 나의 손을 붙들며 농담하다 담배를 주어 가며 같이 놀러 가자 하여 매우 곤란으로 지내다가 겨우 도망하여 왔노라고 허언으로 일렀는데, 이 말을 들은 최금쇠는 분개하여 누구인지 자세히 알지도 못하고 짐작으로 전기 박원교 집에 있는 이춘만을 불러 우리가 서로 아는 터에 술 한잔도 나누지 못함은 섭섭하니 같이 가서 한잔 먹자고 무리하게 주점에 데리고 가서, 먹지도 잘 못하는 술을 많이 먹인 후에 이웃집에 젊은 여자가 있으니 같이 놀러가자 하는데 나는 남의 집에 있는 사람이 되어 마음대로 놀지도 못할 뿐이라. 이웃집에 있다는 여자도 알지 못하니 갈 수 없다고 한즉, 이 놈 모르는 게 무엇이냐고 하더니 먼저 눈을 때리어 뉘어 놓은 후 준비하여 가지고 왔던 몽둥이로 무수 난타하여 거의 죽게 함으로 이것을 보든 주인은 무슨 영문인지도 모르고 사람을 때려 죽게 된즉, 사람 죽인다고 소리를 쳐 이에 놀란 사람들이 몰리어 오는 바람에 전기 최점쇠는 어디로인지 종적을 감추어 버렸다는데, 이 말을 들은 이춘만의 아우 이춘봉(李春奉)은 분함을 이기지 못하여 다 죽어 가는 자기 형을 데리고 근방으로 다니며 전기 최금쇠를 찾으러 다니던 중 전기 일본인 십장 오타 이치사부로의 집에 있는 것을 보고 주인을 불러 여기서 지금 말하는 최 십장이 우리 형을 때리어 거의 죽게 되었으니 그 이유를 묻고자 하니 잠깐 내여 보내 달라고 한즉, 일본인 오타의 말이 내 집에 없다고 두어 마디 발명하다가, 가만히 나가더니 인방에 있는 일본인을 수집하여 가지고 와서 다짜고짜로 거의 죽게 된 이춘만을 곤봉 또는 철봉으로 무수 난타하다가 나중에는 기둥에 묶어 놓고 곤봉으로 4, 5인이 합하여 무수 난타하여 졸도가 됨을 보고 옆에 있던 아우 이춘봉은 놀람을 이기지 못하여 주재소에 가서 그 사실을 말한즉, 주임 순사가 출장하였었는데, 그때까지 묶어 놓고 때리고 있었던바, 주임 순사는 가던 길로 자기네끼리만 무엇이라고 하며 끊어 놓지도 않으므로 자기 아우 이춘봉이가 끌어 가지고 왔는데, 일본인 오타와 최점쇠라는 자 등은 평시에도 사람을 잘 때리는 자로서 일반이 항시 주목하던 중 무고히 사람을 때려 분개하여 있던 일반은 그다음 날에 일본인 오타가 이춘만에게 사죄하러 온 기회를 이용하여 다수한 군중이 모여 오타를 난타하였는바, 오타는 중상을 당하여 병원에 입원 중이며 최점쇠라는 자도 다른 사람에게 맞아 중상을 당하였다더라. (보령)

〈자료 78〉 경의선 동림역(東林驛) 철도 공부(工夫) 파업(동아일보, 1929.03.09, 2면 5단)

경의선(咸平郡) 동림역(東林驛)에서 일하는 조선인 철로 공부(工夫) 11명은 지난달 25일 아침부터 동맹파업을 하였다는데 내용을 들으면, 파업을 하던 날 아침에 공부 감독으로 있는 소네 오토시타치(曾根乙下治)가 조선인 공부를 무리하게 구타하였으므로 그런 감독 아래에서는 일할 수 없다 하여 감독을 배척함이라는 바, 일반은 주목 중이라더라. (선천)

〈자료 79〉 사설(社說): 광주(光州)의 학생 충돌 사건(조선일보, 1929.11.05, 1면 1단)

일(一)

10월 13일 호남선(湖南線) 나주역전(羅州驛前)에서 광주(光州) 중학생 후쿠다(福田) 모(某) 외 2명이 광주 여자고보(女子高普)생(生) 박양(朴孃)에게 도리에 어그러진 악희(惡戱)를 가한 것이 발단으로 동양(同孃)의 형제(兄弟)로 광주 고보학생(高普學生)인 박모와 사이에 언쟁으로 비롯한 싸움이 있었고 이를 금지시킨 일본인 순사 모(某)가 박모(朴某)를 뺨 친 것이 소년의 순진한 자부심을 상하여서 도리어 재미 없었든지 매일 나주에서 통학하는 양편(兩便)의 학생은 그다음 날에도 기차 중에서 언쟁이 생기었고 다만 차장(車掌)의 중재와 금지로 대단치 않게 서로 갈리었었다 한다. 이리되어 끝났으면 문제없을 일이었는데, 그들의 충돌은 오히려 계속하여 피차간에 완력을 쓰기까지 되었었고 이것이 차차 확대되어 중학교 측의 학생들은 새로이 휴전행위(携戰行爲)에 나와 자칫하면 다수의 난투에 이를 뻔하였고 경관의 제지가 또 사태를 확대하게 맡겨 두지는 아니하였으나, 혈기에 ■끄을린 청소년 학생 상호 간의 일이라 그 충돌이 전혀 종식되지 아니하여 필경 경관의 출동과 경종을 울림에 의한 소방대(消防隊)의 응원까지 갔다는 것은 이 청소년 학생들을 싸고 도는 불상사이라고 하겠다. 큰 유감이다.

이(二)

이 사건은 범래(凡來) 무의식(無意識)한 과정을 밟아 온 학생 간의 돌발적인 사건임으로 그다지 중대시할 바 아니나, 이것이 단순한 갑을(甲乙) 양(兩) 학교 학생의 우연한 충돌로서 그치지 않고 그 사이에 미묘할 피아관(彼我觀)이 곁들이므로 단순 평범하여야 할 일이 분규, 훤소(喧騷)를 가하게 되고 잘못되면 이 이상으로 사태를 악화시킬 가연성(可然性)이 없지 않다. 양(兩) 학교의 학생들이 한참 충돌될 때 경관이 출동하고 경종이 울고 소방대가 응원을 하였으되 그간에 아무 편곡(偏曲)한 행동이 없었다 하면, 그는 근래의 희유(稀有)한 태도일 것이다. 다만 중학 측의 유도(柔道) 교원인 이다(伊田) 모가 가뜩이나 혈기에 뻗치는 50인의 생도에게 그릇된 용기를 고조하여 그들에게 냉정한 자제를 잃게 하였고 기차 중의 일본인 승객들이 2등객 될 만한 신사적인 신분이면서 좀 더 고처적(高處的)인 태도를 보이지 못하였다 함은 그들 평소의 이러한 과오가 많은 점으로 보아 개탄(慨嘆)함 즉하다.

삼(三)

이러한 종류의 충돌이 드물지 아니하였으나, 예전 경성(京城), 배재(培材) 고보(高普)생과 경성중학생(京城中學生)과 사이에, 올여름 전주고녀(全州高女)생과 전주여자고보(全州女子高普)생 사이에 충돌이 있었던 것이 그것으로 모두 ■■할 만한 바이다. 그러나 여기에 관하여는 홀로 저들 학생만이 그 실임(實任)을 질 바 아니니, 후진(後進)을 교도하는 스승 된 자로서 먼저 그 오류에 빠지는 자 많은 것을 알아야 한다. 소학(小學)으로부터 중학(中學), 고녀(高女), 기타 각층 학교의 교원 된 자들이 조선인을 흉보고 업신여기는 언론을 농(弄)하여서 그들 청소년의 병적인 자존심을 증장(增長)시키기에 정신없는 것은 거의 간단(間斷) 없는 사실로서 이것은 직접 조선인 자제를 가르치는 보통(普通), 고보계(高普系)의 학교에서도 왕왕(往往)히 그러하거니와, 발이 한자옥 공학(共學) 혹은 일본인 본위의 학교에 들어선 자들은 소위 만구일낙(萬口一諾)으로 그 흉을 ■경모적(■輕侮的)인 언사에 견디기 어려움을 하소하고 더욱이 지리, 역사의 시간은 때때로 조선인 결점 지적에 관(觀)이 있게 된다 하니, 오늘날의 정치적 현황에 돌아보아 그도 당연할지 몰라도 결국 그들로서 삼가지 아니하면 안 될 바인 것을 몇 번이나 단언할 수 있다.

사(四)

오인(吾人)은 일본인의 부형(父兄)과 교육자와 그 학생 제군(諸君)에게 잔달은 그릇된 우월감이거나, 그로 인한 편견을 버리고 행여나 그 사태를 악화시키는 바 없기를 권고한다. 조선인의 부형, 교육자도 그 태도를 그르침이 없기를 또 권고한다. 더욱이 청소년의 학생 제군은 자중하여서 자기들이 과오를 범하는 데 이르지 말게 하고 그야말로 정기(正己)하여서 저 편의 행위에 대하게 하고 학생의 간여(干與)할 이상의 문제이면 부형들로서 이에 앙장(鞅掌)하기를 기다림이 좋다고 한다. 광주의 사회 근일 자못 환산(渙散)하나, 이 학생들의 번대(煩對)를 통제하기에는 부족한 바 없으리라고 믿는다. 만일 또 위정(爲政)과 경계의 당로(當路)들이 이에서 그 처치를 잘못하는 바 있으면 더욱 심대한 영향을 끼침이 있을 것을 말하여 둔다.

〈자료 80〉 광주사건 격문(檄文) 배포한 차재정(車載貞) 등 43인(조선일보, 1930.01.30, 2면 1단)

광주(光州) 학생 사건이 전라남도 일대에만 파급되어 있던 12월 3, 4일경에 돌연히 2만여 대의 격문을 서울 시내 요처 요처와 제국대학(帝大) 이하 각 학교와 온갖 사회단체에 배포하는 한편 여러 가지 놀라운 운동을 획책하고 있던 시내 조선청년총동맹간부(朝鮮青年總同盟幹部) 차재정(車載貞, 28) 이하 42인은 그동안 종로경찰서의 손에 검거되어 약 50일 동안을 두고 유치장에 갇혀 엄중한 취조를 받고 있던 중 지난 29일에 일단락을 지었으므로 엄중한 경계리에 피의자 43인은 서대문형무소에 수감되는 한편 일건 서류는 검사국에 옮기었는데, 죄명은 치안유지법(治維) 위반, 보안법(保安法) 위반, 출판법(出版法) 위반이라 하며 송국자의 성명은 아래와 같더라.

▲ 차재정(車載貞) ▲ 임윤재(任允宰) ▲ 황태성(黃泰成) ▲ 심치영(沈致寧) ▲ 이항발(李恒發) ▲ 부건(夫建) ▲ 곽현(郭鉉) ▲ 이정하(李正夏) ▲ 이효진(李孝鎭) ▲ 이정구(李正九) ▲ 김적(金廸) ▲ 최기윤(崔基潤) ▲ 조충구(趙忠九) ▲ 김동일(金東日)(이상 각 단체 관계 인물)

▲ 정송근(鄭松根) ▲ 권유근(權遺根) ▲ 곽이형(郭二炯) ▲ 이기익(李奇翊) ▲ 윤충식(尹忠植) ▲ 김용담(金容膽) ▲ 강희옥(姜希玉) ▲ 김창주(金昌柱) ▲ 김재을(金在乙) ▲ 권태동(權泰東) ▲ 유재운(柳在運) ▲ 한경석(韓京錫)(이상 학생 측) 기타

요시노(吉野) 고등주임이 사상검사(思想檢事)를 방문, 격문, 기타 증거품을 휴대하고 전용 자동차로 속속 호송

이날 종로경찰서 요시노(吉野) 고등주임은 먼저 경성지방법원(京城地方法院) 검사국 사상 전문 모리우라(森浦) 검사를 방문하고 장시간 밀의를 거듭한 후 동(同) 12시 반부터 당시 압수된 수만 매의 격문을 비롯하여 다수한 증거품을 종로경찰서 전용 자동차 경삼호(京三號)로 검사국에 보낸 후, 동시 유치장에 근 2개월이나 유치되었던 차재정, 심치영 등 순서로 자동차에 분승시키어 검사국에 넘기었더라.

제1착수(第一着手)로 3만 매 인쇄, 수은동에 본부를 두고 제반 사건을 획책

12월 2일과 3일의 격문 배포 사건을 첫 발단으로 여러 가지로 중대한 획책을 꾸미다가 발각 체포되었다 전하는 전기 차재정 이하 43인의 사건은 그 당시에 사건의 윤곽만은 이미 보도한 바거니와 이제 자세한 내용을 듣건대, 광주 학생 충돌 사변(事變)이 일어난 뒤 이에 분개한 전기 여러 사람들은 우선 서울에서 모종의 운동을 일으키고자 동지들끼리 연락을 취한 다음 시내 수은동 163번지 장모의 집에 비밀히 운동 본부를 정하고서 등사판과 원지와 격문 박을 종이 다수를 얻어 들여 주야(晝夜) 문을 밀폐하고 "광주 학생을 ○○하자" 등 다섯 가지 격문 4만여 매(枚)를 박이어 내어서 밤중의 어둠 온 틈을 타 가지고 다수한 일파들이 전 시가에 쪽 퍼지어 약 2만 매를 완전히 배부하였고 또 나머지 2만 매는 제2차로 배부하려 하다가 우연한 기회로 경찰에 알린바 되어 전기 은가(隱家)는 경찰의 포위를 받아서 미작성의 격문 2만 매와 등사판 1대와 원지와 기타 여러 가지 물품이 몰수를 당하고 또 그 현장과 중앙청년동맹과 청총회관 등지에서 일시는 100여 명의 주요 인물이 검거되어 세상을 놀래었던 것이다.

전(全) 조선 각지에 우편으로 송달. 경찰의 조회로 대부분 압수 혐의자 검거도 다수

그런데 2만여 매의 격문을 비밀리에 인쇄하여 서울 시내에 뿌리는 한편 전 조선 각처의 중요 도시에는 1,000~2,000매 또는 적은 곳에 200~300매 내지 400~500매씩 소포 모양으로 싸서 우편과 철도편으로 배포하였던 것이다. 이와 같이 그 운동의 범위가 매우 넓었든 것을 탐지한 경찰 당국에서는 즉시 전선(全鮮) 각지의 중요 정거장과 경찰서와 우편국 등에 조회를 하여 곳곳에서 다수한 격문을 압수하였던 것이다. 더욱 격문을 막았으나 다른 비밀한 연락이 있을까 보아서 경기도 경찰부 이하 시내 각 경찰서에서는 요시찰인물(要視察人物)의 감시와 지방 상경자의 사찰 등 실로 전일에 드문 경계망을 벌렸던 것으로 이 때문에 무실한 혐의를 받고 검거된 사람이 종로서에만 일시 130여 명에 달하였다는데, 그중에는 근우회(槿友會), 신간회(新幹會), 중앙청년동맹, 학교 교원들도 다수였었다.

학생과학회(學生科學會)와 광주청맹(光州靑盟)이 호응. 남북으로 서로 호응하여 책동, 광주사건 조사원 특파

전기 일파들은 이와 같이 운동을 획책하기 전에 우선 광주학생사건 진상을 조사하기 위하여 11월 중순에 학생과학 연구회원인 권유근(權遺根), 박일(朴日) 등을 광주에 밀파(密派), 조사시켰으며, 더욱 광주청년동맹(光州靑年同盟)의 장석천(張錫天), 국채진(鞠採鎭) 등과도 누차 왕래하며 연락을 취하여 남북에서 일제히 일을 일으키려 한 것이었다더라.

중대시(重大視)되는 차재정(車載貞) 피착(被捉) 경로. 시내 모처(某處)에 장복 중을 서문서(西門署)에서 발견 체포

이 사건의 두령이라고 지목 받는 전(前) 서울청년회 간부요 현(現) 청년동맹 간무인 차재정은 이 사건을 최초에 획책하여 놓고서 제2단의 활약을 하기 위하여 몸을 감추어 소식이 잠잠하였으므로, 경찰 당국에서는 크게 놀라 전기 차를 잡기에 전력을 다하여 오다가 얼마 전에 시내 모처(某處)에 잠복 중이던 것을 서대문서(西大門署)에서 발견하여 즉시 종로서(鐘路署)로 이송되어 근래에 드문 엄중한 취조를 받았다 전하며, 더욱 세상의 일부에서는 이 사건을 학생전위동맹(學生前衛同盟) 혹은 조선○○년회(朝鮮○○靑年會)라는 비밀 결사가 배후에 앉아 있어 획책한 듯이 전하나 그것은 아직까지는 큰 의문이라 보는 이도 있는 터인데, 아무튼 관계 인물 다수가 사회 운동자와 학생과학연구회(學生科學研究會)에 있는 것은 사실이라더라.

모리우라(森浦) 검사(檢事)가 취조 후 수감. 서대문형무소에 수용

별항 종로경찰서에서 넘긴 격문 사건 관계자는 즉일 경성지방법원 사상 전문 모리우라 검사가 우선 구류 심문을 마치고 모두 시내 서대문형무소에 수용하였다더라.

〈자료 81〉 방화, 철도 폭파 등의 테러 일파(一派)를 송국(送局)(매일신보, 1933.03.29, 7면 1단)

【나남(羅南)】 작년 11월 말에 청진(淸津) 경찰서에 검거된 적색(赤色) 테러 일파 장두극(張斗極) 외 9명은 지난 24일 오전 11시경에 송국되었다는바, 이 범죄에 대하여서는 당시 보도한 바와 같이 금산(金山) 방화, 철도 폭파, 전선 절단, 기타 여러 가지의 범행을 이루었으므로 오마치(大町) 차석검사(次席檢事)는 일건 서류와 같이 수리(受理)하여 목하 취조 중이라 한다.

〈자료 82〉 철도 종업원 중심 적화결사(赤化結社) 발각(조선일보, 1931.09.04, 2면 4단)

비밀결사 적색교육노동조합(赤色敎育勞組) 사건이 발각되어 조선 사상계에 비상한 '쇼크'를 주고 있는 이때에, 조선총독부 철도국 내에는 현직 종업원으로써 전 조선 적색화를 목적하고 조직한 적색비밀결사가 발각되어 사회의 주목을 모으고 있으며, 시내 본정경찰서 고등계에서는 그의 혐의자로 용산제관공장(龍山製罐工場)의 용인(傭人) 나카무라 슈사쿠(中村周作)와 조선인 김모(金某) 등 13명을 수일 전부터 검거하고 엄중 취조 중이라는데, 사건의 진전 여하는 더욱 주목되는 것이라 한다.

전협계(全協系)와는 독립, 장래가 주목

별항. 철도국 적색비밀결사는 일본 철도에 확대되어 있는 전협(全協)계의 지도를 받고 그와 배경이 농후하다는 혐의가 있다 하나 아직 적확한 증거는 얻지 못하였다 하며, 조선서 독립적 행동인 것이 농후하다는데, 좌우간 총독부 직속인 철도국의 관리로써, 또한 조선에서 순일본인을 중심으로 그 같은 공산주의 비밀결사가 조직되었다는 것은 특수한 현상이며 혐의자 13인 중에는 조선인이 2명뿐이라는데, 사건의 진전 여하에 따라서는 전 조선철도 종업원에 확대되어 있는지도 알 수 없다 한다.

4. 철도와 고용 차별

〈자료 83〉 철도교(鐵道校) 입학원(入學願): 조선인 응모자가 다(多)함(조선일보, 1921.03.18, 2면 6단)

용산 만철(滿鐵) 철도학교 금년 입학원서 접수는 지난 15일로써 종료되었는데, 성진(城津), 청진(淸津) 방면 미도착의 분을 제외하고 원서 수부(受附) 수는 모집 인원 각 과 50명씩, 합계 150명 됨에 대하여 총계 831통(通)에 달하여 모집 인원의 55할(割)여를 보였는데, 특히 금년에 일러 조선인의 응모자 수가 격증함은 다소 주목할 가치가 있다 하며, 각과 일선인(日鮮人)별의 통계는 다음과 같다더라.

과별(科別)	일본인	조선인	응모 합계
역무과	155	125	280
운전과	39	12	51
도제과	82	408	490
합계	276	555	831

〈자료 84〉 선철(鮮鐵) 종업원 조사(조선일보, 1921.04.18, 2면 6단)

1920년(大正 9) 3월 말에 있어서 전선(全鮮) 철도종업원의 평균 연령은 31세, (1) 일본인은 32세, (2) 조선인은 29세인데, 그 내역은 14세 이상 906명, 20세 이상 4,875명, 30세 이상 3,784명, 40세 이상 1,750명, 50세 이상 408명, 60세 이상 36명, 합계 1만 1,759명이 되니, 즉 20세 이상 30세 미만의 청년이 가장 다수를 점하였으며, 또한 그 가족 수를 볼 때는 유가족자 8,822명에 대한 가족 2만 7,003인인데, 1인에 대하여 약 3인의 비례가 되고 이 유가족자 중 배우자가 있는 자(者)는 6,255인인데, 종업원 총수에 대하여 약 5할 강(强)의 비례에 상당하다더라.

〈자료 85〉 조선 아동은 부려먹는 데만 쓰려는 용산철도학교의 잔혹한 일선 차별(동아일보, 1924.03.16, 2면 1단)

용산에 있는 철도학교에는 본과와 도제과 두 과로 나누어 생도를 뽑는데, 도제과라는 것은 보통학교 졸업 정도로 실상 공부는 별로 없이 실제 공장을 견습하여 장래 직공이 되는 것인바, 여기는 조선인이 반분(半分), 일본인을 반분가량으로 뽑으나, 본과에는 중학교 2년 수업 정도로 역무과, 운전과, 토목과 등 3과가 있어서 여기서 졸업한 학생은 장래 각 정거장이나 기차의 중요한 직무를 보게 되는바, 매년 각 곳에 광고를 하면 일본인의 아동이 3~400명, 조선인 아동이 7~800명 수효로 보아 조선 아동이 3분의 2나 되나, 실상 시험을 보고 나면 모집 정수 100여 명 중에 거의 전부가 일본 아동이요, 조선 아동은 1~2인밖에 입학하지 못하는데, 이것은 조선인 아동의 학력이 부족하여 그런 것이 아니라 실상 그 학교 당국에서는 먼저 일본인 아동의 시험지만 상고하여 보아 그중에서 모집 정수 100여 명을 뽑고 조선인 아동의 시험지는 보지도 아니하여 그래도 안 뽑을 수 없으니깐 색책 삼아 그중에서 재산가의 자제인 듯한 조선 아동 1~2명을 골라 뽑고 만다 한다.

이와 같은 내용을 모르는 가련한 조선 아동은 그래도 무슨 직업이나 얻을까 하고 시험지를 타가는 아동이 수백 명이나 되어 어린 정신을 공연히 태우고 급기야 낙제를 하면 어린 가슴에 많은 상처를 받게 되는 것이라 하며, 더욱 가련한 것은 시골서 몇백 리 길을 오직 이 학교 입학을 위하여 올라오는 아동이 까닭도 모르고 눈물을 지으며 돌아가는 것이라더라.

학력 관계라고 공연히 조선 학생만 비방, 이와부치(岩淵) 교사 담(談)

이에 대하여 철도학교의 이와부치 고사부로(岩淵幸三郎) 씨는 교장을 대리하여 말하되, "어디 그럴 리가 있습니까. 도무지가 실력 문제이올시다. 다수한 지망자 중에서 겨우 7~80명 뽑는 터임으로 그리되는 것이지, 어디 조선 아동이라고 차별이야 하겠습니까. 도시 조선 아동들은 학력이 좀 부치이는 것도 돌아보지 않고 덤벼드는 폐단으로 그와 같이 본과에 합격자가 없는 것이올시다."

조선 아동은 전부 저능아인가. 통계 숫자가 그들의 불공평을 증명

이와부치 씨의 변명에 의하면, 도시 조선인 아동들은 학력이 부족하여 전부 낙제를 하는 것이지 학교에서 부치지를 않는 것은 아니라 하니, 그러면 입학지원서에 중등학교 2학년을 수요하지 못한 아동의 청원은 이를 접수하지도 않는다는 철도학교에는 도무지 저능아만 모여드는 곳이던가? 아니, 아무리 조선인 아동에는 저능아가 많다 가정하기로 100명이면 100

명이 전부 낙제감이며, 1,000명이면 1,000명이 전부 일본인 아동에게 뒤질 사람들뿐이겠는가. 무엇보다도 철도학교의 횡포한 죄악과 거기에 짓밟히는 조선 아동의 원통한 하소를 대신하는 통계의 문자를 보더라도 얼마나 철도학교 당국자가 교육가로서 차마 행하지 못할 잔인한 편성을 조선 아동에게 펼쳤으며 "조선 놈은 막벌이꾼 노릇이나 하여라" 하는 욕을 보였는가를 가히 알 것이다.

700명에 근(僅)히 6명. 본과에 떨어지는 조선 아동이 도제과에만 합격은 웬일인가

철도학교가 생겨난 1919년(大正 8)부터 이래 다섯 해 동안 공장에 나아가서 막벌이나 하는 도제과와 정거장 직원과 기차의 운전수가 되는 본과의 조선인 입학지원자 수를 보건대, 본과의 지원자가 781인 중에 겨우 입학을 하게 된 자가 여섯 사람! 실로 입학 지원 총수의 130분의 1이 겨우 입학을 하게 된 것이니 누구나 놀라지 않을 것인가. 대신 공장에서 마구 부려먹으려고 양성을 하는 도제과에는 입학지원자 1,681인 중에 171인이나 합격자가 있으니, 만일 조선 아동이 일반으로 실력이 부치어서 일본 아동에게 모조리 뒤쳐지게 되었다 하면, 어찌하여 본과에서는 그같이 참패를 당하는 터에 도제과에서는 매년 모집 정수의 반분씩은 조선 아동이 입격이 되었는가. 이 같은 모순되는 숫자를 가지고도 철도학교 당국자는 조선 아동은 실력이 부치어서 본과에만 합격자가 없다고 변명을 하겠는가? 만일 조선 아동이 실력이 없고 저능아뿐이라 하면 도제과이기로 한 사람인들 어찌 총명하다 하는 일본인 아동을 앞두고 입격이 될 수 있겠는가. 이 같은 사실에 의심을 두지 않는다 하면, 세상에 의심하고 분개할 사실이 또 어디 있겠는가.

도제과는 정원의 20배. 생활 곤란이 격심한 것을 알겠다.

이와 같이 표리부동한 철도학교에도 벌어먹을 길이 없는 아동의 지원자가 많아서 50명 정원인 역무과에는 830명이 들어오고 30명 정원인 운전과에는 100명이 들어오고 50명 뽑는 도제과에는 정원의 20배인 1,000명이 지원하였다고. 조선인이 5할이 많으니 장래 어떠한 비극이 일어나려는가.

〈자료 86〉 횡설수설(동아일보, 1924.03.16, 1면 9단)

만철의 용산 철도학교에서는 표면으로는 본과에 조선인도 받는 체하면서 기실(其實)은 조선인을 5년 내 700명 지원자 중에 6인밖에 아니 받고 그 이유로 조선인은 모두 학력이 부족한 까닭이라고.

〈자료 87〉 창피 면할 때는 언제: 철도학교의 조선인 차별(동아일보, 1924.03.16, 2면 2단)

용산에 있는 철도학교에서는 도제과에는 조선인 아동을 반수씩 수용하되, 본과에는 조선인 아동을 도무지 받지 아니하는데, 오직 색책을 하기 위하여 1~2명씩을 받을 뿐이라고 한다. 이에 대하여 그 학교 당국자는 "조선 아동은 학력이 부치어서 떨어지는 것이지 학교에서 고의로 차별을 함은 아니라"고.

철도학교가 설립된 지 5해 동안에 본과의 조선인 지원자 781명 중에 입학된 자가 겨우 6명, 도제과의 지원자 1,681명 중에 입학된 자가 170명이라는 통계의 숫자를 보면 말하지 아니하여도 ■■■■■■과의 차별을 알 수 (원문 파본으로 인해 한 줄 누락) 일본인의 차별을 알 수가 있는 것이 아닌가.

우리는 구태여 조선인과 일본인을 차별하는 것이 그르다고 말하려 하는 것은 아니다. 말이 다르고 풍속이 다르고 역사가 다르고 일상생활이 다르며 사상과 감정이 다른 조선인과 일본인은 자연적으로 차별이 될 것이오. 차별을 없이 한다 할지라도 피하지 못할 구별이 있을 것은 사실이다.

그러나 우리는 철도학교뿐 아니라 모든 일본인의 행동에 대하여 "차별 없다는 표방 아래에 차별을 짓는" 얄미운 행동이 가증하다. 이번 철도학교 사건도 당초부터 "본과는 조선인을 받지 아니한다" 하였으면 우리는 차별이니 무엇이니 하고 "창피한 수작"을 할 까닭도 없다. 아 언제 (이하, 원문 파본으로 인해 한 줄 누락)

〈자료 88〉 철도 종업원에 조선어 장려 시험(조선일보, 1925.05.01, 1면 9단)

조선의 철도 종업원에 대한 조선어 연구의 장려는 만철(滿鐵)시대에도 상당히 고려되어 고원(雇員) 시험에는 필수과목으로 이를 부과하였으며, 고원 제도 폐지 후도 직원 시험에 영어와 조선어 양자를 선택과목으로 가미하였기 때문에 상당히 난관시하였으나, 오히려 적극적으로 이의 장려 방법은 강구하지 않았었다. 그러나 철도 업무에 종사하여 조석(朝夕)으로 다수한 조선인과 접하는 현업(現業) 방면의 근무자에 있어서는 한층 그 필요함을 인정할뿐더러, 혹은 철도 자체의 이익 방면으로 보더라도 조선인 승객을 다수 흡수하고 조선인 간의 화물을 다수 운반하는 관계상 이를 내버려 두지 못할 일이라 하면, 저간(這間)의 목적을 달성하기 위하여는 종업원이 조선인에게 대하여 호감을 주는 것이 긴요하고 이를 위하여는 사상·감정의 교환수단인 조선어가 한층 필요하다 하여 철도국에서는 조선총독부와 소속 관서 직원의 조선어 장려 규정에 의하여 금년도부터 자격 전형시험을 행하기로 하고 일본인 종업원으로 합격한 자에 대하여는 일반 관리와 마찬가지로 상당한 대우 방법을 강구하게 되었다 한다. 그런데 이 시험은 작년은 5월과 9월에 행하였는데, 금년은 대체로 8월, 9월경에 행할 예정이라더라.

〈자료 89〉 팔면봉(八面鋒)(조선일보, 1925.05.01, 1면 9단)

조선철도 종업원에게, 조선어 시험을 부과하여 급제된 자에게는 상당한 대우를 한다고. 조선어 장려도 필요한 일이겠다. 그러나 그보다는 조선인 채용에 용역(用力)함이 더 필요.

〈자료 90〉 조선인과 교육문제: 교육주간 설치의 요(要)(조선일보, 1927.11.05, 1면 1단)

1. 조선인으로서 교육의 혁신을 요(要)하는 것은 행정적이오. 또 정치적인 문제이며 부문적이거니와 또 일반적인 문제이다. 결국 이것은 전 조선인의 대중적 운동을 일으킬 만한 요즘의 일문제이다. 식자들의 선견(先見)이 기(奇)를 다투고자 함도 아니오, 동요되는 민중에게서 정치적 반항의 발산됨을 기하고자 함도 아니오, 오직 조선인의 인간적인 생장 발전을 위한 자연적인 욕구에 의하여 당연히 문제될 바이다. "금일의 문제"로서 보통교육을 논하는 바도 있거니와 조선인의 교육문제는 교육의 전 계단을 통하여 문제되지 아니함이 없다. 그는 다만 빈발하는 맹휴사건(盟休事件)을 앞에 놓고 그 일시적 대응책을 강구하자 함도 아니오, 1군1실업학교(一郡一實業學校) 1면1보통학교(一面一普通學校) 등 수량적으로 보급하게 하자 함을 의미함도 아니오, 전 조선인의 조선인적으로 그리하여 인간적으로 가지고자 하는 교양의 자연화 혹은 민족화를 요구하자 함일 뿐이다. 이는 조선인은 물론이오, 조선 문제의 합리적 발전을 승인하여야 할 진보적인 일본인으로서도 당연히 찬동할 바이다.

2. 보통교육이 일본화 본위의 "국어 보급" 정책의 기구화하는 것을 교정하고 조선적으로 조선인적으로 그의 인간 자연의 생장하는 경향에 합치하는 교육을 베풂이 문제이다. 이에 관하여 용어, 교재의 문제가 따르고 교원과 교과서 문제가 따르는 것이다. 또는 조선의 문화적, 경제적 제(諸) 사정에 인하여 보통교육의 산업화도 일문제(一問題)이니, 상급학교에 입학할 수 없는 학동들에게 농·공·상 혹은 수산 등 실과 교육을 부과함 같은 것도 고려할 문제이다. 고등보통교육도 거의 동일하니 전연히 정략적 일기구(一器具)로서 식민지 교육의 본위로서 되는 것을 교정하여 조선인의 민족적, 자연 경향에 잘 조화하게 하는 것이 일문제이니 보통교육에 있어 문제되는 모든 조건이 이에 관하여 당연히 문제된다. 그리고 현재에 다만 고등·전문 등 상급학교에 올라가는 '사다리'로서의 직능만을 가지는 고보교육(高普教育)으로 하여금 독립한 공민교육의 기능을 발휘하게 하기 위하여 '실업중학'이라고 명령할 수 있는 내용에까지 그 학제를 별도로 수립함이 또 일문제이다. 그러나 이에 대하여 가장 근본 되는 점은 조선적으로 또 조선인 본위로 그 기축(機軸)을 전환하는 데에 있는 것이다.

3. 고등·전문학교에 관하여 물론 여러 가지 문제가 있다. 어느 의미로는 고등·전문교육에 있어서 가장 식민지 교육인 정략 본위의 특색을 발휘하고 있다. 보통교육이 그의 출발점이오, 고등전문교육이 그의 귀착점인 만치 양종(兩種)의 교육이 과도적 기능을 지는 고보교육보다도 선명한 형태를 가지고 있으니, 경성대학(京城大學)·고공(高工)·고상(高商)·고농(高農)·의전(醫專) 등이 전연히 일본인 본위로 된 바로서 조선인 재학자는 1할(割) 5분(分)으로부터 2할, 혹 3할을 넘는 자 없고 도립사범학교(道立師範學校), 기타 철도학교 등을 아울러 전연히 일본인 본위로서 되어 멀리 일본 내지에 가서 많은 일본인 자제를 초유하여 오는 대신 다대한 조선인 응모자는 일률로 떨어지게 하니, 경기도립사범학교에서 120인의 학생을 새롭게 모집함에 임하여 1천 수백의 조선인 응모자 속에서 오직 20인 내외의 입학을 허가하고 기타는 일본인으로 독점하게 하며 용산 철도학교에 조선인 입학 허가율이 이보다도 가혹한 것은 일반의 주목이 깊은 바이다. 이러한 것은 소위 식민지 정책의 근본 방침에 의한 것으로서 그들의 문화적 침식(侵蝕) 통제와 고압(高壓)을 기함이 퍽 맹렬함을 증명하는 일단일 것이다. 이것을 지엽적으로 운위함이 현실과 거리가 먼 것이지마는 조선인의 부로학생(父老學生)과 일반 선구자들을 아울러 문제 삼아야 할 당면의 중대사이다.

4. 지난 6월 중에 미국교육회■ 기장(記長) '크램류리' 씨로부터 조선인 사회에 향하여 교육

주간 설치를 고조하는 서수(書輸)가 여러 종류의 보도기관을 통하여 발표되었다. 그는 11월 11일인 세계대전난의 휴전기념일을 중심으로 7일 동안의 교육운동을 민중적으로 일으키기를 ■용(慂)함이었다. 이제 그 순서를 일별하건대,

7일 월요(月曜) 건강일

8일 화요(火曜) 가정일

9일 수요(水曜) 학교후원일

10일 목요(木曜) 기회균등일

11일 금요(金曜) 휴전일

12일 토요(土曜) 사회일

13일 일요(日曜) 종교와 애국일

등이다. 이는 물론 조선의 사정에 의하여 첨삭(添削)과 변개(變改)를 자재하게 할 수 있으려니와, 이러한 세계적으로 기념할 만한 시기를 이용하여서 조선인의 가장 절실한 요구인 교육상의 제(諸) 문제를 토의 또는 운동함이 매우 필요할 것이다. 교육주간 설치 같은 것은 이러한 의미로서 매우 시의에 적합한 일일 것이다.

〈자료 91〉 철도국이 신시(新施)할 청취제도로 1,500 직공 대공황(조선일보, 1928.04.08, 2면 1단)

용산에 있는 철도국 경성공장(京城工場)에서는 금년도부터 각 부문을 통하여 작업 일체를 도급(請取)제도로 개정하고자 계획을 수립한 후 일부 주물공장(鑄物工場)과 같은 데는 이미 도급제도를 실시하고 있는바, 동(同) 제도는 너무나 착취적이라 하여 이미 동 제도가 실시된 주물공장의 일부 직공 사이에는 적지 않은 불평이 배태되어 가는 중이라는데, 이에 동 제도가 이미 실시된 주물공장의 실례를 들어 볼 것 같으면 하루의 노동시간을 9시간이라 하고 1개의 '부레-기 부록구'를 주입하는 데 15분간을 요한다 하면, 하루의 생산수(生産數)는 당연히 36개가 될 터이나 그 공사는 현재의 동 공장의 설비로는 도저히 기계를 사용하여 제조할 수가 없으므로 한도가 있는 직공들의 노동력으로는 시종이 여일(如一)하게 15분 동안에 반드시 1개씩을 주입하기가 도저히 불가능한 터인데, 금번 도급제도가 실시된 뒤부터는 전기와

같이 재래에도 촉박하다던 부록구 1개를 주입하는 15분간을 감리자(監理者)가 다시 12분간을 단축하여 재래에 1인 9시간 노동에 '부록구' 36개를 생산하던 직공들은 1일 9시간에 '부록구' 45개를 생산하지 않으면 안 되게 되어 종래보다 일일 약 9개의 잉여생산(剩餘生產)을 강요하는 형편임으로, 이미 전기 제도가 실시된 주물공장의 60여 명 직공(그중의 조선인은 약 40명)은 물론이거니와 역시 이 앞으로 장차 도급제도의 실시를 받을 1,500여 명(그중의 조선인 직공은 약 1,200명)들은 지금부터 종래보다 한층 더 강박하여진 그 제도의 실시에 대하여 적지 않은 불평과 반감을 가지는 모양이라더라.

〈자료 92〉 철도학교는 14배 강(强)!: 업무과엔 20배를 초과, 조선인 지원자 격증(동아일보, 1929.03.21, 2면 2단)

용산 철도종업원양성소(전명=철도학교)의 금년 입학 지원율은 놀라지 말라. 업무과, 운전과, 전신과(電信科) 합하여 모집 정원 110명에 지원자는 1,569명으로 14배 강(强)을 보이는바, 그중에도 업무과는 30명 모집에 618명이 지원하여 20배 6분이란 비상한 초과율을 보이고 있다. 이것을 과별로 소개하면,

구분	모집	지원	조선인	일본인
업무과	30	618	322	296
운전과	40	333	151	182
전기과	40	616	301	315

이상과 같이 조선 학생의 지원이 업무과에 있어서 일본인보다 많으며 기타도 거의 비슷한 형편이나, 가뜩이 입학률이 어려운 터에 조선인 모집은 학교의 내정 방침이 따로 서 있어 절반이 되지 못하는 관계상 실로 일본인 학생보다 어려운 처지이라더라.

〈자료 93〉 철도원양성소 물경(勿驚)! 평균 10배 끔찍끔찍한 초과율을 보여, 업무과는 19배 반(동아일보, 1930.03.14, 1면 2단)

졸업 즉시로 취직이 확정되는 용산 철도종업원양성소의 금년 신입생 모집은 3월 10일로 완료된바,

구분	모집 인원	지원자 수		계	작년 지원자 수
		조선인	일본인		
업무	20	165	225	390	618
운전	40	121	162	283	331
공작	40	71	59	130	-
전신	40	234	293	527	630
계	120	591	739	1,330	

이상과 같이 각 과 합하여 120명 모집에 지원자는 조선인 591명, 일본인 739명, 합계 1,330명이 지원하여 약 10배에 달한다. 이것을 가지고 각 과별로 보면, 전신과는 40명 모집에 14배의 초과를 보이고 있으며, 업무과는 20명 모집에 19배 반의 엄청난 초과를 보이고 있다. 그런데 이 같은 철도학교도 작년의 지원자 수보다 업무과는 228명, 운전과는 48명, 전신과는 93명(공작과는 작년에 모집하지 않았음), 합계 369명이 감소되어 있다.

〈자료 94〉 철도 종업(조선일보, 1930.03.22, 7면 7단)

조선철도종업원양성소 졸업식은 20일 10시에 거행하였는데,

졸업생 총수 95인 중

업무과: 25인 중 조선인 3

운전과: 32인 중 조선인 5

공작과: 38인 중 조선인 23

취직별: 정거장, 기관고, 철도공장에 졸업생 전부 취직

〈자료 95〉 사령(辭令) 받은 조선인 역장, 일인(日人) 등 반대로 파란(波瀾)(중외일보, 1930.05.23, 2면 9단)

경남선(慶南線) 삽교역(揷橋驛)에는 본래 일본인 역장이 있었던 바, 금번에 그 역장이 다른 곳으로 가게 되어 경남철도회사(慶南鐵道會社)에서는 전부터 경험이 많다는 조선인 모씨를 그 역장으로 임명하여 사령을 주었던 바, 이것을 알게 된 삽교역 부근에서 거류하는 소수의 일본인은 비밀리에 천안에 있는 경남철도 본사로 찾아가 자기네 일본인 거류민을 위하여 조선인

역장을 그만두고 일본인 역장을 보내 달라고 극력 운동을 한 결과인지, 철도회사에서는 돌연히 다른 일본인 역장을 임명하여 지난 13일에 의외에 일본인 역장이 삽교역으로 오게 되고 먼저 사령 받았던 조선인은 다른 역으로 가게 되었다. 이에 대한 전후를 알게 된 삽교 조선인 시민 측에서는 크게 괴이하게 생각하는 동시에 역장이 일본인이거나, 조선인이거나 시민으로 하여금 하등 관계가 없는 것이건만, 이렇게까지 되는 것은 다수의 조선인 시민을 무시하여 민족적 감정을 야기하게 된 것이며, 또는 경남철도회사로서 일단 사령을 준 조선인 역장을 소수의 일본인 몇 사람의 말에 의하여 돌연 변경하였다면 경솔한 처리라 하여 시민 등은 대회를 열고 질문위원을 선정하여 질문하고 돌아와 다시 시민대회를 열고 경과 보고와 처리 방침 등을 토의한 결과 신임 일인 역장 전임운동을 일으키기로 하고 다음과 같은 제씨를 실행위원으로 선정하였다더라.

고운홍(高雲興), 김재명(金在明), 금홍(琴鴻), 구준서(具俊書), 최병필(崔炳弼), 조경국(曹慶國)

〈자료 96〉 중간 착취에 부대끼는 철도공부(鐵道工夫)의 참상(조선일보, 1930.10.09, 6면 1단)

불경기, 불경기. 이것은 세계 경제계의 공황이라 하여 나날이 증가하여 가는 실업군의 갈 길은 어디인가? 갈 길이 막힌 실업군은 실업 구제를 간판으로 당국에서 성명한 국경 철도공사장으로 팔려 들어가게 되었다. 노임(勞賃)은 하루에 기껏 벌어야 45전 내지 73전인데, 12시간 이상의 고역(苦役)에 종사한 그들은 맥없이 집에 돌아오자마자 쓰러져 버린다. 쩔쩔 끓는 여름 해에 남들이야 꽃구경을 가거나 피서를 가거나 말거나, 그 이튿날 새벽에는 무거운 몸뚱이를 툭툭 털고 일어나서 곡괭이를 메고 삽을 들고 남포 망치를 가지고 일터로 나아간다. 100여 척 높은 절벽에 붙어서 남포질, 곡괭이질, 삽질을 하고 있다. 날마다 일하여 버는 그들은 매일 2, 3인의 죽음을 목도하고 돌아오면 깡깡 마른 조밥 한 그릇과 된장국 단사발이 앞에 놓일 뿐이요. 그 외에 또 무엇이 있다면, 채귀(債鬼)에게 시달리는 밥값과 술값의 단련이다. 이제 갑자기 찬바람 불고 눈 오기 시작하면 그들의 갈 곳은 어디이냐. 그들은 어디로 갈 것이냐! 갈 곳 없는 그들은 원성(怨聲)만 남았고 반항에 타오르는 불길만 남았을 뿐이다. 불평과 불만에 부르짖는 그들의 원망은 누구에게로 향하여 가느냐? 극도로 긴장된 비난의 적(敵)은 중간 착취, 중간 착취의 소수군(小數軍)에게 있다고 한다. 그 내용을 알고 보면 가지가지의 모순이 숨기어 있다. 이 공사를 얼마만한 공비로 어느 기간 내에 준공하겠다고 계속한 청부업자가 있으니 이것을 '총시다우께'[총하수(總下受)]라고 부르며, 그다음 계약한 청부업자에게서 또 청부를 맡아 내오는 다음 계약자가 있다. 여기까지는 물론 일본 사람이 아니고는 청부계약을 할 수 없는 것이다. 청부업에 경험 있고 숙련한 기술자 중에도 가장 영리하고 똑똑한 조선 사람이 있다면 제2차 계약자에게서 제3차로 일부분의 공사를 떼여 맡게 된다. 또 그 밑에 '시다우께'[하수(下受)]라는 조선인이 있다. 그리고 또 그 아래에 감독이 있고 십장이 있으며 이외에 인부의 행동을 감시하고 감독·십장을 보조하는 밥장사의 착취까지가 철도 인부의 노동임금에서 몇 할(割)을 떼여 먹는다. 그리고 나머지 최소한도의 금액이 노동자들에게 차례 간다고 한다. 이것을 숫자적으로 표하면, 가령 공사비가 매월 100원씩 나온다고 하면 '시다우께'니, 감독이니 하는 소수의 중간 계급에서 70원가량을 차지하게 되고 나머지 30원이란 최소 금액이 다수 노동자들에게 분배되어진다고 한다. 이것으로 넉넉한 생활을 못할 것은 물론이요, 먹고 입는 데도 부족하여 결국은 살 수 없다는 최후의 비명을 부르짖게 된다. 세상에서 가장 힘든 일이라고 하는 것이 목도군의 일이니, 목도하는 노동자가 최상으로 70전이요, 가라가 45전, 50전, 55전 내지 60전으로 이것이나마 비가 오고 힘이 없어 못하게 되는 날이 많은데, 일 잘하는 인부가 한 달 동안에 잘하여야 20일밖에는 할 수가 없다. 매월 평균 12~3원의 수입으로 밥값 9원을 제외하고 3~4원으로 담배값을 제외하고 나면, 옷 해 입을 것은 고사하고 방금 일하러 나갈 신발이 없다. 혹 어찌하여 술 사 먹고 용돈을 쓰게 되면 나중에 곤란은 빗 단련이다. 이 위에 병마까지 침범하면 어찌할 터이냐. 최후로는 죽음의 길을 밟는 수밖에 다른 방법이 없다. 그러나 이것도 계속 할 날이 며칠 안 남았다. 벌써부터 찬바람이 선들선들 불어온다. 오래지 아니하여 흰 눈이 펴부을 것이다. 앞으로 달라드는 이 추운 겨울은 공사도 정지되고 말 것이니, 그들이 금년 겨울 동안은 무엇을 먹고 살 것이며, 어디로 흩어져 갈 것이랴?

중간 착취자에 대한 반감은 나날이 높아 간다. 비난과 원성은 점점 비등하여 불평에 타오르는 반항의 화염은 떨리는 그들의 전심을 휩싸고 돈다.

〈자료 97〉 철도양성소 11배 초과 지원자 총수 1,500, 작년보담도 증가 경향(동아일보, 1931.03.20, 2면 2단)

입학이자 곧 취직전(就職戰)에 들어가는 확실 이상의 보정을 부치고 있는 용산 철도종업원 양성소의 금년도 입학지원서는 지난 18일까지에 완전히 서류를 정리한바, 금년도 4과의 지원자 총수는 1,501명으로서 모집 정원 140명을 초과하기, 11배에 가까운 경이적 초과율을 보이고 있다.

이와 같이 조선의 모든 학교 중에서 가장 수위를 점하고 있는 동교의 입학 경쟁은 작년도 지원자 수 1,330명보다 170명이 증가하여 다른 종류 학교의 격감과 반대의 현상을 나타내고 있다.

이것을 가지고 각 과별로 보이면 다음의 표와 같다.

구분	모집	지원자 수		계	초과
		조선인	일본인		
업무	33	234	282	516	17.2배
운전	40	111	162	273	6.8배
공작	30	104	135	239	7.9배
전신	30	212	261	473	11.8배
계	140	661	840	1,501	10.7배

이상과 같이 그중에도 심한 과는 업무과의 17배 2가 가장 수위이다. 전체의 지원자 수 중에 조선인의 지원자 수는 661명으로 전체 지원자 수의 4할 4분에 달한다.

〈자료 98〉 철도국 창설 이래 최초의 조선인 기사(技師)(매일신보, 1939.10.12, 2면 7단)

건축 조선에 명랑한 소식 하나가 있다. 이때까지 조선 사람 가운데는 건축 기사(技師)가 한 사람도 없었는데, 이번에 용산철도국 개량과 건축계에서 조선철도국 창설 이래 처음으로 조선 사람 건축 기사 한 분이 생겨서 반도인 기술자의 기염을 올리게 되었다. 그는 전북 김제군 만경 출생으로 와세다대학(早稻田大學) 이공학부 건축학과 출신 김윤기(金允基, 36) 씨인데, 김씨는 1928년(昭和 3) 봄에 대학을 졸업하고 곧 그해 4월에 조선철도국 공무과에 고원(雇員)으로 채용되었다가 작년에 공무과가 폐지되나, 보선과(保線課)와 개량과(改良課) 분리 당시에 개량과로 넘어와서 지금까지 만 11년 동안을 꾸준하게 근무하며 공부한 독학자이며, 근면가이다. 현재 개량과 건축계에서 법규와 방공(防空)과 공장설계계의 '테이블마스터'로 20여 명 계원을 데리고 조선철도 건설에 심혈을 다하고 있다.

씨는 다음과 같이 말한다.

맨 처음에 취직된 후 사립대학 출신인 ■에 당시에 조선 사람 국원들이 업무에 충실하지 못하다는 평이 있는 때라 두 가지 고통 가운데 들어와서 어디까지든지 직무에 충실하고 한편으로 공부를 게을리 하여서는 안 되겠다는 각오로 정거장과 부속청사며, 기관고 또는 공장설계에 나의 힘껏 노력하였습니다. 현재 방공 건축과 건축 법규 초안에 몰두하고 있습니다. 금후(今後) 여러분의 지도를 받으며 배운 기술을 다하여 보겠습니다.

5. 철도와 사고

〈자료 99〉 기차를 정지시켜, 선로 위에 늘어서서 기차를 정거시키었다(매일신보, 1919.05.09, 3면 7단)

지나간 26일 오후 6시 30분에 영흥(永興)역에서 떠난 열차가 동(同) 7시경에 고원(高原)역을 약 5, 6마일을 격한 지점을 진행 중에 철도 선로에 수명의 조선인이 막아서서 소리를 지름으로 기관수는 여러 번 경적을 울렸으나, 일향 비켜서지 아니함으로 부득이 정거를 하였는데, 그때에 조선인들은 승차원의 제지하는 것도 듣지 아니하고 돌을 던져 삼등차의 유리창 한 장을 깨트렸는데 그 원인을 조사하건대, 그곳에서 조선인 한 사람이 치어 죽었는데 죽은 사람을 위하여 원수를 갚으려고 그리하였다 하며, 또 일설을 듣건대 그 기차가 그날 오후 4시에 원산(元山)역을 떠나서 영흥으로 향하여 가는 중에 조선인 한 명이 그 기차에 치여서 즉사를 한 까닭으로 죽은 자의 친척이 모여서 원수를 갚으려고 그와 같은 폭행을 한 것이라 하는데, 상세한 사실은 목하 고원 헌병분견소에서 취조하는 중이며 손해는 그리 많지 않다더라.

〈자료 100〉 열차 통학생의 횡사: 열차에서 뛰어 내리다가 잘못하여 발을 다쳐 죽어(동아일보, 1921.06.23, 3면 5단)

지방에 있는 학생들이 날마다 기차를 타고 경성이나 기타의 도회지로 배우는 바의 학교를 따라 통학을 하는 학생들이 근래에는 더욱 증가하여 아침 열차나 오후 열차에는 통학하는 학생이 떼를 지어 정거장으로 왕래를 하는 터인데, 남녀 학생이 한데 몰려 타고 그중에 품행이 아름답지 못한 학생 사이에는 간혹 풍기를 손상하는 사실이 있을 것을 염려하여 경찰 당국에는 특별히 주의를 시키어 남자 학생과 여자 학생이 타는 차실을 구별하여 남자는 앞 차실에 여자는 뒤 차실에 각각 나뉘어 타게 하여 각별히 주의를 하게 한다 함은 이미 보도한 바이나, 지나간 11일 오후 2시 2분에 경부선(京釜線) 김천역(金泉驛)을 출발하여 대신역(大新驛)으로 가는 열차에 타고 있는 통학생 김기만(金起萬, 14)이 학과를 마치고 집으로 돌아가는 길에 열차에 타고 있던 중 차가 김천역 구내에 들어와 장차 정거하려 할 즈음에 차실에서 급히 뛰어 내리다가 승강대에서 떨어져 차바퀴에 바른편 발목과 왼편 엄지발가락이 갈려 참혹한 부상을 하였으므로 즉시 대구(大丘) 자혜의원에 수용하여 치료하던바, 11일에 드디어 사망하여 학무 당국에서는 이러한 참혹한 일이 다시 발생하지 아니하도록 각 학교에 통지하여 각별히 통학생에게 주의를 시키라 하였다는데, 여하간 장구한 시일을 날마다 기차로 왕래하는 학생들은 다시 주의를 더함이 좋겠다더라.

〈자료 101〉 기차에 인부 중상: 용산역 앞에서 뛰어 오르다가(조선일보, 1923.11.17, 3면 3단)

그저께 15일 오후 10시 50분에 용산을 떠나서 함흥(咸興)으로 가는 열차가 용산 신호소(信號所) 앞을 지날 때에 나이 30가량 된 조선인 노동자 한 명이 차에 뛰어 오르다가 떨어져서 인사불성이 되었으므로 곧 철도병원에 입원하게 하였더라.

〈자료 102〉 가정류장(假停留場)을 희망(조선일보, 1924.08.20, 3면 9단)

경원선(京元線) 삼방역전(三防驛前) 청학리(靑鶴里)에 사는 김익능(金益能, 61)은 그저께 오후 10시경에 삼방 약수포(藥水浦) 부근 기차 선로에서 참사하였다는데, 그는 청밀(淸密) 장사를 하는 터인데 그날에 약수포에 가서 청밀을 팔고 돌아오다가 그와 같이 되었다는데, 죽은 원인을 들은즉 삼방역에서 약수포까지 가는 데 보통 돌아가려면 약 10리가량이나 되는 터이나 선로로 가려면 반이 채 되지 못함으로 누구나 많은 행인들은 선로로 가는 이가 많은 터인데, 이러한 위험한 곳에 대하여 만철회사(滿鐵會社)에서는 어떠한 방침을 취하지 아니하였으므로 이와 같은 희생자를 내었다 하여, 일반의 여론을 들으면 삼방으로 말하면 조선 유일의 피서지로서 1년이면 수만의 군중이 왕래하는 터인즉 약수터 앞에다가 임시 정류장을 설치하여도 가할 터인데, 철도를 통행하게 함으로 이후부터는 이러한 사고가 더 많으리라고 하더라.

▲17일에는 마산(馬山)에서 2리쯤 떨어진 선로에서 조선인 한 명이 중상한 것을 발견하였으므로 응급 수당 중이라는바 생명이 위험하다더라.

▲경부선(京釜線) 구포(龜浦)-대신(大新) 사이에서 23, 24세가량 되어 보이는 조선 청년 한 명이 참사한 것을 64호 열차가 발견하고 시체는 대사역으로 수용하였다더라.

〈자료 103〉 기관차 매연으로 경원(京元)·함경(咸鏡) 연선(沿線)에 6, 70차의 화재(조선일보, 1925.01.17, 2면 9단)

경철국(京鐵局)에서는 얼마 전부터 경원선(京元線)과 함경선(咸鏡線) 방면의 기관차에 함흥탄(咸興炭)을 사용하는데, 그 결과 그 연기에 싸여 나오는 불로부터 철도 연선(沿線)의 산림과 인가에 화재가 일어나는 일이 많이 있어 금년 겨울에 들어와서도 실화 건수가 6, 70건이나 되었고 더욱 작년 10월에 개통한 성진(城津) 부근은 매일 화재 없는 날이 없는 지경이오, 그 철도 연변의 조선인 가옥으로 4번이나 기관차 불로 불이 난 일이 있었다는 실례도 있어 부근 인가는 밤에도 잠을 잘 못 잘 지경임으로, 피해자 중에는 경찰서의 보고서를 첨부하여 손해배상 청구를 하려는 사람도 있는데, 만약 그 소송이 일어나는 날에는 전례 없는 소송임으로 그 판결이 어떻게 내릴지 매우 홍미 있는 문제이라더라.

〈자료 104〉 생활난으로 철도 자살 미수, 구제되어 돌아갔다(조선일보, 1925.01.24, 2면 7단)

본적을 평안남도 평원군(平原郡) 청산면(青山面) 개시리 363번지에 두고 당시 인천(仁川) 부내리 영신조(永信組)에서 노동을 하는 김이선(金二善, 25)은 지난 22일 밤 10시 48분에 축현(杻峴)역을 떠나 경성(京城)으로 올라가는 경인선(京仁線) 막차가 그 근처인 우각리 파출소 부근을 통과할 때에 철도에 뛰어들어 자살하고자 하는 것을 축현역 답절번(踏切番)이 발견하고 전기 김이선을 철도에서 끌어내어 파출소에 고발하였는데, 자살하고자 하는 원인은 원래 벌이는 그다지 좋지 못한 터에 구력 연말을 당하여 빚에 졸리고 먹을 것 하나 준비한 것이 없으므로 그리하였다는데, 인천서(仁川署)에서는 하루 밤을 재운 후 다음 날에 설유(說諭) 방면하였다더라. (인천)

〈자료 105〉 여객에게 투석: 대전역 조역의 폭행(조선일보, 1926.12.11, 2면 9단)

근래 조선철도 연선(沿線) 각 역의 역원들이 여객에게 오만 무례하다 함은 누보한 바거니와, 지난 6일에 대전역(大田驛)에서 오후 4시 50분에 대구(大邱)로 가는 열차에 어떤 조선인 여객 3, 4인이 개찰구(改札口)를 나선 후 시간이 부족함으로 급히 차를 타려고 철도 선로를 건너가고자 할 때에, 대전역 지촌(志村) 조역(助役)은 무례히 그 여객에게 돌을 던짐으로 일반 여객들은 지촌 조역의 무례함을 타매한다더라. (대전)

〈자료 106〉 전 조선철도 연선에 가옥건축제한령(조선일보, 1928.03.31, 1면 1단)

기관차의 연기 때문에 위생상에도 크나큰 해가 있을뿐더러 기관차의 굴뚝으로부터 날리는 불꽃 때문에 초가집이 흔한 조선 가옥은 가끔 불이 붙어 그 손해가 적지 아니하게 남으로 이 문제에 대하여 그동안 경무 당국 측과 철도국 측에서 대책을 강구하여 오던 중 그 방지책으로 생각한 제1안은 철도 연선(沿線)에 있는 방화비가 불충분한 일반 가옥에 대하여 전부 이전을 시키거나 초가집을 다른 것으로 잇게 하는 것과 또 제2안으로는 철도 연선에서 약 20간의 거리를 두고 가옥을 건축하도록 하자 하는 의논이 있어 오던 터인데, 현재 조선의 각 철도 연선에는 약 4,600여 호가량의 조선 가옥이 있어 만일 이 안이 결정된다면 조선인 측은 크게 곤란을 느끼게 될 터이라는바, 이제 초가집을 모두 도단부끼(양철지붕)이나 기와집으로 고치게 하자면 약 35만 원의 경비가 드는 터임으로 예산 관계로 이것도 저것도 못하고 말 것 같다는데, 어쨌든 철도 때문에 1년에 화재 손해를 당하는 것이 약 1만 원가량이라 하며 더욱 철도 부근의 가옥 건축에 대하여는 가옥제한령(家屋制限令)이라는 새로운 법령을 입안 심의 중이라더라.

〈자료 107〉 철도공사 중 사상자 5명(조선일보, 1929.06.23, 5면 5단)

지난 20일 오후 1시에 전주(全州) 상관면(上關面) 철도공사장에서 조선인 공부가 일하다가 우에서 큰 돌이 떨어져 내려오자 밑에서 일하던 공부 두 사람은 즉사하고 세 사람은 수 주일 치료할 부상을 입었다는데 그들의 씨명은 아직 알 수 없다더라.

〈자료 108〉 생활난으로 소년 자살(조선일보, 1929.12.13, 7면 3단)

경기도 안성읍내(安城邑內) 모(某) 신문배달부 이복만(李福萬)이라 당년 17살 된 소년은 지난 9일 밤에 경남철도(京南鐵道) 안성역 부근에 있는 철교 궤도 위에서 기차에 치어 자살한 것이 그 이튿날인 10일에 발견되었는데, 전기 이복만은 작년 12월경에 부친을 사별하고 자기 모친과 또는 당년 70세 되는 조모와 같이 곤궁한 생활을 하던 중 그날도 돈 1원 문제로 설왕설래가 되어 그날 점심과 저녁밥도 먹지 않고 울분히 지내던 끝에 자기 신세를 극도로 비관하고 그와 같이 자살한 듯하다더라. (안성)

〈자료 109〉 기차에 투석(投石)하고 구류처분(拘留處分)(조선일보, 1930.02.17, 4면 6단)

황해도 봉산군(鳳山郡) 동선면(洞仙面) 귀암리 이억춘(李億春)의 3남 선화(15)는 철도영업규칙(鐵道營業規則) 위반으로 구류 19일의 즉결처분을 받았다는데, 그 내용을 들으면 2월 13일 오후 6시 15분경에 북행(제147호) 열차가 신봉산역(新鳳山驛)을 출발하여 사리원(沙里院)을 향하여 진행하는 중에 차창에 돌을 던져서 차창을 파상(破傷)한 것이라고 하더라. (사리원)

〈자료 110〉 얄미운 소년 기차를 정지해(조선일보, 1931.10.04, 7면 1단)

【연천(漣川)】 용산 지점을 떠난 72킬로 600미터 되는 연천역(漣川驛) 부근에는 어느 시기를 물론하고 아이들의 장난이 무쌍하여 선로 위에 돌 놓기와 기동차 등에 투석하기를 잘함으로 기관수는 누구를 물론하고 이 지점을 통과할 때는 두통을 앓는다는데, 지난 29일에도 512호 열차가 질주하던 중 나이 15, 6세 된 아이가 선로에 앉아 기차를 정지시켰다는데, 이 아이에 원적은 포천(抱川)으로 현재 연천군 군내면(郡內面) 차탄리에서 무당업을 하는 집에서 심부름 하는 박원봉(朴元奉, 15)이라는 아이로서 어떠한 자의 꾐으로 열차를 정지시키면 재미 있다는 바람에 정거를 시켰다는데, 이후로도 다시 이러한 일이 있으면 엄벌하리라더라.

〈자료 111〉 빈발하는 열차사고, 1일 3처(處)서 역인(轢人)(조선일보, 1935.05.08, 2면 7단)

▲6일 오전 9시 50분경에 부산(釜山)을 떠나 대전(大田)으로 오던 제21호 열차가 황간역(黃澗驛) 앞 약 1킬로쯤 되는 지점에 다다랐을 때에 연령 25, 26세가량의 조선인 남자 1명이 기관차에 치어 머리가 깨어져 생명이 위독한데 신원은 불명하며

▲동 11시 50분에 경성(京城)을 처음 떠나 신막(新幕)으로 가던 제103호 열차가 봉동역(鳳東驛)에서 정거할 때에 조선인 손님 1명이 뛰어 내리다가 오른 손가락을 잘리었다.

▲동일 오후 2시 59분에 호남선(湖南線) 대전을 처음 떠나 목포(木浦)로 가던 제307호 열차가 이리(裡里)-부용(芙蓉) 간 대전 기점 91킬로 구분 부근에 다다랐을 때에 철교 위로 조선인 남자 1명이 건너가는 것을 발견하고 철교지기가 정거의 신호를 하였으나, 급정차가 미치지 못하여 약 3자가량 바치어 나가서 즉사하였는데 신원은 불명하며 열차는 현장에서 6분이나 정거하였다.

〈자료 112〉 통학하는 보교생, 도강(跳降)하다 기절(동아일보, 1935.07.13, 3면 5단)

(인천) 보교생이 귀가 도중 열차에서 비강하다가 기절

인천(仁川) 박문보교(博文普校) 제1학년인 부천군(富川郡) 다주면(多朱面) 도하리 397번지 홍선표(洪宣杓) 장남 성윤(性允, 10)은 지난 11일 오후 0시 24분 상인천역(上仁川驛)발 제412호 열차로 귀가 도중 동(同) 29분경 열차가 주안역(朱安驛) 구내에 들어서자 정거도 하기 전에 비강하다가 잘못되어 '플랫폼'에 나가떨어져 기절을 하였는데, 즉시 역사무소로 운반, 응급 수당을 가하여 회복되었다 한다.

6. 철도와 통학

〈자료 113〉 철도 통학생 무임승차 폐지?(조선일보, 1926.02.25, 2면 8단)

종래 철도 연선(沿線)에 거주하면서 그곳에 학교가 없기 때문에 부득이 학교 있는 곳을 찾아 철도로 통학하는 학생 중 초등(初等) 정도의 생도에게는 보통학교와 소학교를 물론하고 전부 철도 당국에서 무임승차증을 발행하였기 때문에 빈궁한 생도는 편의가 적지 않았는데, 작년 4월부터 총독부가 철도를 경영하게 된 후로부터 철도국에서는 무슨 인색한 마음이 생겼는지 오는 새학기부터는 종래의 무임승차증을 발부하지 않겠다 하여 이에 대한 동의로 학무국에 물었다는데 그 이유라는 것을 들으면,

> 종래는 승차증의 유효기간이 1년 동안이라는 장구한 기한이기 때문에 자연 증면(證面)이 오손되며 혹은 분실하는 폐단이 많아 철도 당국의 일이 적지 않았던즉, 지금 이후로는 승차증의 유효기간을 3개월씩으로 단축하고 1학기 30전씩 1년 3학기를 합하여 한 사람에게 90전씩을 승차증교부수수료(乘車證交付手數料)라는 명목으로 받겠다.

는 것이라 한다. 그런데 학무국에서는 초등교육기관이 보급되지 못한 금일에 있어서 만약 이와 같은 학부형의 부담이 다시 늘게 되는 것은 학교의 설치가 없는 지방의 학부형으로 하여금 한층 불안을 느끼게 하는 것이라 하여 철도국의 방침을 찬성할 수 없다는 뜻으로 회답을 발하여 두었다. 하나 장차 이것이 어떻게 될는지 주목할 문제라 하며 설령 철도국의 방침과 같이 생도 한 사람에 매년 90전을 받는다 하더라도 현금 철도로 통학하는 초등학생이 전 조선을 통하여 조선인과 일본인이 6,249명인즉 그의 수입되는 금액이라야 불과 5,600여 원이라는 총독부 세입으로는 실로 미미한 금액이지마는 이것으로 인하여 지방 학부의 불안은 또한 적지 않겠으므로 철도국의 인색한 태도에 대한 비난이 많다더라.

〈자료 114〉 열차 통학 1,000명, 경기도 관내 통계(동아일보, 1934.03.09, 2면 4단)

경기도 관내의 열차 통학 아동은 보통학교 남자 1,088명, 여자 182명, 소학교 남자 144명, 여자 105명으로 그 통계가 1,519명에 달한다. 보통학교 아동의 기차 통학은 여러 가지의 폐

해도 있으나 당분간 조선의 현상으로는 어쩔 수 없다는 것이 당국 태도이다. 요컨대 학령 아동을 수용할 만한 기관이 없는 조선으로서는 무엇보다도 의무교육제도의 실시와 이에 따르는 학교 증설이 아니고는 해결할 수 없는 문제라 한다.

〈자료 115〉 충북선 열차 시간 변경으로 학생 통학이 불능(동아일보, 1934.12.22, 3면 1단)

(청안) 전선(全鮮)적으로 지난 11월 1일부터 열차 시간이 변경됨을 따라 조철(朝鐵) 충북선(忠北線)도 대 변경을 보자 동시에 청안(淸安), 도안(道安), 음성(陰城), 충주(忠州) 방면에서 청주(淸州)로 통학생 300여 명이 학교에서 퇴학하고 혹은 역에서 혹은 노상에서 3시간 이상을 방황하다가 차를 타고 돌아가면 충주 방면에는 밤 8시 38분에 내리게 되나, 동(同) 열차는 항상 연착되어 9시가 보통임으로 어린 아이들이 기진하여 행보를 맘대로 하여 장래가 위험할 뿐만 아니라 아침 첫차가 6시 10분임으로 조석으로 밥 먹은 시간을 제외하면 시간 여유가 7시간밖에 없으므로 그 시간을 이용하여 잠도 자고 공부도 하려니까 수면도 부족하고 공부도 아니 되고 장래를 위하여 공부하는 것보다 이리하다가는 아이들 장래가 위험하다 하여 학부형 측에서도 학무 당국에 진정을 하였으나 하등 효과를 보지 못하고, 지난 18일에는 괴산(槐山), 음성, 충주 3군 유지와 학부형 대표가 음성에 모여서 학생을 위하여 임시 열차 운전 요구 진정을 조철 당국과 총독부 학무 당국에 하기로 결의하고 진정 위원을 1군에 대표 4인씩을 선거하여 오는 24일에 당지를 출발하여 도 학무 당국, 지사, 조철 청주출장소를 방문한 후 즉시 경성을 향할 예정이라는데, 당선된 진정 위원은 청안 오카 아오타로(岡淸太郎) 씨 외 11인이라고 한다.

〈자료 116〉 열차 운전 감축으로, 일시에 상경(上京)이 문제, 당국은 대책에 고려(苦慮), 8,000학도 귀교난(歸校難)(동아일보, 1937.08.06, 2면 4단)

경기도 학무과와 보도연맹(保導聯盟)에서는 이번 열차 시각의 임시 변경으로 열차 운행의 제한을 보게 되는 동시에 여객의 제한까지 보게 되었으므로 오는 21일 부내 각 학교의 개교를 기하여 귀향하였던 생도들은 전부 귀경할 터인데, 그들을 어떠한 방법으로 귀경시킬까 하는 문제로 머리를 앓고 있다 한다.

즉 4일부터 열차 운행을 제한한 결과로 단체 여행, 피서, 무임승차자 제한 등은 톡톡히 실행하였으나, 각 열차의 승객 상황은 크게 혼잡을 이루고 있어 승객의 대부분은 서서 있는 상태라 한다.

그런데 오는 21일을 기하여 귀경할 학생의 총수는 도 학무과에서 조사한 바에 의하면 8,000여 명에 달하는데, 그들을 지난 7월 15일 방학 당시와 같이 각 선별(線別)로 학교별 편대를 작성하여 귀경을 시키지 않으면 그들의 일시 상경은 자못 어려울 것이므로 도에서는 그 대책에 대하여 철도국과 협의할 터이라 한다.

그러나 철도국에서는 열차의 운행 제한을 하였고 사실 차량의 대부족을 느끼고 있기 때문에 자못 그러한 임시 방법을 짜내기는 어려울 것 같다는바, 만약 철도국에서도 그에 대한 구체적 대책이 없으면 각 학교를 통하여 귀성한 학생들에게 되도록 속히 귀경하라는 통지를 발송하여 열차의 혼잡을 다소 완화할 방법을 취하지 않을 수 없으리라 한다.

〈자료 117〉 열차 시간 변경, 통학 불능 상태, 학부형, 철도국에 진정(동아일보, 1937.08.14, 5면 10단)

지난 4일부터 전(全) 조선적으로 열차 시간 변경됨은 주지하는바, 원래 평남선(平南線)은 주요 선로로 객차만으로 1일 9회 왕복이나 하던 것이 지난 4일부터 3분 2나 축소되어 화물과 여객에 일대 이상이 생김은 물론이고 개학기를 앞두고 통학생들은 통학이 불능하게 됨으로 400여 통학생에게 큰 문제가 생기어 학부형들은 철도사무소에 진정을 할 준비 중이라 하며, 이에 우편물도 이상이 생기였다고 한다.

〈자료 118〉 등교열차 제한되었으나(동아일보, 1937.08.17, 2면 1단)

요즘 부득이한 사정으로 국철(局鐵)의 각 선(線) 열차의 운전 회수가 격감하는데, 따라서 경성(京城)·인천(仁川) 시내의 40 중등학교 생도의 상경 열차를 각기 제한하게 되어 개학날인 21일에 등교가 완료되지 못하는 학교가 상당히 많은데, 이런 학교의 개학과 수업에 대하여 경기도 학무과에서도 의견의 내시가 있는 동시에 각 학교가 형편에 적용하여 선처하기로 결정하였다. 열차 형편에 지장이 없는 학교는 관계없으나, 그렇지 않은 학교라도 기정한 개학 일자를 변경하지 않고 등교할 수 있는 생도만을 가지고라도 개학을 한다는 것이다. 그리고 일단 개학은 하나 열차 관계로 등교하지 못하는 생도는 결석으로 치지 않는 동시에 학과도 진전시키지 않고 여름휴가의 과제장 정리와 복습 등으로 융통하다가 등교 일자의 경과를 기다려 수업을 시작한다고 한다.

〈자료 119〉 시간 변경으로 기차 통학이 곤란, 개학기(開學期) 앞둔 통학 이상(동아일보, 1937.08.18, 5면 4단)

(원산) 대지를 녹일 듯이 덥비던 더위도 가을이 가져오는 시원한 바람한테 못 이겨 뒷걸음을 치게 되자 지리하던 여름휴가도 앞으로 수일을 남겨 놓고 닥쳐오는 이때에 지난 4일부터 개정된 임시 전시체제 '다이야'로 말미암아 경원(京元), 함경(咸鏡), 동해북부(東海北部) 등 각 연선(沿線)에서 기차 통학을 하던 학생들은 그 시간에 맞는 차가 없어서 앞으로 통학을 할 수가 없다 하여 그들 어린 학생들의 가슴을 졸이게 하고 있다 한다.

그래서 문제가 크니 만치 함남·강원 양 도 당국에서는 현재 각 학교의 통학생을 자세히 조사 중이나, 한편으로 철도국으로서는 단지 통학생을 위해서 임시 열차를 증가시킬 수는 없는 형편이므로 결국 초등학교의 일부에서는 여름휴가를 앞으로 더욱 연장한다는 설도 있고 중등학교에서는 기차 통학생을 전부 학교 기숙사에서 수용하든가 혹은 학교 부근에 기숙시킬밖에 없게 될 모양인데, 좌우간 교육상으로 보아 중대 문제이므로 불원하여 도 당국에서는 무슨 지시가 있을 모양이라 한다.

〈자료 120〉 기차 통학의 중지로, 1,000여 명 학생 수난, 중도 퇴학 속출, 경성(京城)에 하숙난(下宿難)(동아일보, 1937.08.24, 2면 1단)

시국 관계로 부득이 2학기 개학에 상경하는 학생들의 등교 열차를 제한하여 개학 첫날인 21일을 맞추어 오지 못한 학생도 많았는데, 이번에 다시 생긴 제한이 있으니 이것은 경성(京城)을 중심으로 하여 경부선(京釜線)과 경의선(京義線)의 기차 통학생의 특별 대우를 당분간 폐지한 것이다. 물론 이것은 대세의 피할 수 없는 사정에 의한 것인데 이로 말미암아 경성-수원(水原) 간의 통학생 300여 명, 경성-개성(開城) 간의 200여 명, 이외에서까지 통학하는 학생 수까지 합하면 1,500~1,600명은 훨씬 넘는 그들의 수업하는 앞길에 큰 기로를 만들게 되었다. 그들 중에는 경성에 하숙을 정하고 통학할 수 없는 빈민 계급의 자제도 상당히 많은데, 이들은 학업을 중도에서 그만두지 않을 수 없어 개학일이 이틀 지난 23일에 결근한 통학생이 각 학교에 놀랄 만큼 많았다 한다.

그리고 이에 따라서 경성 시내에는 하숙난이 생겼으니, 통학생들이 경성으로 몰려들어 학생 하숙 한 방에 두 사람들로 최하 16원으로 부터 19원까지 되는 고가에도 방이 없어서 개학 전후 경성의 거리에는 하숙을 찾아서 헤매는 학생 떼를 어느 곳에서나 볼 수 있게 되었다.

〈자료 121〉 원산철도 관내는 통학 열차 운전, 4일 조(朝)부터 그리운 학교로!(동아일보, 1937.09.05, 5면 10단)

(원산) 시국 열차 운전으로 말미암아 목하 경원(京元), 함경(咸鏡), 동해북부(東海北部), 각 연선(沿線)의 기차 통학생이 등교 불능 상태에 있다 함은 기보한 바거니와, 여름휴가 이래 아직까지 그들 통학생은 휴가를 계속하여 오던바 원산(元山) 철도사무소에서는 그들 통학생을 위하여 내(來) 4일부터 당분간 다음 구간 내에 통학 열차를 운전한다는바, 이로 인하여 통학생의 수난은 임시 해결로 된 셈이라 한다.

ㅇ 경원선 : 고산(高山)-복계(福溪) 간 1 왕복 기동차

ㅇ 함경선 : ① 원산-영흥(永興) 간 1 왕복 기동차[단, 상(上) 문평(文坪)-원산 간 일반 여객 승차 불허] ② 함흥(咸興)-신북청(新北青) 간 1 왕복 증차(蒸車) ③ 용담(龍潭)-천내리 간 2 왕복 증차, 동(同) 구간 현행 711·712 양(兩) 열차 다이야 변경

ㅇ 동해북부선 : 원산-흡곡(歙谷) 간 2 왕복 기동차[단, 안변(安邊)서 원산 오는 일반 여객 승차 불허]

〈자료 122〉 경성 근교에 열차 증발(增發), 통학생과 일반 여객의 불편 완화, 10일부터 운전 개시(동아일보, 1937.09.10, 2면 6단)

철도국에서는 경성(京城) 근교에서 통학하는 학생을 비롯하여 일반 여객에게 편의를 주기 위하여 10일부터 경성을 기점으로 수원(水原), 천안(天安), 복계(福溪) 방면에 열차를 증발하게 되었는데, 그 증발 열차의 왕복 시각은 다음과 같다.

ㅇ 경성발 오전 10시 10분-수원 착 오전 11시 30분

ㅇ 경성발 오후 9시 10분-천안 착 오후 12시

○ 용산발 오전 9시 50분-복계 착 오후 2시 56분

○ 수원발 오후 1시 42분-경성 착 오후 3시

○ 천안발 오전 5시 10분-경성 착 오전 7시 40분

○ 복계발 오후 3시 25분-용산 착 오후 8시 25분

〈자료 123〉 경성에의 기차 통학생, 3,000여 명의 '통학표' 조사(동아일보, 1939.03.06, 2면 5단)

교육기관의 도시 집중으로 인하여 부근 주민 자제의 기차 통학이 격증되고 이 통학 문제는 교육상의 중대 문제를 지어 교학 당국자는 물론, 학부형, 사회사업적 방면에서 크게 관심을 가지고 해결의 방책을 강구하고 있는 것은 근세의 걱정스런 현상이다. 경기도 학무과에서는 동(同) 과 내에 있는 경성보도연맹(京城保導聯盟)에서 가맹한 학교에 대하여 최근 경성을 중심으로 기차 통행하는 학생 아동을 조사한 결과 다음의 결과가 발견되어 관계자의 주의를 환기하게 한 바 있었다.

경성을 중심으로 경의선(京義線)은 개성(開城), 경부선(京釜線)은 수원(水原), 경원선(京元線)의 의정부(議政府)와 인천(仁川)을 원으로 하여 이 중에서 경성으로 통학하는 구역으로 되어 오는 중인데 3가지로 나누어 보면,

경성부 외곽인 수색, 영등포, 청량리 등지에서부터 통학하는 아동이나 생도가 1,783명, 전기 통학 구역 내에서가 971명이고 이외에서 다니는 아동 학생이 251명으로 3,005명의 다수에 달한다.

그리고 동 조사표에는 통학의 폐해점과 이득점, 통학 중의 공부 방법, 그 폐단, 식사 관계, 건강 관계 등을 상세히 조사하였는데, 조선으로서는 첫 시험인 만큼 또한 주목을 할 만하고 무기명식으로 조사하였기에 확실성을 더하게 되었다.

〈자료 124〉 야반출가(夜半出家), 야반귀가(夜半歸家), 차 속이 식당 겸 복습방, 먼 곳으론 경부선의 조치원(鳥致院), 경의선의 서흥(瑞興), 우려되는 그들의 위생(동아일보, 1939.03.06, 2면 5단)

통학 구역 내에서 통학하는 아동들도 하차 후 등교 시간과의 관계와 하학 후 기차 시간의

연락 시간이 늦게 될 때에 다음 차 시간과의 연락과 야학생(夜學生)들의 돌아가는 시간 문제 등이 있고 통학 중의 풍기 문제와 그 지도 관계가 여러 가지로 연구해야 되겠는데, 가장 문제 되는 것은 소위 통학 구역 이외의 원거리에서 기차 통학하는 아동과 생도들이다. 경부선(京釜線)으로서는 조치원(鳥致院), 전의(全義) 등지에서와, 경의선(京義線)은 서흥(瑞興), 신막(新幕) 등 원거리에서와, 경원선(京元線)은 복계(福溪), 평강(平康) 등지에서까지 통학자가 있는 중으로 이들은 기차에서 4~5시간을 보내게 될 뿐 아니라 중간에서 바뀌 탈 때의 시간을 대기에 여러 가지 곤란이 있어 중요 문제가 되었다. 각 선별로 보면,

- 경부선 : 조치원 3, 전의 3(여 1), 소정리(小井里) 2, 천안(天安) 12(여자 5), 직산(稷山) 2, 성환(成歡) 8(여자 3), 평택(平澤) 28(여자 9), 서정리(西井里) 6(여자 4), 오산(烏山) 28(여자 24), 병점(餠店) 10(여자 6), 합계 102(여자 52)
- 경의선 : 서흥 2, 신막 4, 물개(物開) 1, 남천(南川) 4, 한고(汗沽) 3, 금교(金郊) 6, 토성(土城) 3(여자 2), 합계 23(여자 2)
- 경원선 : 복계 2(여자 1), 평강 1, 월정리(月井里)(여자 2), 철원 12(여자 5), 연천(漣川) 11(여자 4), 금곡(金谷) 8(여자 1), 동두천(東豆川) 8(여자 2), 덕정(德亭) 10(여자 5), 합계 50(여자 22)

여러 가지 조사에 드러난 것을 보건대 식사는 대개 어머니 손으로 하는데 자기 손으로 하는 여생도가 6명이나 있다. 가족들은 아무래도 발차 한 시간 반 전에 일어나야 되고 본인도 한 시간 전에 일어나야 되므로 조치원, 복계, 신막 등에서는 매일 밤중인 3시에 일어나야 되고 이것이 졸업할 때까지 계속되는 중이다. 이들은 자기 집 마당에서 해를 보는 날은 일요일이나 축제일뿐이라 한다. 경의선 서흥에서 통학하는 중등학교 야학생은 집에서 나와 50분 걸어 역으로 나와 오전 7시 13분차로 오후 1시 26분 경성(京城) 도착해 가지고, 야학을 마치고 오후 11시 10분 경성역발로 돌아가면 오전 3시 28분에 서흥역에 내려 4시가 지나 집에 돌아간다. 주학 1개년간은 새벽 2시 12분 발차로 떠나 오후 9시 40분에 시흥 도착이 된다. 신막역에서 통학하는 생도는 겨울에는 새벽 5시 29분에 차를 타서 8시 30분에 경성 도착인데, 여름은 오전 8시에 상학하므로 새벽 2시 40분에 떠나 동 7시 20분에 경성에 도착하여야 하고 따라서 밤 1시 반경에는 일어나지 아니하면 유일의 열차에 타지 못해 결석할 수밖에 없다.

또 식사에 대하여는 끼니 사이가 뜨게 되므로 배가 고프게 되고 차간이 복잡하여 피로하거나, 독서를 하여 눈병이 나고 수면 부족으로 하여 일어나는 문제와 소행 등 문제가 많다.

7. 철도와 전쟁

〈자료 125〉 사변국채(事變國債) 20만 원 공제조합 기금으로 구입 결정, 철도국원의 보국열(報國熱)(매일신보, 1938.06.20, 2면 1단)

3만의 대가족을 형성하고 있는 철도국에서는 사변 이래 전(全) 국원이 일치단결하여 국방헌금, 절약, 저축을 총후(銃後) 활동의 모범을 보이고 있거니와, 이번 협업(現業) 종사원의 상호 구제를 목적으로 하는 공제조합(共濟組合)에서는 비상시 국책(國策)에 순응하고자 조합 기금을 운용하여 제4회 애국국채 조선 배정액 40만 원 중 20만 원의 국채를 구입하기로 결정하였다.

〈자료 126〉 가격등통제령(價格等統制令)과 운송임(運送賃)의 주의 사정, 철도국 발표(매일신보, 1939.10.29, 4면 1단)

금회 실시된 가격등통제령(價格等統制令)의 시행에 관하여 영토 운수 교통의 감독관청인 철도국에서는 다음과 같은 발표가 있었다.

가격등통제령에 있어서는 일반 물자의 가격 외 운송 임대료, 보관료 등에 대하여도 본년 9월 18일에 거래한 금액을 초과하여 지불, 혹은 수령할 수 없게 되었으므로 사설철도사업, 궤도사업, 자동차교통사업 등의 육상운송사업에 있어서는 금후(今後) 운임, 제(諸) 요금의 수수(收受)에 대하여 특히 심심한 주의를 요(要)한다. 따라서 금후 이러한 종류의 민영 운송기관의 운임 요금 실시 상황을 엄중히 감독할 필요가 있다. 현행 법령에는 운임 요금의 결정 등에 대하여는 사설철도는 그 제정과 변경의 인가, 그리고 변경 명령은 모두 철도국장이 처리한다. 궤도사업은 법령이 극히 오래되어 운임 요금의 제정과 변경의 인가, 그리고 변경 명령은 모두 총독으로 되어 있다. 자동차운수사업은 그 제정은 사업 면허의 지령과 공히 정함으로 이것은 총독 변경 인가는 철도국장, 변경 명령은 총독이 한다. 자동차운송사업은 부정기 유람 승합자동차운송사업과 부정기 화물자동차운송사업은 면허, 운임의 변경 인가, 변경 명령 공히 철도국장이 한다. 자동차운송사업 중 여객 화물의 대절(貸切), 자동차운송사업, 임시 자동차운수사업(3개월 이내), 임시 부정기 유람 승합자동차사업과 임시 부정기 화물자동차운송사업(모두 3개월 이내)은 그 면허, 운임 변경 인가, 변경 명령 공히 그 주요한 사업지를 관할하는 도지사가 한다. 그리고 이러한 운임 등의 실시 상황을 일상 감독은 국장과 도지사가 한다.

육상운송사업 중에서도 상기(上記) 각 사업을 제외한 색도(索道)사업, 무궤도전차사업, 소운송사업 등은 소위 '육운(陸運)의 감독'으로 철도국관제와 동(同) 국 감독과 사무분장규정에는 포괄 명기되어 있는 이러한 종류의 육상운송사업에는 아직 감독 법령이 제정되지 않은 관계상 실질적으로는 감독 행정 사무를 행하고 있는데, 이번의 가격등통제령에 관한 사항에 대하여는 '기타의 육상운송사업'으로서 주요한 사업지를 관할하는 도지사가 처리한다. 그러나 소운송업과 색도사업에 대하여는 목하 감독 법령의 제정을 진행 중임으로 불원(不遠) 이것의 제정 실시를 보게 될 것이다. 그때에는 이 통제령시행규칙도 일부 개정을 가할 필요가 있게 될 것이다.

〈자료 127〉 철도국, 내지(內地)에서 대량으로 채용, 교양계(敎養係) 증설하고 지도(매일신보, 1939.12.01, 2면 8단)

반도의 자원 개발과 동아의 질서를 정돈하는 공작으로 말미암아 그 수송진 강화책으로 철도국에서는 해마다 조선 안은 물론이고 내지(內地)로부터 새 사람을 많이 채용한다. 그리하여 최근 3년 동안의 숫자를 보면 5,000명, 6,000명, 7,500명과 같이 해마다 종업원을 대량으로 채용하는데, 내년도부터는 더욱더 다수의 인원을 늘리게 되었다. 이렇게 채용하는 사람들이야말로 사무에 생소한 사람들뿐이어서 철도국 인사계에서는 그들 새 사람을 교양시키기에 분망하다고 한다. 해마다 다수의 인원을 채용하며, 한편으로 그들을 교양시키기에는 너무나 사무가 복잡하여져서 오는 12월 1일부터 서무과 안에다가 교양계를 새로 증설하고 종래 인사계에서 맡아보던 교양 사무를 서무과 교양계로 이관시켜 가지고 참다운 철도인 양성에 전력하여 시국에 순응하여 철도보국의 만전을 도모하기로 되었다.

〈자료 128〉 조선철도의 중요성 대동아전(大東亞戰)하 더욱 가중, 지방철도국장회의, 미나미(南) 총독 훈시(매일신보, 1942.05.21, 1면 4단)

지방철도국장회의 제1일은 20일 오전 8시 반부터 총독부 제1회의실에서 야마다(山田) 철도국장, 고바야시(小林) 경성, 오와다(大和田) 부산, ■ 함흥, 각 지방철도국장, 철도국 각 과장, 기타 70여 명 출석, 미나미(南) 총독, 오노(大野) 정무총감, 다카하시(高橋) 조선군참모총장을 비롯하여 군 관계자, 총독부 각 국 과장 임석하에 개회하였다. 이에 앞서 고바야시, 오와다, ■,

각 지방국장은 철도국 오시마(大島) 서무과장과 함께 조선신궁(朝鮮神宮)에 참배하여 대동아전(大東亞戰) 필승과 수송보국 달성을 기원하였다. 회의는 야마다 철도국장 통재(統裁)하에 국민의례가 있은 후, 미나미 총독은 약 30분에 걸쳐 훈시를 하여 전(全) 철도 종업원의 불퇴전(不退轉)의 결의를 촉구한 다음 이어서 야마다 철도국장의 훈시, 다카하시 조선군참모장의 연설, 철도국장의 지시가 있은 후, 자문 사항 '대동아전쟁에 있어서의 수송대책 여하(如何)'에 대하여 각 지방 철도국장으로부터 각각 답신이 있고 정오 휴식하였다. 오후는 1시 반부터 재개하여 남은 답신을 하였는데, 이것이 끝난 다음 군과 타국(他局)으로부터 희망사항을 개진하고 협의가 있은 후, 동(同) 4시 제1일의 일정을 마쳤다. 제2일은 오전 8시부터 철도국 제1회의실에서 재개할 예정이다. 그런데 미나미 총독의 훈시는 다음과 같다.

미나미 총독 훈시 요지

금일 이에 지방철도국장회의를 개최함에 당(當)하여 아국(我國) 미증유의 중대 시국하에 있어서의 철도의 사명에 비추어 일언 소회를 말하여 새로이 제군의 결의를 촉구하고자 생각하는 바이다.

이번 대동아전전쟁의 목적이 얼마나 숭고 웅대한 역사적 의의를 가지고 있나 하는 것은 벌써 제군이 다 잘 알고 있는 바인데, 전쟁 개시 이래 대어(大御) 능위(稜威) 하(下) 순충(殉忠)의 일념을 가진 우리 황군(皇軍) 장병의 선모감투(善謀敢鬪)에 의하여 이와 같이 단시일에 경탄할 위대한 전과를 거두고 있음은 아등(我等) 1억 국민이 다 같이 충심으로 감격하는 바이다.

이제 전국(戰局)의 대세는 움직일 수 없는 바로 본 전쟁의 승리는 이미 우리 쪽에 있음이 명백하다. 하나, 미영(米英) 양국은 영년(永年)에 걸쳐 광대한 지역을 영유 지배하여 그릇된 인종적 우월을 맹신하고 풍부한 경제력을 믿고 반격의 기회를 엿보고 있어 급히는 제국의 슬하에 습복(慴伏)할 것 같지 않다. 이에 더욱 전선(前線) 총후(銃後)의 구별 없이 전쟁의 장기에 걸칠 것의 필연함을 생각하고 1억 국민이 필승의 신념에 철저하여 오로지 장기전을 싸워 나가지 않아서는 안 된다. 현재 황군의 남방 감정(戡定) 작전을 착착 웅혼무비(雄渾無比)한 전개를 보이면서 제국은 힘찬 건설의 발족을 보고 있는데, 그는 북변(北邊) 대륙의 수호가 공고함에 의하여 비로소 잘할 수 있는 것이어서 대동아전쟁 아래, 특히 조선 자체의 부하(負荷)한 국책(國策)적 중대 사명을 인식할 때, 강내(疆內) 2,400만 관민의 책무는 특별히 중한 것이다. 그리고 이를 조선의 운수교통을 담당하는 철도의 사명에 생각이 미칠 때, 각자에 부과된 중책은 자못 큰 것이다. 즉 조선철도 수송진의 완벽이야말로 북변 진호(鎭護)의 근간이라고도 할 것으로 조선철도의 중요성이 금일보다 더 큰 때는 없다. 제군은 깊이 이 대세를 달관(達觀)하여 모든 대책을 감안, 수립하고 6만 종사원 신명을 꿋꿋이 하여 일치협력 영년에 걸쳐 배양된 철도정신을 더욱 연마하고 빛나는 황군의 전과에 답하는 동시에 공영권(共榮圈) 내에 있어서의 운송교통의 장래 대책을 생각하고 이때 전 종사원의 불퇴전의 결의를 희구(希求)해 마지않는다.

1. 철도 운송력 강화

근시 조선철도의 업적이 비약적 진전을 보이었는데, 이를 5년 전에 비하면 2배, 10년 전에 비하면 4배의 격증이다. 1941년도(昭和 16)에 있어서는 여객 9,000만 인, 화물 2,300만 톤을 돌파하는 성황으로서 동경하는 바이다. 그러나 이러한 여객, 화물의 운송 격증에 동반하여 다른 한편 미증유의 수송난을 현출했으나, 종사원들의 절대한 노력에 의하여 수송의 방도를 그르치지 않았음은 흔쾌하는 바이다.

지금 말한 바와 같이 대동아전쟁하 조선의 지위는 더욱 중요해져, 혹은 제국 국방의 중추가 되고, 혹은 풍부한 중요 자원의 개발, 후방 생산력 확충의 강화 등 국가 총력의 발휘에 매진하여 공영권의 중핵체로서의 중대한 일익을 분담하고 있는 터인데, 이러한 사정하에 있어 조선철도의 임무는 극히 중요하다. 즉 정치, 문화, 산업, 경제, 치안 등 각 방면에 걸친 조선통치의 대동맥인 사명을 가졌을 뿐 아니라 한편 대륙 일관(一貫) 수송의 중요한 일 부문을 형성하는 지위에 있으므로 언제 어떠한 시국의 변전을 초래할지라도 의연한 반석의 수비를 하고 항상 유사 즉응의 태세를 확립해 두지 않아서는 안 된다. 이 견지로부터 종래 신선(新線)의 건설, 개량공사, 차량 증비, 공장 확충, 기타 각종의 시설을 확충하고 요원을 정비하는 한편 현재 보유한 시설을 가장 능률적으로 운영하고 또 다른 운송기관과의 연락 협조에 있어서도 만전의 방책을 취하여 온 것이다.

그러나 여객, 화물은 격증할 뿐으로 운송력의 핍박을 초래하는 것은 필연이어서 현재의 정세상 수송난은 전도 심각할 것이 예상된다. 그러나 모든 정책은 수송을 기조로 해서 실시되고 있는 사실을 생각하여 금후(今後) 한층 수송력의 증강에 적절한 만반 방책을 강구함으로써 대륙 병참기지 조선의 사명을 다하지 않으면 아니 된다. 금후에도 국방상의 요청에 기초한 수송은 절대로 완수를 기할 것은 물론 다른 일반 민수, 그중에도 중요 물자의 수송에 대해서는 금후 만전을 기해서 원활한 수송을 꾀하고 후방 생산력 확보에 노력하지 않으면 아니 된다. 환언하면 병기인 철도와 산업 경제의 동맥인 철도의 2대 목표의 달성이야말로 철도에 부하된 절대적 사명이라는 것을 명심하여 주기를 바란다.

2. 관기(官紀) 숙정(肅正)

관리의 직을 맡고 있는 자는 염결근엄(廉潔謹嚴)한 태도를 갖는 것은 당연한 책무이나, 멸사봉공(滅私奉公)하는 지성(至誠)의 일념에 철저히 하는 심경에 이르면 유감없이 국가의 부탁에 응할 수 있는 것으로 자연 집무에 있어서는 민속정도(敏速精到), 여객 공중에 대하여서는 친절 공정한 태도가 생기는 것이다. 철도 같은 방대한 여객, 화물을 대상으로 일야(日夜) 바쁘게 일하는 사업에 있어서는 그러한 심경으로써 솔선하여 규율을 정(正)히 여객, 화물에 대하여서는 친절을 제일 의(義)로 하는 것이 긴요함은 말할 것도 없는 바이다. 특히 현장 종사원의 일거수 일투족이 얼마나 여객, 공중의 심정에 영향하는가를 깊이 성찰해서 솔선수범의 실천을 앙양(昂揚)하도록 부하 종사원을 지도해 주기를 바란다.

이상은 소신(所信)의 몇 가지를 피력한 것인데, 재작년 12월 지방철도국을 개설한 지 이미 1년, 각자의 지휘, 처리가 적절하여 업적이 자못 양호하나, 대동아전하 1억 국민이 총력을 들어 광영의 역사를 창조할 금년도에 있어서 다시 상술(上述)한 의(意)를 체득하고 한층 부 직원을 독려하여 조선철도의 전 기능을 발휘함으로써 목적 완수에 매진하여 주기를 절망(切望)하여 마지않는다. 일언(一言) 훈시로 한다.

〈자료 129〉 철도에 무연탄 금후(今後) 활용 방침(매일신보, 1943.06.07, 3면 9단)

요즘의 연료 문제를 돌아다볼 때에 무연탄을 기관차의 연료로 쓰게 됨은 더욱더 긴요한 문제로 되어 가고 있는 터인데, 부산지방철도국에서는 2년 전부터 연구를 거듭한 결과 그 실험에 성공하여 지난 29일 이리에서 열린 철도국 무연분소연구회(無煙焚燒硏究會) 석상에서 전 기관구의 실험보고를 검토한 결과 확신을 얻게 되어 앞으로는 차차 무연탄을 쓰기로 되었다.

이번에 발견한 방법은 기관차를 고치지 않고 쓸 수 있는 것이 가장 중요한 점이다. 기관차 전부에 무연탄을 쓰면 1년 동안에 3,000만 원의 절약이 된다고 한다. 이에 대하여 연구의 지도자인 부산철도국 운전부장 아미야(網谷力雄) 기사는 다음과 같이 말한다.

무연탄을 때는 것은 그다지 이상한 일이 아니다. 정치식(定置式) 기관에는 벌써부터 많이 쓰고 있는데, 이를 기관차 전부에 쓰게 되면 고도(高度) 역청탄(瀝青炭), 또는 반무연탄(半無煙炭)의 덩어리를 때도록 설계한 기관차를 다시 고치지 않으면 안 될 것을 고치지 않고 쓸 수 있는 방법을 연구하였다. 그 방법은 흙을 이기는 요령으로 물을 넣고 무연탄을 뒤섞으면 된다. 이것을 전면적으로 실시하려면 노력과 설비에 대하여 다소간 연구를 하지 않으면 안 될 여지가 전혀 없다고는 말할 수 없으나, 별로 그다지 어렵지는 않다. 방금 어떤 기관구에서는 벌써부터 유연탄은 전연 쓰지 않고 전(全) '다이야'에 이를 실시하고 있는 것을 보아도 멀지 않아 전선(全線)에도 쓰게 되리라고 믿는다.

〈자료 130〉 총독부 기구 전면적 개혁, 총무 등 6국(局) 개폐, 광공(鑛工), 농상(農商), 교통국(交通局)을 신설(매일신보, 1943.10.20, 1면 1단)

중앙 정부의 국내 태세 강화에 즉응하여 총독부에서는 조선이 짊어지고 있는 전력의 비약적 증강을 기도하여 예의(銳意) 원안을 작성하여 에구치(江口) 총무국장이 동상(東上), 중앙과 절충한 결과 19일 각의에서 총독부 원안대로 결정되었다. 총독부의 행정기구 개혁은 군수물자의 비약적 증강과 해륙 수송의 일관적 강화를 기도함을 주안으로 하여 총독부 업무를 하부에 철저하게 위양(委讓)하고 이에 의하여 총독부와 지방관청의 행정기구를 획기적으로 대개정을 단행한 것이어서 총독부에는 총무국, 사정국, 식산국, 농림국, 철도국, 전매국을 폐지하고 광공국, 교통국, 농상국을 신설하며 기획, 조정, 정보, 감찰 등의 사무를 관방(官房)에 이관하고 전매국의 사무는 재무국에 통합한다. 지방기구에 있어서는 산업부와 식량부를 개조하여 광공부와 농상부를 신설하며, 읍면 행정을 강화하고 주요한 읍면에 관리를 배치하기로 되어 19일 오후 4시 정보과에서는 다음과 같이 발표하였다.

정보과 발표(19일 오후 4시)

조선총독부 행정기구 개혁에 관해서는 중앙 정부의 국내 태세 강화 방침에 즉응하여 군수물자의 비약적 증강과 대륙 수송의 일관적 강화를 기도하고 간소, 강력한 태세를 정비하고자 총독부 업무의 철저한 하부 위양과 이에 의한 지방 행정기구의 확충, 강화와 총독부 각 부국(部局)과 지방 기구의 철저한 정리, 통합 등에 의한 행정 운영의 간소화와 읍면 행정의 강화를 주안으로 하여 입안하여 중앙과 절충한 결과 금일 각의에서 다음과 같이 결정되었다.

행정기구 개혁 요강

제1 총독부 기구

1. 총무국, 사정국, 식산국, 농림국, 철도국 및 전매국을 폐지함.
2. 군수물자의 증산을 중점으로 하여 이에 관련한 물자동원계획, 노무, 전력 등의 사무를 통합하여 광공국을 설치함.
3. 해륙 운수의 일원적 강화를 꾀하고자 철도 수송과 해사(海事)행정을 통합하여 교통국을 설치함.
   이에 따라 지방철도국을 지방교통국으로 개조하고 해사서와 세관을 이에 통합함.
4. 식량 확보를 중심으로 하는 국민생활 관계 행정을 통합하여 농상국을 설치함.
5. 중요 행정의 기획, 조정, 정보, 감찰 등 사무의 중요성에 비추어 이를 관방에 이관함.
6. 전매국의 사무는 재무국에 통합한다.

제2 지방 기구

총독부 소관 행정을 가급적으로 지방청에 이관하고 그 기구를 강화하는 동시에 특수 지방관청은 부득이한 것 이외 이를 폐지할 것.

1. 세무감독국을 폐지하고 그 사무를 관장하게 하고자 도에 재무부를 설치하는 동시에 세무서를 도의 소속으로 할 것.
2. 도의 산업부를 광공부로, 식량부를 농상부로 개조할 것.
3. 사정국 토목출장소를 폐지하고 주요 항만의 사무를 제외한 외 그 사무를 도에 이관할 것.
4. 영림서(營林署)를 도에 이관할 것.
5. 직업소개소를 폐지하고 그 사무를 부, 군에 이관할 것.
6. 읍면 행정을 강화하고 주요의 읍면에 관리를 배치할 수 있도록 조치를 강구할 것.

〈자료 131〉 중앙선 치악산 수도(隧道) 공사에 난색, 노동자 부족으로 지장(조선일보, 1937.07.24, 7면 2단)

【춘천(春川)】 강원도를 남북으로 뚫어 나가는 중앙선(中央線) 공사 중 가장 어려운 공사라는 원주(原州), 치악산(稚岳山) 터널은 길이가 4km나 되어 전국에서 둘째간다고 하는 것인데, 작년 11월부터 오사카(大阪) 니시모토구미(西本組)가 700명의 노동자를 동원시켜 만 3년간 예정으로 이 공사에 착수하였으나, 도저히 이 인원으로서는 3년간에 준공하지 못하겠으므로 약 200명가량의 노동자가 더 필요하다 하여 도 당국과 연락을 취하여 홍천(洪川), 횡성(横城), 평창(平昌) 등 각 군에서 지급히 모집 중인데, 강원도 각 공사장은 원체 노동자의 기근으로 고심하는 터이므로 수응이 될지 의문이라 한다.

〈자료 132〉 전시하(戰時下)의 위력(偉力), 전통(全通) 경경선(京慶線)의 죽령(竹嶺) 터널 시찰한 오노(大野) 총감(總監) 감상(매일신보, 1942.03.20, 2면 4단)

17일부터 강원도 영월(寧越) 탄광, 경경선(京慶線), 죽령(竹嶺) '터널', 기타 강원, 충북 두 도 관내를 시찰하고 19일 저녁에 돌아온 오노(大野) 정무총감(政務總監)은 대화정 관저에서 다음과 같이 시찰 담을 하였다.

영월(寧越) 발전소와 탄광을 보았는데 탄광을 자재가 넉넉하지 못한데도 불구하고 작업은 순조로 진행 중이었다.

죽령(竹嶺) '터널'은 1938년(昭和 13)에 공사가 시작할 때에 가 보고 이번 완성한 것을 보았는데 참으로 굉장한 공사이다.

전쟁을 하면서도 이와 같이 큰 공사를 할 수 있는 우리나라의 실력을 영국과 미국 사람들은 지금부터라도 늦지 않았으니 알아야 된다. 경경선은 4월 1일 전부 개통되기로 되었는데, 전시하 수송력의 증강은 다시 말할 것도 없고 연선(沿線)에서 나는 텅스텐, 몰리브텐, 석탄, 형석(螢石) 등 귀중한 지하자원 개발에 획기적 의의를 가지는 것이다. 그뿐 아니라 이 노선에다 수원(水原)-여주(驪州)선(水驪線), 조치원(鳥致院)-충주(忠州)선(忠北線)의 두 사철을 연장하여 연락시키면 중부 조선의 교통은 사통팔달하게 되는 셈이다. 지방민의 시국 인식은 대동아전쟁 후 비약하여 비행기 헌납, 국방헌금도 거액에 달하고 인심도 대단 긴장하고 있어 미곡 공출도 순조로 진행되고 있다. 보리도 잘 자라고 지금 같아서는 물도 넉넉하여 풍년이 예상되는 것은 마 튼튼한 일이다.

8. 철도와 관광

〈자료 133〉 잡보: 황송한 일(대한매일신보, 1909.01.10, 2면 2단)

금번 대황제 폐하께서 궁정열차를 타시고 순행하시는데, 현기증이 나서 수라를 잡수시지 못하시므로 배종한 모든 신하들이 대단 황송히 지낸다더라.

〈자료 134〉 총독의 남선(南鮮) 순시(巡視)(매일신보, 1913.03.01, 2면 1단)

데라우치(寺內) 총독의 남조선 순시 여정은 확정되었는데, 3월 2일 경성(京城)을 출발하여 초(初)에 호남선(湖南線)에 의하여 이리역(裡里驛)으로부터 전주(全州)에 나아가고 군산(群山), 목포(木浦), 광주(光州)를 시찰하고 광제호(光濟號)로 제주도(濟州島)를 시찰한 후 삼천포(三千浦)에 항(航)하여 선진(船津), 진주(晉州), 마산(馬山)을 시찰하고 순시 종료할 예정인데, 수행자는 구라토미(倉富) 장관, 아카시(明石) 총장, 야마가타(山縣) 무관, 다치바나(立花) 참모장, 사토(左藤) 군의(軍醫), 히데카즈(正藏)·하라(原)·아오키(青木)·사와다(澤田) 각 서기관, 후지타(藤田) 부관, 후지토(藤渡) 통역관 등이라더라.

〈자료 135〉 5도(道) 답파(踏破) 여행 특파원 출발(매일신보, 1917.06.26, 2면 6단)

충청남북, 전라남북, 경상남북, 강원도 등지를 답파(踏破)할 우리 회사 특파원 춘원(春園) 이광수(李光洙) 군은 60일의 단시일에 산하 수천 리(里)를 정복할 제일보를 오늘 26일 오전 8시 30분 남대문발 남행열차에 몸을 실어 하게 되었던즉, 그 기긴(奇緊)한 관찰 열렬한 정서(情緒)로써 올을 삼아 풍부한 포부, 유창한 문장으로 ■출(■出)하는 아름다운 기행이 독자의 눈앞에 전개되기도 하루나 이틀에 틀림없을지로다. 청년 문원(文苑)의 광성(光星)이 최선 방문할 강산은 도대체 어디인가, 행복 있거라 쾌남아(快男兒)의 전도(前途).

〈자료 136〉 명사십리행(1), 한용운(韓龍雲)(조선일보, 1929.08.14, 3면 3단)

경성역(京城驛)의 기적 일성(一聲). 모든 방면으로 시끄럽고 성가시든 경성을 뒤로 두고 동양적으로 유명한 해수욕장인 명사십리를 향하여 떠나게 된 것은 8월 5일 오전 8시 50분이었다.

나는 최근의 재경(在京) 2년간에 해수욕을 해마다 벼르다 못하고 금년에도 벼르는 여러 날이 되었으나 겨우 지금에야 실행하게 되었는데, 지금의 실행도 제반의 사정으로 보아서는 6분(分) 이상이나 가능성이 없었으나, 선의로 말하면 용단(勇斷), 솔직하게 말하면 홧김에 떠난 것이었다.

차중(車中)은 승객의 복잡으로 인하여 주위의 공기가 불결하고 더위도 비교적 더하여 모든 사람은 벌써 우울을 느낀다. 그러나 찌는 듯한 무더위, 몸속의 열, 번민, 고뇌 등등의 도회를 떠나서 만리 창명(滄溟)의 서늘한 맛을 한 주먹으로 움킬 수 있는 천하 명구(名區)의 명사십리로 해수욕을 가는 나로서는 보(步), 일보(一步) 기차의 속력을 따라서 일선(一線)의 정감이 동해에 가득히 실린 이루 다 헤아릴 수 없는 서늘한 맛을 통하여 각(刻), 일각(一刻) 접근하여 집으로 그다지 극심한 마음의 괴로움을 느끼지 아니하였다. 그러면 천산만수(千山萬水)를 떨어져 있는 천애(天涯)의 서늘한 맛을 취하려는 미래의 공상으로 차중의 현실 즉, 마음의 괴로움을 정복한 것이 아닌가. 이것이 이른바 일체유심(一切唯心)이다. 만일 이것이 유심의 표현이 아니라면 유물(唯物)의 반현(反現)이라고 할는지도 모른다.

용산으로부터 왕십리에 오는 동안에는 우편으로 한강의 맑은 물결을 거스르고, 좌편으로 남산의 푸른빛을 마시게 되어서 새삼스럽게 청신(淸新)을 느꼈다.

청량리를 지나서부터 동석한 사람과 담화를 하게 되었다. 그는 평양(平壤) 사람으로 현주(現住)는 청주(淸州)인데, 영업차로 함흥(咸興)을 가는 길이라고 한다. 무슨 영업을 하느냐고 물은즉, 요리업을 한다고 한다. 요리업에 대한 이론이 전개되어 그 요리업에 창기업(娼妓業)을 겸하는 것을 알게 되었다. 그러한 영업에 상식이 없는 나로서는 한층의 호기심을 가지게 되어서 요리업과 창기업의 구분과 조직을 순서 있게 들어서 그 상세를 알게 되었다. 그 내용은 구태여 쓰지 않거니와 일이 인신과 정조의 매매에 미쳐서는 자연히 사회제도의 결함과 생활방식의 추악을 느끼는 찰나에 막연한 인생문제를 상기하게 된다.

나는 말머리를 끊고 머리를 돌리어 창밖을 내다보았다.

기차는 벌써 철원(鐵原) 경내(境內)에 진행 중이다. 이 지방은 조금도 한해(旱害)를 보지 못하겠다. 그러므로 들 빛은 살지고 산기운은 맑아서 차창으로 들어오는 산의 경치, 들의 경치는 깨닫지 못하는 동안에 나에게 많은 감격을 주었다.

철원역에서 오르는 승객 중에 일본 여자가 남의 여아(女兒)를 데리고 올라서 나의 상대편에 앉았는데, 여아의 하나는 10세쯤 되어 보이고 하나는 8세쯤 되어 보인다.

이윽고 기차가 평강역(平康驛)에 도착할 즈음에 적은 여아가 차창으로 내다보고 손으로 평강읍의 집들을 가르치면서 "저기 집이 많타. 저것이 다 '여보'[10]의 집이지" 하고 같이 온 여자를 쳐다본다. 그 말을 들은 여자는 한 눈으로 말하던 여아를 보고 한 눈으로 나를 보면서 조금 미안스러운 듯한 표정을 띠고 분명치 않은 어조로 그렇다고 대답하였다. 나는 일본인에게서 흔히 듣는 "요보"라는 말의 어원을 잘 알지 못하거니와, 열패자(劣敗者)인 조선인을 가리켜 하는 말인 줄 만은 알았다. 그 여아는 나를 보고도 저것도 "요보"이구나 하는 소리 없는 말을 몇 번이나 하였는지 모를 것이다.

검불랑(劍拂浪)을 지나면서부터 원근(遠近)에 검은 구름이 힘 있게 일어나며, 바람이 선들거리어서 바야흐로 비가 올 기운을 재촉한다. 홀연히 남방의 가뭄으로 벌어지는 소동을 연상하면서 비가 골고루 오기를 빌었다.

경원선(京元線)의 최고 지점인 해발 2,000령(零) 7척의 고원(高原)을 넘어서매, 먼 산에는 드문드문한 우색(雨色)이 보인다. 아까 조선 가옥을 가리켜 "요보"의 집이라고 하던 여아가 산 위에 뜬 구름을 가리키면서 "저 산 위에 연기가 가득 찼다" 하여 온 좌석은 미소하였다. 구름을 가리켜 연기라고 하는 여아의 입으로 나온 "요보"라는 말을 예사롭게 듣지 아니하였던 것이 도리어 우스웠다. 그러나 조선인을 가리켜 "요보"라고 하는 일본인은 사람, 사람이 모두 구름을 가리켜 연기라고 하는 소녀의 부류일는지.

기차는 삼방(三防) 유협(幽峽)을 뚫어 가게 되었다. 삼방의 철도는 3/4이나 터널과 교량으로 되었다. 터널을 지나면 곧 다리가 있고 다리를 건너면 곧 터널로 들어간다. 그리하여 흑암(黑暗)의 터널인가 생각하다가, 어느덧 단안절■(斷岸絶■)의 교량을 보고 청류백석(淸流白石)의 교량인가 생각하면, 어느덧 백주암야(白晝暗夜)의 터널을 지나게 된다. 터널과 교량이 아닌 부분은 횡산단록(橫山斷麓)의 고하(高下)를 따르고 급단회류(急端回流)의 구비를 좇아서 자연을 정복하지 못한 반(半)자연, 반인위 그대로의 상태다.

〈자료 137〉 금강산공원 계획(조선일보, 1930.08.09, 1면 1단)

금강산의 국립공원계획설이 있은 지는 이미 오래지만, 실현의 제일보로서 답사에 착수하

10 '여보'는 일제 시기 조선인을 차별적으로 지칭하던 말이다.

게 됨은 이번이 효시이다. 이렇게 다년 현안이 실지 답사로 말미암아 점점 구체화하려는 것을 볼 때, 오인(吾人)은 당국자의 국립공원을 만드는 동기가 어디 있는지 그것은 묻고자 아니한다. 노골로 말하면, 세계 인사로 더불어 이 훌륭한 산악미(山岳美)를 공상동락(共賞同樂)하려는 지순(至純)한 정감에서 솟아났든지, 외객(外客)을 유치하여 국고 수입의 증진을 꾀하려는 이기적 책략에서 생겨났든지, 그는 원■부터 오인의 참견할 바 아니거니와, 그러면 그 공원 계획이 예정대로 잘 진행되어 효과를 거두겠느냐 하면 그도 또한 오인의 미루어 헤아릴 범위 밖에 속한다. 요컨대 오인의 알려는 것은 이러한 모든 경영 문제를 떠나서 금강산의 공원 설계, 그것이 조선인과 어떤 관계를 가졌는가 함이다.

정부의 위촉을 받아 이번 금강산의 실지 답사를 행한 다무라 우에하라(田村上原) 등 씨는 말하되, 금강산은 동양 산악미의 최고 대표로서, 동양 풍경미(風景美)를 구체현(具體現)한 것인즉, 외래 유람객으로 하여금 순전한 동양화적(東洋畵的) 취미를 즐기게 함에는 이만한 것이 다시는 없다고 하여 국립공원으로서 개방함을 고조(高調)하였지만, 순연한 화강암으로 깎아 세운 일만이천봉의 절승지는 천하에 이미 정평이 있으니 다무라 우에하라 등 씨의 탄상(嘆賞)을 기다릴 바 아니로되, 조선이 가지고 있는 자랑거리의 하나인 금강산 그것에 대하여 조선인 사이에 '롱펠로'같이 산악미를 노래하는 대(大)시인이 나서 일찍이 문학상으로도 소개하여 본 적이 없었고 "원생(願生) 고려국 일견(一見) 금강산"의 시구로서 천박하게도 만족하여 여지까지 거의 무관심하고 있다가, 이것도 다른 사람의 손을 거쳐서야 비로소 선전·소개와 실지 답사가 되고 그리하여 멀지 않은 장래에 국제공원으로 개방이 되려고 하니 여기도 조선인의 무능한 것이 표시되는 것이다.

그러나 무능한 것은 오히려 적은 문제이다. 금강산을 국립공원으로 만든다는 것은 한편으로는 곧 현대 문명의 위력이 금강산의 신비왕국을 정복하여 금일까지 세계 밖에 엄연히 특립(特立)하였든 대자연, 그것을 인간의 지배하에 두자는 것이다. 반도를 휩쓰는 현대 문명의 풍조가 지광인희(地廣人稀)한 산국(山國)인 강원도의 깊은 오지에까지 골고루 침투하게 되어 한강 상류가 수력전화(水力電化)한 지는 이미 오랜 일이오, 온정리(溫井里)의 경편철도(輕便鐵道)가 개통된 지도 벌써 일찍 한 일이니, 이로 보면 금강산의 공원 문제가 일어남도 이 세상 자연한 순서이라 할 것이다.

이용할 만한 평원광야(平原廣野)나, 장강대천(長江大川)은 이미 다 이용되었으므로 지금은 급류격단(急流激湍)을 이용하고 다시 나아가 인문(人文)의 장애물이 되는 심산유곡까지도 마저 이용하여 보자는 것이 이른바 금강산의 국립공원안이 생긴 것이다.

〈자료 138〉 가을의 금강산 탐승객 사태(沙汰), 열차호텔 급설(急設)(동아일보, 1933.09.20, 2면 8단)

제일과 일요일이 겸한 오는 23, 24일을 이용하여 금수의 금강산으로 모여들 탐승객은 단체만으로 벌써 600명이 넘게 되는 성황인데, 철도국에서는 임시 열차를 운전한다 함은 기보(既報)와 같거니와, 여관이 모두 만원이 되어 이렇게 많은 탐승객을 수용할 수 없어 철도국에서는 외금강역(外金剛驛)에 3등 침대차 2대를 유치하고 140명을 수용할 수 있는 임시 열차호텔을 개설하여 탐승객의 숙박에 제공하기로 되었다고 한다.

요금은 각단에 1박 70전으로 담요까지 빌려주기로 되었고 식사는 따로 외금강역 구내식당을 이용할 수 있어 싸게 숙박하게 되리라고 한다.

II

실행 계획과 내용

해제

Ⅱ장에서는 일제 시기 조선철도정책의 구상과 세부 계획, 그리고 그 실제 운영 내용을 살펴볼 수 있는 주요 자료를 수록했다. 일제하 조선의 철도정책은 크게 네 가지 흐름을 중심으로 변화하였다. 먼저, 병탄 전후부터 1910년대 초까지는 일본의 대륙침략 구상과 러시아에 대한 견제 속에 경원선과 함경선의 건설정책이, 조선의 본격적 식민지화를 계기로 미곡 자원수탈을 위해 호남선의 건설정책이 결정되었다. 또한 1917년부터 1925년까지는 만주침략을 위한 한 방편으로 만주와 조선의 철도를 합병한다는 구상 아래, 조선철도의 운영권이 일본의 국책 회사인 남만주철도주식회사에 위탁되었다. 이후 1920년대 중반 조선총독부의 산업정책이 각 산업을 더욱 적극적으로 조장해서 전체 수탈의 파이를 확대하는 전략으로 전환되면서, 철도에 대해서도 1927년 '조선철도12년계획'이라는 대규모 개발 계획이 결정되었다. 그러나 1931년 만주사변을 계기로 일본의 대륙침략이 본격화되자, 대륙으로의 침략로이자 군수용 지하자원의 주요 산출지인 조선 북부 지역으로 철도 관련 예산·인력·자재가 집중되었다.

여기에서는 이러한 정책의 변화상을 반영해, 먼저 철도정책의 '계획'에 대하여 6개의 주제를 선정했다. 첫째, 한국병탄 직후 일본의 대륙침략 구상과 조선철도 계획, 둘째, 1910년대 만주침략 구상과 조선철도의 만철 위탁경영, 셋째, 1920년대 자원 수탈을 위한 산업철도 개발 정책으로의 전환, 넷째, 1920년대 조선철도12년계획의 구상과 수립, 다섯째, 1931년 만주사변의 발발과 북선 철도 계획의 수립, 여섯째, 전시하 일본제국의 연락 강화와 조선철도 구상의 수립이다. 이들 주제는 일제 시기 일본의 대륙침략 과정 속에서 '군수의 수송로'이자 '자원 수탈의 도구'로 기획되었던 조선철도의 위상과 역할이 변화되는 흐름을 상징적으로 보여 준다. 본 자료집에서는 일본제국 유력 정치인의 제안서, 조선총독부 철도국 주요 관료의 회고록, 선만철도신보사(鮮滿鐵道新報社)에서 발간한 '조선철도12년계획' 소개 책자, 일본 운수통신성이 발간한 협정문서 속에서 각각의 주제와 관련된 핵심 자료를 선별하여 수록했다.

이어서, 철도정책의 '내용'에 대해서는 정책의 전체 개관을 포함해 일곱 가지의 주제를 선정했다. 첫째, 일제하 조선철도의 시기별 주요 정책과 그 시행, 둘째, 조선철도의 각 노선별 건설과 개량, 셋째, 조선철도의 영업, 넷째, 조선철도의 수입과 지출, 다섯째, 조선철도의 운영 기구와 조직, 여섯째, 전시 말 조선철도의 운영, 일곱째, 해방 직전 조선철도의 운영이다. 각각의 주제는 조선철도정책 전개의 큰 방향성을 드러내는 동시에, 건설·사업·예산·인력이 구체적으로 어떻게 운영되었는가를 보여 준다. 이를 통해 ① 일제 시기 조선철도의 운영은 대륙 침략이라는 군사적 목적에 치중되어 정책·건설·예산·인력 모두 '종관 노선'과 '한반도 북부 노선'에 집중되었다는 점, ② 경제적 효과보다는 군사적 목적을 위해 철도를 운영해 일본의 대륙침략이 본격화되기 전까지는 조선총독부의 조세 수입으로 적자를 보전했다는 점, ③ 전시하 조선철도의 운영이 군수 수송 및 일본으로의 통과 수송에 치우친 점을 구체적으로 확인할 수 있다. 이를 위해 본 자료집에서는 일제시기 조선총독부의 철도정책사를 총망라한 관찬사서인 『조선철도 40년 약사(略史)』(조선총독부 철도국, 1940)와 1944년 조선총독부에서 일본 제국 의회로 제출한 『제86회 제국의회 설명 자료』, 1946년 조선 관계 잔무정리사무반이 집필한 「종전 전후의 운수 상황」의 주요 내용을 발췌 번역했다. Ⅱ장의 주요 자료 내용은 다음과 같다.

1. 한국병탄 직후 일본의 대륙침략 구상과 조선철도 계획

1절에서는 1911년 야마가타 아리토모(山縣有朋)가 작성한 「군사상의 요구에 기초한 조선·만주에서의 철도경영방책」이라는 의견서 전체를 번역 수록했다. 야마가타는 일본 육군 원수(元帥)이자 일본 주요 정파인 조슈벌의 리더로, 일본 내각총리대신을 두 차례나 역임한 유력 정치인이었다. 그의 의견서를 살펴보는 것은 병탄 직후 조선철도의 부설이 일본의 군사적 목적에 편중되어서 추진된 구체적 배경과 과정을 이해하는 데 많은 도움을 준다.

이 자료에서 야마가타는 조선을 강제병합하는 데 성공한 일본이 향후 대륙침략을 본격적으로 전개해 나간다는 전제 아래에서, 향후 조선의 철도를 어떻게 활용할 것인가를 논설했다. 그는 러시아의 시베리아철도 복선화가 1914년에 완공되고 1916년 흑룡강철도 부설이 완성되면, 러시아가 개전 후 140일 만에 약 100만 명의 병력과 그에 따른 마필, 재료, 식량과 말먹이, 군수품을 하얼빈 부근까지 수송할 수 있을 것으로 파악했다. 이에 반해 일본은 현재의 철도망을 활용하는 한, 병력과 병참 수송 능력이 러시아의 절반 수준에 불과할 것이라 보았다. 그는 이러한 수송 능력 차이를 극복할 방안으로 조선과 만주의 철도 개발을 강조했다.

구체적으로 그는 조선철도가 러시아의 군사수송력에 대한 대응책이기 때문에 다음과 같은 전략을 세울 것을 제안했다. 첫째, 북부의 남만철도를 복선으로 개축할 것, 둘째, 원산에서 경원(慶源)에 이르는 철도를 부설할 것, 셋째, 조선철도와 안봉철도를 개축할 것, 넷째, 평양-원산선을 부설할 것, 다섯째, 함흥-모자산선, 청진-경흥-온성선, 회령-길림선을 부설할 것, 여섯째, 조선에 부설할 철도는 전시 군사수송에 쓸 수 있는 재료를 이용할 것, 일곱째, 조선·만주의 철도를 통일할 것 등이다.

야마가타가 이 의견서에서 제시한 정책들은 이후 대부분 실제 조선의 철도정책에 반영되었다. 원산-경원선, 청진-경흥-온성선, 회령-길림선 부설 기획은 함경선의 부설, 북선 루트 구축, 길회선(후에 경도선으로 개칭) 부설 등으로 현실화하였다.[15] 또한, 조선·만주의 철도 통일

---

15 함경선 부설과 이른바 북선루트 구축, 길회선 부설 등에 관해서는 芳井研一, 2000, 『環日本海地域社會の變容: 「滿蒙」·「間島」·「裏日本」』, 靑木書店; 송규진, 2013, 「일제의 대륙침략기 '북선루트'·'북선3항'」, 『한국사연구』 163; 송규진, 2013, 「일제강점기 '식민도시' 청진 발전의 실상」, 『사학연구』 110; 정재정, 2013, 「일제하 동북아시아의 철도교통과 경성」, 『서울학연구』 52; 井村哲郎, 2013, 「滿鐵の北鮮港灣建設と經營」, 『南滿洲鐵道沿線の社會變容』, 知泉書館; 大宮誠, 2013, 『日本海橫斷航路の硏究(1896~1945)』, 新潟大學大學院現代社會文化硏究科 博士論文; 송규진, 2014, 「함경선 부설과 길회선 종단항 결정이 지역경제에 끼친 영향」, 『한국사학보』 57; 이용상·정병현·배은선, 2015, 「만철의 길회선 부설과 북선철도 위탁과정에 관한 연구」, 『한국철도학회논문집』 18.5; 정재정, 2015, 「일제하 '北鮮鐵道'의 경영과 日朝滿 新幹線의 형성」, 『역사교육논집』

또한 1917년부터 1925년까지 조선철도가 남만주철도주식회사에 위탁경영되며 현실이 되었다.[16] 다만, 주요 종관철도의 복선화와 평양-원산선의 부설은 상대적으로 지연되었다. 복선화 공사의 경우 1930년대 후반에 시행되었으며, 평원선은 1941년이 되어서야 완공되었다. 그럼에도 결과적으로 야마가타의 의견 대부분이 실제 적용되었다는 점은 주목할 필요가 있다.[17]

2. 1910년대 일본 육군의 만주침략 구상과 조선철도의 만철 위탁경영

2절에서는 1919년 와다 이치로(和田一郎)가 작성한 「조선철도 경영에 관한 건」이라는 제목의 조선총독부 내부 문서 전문을 번역 수록했다. 와다 이치로는 1906년 고등문관 시험에 합격한 일본제국 관료로, 1909년 통감부 서기관으로 부임한 이래 1910년대까지 조선 토지조사사업의 실무를 주도한 인물이다. 그는 1919년 총독부 철도부장으로 취임해[18] 1920년대 초 조선총독부의 철도정책의 실무를 담당하다 1924년 퇴관했다.[19] 이 문서는 조선총독부 철도정

54; 加藤桂木, 2017,『植民地朝鮮の地域變容: 日本の大陸振出と咸鏡北道』, 吉川弘文館; 고태우, 2020,「식민지기 '북선개발(北鮮開發)' 인식과 정책의 추이」,『한국문화』89 참조.

16 조선철도의 1917~1925년 만철 위탁경영에 관해서는 橋谷弘, 1982,「朝鮮鐵道の滿鐵への委託經營をめぐって-第一次戰前後の日帝植民地政策の一斷面」,『朝鮮史研究會論文集』19; 정재정, 1999, 앞의 책, 3111-117쪽; 배은선·정병현·이용상, 2014,「한국철도의 남만주철도주식회사 위탁경영시 특징에 관한 연구」,『한국철도학회논문집』17-4; 정태헌, 2015,「조선철도에 대한 滿鐵 위탁경영과 총독부 直營으로의 환원 과정 및 배경」,『한국사학보』60 참조.

17 종관 노선의 복선화 공사에 관해서는 정재정, 1999, 앞의 책, 374-381쪽. 평원선 부설에 관해서는 박우현, 2020,「일제시기 평원선 부설과 횡단철도의 주변화(1904~1941)」,『한국문화』89 참조.

18 일반적으로 조선총독부 내 철도 관련 부서는 철도국으로, 수장은 철도국장관 혹은 철도국장이었다. 하지만 1917년 8월부터 조선철도가 남만주철도주식회사(이하 만철)의 위탁경영으로 이관되어 철도국이 폐지되고 관련 업무가 총독관방 산하 철도부로 편입된 상태였다.

19 고려대학교 글로벌일본연구원 편, 2018,『개화기·일제강점기(1876~1945) 재조일본인 정보사전』, 보고사,

책의 실질적 실무 책임자였던 그가 1917년 이래의 만철 위탁경영의 문제점을 상세하게 비판한 문서이다. 1910년대 일본 육군의 만주침략 구상을 바탕으로 실시된 조선의 철도정책이 어떠한 결과를 초래했는가를 총독부 관료의 내부 비판을 통해 상세히 확인할 수 있다.

1910년대 조선철도의 만철 위탁경영은 당시 조선총독이자 일본 육군의 리더였던 데라우치 마사타케(寺內正毅)의 구상을 바탕으로 실시되었다. 그는 일본이 만주를 독점적으로 지배하지 못하는 상황에서 국책회사인 만철에 식민지 조선의 철도를 병합해서 철도를 중심으로 대륙침략로를 완성하고자 했다. 이러한 구상은 1916년 10월 데라우치가 일본 내각의 총리로 취임하자, 1917년 실제 시행되기에 이르렀다. 와다 이치로의 문서는 이러한 구상과 실제 정책으로의 이행 과정을 개관하고 있으며, 나아가 1919년의 시점에서 지난 2년간 만철 위탁경영의 공과를 설명했다. 그는 "위탁 이래 2년여를 경과하였으나 하등 실행되는 바가 없"으며, 나아가 "조선철도 경영의 위탁은 거의 무의미한 것으로 귀결"되었다고 평가했다. 결국 조선철도는 1925년 4월 1일부터 조선총독부 직영으로 환원되었다.

3. 1920년대 자원 수탈을 위한 철도정책으로의 전환

3절에서는 1944년 오무라 다쿠이치(大村卓一)가 편찬한 회고록 『대륙에서(大陸に在りて)』에 실린 「조선철도와 산업개발」의 전문을 번역 수록했다. 오무라는 1896년 일본 홋카이도(北海道)의 철도회사에 취업한 이래, 1906년 관료로 이직하여 홋카이도, 도쿄, 만주 등지에서 철도 관료로 근무한 철도통(鐵道通)이었다. 그는 1925년 5월 조선총독부 철도국장으로 부임했다. 이 글은 같은 해 만철의 위탁경영 해제로 조선철도가 총독부 직영으로 환원된 시점에서 조선

461-462쪽.

철도정책의 방향 전환 과정을, 총독부 철도정책의 실무 책임자이자 제국주의자의 시선에서 상세하게 담고 있다.

1920년대 중반은 산미증식계획으로 대표되듯, 산업 개발을 통해 수탈의 파이를 키우는 방식으로 총독부의 산업정책이 본격적으로 전환된 시점이었다. 철도정책 역시 이러한 변화를 반영해 이전까지의 군사 중심 계획과 병행하여, 철도를 한반도 북부 및 조선 각지의 자원 수탈을 위한 도구로 활용하는 방식으로 변화하기 시작했다. 오무라는 이 글을 통해 당시 그가 만난 일본 본국 정계의 주요 관료와 조선총독부 관료들의 발언을 중심으로, 조선의 철도 개발이 '일본의 인구·식량 문제 해결'이라는 측면에서 강화되어 간 것을 기록하고 있다.

4. 1920년대 조선철도12년계획의 구상과 수립

4절에서는 1927년 선만철도신보사가 발간한 『조선철도12년계획』을 발췌 번역했다. 이 책은 1927년 일본 제국의회에서 '조선철도12년계획'의 실시안이 통과된 것을 기념하여, 민간 언론사인 선만철도신보사가 해당 계획의 등장부터 구체적 제정까지의 과정을 기록한 것이다. 이 가운데 본 자료집에서는 이 계획이 일제의 대륙 침략을 위한 교통로 확보와 한반도 북부에 매장된 지하자원을 수탈하려는 목적에서 기획·결정된 과정을 설명한 「제2. 조선철도 보급계획」과 「제3. 조선철도12년계획」을 번역 수록했다.

조선철도12년계획은 일제가 1927년부터 12년간 총 3억 2,000만 엔의 자본을 투입해 5개 신규 국철 노선 약 1,700km를 부설하고, 약 336km의 사설철도 5개 선을 매수하며,[20] 궤간의

20 조선철도12년계획의 하나로 진행된 조선철도주식회사 경남선(마산-진주), 전남선(송정리-담양), 경동선(대구-학산, 서악-울산), 전북철도주식회사선(이리-전주), 도문철도주식회사선(회령-동관진)의 매수에 관해서는 矢島桂, 2010, 앞의 글 참조.

개축과 복선화 개량을 기획한 사업을 말한다. 당초 계획 과정에서 신규로 건설하기로 한 5개 국유철도 노선은 도문선(圖們線, 웅기-동관진, 162.8km), 혜산선(惠山線, 길주-혜산진, 141.6km), 만포선(滿浦線, 순천-만포진, 212.6km), 동해선(東海線, 원산-포항, 울산-부산, 545.6km), 경전선(慶全線, 진주-전주, 원촌-담양, 249.6km)이었다. 이들 5개 노선 모두 일본-한반도-만주를 신속하게 연결해 경부·경의 노선에 집중되어 있던 종관철도망의 수송력을 분산하고자 하는 목적을 담고 있었다. 또한 한반도 북부의 3개 노선(도문선·혜산선·만포선)은 지하자원 수탈과 대륙침략의 목적 또한 포함하고 있었다.[21] 이 책은 일본과 조선의 관료와 지역 유력자들의 조선철도에 대한 구상이 이 계획에 반영되어 가는 과정을 상세하게 보여 준다.

5. 1931년 만주사변의 발발과 북선 철도 계획의 수립

5절에서는 1944년 오무라 다쿠이치가 편찬한 회고록 『대륙에서』에 실린 「만주사변 직후」의 전문을 번역 수록했다. 오무라 다쿠이치는 1925년 이후 조선총독부 철도국장으로 근무하며 조선철도정책의 실무를 실질적으로 담당했다. 이 글은 1931년 만주사변의 발발을 계기로 북선(北鮮)의 철도망 구축 계획이 급속하게 추진되는 과정을 실무 책임자의 시선에서 기록하고 있다.

구체적으로는 만주사변 당시 조선군(朝鮮軍)의 군사 수송 작업과 1932년 길회선(吉會線)의 완성, 나진(羅津)의 항만 건축 결정, 도문철도(圖們鐵道)의 광궤(廣軌) 개축, 국경 도문강의 가교(架橋) 준공 등을 다루었다.

21 조선철도12년계획으로 부설된 철도망의 정치, 경제적 성격과 식민지성에 대해서는 金景林, 1988, 「日帝下 朝鮮鐵道 12年計劃線에 關한 硏究」, 『경제사학』 12 참조.

6. 전시하 일본제국의 연락 강화와 조선철도 구상

6절에서는 전시하 일본제국 내의 연락 강화와 조선철도의 구상을 살펴보기 위해, 1940년 6월 27일 체결된 〈일(日)·만(滿)·지(支) 연락·운수에 관한 협정〉을 번역 수록했다. 이 협정의 체결 배경은 러일전쟁 당시로 거슬러 올라간다. 러일전쟁을 통해 남만주(南滿洲)의 철도 운영권을 획득할 수 있었던 일본은 1907년 일본과 만주 일대에서 자국에 유리한 수송 구조를 형성하기 위해 '일만연락운수회의(日滿連絡運輸會議)'를 조직하고, 이를 바탕으로 러시아, 중국 등과 차례로 협정을 체결했다.[22] 그러나 이 협정은 각 지역의 사정을 반영했기 때문에 일본 본토를 정점으로 하는 수직적 구조의 운수 운영에 적합하지 않았다. 이에 일본제국 내 지역별 운수기관들이 1936년 회의를 열어 새로운 협정의 원안을 작성한 후 일본 철도성에 최종 권한을 일임했다. 그 결과 1940년 6월 총 14개의 관련 기관이 참여해 '일만지 연락·운수에 관한 협정'이라는 새로운 협정을 체결했다. 이 협정에는 일본이 대륙 침략전쟁을 원활하게 수행할 수 있도록, 일본과 조선, 만주, 중국의 각 지역의 철도 관련 사무를 통일적으로 운영하기 위한 상세한 방안이 기록되어 있다. 즉, 여객과 화물의 기본적인 수송 방법을 비롯하여, 손해가 발생했을 시의 책임 소재와 배상 비율, 잘못 발송된 경우의 처리 방식, 사무 행정의 형식과 회의 일정 등이다. 이를 통해 전시하 일본의 대륙침략 구상 속 조선철도의 재편 과정을 자세히 파악할 수 있다.

22 일본의 대륙 침략에 따라 일본, 만주국, 중국 사이에 체결된 각종 연락·운수협정에 대해서는 長崎惣之助, 1941, 『戰時經濟と交通運輸』, 東京: 産業經濟學會, 625-631쪽 참조.

7. 일제하 조선철도의 시기별 주요 정책과 그 시행

7절부터 11절까지는 일제하 조선철도의 구체적 변화상을 살펴보기 위해, 1940년 조선총독부 철도국에서 발간한 『조선철도 40년 약사』를 발췌 번역했다. 이 책은 1940년 '황기(皇紀) 2600년'을 기념하기 위해 편찬되었는데, 대륙 침략의 핵심 수단이었던 조선철도의 역사 서술을 통해 천황제를 기념하고자 했음을 알 수 있다. 통감부 시기부터 1940년 현재까지 조선철도정책의 추진 과정과 그 실제 운영 내역을 각 부문별로 상세하게 정리하고 있기 때문에 자료로서 활용할 만한 가치가 있다.

7절에서는 이 책의 「제2장 국유철도의 경영」의 전문을 번역 수록했다. 이를 통해 본 자료집의 1절~5절에서 설명한 개별 구상과 기획들이 실제 정책으로 집행된 상세한 과정을 살펴볼 수 있다. 구체적으로 1항에서는 일본제국이 조선철도에 가진 복안과 조선 내 각 철도를 통합하여 국유화하는 과정을 설명했다. 2항에서는 초창기 통감부 관리 아래에서 이뤄졌던 경영체제의 정비 내용을, 3항에서는 1909년 철도원으로 이관되기까지의 논의 과정을 소개했다. 4항에서는 병합 이후 조선철도의 경영을 담당하게 된 총독부가 어떠한 방침 위에서 철도 경영의 기초를 다지고 있었는가를 보여 주었다. 5항에서는 경영상의 효율성을 이유로 1917년 총독부가 조선철도 경영을 만철에 위탁하기까지의 교섭 과정을 상세히 다루고, 뒤이어 6항에서는 1925년 조선철도가 다시 총독부 직영으로 환원되는 과정과 총독 휘하 주요 관료의 발언에 나타나는 조선철도 경영의 방침을 자세히 언급했다. 마지막으로 7항에서는 만주사변 이후 만철에 위탁된 함경북도 지역 철도 경영을 설명했다.

8. 일제하 조선철도의 각 노선별 건설과 개량

8절에서는 같은 책 「제5장 국유철도의 건설과 개량」의 전문을 번역 수록했다. 이 글은 조선총독부의 각 철도 노선별 건설 계획의 입안, 건설 공정·공법, 구간별 공사 과정 등을 담고 있어서, 시기별 철도정책이 구체적으로 각 지역의 공사 현장에서 어떻게 집행되었는가를 상세히 확인할 수 있다. 특히 초기에는 경부·경의선의 종관철도를 중심으로 했던 철도 공사가 1930년대 이후는 한반도 북부 지역에 집중되어 간 흐름을 살펴볼 수 있다. 구체적으로 1항에서는 병합 이전부터 병합 이후까지의 건설 및 개량 사업의 전반적 과정을, 2항에서는 각 노선별 국유철도의 건설 과정을, 3항에서는 노선별 국유철도의 개량 과정을 설명했다.

9. 일제하 조선철도의 영업

9절에서는 같은 책 「제10장 국유철도의 영업」의 전문을 번역 수록했다. 이 글은 조선총독부가 조선철도를 통해 어떠한 수익 사업을 시행했는가를 담고 있다. 구체적으로 1항에서는 철도운수에 관한 기본 법령과 여객 및 화물의 운수 규정을 소개했다. 2항은 시대순으로 기간을 나누어 국유철도 영업 거리의 연장 성과를 정리하고 현황까지 보여 주었다. 3항에서는 여객·화물·수하물 운임 산정의 변천과 현황을 정리했다. 4항에는 각종 시설의 운영과 특수 인력의 배치, 그리고 특별 차편의 구비 등 영업 시설에 관한 내용이 담겼다. 5항에서는 시대순으로 기간을 나누어 국유철도 운수가 거뒀던 성과의 추이를 정리했다. 6항에서는 연락운수에 관한 내용으로, 연락운수의 유형을 국내·선만·국제로 나누고 각 운송수단을 살펴보았다. 7항에서는 철도와 중요한 내륙 교통수단이었던 국영 자동차 운수사업을, 8항에서는 기타 부대사업으로 창고·호텔·식당 등의 운영을 설명했다. 그밖에 조선 안에서 이뤄진 우편물의 열차 운송을 살펴보았고, 선만 연락운수상 민감한 문제였던 이른바 3선 연락 운임 문제의 경과에 대해서도 자세히 정리하여 첨부했다.

10. 일제하 조선철도의 수입과 지출

10절에서는 같은 책 「제11장 국유철도의 경리」의 전문을 번역 수록했다. 이 글은 조선철도의 재원과 자금 운용, 수입과 지출, 재산 보유 상황 등을 다루었다. 이를 통해 조선총독부의 철도 운영 과정에서 발생한 적자의 규모와 그를 메우기 위해 조선총독부의 세입이 활용된 것을 확인할 수 있다. 구체적으로 1항에서는 조선 국유철도의 회계를 개관하였다. 2항에서는 영업 이익을 설명했다. 3항에서는 건설과 유지보수 명목의 비용 내역을, 4항에서는 사업용품의 운용을 다루었다. 5항에서는 철도 투자 내용을, 6항에서는 조선 국유철도가 보유한 재산 내역을 설명했다.

11. 일제하 조선철도의 운영 기구와 조직

11절에서는 같은 책 「제3장 국유철도의 조직」의 전문을 번역 수록했다. 구체적으로 1항 통감부 철도관리국부터 7항 조선총독부 철도국까지 조선철도 관리 조직의 변천을 시기순으로 다루고 있다. 일제 시기로 한정한다면 조직 변천에서 핵심은 1917~1925년 만철에 의한 조선철도 위탁경영을 들 수 있는데, 해당 시기의 조선철도 관리 조직도 5항 만철 경성관리국과 6항 총독부 철도부로 구분해 서술하고 있어 만철과 조선총독부의 역할 분담을 명확하게 파악할 수 있다는 장점이 있다. 주요 시기별로 철도국 관제와 사무분장도 일부 제시되어 있다. 끝으로 8항에서는 실제 철도 실무를 담당했던 현업 기관을 다루고 있다.

12. 전시 말 조선철도의 재편

12절에서는 전시 말 조선철도의 재편 상황을 파악하기 위해, 1944년 작성된 『제86회 제국의회 설명자료(교통편)』를 발췌 번역했다. 이 자료는 조선의 예산과 결산에 대한 심의·의결 권한을 가진 일본의 제국의회에 조선총독부의 각 부서가 참고 자료로 제출한 문서이다. 특히 제86회 의회의 설명 자료는 중일전쟁 발발 이후부터 1944년 현재에 이르는 변화상을 구체적으로 수록하고 있어, 전시 말 조선철도의 재편 상황을 파악하는 데 핵심적인 역할을 한다. 여기에서는 주로 대륙과 일본 본토를 연결하는 군수 화물 수송, 조선 내 지하자원의 반출, 전시하 철도 방위 대책의 세 가지 문제를 중심으로 내용을 발췌했다. 주요 내용은 다음과 같다.

1항은 1940년대 조선철도의 수송 상황을 개관하였다. 중일전쟁과 아시아·태평양전쟁의 발발 이후 조선철도의 수송량이 해마다 크게 증가한 사실을 파악할 수 있다. 구체적으로 보면, 일반 여객보다는 화물 수송이 급증하였으며, 전시 말이 될수록 해상 수송이 어려워지면서 철도를 통한 전가수송이 확대되었음을 통계 수치를 통해 확인할 수 있다. 특히, 전가수송은 아시아·태평양전쟁하에서 선박의 부족으로 인해 일본·조선·대륙을 잇는 해양 수송이 어려워지면서 대륙의 물자를 조선철도를 통해 육상으로 수송한 것을 이르는 말로, 그 규모의 팽창은 전시 말 일본의 군수 물자 수송에서 조선이 차지했던 핵심적 역할을 상징적으로 보여준다.

2항은 화물수송량 격증의 대응 방책을 설명했다. 대륙과 일본 본토 사이 군수물자의 수송을 위해 여객 열차를 축소하고 화물 수송에 조선철도의 역량이 총동원된 양상을 확인할 수 있다. 또한 화물수송량의 증대에 대응하기 위해 경부·경의선의 복선화, 조선 남부 여러 항구와 철도의 연계를 강화해 갔음을 알 수 있다.

3항은 전가화물의 장래 전망을 서술했다. 1944년 1~3월 사이 북중국과 만주, 조선에서 출발해 일본으로 향하는 물자의 품목과 규모를 상세히 기록하고 있다. 이를 통해 일제 말 일본의 필수물자 보급로로서 조선철도가 맡았던 핵심적 역할을 잘 보여 준다.

4항은 화객의 수송 요청과 그 조정 방침을 설명했다. 1944년 당시 조선 국유철도의 여객과 화물의 수송 규모의 전망과 관련 대책을 상세히 서술하고 있다. 중국과 만주에서 조선을 통과하는 전가화물의 수송으로 인해 수송 능력이 저하된 상황에서, 일반 여객을 대폭 억제하고 징용 노동자 등을 우선 수송하는 방침을 채택한 것을 확인할 수 있다. 또한 화물 역시 군용화물을 우선 수송하여 생활 필수물자 등의 수송을 상대적으로 억제하였음을 파악할 수 있다.

5항은 조선 내 철광석·석탄의 증산에 따른 철도수송력 증강 방책을 서술했다. 주요 전시물자인 철광석과 석탄의 철도수송에 대한 구체적 대응을 확인할 수 있다. 1944년 이전까지 조선 내 철광석과 석탄 산지는 사설철도가 놓여 있었기 때문에 그 수송력이 부족했는데, 이를 보완하기 위해 1944년 일부 철도 구간의 국유 매수 및 신설 구간 신축이 시행되었음을 알 수 있다. 일제 말기 심각한 자재난 속에서도 조선 내 지하자원의 침탈을 위한 투자를 계속한 상황을 보여 준다.

6항은 전가화물 및 기타 조선 내 중요물자 수송상에 문제가 있는 장소의 상황과 그 대책을 설명했다. 1944년 당시 조선을 통과하는 화물 및 조선 내 중요물자의 수송과 관련된 여러 문제점과 그 개선 대책을 확인할 수 있다. 구체적으로, 만주에서 조선을 통과하는 화물에 대해서는 조선철도의 복선화가 시급하게 추진되었으며, 이외에 조차장 시설의 증강과 항만 시설에 대한 철도 연락 설비의 강화 및 차량의 증비(增備)가 이루어졌음을 확인할 수 있다. 이밖에 조선 내 중요물자의 경우, 각 노선의 노후화로 인해 물자 수송에 어려움이 있다는 점을 고려하여 경원선과 함경선의 일부에서 개량 공사가 시행되고 있음을 설명했다.

7항은 철도방위계획 및 시설의 대요를 설명했다. 1944년 당시 조선철도 시설과 관련된 방공(防空)·방폭(防爆)·방첩(防諜) 계획 및 노동자 동원 계획을 상세히 파악할 수 있다. 전시하에서 물자와 인력을 수송하는 가장 중요한 보급로라는 특성 때문에, 물자 부족 상황 속에서도 철도의 방위를 위해 많은 물자와 인력이 동원된 것을 살펴볼 수 있다. 특히, 철도의 건설·정비·운영에 필요한 노동자의 동원 및 관리 전략을 상세히 설명하고 있어서 일제 말기 노동자 강제동원의 양상을 파악하는 데 도움이 된다.

8항은 비상사태에 처한 긴급 대책 정비를 설명했다. 1944년 당시 조선총독부 교통국에서 전시 비상 대책으로 초점을 두고 있던 사항을 보여 주는 자료이다. 교통국은 비상 대책으로 공습에 따른 수송 방해 및 교란 방지, 특수 수송 작전 완수 이 두 가지에 주목했다. 비상 대책의 수행을 위해 비밀 문건 취급 단속, 방첩 강화, 철도애국단 조직 및 상세한 방공 계획을 책정해 두고 있었던 점을 확인할 수 있다.

13. 해방 직전 조선철도의 실태

13절에서는 해방 직전 조선철도의 실태를 파악하기 위해 『조선 종전의 기록: 자료편』에 수록된 「종전 전후의 운수 상황(1946.05)」을 발췌 번역했다. 1944년부터 1945년 8월에 이르기까지 조선철도의 실태를 보여 주는 유용한 자료이다. 그 구체적인 내용은 다음과 같다.

1항에서는 교통국의 소관 사항, 조직, 직원 등을 정리했다. 이를 통해 해방 직전 철도를 비롯하여 항만 등의 운수 업무를 총괄했던 조선총독부 교통국의 편제와 운영을 파악할 수 있다.

2항에서는 국유철도와 사설철도로 구분하여 조선철도의 영업 거리와 실적을 집계했다. 특히, 국유철도에 관한 내용이 비교적 상세하여 그 운영의 특징을 파악하는 데 유용하다.

3항과 4항에서는 1944년도 국유철도의 주요 시설 증강 내용과 수송 현황을 정리했다. 해방 직전 전황의 악화와 전가수송으로 인한 철도 수송의 과부하를 상세히 파악할 수 있다.

5항과 6항에서는 1945년 8월 해방 직전까지의 국유철도 정비 계획과 수송 실적을 수록했다. 군수물자의 대(對)일본 수송을 위해 추진된 경부·경의선의 복선화 공사와 부산, 울산, 포항, 삼척 등지에서의 철도-항만 연락 공사의 상세한 추진 내용을 확인할 수 있다. 특히, 1945년 3월 조선철도에도 '철도의 군사 사용에 관한 칙령'이 실시되면서 조선철도의 군사 수송이 관동군 및 대륙 철도사령관의 지휘·감독하에 편제된 상황을 파악할 수 있다.

1. 한국병탄 직후 일본의 대륙침략 구상과 조선철도계획

〈자료 139〉 山縣有朋, 「軍事上ノ要求ニ基ク朝鮮滿洲ニ於ケル鐵道經營方策」(1911.6), 『山縣有朋意見書』, 原書房, 1966, 323~333쪽.

1) 총기(總記)

무릇 국가의 병비(兵備)는 평화의 보장으로 전쟁을 예방하는 유일한 수단이라 하지 않으면 안 된다. 그리고 병비는 단순히 다수의 병력만으로 충분하지 않고 그 활동에 필요한 제반 설비와 상응한 뒤에야 비로소 그 위력의 발양(發揚)을 기대할 수 있다. 이제야 우리나라[23]는 이미 조선을 병합하고 남만주에 세력을 수립하여 제국의 권위가 장차 대륙으로 신장하려는 시기에 있다. 그런데 유럽 열강의 이해도 역시 점차 극동으로 집중되어 장래 세계의 시국은 이 방면의 관계에서 더욱 분규가 커지게 될 것은 불을 보듯 분명한 일이다. 게다가 러시아는 현재 극동의 경영에 신경을 쏟으며 게을리하지 않고, 다른 날 크게 일을 일으키려는 것 같다. 우리는 이에 대한 군사상의 견지에서도 조선과 만주 교통기관의 완비와 정돈을 하루도 소홀히 하면 안 된다.

현재 러시아는 최근 전후 시베리아 대철도의 복선공사와 흑룡(黑龍)철도의 건설에 착수하여, 전자는 1914년(大正 3), 후자는 1916년(大正 5)을 기하여 준공하려 한다. 이 공사가 완성될 때 그 병비상의 가치가 얼마나 위대할까는 여러 말이 필요 없이 명확하다. 필경 러시아는 이에 따라 세계 무쌍의 대규모 육군 중에서 유럽 지역과 중앙아시아 방면에 남겨 둘 약간의 군대를 제외하고 기타의 군대를 신속하고 쉽게 끊임없이 북만주에 집중시키게 되리라 생각하며, 그리되면 더욱 서늘한 마음을 가눌 수가 없다.

만약 우리나라가 조선을 방위하고 만주에서의 이권을 옹호하고자 하면 여기에 필요한 병력을 갖출 필요가 있음은 물론이다. 동시에 조선, 만주의 철도를 개축 정돈함으로써 유사시 신속하게 바라는 지점으로 군대를 수송하여 이에 따라 적의 기선을 제압하고, 또 적에게 우

23 이 문서에서 '우리나라'라고 한 것은 '일본'을 지칭한다.

리와 개전함이 지극히 어렵다는 것을 깨닫게 하는 일은 단순히 병략(兵略)상으로 필요할 뿐 아니라, 극동에서의 화란이 발생할 동기를 완화하고, 열국으로서 대륙에서의 우리나라의 주권을 인식시킴에도 역시 최선책이 될 것이다. 하물며 조선과 만주에서의 교통기관 증가와 완비는 우리나라의 이권을 더욱 부식(扶植)하고 식산흥업의 발전을 꾀하기 위해 필수 불가결하지 않겠는가. 이제부터 러시아 철도수송력의 실황을 서술하고, 그 뒤에 조선과 만주에서 우리나라 철도의 군사상 요구에 기초한 경영 방법을 논술하고자 한다.

2) 시베리아 대철도의 복선(複線), 흑룡철도 완성 후 러시아철도의 수송력

시베리아 대철도 복선공사 및 흑룡철도 건설을 완료한 후 이 두 철도가 오소리철도(烏蘇里鐵道)[24] 및 동청철도(東淸鐵道)[25] 등의 각 부분을 통하여 전시(戰時)에 발생할 만한 최대 수송 효력과 과정(效程)에 관하여 가장 자세하고 정확한 여러 정보를 종합한 결과는 다음과 같다.

(1) 전시 최대 발차(發車) 수

시베리아 대철도는 그 복선 공사 완성 후 1일 40열차를 운전할 수 있는 것이 확실하다. '카림스카야' 동쪽의 동청철도, 흑룡철도, 오소리철도는 단선으로서 각각 하루 20열차를 운전할 수 있어서, 러시아군은 전시에 유럽 러시아와 하얼빈 사이를 매일 40열차를 운행할 수 있다.

(2) 이전(移轉) 재료

러시아가 전시에 시베리아 대철도로 날마다 40열차 운전을 위해 필요한 기관차와 객화차(客貨車)의 수는 현재 조사에 따르면 충분하다. 그 기관차의 경우도 점차 군용에 적합한 것으로 교환 중으로, 전시 수송 때는 윤전(輪轉) 재료로 부족한 것이 없다.

---

24 러시아 블라디보스토크에서 하바롭스크를 연결하는 철도 구간. 하바롭스크에서 아무르강과 합류하는 우수리강 이름을 따서 우수리철도로 불린다. 1891년 5월 블라디보스토크에서 기공하여 1897년 9월 완공되어 개통했다.

25 아무르강(흑룡강)과 우수리강을 지나 블라디보스토크에 이르는 철도 구간. 청일전쟁에서 승리한 일본이 요동반도를 영유하는 것을 막은 대가(삼국간섭)로 러시아가 청과 협상해 부설권을 획득했다.

(3) 1개 군용열차의 적재력(積載力)

1개의 군용열차는 평균 2만 4,000포도(布度)[26](약 400톤)의 적재력을 가진다(요컨대 더욱 증가할 수 있음). 곧 대략 우리 남만철도 간선[다롄(大連)-창춘(長春) 간]의 것과 같으며, 부산(釜山)-펑톈(奉天) 간의 것에 비하여 약 4에 대한 5의 적재력을 갖는다.

(4) 전시(戰時) 최대 발차수를 낼 수 있도록 준비

유럽 러시아와 극동 간 전시 최대 발차수, 곧 날마다 40열차를 운전시키기 위해 평시 상태보다 어느 정도 준비 날짜가 더 필요하냐는 곧, 이 대철도에서 평시 준비하는 윤전(輪轉) 재료에 전시 소요 윤전 재료를 증가 보충함에 필요한 날짜 여하에 있다. 그리고 객차와 화차는 탑재할 사람과 말, 재료와 함께 차례로 보탤 수 있어서, 주로 기관차의 보충 여하에 관한 것이다. 곧, 이를 러시아 관용(慣用) 방법에 따라 계산하면 다음과 같다.

(단위: 러시아 리[露里], 개, 괄호 안은 km)

<table>
<tr><th colspan="3">구간</th><th>거리(露里)</th><th>평시 운전 열차 수</th><th>평시 준비 수</th><th>전시 소요 수</th><th>부족</th></tr>
<tr><td colspan="3">오소리철도</td><td>615(655.6)</td><td>9</td><td>174</td><td>384</td><td>210</td></tr>
<tr><td colspan="3">동청철도</td><td>1,757(1873.1)</td><td>9</td><td>570</td><td>1,097</td><td>527</td></tr>
<tr><td rowspan="4">시베리아 대철도</td><td rowspan="3">후패가이선[27]</td><td>카림스카야-스토레첸스크 간</td><td>266(283.6)</td><td>9</td><td>88</td><td>169</td><td>81</td></tr>
<tr><td>만주리지선(滿洲里支線)</td><td>353(376.3)</td><td>12</td><td>122</td><td>220</td><td>98</td></tr>
<tr><td>카림스카야-인노켄체스스카야 간</td><td>1,078(1149.1)</td><td>12</td><td>539</td><td>1,345</td><td>806</td></tr>
<tr><td colspan="2">시베리아철도</td><td>3,042(3242.8)</td><td>16</td><td>1,542</td><td>3,796</td><td>2,254</td></tr>
<tr><td colspan="3">합계</td><td>9,033(9629.2)</td><td>-</td><td>3,539</td><td>8,211</td><td>4,672</td></tr>
</table>

※ 비고: 전시 소요 숫자 계산의 기초는 단반제(單班制)[28]로써 1일 주행거리 100러시아 리[露里][29] 휴업(休業)과 구내용수(構內用數)를 실제 가동 수의 3/10, 예비 수를 총수의 2/10로 한다.

※ 편역자 비고: 원문에는 각 항목 합계와 실제 합산 수가 맞지 않으나, 합계 부분 숫자는 모두 원문 그대로 표시했다.

---

26 포도(布度)는 옛 러시아 질량 측정 단위어인 Пуд(Pood, Pud)의 음차어이다. 1899년 이후 1Пуд는 약 16.38kg에 해당한다.

27 후패가이(後貝加爾)는 중국과 국경을 접하는 러시아의 자바이칼스크를 의미한다.

28 중국어로 단일 교대제(1교대제)를 의미한다.

29 러시아의 이수(里數) 단위로, 1리(里)는 약 1,066미터를 의미한다.

이상 부족한 기관차 수를 보충하기 위해 러시아군은 집중 수송을 함은 물론이거니와, 러시아군의 배치 및 기타 관계로부터 대개 다음과 같은 차례에 따라 수송 효력과 과정을 증가할 것으로 생각함이 지당하다.

- 제1기 동원(動員) 제3일부터 제20일까지 : 이 기간은 평시 운행에서 점차 그 수송 효력과 과정을 증가하여 모든 선로 26열차를 운행함에 이르며, 시베리아선의 하루 기관차 열차 최대 수는 16열차에 달할 것임[하나의 기관차 열차는 5기관차로 되는 것으로 함].

- 제2기 동원 제21일부터 제40일까지 : 이 기간은 점차 기관차 수를 증가하여 전반적인 운전 횟수가 1일 33열차에 이르며, 시베리아선의 하루 기관차 최대 수는 제1기와 같다.

- 제3기 동원 제41일부터 제60일까지 : 이 기간의 마지막에는 모든 선로를 통해 그 최대 수송력을 발휘하여 날마다 40열차를 운전할 수 있게 됨을 표준으로 함. 이를 위해 이 기간 시베리아선의 하루 기관차 열차 최대 수 16열차를 운수하는 것은 제1기, 제2기와 같음. 곧, 동원 명령이 내려진 뒤 60일간 러시아군은 서백리 대철도, 흑룡철도, 오소리철도와 동청철도 등의 각 노선을 통하여 전시 최대 수송력을 발휘할 수 있게 되어, 복선부에서의 열차 배합은 날마다 군용 30열차[군대용 27, 양식과 말먹이 및 군수품용 3], 군용 이외 열차 10열차가 되어 합계 40열차를 운전하는 것으로 한다.

(5) 러시아군의 집중 속도

이상의 여러 상황에 따라 전시 러시아군의 집중을 계산하면 개전 제140일까지 100만 명과 마필, 재료, 양곡과 말먹이, 군수품의 하얼빈 부근 수송을 끝낼 수 있다.

3) 조선만주철도 경영 방책(부표 및 부도 참조)

러시아 철도의 수송력은 상술한 바인데 우리나라의 조선과 만주 철도의 현상을 고려하여 그 군사상의 가치 여하를 연구하면, 러시아 철도의 수송력에 대항하기 위해 가장 시급히 시설해야 할 요건은 모두 다음과 같다.

(1) 북부 남만철도(南滿鐵道)를 복선으로 개축할 것

우리나라 현재 선박의 경황(景況)과 적에 대한 해상의 안전을 고려하면, 우리 군대는 조선 남안에 군대를 상륙시켜 조선 종관철도(縱貫鐵道), 안봉철도(安奉鐵道)와 북부 남만철도로 군대 수송의 간선으로 하고, 아울러 나머지는 선박 수송력으로 다롄(大連)에 양륙(揚陸)하여 남만철도에 따라 북방으로 수송하는 것으로 해야 한다. 그리고 현재 남만철도의 간선은 펑톈(奉天) 이북은 단선(單線)이므로, 부산과 다롄의 두 곳에서 펑톈까지 수송된 군대는 여기서부터 이북으로 향하려면 유일한 방법이 다롄철도에 의한 수송밖에 없다. 이것은 병력상 매우 불리한 것으로, 그 결과 적군의 집중 속도는 우리의 배에 달하는 상황이기 때문에, 우리는 북부 남만철도를 하루라도 빨리 복선으로 만들어 전시에 부산, 다롄 두 방면으로 하는 수송이 펑톈 부근에서 정체되지 않도록 함이 초미의 급무가 된다.

(2) 원산에서 경원에 이르는 철도를 부설할 것

우리나라가 러시아와 개전할 때 조선을 방위하기 위해 북부 함경도를 내버려 둘 수 없음은 많은 말이 필요치 않다. 그런데 함경도는 지세가 좁고 길고 물자가 적으며, 그 해상은 러시아의 해군 근거지인 블라디보스토크(浦鹽斯德)에 가까워서 항상 안전하지 않기 때문에, 원산(元山)에서 경원(慶源)에 이르는 철도를 부설하여 경성(京城)에 연락시켜 이 방면의 방어를 돕지 않으면 안 된다. 게다가 현재 조선철도와 남만철도가 평시에 갖춰놓은 윤전(輪轉) 재료는 전시 수송으로는 크게 부족하여, 특히 그 기관차는 소요 수의 반 정도에 불과하다(부표 1). 곧, 이 원산-경원선(380마일, 611.6km)의 부설에 의해 평시 윤전 재료 준비 수를 증가시킴으로써 전시에 이를 군대 수송의 간선으로 이용하면, 군사상에 큰 이익이 있을 뿐만 아니라, 평시에 조선 8도 중 가장 발전되지 않은 땅인 함경도 지방 개발을 위해 큰 효능과 이익을 주게 될 것이다.

(3) 조선철도와 안봉철도의 개축

쓰시마(對馬) 해협은 해전(海戰) 상황에 관계없이 우리 해군이 안전하게 확보해야 할 유일한 교통선이고, 해상수송 거리가 짧고 가까워서 우리나라 현재 수송선으로 다롄 방면에 수송함에 비하여 크게 해운 효율을 증가시킬 수 있는 이익이 있다. 이 때문에 조선 남해안을 방비해야 하는 진해만(鎭海灣) 내 마산(馬山) 부근을 양륙점(揚陸點)으로 하여 이 땅을 기점으로 조선철도를 개축해서 복선으로 하고, 그 경사를 100분의 1 이하로 해야 한다. 또 같은 요령으로 안봉선 개축과 더불어 마산에서 펑톈까지 적어도 하루 40열차를, 또 펑톈과 창춘 사이에 하루 48열차를 운전할 수 있게 해야 한다. 아마 이처럼 마산을 기점으로 조선, 안봉(安奉)과 남만철도의 개축이 끝나면 우리 군대는 러시아군의 수송력에 대해 우월한 위치를 점할 수 있게 될 것이다. 단, 이 경우에도 전시 최대 수송력 발양을 위해 윤전 재료의 다수가 필요한 점을 고려해야 한다(부표 2). 이 개축과 동시에 마산 부근에 군사상의 요구에 적합한 정거장과 양륙 부두 설비를 함으로써 하루 40열차의 탑재력에 응하는 인마(人馬), 재료의 탑재 양륙을 실시할 수 있게 되는 것 역시 필요 불가결한 것이다.

(4) 평양원산선(平壤元山線) 부설

이 선로는 경성-원산선과 함께 조선 동서 해안 연락을 위해 전시에 필요한 선로로서, 평시에는 조선의 발전을 꾀하기 위해 중요한 선로이다. 그러나 전술한 다른 선로에 비하면 그 용도는 비교적 적어서 부득이하면 그 공사 착수는 둘째로 양보하고, 그 공사는 비교적 급경사, 조금은 구부러지는 형태로 해도 감히 크게 불리해지지 않을 것이다.

(5) 함흥모자산선(咸興帽子山線), 청진경흥온성선(淸津慶興穩城線), 회령길림선(會寧吉林線) 부설

이 세 선로도 역시 우리 병략(兵略)상 필요한 선로로, 비록 상술한 여러 선에 비하면 그 용도는 비교적 가장 적고, 회령길림선의 경우 국제 관계도 있어서 그 공사 착수는 재정과 기타 상황에 비추어 최후로 양보해도 좋다. 따라서 여기서는 오직 군사상의 요구선이 됨을 기재함에 그친다.

(6) 조선에 부설할 철도에는 전시 군사수송에 쓸 수 있는 재료로 할 것

근래 조선 척식철도의 부설에 관해 경편철도(輕便鐵道)[30]로 하자는 설이 있다(현재 대전-목포 간은 이 주지에 따라 기공한다고 함). 이 경우 군사상 매우 불리한 결과를 초래하는 것으로, 척식철

30 궤도가 좁고, 기관차와 차량의 규모가 작은 철도를 말한다.

도의 발달을 보아도 그 재료를 경편식으로 만들면, 전시에 이를 간선으로 이용해도 효과를 거둘 수 없다. 따라서 장래 조선에 부설할 철도 재료는 일률적으로 군사에 응용할 수 있는 것으로 할 필요가 있다.

(7) 조선·만주에서의 철도 통일

조선과 만주의 두 철도는 평시부터 이를 통일 지휘 아래에 두고 경영하여 철도 행정 및 제반 설비, 특히 그 운전 재료를 가지런히 하여 전시 요구에 알맞게 한다. 또 운전에 종사하는 인원을 두 철도 모두 선로의 각 부분 운전에 숙련시킴으로써 전시를 맞아 이 두 철도의 운행을 통일시켜 원활하게 수송하도록 할 필요가 있다.

※ 부기 : 현재도 조선과 만주의 철도 경영 당국자는 되도록 군사 당국자와 밀접한 연계를 유지하고 제반 설비를 군사상 요구에 적합하도록 노력하는 것이 매우 중요하다.

4) 결론

조선과 만주에서의 철도 경영은 러시아의 극동정책에 대하여 필요할 뿐만 아니라, 장래 동서(東西) 정국의 발전과 관련하여 조선을 방어하고 아울러 그 개발을 꾀하며, 만주에 부식시킨 세력을 보호하기 위해 교통기관의 완료를 기한다. 먼저 조선 종관철도와 안봉선을 거쳐 창춘에 이르는 철도를 전략간선(戰略幹線)으로 하고, 이를 복선으로 개축함과 동시에 필요한 운전 재료를 풍부하게 할 방법을 강구함은 병략상 초미의 급무이다. 또 이 간선의 기점인 마산 부근에 적당한 양륙 설비를 하는 것도 역시 소홀히 해서는 안 될 요건이다. 요컨대 조선과 만주에서 철도의 경영은 일률적으로 군사상의 요구를 주안으로 한다. 모름지기 제국의 영원한 이익에 비추어 헛되이 눈앞의 작은 이해만 계산하여 국가 장래의 대방침을 내버려 두지 않고, 착착 계획을 실행함으로써 유사시 신속하고 기민하게 최대의 수송 효과를 보도록 하며, 항상 적에 이길 병력을 집중하기 위해 계산이 틀리지 않도록 해야 한다. 이는 대륙에 부식한 우리 제국의 주권 옹호상 가장 중요한 일이라고 믿는다.

〈부표 1〉 부산－펑톈 간을 단선(單線)으로 하고 다롄－창춘 간을 복선으로 할 경우 철도 윤전 재료 소요 수와 현재 수를 비교한 일람표

(단위: 마일(km 환산), 개)

<table>
<tr><th rowspan="2">구간</th><th rowspan="2">거리</th><th rowspan="2">하루 운행
열차 수</th><th colspan="3">기관차</th><th colspan="3">객·화차</th></tr>
<tr><th>소요 수</th><th>현재 수</th><th>부족</th><th>소요 수</th><th>현재 수</th><th>부족</th></tr>
<tr><td>부산-펑톈</td><td>754(1,213.4)</td><td>20</td><td>435</td><td>147</td><td>288</td><td>2,541</td><td>1,784</td><td>757</td></tr>
<tr><td>다롄-펑톈</td><td>249(400.7)</td><td>14</td><td>101</td><td rowspan="2">217</td><td rowspan="2">70</td><td>916</td><td rowspan="2">2,525</td><td rowspan="2">185</td></tr>
<tr><td>펑톈-창춘</td><td>189(304.2)</td><td>34</td><td>186</td><td>1,794</td></tr>
<tr><td>계</td><td></td><td></td><td>722</td><td>364</td><td>358</td><td>5,251</td><td>4,309</td><td>942</td></tr>
</table>

※ 비고 :

① 안봉선용 기관차 38, 객·화차 595는 현존하지 않으나, 이미 주문이 완료되어서 이를 현재 수로 계상함.

② 기관차 소요 숫자 계산의 기초는 단반별(單班別)로 1회 주행거리 100마일(160.9km), 휴업 수와 구내용 수를 각 실가동 수의 10분의 1로 하고, 예비 수를 소요 수의 10분의 2로 하며, 객·화차 소요 숫자 계산의 기초는 1시간 주행거리 10마일(16.1km), 승하차 정거장에서의 소비 시간 12시간, 1열차의 연결 차 수 부산－펑톈 간 17량, 다롄－창춘 간 23량, 예비 수를 실가동 수의 10분의 1로 함.

③ 우리나라에서 다롄－펑톈 간 하루 14열차를 운행하는 것으로 계상함은 우리나라 선박의 현재 수(전시 육군용으로 사용할 수 있는 톤수: 군대용 52만 톤, 양곡과 말먹이용 6만 2,000톤)에 기초하여 부산 방면에 쓸 잉여를 다롄으로 향하게 하는 것으로 하며 그 수송력에 응하는 열차 수로 함.

〈부표 2〉 부산－펑톈 간 및 다롄－창춘 간을 복선으로 하고 전시 최대 수송력 발휘를 위한 철도 윤전 재료 소요 수 일람표

(단위: 마일(km 환산), 개)

구간	거리	하루 운행열차 수	기관차 소요 수	객·화차 소요 수
부산-펑톈	754(1,213.4)	40	870	6,865
다롄-펑톈	249(400.7)	8	58	522
펑톈-창춘	189(304.2)	48	262	2,521
계			1,190	9,908

비고 :

① 기관차와 객·화차 소요 수 계산은 〈부표 1〉의 방법에 따름. 단, 부산－펑톈 간은 경사를 100분의 1 이하로 개축하는 것으로 함. 1개 열차에 연결하는 객·화차 수를 23량으로 함.

② 다롄－펑톈 간 하루 8열차를 운전하는 것으로 계상함은 우리나라 현재 선박 수송력에 기초함.

〈시베리아 대철도 복선 및 흑룡철도 완성 후 러시아 철도 수송력과 우리나라 철도 수송력의 비교 일람 도표〉

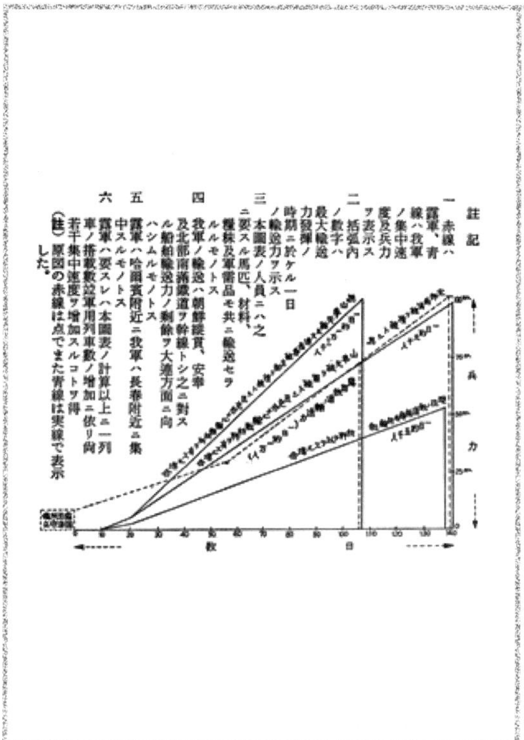

〈조선철도계획도〉

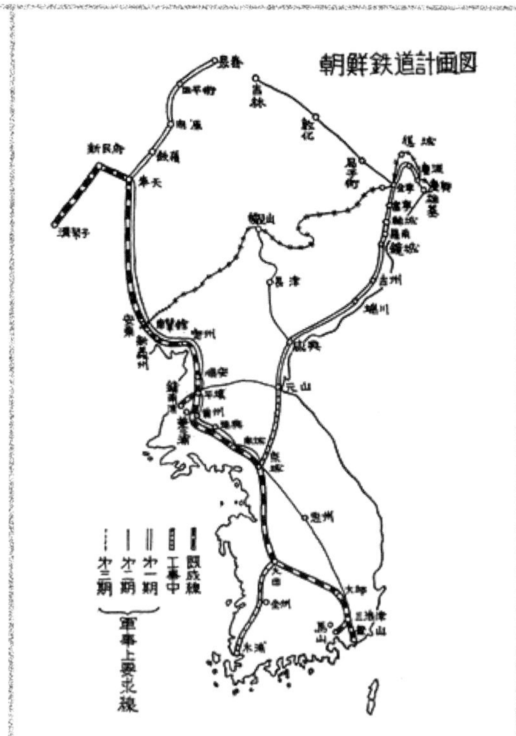

주1. 원래 그림은 흑·적·청·황색으로 구별했는데, 편의상 위와 같이 구별했다.

주2. 원래 그림에서는 행암(行岩) – 창원(昌原) 간을 제1기로 하고, 창원–삼랑진(三浪津) 간을 제2기 군사상 요구선으로 했는데, 축도(縮圖)의 형편상 생략했다.

주3. 후지와라(後藤)문서 소수.

2. 1910년대 일본 육군의 만주침략 구상과 조선철도의 만철 위탁경영

〈자료 140〉 鐵道部長, 1919.10.01. 「朝鮮鐵道ノ經營ニ關スル件」, 朝鮮總督府 鐵道部

1) 현행 위탁경영의 취지

현행 위탁경영은 그 이유가 심히 명료하지 못하다. 그 취지는 대개 다음과 같다.

(1) 조선철도 위탁경영에 관해서 데라우치(寺內) 총리로부터 하세가와(長谷川) 총독에 대한 조회 요령(要領)

1917년(大正 6) 5월 11일 반공신(半公信)[31]

1. 조선총독에게 관동도독(關東都督)을 겸임시키는 것은 조선과 만주의 결합을 기하는 점에서 긴요한 사항임.
2. 그러나 위의 사항은 현재 시각을 다투는 외교 정세상 실행하기 어려운 사정이 있어서 이를 후일로 돌리고 우선은 긴요하다고 인식되는 철도 합동을 실시할 것.
3. 조선철도 경영을 만철(滿鐵)에 위탁함에 관해서는 조선철도와 다른 철도의 연락을 밀접히 하고, 아울러 조선총독부의 시정방침에 기반을 두고 조선 산업의 개발상 최선의 노력을 다하도록 할 것. 이에 대해서는,
   가. 조선총독부에 철도국을 두고 또 계약서 혹은 명령서로 회사와의 관계를 규정하여 조선철도의 발전 및 지방 개발상 지장이 없도록 할 것.
   나. 중앙에서는 척식국(拓殖局)으로 식민지 사무를 통할하도록 하고 일정한 방침 아래에 이를 감독시켜 조선철도의 발달상 불리함을 초래하는 일은 없어야 할 것으로 믿음.

(위탁경영에 관한 법령안 첨부)

31 외교문서에서 정식 문서가 아닌 서간문을 말한다.

(2) 위 조회(照會)에 대한 하세가와 총독의 회답 요령

1917년(大正 6) 5월 18일 반공신

1. 만주와 조선의 철도를 완전히 통일시키려 하는 것은 만주철도를 국유로 하거나 조선총독에게 관동도독을 겸임시켜서 정치상 만주와 조선을 결합하는 것을 필요로 함.
2. 그러나 위 실행이 곤란하므로 우선 조선철도를 위탁경영하는 것만을 실시하자는 의견이시라면 이 역시 사정이 부득이하다는 사항으로서 동의해 드릴 수 있음.
3. 다만 위 실행에 관해서는 만철이 공정한 견지에서 두 철도의 경영을 하도록 할 필요가 있어서 다음과 같이 실행되었으면 하는 것.
   가. 현재의 회사 조직으로는 위 목적을 달성할 수 없으므로 조선과 만주에 철도감리부(鐵道監理部)를 둠과 동시에 철도사업의 본부를 펑텐(奉天)에 설치할 것.
   나. 만철회사 중역을 임면할 때는 미리 조선총독과 협의했으면 하는 것.

(추가로 내시(來示)하신 칙령안, 법률안과 조선 국유철도경영위탁계약서안은 대체로 이의 없음)

(3) 하세가와 총독의 회답에 대한 고다마(兒玉) 서기관장[32]의 전보

1917년(大正 6) 5월 21일 정무총감 앞

하세가와 총독으로부터 데라우치 수상 앞으로 온 선만철도 통일에 관한 서면에 관해서는 수상의 이의 없음.

32 고다마 히데오(兒玉秀雄)는 당시 일본의 내각서기관장이었다.

2) 위탁경영의 요령

(1) 조선철도 위탁경영 계약 요령

1917년(大正 6) 7월 31일

① 조선총독부는 남만주철도주식회사(南滿洲鐵道株式會社)에 대하여 조선에서 국유철도의 건설, 개량, 보존, 운수 및 부대(附帶) 업무 일체의 경영을 위탁함. 다만 건설 및 개량의 계획은 조선총독부에서 하고, 그 건설 및 개량에 필요한 자금은 총독부에서 부담할 것.

② 남만주철도주식회사는 국유철도의 경영에 대하여 조선총독부의 지휘감독을 받을 것.

③ 조선 국유철도의 손익은 별개의 계정(勘定)으로 하고 남만주철도주식회사는 조선 국유철도로부터 생긴 이익이 조선총독부의 지출액에 대하여 6/100에 달하는 것까지는 그 전액을, 6/100을 초과한 때는 그 초과액의 반액을 더한 것을 조선총독부에 납부할 것. 단, 만일 손실이 생길 때는 그 손실은 다음 해 이후의 이익으로 보전할 것.

④ 남만주철도주식회사는 조선 국유철도의 사무를 처리하기 위해 경성에 이사 1명을 주재시킬 것.

⑤ 본 계약에 따른 위탁 기간은 조인한 날부터 만 20개년으로 할 것. 단, 조선총독은 필요에 따라서 어느 때라도 본 계약을 취소할 수 있음.

(2) 조선철도 위탁경영 계약 요령 별정협약(別定協約)

1918년(大正 7) 7월 23일

① 남만주철도주식회사는 조선총독부 지출액에 대하여 6/100에 상당하는 금액을 매년 조선총독부에 납부할 것.

② 보충공사[33]는 남만주철도주식회사의 비용으로 시행할 것.

---

33 일제 시기 조선철도 회계 과목 중 보충비로 집행했던 공사를 말한다. 일제 시기 조선철도의 개량, 복구와 관련된 비용은 경상부 세출인 보존비, 보충비와 임시부 세출인 개량비 등이 존재했다. 실제 운용에서는 구분이 애매했는데 건조물 등을 복구 또는 교체할 경우 구공사비에 해당하는 금액은 보존비로, 신공사비 초과액은 개

③ 보충공사에 필요한 비용은 매년 40만 엔을 밑돌지 않는 금액을 지출할 것. 또한 이에 따라 생긴 재산은 국유로 귀속할 것.

④ 본 별정의 계약 기간을 1918년도(大正 7) 이후 3년간으로 할 것.

3) 위탁경영의 이해(利害)

위탁경영의 취지에 관해서는 위탁 이래 이미 2년여가 지났으나, 하등 실행되고 있는 바가 없고, 또 종래의 교섭에 비춰 보면 장래에도 도저히 실행될 가망이 없어서 조선총독부에서는 철도 행정의 시행상 항상 격화소양(隔靴搔癢)[34]의 불리함을 느끼고 있는 반면, 만철에서도 조선철도의 경영난으로 고심하며 조선철도 경영의 위탁은 거의 무의미한 것으로 귀결되었다.

아래에 위탁경영의 이해에 관하여 상세히 설명할 것이다.

(1) 이익

위탁경영에 따른 이익은 오로지 철도의 통일경영에 기반을 두기 때문에, 다음으로 통일경영에 따른 이익으로서 예기되는 것에 관하여 설명함.

① 화객(貨客)교통상의 이익

(가) 운임을 저렴하게 함

통일경영에 따라서 경비를 절감할 수 있을 때는 운임을 저렴하게 하거나 저렴한 운임을 유지할 수 있을 것이다. 그러나 현재의 상태에서는 운임의 저렴함을 바라기 어려운 사실에 비

량비로 산정하기도 했고, 당해연도에 완성되는 개량공사의 경우는 제국의회의 승인이 없어도 되는 보존비, 보충비 등으로 집행하고 이듬해로 넘어갈 경우 (의회 승인이 필요한) 개량비로 산정하기도 했다. 조선총독부 철도국은 철도 직영 환원 직후인 1925년 7월에 「보존보충공사비지변 비목구분 방법의 건」을 작성해 보충비는 주로 건물의 신축, 증축, 개축, 이축에 소요되는 비용으로 하고, 보존비는 시설물 보강, 모양 교체, 수선, 복구, 이전, 철거에 소요되는 비용으로 구분했다. 그러나 실제로는 실무자의 해석에 의존하는 경우가 많았다(박우현·정태헌, 2020, 「일제시기 철도재정의 식민지성-회계과목 분석과 순익 추산을 중심으로-」, 『한국사학보』 78, 235-236쪽).

34 신을 신고 발바닥을 긁는다는 뜻으로, 답답하고 철저하지 못한 상황을 이르는 말이다.

추어 거의 순수한 영리회사로 선택되지 않고 만철에 위탁시키고부터, 만철은 그 수지 조절상, 그리고 잘못된 철도 통일 계획상 누누이 운임 인상을 요구하여, 실제로 국유로 하는 쪽이 저렴한 운임을 유지하기에 편리할 것 같은 상태이다. 대개 만철에서는 운임 인상에 관해 각별한 지장을 느끼지 못하나 정부는 매우 신중한 태도로 이 문제에 임하므로, 아주 부득이한 경우가 아니면 인상하는 것을 바라지 않는다.

(나) 취급 수속을 간편하게 함

운수 규정 임금(賃率)제도 등의 정리에 따라 화객 취급 수속을 통일한다. 그러나 이는 반드시 통일경영에 따르지 않는다고 할 수 없는 것은 아니다. 두 철도가 분립할 경우에도 상호 협정에 따라 이를 행하면 용이하게 각종 철도의 연락상 항상 행해지는 것이다. 특히 조선철도는 대(對)만주철도 연대수송에서도 대(對)철도원선(鐵道院線)[35] 연대수송의 쪽이 빈번하므로 이 점에 대해서는 내선(內鮮) 통일은 오히려 선만 통일보다도 필요하다고 할 수 있다. 대개 근래 석탄수송이 왕성해져서 화물 수량은 선만 연대 쪽이 많으나, 수송 건수는 철도원선 연대 쪽이 많아서 수속의 통일은 건수가 많은 쪽이 오히려 필요하다.

다만 조선과 만주는 토지가 연결되어 있어 철도 직통의 편의가 있을 뿐만 아니라 제반 관계도 매우 밀접하므로 내선 통일을 우선으로 하여 선만 통일을 나중으로 함이 불합리하다면, 일본, 조선, 만주의 운수 방법 통일을 동시에 하는 것을 지당한 것으로 하고, 이를 위해서 작년 11월 세 노선의 당사자가 철도원에서 회합하여 철도원 당사자에게 위의 취지에 기초하여 조사하는 것으로 협의를 마쳤다.

(다) 설비를 정리하고 직통 수송을 하여 적체승환(積替乘換)[36]의 불리, 불편을 제거함

그러나 이는 분립하는 경우에도 협정에 따라서 항상 할 수 있으며, 또한 하고 있는 곳으로 특히 궤간(軌間)을 동일하게 하여 직통 수송의 가능성이 있는 철도 사이에는 당연히 이를 행해야 할 의무가 있다. 이미 위탁 전부터 선만여객 직통열차를 창춘-부산 간에 운영하고, 화

---

35 일본 국유철도를 의미한다.

36 열차를 갈아타기 위해 화물을 옮기는 일을 말한다.

차에 대해서도 가능한 한 적체 없이 직통 수송을 해 왔으며, 위탁 후 종래 안동(安東)에서 멈추는 두 여객열차를 직통으로 바꾸었는데, 이와 같은 것은 분립할 경우에도 쉽게 실시할 수 있는 것이다.

② 철도 경영상의 이익

(가) 한 철도의 유리한 지위에 따라 다른 철도에 이익을 균점시켜 두 철도의 이해관계를 조화롭게 함

조선철도는 조선 내 화물 수송만으로는 참으로 수지를 스스로 맞출 수 없다. 그러나 선만을 통틀어 통일적 경영을 할 때는 북만주의 풍부한 특산물은 조선과 만주 두 철도에 충분한 수송화물을 제공할 수 있어 두 철도의 원만한 발전을 기할 수 있을 것이다. 그런데 위탁 이래 총독부로부터 여러 번 이에 대한 시설을 재촉하였으나 하등 계획이 세워지지 않고 장래에도 실행 불가능하다고 볼 수밖에 없다.

(나) 경비를 절약함

기업(企業) 합동에 따라서 감독비를 절약하고 물품비는 대량 구입, 대량 제작, 재료 융통에 따라서 이를 절약시킬 수 있을 것 같다. 그러나, 물건비의 경우는 선만 두 철도가 각각 이미 큰 설비를 구축하고 있어서, 양자가 각각 경영에 의해도 합동경영에 의한다고 해도 차이가 없다는 것은 사실이 증명하는 바로써, 단지 인건비 중 약간 감독비를 절약할 수 있으나 금일까지의 실적에 비추어 보면 거의 말할 만한 것이 없다.

(다) 운수(運輸)의 바쁨과 한가함에 따라 차량 종사원을 융통할 수 있음

실적에 비춰 보면 작년 가을 군대 수송에 즈음해서 일시 만주선(滿洲線)의 기관차 6대를 조선에 들여왔고, 또 조선의 화차(貨車) 60량을 만주에 들인 적이 있다. 또 최근 만주선의 기관차 9대를 조선에 회송시킨 것도 있으나, 이러한 종류의 융통은 분립할 경우에도 공조의 정신에 따라 쉽게 이루어질 수 있는 것으로서 특별히 통일경영에 따른 효과가 아니다. 그리고 선

37 수송이 부진해 밀려 있음을 이르는 말이다.

만 수송계의 현재 상황에서는 두 선 모두 사시사철 끊임없는 체화(滯貨)[37]와 수송력 부족에 곤란해하고 있어 차량 등의 융통은 사실상 거의 행할 수 없다. 또 금후 두 선의 수송력이 충실한 때에 이르러 이 편리함이 발휘될 수 있는가를 말하면, 선만 모두 농산지에서의 출화기(出貨期)가 일원화하지 않아 거의 그러할 가능성이 없다.

(2) 불리

위와 같이 위탁경영에 따른 이익은 이를 실적에 비추어도 선만의 사정에서 보아도 대부분 부족함에 반해서, 본 제도 즉 경영을 위탁하여 정부가 직영을 하지 않음에 따른 불리함은 다음과 같이 크다.

① 행정상의 불이익

(가) 정무(政務)에 민첩하고 활발함이 떨어져 총독정치의 위력을 훼손함

철도정책은 국가 경제정책상 중요한 부문을 점하는 것으로 조선과 같이 문화가 골고루 미치지 않는 땅에서는 특히 그러하다. 그리고 사회 여러 사물의 관계는 시세의 진보에 따라 더욱 긴밀해져서 교통시설도 다른 행정상의 시설과 잠시도 분리될 수 없다. 그런데 조선에서는 철도 경영을 다른 곳에 위탁함으로써 여러 행정 시설이 때로는 민첩하고 활발함이 결여되어 원망이 없지 않다. 철도가 정부 직속 기관이 되지 않아 정부는 자기의 수족을 움직이듯이 이를 조치할 수 없다. 정부는 만철에 대해서 감독 명령을 할 수 있음에도 불구하고 교통시설상 직영의 경우와 큰 차이가 있음은 논쟁할 필요도 없다. 그리고 철도와 같은 중요 기관을 직속시키느냐 아니냐는 정부의 위력과 관계가 크다. 특히 우리나라와 같이 중앙집권이 완전한 곳에서는 철도 경영의 경우도 정부의 직영이 맞기 때문에 쓸데없이 만철과 같은 하나의 큰 다른 세력을 끼워 넣어 철도와 같이 중요 기관을 위탁하여 정무의 민첩하고 활발함에 지장을 가져와 총독부의 위력을 감소시키는 것은 유감이다.

(나) 감독의 곤란

만철은 국가적 사명을 띤 반관적(半官的) 회사로 경영자에 상당한 인물을 둠으로써 감독의

곤란이 비교적 적을 것 같지만 결코 그렇지 않다. 본래 철도업과 같이 극히 광범한 사업에 대해서 외부로부터의 감독을 추가하는 것은 상당히 곤란한 일로, 정부의 임금율 지정에 대한 사설 대회사의 이의, 반대에서 생기는 분란 등은 여러 나라에서 항상 경험하고 있는 바이다. 특히 만철의 경우는 그 조직이 몹시 큰 회사로서 정부의 의사를 전하는 과정에 상당한 번거로움이 있다. 또 만철이 만주에 본거지를 두고 만주를 위해서 성립된 회사라는 연혁은 이 회사가 조선에 대한 이해 관념이 박약하여 총독부의 시정방침과 협조가 안 되는 것이 있음은 면할 수 없다.

② 철도 경영상의 불리

(가) 조선선(朝鮮線) 경영 당국자의 집무상 곤란

만철 조선선 당국자는 본사의 감독을 받음과 동시에 다른 한편 총독부의 감독을 받는 상태이기 때문에, 한층 신속해야 할 철도 경영상의 사무가 번거롭고 진척이 더뎌지는 고통이 적지 않아 사업 경영상 가장 중요하다고 할 수 있는 발랄한 의기가 부족한 느낌이다.

(나) 종사원의 사상

국가의 관리인 것과 한 회사의 피고용자인 것은 종사원의 사상에 큰 차이가 있다. 현재 위탁 후 일반 종사원은 노무에 대한 보수의 높고 낮음을 말하는 것이 심하고 이익, 즉 권리 관념이 강하며, 국가의 관리인 경우에는 의무 관념이 풍부하다는 큰 차이가 있다. 오로지 사적인 이익을 생각하고 안일함을 희망하며 공공을 위해서 노력하는 기풍이 희박하고, 상하 복종 명령의 관념도 국가 공무원의 경우와 같지 않다. 현재 경우에 따라서는 동맹파업을 일으키려 하는 기세가 없지 않다. 대개 일반 사회 풍조가 그러한 것에도 영향을 받지만, 회사 종사원이기 때문에 특히 심하여 능률 및 급여상으로 악영향을 미치는 것을 당국자가 일찍이 한탄한 바이다. 무릇 철도와 같이 다수의 관리를 모집하는 공공기관에서는 내부 종업자의 정연한 질서와 군대적 통솔 관계가 있어야 하는 것인데, 이는 국가의 관리들에게 실현하는 것이 가장 쉽다.

(다) 경비를 팽창시킴

영리 회사의 경영은 국가에서 경영할 때에 비해서 불필요한 경비를 크게 만들 우려가 있다. 대개 사적인 회사에서는 사교 또는 체면상 여러 가지의 지출이 불가피하기 때문이다.

4) 조선철도를 만철에 출자하는 것의 이해(利害)

(1) 이익

만철에서는 장래 그 자본을 약 16억 엔으로 증가시킬 계획을 수립하고 지금 그중 3억 엔을 증가하기 위해 그 반액을 정부의 출자에 의존하려 하고, 이 출자에 조선철도를 할당하려 계획하고 있다. 조선철도를 정부의 출자로 하는 것의 이익은,

① 만철의 자본 증가를 용이하게 함

그런데 만철의 증자 계획은 오로지 만주에서만 사업을 확장하고 조선에서 사업 확장의 취지를 생각하지 않는다. 조선철도 출자는 단순히 그 하나의 수단으로 사용됨에 불과하다. 게다가 이 방법은 만철의 증자상 일시적인 구제 수단으로서 장래 만철이 그 대계획에 기반을 두고 자본을 점차 늘려갈 때 정부는 무엇으로 그 반액 출자를 할 수 있는가. 필경 조선철도 출자는 일시적으로 호도하는 방법에 불과하고 이를 위해 조선철도를 희생할 가치는 없다.

② 양 철도의 통일경영을 하기 쉽게 됨

조선철도를 만철의 사유(社有)로 귀속시킴에 따라서 회사가 조선철도에 대한 이해 관념을 두텁게 하고 통일적 경영을 하기 쉽게 될 것 같으나, 회사 성립의 본래 취지에 비추어 회사가 특히 조선의 교통을 위해서 금일 이상으로 총독부의 방침에 순응하도록 조치시키는 것은 예상하기 어렵다. 또한, 이른바 통일적 경영도 조선을 위해서는 이익이 없는 통일로 나아가는 것이 아닌가 보장할 수 없다. 필경 조선과 만주는 여러 사정이 다르기 때문에 동일한 두뇌로 처치하기 어렵고, 또 상술한 대로 조선과 만주의 사정이 다름은 통일경영의 이익을 박약하게 하여, 이를 병합하든지 분립하든지 거의 이해를 달리하는 것이 없다. 때문에 지금 위탁경영을 폐지하고 조선철도를 모조리 사유(社有)로 한다고 해도 조선철도를 위해서는 대부분 하등 보

탬이 되는 바가 없을 것이다.

③ 총독부 재정상의 곤란을 방지함

조선철도는 위와 같이 많은 수익을 예상하기 어렵고 선로를 그 수익으로 해서는 장래 철도 공채의 이자 지불이 부족하게 되면, 다른 보급을 받는 것이 필요할 수도 있는 염려가 있다. 따라서 이를 만철에 양도할 때는 이에 기반을 두고 재정상의 곤란을 예방하는 효과가 있을 것 같다고 말한다. 그러나 만철에서 이를 경영하여도 조선철도의 경비는 조선철도로부터의 수입으로 충당할 수 있고, 결코 만주의 수익으로 조선의 부족을 보충하지는 않을 것임은 분명하다. 따라서 수입의 증가를 꾀하기 위해서는 조선철도 운임 인상을 거론하는 수밖에 없고 지출을 감소시키기 위해서는 정부 납부금 혹은 정부 소유 주식에 대한 배당을 감소하거나 이익이 나지 않는 선로의 신설 개량을 지연시키지 않을 수 없다. 그렇지만 운임 인상 등은 국유 국영 아래에서도 행하여 수지 균형을 도모할 수 있고, 회사 소유로 한다고 생길 이익은 아니다. 만약 만철이 만주 노선으로부터 거두는 수익으로 조선 노선의 손실을 보전할 수 있으면 사유의 효과는 현저하나, 도저히 이를 기약할 수 없음은 현재 만주선, 그 외 만주에서 제반 사업 경영상 그 돈의 용도에 고충을 겪고 있는 점에서도 알 수 있다. 그리고 이 관계는 위탁경영 아래에서나 사유로 할 때에나 달라지는 것은 아니다.

(2) 불리함

그런데 조선철도를 만철의 소유로 귀속시킬 때는 아래와 같은 불이익이 있다.

① 현행 위탁제도하에서 폐해가 커짐

철도 제공에 의해 총독부는 그 교통기관과 오히려 한층 사이가 벌어져서 행정상의 자유를 잃고, 위력을 잃어 감독하는 것도 몇 배로 곤란하다. 현재의 위탁계약에서는 만철의 조선철도 경영에 관하여 조선철도와 다른 교통기관의 연락 관계를 진행하고, 조선 지방 개발상 최선의 노력을 다해야 한다는 취지를 정하고, 만철은 조선철도 경영에 대해 조선 본위로 해야 하는 것이나, 한번 출자와 그 외에 따라 만철회사에 병합되는 때는 오늘날의 상태 이상으로 더욱더 위의 취지에서 멀어지게 될 것이다. 만철에 대한 총독부의 감독은 종래와 같이 엄중히 행해야 하지만 위탁경영하에서는 전과 같을 수 없다. 명령의 효력은 실제 국유하에서와 같을 수 없는 것이다.

② 조선철도의 건설·개량상 장애가 생길 수 있음

조선철도의 현재 자본액은 1억 6,000만 엔으로 함경선(咸鏡線)과 그 외 기정 계획이 완료될 때는 7,600만 엔이 더해질 것이고, 오히려 기정 계획의 물가 등귀에 따른 추가 및 평원선(平元線)과 그 외의 신규 계획 1억 2,700만 엔, 이어서 1926년(大正 15)경부터 착수하게 될 경부(京釜), 경의(京義)의 복선비는 1억 2,000만 엔을 넘어설 것이고, 이상을 더해 이미 4억 8,000만 엔을 넘고, 그 외 이어서 부설 또는 매수해야 할 선로가 생기고 새로운 노선 건설을 위해서도 또한 수억 원이 필요할 것이다. 그런데 만일 회사에서 이를 시행하도록 할 때는 회사의 증자는 법규와 기타에 따라 각종 조건을 구비해야 하고 또 제한을 받아서, 사채 발행에 관해서도 일정한 한도가 있고 그 이자율도 7% 이상으로 나올 것이다. 도리어 정부에서 부설할 경우보다도 곤란한 사정이 있다.

③ 사설철도, 기타 교통기관과의 원만한 연락을 저해함

조선에서 지금 왕성히 발달하고 있는 사설철도와 기타 일반 교통기관, 국유철도의 연락은 조선의 산업 및 교통 발달의 견지에서 충분한 연락과 편리를 보유하는 것이 필요하다. 그런데 국유철도를 사적인 영리회사의 손에 위탁하는 것은 자연히 제반 이해가 서로 어긋나서 원만한 연락을 기하기 어려울 수 있다.

④ 자본국유(資本國有)의 대세에 역행함

사유자본제도의 폐해는 점차 현저해지고 자본국유론이 유력해지고 있는 오늘날, 가령 반관적 회사로서 국가가 출자하고 있다는 국유 자본을 한 회사의 소유로 귀속시키는 것은 세계의 대세에 역행하는 것이다. 아무리 국가적 사명을 띠는 회사라고 해도 본체는 일개의 영리 회사로서 일정한 이익을 거두는 것을 필요로 한다면, 공중(公衆)이 납부하는 운임, 그 외의 요금은 소위 수수료의 액수를 넘어서고 그 초과 이익은 회사의 주주인 특정 자본자가 거둬가는 바가 되어서, 형식상 그리고 실질상 좋지 않은 결과가 생길 수 있다. 본래 철도와 같은 공공기관은 국유 국영이 좋으며, 철도 국유는 점차 각국 사이에 보급되고 있다. 오늘날 영미에서 일어나는 철도국유론과 같은 것은 본래의 의미에 더해 자본 국유를 주장하는 사회주의, 종사원 통솔 어려움 등의 의의도 가질 수 있고, 단지 다수 회사를 통일 경영하기 위해서만은 아닌 것 같다.

5) 조선철도 경영의 방침

이를 요컨대 위탁제도에는 여러 불이익이 있음에 반해 거의 거론할 만한 이익이 없고, 출자의 방법은 위탁에 따른 폐해를 더욱 늘리는 것에 불과해 이 역시 특별한 이익이 없다. 돌아보면 국유철도의 국영은 사물의 당연한 원칙이다. 원칙을 버리고 위탁제도를 채택할 경우는 매우 명료한 이익을 근거로 하는 것이 아니면 안 된다. 헛되이 만선통일 정치론의 와중에 연루되어 중요한 철도정책을 불철저하게 할 시설에 애쓰는 것은 결코 조선 통치의 쇄신을 기하는 방법이 아니다. 조선철도는 이 기회에 현재의 위탁제도를 폐지하고 국유 국영을 원칙으로 복귀하는 것이 옳다. 이를 국가의 대세에서 말하여도 만철로 만몽(滿蒙) 개발의 본래 기능을 발휘함에 노력하도록 하고, 조선철도는 조선총독부의 직접 경영 아래에 두어서 그 철도정책을 철저하게 하며, 다른 교통기관과의 연계를 확보해 조선 개발상 유감이 없도록 함이 최선책이라 생각한다.

6) 위탁제도 폐지에 관하여 처리해야 할 사항

위탁 폐지 때 직접 개폐가 필요한 법령 및 계약은 다음과 같다.

(가) 1917년(大正 6) 칙령 제90호 조선총독이 관리하는 철도 업무의 위탁에 관한 건 : 폐지

(나) 1917년(大正 6) 7월 31일부 조선국유철도위탁계약서 및 부속협정서 : 폐지

(다) 조선총독부관제 : 개정

(라) 조선총독부철도국관제 : 발포

(마) 조선총독부철도국직원특별임용령 : 발포

만철회사의 직원으로서 조선에서 철도사무에 종사하는 자를 임용할 수 있는 사항을 포함.

(바) 고등관관등봉급령 : 개정

(사) 조선총독부 철도관서에서 현금의 교호(交互)[38]·대체(振替)[39] 및 교환(繰替)[40], 수납과 지불(受拂)에 관한 제도 : 발포

(아) 세입 세출 외 현금 취급 출납 관리에 관한 제도 : 발포

7) 철도 경영 예산

조선은 자연의 부원(富源)이 부족하고 제반 산업 역시 아직 발달하지 않은 상황에 있으므로, 철도 부설은 기존의 물자를 운수하는 목적에서는 오히려 철도가 부설됨에 따라 지방의 척식(拓殖)을 촉진하는 취지가 있어서 조선 통치상 가장 긴급하고 간절한 사항에 속한다. 그리고 앞으로 신설이 필요한 각 노선은 모두 인구가 희박해 공사 역시 더욱 험난하고 빠르게 이익을 보는 것이 쉽지 않다. 그러나 한편에서는 사업공채에 대한 이자 지불이 있고, 다른 한편에서는 본 철도와 더불어 더욱더 지방의 개발에 투자해야 하는 사설철도의 부설이 있다. 이에 대한 보급은 매년 누적되는 경향이 있다. 조선철도의 경영은 앞서 언급한 바와 같이 곤란하다고 하더라도 적어도 공채의 이자 지불과 사설철도 보급액[이 합계액은 매년 증가하고 이자 지불만으로도 거의 천수백만 엔을 웃돌 것이다]을 변통하도록 하여, 철도 경영을 독립시키는 것을 이상으로 해야만 한다. 앞일을 예상할 수 없지만 직접 국영하에 최선의 노력을 다하면 가까운 장래에 점차 이를 실현할 수 있으리라 믿는다. 아래에 1920년(大正 9) 이후의 수지 예상을 게재한다.

---

38 교호계산을 의미함. 교호계산이란 상인 간 또는 상인과 비상인 간에 계속 거래가 있을 때, 일정한 기간마다 서로 엇셈하여 잔액을 지급할 것을 약정하는 계약을 말한다.

39 어떤 금액을 한 금액에서 다른 금액으로 대체하는 일을 의미한다.

40 다른 것과 엇바꾸거나 다른 데에 전용하는 일을 말한다.

(1) 1920년도(大正 9) 영업수지 예산표

① 수입의 부(部)

(단위: 엔)

철도 수입		30,017,000
	객차 수입	15,119,000
	화차 수입	13,970,000
	창고 수입	76,000
	잡수입	922,000
여관 수입		533,000
잡수입		19,000
이자(利息)		71,000
합계		30,710,000

② 지출의 부(部)

(단위: 엔)

철도 경비		21,437,000
	사무비	1,751,000
	운전비	9,724,000
	차량 수선비	1,991,000
	운수비	2,952,000
	보존비	4,619,000
	보충비	1,000,000
여관 경비		613,000
급여 증가		2,031,000
잡손금(雜損金)		22,000
이자		188,000
공채 이자		4,584,000
합계		28,865,000
차액		1,845,000

* 비고

1. 객차 수입은 자연 증수(增收)를 최근 5개년 평균 증가율의 1할 5푼으로 하고, 이에 수소하물(手小荷物) 임금의 2할 4푼 인상과 여객 임금을 3등 2전 5리, 2등 4전 5리, 1등 7전으로 개정할 수 있도록 2할 7푼의 증수를 가산함.
2. 화차 수입은 화물 임금 개정에 따른 증수를 더하고 자연 증수를 최근 5개년 평균의 2할로 함.
3. 급여 증가는 1920년도(大正 9)에 현재 급여의 3할을 계상한 것임.
4. 여객 운임 인상에 따른 증수액은 291만 1,000엔임.

(2) 1921년도(大正 10)~1929년도(大正 18) 수익 공채 이자 예상표

(단위: 엔)

구분	수입	지출	수익금	공채 이자	잔액
1921년도	32,862,759	25,428,765	7,433,994	5,544,294	1,889,700
1922년도	34,944,949	26,472,397	8,472,552	6,984,294	1,488,258
1923년도	37,205,901	27,601,471	9,604,430	8,424,294	1,180,136
1924년도	39,813,598	28,907,576	10,906,022	9,864,294	1,041,728
1925년도	42,687,662	30,354,778	12,332,884	11,304,294	1,028,590
1926년도	45,834,254	31,992,778	13,841,476	12,744,294	1,097,182
1927년도	49,438,398	33,747,781	15,690,617	13,422,788	2,267,829
1928년도	53,024,466	35,721,013	17,303,453	14,033,462	3,269,991
1929년도	56,980,638	37,699,099	19,281,539	14,963,462	4,318,077

※ 비고

1. 수입, 지출, 수익금은 참고표 ① 기설선(既設線) 수지 수익금 예상액 및 ② 신설선 수지 수익금 예상액의 합계임.
2. 공채 이자는 참고표 ③ 철도사업 공채 이자 상당액임.

참고표 ① 기설선 수지 이익금 예상액

(단위: 엔)

연도	영업 수지		수익금
	수입	지출	
1921년도	32,552,600	25,202,300	7,350,300
1922년도	34,505,756	26,178,878	8,326,878
1923년도	36,576,101	27,214,051	9,362,050
1924년도	38,770,667	28,311,334	10,459,333
1925년도	41,096,907	29,474,454	11,622,453
1926년도	43,562,721	30,707,361	12,855,360
1927년도	46,176,484	32,014,243	14,162,241
1928년도	48,947,073	33,399,538	15,547,535
1929년도	51,883,897	34,867,950	17,015,947

※ 비고

1. 1920년도(大正 9) 수지 수익금은 위에 게시한 예산표에 따름.
2. 1921년도(大正 10) 이후의 수입은 1916년도(大正 5)까지 10년간의 1일 1마일[哩, 1.61km] 수입 증가율 평균 6푼을 각 연도의 증가율로 계산함.
3. 지출 증가율은 기왕 실적의 수입 증가액의 4할 8푼에 해당함을 참작하여 수입 증가액의 5할로 계산함.

참고표 ② 신설선 수지 이익금 예상액

(단위: 엔)

연도	영업 수지		수익금
	수입	지출	
1921년도	310,159	226,465	83,694
1922년도	439,193	293,519	145,674
1923년도	629,800	387,420	242,380
1924년도	1,042,931	596,242	446,689
1925년도	1,590,755	880,324	710,431
1926년도	2,271,533	1,285,417	986,116
1927년도	3,261,914	1,733,538	1,528,376
1928년도	4,077,393	2,321,475	1,755,918
1929년도	5,096,741	2,831,149	2,265,592

※ 비고

1. 신설선은 함경선 및 평원선으로 함.
2. 본 표 수지는 각 연도 신설선 예정 영업일 마일[哩]과 각 선 각 연도의 1일 1마일 수지예상액을 서로 곱하여 산출함.

참고표 ③ 1921년도(大正 10)~1929년도(大正 18) 건설개량비 공채 이자 예상표

(단위: 엔)

연도	총독부 지출액		공채 이자
	당해 연도	누계	
1916년도 이전		51,090,215	2,732,459
1917년도	6,130,512	57,220,727	3,100,290
1918년도	9,745,329	66,966,056	3,685,009
1919년도	14,988,073	81,954,129	4,584,294
1920년도	16,000,000	97,954,129	5,544,294
1921년도	24,000,000	121,954,129	6,984,294
1922년도	24,000,000	145,954,129	8,424,294
1923년도	24,000,000	169,954,129	9,864,294
1924년도	24,000,000	193,954,129	11,304,294
1925년도	24,000,000	217,954,129	12,744,294

1926년도	11,308,241	229,262,370	13,422,788
1927년도	10,177,900	239,440,270	14,033,462
1928년도	15,500,000	254,940,270	14,963,462
1929년도	15,500,000	270,440,270	15,893,462

※ 비고

1. 당해 연도 총독부 지출액은 건설개량비 연할(年割) 예정액임.

2. 공채 이자는 철도사업 공채의 이자를 6푼으로 하고 계산한 액수임.

3. 1920년대 자원 수탈을 위한 철도정책으로의 전환

〈자료 141〉 大村卓一 著, 1944, 「朝鮮鐵道と産業開發」, 『大陸に在りて』, 勝進社, 149~161쪽.

1) 조선의 철도

내가 산동(山東)에서 조선으로 갔던 것은, 이 교제철로(膠濟鐵路)[41]의 파업 소요가 끝나고 얼마 안 된 1925년(大正 14) 5월 말이다. 마침 이해의 3월 31일로써, 8개년에 걸친 오랜 만철 위탁경영에서 벗어나, 조선철도는 총독부의 손으로 직접 관리 경영하는 것으로 되고, 조선총독부 철도국이 새롭게 설치되어, 그 초대 철도국장으로 초빙되었던 까닭이다.

어떻게 만철의 위탁경영에서 벗어났는지 말하자면, 여기에는 다양한 이유가 있다. 대체로 조선의 철도란 일러전쟁(日露戰爭)을 계기로 하여 급속히 발전했다. 그렇다고 해서 그 이전에도 철도가 없었다고 하는 것은 아니다. 1899년(明治 32) 9월에는 경인철도의 일부가 영업을 개시했고, 1900년(明治 33)에는 개통식을 거행했다. 경부철도가 남북 양부의 기공식을 거행한 것은 1901년(明治 34)이다. 그리고 1894년(明治 27) 1월에는 영남철도(嶺南鐵道)[42]의 일부 공사에도 착수하고 있었다.

---

41 교제철로는 1899년에 착공되어 1904년 완공된 노선으로, 칭타오(靑島)에서 자오저우(膠州), 지난(濟南) 등을 통과한다. 청나라와 독일은 1898년 3월 교오조차조약(膠澳租借條約)을 체결하여 독일이 산동반도 지역에 철도 부설권을 얻게 되었고, 독일 베를린에 산동철도회사가 설립되어 1899년에 철도 노선이 착공되었다.

42 여기서 등장하는 영남철도(嶺南鐵道)는 이후에 마산선으로 불렸던 마산-삼랑진 노선을 말한다. 마산-삼랑진 노선은 한국인 철도업자였던 박기종이 1898년에 처음으로 건설을 시도했다. 정부의 허가를 받지 못하던 박기종은 1902년 6월 영남철도지선회사를 조직해 마침내 허가를 받았다. 그러나 같은 시기 경부선을 건설하고 있던 일본이 자금 지원을 미끼로 이 철도의 영업권을 장악했다. 1902년 12월 30일 영남철도지선회사 사장 이재완과 일본 제일은행 경성출장소 주주 다카기 마사요시(高木正義) 사이에 출자계약이 맺어졌다. 하지만 러일전쟁이 일어나자 자금 지원이라는 우회적 방식이 아닌 전시라는 이유를 내걸고 해당 구간을 병참 노선으로 지정해 버렸다. 곧 일본은 영남철도지선회사와 맺은 계약을 폐기하고, 1904년 9월 일본군 임시군용철도감부에서 낙동강-마산 구간부터 공사를 시작해, 1905년 10월 마산-삼랑진 구간 40.4km를 개통했다(조기준, 1971, 「한국철도업의 선구자 박기종」, 『일제하의 민족생활사』, 민중서관, 財團法人 鮮交會, 1986, 『朝鮮交通史 1 : 本卷』, 三信圖書有限會社, 241쪽; 藤永壯, 1991, 「開港期の'會社'設立問題をめぐって-朴琪淙と汽船業·鐵道業」(上)(下), 『朝鮮學報』 140·141; 국토교통부 외, 2019, 『2019 新한국철도사』, 국토교통부, 31-32쪽).

그런데 일로전쟁은 지지부진하고 소극적인 철도 건설을 한번에 바꿔 버렸다. 1904년(明治 37) 2월 6일에 일본과 러시아의 국교가 단절되고, 그 달 21일에는 경성, 신의주 간에 군용철도 부설을 위한 임시군용철도감부의 편성이 지시되었고, 3월 12일에는 다시 경성-개성 간의 노반 공사가 착수되었다. 4월 9일 개성-평양 간, 6월 25일 평양-신의주 간 노반 공사 착수 전부 일사천리였다. 그것이 40분의 1구배(勾配)의 속성 궤조로, 통감부가 인계하여 개량하려고 했을 때 '쓸모 있는 것은 레일 정도'일 만큼 심한 것이었지만, 이 군용철도 부설은 조선철도계를 비약시킨 큰 일이었다. 1904(明治 37) 11월에는 경부선도 남북의 궤조가 연결되었다. 그리고 일로전쟁이 일본의 대승리로 종료하고, 1906년(明治 39) 2월 한국통감부가 개청되었으니, 이들 군용철도는 통감부로 인계되어 통감부 철도관리국이 관리하게 되었다. 부산-신의주 간에 직통 급행열차가 운전된 것도 그 무렵이다.

1910년(明治 43) 8월은 일한병합이라는 대사업이 완성되었던 해인데, 철도는 이것을 기회로 이번에는 철도원 소관이 되어, 조선철도관리국이 설치되었다. 그러나 이것은 잠시였으며, 바로 총독부 철도국이 관리하는 것으로 되고, 호남선, 경원선이 기공되고, 평남선이 개통했다. 특히 대서특필할 것은 압록강 가교 공사가 준공하고, 일청국경 열차 직통 운전에 관한 협약이 성립한 것으로, 그 이후 조선은 어느 외국의 신문기자가 말한 것같이, 제정 러시아가 일본의 심장에 들이댄 일곱 머리라는 것의 반대로, 그 예리한 끝을 아시아의 뱃속으로 찌르듯, 조선철도는 안봉선(安奉線), 연경선(連京線)과 하나로 되어, 우리 대륙정책의 가장 자유로운 수족이 되었다. 결국 선만대륙철도의 일관경영이라는 의견은, 그 압록강 가교에 의해 비상하게 확실한 형태를 보였던 까닭에 일본의 대륙정책과 분리될 수 없는 명확한 이론으로, 마침내 데라우치(寺內) 내각인 1917년(大正 6), 칙령에 의해 조선철도의 경영을 남만주철도주식회사로 위탁한다는 구체적 실현으로까지 도달했던 것이다.

2) 조선으로 건너가다

그로부터 8년간 만철은 이 방침에 따라 조선철도를 일만 연락의 국제철도로서 경영해 왔다.

그런데 시세가 점점 바뀌고 조선총독부의 시정방침도 점차 변화되어, 1919년(大正 8) 8월 사이토(齋藤) 총독이 와서 다스리게 되면서 종래의 헌병경찰을 폐지하고 보통경찰제도로 하고, 부협의회, 면협의회, 학교협의회 등을 설치하고. 크게 자치제도로의 첫걸음을 걸어 나갔다. 그와 동시에 산업 개발, 무역 진흥에 박차를 가한 것은 물론이고, 조선 통치의 새 단계에 각 부 행정기관의 일치 협력이 매우 열망되기에 이른 것이다.

그렇게 되면서 홀로 생산 부문의 커다란 담당자로서 철도만이 조선 행정기관의 손을 떠나 만철의 경영에 있는 것은 아무래도 여의치 않았다. 특히 역사에서 보이듯이 조선철도는 종래 군용철도로서 발달해 왔을 따름으로 산업 개발의 요지와 같은 방면에는 전혀 앞장서지 못했다. 여기에 8개년의 세월 뒤에 다시 조선철도는 별개의 국책적 관점에서 조선총독부로 환원하는 것이 논의되었던 것이다.

그래서 사이토 총독의 휘하 미즈노 렌타로(水野錬太郎), 아리요시 주이치(有吉忠一) 두 정무총감을 거쳐 시모오카 주지(下岡忠治) 씨의 시대, 즉 1925년(大正 14) 3월 31일을 끝으로 조선철도는 만철의 손을 떠나 조선총독부에 신설된 철도국의 관리로 돌아오는 것으로 각의의 결정을 본 까닭이다.

여기서 시모오카 정무총감은 그의 원대한 전도(全道) 산업 개발의 경륜을 돕고, 적자 철도로서 손해가 계속되고 있던 빈곤한 조선철도를 책임질 새로운 철도국장으로서 신노선 건설이나 기성 노선의 개량으로 과도기를 끝낼 인물을 찾으며, 이를 철도성에 상의하였다. 그런데 마침 그때 시모오카 씨의 친척으로 당시에 대궤전철(大軌電鐵)의 사장으로 있던 오이타 도라오(種田虎雄) 군이 철도성의 운수국장으로 있어서, 그렇다면 한번 오무라(大村)에게 맡겨 보자며 나를 추천했던 것이었다.

이것은 나에게는 아닌 밤중에 홍두깨 같은 이야기였다. 도저히 그 임무를 맡을 수 없다고 생각했기 때문에 오이타 군으로부터의 연락에 대하여 "호의는 감사하지만, 당분간 지나(支那)에서 근무를 계속하기 위하여 사양한다"라고 바로 거절의 답전을 보냈다. 실제 나는 그 당시 지나를 떠날 생각은 없었다. 파업 소요 등은 있었지만 교제철도는 점점 순조로운 영업 성적을 거두고 있었고, 청도(青島) 항만의 개축, 문제가 있는 선로의 개량 건설 등 점점 나의 포부가 실현되어 갈 기운이 있었던 것이다.

그런데 2월 24일이 되면서 재차 시데하라(幣原) 외무대신으로부터 나에게 조선으로 갔으면 하는 권유의 전보가 왔다. 이런 문구이다.

"유력자 사이에, 귀 형을 조선철도국장으로 추천하는 움직임이 있는바, 이번에는 소생도

지극히 찬성했음. 이제는 위 국장을 인수하는 것이 어떤지. 아무쪼록 답변을 기다림."

물론 여기서도 오이타 군과 거의 마찬가지 내용으로 즉시 사양하는 답변을 보냈지만, '이번에는'이라고 하는 것에는 상의가 있었던 것으로, 실제는 조선으로부터의 권유는 이로써 두 번째인 것이다. 한번은 시모오카 씨 바로 앞의 아리요시 정무총감의 시대로 1923년(大正 12) 1월, 지금의 조선철도회사의 전신인 5개의 사설철도를 합병하여 총독부의 보조를 받는 특수회사로서 하나의 대형 민간철도회사로 발전하는 역할에, 그 사장 물망에 오른 것이다. 아리요시 씨와는 일면식도 없었기 때문에 어디에서 내가 알려졌는지 모르지만, 무릇 철도성의 선배 친구들의 추천이 있었다고 생각하는데, 교제철로의 계약 기간이 6개월 남았으므로 그것이 완료되는 즉시 와 달라는 말이었다. 그런데 그때는 마침 일지(日支) 종업원의 교대로 인해 인계 당시의 다양한 문제에 몰두하고 있던 시기였고, 나 자신도 갈 생각은 없었지만, 외무성이 대중국 정책상 나의 사임 등을 절대로 반대하고 있었던 때였다. 그런 점에서 시데하라 외무대신도 '이번은'이라는 표현을 썼던 것인데, 그 이번에도 나는 갈 생각이 없었던 것이다.

그러자 반대로 오이타 군은 강경하게 나의 결의를 재촉해 왔고, 시모오카 씨로부터도 부디 와서 자신을 원조하길 바란다고 들었다. 주위로부터도 재차 권유받아서, 나는 여러모로 생각한 끝에, 어느새 햇수로 7년을 지나에서 보내고 있었고 내가 없어도 교제철로가 어떻게 될 것도 아니어서, 한번 눈 딱 감고, 도움이 되지 않을지도 모르지만, 시모오카 씨를 돕겠다고 결심하기에 이르렀다.

지나 측과의 계약은 그해 11월 말일로 되어 있었는데, 그런 까닭으로 그들과 후임자를 물색해 교섭을 거듭한 끝에, 당시 철도성의 베이징(北京) 주재원으로 체재하고 있었던, 현 대동(大同)시멘트 사장인 고다마(兒玉) 군에게 후사를 의뢰하기로 되었고, 나는 5월 중순 베이징에서 개최되었던 국제철도연락위원회의에 지나 측 최고위원으로 출석했던 것을 마지막으로 5월 24일 사표를 제출, 다롄(大連)을 거쳐 6월 7일 경성으로 부임했다.

3) 일본 조야의 인식

이리하여 나의 조선시대가 시작되었는데 당시의 조선철도에 대한 일본 조야의 인식으로 말하자면, 지금과는 전혀 달라서 군사적·국방적 견지에서의 가치로밖에 보지 않았던 것이다. 이것은 반드시 무리도 아닌 상황이며, 대체로 조선철도의 발달이라고 하는 것은 전에도 말했듯이 일로전쟁을 계기로 군용철도로서 시작한 것이고, 산업 개발의 견지에서 보아 이것은 중요하다고 생각되는 지점에는 조금도 이르지 않았다. 그래서 방대한 자원도 미개발인 채로 방치되어 일본에서는 조선이라고 하는 곳은 민둥산뿐이라고 생각되고 있었다.

그러한 곳에 철도를 부설하여 적자만 나는 것에 어쩔 수 없지 않은가, 라고 하는 까닭에 새로운 노선 계획 등은 거의 승인받지 못하는 것이다. 이것이 일본이라면 각 현(縣)에서 다수의 대의사(代議士)[43]로 하여금 정쟁의 도구로서도 지방민에게 철도 부설을 약속한다. 그리고 자기 정당이 천하를 얻었을 때에는 그것을 운명처럼 운동하기 때문에, 그다지 중요하지 않은 지방이라도 적자가 되건 말건 점점 철도가 부설되어 간다. 그런데 조선에서는 그러한 대의사 같은 편리한 사람도 없고, 어떤 정당이 내각을 만든다고 해도 대세에 영향 주는 것이 없으므로, 조선의 철도를 말할지라도 의논 상대로 받아들여지지 않는다. 조선의 중요성을 인식시켜 철도 부설이 어째서 중대사인지를 설명하는 것이 나의 책임인 까닭이다. 시모오카 씨의 산업 개발 계획에 호응하여, 음으로 양으로 철도는 펼쳐 가고, 개량시켜 가지 않으면 안 된다. 그리고 조선이 민둥산이기는커녕 무한한 자원이 묻힌 보고이며, 일본의 인구문제 해결 관점에서도 혹은 자원 획득의 견지에서도 비상히 중요한 토지이다. 앞으로 10년을 보더라도 조선철도는 훌륭히 독립하여 갈 뿐 아니라 충분히 이익을 거둘 수 있다고 조선철도에 대한 인식을 군용철도에서 산업개발선으로까지 180도로 전환하는 것은 매우 어려운 일이었지만, 맨 먼저 하지 않으면 안 될 나의 임무였다.

그런데 나는 조선에 가서 처음 1년은 사무적인 임무는 도다(戶田) 이사에게 맡기고 거의 집 밖으로 전토(全土)를 걸어다녔다. 이번에 온 국장은 철도가 없는 지방만 시찰하는 이상한 철도국장이라고 수군거릴 정도로, 나는 홋카이도(北海道)의 경험을 돌이켜 북쪽은 선만 국경에서 남쪽은 일본 내지(內地)가 보인다는 해안까지 샅샅이 시찰했다. 그렇게 한 끝에 입안했던 것이 3억 수천만 엔의 예산으로 하는 조선철도건설10개년계획이다. 그리고 팸플릿을 작성하고, 산업지도를 만든다느니, 강연을 한다느니, 일본 내지에서는 하지 않아도 좋을 선전 같은 것까지 해서 조선 인식에 크게 힘썼던 것인데, 이것이 오히려 이해되지 못했다. 그것의 좋은

43 일본의 국회의원을 의미한다.

예로서는 그때로부터 훨씬 뒤의 이야기인데 이런 일도 있었다.

틀림없이 오가와 헤이키치(小川平吉) 씨가 철도대신이었을 때라고 생각하는데, 나는 새로운 노선 계획안을 가지고 상경(上京)하여 대신 관저에서 오가와 씨를 방문한 적이 있었다. 가서 보니 현관에는 가득 신발이 벗겨진 채였고, 대기실은 면회하러 온 사람들로 가득 찼다. 아주 많이 기다렸지만 여전히 내 차례는 돌아오지 않아서 그날은 어떻게 해도 면회하지 못하고 지나 버렸다. 다음 날은 1번으로 생각해서 매우 일찍 나가 봤다. 이미 2, 3명은 와 있었는데 아주 일찍 온 편이었다. 기다리는 중에 다시 어제와 마찬가지로 대기실이 가득 차 버렸다. 그런데 놀랐던 것은 그 대기실 무리 가운데 뒤에 온 사람이 나를 쏙 빼고 먼저 면회해 버렸던 것이다. 대부분 지방의 오가와 씨 근거지의 이런저런 진정으로 온 무리였는데, 철도대신도 그런 무리의 비위를 맞추지 않으면, 차기의 당선에 지장이 있으므로 변두리인 조선의 우리들은 상대하지 않는다고 하는 까닭일 것이다. 몹시 기다렸지만 그런 가운데 전화가 걸려 와서 오가와 씨 스스로 전화를 받으러 나왔다. 그리고 잠시 지나지 않아 외출 준비로 대기실로 나왔다. '정말로 기다리게 해서 미안하지만, 지금 총리대신이 부르셔서 나가지 않으면 안 된다'라고 하자, '이번 기회에 해 주셨으면 한다'고 인사했다. 나는 내심 크게 분개했다. 저때 즈음 정당정치의 폐해를 통감했던 것은 아니었지만, 조선철도에 대한 인식이 이런 식으로 대신으로부터 얼마나 부족했는지를 입증하기에 충분할 것이다.

이러한 무관심한 조야의 분위기 속에서 아무튼 제54 의회에서 12개년계획안이 승인을 얻어, 오늘날 조선철도의 지반을 쌓을 수 있었던 것은 하나로 시모오카 총감이나 사이토 총독에게 빚진 것이 크다. 같은 정당인이지만 시모오카 씨는 조선 개발에 대해서는 특별한 열의와 식견을 가지고 대담한 도량과 격려로 우리의 임무를 원조해 주었던 것이다.

시모오카 씨라고 하면 바로 누구라도 '아하' 할 정도로, 조선의 산미증식안과 떼려야 뗄 수 없는 사람으로, 예의 10개년계획으로 35만 정보의 논을 개발하고, 조선에서만 천수백만 석의 산미 증가를 계획하여 일본의 식량난을 완화한다는, 요컨대 오늘날의 미산지(米産地) 조선의 기초를 닦은 것은 모두 이 사람의 열의에 의한 것인데, 그는 또한 단순히 산미 증가만이 아니라 널리 조선의 산업 개발이라고 하는 것에 비상한 노력을 경주했고, 조선 통치의 요체는 우선 민도(民度)를 높여 인심을 안정시키는 것에 있다고 설명하였다. 원래 민정당(民政黨)의 주요 간부로, 본래라면 민정당 내각에서 당연히 각원의 한 사람으로서 참가할 만한 사람인데 자신의 의견을 실시하기 위해서 기꺼이 사이토 총독의 아래에서 정무총감을 받아들일 정도의 사람이었다. "철도라는 것은 나에게는 조금도 이해되지 않습니다. 모두 당신이 원하는 쪽으로 해주시길 바라오. 책임은 내가 집니다"라는 태도여서, 내가 힘껏 일할 수 있도록 격려를 받았고, 그 점에서 약간의 관료적인 답답함도 없는 배짱이 큰 사람이었다. 애석하게도 시모오카 씨는 지병인 위암 때문에 나와 함께 갔던 북선(北鮮) 여행에서 돌아온 지 얼마 안 되어 병상에 누워, 1925년(大正 14) 11월인가에 돌아가셨다. 그가 더 오래 살아서 조선을 위해 일했다면 조선의 산업 개발은 얼마나 비약적으로 발전했을지 모를 일이다. 나는 아직까지도 그의 단명을 슬퍼하고 있다.

4. 1920년대 조선철도12년계획의 구상과 수립

〈자료 142〉 大平鐵畊 編,「第二 朝鮮鐵道普及計劃」·「第三 朝鮮鐵道十二年計劃」,『朝鮮鐵道十二年計劃』, 鮮滿鐵道新報社, 1927, 29~228쪽.

1) 조선의 철도보급계획

(1) 철도망 계획의 기원

조선의 철도 연장 계획은 지금에 와서 처음 시작된 문제가 아니다. 예전에도 소규모의 조사와 연구가 여러 차례 이루어졌다. 이미 그 가운데 일부는 실현을 보았다. 1921년(大正 10) 10월 경성에서 개최된 산업조사위원회(産業調査委員會)[44]의 결의는 이러한 철도 연장 계획의 촉진에 파문을 일으켰다. 산업조사위원회는 총독부가 제1차 세계대전 이후 국정의 전환에 비추어 산업 시설 방침의 확립과 계획 수행을 위해서 내선(內鮮)[45]의 각계 권위자를 모아 각종 중요 사항을 심의하는 자리였다. 이 위원회에서 결의된 사항 가운데 조선철도에 관한 부분은 다음과 같다.

〈조선 산업에 관한 계획 요항〉

철도정책에 관한 건

1. 관·사철(官·私鐵)의 보급을 도모한다.
2. 교통 계통의 정비를 도모하기 위한 철도 선로망의 조사를 시행한다.
3. 기성 철도의 개량과 기타 철도 이용에 관한 설비의 충실에 유의한다.

---

44 산업조사위원회가 개최된 시기는 1921년 10월이 아니라 9월 15일이었다. 산업조사위원회는 문화통치의 일환으로서 조선에 필요한 산업 방침을 조사·연구하기 위해서 조직된 기구였다. 일본과 조선에 거주하는 전문가 20명씩을 비롯하여 조선총독부 국·부장 8명을 합하여 총 48명의 위원이 임명되었고 그중에서 43명이 실제로 회의에 참여하여 조선총독부가 준비한 '조선 산업에 관한 일반 방침과 계획 요항'과 '조선 산업에 관한 계획 요항 참고서'를 토대로 농림수산업, 광공업, 교통운수업, 금융 등에 대한 논의를 진행하고 향후 정책적으로 집중해야 할 결의사항을 채택했다. 이와 관련해서는 다음의 사료가 참조된다. 朝鮮總督府, 1921,『産業調査委員會會議錄』, 朝鮮總督府; 朝鮮總督府, 1922,『産業調査委員會議事速記錄』, 朝鮮總督府.

45 일본 본토를 의미하는 내지와 조선을 통칭하는 용어이다.

4. 철도 경영은 조선의 산업 발달을 최우선적으로 고려한다.

〈참고〉

철도에 관한 건

1. 정부는 철도 연장에 노력하고 사설철도의 부설을 장려하고 보급을 도모한다.
2. 철도 보급은 이후 약 30년 동안 관설과 사설을 합하여 대략 연장 6,000마일[哩](9,656km)에 도달하도록 기약한다.
3. 사설철도의 보급 방법으로는 1921년(大正 10) 3월에 제정된 「조선사설철도보조법(朝鮮私設鐵道補助法)」[46]에 기초하여 필요에 따라 국고(國庫)에서 보조금을 교부하고, 이와 동시에 관민이 협력하여 편의를 제공해 기업을 용이하게 해 준다.
4. 총독부는 장래 부설할 철도 선로를 미리 조사·측량하여 일정한 철도망을 계획하고 관·사설철도의 부설 사업을 용이하게 해 준다.
5. 철도 연장을 도모하고 차량의 증설 비치와 개량, 정거장 설비의 개선, 수륙(水陸)과 기타 교통기관과의 연락, 전용 인입선, 기타 철도에 관련한 제반 시설의 완성에 상당히 유의한다.
6. 철도 경영은 조선의 산업 개발에 주안점을 두고 반도의 경제 상태, 기타 일반 사정과의 적응을 최우선적으로 고려하며, 동시에 내지(內地), 만주(滿洲), 기타 관계 지방과 원활한 연락·운수를 도모한다.

〈설명〉

철도 보급은 조선 개발의 최급무이다. 정부에서 노력을 가하여 철도 증설을 도모할 필요

46 초기 투자자본이 부족했던 조선총독부는 일본 자본의 투자를 통한 철도망 구축의 필요성을 인식하고 투자자의 이윤을 보장하는 방편으로서 사설철도를 건설할 경우 일정 기간 동안 보조금을 지급했는데, 그것의 법률적 근거가 바로 「조선사설철도보조법」(법률 제34호, 1921.4.1)이었다. 이 법률에 의거하여 조선총독부는 사설철도 운영에 따른 이익금이 투자 자본 대비 8%가 될 때까지 부족한 액수만큼 보조금을 지급했다. 이와 관련해서는 다음의 연구가 참조된다. 박우현, 2016, 「대공황기(1930-1934) 조선총독부의 사설철도 정책 전환과 특성」, 『역사와 현실』 101호, 한국역사연구회; 2017, 「1930년대 조선총독부의 사설철도 매수 추진과 특징」, 『역사문제연구』 21호, 역사문제연구소.

가 있다는 점은 재론할 여지가 없다. 그럼에도 필요한 노선 전부를 국비(國費)에만 의존하는 것은 조선의 재정 상태에 비추어 철도의 속성(速成)을 기약할 수 없기 때문에 사설철도 부설을 장려해야 한다. 이를 위해서는 보조금을 교부하는 방법을 통해 사설철도의 보호와 조장을 도모하고 기타 제반 편의를 제공하여 기업을 용이하게 해 주며, 정부와 민간이 힘을 합하여 철도 보급을 위해 노력하는 것이 득책이다.

철도 보급의 정도는 현재 내지의 철도 보급 상태와 이후의 전망을 참조하고 토지 면적과 인구에 대한 비율을 비교하여 면적 비율의 경우 약 2분의 1, 인구 비율의 경우 거의 동일한 정도에 이르겠다는 목표를 세워야 한다. 약 30년 후 그 정도에 해당하는 연장 6,000마일(9,656km)에 도달하기 위해서는 향후 30년 동안 관·사설철도를 합하여 대략 4,600마일(7,403km)을 증설할 필요가 있다.

철도 연장은 가장 중요한 급무이지만 제반 개량에도 유념해야 한다. 철도 설비는 사회 진전과 동반하여 나가야 한다. 두말할 나위도 없이 철도 경영의 방침은 조선의 산업 개발에 주안점을 두고 여러 가지 시설이 조선의 경제 상태와 기타 사정에 적절히 조응되도록 만들며, 아울러 내지, 만주와 기타 관계 각 지방과의 연락을 완벽하게 정돈하여 대륙 교통기관이라는 직분을 발휘하는 데에 유감이 없도록 해야 한다.

산업조사위원회의 결의는 여기에 그치지 않았다. 당시 조선의 상황에 비추어 향후 10년간 가장 많은 철도를 부설하는 일이 긴요하다는 취지 아래에서 특별위원회 위원장 명의로 다음과 같은 안건이 보고·제출되었다.

철도 보급과 관련하여 다음과 같은 사항이 특별히 연구될 필요가 있다.

1. 대략적인 부설 계획을 설정하고 재정이 허락하는 한 관선(官線) 보급을 도모하고 사선(私線)의 급설 역시 되도록 노력한다.
2. 특히 이후 10년 동안은 속성이 필요하므로 현재 관·사선 1,400마일(2,253km)과 함께 대략 3,500마일(5,633km)에 도달하도록 계획을 수립할 필요가 있다.
3. 현재 「사설철도보조법」에 의한 보조금을 연 9분(分)으로 개정하거나, 혹은 배당 보조를 연 8분으로 해야 한다.

4. 사설 노선을 시급히 건설한다는 목적을 달성하기 위해서는 현존하는 사설철도를 합병하여 대형 조직을 만들거나, 더 나아가 관·사설철도를 합병하여 반관반민(半官半民)으로 하나의 철도회사를 만들어야 한다.

이 안건은 중대한 문제이기 때문에 조사를 계속하기로 결정이 되었지만, 결의에는 이르지 못했다. 그러나 종래 다소 소강 상태였던 총독부 당국의 선로 조사사업이 그 후에 부활하였고 이 제안을 바탕으로 사철 회사의 합병이 진행되었다. 이를 미루어 보면 당시 식자(識者) 사이에서는 철도 연장이 급무이고 적당한 실행 방침이 요구된다는 점에 대해서 의견이 일치되었음을 알 수 있다. 동시에 산업조사위원회 개최가 조선의 철도망 계획에 큰 자극과 동기를 부여했다는 점은 부정할 수 없는 사실이다. 그 후 1922년(大正 11) 전선상업회의소연합회(全鮮商業會議所聯合會)에서, 이미 잘 알려진 '산업 개발상 정부에 대한 요망'의 4대 요항 가운데 첫 번째로 '철도망 완성'이 언급되었으며, 이후 매년 그 달성을 위한 운동이 이어졌다는 점은 일반이 주지하는 바이다.

이하에서는 각 방면으로부터 산업조사위원회에 제출된 교통에 관한 의견서를 기록하여 당시 일반적인 여론을 알리는 데에 이바지하고 싶다.

〈산업조사위원회에 제출된 의견〉

○ 경성상업회의소(京城商業會議所) 제출

- 운수·교통기관의 완성을 도모한다.

인문의 개발과 생산물에 가치를 부여하는 일로서 운수·교통만한 것은 없다. 현재 조선의 운수·교통기관은 극히 불충분하다. 그러므로 주요 철도의 완성에 필요한 건설비의 충실을 도모하고 사설철도망 완성의 근본책을 수립하며(가령 철도 주권에 대하여 가능한 한 금융을 제공하는 일 등), 오지(奧地) 주요 도로의 개수와 축조를 속성하여 각지 산물의 발달을 이룩하고 여러 공업을 발흥시켜야 한다.

○ 인천상업회의소(仁川商業會議所) 제출

- 교통·운수기관의 완비를 기약한다.

조선의 산업을 개발하고 농산 원료품의 증수와 동시에 각종 공예품의 제조·생산이 조선 내수를 충족하고 남는 것이 있다면 이를 외부에 수출하는 일은 당연한 순서이다. 교통·운수 기능의 충실이 이를 도울 수 있는 유일한 기관이라는 점은 두말할 나위가 없다. 다음은 그와 관련된 항목을 열거한 것이다.

① 조선철도의 완성을 도모하고 국유철도주의를 확정한다.

② 연안 항구의 개량과 확장을 계획하고 아울러 그 이용을 증진할 해륙 연락 설비를 시행한다[간선철도의 수익 보호를 주안으로 하고 연안항만의 존재를 등한시한 기존의 철도정책이 지방 산업의 개발을 어떻게 방해했는지는 지금 재론할 필요가 없다고 확신한다].

③ 내지, 지나(支那), 만주 등에 대하여 보조적 명령항로의 확장이 계획되고 최근 요코하마(横浜)와 조선 서해안 사이의 명령항로 개시와 함께 선복(船腹)이 충분히 갖추어지고 있다. 이에 따라 소재 항만과 항로가 새롭게 개시된 결과, 종래 조선 쌀의 수요가 전무했던 도쿄(東京), 나고야(名古屋)의 각 지방에 소맥, 대두 등의 이출이 자못 많아지고 있다. 장래 정기 항로선의 이용이 널리 알려질 때는 무역의 진전이 도모될 것이다. 현재의 철도로는 도저히 이를 충족시킬 수 없다.

④ 내지와 만주에 대한 통신기관의 증설, 한층 신속하고 정확한 전신의 구축, 장래 내선 사이의 전화선 접속은 가장 긴요한 일이다.

○ 대구상업회의소(大邱商業會議所) 제출

- 운수·교통기관의 완성을 도모한다.

운수·교통기관의 완성이 산업 개발에서 긴요할 뿐만 아니라 조선 통치에 가장 중요한 사항이라는 점은 더 이상 설명할 필요가 없다. 종래 이 방면의 정책을 보면 사업의 성질상 국비를 많이 사용해야 하기 때문에 어쩔 수 없게도 사업이 예상대로 진척되지 않아서 주요 도로 가운데 여전히 미완성인 것이 많다. 특히 재해 이후에 도로와 교량 등의 복구공사가 지연되고 진척이 미진하기 때문에 운수·교통의 편리함이 결여되고 나아가 산업 발달을 저해하는 점이 적지 않다. 당국은 이들 사업에 대해서 국비를 아끼지 말고 조속히 완성을 도모할 필요가 있으며, 기타 철도망의 완성에 관한 근본책을 확립해 교통기관을 하루속히 정비하길 희망한다. 사설철도 회사는 수십여 곳에 이르지만, 현재 사업에 착수한 곳은 극히 적다. 현재 8분의 보조금으로는 도저히 사설철도의 속성을 기약하기 어려운 상황이다. 사설철도의 속성을 위해서는 다음과 같은 방법이 필요하다.

① 국가에서 각 사설철도를 매수하여 국영(國營)으로 해야 한다.

② 반관반민의 대회사를 설립하여 현존하는 사설철도 회사를 매수하고 사업의 완성을 조속히 도모한다.

③ 사설철도 주식에 유동성을 부여하고 조선은행 등에서 담보 설정을 용인하여 금융을 완화함으로써 사업의 속성(速成)을 용이하게 해 줄 필요가 있다.

④ 사설철도 주식을 관청의 보증금 대용으로 지정해 주식 가격의 상승을 추진하여 사업의 진척에 이바지하는 것이 긴요하다.

○ 평양상업회의소(平壤商業會議所) 제출

- 운수·교통의 개선과 발달.

교통은 산업의 모체이지만 정책의 운용과 방침이 적합한지에 따라 오히려 산업 발달을 저해할 우려가 없지 않다. 조선철도의 현재 상황을 보면 조선과 만주를 잇는 간선이라는 대륙적 기준의 교통정책에 지나치게 구애된 결과 당연한 사명이자 본래 기능인 조선의 산업 개발을 소홀히 한 혐의가 있다. 만철(滿鐵)[47] 본선의 경우에는 만주의 산업 발전을 촉진하거나, 혹은 해항 무역의 진전을 도모하기 위해서 대단히 적절한 운임제도가 시행되고 절대적인 보호와 장려가 더해졌다. 반면에 조선 노선의 경우에는 산업 개발에 적극적으로 기여하는 어떠한

---

47 남만주철도주식회사(南滿洲鐵道株式會社)의 줄임말이다. 러일전쟁에서 승리한 일본은 뤼순(旅順), 다롄(大連)의 조차권과 창춘(長春)-뤼순(旅順) 사이에 부설된 철도와 그에 부속하는 특권을 획득했는데, 이 철도와 주변 지역을 관리하기 위해서 1906년에 설립된 기업이 바로 남만주철도주식회사였다. 반관반민(半官半民)의 특수회사로 출발한 남만주철도주식회사는 본업인 철도사업을 비롯하여 광업, 제조업, 호텔업 등 광범위한 분야에 걸쳐 사업을 전개하면서 만주에 대한 일본의 '이권'을 관철시키고 식민 사업을 수행하는 핵심 기관의 역할을 수행했다. 남만주철도주식회사와 관련해서는 다음의 연구가 참조된다. 小林英夫, 임성모 옮김, 2008, 『만철 : 일본제국의 싱크탱크』, 산처럼.

시설도 찾아볼 수 없고 장거리저감운임법(長距離低減運賃法)[48]의 채용과 조선의 실정에 적합한 톤급(噸扱)제도의 부활과 같이 일반이 기존에 열망해 온 조치는 여전히 실현되지 않았다. 그뿐만 아니라 원료 수집에 가장 필요한 근거리 수송과 같이 공업 원료품과 제품 등에 대한 털끝만큼의 보호도 없기 때문에 공장 경영의 가능성이 거의 상실되었다는 점은 어쩌면 지엽적인 문제라고 할 수 있다. 요컨대 조선철도정책의 근본 방침 확립이 가장 긴요하며 간절하다. 대체로 다음과 같은 방침이 필요하며, 동시에 해운정책과 서로 상응해야 한다.

① 기설 철도의 운용

조선철도의 위임경리[49]를 근본적으로 개선하고 정리한다.

조선의 산업 개발에 철도가 적절하게 어울릴 수 있도록 적극적인 정책을 집행하고 특히 공업 진흥에 이바지할 수 있게 특정 공업 원료와 제품의 운임을 저감할 필요가 있다.

조선과 만주는 경제상 많은 차이가 있으므로 철도 운임은 무엇보다 실제적인 정세에 적합해야 하며, 톤급제도의 부활과 같은 조치는 현재의 급무이다.

② 기존 결정 선로의 속성

평원철도는 단순히 평양과 원산 사이의 지방적 운수기관이 아니다. 실로 내지, 조선, 만주의 거리를 단축하여 동아시아 교통 계통에 새로운 경지를 열어 주며, 일본해(日本海)와 황해를 연락하고 블라디보스토크(浦鹽斯德)와 칭다오(青島)와 상하이(上海) 등을 연결할 수 있는 중요한 교통로이다. 따라서 평원철도의 부설을 속히 완성한다.

③ 사설철도망의 보급

기존 결정 계획에 속한 사설철도의 완성을 용이하게 하기 위해서 보조금 증액과 기타

48 장거리수송에 대한 일종의 혜택으로서 화물의 운송 거리가 길수록 그에 비례하여 운임이 낮아지는 제도이다.

49 조선과 만주를 일체화시키려는 일본 육군의 구상 속에서 1917년 8월 조선철도의 운영권이 남만주철도주식회사에 넘어갔다. 그러나 남만주철도주식회사의 조선철도 경영은 시너지 효과를 내지 못했고 두 주체의 불만은 커져 갔다. 조선총독부는 조선의 철도망 구축에 무관심한 남만주철도주식회사의 방침을 못마땅하게 여겼고 반대로 자금난에 허덕이던 남만주철도주식회사는 위탁이라는 틀에서 벗어나 조선철도를 합병하려고 했다. 결국 오월동주(吳越同舟)의 상황은 조선의 산업 개발을 위해서 철도망 구축이 절실했던 조선총독부의 끈질긴 요구로 인하여 1925년 끝이 났고, 같은 해 4월 1일부터 조선철도는 다시 직영으로 환원이 되었다. 조선철도의 위탁 과정에 대해서는 다음의 연구가 참조된다. 정태헌, 2017, 『한반도철도의 정치경제학-일제의 침략통로에서 동북아공동체의 평화철도로』, 선인.

방법을 통해 사설철도를 조성해야 한다. 또한 새로운 노선의 출현에 대해서는 토지의 매수·착수와 관계된 사항의 취급을 간편하게 해 주고 적절한 지도와 장려를 도모하며, 나아가 일반 철도망 계획을 정하여 조선 산업정책의 기준으로 삼는다.

④ 해운

하천 항운(航運)의 이용과 수륙연락시설의 완성, 축항의 개선과 확장, 조선의 대(對)중국 항로의 발달을 도모하기 위해서 적절한 항로 보조와 발전 방책을 설정한다. 이와 동시에 평원철도 완성 후에는 일본해 횡단항로를 확충하며, 나아가 블라디보스토크 방면 항로의 조장과 발전책을 연구한다.

○ 조선은행(朝鮮銀行) 제출

- 사설철도의 속성 보급.

철도의 부설과 연장이 산업을 개발시킬 수 있다는 사실은 일찍이 홋카이도(北海道)와 대만(臺灣)에서 통감했으며, 지금도 경험하고 있다. 조선의 산업 개발은 무엇보다 철도의 속성 보급에 기대야 한다. 철도의 속성 보급은 국방 경비의 측면에서 더욱 절실하게 필요하다. 현행 「사설철도보조법」이 재정과 기타 이유에 기초하여 가장 적합한 보조를 사설철도에 제공하고 있다는 점은 틀림없는 사실이다. 그러나 향후 사설철도의 건설과 연장이 지연되거나, 혹은 현재 발흥하는 기업이 오히려 몰락하는 경우에는 보조금의 증액, 보조금 이외의 원조, 기타 사철의 대합동 등을 꾀하여 사설철도의 속성 보급을 도모해야 한다.

○ 군산상업회의소(群山商業會議所) 제출

- 간선과 지선은 물론 각 사설철도의 예정 계획이 속히 실행될 수 있도록 적절한 조치를 집행해야 한다.

조선의 철도는 국유 간선 예정 선로 가운데 가장 필요한 부분과 지선 일부분만 개통된 상태로, 내지와 비교해 볼 때 그 진척이 매우 느리다. 철도 보급은 산업과 문화 개발에 지대한 관계를 지닌다. 나아가 국운(國運)의 성쇠에 큰 영향을 미친다는 점은 더 이상 말할 필요가 없다. 그러므로 정부는 열의를 가지고 철도를 정돈하고 예정 계획 가운데 아직 완료되지 않은 부분의 공사에 조속히 착수해야 한다. 나아가 설비가 불완전하거나 수송력이 충실하지 않은 호남선(湖南線)과 같은 노선을 조속히 개량하고 국민의 희망에 의거하여 보조금이라는 특전을 제공해야 한다. 발달을 조장하고 있는 사설철도 회사가 신속하게 예정 계획을 실현할 수 있도록 여러 가지 조치의 집행을 희망한다.

- 주요 항만 가운데 개축(改築)과 육상 설비가 아직 완료되지 못한 부분을 조속히 완성하고 더불어 항구의 유지와 관련된 적극적 조치를 실시해야 한다.

정부는 조선 주요 항만의 개선에 크게 신경을 쓰고 있다. 거액이 투자되어 수축이 진행된 결과 부산, 인천, 진남포, 원산 등은 모두 면목을 일신했다. 올해에는 청진에 상당한 시설이 구축된다는 소식을 들었다. 나머지 항구 역시 기능을 충분히 발휘할 수 있도록 개선의 길을 강구하고 수로의 준설과 같은 항구 유지에 필요한 조치를 적극적으로 집행해 주기를 간절히 희망한다. 특히 이출 항구로서 군산의 가치는 이미 온 세상이 인정하는 바이다. 이입 상품의 판로는 매년 확장되어 현재 전라남북도, 충청남북도에 걸쳐서 상업의 상황이 나아지고 있다. 작년 10월부터 올해 3월까지 5개월 동안 쌀의 이출액은 43만 5,909석(石)에 이르고 이와 같은 추세면 1921년(大正 10) 중에 70만 석 이상이 이출될 것이다. 이후 농사개량을 통해 미곡이 증수될 때는 100만 석의 이출도 가능하다. 그러나 이처럼 우월성을 갖춘 상업 항구의 경우에도 헛되이 자연 그대로 방치된 상태이다. 하물며 최근의 경향인 대선거박주의(大船巨舶主義)는 항만에서 인공적 설비의 필요성을 한층 부각시키고 있다. 따라서 군산항 수축은 하루라도 등한시할 수 없는 진실로 필요하고 절실한 일에 해당한다. 당국에서 이 점을 특별히 배려해 주길 희망한다.

○ 원산상업회의소(元山商業會議所) 제출

- 산업 개발을 도모할 수 있는 적절한 교통망을 정비해야 한다.

① 철도의 지선 부설이 속히 충실하게 이루어져야 한다.

② 각지의 중추 시장 지역을 중심으로 오지까지 통하는 도로를 속히 개통하고 개수해야 한다.

③ 사설철도 회사를 합병하고 정부는 이 회사에 충분한 보호를 제공해야 한다.

산업 개발의 근본책으로서 교통의 정비가 급무라는 점은 재론할 여지가 없다. 현재 조선의 교통시설 상황을 보면 철도 부설과 도로 설비는 모두 중앙에 몰려 있고 지방은 드물다. 조선 전체적으로 보면 반신불수의 상태이다. 따라서 오지의 산업은 광업, 임업, 농업을 불문하고 풍부한 자연의 보고가 교통기관이 아직 갖추어져 있지 않아서 개발이 이루어지지 않고 있다. 그리하여 중앙의 소위 본선을 연장해도 또한 이용할 수 있는 방도가 전혀 없다는 점은 아마도 당연한 귀착일 것이다. 최근 조선 각지에 걸쳐서 나타나는 다수의 사설 경편철도 부설계획은 진실로 기쁜 일이다. 그러나 도리어 그 성적을 보면 제대로 진척되는 사업은 단지 1~2개에 불과하고 아직 개시되지 않았거나, 혹은 개시에 앞서 계획이 포기되고 기존 회사가 해산되는 일이 대다수이다. 이처럼 사설 경편철도의 앞길은 우리 기대와 전혀 상반되는 결과를 야기한 상태이다. 즉 철도와 도로의 설비는 지방 산업의 개발에 무게중심을 두고 현재 헛되이 사장된 채 남겨진 풍부한 보고를 향하여 조속히 건설에 착수해야 하며, 산업 발흥의 도화선이 되어야 한다. 사설철도를 합병하여 기초를 강고히 하고 정부는 사업 진척에 필요한 충분한 보호를 제공해야 한다. 이것이 현재 가장 급무이다.

○ 진남포상업회의소(鎭南浦商業會議所) 제출

- 산업 개발의 측면에서 운수교통기관의 완비를 계획하기 위해서는 불완전한 축항을 급속도로 완성시켜야 한다.

산업 개발에 관한 계획 정책은 하나만 꼽기에는 불충분하지만, 제일 먼저 교통운수기관의 완비를 도모하는 일은 산업정책에서 가장 중요한 사항으로 행정기관의 담당자가 하루라도 소홀히 할 수 없는 관련 정책상의 필요조건이다. 생산지와 교통기관은 산업 개발의 2대 요소로서 아무리 풍부한 생산지를 소유하더라도 운수교통기관이 발달되지 않은 곳에서는 산업 개발을 기약할 수 없다. 산업과 교통의 관계는 그만큼 밀접하고 생사를 함께하는 성질을 가진다. 그러므로 산업이 부재하면 교통도 없고 교통을 정비하지 않고서는 산업의 발달을 도모할 수 없다. 조선은 산업의 제1 요소인 생산지의 경우 광대한 경작지와 산야, 풍부한 광산, 무진장의 수산, 기타 여러 종류의 원료 산출과 같이 너무 많아서 일일이 셀 수가 없을 지경이다. 그런데 제2 요소인 운수교통기관은 실로 미미한 수준이다. 겨우 종관철도 하나와 2~3개의 지선만 있을 뿐이다. 해로(海路)도 고작 2~3개의 완비된 항만만 존재한다. 일례를 들면 서선(西鮮)[50]의 유일한 개항장인 진남포항은 매년 약 20만 엔이라는 많은 비용을 투여하여 끊임

50 한반도 서북부 지역을 가리키는 개념으로서 황해도, 평안남도, 평안북도를 통칭하는 용어이다.

없이 준설 작업을 진행하고 있지만, 축항이 불완전한 탓에 중대한 사명을 수행하기에 역부족이다. 이는 조선의 산업 개발이라는 측면에서 일대 결함이라고 할 수 있다. 불완전한 축항의 완성을 도모하는 일은 서선 일대는 물론 만몽(滿蒙)[51]의 산업 개발상 최대의 급무이다.

○ 부산상업회의소(釜山商業會議所) 제출

- 각종 산업의 개발을 위해서 빠뜨릴 수 없는 교통시설과 관련하여 다음에 열거하는 사항을 빠르게 실시하는 것이 당면한 과제로서 요구된다.

① 철도 운임의 저감, 영양선(營養線)인 지방 사설철도망의 완성과 그것의 합동·통일에 대한 철저한 정책을 강구하여 지방 산업의 개발에 노력한다.

② 남선(南鮮)[52]과 상하이 사이에 명령항로를 개시하여 대중국 무역의 발전을 도모한다.

○ 조선식산은행(朝鮮殖産銀行) 제출

- 교통 정비.

특히 관영·민영 철도의 속성과 항만의 개량, 해운의 발전

(2) 제국철도협회(帝國鐵道協會)의 조사회

제국철도협회가 조선철도망조사위원회를 신설하여 조선철도의 보급·발달·촉진에 관한 조사를 시작한 시기는 1924년(大正 13)부터이다. 조사 사항은 아래의 세 가지였다.

1. 조선의 철도망 조사
2. 조선의 철도경영개선책
3. 조선의 철도보급 속진안(速進案)

51 만주와 몽고 지역을 통칭하는 용어이다.

52 한반도 남부 지역을 가리키는 개념으로서 전라북도, 전라남도, 경상북도, 경상남도를 통칭하는 용어이다.

위원은 가사이 아이지로(笠井愛次郎) 박사 이하 17명이었다. 조사 기간은 1년이었다. 위원회가 개최된 횟수는 실로 40여 회에 이르렀다. 신중한 심의를 마치고 이시카와 신조(石川眞三) 위원과 나가오 에이타로(長尾榮太郎) 조사촉탁은 몸소 조선으로 건너가 실지에서 연구와 조사를 진행함과 동시에 각 방면의 의견을 청취했다. 한편 참모본부, 조선총독부, 조선상업회의소연합회, 조선철도협회(朝鮮鐵道協會), 기타 단체의 원조와 찬동을 얻어 굉장히 노력한 결과 1925년(大正 14) 12월 대략적인 내용이 결정되었다. 이로써 1926년(大正 15) 2월 내각총리대신, 관계 대신, 참모장, 조선총독에게 다음과 같은 건의서가 전달되었다.

〈조선철도의 보급과 촉진에 관한 건의〉

철도 보급이 국운의 진척과 문화의 발달에 중대한 관계가 있다는 점은 재론할 나위가 없다. 돌이켜 보면 1910년(明治 43) 일한병합(日韓併合)을 실시한다는 황송한 조서(詔書)가 널리 반포되어 병합의 광대한 계획(宏謨)과 민중에 대한 위무(綏撫), 문물을 개발하겠다는 성스러운 뜻을 뚜렷이 한 이래 15년이 지났다. 그간의 시정(施政)을 통해 인문이 날로 진보되고 산업의 발달에 주목할 만한 점이 있지만, 그럼에도 불구하고 여전히 민도는 낮고 산업 조직은 유치한 상태이다.

일한병합의 광대한 계획을 발양시키기 위해서는 조선의 문물 개발에 가장 필요한 철도를 적절하게 보급해야 한다. 그런데 조선철도는 1900년(明治 33) 경인선(京仁線) 개통 이래 이십 수년이 흐른 지금에 이르기까지 그 연장이 관설과 사설을 합하여 겨우 1,770여 마일(2,848.5km)이고 매년 평균 연장은 38마일(61.2km)에 불과하다. 이것을 토지 면적에 비교하면 조선은 100방리(方里)당 12.3마일(19.8km)인 반면에 혼슈(本州) 59.5마일(95.8km), 홋카이도 28.2마일(45.4km), 대만 35.3마일(56.8km)이다. 인구 10만 명당으로 관찰하면 조선의 9마일(14.5km)에 대비하여 혼슈 15.7마일(25.3km), 홋카이도 64.8마일(104.3km), 대만 20.6마일(33.2km)이다. 면적과 인구의 비교를 통해 조선의 철도 보급이 얼마나 미진한지를 충분히 엿볼 수 있다.

그러나 조선은 농산, 광산, 임산, 수산의 측면에서 거대하고 풍부한 자원이 존재하고 그것의 개척, 중국과 소련 무역 및 만몽에 대한 책략과 같이 기타 지리적 관계에서 우월하다. 이러한 사실에 비추어 국가 백년의 대계를 수립하고 여기에 순응하는 제반 시설을 구축해야 한다. 그중에서 철도 보급은 현재 가장 중요한 사항이다. 이에 본 협회는 이사회의 결의에 따라서 별지와 같은 결의, 이유서와 함께 선로 도면을 첨부하여 건의하는 바이다.

제국철도협회 회장 구니사와 신베에(國澤新兵衛)

내각총리대신 와카쓰키 레이지로(若槻禮次郎)
대장대신 하마구치 오사치(濱口雄幸)
육군대신 우가키 가즈시게(宇垣一成)[53]
외무대신 남작 시데하라 기주로(幣原喜重郎)
해군대신 다카라베 다케시(財部彪)
철도대신 센고쿠 미쓰구(仙石貢)
참모총장 가와이 미사오(河合操)
조선총독 자작 사이토 마코토(齋藤實)[54]

〈조선철도에 관한 조사위원회 결의〉

1. 조선의 가장 요긴하고 중요한 철도를 국유로 경영한다는 근본 방침을 세운다.
2. 정부는 속히 조선의 철도 부설에 관한 법률을 제정한다.
3. 정부는 기존 예정 계획(이미 예산이 확정된 것) 이외에 전항의 「조선철도부설법」에 따라 2,100여 마일(3,379.6여 km)의 철도를 향후 18년 이내에 부설한다.
4. 정부는 제1항 방침에 기초하여 요긴하고 중요한 사설철도를 점차적으로 매수한다.

---

53 군인이자 정치가이다. 육군대학을 졸업하고 4차례에 걸쳐 육군대신을 지냈다. 1927년 제4대 조선총독으로 잠시 재직했고 1931년부터 1936년까지 제7대 총독을 역임하면서 농촌진흥운동을 추진했다. 1938년에는 외무대신 겸 척식대신에 부임했다. 패전 이후 참의원선거에 나와 당선이 되었다(네이버 한국근현대사 사전, 이하 동일).

54 군인이자 정치가이다. 해군병학교를 졸업하고 미국에 유학했다. 해군대신을 비롯하여 5대 내각에 재직했다. 1919년부터 1927년까지 조선 총독을 역임하면서 이른바 문화정치를 실시했다. 제네바 군축회의 전권위원을 지내고 돌아와서 1929년부터 1931년까지 다시 총독에 재직했다. 1932년 거국일치 내각을 조직하여 수상에 취임했다. 1936년 '2·26사건' 때 암살을 당했다.

5. 정부는 현행 「조선사설철도보조법」의 8분 보조금을 개정하여 1할(割)로 하고 미완성 노선의 속성을 도모한다.

〈부대 결의〉

정부는 제3항의 18년부설계획의 진척에 따라 동반될 수송량의 증가를 고려하여 경부선(京釜線), 경인선, 경의선(京義線)을 점차 복선화한다.

〈1925년(大正 14) 12월 현재 관설철도 예정 계획 노선과 건설비 조사〉

[단위: 척(呎), km, 엔]

노선명	궤간	구간		거리	건설비	1리당 건설비	기사
		기전	종점				
하동-나주선	4.85	하동	삼영	181.9	18,080,000	160,000	순천, 장흥, 강진, 영암 통과
마산-송정리선	4.85	진주	담양	154.5	12,480,000	130,000	하동, 원촌 통과
원촌-이리선	4.85	원촌	이리	91.7	7,296,000	128,000	본 구간 중에 사설철도 협궤로 된 기존 이리와 전주 구간을 광궤로 개축
마산-대구선	4.85	마산	대구	91.7	10,730,000	185,000	창녕 통과
경성-대구선	4.85	청량리	대구	391.1	52,488,000	216,000	양평, 여주, 충주, 안동, 의주 통과
대구-경주선	4.85	대구	서악	67.6	6,300,000	150,000	영천 통과 본 구간 중에 사설철도 협궤로 된 기존 부분을 광궤로 개축
김천-안동선	4.85	점촌	예천	24.1	1,725,000	115,000	본 구간 중에 사설철도 기존 부분부터 우선 건설
조치원-충주선	4.85	청안	충주	46.7	3,915,000	135,000	위와 같음
천안-장호원선	4.85	안성	장호원	38.6	2,670,000	115,000	위와 같음
천안-군산선	4.85	광천	군산 대안	72.4	6,030,000	134,000	위와 같음
원산-부산선	4.85	갈마	부산진	629.3	70,380,000	180,000	통천, 고성, 강릉, 삼척, 맹덕, 경주, 울산, 동래 통과
경성-강릉선	4.85	양평	강릉	199.6	45,880,000	370,000	횡성 통과
평양-강계선	4.85	자산	강계	247.8	46,200,000	300,000	순천, 개천, 희천 통과

개천-벽동선	4.85	개천	벽동	157.7	24,500,000	250,000	영변, 운산, 온정 통과
함흥-만포진선	4.85	함흥	만포진	278.4	55,360,000	320,000	고토리, 장진, 강계 통과 본 구간 중에 사설철도 협궤로 된 기존 부분을 광궤로 개축
장진-혜산진선	4.85	장진	혜산진	202.8	38,430,000	305,000	갑산 통과
길주-혜산진선	4.85	길주	혜산진	146.5	19,565,000	215,000	합수 통과
고무산-무산선	4.85	고무산	무산	62.8	8,190,000	210,000	본 구간 중에 사설철도 협궤로 된 기존 부분을 광궤로 개축
회령-훈융선	4.85	회령	훈융	112.7	15,400,000	220,000	위와 같음
수성-훈융선	4.85	도동	훈융	201.2	22,500,000	180,000	부거, 지경, 웅기, 경흥, 신아산, 고건원 통과
나진-상삼봉선	4.85	후창	상삼봉	93.3	17,400,000	300,000	
계				3495.5	485,609,000		

※ 비고

1. 본 표에 게재된 거리와 건설비는 도면을 통해 대략적으로 추정한 수치이다. 건설비는 철도의 신속한 보급을 도모한다는 취지 아래에서 가능한 한 경제적으로 건설한다는 가정에 기초하여 계상했다.
2. 선로에서 최고로 급격한 경사도(勾配, 구배)는 50분의 1, 최소 곡선의 좁은 길은 15쇄(鎖)를 기준으로 했다. 그러나 부득이한 경우에 한하여 경사도 40분의 1, 곡선 13쇄까지 허용한 구간도 있다.
3. 거리와 건설비 가운데 현재 사설철도의 선로에 해당하는 부분은 회사에서 작성한 수치를 인용했다.
4. 선로는 남쪽부터 북쪽까지 도면의 순서에 따라서 기재했다. 건설 기간에 관한 부분은 생략했다.

이 조사 발표는 조야(朝野)의 식자에게 조선의 철도문제에 대한 많은 이해를 제공했다. 구니사와 제국철도협회 회장, 오카다(岡田) 조선철도협회 회장, 와타나베(渡邊) 조선상업회의소연합회 회장은 한발 나아가 귀족원과 중의원 의원의 양해를 구하고자 제국호텔에 그들을 초대하여 건의안을 상세히 설명했다. 이에 이 자리에 초대된 의원의 찬동을 얻어 마침내 양원(兩院)에 건의안이 제출되었다. 우리는 12년계획이 성립될 수 있었던 대부분의 공은 실로 제국철도협회에게 있다는 점을 단언한다. 조사위원의 이름은 다음과 같다.

〈조선철도에 관한 조사위원〉(○은 특별위원, 이름순)

- 위원장 : 가사이 아이지로(笠井愛次郎)

- 위원 : ○이리에 가이헤이(入江海平), ○이시카와 신조, 니모토 시카노스케(新元鹿之助), 오자와 신노스케(小澤信之甫), 오이타 도라오(種田虎雄), 오카노 노보루(岡野昇), 와타나베 오

사무(渡邊修), ○다니구치 모리오(谷口守雄), 다카기 마쓰타로(高木益太郎), 다케시 와사부로(武和三郎), 나카가와 쇼자(中川正左), 구니사와 신베에, 아리타 간지로(有田寬治郎), ○사타케 산고(佐竹三吳), ○스기모토 요시아키(杉本義朗), ○스즈키 도라히코(鈴木寅彦)

- 조사촉탁 : 나가오 에이타로

(3) 제51 의회와 건의안

정부 요로에 대한 건의안 제출은 앞서 설명한 바와 같다. 이후 중의원에는 1926년(大正 15) 3월 15일 마키야마 고조(牧山耕藏) 이하 15명 명의로 건의안이 제출되었고 모토다 하지메(元田肇) 이하 146명의 찬성을 얻었다. 귀족원에는 같은 달 23일 후쿠하라(福原) 남작 이하 5명 명의로 발의되어, 책임자 고노에(近衛) 공작 이하 38명의 서명 아래에 제출·상정되었다. 그 전문은 다음과 같다.

〈조선의 철도 보급과 촉진에 관한 건의안〉

다음의 성규(成規)에 의거하여 제출한다. 1926년(大正 15) 3월 15일

○ 제출자

마키야마 고조, 다카기 마쓰타로, 마쓰다 겐지(松田源治), 가와사키 스케타로(河崎助太郎), 마쓰야마 쓰네지로(松山常次郎), 유아사 본페이(湯淺凡平), 야마모토 조타로(山本条太郎), 사토 준조(佐藤潤象), 니시 에이타로(西英太郎), 가와하라 모스케(川原茂輔), 혼다 데이지로(本多貞次郎), 다나카 유즈루(田中讓), 요코야마 긴타로(橫山金太郎), 미노우라 가츤도(箕浦勝人), 노다 슌사쿠(野田俊作)

○ 찬성자

모토다 하지메, 야마시타 다니지(山下谷次), 이시하라 쇼타로(石原正太郎), 도미타 겐노스케(富田愿之助), 야마야 도쿠지로(山谷德治郎), 마에다 후사노스케(前田房之助), 히라야마 다메노스케(平山爲之助), 가네마쓰 도라타로(兼松寅太郎), 사사키 하루사쿠(佐佐木春作), 모리 하지메(森肇), 하라다 사노지(原田佐之治), 노리모토 나오쓰네(則元由庸), 요시즈 와타루(吉津度),

이시자카 도요카즈(石坂豊一), 고구레 부다유(木暮武太夫), 시무라 세이엔몬(志村清右衛門), 오이시 마사루(大石大), 다카토리 슌사쿠(高鳥順昨), 나카무라 다카시(中村巍), 가와카미 데쓰타(河上哲太), 다카기 오토쿠라(高木音藏), 오조노 에이사부로(大園榮三郎), 다카기 다이시로(高木第四郎), 후쿠이 진조(福井甚三), 가토 구메시로(加藤久米四郎), 간자키 이사오(神崎勳), 후루카와 기요시(古川清), 미와 이치타로(三輪市太郎), 나카야마 사다오(中山貞雄), 가토 료고로(加藤鐐伍郎), 오타케 겐지(大竹謙治), 후지타 가네스케(藤田包助), 구라모토 요이치(倉元要一), 나카무라 시로베에(中村四郎兵衛), 나가미네 요이치(長峰與一), 시미즈 이치타로(清水市太郎), 마쓰모토 신페이(松本眞平), 나카무라 세이조(中村清造), 가토 지세이(加藤知正), 호시 렌페이(星廉平), 나가이 사쿠지(永井作次), 미야자키 도모타로(宮崎友太郎), 이노우에 도라지(井上虎治), 아보 요조(安保庸三), 요시다 신사쿠(吉田眞策), 하라다 도지로(原田藤次郎), 나카무라 가주(中村嘉壽), 가시와다 다다카즈(柏田忠一), 사카키바라 쓰네타케(榊原經武), 니시카타 도시마(西方利馬), 우부카타 다이키치(生方大吉), 다나카 류조(田中隆三), 데라다 이치마사(寺田市正), 노무라 지사부로(野村治三郎), 시노하라 와이치(條原和市), 오시마 요조(大島要三), 누마타 가이치로(沼田嘉一郎), 이케다 가메지(池田龜治), 도고 미노루(東鄕實), 이데 시게사부로(井出繁三郎), 혼다 요시나리(本田義成), 우라야마 스케타로(浦山助太郎), 나카바야시 도모노부(中林友信), 다카미 유키미치(高見之通), 모리타 마사요시(森田政義), 구마가이 고에몬(熊谷伍右衛門), 후지카와 세이스케(藤川清助), 미야모토 이쓰조(宮本逸三), 오리하라 미이치로(折原己一郎), 히라타 다미노스케(平田民之助), 이사카 도요미쓰(井坂豊光), 사쿠라우치 유키오(櫻內幸雄), 기요미즈 나가고(清水長鄕), 지바 미야지로(千葉宮次郎), 나카무라 게이지로(中村啓次郎), 사사키 야스고로(佐佐木安伍郎), 다자키 노부조(田崎信藏), 오쿠노 고시로(娛野小四郎), 우메다 간이치(梅田寬一), 시바 야스이치로(志波安一郎), 오노 도라키치(小野寅吉), 야마구치 사이치(山口左一), 노하라 다네지로(野原種次郎), 세키 나오히코(關直彦), 다니하라 이사오(谷原公), 오지마 젠사쿠(小島善作), 다구치 분지(田口文次), 쓰쓰미 세이로쿠(堤清六), 도미나가 고타로(富永孝太郎), 기요세 이치로(清瀨一郎), 가네미쓰 쓰네오(金光庸夫), 야기 이쓰로(八木逸郎), 고바시 이치타(小橋一太), 쓰치야 세이사부로(土屋清三郎), 바바 요시오키(馬場義興), 마스다 기이치(增田義一), 오아사 다다오(大麻唯男), 단게 모주로(丹下茂十郎), 이케다 야스치카(池田泰親), 오자키 유키오(尾崎行雄), 마쓰야마 가네사부로(松山兼三郎), 야마구치 마사지(山口政

二), 하라다 주에(原田十衛), 우라노 노리아키(浦野謙朗), 진 군키치(陣軍吉), 구로다 아키라(畔田明), 이시카와 조에몬(石川長右衛門), 고야 미쓰오(小屋光雄), 요시마쓰 주케(吉松忠敬), 마쓰우라 고베에(松浦伍兵衛), 이와키리 시게오(岩切重雄), 나가타 신노조(永田新之允), 오카다 유타카(岡田温), 무토 가몬(武藤嘉門), 사토 주엔(佐藤重遠), 가네다 히데오(兼田秀雄), 구라소노 산시로(藏園三四郎), 반도 고타로(坂東幸太郎), 사기노 고메고로(鷺野米伍郎), 나가오카 가이시(長岡外史), 마에다 겐호(前田兼寶), 미야지마 미키노스케(宮島幹之助), 쓰자키 나오타케(津崎尚武), 무토 산지(武藤山治), 모리타 긴조(森田金藏), 사사키 헤이지로(佐佐木平次郎), 고다마 사네요시(兒玉實良), 사카키다 세이베에(榊田清兵衛), 기시모토 가쇼(岸本賀昌), 지바 사부로(千葉三郎), 고바야시 기요타(古林喜代太), 마에노 요시조(前野芳造), 이노리 시게시로(禱苗代), 호리 요시유키(堀喜幸), 기보 세이세이(宜保成晴), 오시로 고노이치(大城幸之一), 가미무라 기치로(神村吉郎), 고바야시 야로쿠(小林彌七), 우에바 하카루(植場平), 하라 후지로(原夫次郎), 후모토 스미요시(麓純義), 구리바야시 고사쿠(栗林伍朔), 우에하라 요시오(上原好雄), 오가와 고타로(小川鄉太郎), 마루야마 나미야(丸山浪彌), 하야시다 가메타로(林田龜太郎)

〈조선의 철도 보급과 촉진에 관한 건의〉

현재 동양의 정세에 비추어 조선의 통치, 국방, 경비, 산업의 진흥과 문화의 개발을 위해서는 조선철도의 보급·촉진이 필요하다. 정부가 다음 사항을 속히 실행해 주기를 희망한다.

① 조선의 주요한 철도를 국유로 경영한다는 근본 방침을 수립하고 중요한 사설철도를 점차 매수한다.
② 조선의 철도 부설에 관한 법률을 제정하고 예산이 확정된 기존 결정 계획 이외에 약 2,000마일(약 3,219km)의 철도 부설을 이후 18년 이내에 완성한다는 계획을 확립한다.
③ 현행 「조선사설철도보조법」의 8분 보조를 개선하고 미완성의 속성을 도모한다.

〈조선의 철도 보급과 촉진에 관한 건의안 이유〉

① 돌아보건대 1910년(明治 43) 일한병합이 시행되자 천황께서 황송스러운 조서를 반포하시어, 병합의 광대한 계획과 함께 민중을 어루만지시고 문물을 개발하신다는 성지(聖旨)를 선명히 하신 이래, 해를 거듭하여 16년이 흘러 구태(舊態)가 크게 개혁되었다. 그런데도 아직 격화소양(隔靴搔癢)[55]의 감이 없지 않다. 일한병합의 광대한 계획을 발양시키기 위해서는 조선의 산업을 적절히 진흥시키고 문화를 보급하며, 생활을 개선하고 혼연일체가 되어서 조선 민중이 편안하게 살 수 있도록 만들어야 한다.

② 조선에 긴급히 실시해야 할 것은 네댓 가지에 머물지 않을 것이다. 그중에서 가장 시급한 부분은 철도의 보급이다. 조선의 철도는 1900년(明治 33) 경인선 개통 이래 이미 20여 년이 경과했음에도 불구하고 그 연장은 관·사설을 합하여 겨우 1,770여 마일(약 2,848.5km)이다. 매년 평균 연장은 38마일(61.2km)에 불과하다. 이것을 토지 면적에 대비하면 조선은 100방리당 12.3마일(19.8km)이지만, 혼슈는 59.5마일(95.8km), 홋카이도는 38.2마일(61.5km), 대만은 35.3마일(56.8km)이다. 이것을 인구와 대비하면 조선은 10만 명당 9마일(14.5km)인 반면에 혼슈는 50.7마일(81.6km), 홋카이도는 64.8마일(104.3km), 대만은 26.6마일(42.8km)이다. 이러한 비교를 통해 조선의 철도 보급이 얼마나 지체되었는지를 충분히 엿볼 수 있다.

③ 조선의 철도는 통치, 국방, 경비, 식산, 흥업, 문화의 개발 등 중요한 국책(國策)과 지대한 관계가 있거나, 아니면 중요 국책의 중추적인 지위를 차지한다. 그러므로 철도는 단순히 철도 자체의 이익 계산에 의해서 말할 수 없다. 가령 철도의 채산만으로 이익이 발생하지 않더라도 국책의 관점에서 고찰하여 필요한 철도는 부설해야 한다. 간선과 지선이 서로 맞물려 보완되는 철도망을 만들고 사통팔달이 이루어지는 교통기관의 체제를 정비하여 통치의 보편, 국방의 충실, 경비의 확실, 산업의 진흥, 문화의 개발을 도모하지 않으면 안 된다. 이 목적을 달성하기 위해서는 조선의

---

55 신발을 신은 채 가려운 곳을 긁는다는 뜻으로, 일을 하느라고 애는 무척 쓰되 정곡을 찌르지 못하여 안타까움을 비유한 말이다.

중요한 철도의 경우 이를 국유로 경영한다는 근본 방침을 수립할 필요가 있다.

④ 조선의 중요 철도를 완성하는 데에는 장래 부설이 필요한 선로를 선정하고 순차적으로 건설한다는 방침을 확립할 필요가 있다. 철도와 같이 비교적 장기간에 걸쳐서 많은 경비를 투자하고 일정 계획 아래에서 순차적으로 착수해야 하는 계속사업은 당국자의 의향에 따라 여러 번 변경될 수 있기 때문에 「조선철도부설법」을 제정해야 한다. 조선의 관설철도는 기존 결정 계획 선로로 겨우 238마일(383km)을 보유하고 있을 뿐이다. 그렇지만 조선 개발상 가장 긴급히 건설해야 할 부분은 기존 결정 계획 선로 이외에도 2,200~2,300마일(3,541~3,701km)에 달한다. 이 양자의 부설은 현재 상황에 비추어 유감없이 완료되어야 한다.

⑤ 조선의 철도는 창시 이래 20여 년이 지났음에도 그 연장은 앞서 설명한 바와 같이 관·사설을 합하여 1,770여 마일(약 2,848.5km)에 지나지 않는다. 게다가 경부선과 경의선은 일로전역(日露戰役)[56] 때 군사상의 목적에 따라서 급히 부설된 것이고 평상시에는 매년 겨우 30마일(48.3km) 내지 50마일(80.5km)이 연장되고 있다. 그렇지만 철도의 개통이 조선의 산업 개발에 공헌한 바는 결코 적지 않다고 말할 수 있다.

⑥ 산업의 측면에서 일한병합 당시와 현재를 비교하면 그 대종(大宗)인 쌀은 5할, 즉 500만 석이 증가했고 매년 내지에 400만 석 이상이 이출되는 성황을 보인다. 대·소두, 잡곡 등의 생산액은 대략 6할이 증가했다. 기타 광산, 임산도 가격 측면에서 실로 20여 할이 늘어났다. 이는 시세의 진전에 기인한 바이지만, 철도가 산업 개발에 미친 공도 결코 적지 않다. 또한 이후 개발이 요구되는 압록강, 두만강 유역의 약 9억 척체(尺締)에 이르는 원시림의 목재, 2,000여 광구의 금·은·동·철과 기타 중요 광물, 그 매장량이 수십억 톤이라 칭해지는 북선(北鮮)[57] 지방의 석탄과 각지에 산재한 우량한 무연탄 등 거액에 이르는 대부원(大富源)의 개척, 특히 최근 조선총독부의 계획에 속하는 쌀 1,000만 석의 증산은 그것의 반출과 이동에 필요한 수송기관을 완비하지 않으면 효과를 온전히 거둘 수 없다. 이와 같이 철도 부설이 필요할

---

56 1904년부터 1905년까지 만주와 한국의 지배권을 두고 러시아와 일본이 벌인 러일전쟁을 지칭하는 일본식 표현이다.

57 한반도 동북부 지역을 가리키는 개념으로 함경남도와 함경북도를 통칭하는 용어이다.

지라도 많은 곳에 국비를 사용하는 현재 상황에 비추어 긴 거리의 철도 부설은 역시 어려운 일이다. 따라서 조선의 국방과 산업 개발의 측면에서 고찰하여 238마일(383km)인 기존 결정 계획 선로와 더불어 최소한 2,000마일(3,219km)을 정부 사업으로서 이후 18년 동안 부설하는 것은 시의적절한 일이라고 할 수 있다.

⑦ 조선의 중요한 철도를 국유로 경영한다는 본의에 따라 주요 지점을 점유한 사설철도를 필요에 따라서 매수하여 국유로 만들어야 한다. 국유철도와 병행하거나, 혹은 접속되는 사설철도의 합병은 교통 계통의 정비와 자금 절약이라는 측면에서 필요한 작업이다. 정부는 예정선의 부설에 동반하여 여기에 해당하는 사설철도를 마땅히 매수해야 한다.

⑧ 조선의 지방 산업 진흥은 첫째로 지방적 특색을 가진 사설철도의 보급과 발달에 의하지 않으면 안 된다. 비록 일찍부터 조선총독부가 열의를 가지고 사설철도의 보급을 장려하고 있을지라도 연장은 지지부진한 상태이고 예정된 효과를 거두지 못했다. 원인은 한두 가지가 아니지만, 주된 요인은 자금의 결핍이다. 내지의 사설철도는 지방의 유력자, 혹은 사업관계자에 의해서 계획되므로 투자에 대한 수익 이외에 연선(沿線)의 발전을 통해 간접적 이익을 향유한다. 그러나 조선의 사설철도는 내지와 사정이 달라서 어떠한 간접적 이익도 얻을 수 없다. 단지 투자에 대한 이윤 획득을 목적으로 하는 데에 불과하다. 사설철도에 대한 보조법이 있지만, 영업 성적은 수년이 흘러도 개업 당초와 큰 차이가 없으므로 '보조 기간이 만료되면 배당이 격감하지 않을까, 혹은 결손이라는 비참한 상태에 빠지지 않을까' 하는 앞길에 대한 걱정이 자리를 잡고 있다. 이뿐만 아니라 투자자의 대부분은 조선 사정에 밝지 않은 내지에 거주하는 사람들로, 영업이 전개되는 지방과의 관계가 희박하다는 이유 등으로 인해 자금 조달에 어려움을 겪는 상황이다. 궁여지책으로 사채와 차입금을 통해 선로 연장에 나서는 경우가 많다. 그런데 금리는 대개 연리 9분 내지 1할 이상이지만 철도업자는 겨우 8분의 보조를 받는다. 따라서 자금 융통을 통해 선로를 연장하는 일은 대개 불가능에 가깝다. 나아가 이 사채와 차입금에는 제도적 제한이 있지 않은가. 만약 이대로 현상을 방임하면 관·사설의 기성 선로를 배양해야 할 미완성된 사설철도의 완성은 도저히 기약할 수 없는 지경에 이를 수밖에 없다.

그러므로 주주가 용이하게 주금(株金)을 불입할 수 있도록 하고 사채와 차입금의 조달을 쉽게 해 주는 일은 사설철도의 순조로운 경영을 통한 사설철도의 보급을 기대할 수 있게 만들 뿐만 아니라 국유철도의 수익 증가까지 초래한다. 현행 8분의 보조 비율을 증가시키는 방법 이외에 다른 길은 없다. 앞서 설명한 목적을 달성하기 위해 이러한 보조 비율 증가와 같은 것은 실로 가벼운 희생이라고 말해야 할 것이다.

바로 이것이 본안을 제출하는 까닭이다.

〈조선의 철도 보급과 촉진에 관한 건의안〉

귀족원규칙 제69조에 의거하여 건의안을 제출한다. 1926년(大正 15) 3월 23일

○ 발의자

아사다 도쿠노리(淺田德則), 남작 후쿠바라 도시마루(福原俊丸), 야마노우치 가쓰지(山之內一次), 니시쿠보 히로미치(西久保弘道), 사타케 산고(佐竹三吳)

○ 찬성자

공작 고노에 후미마로(近衛文麿), 후지타 시로(藤田四郎), 자작 호시나 마사아키(保科正昭), 스에노부 미치나리(末延道成), 고마쓰 겐지로(小松謙次郎), 백작 마쓰라 아쓰시(松浦厚), 미나미 히로시(南弘), 이누쓰카 가쓰타로(犬塚勝太郎), 요코야마 아키라(橫山章), 남작 후지무라 요시로(藤村義朗), 자작 마키노 다다아쓰(牧野忠篤), 나가타 히데지로(永田秀次郎), 이시즈카 에이조(石塚英藏), 후작 사사키 유키타다(佐佐木行忠), 하라 야스타로(原保太郎), 자작 하치조 다카마사(八條隆正), 후지야마 라이타(藤山雷太), 남작 후나코시 미쓰노조(船越光之丞), 자작 아오키 노부미쓰(青木信光), 구라치 데쓰키치(倉知鐵吉), 자작 우라마쓰 도모미쓰(裏松友光), 가나스기 에이고로(金杉英伍郎), 남작 마쓰오카 긴페이(松岡均平), 자작 마에다 도시사다(前田利定), 오카다 분지(岡田文次), 와다 히코타로(和田彦太郎), 후작 나카노미카도 쓰네야스(中御門經恭), 하시모토 게이사부로(橋本圭三郎), 자작 와타나베 지후유(渡邊千冬), 니시오 겐(西

野元), 우치다 가키치(內田嘉吉), 백작 야나기사와 야스토시(柳澤保惠), 이노우에 준노스케(井上準之助), 아라카와 기타로(荒川義太郎), 나가타 진스케(永田仁助), 남작 이케다 나가야스(池田長康), 자작 오코우치 마사토시(大河內正敏), 바바 에이이치(馬場鍈一)

귀족원 의장 공작 도쿠가와 이에사토(德川家達) 귀하

〈조선의 철도 보급과 촉진에 관한 건의〉

조선의 산업 진흥, 문화 개발, 국방과 경비를 위해서 철도의 보급과 촉진을 더욱더 도모하는 일은 자못 긴요하다. 정부는 속히 철도망의 조사를 완료하고 철도의 부설 계획을 수립해야 한다. 동시에 사설철도의 조장과 발달에 대한 유효적절한 방책을 강구하길 희망한다. 이에 다음을 건의한다.

본 건의안이 중의원 마지막 회의에서 큰 분규가 일어나서 마침내 통과에 이르지 못한 사실은 진실로 유감스럽다. 그러나 귀족원에서는 사타케 산고가 설명의 책임을 맡아서 전원일치의 찬성을 얻었다. 본디 귀족원은 구성의 성격상 건의안 제출이 매우 중요시되며, 상정을 쉽게 허락하지 않는다. 그런데 본안이 귀족원에 특별히 상정되어 전원일치로 가결되었다는 점과, 비록 중의원에서 통과의 문턱을 넘지 못했지만 정파를 초월하여 160여 명의 찬성자를 확보했다는 점은 조선철도망계획의 전초전으로서 매우 큰 성공이었다고 말하지 않을 수 없다.

(4) 촉진기성회의 창립

조선철도협회가 철도망완성계획에 간여하기 시작한 시점은 1926년(大正 15) 1월이었다. 발단은 조선철도협회 제3회 총회에서 와타나베(渡邊) 경성상업회의소 회두(會頭)가 '제국철도협회의 조선철도 기본 조사에 대한 상황 보고'를 한 것이었다. 이후 내선 양 협회의 합병설까지 대두된 이 문제는 결국 조선철도협회 내부에 조선철도망조사위원회가 설치되는 것으로 마무리되었다. 위원으로 촉탁된 사람은 다음과 같다.

닛타 도메지로(新田留次郎), 시키 신타로(志岐信太郎), 와타나베 사다이치로(渡邊定一郎), 아코다 다케고로(岡田竹伍郞), 와카소네 도고(若曾根當伍), 이토 리사부로(伊藤利三郞), 고다마 도요키(兒玉豊紀), 오카 도시오(岡俊雄), 무샤 렌조(武者鍊三), 다치카와 요시(立川芳), 온다 도요시(恩田銅吉), 와다 이치로(和田一郞), 이와사키 마사오(岩崎眞雄), 야마우치 이다이라(山內伊平), 동양척식주식회사(東洋拓殖株式會社)[58] 경성 주재 이사, 야마토 요지(大和與次), 마쓰나가 다쿠미(松永工), 이케가미 시게마사(池神重政, 간사 사무 촉탁)

위원회는 그 후 여러 차례 회합을 거쳐 다음과 같은 건을 결의했다.

① 철도망 조사는 총독부 철도국의 예상 선로 조사계획에 참가하고 함께 나아가기로 한다.
② 제국철도협회 안(案)에 기초하여 이 협회의 운동에 힘껏 협동하기로 한다.
③ 동상(東上)[59]위원을 선임하고 제국철도협회의 운동에 참가시킨다.
④ 도쿄에 거주하는 조선철도의 관계자도 위원으로 참가시킨다.

이외에 조사비와 운동 방법에 관한 결의가 이루어졌다. 도쿄에 거주하는 조선의 대표위원으로 다음과 같은 사람이 선정되었다.

이다 노부타로(飯田延太郞), 오자키 히로요시(尾崎敬義), 다치카와 요시, 야마모토 데이지로(山本悌二郞), 후쿠바라 도시마루, 미야가와 햐쿠타로(三宅川百太郞), 하세가와 다로키치

---

58 흔히 동척(東拓)으로 불린 동양척식주식회사는 1908년 조선에 대한 일본인의 농업이민계획에 의거하여 설립된 기관이다. 그러나 농업이민계획은 기대했던 성과를 거두지 못했고 동양척식주식회사는 대신 조선의 최대 지주로서 전라남북도, 황해도, 충청남도의 곡창지대를 중심으로 토지 경영에 집중하는 동시에 조선식산은행과 더불어 부동산금융에 주력했다. 1930년대 이후에는 군수공업화의 바람을 타고 광공업금융으로 진출하여 군수회사에 대한 자금 공급 역할을 수행했다. 동양척식주식회사와 관련해서는 다음의 연구가 참조된다. 河合和男·羽鳥敬彦·金早雪·松永達, 2000,『國策會社·東拓の硏究』, 不二出版; 黑瀨郁二, 2003,『東洋拓殖株式會社 : 日本帝國主義とアジア太平洋』, 日本經濟評論社.

59 제국의 수도로서 권력기관이 모여 있는 도쿄로 건너가서 권력의 핵심 수뇌부를 비롯한 유력 인사를 만나 조선과 관계된 여러 가지 문제를 해결하려고 하는 행동을 지칭하는 용어이다. 오늘날 '로비'와 유사하다고 할 수 있다. 동상은 주권이 부재한 식민지의 근본적인 한계 속에서 배태된 일종의 '정치적' 과정으로서 막대한 자금이 필요한 조선의 개발과 관련하여 부분적인 성과를 내기도 했지만, 대부분은 아무런 성과를 내지 못했다.

(長谷川太郎吉), 와타나베 가이치(渡邊嘉一), 나가노 후케(中野深), 마쓰다이라 나오히라(松平直平), 아키모토 도요노신(秋本豊之進), 스즈키 도라히코, 도조 쇼헤이(東條正平), 와타나베 오사무, 무로타 요시아야(室田義文), 마쓰야마 도라지로(松山虎次郎), 사토 준조, 스즈키 만지로(鈴木萬次郎), 오카와 헤이자부로(大川平三郎), 가다 나오지(賀田直治), 구보 요조(久保要藏), 마키야마 고조, 유게 고타로(弓削幸太郎), 오하시 신타로(大橋新太郎), 다케시 와사부로, 구로사와 메이쿠로(黑澤明九郎)

여기에 앞서 조선상업회의소연합회 대표 와타나베 사다이치로는 이 연합회의 오랜 요망이던 '조선 산업 개발의 4대 요목'을 달성하기 위해 기왕에 3년간 수십 회에 걸쳐 동상하여 정부와 기타에 맹렬한 운동을 전개하고 이미 산미증식계획과 관세 철폐안의 일부에 대해서는 효과를 거두고 실현시킨 바 있었다. 그러나 어항(漁港)의 설치와 철도문제는 아직 남아 있었다. 따라서 이번에는 오로지 철도문제에 정진하고자, 회의소와 조선철도협회를 대표하여 1926년(大正 15) 1월 말 이토 리사부로, 무샤 렌조, 시키 신타로, 아라이 하쓰타로(荒井初太郎) 등과 서로 앞서거니 뒤서거니 하며 동상해서 각 대신(大臣)을 방문하거나, 조야의 명사를 초대하여 양해를 구하거나, 정당의 간부를 내방하는 등 동분서주해 많은 성과를 거두고 2월에 조선으로 돌아왔다. 3월에 이르러 종래 제국철도협회가 주도하는 운동이었던 이 문제는 이 협회의 희망에 따라서 조선 측이 주체가 되어 활동이 지속되었다.

이후 일찍이 결정되어 있던 제국철도협회 선전반(宣傳班) 일행의 조선 시찰을 앞두고 1926년(大正 15) 4월 24일 경성상업회의소에서 철도망 보급 문제에 관한 지역 대표자의 간담회가 개최되었다. 경성, 목포, 군산, 원산, 인천, 평양, 대구의 각 상업회의소 회두, 조선토목건축협회(朝鮮土木建築協會), 조선공업회(朝鮮工業會), 조선광업회(朝鮮鑛業會), 조선철도협회의 대표, 기타 공직자, 신문과 통신의 관계자 등 70여 명이 참석하여 여러 가지를 협의했다. 그 결과 조선철도망속성기성회(朝鮮鐵道網速成期成會)의 창립이 결정되었다. 실행위원으로 다음 사람이 선정되어, 이를 계기로 전 조선 차원에서 이 문제에 정진하게 되었다.

조선철도협회, 조선공업회, 조선토목건축협회, 오무라 햐쿠조(大村百藏), 구기모토 도지로(釘本藤次郎), 와타나베 사다이치로(위원장), 요시다 히데지로(吉田秀次郎)

그 이후 7월에 와타나베는 재차 오무라 햐쿠조, 경성상업회의소 서기장 오무라(大村)[60]와 함께 동상하여 제국철도협회, 중앙조선회(中央朝鮮會)[61], 기타의 응원을 얻어 각 방면으로 운동을 전개했다. 그중에서 가장 유의미했던 일은 7월 12일 와타나베 사다이치로, 구니사와 신베에, 바바 에이이치의 명의로 귀족원과 중의원 의원, 중앙조선협회 간부, 조선에 관계 있는 주요 실업가, 기타 유력한 관민을 제국호텔에 초대한 것이다. 당일 모임에 참석한 사람은 120여 명에 달했다. 이때 바바가 먼저 간단히 연회를 개최한 이유를 말하면서 와타나베를 소개했고 와타나베는 조선의 개발상 철도망의 보급과 촉진이 필요한 이유를 설명하고 본 문제에 관한 동정과 지도를 부탁한다고 간청했다. 마지막으로 구니사와는 제국철도협회가 참모본부와 협력하여 1년 남짓에 걸쳐서 조선철도망의 조사를 수행한 경과를 이야기했고, 친히 조선 각지를 시찰한 결과 조선철도의 속성이 제국의 긴요한 시대적 임무라는 점을 재차 확인했다고 설명하면서 내빈에게 큰 감동을 주었다. 오쿠라(大倉) 남작은 내빈 일동을 대표하여 경부철도 관설에 관한 고심담에서 시작하여 조선의 문화와 산업 개발에 온 힘을 다해 협력하겠다는 의미의 인사말을 건넸다. 끝으로 주최자와 내빈 일동은 조선과 철도문제에 관하여 의논을 거듭했다. 당일 참석한 주요한 사람은 다음과 같았다. 이 모임을 통해 본 운동이 얼마큼의 유효한 결과를 얻게 되었는지는 참석자의 면면을 보면 명확히 알 수 있다.

오쿠다이라 마사야스(嫫平昌恭), 호조 도키유키(北條時敬), 호시나 마사아키, 쓰지 다로(辻太郎), 이시즈카 에이조, 무로타 요시아야, 야마노우치 가쓰지, 마코시 교헤이(馬越恭平), 고마쓰 겐지로, 사타케 산고, 후쿠바라 도시마루, 이데 시게사부로, 하타 도요스케(秦豊助), 도자와 다미주로(戶澤民十郎), 도미타 고지로(富田幸次郎), 오쓰 준이치로(大津淳一郎), 도고 미노루, 오조노 에이사부로, 오구치 기로쿠(大口喜六), 다케우치 사쿠헤이(武內作平), 다

60 오무라 도모노조(大村友之丞). 1871년생. 시마네현(島根縣) 마쓰에(松江) 출신. 1904년 러일전쟁이 발발하자 오사카아사히신문사 종군기자로 평양에 왔고, 1907년 10월부터 1909년 4월까지 동 신문사 경성특파원으로 근무했다. 같은 해 6월 이 신문사를 퇴직한 뒤 기쿠치 겐조, 아오야기 쓰나타로와 함께 한국 병합을 기념하여 조선연구회를 창립했다. 1913년 경성거류민단 의원에 당선되었고, 같은 해 12월 경성일본인상업회의소 서기장이 되었으며, 1915년 12월 경성상업회의소가 창립되자 서기장이 되었다. 이후 1930년까지 경성상업회의소 서기장으로 활동했다. 고려대학교 글로벌일본연구원 재조일본인 정보사전 편찬위원회, 2018, 『개화기·일제강점기(1876~1945) 재조일본인 정보사전』, 보고사, 430-431쪽 참고.

61 중앙조선협회(中央朝鮮協會)의 오기이다.

케우치 도모지로(竹内友治郎), 나가이 류타로(永井柳太郎), 후쿠하타 겐타로(隆旗元太郎), 아라카와 고로(荒川伍郎), 유아사 본페이, 사토 준조, 시바 데이키치(斯波貞吉), 시미즈 도메사부로(清水留三郎), 아베 미쓰이에(阿部充家), 오쿠라 기하치로(大倉喜八郎), 고쿠부 산가이(國分三亥), 다카스기 신(高杉晋), 구보 요조, 도리이 류조(鳥居龍藏), 이나가키 잇페이(稻垣乙丙), 핫토리 긴타로(服部金太郎), 니시무라 야스요시(西村保吉), 오타니 니헤이(大谷仁兵衛), 우도 요시오(有働良夫), 나카노 긴지로(中野金次郎), 구메 다미노스케(久米民之助), 기무라 유지(木村雄次), 스즈키 시마키치(鈴木島吉), 아루가 미쓰토요(有賀光豊), 이시이 미쓰오(石井光雄), 이케베 류이치(池邊龍一), 유키 도요타로(結城豊太郎), 마에야마 히사키치(前山久吉), 간다 라이조(神田鐳藏), 무라카미 겐지(村上賢二), 우치다 시게요시(内田茂吉), 가타오카 다쓰지로(片岡辰次郎), 스즈키 게이조(鈴木圭三), 난바 레이키치(南波禮吉), 다마쓰카 유타카(玉塚豊), 스기노 기세이(杉野喜精), 마에다 니헤이(前田二平), 와타나베 젠주로(渡邊善十郎), 노사카 도모유키(野阪共之), 유게 고타로, 구로사와 메이쿠로, 스즈키 만지로, 도조 쇼헤이, 가다 나오지, 아키모토 도요노신, 요코야마 신키(横山信毅), 미노베 슌키치(美濃部俊吉), 오카와 헤이자부로, 모리 기요시미기에몬(森清右衛門), 가사이 아이지로(笠井愛二郎)[62], 벳푸 우시타로(別府丑太郎), 오자와 신노스케, 오미치 류타(大道良太), 다니구치 모리오, 다케시 와사부로, 핫타 요시아키(八田嘉明), 네즈 가이치로(根津嘉一郎), 나카가와 쇼자, 마쓰노 지카쓰(松野千勝), 우에무라 슌페이(植村俊平), 니모토 시카노스케, 스기우라 소자부로(杉浦宗三郎), 후루카와 사카지로(古川阪次郎), 노무라 류타로(野村龍太郎)

전술했듯이 조선에서 기성회가 이미 성립이 되었지만 도쿄에 어떠한 근거도 없었기 때문에 운동의 연락을 비롯하여 여러 가지 불편이 발생했다. 그러므로 이후에는 각 방면의 양해를 얻어 도쿄에 조선철도촉진기성회를 창립하고 이것을 본부로 하고 조선을 지부로 변경했다. 7월 23일 제국호텔에서 발회식이 거행되었다. 이는 조선철도의 보급과 속성 촉진의 문제에서 다시 한발을 내디딘 것으로서 조선철도12년계획의 역사상 특필할 만한 일이었다. 촉진

62 문맥상 조선철도와 깊은 관련을 맺었고 제국철도협회 조선철도 조사위원장으로 활동했던 가사이 아이지로(笠井愛次郎)의 오기로 보인다.

기성회의 취지, 회칙, 역원은 다음과 같다.

〈조선철도촉진기성회의 취지〉

철도 보급이 국운의 진척과 민생의 복지로서 문화와 산업의 발전에 지대한 관계가 있는 점은 두말할 나위가 없다. 그런데 조선의 철도 보급 상태를 보면 1900년(明治 33) 경인선 개통 이래 25년이 흐른 오늘에 이르러 그 연장은 관·사설을 합하여 겨우 2,849여 km에 불과하다. 조선의 현상에 비하여 매우 불충분하다. 근래 조선의 문화와 산업 개발은 내외에 주목을 받고 있다. 일정한 방침과 철도망 계획에 기초하여 문화와 산업 개발의 선구인 철도의 보급과 촉진을 일치 협력해서 기도해야 한다. 이에 조선철도촉진기성회를 설립하는 바이다.

1926년(大正 15) 7월 발기인 대표

〈조선철도촉진기성회의 회칙〉

제1조 본회의 목적은 조선의 관·사설 철도망의 보급과 촉진을 도모하는 것이다.

제2조 본회의 명칭은 조선철도촉진기성회로 정한다.

제3조 본회의 본부는 도쿄시에, 지부는 경성부에 둔다.

제4조 본회의 회원이 되려는 사람은 회장의 승인을 얻어야 한다.

제5조 본회에 다음과 같은 역원을 둔다.

회장 1명, 상무위원 10명 이내, 평의원 약간 명, 간사 1명

위의 항목 이외에 명예회장, 고문, 상담역(相談役)을 둘 수 있다.

제6조 회장, 명예회장은 평의원회에서 추천한다.

고문과 상담역은 회장이 추천한다.

제7조 상무위원은 평의원 중에서 회장이 추천하고 간사는 회장이 임명한다.

제8조 회장은 회무를 총리(總理)하고 모임을 대표한다.

제9조 상무위원은 회무를 처리한다.

간사는 회장과 상무위원의 지휘를 받아 사무와 회계를 담당한다.

제10조 본회의 경비는 일반의 갹출금으로 지변한다.

〈조선철도촉진기성회의 역원〉

○ 명예회장 자작 : 시부사와 에이이치(澁澤榮一)

○ 회장 : 고마쓰 겐지로

○ 상무위원 : (도쿄 본부) 스즈키 만지로, 다니구치 모리오, 가다 나오지, 도조 쇼헤이, 사토 준조, (경성 지부) 와타나베 사다이치로, 오무라 햐쿠조, 조선철도협회

○ 간사 : 나가오 에이타로

○ 고문(이름순) : 이노우에 준노스케, 후작 박영효(朴泳孝), 남작 오쿠라 기하치로, 노다 우타로(野田卯太郎), 공작 야마가타 이사부로(山縣伊三郎), 야마노우치 가쓰지, 마코시 교헤이, 남작 사카타니 요시로(阪谷芳郎), 자작 기요우라 게이고(淸浦奎吳), 미즈노 렌타로(水野錬太郎), 모토다 하지메, 센고쿠 미쓰구

○ 상담역(이름순) : 이데 시게사부로, 이시하라 겐조(石原健三), 이시즈카 에이조, 하시모토 게이사부로, 바바 에이이치, 니시쿠보 히로미치, 백작 홋타 마사쓰네(堀田正恒), 도미타 고지로, 조진태(趙鎭泰), 마에다 요네조(前田米藏), 마키야마 고조, 남작 후쿠바라 도시마루, 아루가 미쓰토요, 아사다 도쿠노리, 사토 준조, 유아사 본페이, 세키 나오히코, 스즈키 만지로, 스즈키 시마키치

도쿄에 기성회가 만들어지기까지 무수한 파란과 우여곡절이 있었다. 특히 곤란했던 부분은 회장의 선임 문제였다. 예부터 사람에 의해서 활용되는 것이 제도였다. 이러한 의미에서 회장 이하의 역원으로 유력 인사를 확보하느냐, 못하느냐의 문제는 즉시 기성회 사업의 성공 여부에 직결되는 일이었다. 이 기성회가 여러 가지 장애를 배격하고 고난을 이겨 내면서 마침내 명예회장으로 시부사와 자작, 회장으로 고마쓰 장로(長老)를 추대하고 역원으로 유력 인사를 망라할 수 있었던 점은 큰 성공을 말해 주는 것으로서 후일의 성과는 이미 이때부터 배태되었다고 할 수 있다.

(5) 전선(全鮮) 철도 열의 발흥

1924년(大正 13) 6월 시모오카 주지(下岡忠治)[63]가 아리요시(有吉)[64] 뒤를 이어서 정무총감에 취임했다. 시모오카는 특히 철도정책에 중점을 두었다. 그는 우선 1925년(大正 14) 4월 만철회사에 경영·위탁 중이던 조선 국유철도의 직영을 단행하여 다년의 현안을 가장 단호하게 해결했다. 이어서 동년 6월 오무라(大村) 철도국장[65]의 부임과 동시에 철도망계획이 진행되었다. 한편 일본과 조선의 철도협회, 조선의 상업회의소도 여기에 호응하여 촉진운동을 전개했다. 철도 부설의 요망이 발연(勃然)하여 흥기했던 것이다. 불길은 점차 전국 각지로 확대되기에 이르렀다.

마침 이때 조선을 시찰한 전 대장대신 이노우에 준노스케는 철도문제에 관하여 다음과 같은 의견을 발표했다. 당시 철도 상황의 진상에 대한 상술로서 결국 이노우에 역시 철도망 완성이 급무라는 점을 역설했던 것이다. 나아가 이 의견의 발표가 일본과 조선 유식자(有識者)에게 큰 감동을 주었다는 사실은 두말할 필요가 없다.

> 조선철도의 불완전은 심히 유감스러운 일이다. 이것은 어떻게든 손을 쓸 필요가 있다. 하다못해 경편철도만이라도 속성을 도모해야 한다. 조선의 철도정책에 관하여 고려해야 할 점이 많다고 생각한다. 나는 처음으로 함경선(咸鏡線)을 탔는데 이 지방의 철도 상태는 한마디로 말하자면 완전히 아슬아슬했다. 단속적(斷續的)인 지점이 산재했다. 철도라고 말할 수 없는 상태였다. 만약 회령(會寧)에서 강안(江岸)에 이르는 혜산진선(惠山鎭線)을 강안까지 연결하는 노선, 나아가 그 이상을 연락하는 노선이 완성되면 반드시 국경지방의 물자는 경제적으로 유동하고 두만강 유역에 속한 산골짜기 물자는 자유롭게 남하하며, 서간도(西間島)의 물자도 원만하게 도강할 수 있다고 생각한다. 그런데 현재 상

---

63 도쿄제국대학을 졸업하고 고등문관시험을 통과하고 농상무성 차관, 추밀원 서기관장, 내무차관을 역임한 전형적인 엘리트 관료이자 1915년부터 1924년까지 네 차례에 걸쳐서 중의원 의원에 당선된 정치인이다. 헌정회(憲政會) 총무까지 역임하면서 정계에 일정한 영향력을 지녔던 그는 1924년 조선총독부 정무총감에 취임하여 산미증식계획을 비롯한 다양한 산업정책을 시행했다. 1925년 11월 정무총감 재임 중 위암으로 사망했다.

64 아리요시 주이치(有吉忠一)는 내무관료로서 치바(千葉)현, 카나가와(神奈川)현, 효고(兵庫)현의 관선 지사를 지냈고 1922년부터 1924년까지 조선총독부 정무총감을 역임했다. 이후에는 일본으로 돌아가 1925년 요코하마 시장을 거쳐 1930년 귀족원 의원이 되었다.

65 오무라 다쿠이치(大村卓一)를 말한다.

태로는 이러한 일이 불가능할 뿐만 아니라 현재 노선은 오히려 경제적인 측면에서 절망적이라고 느꼈다. 이어서 나는 남선 시찰 중에 대구에서 조선철도회사(朝鮮鐵道會社) 노선을 타고 경주에 이르렀다. 나는 처음에 이 회사의 권유에도 불구하고 이 노선의 열차를 타지 않으려고 결심했다. 왜냐하면 일반적으로 평가하기에 이 노선은 가장 협궤인 경편철도로서 설비가 정비되어 있지 않아 승차감을 도저히 견딜 수 없었기 때문이다. 그러나 회사 이사의 권유를 끝까지 뿌리치기 어려워서 마침내 당초 마음을 바꾸어 승차했다. 그런데 승차해 보니 듣고 본 것과는 사뭇 달랐다. 조선철도 고유의 협소, 동요, 완만은 있었지만, 일반적인 의미에서 참기 어려운 정도는 아니었다. 실로 의외라고 생각했다. 따라서 나는 왜 이러한 대중의 평가가 발생하게 되었는지가 궁금했다. 이 점을 이사에게 질의한바, 본 노선은 정말이지 최근까지 오랫동안 극히 제대로 갖추어지지 않은 채 방치되었기 때문에 그러한 평가가 있었지만, 개선의 결과 완전한 단계에 도달하고 선전을 시도하는 전환기에 내가 승차한 것이라고 했다. 그렇다면 이 노선이 제대로 갖추어지지 않은 채 그대로 방치된 이유는 무엇인가. 철도 이사의 대답은 결국 수지가 맞지 않는다는 것이었다.

나의 관심은 철도 이사가 말한 '수지가 맞지 않는다'는 말에 모였다. 철도 설비를 완전하게 만드는 일이 채산상의 수지가 맞지 않는다는 사실은 정말로 유감스러운 일이다. 완전하게 될수록 경제적이라는 점은 상식이다. 그러나 그것과 전혀 반대라는 측면에 대해서 나는 세상에서 제일 이상하다고 생각했다. 그때 생긴 의문은 보통 재계의 고조기에 그 고조가 허락하는 범위에서 기업열의 부상과 더불어 완성되는 철도는 미개발 지역인 조선에는 과연 없는 것인가라는 점이었다. 만약 그렇다면 재차 도래할 재계의 호조기까지 이 철도는 수지가 맞지 않을 터이고 호황의 시대가 다시 도래할지, 하지 않을지 모르는 일이기 때문에 이러한 철도는 필경 영구히 버려두게 될 것인가라는 생각이 들었다. 물론 이와 같은 의문에 대해서 이사가 아니라고 대답했으므로 나는 매우 안심했다. 그러나 나는 가장 극단적인 경우를 상정한 이 의문과 어느 정도까지 유사한 상황이 발생할 것이라고 확신한다. 그러므로 철도정책이라는 거시적인 관점에서 적당한 처치가 요구된다는 결론에 도달했다. 조선철도의 실정에 관해서는 이상의 사례 이외에 다수의 자료가 있다. 요컨대 어떻게 해서든지 철도정책을 변경할 필요가 있지 않을까. 즉 1) 정부가 사설철도를 매수하여 통일적으로 운영, 2) 보조금을 증액하여 사설철도의 연장을 도모, 3) 주주가 분발하여 적당한 방책을 강구하는 등, 세 가지 길 가운데 하나 또는 두 가지를 선택하는 방법밖에는 없다고 생각한다.

그런데 1)과 같은 정부 매수 정책은 1925년(大正 14) 중에 시행할 수 없다. 물론 1926년도(大正 15)부터 실시한다고 해도 재정이 허락하지 않으면 어쩔 수 없이 기채로 매수해야 한다. 하지만 도저히 그만큼 공채를 발행할 수 없는 사정을 고려한다면, 이것은 불가능하다고 생각한다. 설사 매수에 필요한 재원을 염출한다고 해도 그 후에 남겨진 건설과 개량에 필요한 자금을 어디에서 구할 것인가. 그러면 2) 보조금 증가, 즉 「조선사설철도보조법」은 보조 방법으로 가장 완전한 형식을 띠고 있다. 이 법률의 주의(主義)를 변경하지 않고 보조금을 증가시키면 좋을 것이다. 다만 이는 보조금을 증가시켜서 그만큼, 또는 그 이상 종래보다 효과가 있는 것이 확인될 때에 생각해 볼 수 있다. 이를 위해서는 예정 노선뿐만 아니라 현재 영업 노선도 선택적으로 변경하여 정리를 시행해야 한다고 생각한다. 그렇지만 전체적으로 보아, 보조금 증액이 곧 사설철도의 연장이 된다면 당국은 과연 보조금 증액을 단행할 것인가. 이 문제에 관하여 당국의 현재 분위기로 판단하여 보건대, 나는 부정적이라고 생각한다. 이에 조선철도를 활성화하는 최후의 방법은 3) 주주의 분발에 기대는 길밖에 없다. 주주라고 하면 현재의 사설철도 회사의 업적을 살펴봐야 하는데, 회사의 성적을 탐문하면 1,700만 엔의 자산과 대략 동일한 액수의 차입금을 가진 진퇴유곡의 상태이다. 정부 보조가 없다고 결코 말할 수 없는, 즉 매년 300만 엔의 보조를 받고 있음에도 불구하고 그와 같은 상태에 있다는 사실은 정책이 부적절한 결과에 기인한 것은 아닐까. 과연 그러하다면 현재의 주주를 변경시키는 방법, 즉 당국 보조금을 기준으로 정하고 그것에서 어느 정도 할인된 주가를 설정하여 새로운 자본가에게 제공하고 이후에 불입을 단행시켜서 그 자금으로서 새로운 국면을 타개하는 데 노력하는 방법이 있다. 이렇게 하면 조선철도도 새로운 활로를 찾을 수 있지 않을까. 이 방법은 당국과 당업자가 깊이 연구해야 할 하나의 지점이라고 생각한다. 요컨대 조선의 철도 촉성은 정부 회계에 의하지 않고 민간 자금에 기댈 수밖에 없다. 만약 현상 그대로 밀고 나가면 도저히 소기의 목적을 달성할 수 없다.

다음으로 철도속성기성회 등 각지에 설치된 단체를 통해 일시적으로 조선의 천지는 '철도망 속성' 요구로 뒤덮였다. 총독부와 철도 당국을 향한 진정과 청원이 빈발하고 그들에 대한 접대가 성황을 이루었다. 오무라 철도국장이 예정 노선을 순시하면 가는 곳마다 소동이 일어날 정도였다.

이때 전년도부터 진행하던 조사와 연구를 마친 제국철도협회는 정부와 기타 요로, 제51 제국의회에 건의된 조선철도망 속성에 관한 경과 보고와 더불어 조선 각지의 반향을 청취했다. 이뿐만 아니라 철도보급계획의 수행과 선정을 위해서 귀족원과 중의원 관계자와 제국철도협회의 회장 등으로 구성된 일행을 조선에 파견했다. 일행은 1926년(大正 15) 4월 27일 경성에 도착했다. 구성원의 성명은 다음과 같다.

○ 제국철도협회 회장 공학박사 : 구니사와 신베에
○ 제국철도협회 이사 : 다니구치 모리오
○ 귀족원 의원 : 남작 후쿠바라 도시마루
○ 중의원 의원 : 유아사 본페이
○ 중의원 의원 : 사토 준조
○ 헌정회 원외단 간부 : 스즈키 만지로
○ 조선철도협회 재경(在京)위원 : 가다 나오지
○ 조선철도협회 재경위원 및 제국철도협회 조선철도망조사위원회 간사 : 도조 쇼헤이
○ 조선철도협회 촉탁 : 나가오 에이타로

당초 예정은 귀족원 의원 사타케 산고 박사와 가사이 아이지로 박사가 올 예정이었지만, 정무가 다망하고 몸이 좋지 않아서 그러지 못했고 구니사와 회장이 특별히 일행에 참가했다. 경성에 도착한 다음 날인 4월 28일 일행은 총독과 정무총감을 예방하고 총독, 신문기자와 모임을 가졌다. 오후 6시부터 경성일보사의 내청각(來青閣)에서 제1회 강연회를 열었다. 600명의 청중이 참여하여 자못 성황을 이루었다. 당일 강연자로서 구니사와 박사가 먼저 나서서 일행이 조선에 온 취지를 말하고 제국철도협회의 연혁부터 현상까지 설명한 후에 조선철도망 완성에 관하여 부단한 노력이 필요하다는 희망을 펼치면서 끝을 맺었다. 이어서 다가오는

철도망 조사의 경과를 상술하고, 제국철도협회 이사이자 현재 조선철도망 조사위원으로서 가장 큰 활약을 펼친 다니구치는 제국철도협회에서 조사와 연구를 진행하게 된 동기를 설명하고 조선철도의 보급에 관한 속성 촉진의 방안을 다층적으로 논술했으며, 아울러 운동의 경과까지 이야기했다. 다음으로 후쿠바라 남작은 조선의 통치와 철도정책을 거침없이 논의하여 청중을 감동시켰고 스즈키는 온고지신(溫故知新)의 측면에서 자신이 1893년(明治 26) 조선에 왔을 당시의 정황부터 시작하여 철도 부설의 필요를 역설했다. 마지막으로 유아사 의원은 철도는 화물과 승객 사이에 부설되는 것이 아니라 사람과 사람 사이에 깔려야 한다는 자신의 유명한 어구를 인용하면서 진실로 조선의 국론을 만들어야 한다는 주장을 펼쳤다. 그렇게 당일의 강연이 끝났다.

일행은 29일 조선신궁(朝鮮神宮)을 참배한 후에 오무라 철도국장, 경성의 유지(有志), 토목건축협회 등의 초대회에 참석했다. 30일에는 인천을 시찰하고 당일 경성에 돌아와서 유아사 정무총감과 사설철도 회사가 마련한 연회에 참석하는 등 눈코 뜰 사이 없이 경성에서 4일을 보냈다. 같은 날 구니사와 박사, 스즈키, 다니구치, 나가오 등의 4명을 비롯하여 이시자키(石崎) 철도국 서무과장, 마쓰나가 조선철도협회 이사, 와타나베 상업회의소 회두가 여기에 동반하여 원산으로 출발하고 평양, 천안, 광주, 온양, 대구, 경주, 불국사, 울산, 동래를 거쳐 부산으로 갔다. 그 과정에서 일행은 각지에서 열성적인 환영을 받았다. 원산, 평양, 대구, 부산에서는 강연회가 개최되었고 다른 곳에서는 지방 유지의 희망을 청취하기도 했다. 일행은 예정된 일정을 마치고 5월 8일 부산을 떠나 도쿄로 돌아갔다.

일상이 번망한 일행이 직접 12일 동안 조선의 각지를 시찰하고 때로는 강연회를 개최하고 때로는 지방 유지의 의견을 청취하는 등 조선의 철도망보급계획 촉진에 대한 그들의 노력은 비상했고 그 효과는 의심할 여지가 없었다.

이처럼 조선의 상하층을 망라하여 철도망 문제에 대한 필사의 노력이 계속되었던 1926년(大正 15) 7월 하순, 일본과 조선의 신문은 오무라 철도국장이 갑자기 지나 교통부 고문으로 결정되었다는 사실을 보도했다. 조선철도망의 속성 촉진에 관계된 사람들은 이 보도를 접하자마자 너나 할 것 없이 모두 깜짝 놀랐다. 종래 계속 소문이 있었지만, 그때마다 진위가 밝혀지지 않은 채 오늘에 이른 이 문제는 오무라 국장의 식견과 수완, 지나의 사정에 정통하고 다년간 지나의 철도사업에 관계를 맺은 그의 경력에 비추어 당연히 그럴 만한 일로서 생각이 되었다. 뿐만 아니라 지나 측이 희망했다는 이야기도 흘러나왔다. 어쨌든 사정은 상당히 절박하게 받아들여졌다. 그렇지만 현재 조선의 상황에서 오무라 국장을 잃는다는 것은 부임 이래 약 1년 동안 비상한 노력과 열정으로서 조사를 수행하고 현재 실현의 도정에 있는 그의 새로운 철도정책 수행이 좌절로 이어진다는 것을 의미했다. 따라서 철도망촉진운동을 위해서 도쿄에 체류 중인 와타나베 조선상업회의소 대표는 외무성과 사이토 총독에게 오무라 국장의 전보 보류를 강력히 간청하고 조선의 유지 역시 만류운동을 전개했다. 다만, 마키야마 의원은 국가적 관점에서 "지나의 철도 고문으로 오무라 국장을 굉장히 갈망하고 있다면 제국을 위해서, 지나 4억 인민을 위해서, 국장 개인으로서는 번거롭겠지만 지나 고문에 취임하는 편이 일지(日支)[66] 친선이라는 관점에서 지당하다"는 의견을 피력했다. 결국 이 문제는 오무라 국장이 "비공식적으로 이야기가 오고 간 것은 사실이지만 확실하게 단언컨대 그 이상 재차 교섭한 일은 없다. 혹은 있다고 하더라도 자신은 여기에 응할 생각이 없다. 오로지 전심을 다해 조선을 위해서, 조선철도를 위해서 노력하겠다"는 언명과 함께 해결되었다. 물론 이 사건은 일시적으로 여러 방면에 많은 충격을 주었다.

(6) 각지의 철도 부설 요망 노선

조선의 철도망 문제는 한반도의 여론이 되었다. 부설을 요망하는 운동은 나날이 치열해졌다. 우선 조선철도협회는 1925년(大正 14) 말 해당 문제를 참고하여 각지의 행정관청, 상업회의소, 각종 단체로부터 철도 부설을 요망하는 예정 노선과 부설 이유에 대한 의견을 받았다. 그중에서 주요한 것을 기록하면 다음과 같이 많은 수에 달한다. 이번에 신규 계획 노선을 선정할 때 이러한 의견이 중요한 참고자료로 활용되었음은 물론이다.

① 경상남도의 부설 요망 노선

제1기 노선

1. 부산을 기점으로 하여 울산, 경주를 거쳐 강원도 동해안을 관통하여 원산에 도달하는 노선

66 당시 일본과 중국(支那)을 통칭하는 용어이다.

2. 삼랑진에서 출발하여 창녕, 거창, 안의, 장수를 거쳐 전주에 도달하는 노선

3. 진주에서 하동, 순천을 거쳐 광주에 도달하는 노선

4. 삼천포를 기점으로 하여 진주, 산청, 함양을 거쳐 김천에 도달하는 노선

제2기 노선

1. 진해에서 창녕을 거쳐 대구에 도달하는 노선

2. 함양-남원 노선

3. 울산-장생포 노선

4. 진주-통영 노선

부설 이유

① 부산-원산 노선 : 이 노선 중 포항, 경주, 울산 사이는 이미 경편철도가 개통되었기 때문에 우선 울산에서부터 연장하여 부산 사이를 속성 개통할 필요가 있다. 울산-부산 사이는 2개의 비교 노선을 보유하고 있다. 그 가운데 하나는 2등 도로에 병행하는 내륙 노선이고, 다른 하나는 해운대, 기장, 남창을 경과하는 소위 해안 노선이다. 전자는 산간벽지의 작은 도회지를 연락하고 연선에 경작지가 희소하며, 따라서 개발의 전망이 현저히 낮다. 그러나 후자는 연선에 경작지가 많아 농산물이 풍부할 뿐만 아니라 연해에는 수산물이 흘러넘치며, 인구도 증가하는 추세를 보인다. 그러므로 산업 개발이라는 대국적 측면에서, 공사비라는 경제적 방면에서 후자인 해안 노선을 채용하는 것이 득책이라고 사료된다. 또한 울산-동래 사이는 조선철도협회에서 이미 입장을 밝혔지만 아직 착수 단계에 이르지 못한 노선이다. 지금과 같이 울산을 종점으로 한 채 부산항과 연결하지 않을 경우, 공든 탑이 무너진다고 할 만큼 모처럼의 계획이 무의미하게 끝날 수 있다.

② 삼랑진-전주 노선 : 토지가 비옥하고 물자가 풍부한 남선의 오지를 개발하는 일은 현재의 급무에 속한다. 이 목적을 달성하기 위해서는 본 노선의 개통이 가장 주요하다고 생각한다. 통과 지역은 현재 대부분 교통기관의 은택을 누리지 못하고 있다. 따라서 생산물 가격은 전국 시세보다 비교적 저렴하고 이입품은 이와 반대의 현상을 보인다. 뿐만 아니라 공업제품의 원료는 방치된 상태이다. 철도가 개통되지 않으면 경제적 발달을 낙관할 수 없다.

③ 진주-광주 노선 : 마산과 광주를 연결하는 철도 부설은 조선철도회사가 일찍이 그 필요성을 공감하는 바였다. 이미 진주까지는 개통이 되었다. 진주와 하동 사이에 있는 미착수된 부분은 회사의 경비 문제에 기인한 것이다. 기본 조사는 이미 회사에서 완료했으므로 반복할 필요가 없다. 전라남도의 중앙과 경상남도의 서부를 발전시킬 수 있는 유일한 필수 노선으로서 속히 본 노선의 개통을 희망한다.

④ 삼천포-김천 노선 : 삼천포는 경상남도 남해안에 위치한 어획물 시장으로서 저명하다는 사실은 두말할 나위가 없다. 이곳의 수산물을 오지로 이송하고 반대로 오지의 특산물을 해안으로 수송하여 상호 경제적 이익을 도모하는 데에는 교통정책이 필수조건이다. 이 목적을 완전하게 달성하기 위하여 본 노선과 견줄 수 있는 것은 없다. 이 노선을 김천까지 연결하면 유사시에 경부선의 복선으로 활용할 수 있을 정도로 본 노선은 극히 중요하다. 현재 진주와 삼천포 사이는 그저 도로 하나가 있을 뿐이다. 그런데 교통량이 많을 때는 경상남도 전체에서 1위를 차지해, 일단 이 지역에 한 번 다녀가는 자는 그 폭주량에 경탄할 정도이다. 통과하는 여객 수도 매년 증가하고 있다. 1922년(大正 11) 자동차의 왕복은 3,000회 미만이었지만, 3년이 지난 1925년(大正 14)에는 2배로 늘어났다. 이를 통해 그 번성 수준을 엿볼 수 있다. 장래 발달 역시 상상하기 어렵지 않다. 만약 진주에서 오지까지 철도가 완성되면 이 지역은 더욱 번성해질 것이다.

⑤ 진해-대구 노선 : 주지하다시피 진해만은 천혜의 양항(良港)이다. 이는 일반이 착목하는 바이다. 그러나 철도의 개통은 잔교(棧橋) 설비가 미비하기 때문에 실행되지 않았으며, 내지와의 직접 항로까지 중지되는 비참한 상황에 놓여 있다. 그런데 현재 진창선(鎭昌線)의 개통이 목전에 와 있고 다년의 현안이던 잔교까지 이미 완성이 되었다. 따라서 일본과 조선을 연락하는 화물의 집산지이자, 부산의 보조항으로서 급격히 발전할 것은 자명한 사실이라고 말할 수 있다. 진해에서 부원(富原)을 거쳐 경부선과 연결되는 우회(迂廻) 방식은 진창선의 효과를 감소시킬 뿐만 아니라, 생각을 동아의 대륙까지 넓힐 때는 경부선을 복선화할 필요도 상상해야 하며, 또한 유사시에는 위대한 포용력을 지닌 본 항구를 이용하지 않을 수 없다는 점은 당연한 귀추이다. 나아가 본 노선은 부산에서 대구에 이르는 노선보다 약 16km를 단축시키고 주변 각 군의 산업 개발을 촉진한다. 그리고 진해만이 갖고 있는 1,000만 엔에 가까운 수산물을 미련하게 부산으로 호송할 필요가 없으며, 창녕의 육군 군용지와 연결되는 등 군사

상, 경제상 가장 유의미한 선로라고 할 수 있다.

⑥ 함양-남원 노선 : 남선 오지를 개발하기 위해서는 본 노선의 부설이 극히 필수 사항이다. 남원은 오지로서는 드물게 대평야를 가지고 있고 함양은 남선을 둘러싸고 있는 지리산에서 생산되는 임산물을 지니고 있다. 오지를 관통하는 본 노선이 실현될 때는 이들 특산물이 내외로 반출될 것이며, 기타 교통이 불편하다는 이유만으로 오랫동안 그대로 매장되어 있던 공업 원료품과 여러 물자가 가치 있는 필수품으로 급격히 전환되는 등 소위 산업철도로서 일반 민중에게 돌아가는 이익이 적지 않다.

⑦ 울산-장생포 노선 : 장생포는 경상남도 동해안의 어항이자 상업 항구의 하나로서 내외에 저명한 포경회사의 근거지이다. 덧붙여 천혜의 지역으로서 이보다 더 뛰어난 곳이 없는 피난항이다. 울산군 내 물자는 대부분 본 항구를 통해 출입하는 현상이다. 여기에 철도를 부설하여 해륙 연락의 열매를 거두는 일은 가장 긴요한 사항이라고 말할 수 있다.

⑧ 진주-통영 노선 : 전국의 수산물 집산지로서 수위를 차지하는 통영항과 오지를 연결하는 교통기관의 설치는 대국적 관점에서 극히 필요하다는 사실은 재론할 여지가 없다. 본 항구의 이출과 수출 개황을 보면 조선 내 오지로 반출하는 물량이 막대하지만, 이들 물량은 모두 일단 부산과 마산을 우회하여 경부선을 통하는 극히 번거로운 방법을 사용하기 때문에 비교적 높은 가격으로 수급이 이루어진다. 따라서 거래 범위의 확장이 여의치 않다. 발전 요소가 충분함에도 쓸데없이 발전이 저해된 현상이다. 오지와의 직접 연결은 극히 중요하고 긴급하다. 이 목적을 달성하기 위해서는 우선 진주와 본 항구를 연결하여 거창과 김천의 연락을 도모해야 한다. 본 노선이 실현되면 그것으로부터 발생하는 이익은 단순히 연선에만 그치지 않고 넓게는 중선(中鮮)까지 파급되어 산업이 발달될 것이라고 확신한다.

② 부산상업회의소와 부산부(釜山府)의 부설 요망 노선

1. 부산을 기점으로 하여 울산을 거쳐 원산에 이르는 강원도 동해안 노선
2. 경부선 삼랑진에서 경상남도의 창녕, 거창 등을 거쳐 전라북도 전주에 이르는 부전선(釜全線)
3. 부산을 기점으로 하여 경상북도의 경주, 영천, 해동, 충청북도의 단양, 충주, 경기도의 여주 등을 거쳐 경성에 이르는 노선

부설 이유

조선의 철도교통은 지방의 생산과 소비 물자의 이동 관계를 감안하여 가장 유력하고 또한 편리한 항만으로 직접 연결하는 것을 원칙으로 삼아야 한다. 이 의미에서 풍부한 물자를 가지고 있지만 교통기관이 결여된 지대를 부산항과 연결하고, 이를 통해 지방 산업의 개발을 도모해야 한다.

③ 마산부의 부설 요망 노선

1. 마산-전주 노선(제1 희망)
2. 마산-목포 노선(제2 희망)
3. 마산-대구 노선(제3 희망)
4. 마산-통영 노선(제4 희망)
5. 마산-대전 노선(제5 희망)

부설 이유

① 마산-전주 노선 : 남선 횡단철도의 제1위를 차지해야 할 노선이 바로 이것이다. 이 철도는 사설철도 경남선(慶南線)의 현재 종점인 진주에서 하동, 남원을 거쳐 전주에 이르고 이리를 거쳐 군산항에 이르는 선로이다. 그러므로 마산, 진주, 전주, 이리, 군산, 부산을 연결해, 군산과 연산 사이의 복선 작용 효과를 발생시킬 것이다. 남선의 보고라 불리는 미곡 산지를 관통하며, 인구가 조밀한 지방을 경과하므로 조선 개발상 이보다 더 뛰어난 노선은 없다.

② 마산-목포 노선 : 본 노선은 사설철도 경남선의 진주에서 하동, 광양, 순천, 화순, 광주를 거쳐 목포에 도달하는, 즉 남선 해안을 따라가는 유일한 노선이다. 조선 제일의 어업지역을 포옹하고 아울러 산업의 호적지를 통과하므로 이주민의 증가, 어업과 산업의 발전이라는 측면에서 가장 유익한 노선이다.

③ 마산-대구 노선 : 히로이(廣井) 공학박사는 오늘에 이르러 조선의 종관철도를 생각해 보면 마산항을 기점으로 하여 중진(中津), 창녕을 거쳐 대구에 이르는 것이 당연하다고 주장했다. 이 노선은 바다에 도달하는 거리를 단축하는 이점이 있다. 특히 마산항은 남선 유일의 양항으로서 방파 설비가 필요하지 않다. 현재 계획된 해안가의 매축이 완성되고 50칸(間)

의 잔교가 설비되면 3,000톤급의 선박 계류가 가능할 것이다. 또한 그 연선은 평탄하기 때문에 많은 철도 건설비를 요하지 않는다. 나아가 남선의 2대 도시를 연결하고 마산과 한신(阪神) 사이의 직통항로 개시와 상응하여 일부 경부선의 복선 작용 효과를 발생시키는 이익이 있다.

④ 마산-통영 노선 : 조선 제일의 어업 근거지인 통영을 마산선(馬山線)에 결합해, 오지에 신선한 물고기를 공급하는 이점을 강구하는 일은 무심하게 내버려 둘 수 없는 사항이다.

⑤ 마산-대전 노선 : 본 노선은 군북, 의령, 산청, 함양, 장수, 진안, 금산을 거쳐 대전에 도달하는 것이다. 이 경과 지역에는 목재, 곡물, 광물 등이 산출된다. 본 노선은 중앙선으로서 당연히 부설되어야 할 철도라고 할 수 있다.

④ 경상남도 수산회(水産會)의 부설 요망 노선

1. 울산-방어진 노선 약 13마일(20.9km)
2. 마산에서 고성을 거쳐 통영에 이르는 노선 약 35마일(56.3km)
3. 고성-삼천포 노선 약 17마일(27.4km)

부설 이유

① 울산-방어진 노선 : 방어진 노선을 중추로 하여 그 남북 50~60마일(80~96km)의 연해에 있는 어획물은 육상의 수송기관이 없어서 전부 해로로 부산이나 혹은 멀리 시모노세키(下關)로 수송된다. 이 지역과 부근 주민, 기타에서 모여드는 어업 종사자 및 어선과 운반선에 필요한 식량, 연료(주로 석유), 기타 수요품의 수송도 모두 해로에 의지하고 있다. 따라서 물론 그 전부를 육상 수송으로 처리할 수는 없겠지만, 개통된 철도 노선의 수송 수량은 상당히 큰 규모에 이를 것이다. 또한 방어진과 울산, 부산 사이는 현재 1일 4회 왕복하는 자동차 운전에 따라 여객만 수송되고 있다. 그렇지만 매번 수송력 부족이 호소되는 상황이다. 따라서 본 노선의 부설은 사설철도 예정 노선인 울산과 부산 사이의 철도와 상응하여 막대한 효과를 발생시킬 것이다.

② 마산-통영과 고성-삼천포 노선 : 두 노선은 남선 지방에서 가장 중요한 어업 지역으로 주목을 받고 있고 근해에 많은 크고 작은 섬을 포함해, 매년 어획고가 현저한 곳이다. 그렇지

만 수송기관이 불완전하여서 이들 어획물을 조선과 만주 지방으로 수송할 때는 우선 바다를 통해 마산으로 옮긴 후, 2차로 다시 마산에서 철도를 이용하고 있어 불편이 적지 않다. 따라서 산지에서 시가(市價)를 올리는 게 불가능해 당업자는 늘 큰 고통을 겪는다. 원래 통영과 삼천포는 지리상 이점이 풍부하고 종래 해산물의 집산되는 곳이다. 만일 육상의 수송기관이 완성되면 집산고가 한층 증가할 것이고 수송 비용이 경감되어 어류의 시가에 바로 영향을 미칠 것이다. 또한 당업자의 경영을 용이하게 만들고 나아가 어업의 발전을 기약할 수 있다. 본 노선이 완성되면 삼천포 방면의 신선한 생선들은 고성을 거쳐 즉시 마산의 기성 선로에 연결될 수 있으며, 통영의 해산물 역시 고성을 거쳐 동일 선로를 통해 조선과 만주의 오지까지 수송될 수 있다.

앞서 설명한 바대로, 해산물 산지의 수송상 많은 편의를 제공할 뿐만 아니라 연선 각지의 농산물 반출 역시 경시되지 않을 것이다. 또한 기타 잡화의 수량도 많으며, 삼천포, 고성, 통영, 진해와 같이 가장 농·공·상업이 융성할 곳을 포옹하고 있으므로, 왕래하는 여객 인원이 상당한 수에 이를 것이라는 점은 의심할 여지가 없다.

⑤ 경상남도의 부설 요망 노선

1. 대구-전주 노선
2. 대구-진해 노선
3. 대구-충주 노선
4. 안동-영덕 노선
5. 부산-원산 노선 중에 경상북도의 동해안 노선
6. 조선철도회사 경동선(慶東線)의 대구-포항 구간 개량

부설 이유

① 대구-전주 노선 : 본 노선은 대구에서 고령을 거쳐 경상남도 거창과 안의를 통과하여 전라북도 장계로 들어가고 다시 진안을 거쳐 전주에 이르는 노선이다. 연장은 약 97마일(156km)이다. 본 철도는 전북철도의 전주와 이리 구간, 관설철도의 이리와 군산 구간 및 조선철도 경동선의 대구와 포항 구간을 연락함으로써 남조선의 동서 양쪽 해안을 직선으로 횡

단할 뿐만 아니라 부산, 대전, 목포 등의 세 지점을 통해 형성된 관설철도의 삼각형을 그 중앙부에서 횡단·연락할 것이다. 또한 본 노선은 대구에서 대전과 이리를 거쳐 전주에 이르는 175마일(281.6km)에 비해서 78마일(125.5km)을 단축하고 대구 지방과 전주 방면의 거래상에 새로운 경지를 만든다. 본 노선은 농산물과 광산품의 이출입 화물이 많고 여객의 왕래 역시 빈번하여 조선철도회사 경북선(慶北線)의 성적에 비해서 월등한 지위를 점하며, 남선 지방을 경제적으로 개발하는 데 주요한 간선이다.

② 대구-진해 노선 : 본 노선은 대구-전주 노선의 출발지인 대구에서 약 5마일(8km) 떨어진 지점에서 분기하고 현풍과 경상남도 창녕을 통과하며, 남조선철도회사(南朝鮮鐵道會社) 경남선(慶南線)의 칠원역에 접속해 마산과 창원을 거쳐 진해에 이른다. 연장은 약 60마일(96.6km)이다. 본 노선을 부설할 경우, 대구와 진해 사이는 대구에서 삼랑진, 창원을 거쳐 진해에 이르는 83마일(133.6km)에 비하여 23마일(37km)이, 대구와 부산 사이의 77마일(123.9km)에 비해서 17마일(27.3km)가 단축되어 조선 남해안 일대 오지와의 연접을 촉진한다. 또한 진해항이 부산항의 보조항구로서 장래 비약할 때에 본 노선은 해륙 연락을 위한 주요 간선의 사명을 갖는다. 화물과 여객의 이용은 조선철도회사 경북선에 비하여 여객의 경우 조금 열세이지만 화물의 경우 거의 2배를 초과한다. 본 노선은 경제선(經濟線)으로서 채산상의 가치 역시 충분하다.

③ 대구-충주 노선 : 본 노선은 군위, 의성, 안동, 영주와 충청북도 단양을 거쳐 충주에 이르는 연장 약 137마일(220.5km)의 노선이다. 본 노선은 조선철도회사 충북선(忠北線), 경부선과 연결함으로써 남선 중앙부의 충주, 조치원, 대구, 안동을 일주하는 노선이다. 뿐만 아니라 충주에서 조치원, 이리 등을 통과하는 충주-경성 노선과 연결하여 남선의 경부선과 부산-원산 노선에 대비하여 중앙 관통선이 되는, 즉 조선 통치와 산업적 측면에서 중대한 사명을 띤 주요 간선이다. 연선에서는 농산물, 광산품, 목재가 다량으로 산출되기 때문에 본 노선이 부설될 때에는 남선 지방의 산업이 혁명적으로 변화될 것이다.

④ 안동-영덕 노선 : 본 노선은 조선철도 경북선의 종점인 안동에서 진보를 거쳐 영덕에 이르는 약 40마일(64.4km)의 선로이다. 본 노선을 통해 경상북도 북반부 오지와 동해안 일대가 연결되고 강구항을 거쳐 해륙의 무역이 연락하며, 포항과 하마다(濱田) 사이의 항로 연장에 의해서 대안(對岸)의 산인도(山陰道)까지 직접 연결이 된다. 그러므로 본 노선은 경북선의 연장

선이라고 볼 수 있고 경북선은 본 노선 부설로 인하여 해륙 연락의 길을 얻을 수 있으며, 이를 통해 산업까지 개발할 수 있다. 여객의 측면에서 본 노선은 다소 열세이지만 화물의 경우에는 강구항으로 이입되는 물품과 경북선, 대구-충주 노선을 통과하는 화물로서 본 노선을 경유하는 것이 상당수에 이른다. 또한 내지와 다른 노선으로 이출되는 목재가 많으며, 기타 광물의 수송도 존재한다. 그리고 포항에 이출우검사소(移出牛檢査所)가 설치될 때에는 오지에 있는 축우지(畜牛地)인 문경, 청송, 영덕, 각 군에서 이출되는 소가 적지 않을 것이다. 본 노선의 사명은 중대하다고 생각한다.

⑤ 경상북도 동해안 노선 : 본 노선은 경동선 미설치 구간인 부산과 울산 사이, 기설 구간인 울산과 포항 사이를 광궤로 부설·개량하고 다시 포항에서 연장하여 흥해, 강구, 영덕을 거쳐 강원도 해안을 종단하여 원산에 이르는 철도 가운데 경상북도 관내 90마일(144.8km)를 부설하는 것이다. 본 노선은 함북선(咸北線)에 연결되어 조선 동해안을 종관하는 일대 간선을 형성하여 조선 통치와 경제적 측면에서 중요하다. 연선에서는 농산물과 해산물이 대량으로 산출되고 신라 고적이 있는 경주에는 사계절 유람객이 끊이지 않는다. 따라서 본 노선은 경제선이라고 할 수 있다.

⑥ 경동선 대구-포항 구간의 개량 : 기설된 본 노선의 궤간은 협소하고 속력, 수송력, 설비가 심히 빈약하다. 이뿐만 아니라 고율인 운임은 일반의 기대와 동떨어져 있다. 최근 본 노선과 병행하는 도로의 자동차 이용이 점점 왕성해지는 경향은 바로 이러한 사유에 기인한다. 특히 이 노선은 일본해의 포항과 하마다 항로의 개시에 동반하여 해륙 연락의 철로라는 사명을 지녔는데, 이 노선에서 이러한 현상이 발생한다는 것은 남선 지방의 산업 개발상 심히 유감스럽다. 따라서 본 구간을 광궤로 개량하고 제반 설비를 개선하여 결함을 없애고, 기설 노선의 기능을 완전하게 만들어 일반의 기대에 부합하도록 하는 일은 현재의 급무이다.

⑥ 대구상업회의소와 대구부의 부설 요망 노선

1. 구진선(邱鎭線), 대구-진해 구간, 약 72마일(115.9km)
2. 구전선(邱全線), 대구-전주 구간, 약 112마일(180.2km)
3. 구충선(邱忠線), 대구-충주 구간, 약 120마일(193.1km

부설 이유

① 구진선 : 본 노선은 대구에서 현풍, 창녕을 거쳐 진해로 통하는 노선으로서 남선의 웅도 대구와 요항(要港) 진해를 연결한다. 본 노선은 구충선과 연결이 되고 다시 경성까지 연장이 되어 경부선의 병행적 복선을 형성하여 종관철도의 기능을 충분히 발휘하도록 만드는 목적을 지니고 있다. 현재 국유 노선은 아직 단선으로 부산항에 의지하여 화물과 여객을 처리하기 때문에, 제반 설비가 부족하여 화물이 산적하고 지체되며, 여러 불편하고 불리한 문제가 빈발한다. 부산이라는 하나의 항구로만 불가능하다는 점은 이미 누구나 알고 있는 사실이다. 따라서 천혜의 양항인 진해를 이용하여 이러한 문제를 완화할 수 있는 본 노선이 가장 긴요한 시설이라고 확신한다. 본 노선은 유사시에 조선-만주-내지 교통로의 간선이 될 수 있는 부분이다. 쓰시마(對馬) 해협의 안전항로는 이 노선을 통해 보증될 것이며, 남선 산업 개발과 동시에 국방의 측면에서 이 시설을 절대로 소홀히 할 수 없다는 점은 장황하게 설명할 필요가 없는 명확한 사실이다.

② 구전선 : 본 노선은 대구에서 고령, 거창, 진해를 거쳐, 전주로 통하는 노선으로서 남선 산업의 중심 지대를 연결한다. 이를 통해서 대구와 전주, 군산, 광주, 목포 방면을 연결하고 다른 한편으로 경동선을 거쳐 포항과 하마다 사이의 항로에 접속하여 멀리 내지까지 호응한다. 평원선(平元線)과 쓰루가(敦賀) 항로가 북선 일대의 횡단선이라고 한다면 본선은 남선 산업지대를 산인(山陰), 간사이(關西) 방면과 연결하는 남선 횡단선의 사명을 가지고 있다. 현재 전라와 경상 지방의 불편한 우회 교통은 본선의 부설을 통해 편리한 직통으로 변화될 수 있다.

③ 구충선 : 본 노선은 대구에서 선산, 상주, 함창, 문경을 거쳐 충주로 통하는 노선이다. 이 노선의 부설 이유는 구진선의 항목에 서술한 바이다.

⑦ 경상북도 수산회(水産會)의 부설 요망 노선

1. 포항에서 연안을 따라서 청하, 강구, 영덕을 거쳐 강원도 울진부터 삼척에 이르는 노선
2. 위 노선 중에 영덕을 분기점으로 하여 청송을 거쳐 안동에 통하고 '부설이 면허된 안동과 상주 구간'과 '기설의 상주와 김천 구간'에 연결되는 노선
3. 포항에서 구룡포를 거쳐 감포에 이르는 노선

부설 이유

경상북도 동해안 노선부터 강원도 연안 일대는 대개 교통이 불편하다. 때문에 화물과 여객의 운수는 대부분 해로에 의존한다. 그러나 항만이 완비된 곳이 적어서 풍파를 만나면 선박은 이점이 사라진다. 이로 인해 경상북도 생산액의 주요 품목인 수산품과 곡물, 축우, 목재 등과 같은 생산물이 모두 정체되어 어쩔 수 없이 험악한 육로를 통해 수송이 이루어진다. 여기에 많은 비용과 노력이 소요된다. 그 손해는 이루 다 헤아릴 수 없다. 겨우 대구와 포항·울산 구간 및 김천과 상주 사이의 사설철도만 존재하고 그 부근 이외의 지방은 교통의 편리함을 향유하지 못하고 항상 곤란을 겪고 있다. 최근 포항을 중심으로 내지 항로, 즉 포항과 하마다 사이 월 3회, 웅기(雄基)와 오사카(大阪) 사이 월 6회의 포항 기항은 경상북도 물산은 말할 것도 없이 내지 방면에서 이입되는 화물과 여객의 격증을 초래하고 있다. 그러므로 이 노선이 완성되면 연선 부근을 비롯해 여러 지역에서 연락 수송이 편리해질 것으로, 이를 통해 각 지방의 화물과 여객에 대한 이점은 실로 현저해질 것이다.

⑧ 전라남도의 부설 요망 노선

1. 광주-담양-순창-곡성-구례-하동 노선(72마일, 115.9km)
2. 광주-화순-벌교-순천-광양-하동 노선(70마일, 112.7km)
3. 광주-화순-궁성-순천-광양-하동 노선(91마일, 146.5km)
4. 나주-영곡-강진-장흥-보성-순천-광양-하동 노선(103마일, 165.8km)
5. 영곡-강진-장흥-순천-광양-하동 노선(99마일, 159.3km)

부설 이유

모두 전라남도 내 중요한 노선으로서 그중에서 광주에서 분기하여 화순, 벌교, 순천, 광양을 거쳐 하동에 통하는 노선은 비교적 공사가 용이하고 도내에서 가장 경제력을 보유한 노선이므로 특히 급히 부설이 필요하다.

⑨ 목포부의 부설 요망 노선

1. 마산-목포 노선

부설 이유

본 노선은 목포항의 대안인 영암군 곤일종면의 용당을 기점으로 하여 성전면을 거쳐 장흥, 보성, 벌교, 순천, 광양에 이어서 하동에 도달하는 노선이다. 남선 해안 일대의 산업 개발은 종래 철도망의 소외로 인하여 지지부진했다. 도면으로 볼 때는 해당 연해(沿海)는 상당히 개방적인 해운에 적합한 지역인 것 같지만, 실제로 상세하게 조사하고 관찰해 보면 모두 물이 얕아 수운에 필요한 수심을 보유하고 있지 않기 때문이다. 항만으로 겨우 인정할 수 있는 곳은 마산, 목포, 여수 정도이고 나머지는 대개 석유 발동기선의 출입조차 불가능한 간석의 장정(長汀)이다. 그렇기에 현재 조선의 산업적 대세로 보아, 인구가 조밀하고 생산력이 풍부한 남선 연안의 개발은 실로 초미의 급선무이다. 해당 노선의 부설은 반도 남부 수산업의 발달·촉진과 대중국 무역의 진흥에 지대한 관계가 있으므로, 조선 통치와 철도 영업 측면에서도 급무이다.

⑩ 목포상업회의소와 전라남도 수산회의 부설 요망 노선

1. 목포-하동 노선, 약 90마일(144.8km)

부설 이유

본 노선은 목포부의 대안 용당을 기점으로 하여 강진군 성전면을 지나 장흥, 밀성, 벌교, 순천, 광양을 거쳐 하동에 도달하며, 별도로 순천과 여수 구간에 지선을 설치하는 것이다. 해당 노선은 부산과 목포 사이의 가장 지름길일 뿐만 아니라 그 연선에는 4~5마일(6.4~8km)마다 상당한 호구(戶口)를 가진 시가가 자리를 잡고 있다. 게다가 지형은 대개 평탄하여 난공사로 볼 수 있는 터널(隧道), 가교 등이 거의 없다. 연해를 끼고 있어 해운과 경쟁하는 노선으로 상상할 수 있지만, 해당 연안은 모두 물이 얕아 충분한 수심을 보유하고 있지 않다. 항만으로 치부할 수 있는 곳은 겨우 지선으로 연결되는 여수뿐이며, 나머지는 석유 발동기선의 출입조차 불가능한 바닷가이다. 본 노선이 개통되면 다도해에 속하는 무수한 도서(島嶼)의 화물과 여객이 이용할 것이라는 점은 두말할 여지가 없다. 내지에서 조선을 시찰하러 오는 손님은 왕복할 때 반드시 한 번은 본 노선을 타야 한다. 요컨대 경제적 가치가 풍부한 본 노선과 견줄 수 있는 노선은 많지 않다고 생각한다.

⑪ **전라북도의 부설 요망 노선**

1. 담양 원촌과 전주-원촌 노선
2. 전주-대구 노선
3. 전주-줄포 노선
4. 전주-이리 노선 개선

부설 이유

① 담양-원촌과 전주-원촌 노선 : 본 철도의 속성을 도모하는 일은 전라북도 운수교통의 가장 중대한 사항임에도 불구하고 조선철도회사는 일찍이 송정리를 기점으로 하여 광주, 담양, 순창, 원촌, 곡성, 구례, 하동, 진주를 거쳐 마산에 통하는 노선과 다시 원촌에서 분기하여 남원, 임실을 거쳐 전주에 이르는 노선의 부설권을 획득했다. 그러나 아직 전라북도 관내는 기공이 진행되지 않은 채 그대로 방치되어 있다. 남원 지방 일대의 물자 집산은 담양, 광주 두 역을 거쳐 호남선 송정리역에서 처리되고 있다. 전라북도 산업의 세력권 가운데 3분의 1은 완전히 전라남도의 세력권 내에 들어가 있어 그 불행이 심대하다. 남원 지방은 인구 분포가 비교적 조밀하고 천혜의 자원 역시 풍부하다. 특히 경제적 관계가 가장 밀접한 전주로 나가려고 하면 15마일(24km)[67] 정도를 다행히 자동차를 이용해 연락할 수 있지만, 화물은 1대당 1톤에 미치지 못하는 우마차의 수송력에 의지해야 한다. 게다가 출곡(出穀)의 시기에는 불편함과 불리함을 참아 가며 대량 수송을 계속하고 있는 상황이다. 본 노선의 부설은 이러한 결함을 보완할 뿐만 아니라 유사시에 처했을 때 수송기관으로서 군산과 마산과의 연락을 도모하여 경부선의 복선 부설보다도 한층 효과가 크다고 확신한다.

② 전주-대구 노선 : 본 노선은 전주에서 임실, 진해, 장수 등의 산간 지역 군을 통과하고 경상남도에 들어서서 안의, 거창을 거쳐 경상북도 대구로 가서 경부선에 연락한다. 이 노선이 개통되면 경상남북도에 속하는 연선 각지의 개발은 물론이고 이리, 전주, 대구의 주요 지역이 결합하고 군산 축항과 상응할 것이다. 이를 통해 일본해 연안 지방과 전라남북도, 충청남도의 소위 서해안 지방이 직선적으로 연결되며 내외 물자의 교역에 큰 이점이 발생한다. 한편

67 원문에는 '十五里'로 되어 있는데, 문맥상 '十五哩'(15마일)의 오기로 보인다.

군사적으로도 극히 유리하다. 남선 지방 일대의 개발상 조속한 실시가 필요한 노선이다.

③ 전주-줄포 노선 : 본 노선은 전주에서 출발하여 도중에 금구, 원평, 태인, 고부, 입석 등의 도읍을 거쳐 웅연도에 도달한다. 연장 약 40마일(64.4km)이다. 연선은 대개 평야에 속하고 인구는 조밀하며, 호남의 보고라고 칭해지는 옥야로서 농산물이 풍부하다. 그중에서 원평 지방은 과실(果實) 재배에 가장 적합하다. 현재는 아직 어린 나무가 많아 사과, 배 등이 약 2,000관에 지나지 않지만 장래는 생산량이 늘어날 것이다. 또한 태인, 고부, 입석 지방은 목화의 생산이 많고 현재 그 생산액은 70만 근(斤)이다. 줄포에서 해로로 반출되는 쌀은 매년 8만 석 내외이지만 철도가 부설된 이후에는 50만 석이 넘을 것이다. 또한 매년 400만 엔 이상에 달하는 줄포항의 어획물 가운데 대부분은 전구선(全邱線)의 개통을 통해 깊은 오지까지 반입이 가능해진다. 기타 연선 일대는 아름다운 경치가 많고 유명한 금산사, 봉래산, 직소폭포, 굴암(窟岩), 선운사 등은 모두 다수의 유람객을 유치할 수 있다.

④ 전주-이리 노선의 개량 : 현재 전북철도회사(全北鐵道會社) 노선인 전주-이리 구간은 관설 호남선과 조선철도회사 예정 노선인 전북선(원촌-전주 구간)의 중간에 끼어 있으며, 홀로 협궤이다. 장래는 물론 현재에도 이로 인하여 지방민의 불편과 불리함이 매우 심하다. 그러므로 이 구간은 (1) 전북철도를 매수하여 현재 군산-이리의 관설 노선을 전주까지 연장하거나, 혹은 (2) 조선철도회사의 전북선을 이리까지 관통하거나, (3) 이리-원촌 구간을 전부 관설로 해야 한다. 이미 총독부에서 본 노선의 실측 조사를 완료했으므로 하나의 방법을 결정하여 하루속히 개선에 나서기를 희망한다.

⑫ 군산상업회의소와 군산부의 부설 요망 노선

1. 경남철도를 군산 대안까지 연장
2. 마산-전주 노선

부설 이유

① 경남선(京南線) 연장 : 경남철도는 회사 설립 당시에 군산 대안(對岸)과 천안 지점에서 기공하기로 계획했다. 그러나 회사는 사정상 천안부터 광천까지 공사를 준공하고 다시 안성(安城) 방면을 향해 연장했다. 광천과 군산 대안 구간의 연장 공사는 아직 착수하지 않은 상태이다.

이것을 철도망 보급의 관점에서, 혹은 회사 영업상의 관점에서 고찰하면 철도와 항만의 연결은 유리하고 유익하다고 말할 수 있다. 현재 군산과 광천 구간은 항로와 같이 정기적인 석유 발동기선이 다수의 범선과 경쟁하고 있다. 그럼에도 본 노선의 필요성은 매번 선복량의 부족이 발생하는 현실과 범선의 선적량이 증명하고 있다. 만약 회사가 군산항의 존재를 중시하고 이것의 이용, 즉 육운(陸運)과 해운의 결합에 뜻을 두고 본 노선의 연장을 시행하면 전술한 광천 방면의 출입 화물 수송은 모두 철도가 차지할 것이다. 이뿐만 아니라 예산벌판 일대를 비롯하여 안성, 장호원, 여주 방면의 화물까지 기타의 관설 노선에 의지하지 않고 이 영업 노선만으로 수송이 가능하다. 나아가 도저히 비교할 수 없는 해륙 연락의 장점을 장악할 수 있고 경남철도의 사명 달성이 비로소 가능해지며, 업적 역시 현재의 몇 배에 이를 것이다. 요컨대 경남철도의 노선을 군산 대안까지 연장하는 일은 지방 산업 개발과 교통기관의 정비를 기대할 수 있는 초미의 급무라고 확신한다.

② 마산-전주 노선 : 조선철도회사의 마산-전주 노선은 그 연선 지방의 인구가 조밀하고 농산물이 풍부하며, 남선을 횡단하고 국유 경부선에 대하여 복선 작용을 할 수 있다. 그러므로 지방 산업 개발상, 군사상 이 노선의 속성은 가장 긴요하다.

⑬ 충청남도의 부설 요망 노선

1. 조치원에서 공주, 논산, 강경을 거쳐 전라북도 전주에 통하는 노선
2. 조치원에서 공주, 청양을 거쳐 대천에 통하는 노선
3. 보령에서 오천에 통하는 노선
4. 경남철도의 예정 노선인 광천부터 군산 대안에 이르는 노선

⑭ 충청남도 수산회의 부설 요망 노선

1. 대천부터 청양까지 구간, 22마일(35.4km)와 청양-조치원 노선

부설 이유

대천과 청양 구간의 부설은 경편철도부설기성회를 조직하여 왕성하게 속성의 촉진에 노력하고 있을 정도로 충청남도에 중요한 노선이다. 청양-조치원 노선도 역시 마찬가지이다. 양

노선의 건설비는 그리 많이 소요되지 않을 전망이다.

⑮ 충청북도의 부설 요망 노선

1. 충주-강릉 노선(제천, 영월, 평창 경유)
2. 원산-대구 노선, 또는 철원-대구 노선(탄천, 단양, 원주, 춘천 경유)
3. 청주-영덕 노선(미원, 상주, 함창, 안동 경유)
4. 함창-경성 노선(문경, 충주, 이천 경유)
5. 경성-대구 노선(충주, 청풍, 단양 경유)

부설 이유

우선 충청북도 관내의 제천 지역이 가진 사명에 대해서 말하자면, 제천은 위치상 (1) 남부 조선의 중심지라는 점, (2) 강원도 오지의 미개발된 막대한 부원을 처리할 수 있는 유일한 요충지라는 점, (3) 사설철도 인가 노선[(수원-여주 노선)(조치원-충주 노선)(김천-안동 노선)] 등이 모두 강원도 오지의 대 부원(富源)을 목적으로 하여 계획되었으므로 제천의 중요성을 간과할 수 없다는 점, (4) 남선 중앙의 종단선 계획에서 제천은 특히 중요지역이라는 점, (5) 이미 도로망의 측면에서 2등 도로인 충주-강릉 노선, 3등 도로인 제천-평창 노선과 제천-원주 노선의 중요 지점으로서 현재에 인식되고 있다는 점 등이 모두 제천의 가치를 증명하고 있다. 또한 철도망 정돈의 측면에서 이미 인가된 사설철도 노선과 그 연장선, 중앙 지역의 횡단선, 철도망 집약지로서 제천은 중요한 지점이라고 하지 않을 수 없다.

사설철도 인가 노선인 조치원-충주 노선 가운데 아직 설치되지 않은 청안과 충주 구간은 충청북도 단양군 외 6개 군의 상거래와 지대한 관계가 있다. 나아가 충청북도의 성쇠에 미치는 영향이 큰 중요한 노선으로서 각종 사업가와 지방민은 속성을 요망하여, 여러 차례 진정 운동이 치열하게 전개되었다. 지방 발전상 이 노선의 개통은 가장 급무이다. 청주-영덕 노선 가운데 청주-상주 구간은 직접적으로 관계된 군이 청주 이외에 2개 군에 불과하지만, 지방 산업의 발달, 경북선과의 연락적인 측면에서 빼놓을 수 없는 부분이다. 특히 이 노선은 청주군 미원을 중심으로 한 잎담배의 산출과 소금강이라 칭해지는 남선의 명승지인 보은군 속리산 법주사의 관광객이 매년 증가하는 기운이다. 그러므로 충북선 중에서 아직 설치되지 않은 청안과 충주 구간에 버금가는 가장 긴요한 노선이다.

⑯ 인천상업회의소와 인천부의 부설 요망 노선

1. 인천에서 수원을 거쳐 동해안 강원도 강릉에 통하는 횡단철도

부설 이유

본 노선은 조선의 중앙 지점으로서, 서해안에서 동해안을 관통한다는 측면에서 유의미하다. 뿐만 아니라 영등포와 수원 구간은 매년 홍수로 인한 철도의 피해가 극심하고 교통운수의 측면에서 불편함이 적지 않았기 때문에 지선의 설치는 가장 긴요한 일이다. 또한 경부·경의선은 단선으로서 언젠가 호경기가 도래할 경우, 물자 수송에 많은 지장을 불러올 것이 명확하다. 극단적으로 소금가격을 폭등시키고 화차의 쟁탈전을 불러온 것과 같은 예전의 실례가 많다. 아울러 산미증식이 실현되는 날에는 한층 수송상의 불평이 더욱 발생할 수 있다. 철도 수송의 결함은 무엇보다도 용산에서의 중계에 원인이 있기 때문에, 경부선 중에서 최대의 미곡 생산지이자 수송 측면에서 가장 호적의 지위에 있는 수원에서 지선을 설치하는 일은 가장 초미의 급선무이다. 이외에 주안의 제염 배급과 인천 발착 화물의 원활한 수송을 기도한다는 측면에서도 본 노선의 부설은 가장 긴급·중요하다고 말하지 않을 수 없다.

⑰ 강원도의 부설 요망 노선

1. 경성에서 춘천을 거쳐 거진에 이르는 철도
2. 원산에서 강릉, 경상북도 포항을 거쳐 부산에 이르는 철도
3. 철원에서 춘천, 원주, 영월, 경상북도 영주, 안동을 거쳐 대구에 이르는 철도

부설 이유

① 경성-거진 노선 : 본 노선은 경기도 양주, 가평과 강원도 춘천, 양구, 인제, 고성의 6개 군을 관통하여 경성에서 동해안에 이르는 최단선이다. 제반 행정상은 물론 군사상으로도 극히 중요한 철도이다. 이뿐만 아니라 연선 각 군은 면적이 광대하고 무한에 가까운 생산물을 가지고 있다. 그러나 사람의 지혜는 여전히 옛 관습에 머물러 있고 절박하게 노력해도 얻을

수 있는 것이 적어, 단지 호구를 만족하는 데에 지나지 않는다. 특히 인제군과 같은 곳은 유명한 제재(製材)의 산지이지만 교통과 금융의 편리함이 결여되어 있어서 헛되이 고갈되고 있는 상태이다. 만약 이 노선이 부설되면 한번에 운수의 편리함을 얻을 수 있고 현재 무가치와 마찬가지인 태백산맥의 광산물은 물론 목재와 여러 가지 산물이 주요 물자로 전환될 것이다. 이를 통해 인적이 희박한 한촌(寒村)도 저명한 도시로 탈바꿈하며, 황량한 들판은 비옥한 경지로 바뀌고 산업이 현저하게 융성해질 것이다.

② 원산-부산 노선 : 본 노선은 함경남도 안변군과 강원도 통천, 고성, 양양, 강릉, 삼척, 울진의 7개 군 및 경상북도 영덕, 포항, 울산 등 저명한 시장을 거쳐 부산에 이르는 동해안철도이다. 바다에는 무진장의 보고가 있고 육지에는 대삼림이 존재하며, 연안에는 비옥한 경지가 있는 등 천혜의 환경을 가지고 있다. 그러나 교통운수가 불편하기 때문에 어획물의 대부분은 염장 제품이 되고 또한 임산물에 대한 계획이 거의 전무한 상태이다. 본 노선의 부설은 국가적 관점에서 보아서 긴요한 일이라고 할 수 있다.

③ 철원-대구 노선 : 철원에서 김화까지는 목하 개통된 전철을 이용할 수 있는 본 노선은 김화부터 화천, 춘천, 홍천, 횡성, 원주, 평창, 영월의 7개 군을 거쳐 경상북도 영주, 안동과 같은 대시장을 통과하여, 조선의 중앙철도라고 부를 수 있는 종단선이다. 본 노선을 통해 다량의 광산물과 생산물을 시장으로 반출할 수 있을 뿐만 아니라 연선 수백 리에 걸친 들판을 개간할 수 있고 조선 개발에 지극히 큰 영향을 야기할 수 있다는 점은 두말할 필요가 없다. 특히 원주-여주 노선, 원주-충주 노선과 연락이 될 때에는 본 노선의 가치가 더욱 증대될 것이다.

⑱ 황해도의 부설 요망 노선

1. 신원(新院)-용당포(龍塘浦) 구간, 약 21.42마일(34.5km)
2. 용당포-신천(信川) 구간, 약 47.56마일(76.5km)
3. 신천-저도(猪嶋) 구간, 약 30.08마일(48.4km)
4. 이목(梨木)-장연(長淵) 구간, 약 18.18마일(29.3km)

부설 이유

위 노선은 모두 이미 기설 허가를 받았지만 공사에 미착수한 부분이다. 황해도는 해륙의 생산물이 풍부하지만 겸이포 이외에는 연락이 가능한 철도를 보유하지 않고 있다. 특히 황해도는 최근 토지 기본조사의 결과 다수의 수리사업이 발흥하고 있어, 산미개량증식계획과 상응하여 가까운 장래에 그 생산액이 현재의 몇 배에 달할 것이다. 또한 기타 수산업과 임산, 광업 등이 급격히 발전하고 있다. 그러나 수송기관이 결여되어 우차(牛車)를 이용하다 보니 많은 곤경을 느끼며 시일이 허비되고 있다. 재령(載寧)에서 예성강의 주운(舟運)과 연락하거나, 혹은 관·사설 철도의 일부를 이용하여 인천, 진남포, 기타의 각지로 수송이 이루어지고 있지만, 겨울철 결빙기에는 수운이 완전히 두절되어 그 불리함과 불편은 이루 다 말할 수 없을 지경이다.

황해선(黃海線)의 본래 사명은 앞서 설명한 미완성 노선의 완성 이후가 아니라면 완벽을 기할 수 없다는 점은 지도를 보지 않아도 알 수 있다. 즉 예정 노선의 부설은 황해도의 개발상 급무 중의 급무이다. 그중에서 중요 지점과 관련된 신원과 용당포, 신천과 저도 구간은 가장 조속하게 시설이 필요한 노선이다. 중요 항구인 용당포와 저도항으로 진출할 수 있는 종단 노선일 뿐만 아니라, 전자는 수도(首都) 해주(海州)와의 연락을 포함하고 후자는 산업의 원천지인 재령, 신천, 안악(安岳)에 이르는 큰 들판의 개척이라는 사명이 있다. 따라서 미완성된 노선에 앞서서 이 노선의 부설이 필요하다. 만약 본 노선이 부설되면 비단 연선 지방의 개발에 그치지 않고 이것과 교통할 수 있는 각 오지의 산업까지 개발되어, 문화의 향상은 물론 마산(馬山), 달천(達泉), 안악의 온천 역시 급속히 발전할 수 있다.

⑲ 평안남도와 평양부의 부설 요망 노선

1. 평양-만포진(滿浦鎭) 노선
2. 평양-함흥과 평양-원주-고읍(古邑)-신갈파진(新乫坡鎭)-혜산진 노선
3. 평양-철원 노선
4. 평양-삼등(三登)과 평양-성천(成川) 노선
5. 진남포-신안주(新安州) 노선

부설 이유

① 평양-만포진 노선 : 본 노선은 평원철도 예정선 가운데 자산, 혹은 순천(順川)에서 분기

하여 개천(价川) 부근을 통과하고 청천강을 따라서 희천(熙川), 강계(江界)를 지나 압록강 유역 만포진에 이르는 노선이다. 국방상 유의미한 것은 물론 대외적으로 교통 관계상 경제적인 노선으로서 간과하기 어렵다. 또한 대내적으로는 저 광대한 평안북도 관내 강계 방면의 개척을 수반하여, 산업 개발상으로도 중요한 노선이다. 본 노선이 지나가는 평안남도 관내 순천, 개천 지방의 연선에서 가장 유망한 산물은 무진장이라고 불리는 무연탄과 개천 지방에 매장된 500만 톤의 철광석이다. 기타로 농산물과 광산물이 많다. 이것을 개발하기 위해서는 필연적으로 본 철도가 필요하다. 한편 항만과의 연락은 강계 방면으로부터 최단선인 본 철도를 통해 직접적으로 평양을 경유하여 진남포항에 의해서 해륙의 연락을 담보할 수 있으므로, 장차 물자의 처리는 자못 이상적이다. 이외에 교통량과 화물량은 아직 구체적인 조사가 이루어지지 않았지만, 평안남도 관내의 무연탄, 철광석, 기타로 강계 방면의 목재 등의 화물과 여객의 왕래는 현재 안만(安滿)철도의 교통 상황에 비추어 매우 많아질 것으로 예상이 된다.

② 평양-함흥과 평양-원주-고읍-신갈파진-혜산진 노선 : 본 노선은 예정된 평원선 가운데 신창(新倉) 부근에서 분기하여 평양-만포진 노선과 평원선의 중간인 덕천(德川)을 지나 대동강을 따라서 영원(寧遠), 사창(社倉)을 경유한다. 이후 한 줄기는 함경남도 함흥에 이르고 다른 한 줄기는 사창에서 분기하여 오랫동안 손이 닿지 않은 처녀림 지대인 낭림산(狼林山)의 산맥을 횡단하여 고토(古土)와 부전령(赴戰嶺)과의 사이에서 사설철도로 아직 착수되지 않은 노선, 즉 함흥에서 장진(長津)을 경유하여 원주, 고읍에 이르는 노선과 연락한다. 또한 원주, 고읍, 신갈파진, 혜산진 방면에 통하는 노선은 평양-만포진 노선과 마찬가지로 국방상으로 평양-만포진 노선과 상응하여 접속 지대의 중앙 요충지에 위치하는 것은 물론, 조선 유일의 삼림지대를 관통하고 부원을 개척하기 위해서 부설할 필요가 있는 노선이다. 특히 본 노선은 서선과 북선 지방에 통하는 오래된 도로와 맞닿아 있으므로 일반적인 교통 노선으로서 역시 중요하다.

③ 평양-철원 노선 : 본 철도는 평양-승호리(勝湖里) 노선의 연장선으로서 상원(祥原), 율리(栗里), 수안(遂安), 신계(新溪), 이천(伊川)의 각 도읍을 경유하여 철원에서 경원선(京元線)에 연락하는 노선이다. 본 노선은 경성-의주(義州) 노선에 병행하고 접근되는 경향도 존재하지만, 그 지리적 관계는 이해를 달리한다. 신계, 곡산(谷山), 수안, 율리 방면은 평양의 경제권에 속하고 따라서 교통 계통도 평양이 중심이다. 원래 이 지방은 물자가 풍부하지만 이를 개척할 수 있

는 교통기관이 없었기 때문에 발전이 지지부진했다. 그러나 본 노선이 부설되면 면목을 새롭게 할 것이 확실하다.

④ 평양-삼등과 평양-성천 노선 : 본 노선은 평양 승호리 노선에서 분기하여 하나는 삼등으로, 다른 하나는 강동(江東)을 경유하여 성천 방면에 이르러 평원선에 연락하기 위해서 부설하는 노선이다. 본 철도는 평양 지방을 중심으로 하여 매장량 2억만 톤을 능가한다고 불리는 무연탄을 개발하기 위한 탄광선으로서 기능하는 것이 사명이다.

⑤ 진남포-신안주 노선 : 본 철도는 진남포에서 광양만(廣梁灣), 함종(咸從), 증산(甑山), 한천(漢川) 등의 도읍을 경유하여 신안주에 도달하는 해안선이다. 본 노선은 평안남도 관내 유일한 평야 지대인 안주(安州), 평원(平原), 강서(江西), 용강(龍岡) 등의 각 군을 관통하여, 풍부한 농산물과 연산액 600만 엔에 이르는 관염(官鹽)과 100만 엔 이상인 해산물의 수송 관계상 필요하다. 이뿐만 아니라 장래 염전 예정 지역이 대부분 연선 해안에 있으므로 염업의 발달을 더욱 촉진할 수 있는 산업철도로서 시급히 부설할 필요가 있다.

⑳ 진남포상업회의소와 진남포부의 부설 요망 노선

1. 저도에서 안악을 경유하여 신천에 이르는 철도
2. 저도에서 장연, 은율(殷栗), 송화(松禾)를 경유하여 장연에 이르는 철도
3. 신안주에서 안주, 희천, 강계를 경유하여 만포진에 이르는 철도
4. 진남포에서 광양만, 함종, 증산, 한천, 용정리(龍井里), 입석을 경유하여 신안주에 이르는 철도

부설 이유

① 저도-신천 노선 : 본 노선은 황해도 저도에서 안악을 경유하여 신천에 이르는 약 29마일(46.7km)의 노선이다. 저도가 갖는 항만으로서 가치는 오히려 진남포를 능가한다고 이야기되고 있어, 장래 상당한 설비가 부설되면 평안남도와 황해도의 과시할 만한 양항이 될 것이다. 저도를 항만으로 이용하기 위해서는 철도의 부설을 통해 황해도의 중추인 신천과 연락하는 것이 경제적이고 합리적인 방책이라는 사실을 누구도 부인할 수 없다.

이와 관련하여 이전에 사리원(沙里院)과 신천 사이의 철도가 개통된 결과, 물자의 집산 상

태에 변화가 발생했다. 이후 이 철도의 연선과 신천 방면의 물자는 국철(國鐵) 연락을 통해 그 대부분이 인천과 진남포로 수송되고 있다. 그러나 신천과 저도 사이의 철도가 개통될 경우, 신천에서 인천까지 190마일(305.8km), 진남포까지 119마일(191.5km)인 것에 비해서 신천과 저도 구간은 겨우 60마일(96.6km)에 불과하기 때문에 운임 부담이 크게 경감될 것이다. 따라서 물자 집산의 경로는 변화할 것이며, 동시에 황해도의 개발은 비로소 일대 비약의 기회를 얻을 것이다.

② 저도-장연 노선 : 저도의 항만 가치는 철도를 이용하여 황해도의 오지와 연락하는 것이 최선의 방책이라는 점과 신천과의 연락에 대해서는 이미 상술했다. 그런데 장연, 은율, 송화를 경유하여 장연에 이르는 철도의 부설이 급무라고 제창하는 이유는 이 노선이 저도를 더욱 빛나게 만드는 좋은 방법이기 때문이다. 이뿐만 아니라 만약 본 철도가 개통되면 황해도의 산업은 일대 발전을 이룰 수 있다. 예정 노선의 연선인 은율, 송화, 장연 등의 주산물은 농산물과 광산물로, 은율 이도면(二道面)의 광석이 진남포 무역에 공헌하는 바가 지대하다는 점은 주지의 사실이다. 송화, 장연 역시 여러 곳에 광물이 풍부하게 매장되어 있다. 농산물은 장연, 송화, 은율 지방의 평야에 뻗쳐 있다. 그렇기에 본 지방은 장래 황해도의 보고라고 불릴 만한 지역으로, 산미증식계획의 착수와 함께 더욱 발달할 수 있다. 기타로 송화와 달천의 온천에는 목욕을 통해 몸을 치료하려는 유람객이 쇄도할 것으로 예상된다.

③ 신안주-만포진 노선 : 본 노선이 경과하는 지방은 조선의 유수한 광산지대에 속한다. 금, 은, 납, 흑연, 운모광(雲母鑛) 등의 광구가 여러 곳에 산재한다. 이외에 평안북도 희천은 박달나무의 특산지로서 조선에서 유일한 곳이다. 특히 강계군 이북은 영림창(營林廠) 소관을 관통한 조선 유수의 삼림지대로, 본 철도가 부설될 때에는 목재와 광산물의 수송선이라는 특색이 발휘된다. 요컨대 조선의 목재 자급자족을 확립하기 위해서, 목재의 운임이 철도 수입의 중심이라는 관점에서 본 철도의 개통을 촉진하는 일은 현재의 급무라고 생각한다. 나아가 광석류는 앞서 설명한 대로 본 철도 예정선 주변에 산재하지만, 교통이 불편하고 수송비가 저렴하지 않은 탓에 활발하게 개발되기 어렵다. 국부(國富)가 쓸데없이 버려지는 현상은 심히 유감스럽다. 이러한 결함은 모두 본 노선의 부설에 따라 보완되거나 해결될 수 있다.

④ 진남포-신안주 노선 : 본 노선은 용강, 강서, 평원, 안주의 4개 군을 관통하고 하천이 많지 않은 지세로서 대개 평탄하다. 농가 인구가 평안남도 전체의 8할 1푼을 차지하고 생산

품의 대부분이 농산물이다. 쌀은 전체 도의 7할 이상, 보리는 4할 3푼, 콩류는 3할 2푼을 차지한다. 이외에 평안남도 특산품인 재래면(在來棉)은 주로 이 4개 군에서 산출되고 생산액은 1,000만 근을 넘는다. 또한 이후 수확이 더욱 늘어날 것이라는 계획 아래 여러 시설이 구축되고 있다. 면화는 멀리 기양(岐陽), 진지동(眞池洞), 진남포의 각 역에 집산되고 있으며, 1억만 근에 이르는 광양만의 제염을 비롯하여 안주, 강서, 용강 등의 각 군에서는 연해지대로서 민간 제염업이 극히 융성하고 있다. 기타로 안주의 석탄은 매년 6만 톤을 채굴할 수 있는 설비를 보유하고 있어, 목하 청천강을 거슬러 올라가(溯航) 신안주역에서 분기하여 청천강 지류의 종점까지 출하하고 있지만, 수송 면에서 자못 불편하다. 그러나 본 노선이 개통되면 직접적으로 진남포에 수송하여 내선 각지에 분산할 수 있는 이점이 현저해질 수 있다. 용강온천의 발전도 본 노선이 개통된 후에 크게 기대할 수 있음은 물론이다.

㉑ 평안북도 수산회의 부설 요망 노선

1. 신의주(新義州)와 다사도(多獅島) 사이를 접속하는 임강(臨江)철도 노선

부설 이유

다사도의 축항은 단순한 지방적 문제가 아니고 실로 광범위하고 중대한 의의와 사명이 있다. 이 축항의 급무는 두말할 여지가 없어 이미 관계자가 청원한 바이며, 모든 사람들이 주지하고 있는 사실이다. 우리 평안북도 수산회에서는 장래 본 축항의 완성과 상응하여 신의주와 다사도 사이를 접속하는 임강철도의 부설에 동반될 수산업과의 관계에 대해서만 개술하겠다.

평안북도의 어획고는 연액 600만 관(貫), 210여만 엔이다. 주요 어업인 조기(石首魚)의 어장은 다사도에서 약 10마일(16.1km) 떨어진 원도(圓島)를 중심으로 한 반성열도(盤城列島)이다. 어획물의 집산시장은 용암포(龍岩浦), 신의주, 안동(安東)으로서 가깝게는 20마일(32.2km), 멀게는 30마일(48.3km) 이상이다. 어업자는 어획물이 채산상 맞지 않으면 시장까지 운반하지 않는다. 또한 잡힌 어류가 시장에서 판매될 때에는 그중 어느 정도는 이미 부패해 있다. 달리 전매를 할 여유가 없기 때문에 그 대부분이 지방에서 소모되어, 매매 가격은 매우 저렴한 상태에서 벗어나지 못한다. 만약 장래에 축항이 완성되고 해륙의 연락이 원활해지면 이 저렴한 어류를 북으로는 펑톈(奉天)과 창춘, 남으로는 경성 방면까지도 수송할 수 있다. 그리하여 매매 가격

은 현재의 몇 배로 거래될 것이다.

㉒ 강원도 수산회의 부설 요망 노선

1. 원산-포항 노선

강원도는 지세상으로 영서, 영동으로 구분되어 있다. 영서의 일부는 이미 철도가 개통되었지만, 영동 각 군은 전혀 미개통된 상태이다. 그렇기에 아래에서는 영동에 대해서만 기술하겠다.

강원도의 영동 6개 군은 서쪽으로 높은 산이 중첩되어 있다. 그러나 동쪽으로는 천혜의 보고인 바다를 끼고 있다. 수산물이 풍부하다는 점에서 조선 전체적으로 특출한 곳이다. 육지의 산세는 한결같이 서쪽에서 해안으로 뻗어 있다. 때문에 간선국도는 남북으로 해안을 통하며 육상운수는 오로지 여기에 의지한다. 해로는 부산과 오사카를 기점으로 하는 조선우선회사(朝鮮郵船會社)의 2개 항로에 의지하며, 이를 통해 화물과 여객의 교통운수가 이루어진다. 전자는 겨우 월 9회이고 후자는 월 4회인데, 만일 풍랑을 만나면 종종 지연되거나 결항되어 불편이 적지 않다. 또한 수산물의 수송은 이들 기선과 발동기의 경우 운반선과 일반 범선을 이용하므로 시일이 오래 걸리고 운송비가 비싸다. 그렇기에 자연히 강원도 수산업의 발달을 저해하는 점이 심대하다. 문화는 철도 연선과 비례하여 현저하게 미개발된 상태이다. 그러므로 원산에서 해안을 따라서 강원도 통천군에 들어서서 고성, 양양, 강릉, 삼척, 울진의 6개 군 연안을 관통하고 경상북도 해안을 경유하여 포항에 접속하는 노선을 부설하면, 강원도의 수산물은 물론 주요한 임산물과 농산물은 서로 앞다투어 도외로 반출되고 나아가 도내 경제력이 격증할 것이며, 문화가 수입되어 강원도의 발전을 촉진할 것이라고 확신한다.

㉓ 원산상업회의소, 함경남도 수산회, 원산부의 부설 요망 노선

1. 원산을 기점으로 한 조선 동해안철도
2. 함흥을 기점으로 한 삼림철도

부설 이유

① 동해안 노선 : 본 노선은 원산 이북의 해안선을 따라 착착 진척되고 있는데, 앞으로 수

년 내에 개통을 맞이하게 될 것이다. 본 노선은 원산을 기점으로 하여 강원도와 경상북도의 해안을 종주하면서 영일만(迎日灣)과 포항에 연결되며, 조선 남단부터 북단을 종주하는 동해안선이다.

동부 조선, 그중에서 강원도와 경상북도 연안 지방은 일반적으로 문화적 혜택이 희박하다. 이를 서남부 연안의 지방들과 비교하면 상업, 교통, 기타 등 모든 측면에서 진척의 정도가 현저하게 낮다는 점은 주지의 사실이다. 일찍이 정부는 원산과 강릉 사이의 해안선 부설을 결정했지만, 때마침 모국(母國)의 진재(震災)로 인해 일반 재정이 긴축되어 이 계획은 무기한 연기되었다. 그렇기에 이 해안선의 부설은 전도를 기대할 수 없는 상황이다. 원래 강원도 연안에는 항만이라고 부를 수 있는 곳이 거의 없다. 다른 도와 비교하여 교통 역시 가장 불편하다. 그러나 이곳에는 물자가 풍부한 미개발된 처녀지가 존재한다. 따라서 철도교통로가 완성되면 실로 놀랄 만한 발달을 이룩할 수 있다는 점은 현재로서도 상상하기 어렵지 않은 바이다.

② 삼림선 : 함흥을 기점으로 한 삼림철도는 1917년(大正 6) 함흥-장풍리(長豊里) 구간 15.6마일(25.1km) 부설이 마지막이었다. 그 후 10년이 흐른 지금까지 당초 계획대로 연장되지 못하고 있다. 본 철도는 산업 개발과 국책의 관점에서 극히 필요하다는 점은 재론의 여지가 없다. 예정과 같이 공사가 진행되기를 열망한다.

(비고) 원산부에서 별도로 평원선 속성을 요망한 부분은 생략한다.

㉔ 함경북도의 부설 요망 노선

1. 원산-회령 노선
2. 길주(吉州)-혜산진 노선
3. 합수(合水)-하면강구(下面江口) 노선
4. 주을(朱乙)-연암(延岩) 노선
5. 회령-혜산진 노선
6. 고무산(古茂山)-무산(茂山) 노선
7. 수성(輸城)-웅기 노선
8. 두만강안 노선(회령-웅기 구간)
9. 회령-고건원(古乾原) 노선

10. 나진(羅津)-종성(鍾城) 노선

부설 이유

① 원산-회령 노선 : 함경북도 관내의 미완성 구간은 목하 공사 중이므로 이유를 생략한다.

② 길주-혜산진 노선 : 본 노선은 길주와 혜산진 구간의 최단거리 경로로서 교통, 물자의 반입과 반출은 물론 군사적 관점에서 중요한 노선이다. 이뿐만 아니라 해당 구간에는 아직 사람의 손이 닿지 않은 대삼림이 존재한다. 그 포용 재적(材積)은 함경북도만으로 약 545만 척체에 이른다. 본 노선의 부설은 단순히 삼림 개발의 관점에서 보아도 가장 중요하다.

③ 합수-하면강구 노선 : 무산 오지와 길주-혜산진 노선을 연락하는 것으로 이 구간은 함경북도 내에서도 목재 축적량이 가장 풍부한 삼림지대에 속한다. 그 재적은 1억 3,000만 척체로 평가된다. 본 노선이 필요한 이유는 바로 이것이다.

④ 주을-연암 노선 : 약 1,000만 척체의 재적을 가진 경성군과 무산군의 경계에 있는 대삼림의 개발과 약 5,000만 톤의 석탄이 매장된 경성 지방의 굴착 등을 위해서 긴요한 노선이다.

⑤ 회령-혜산진 노선 : 회령에서 두만강을 따라 거슬러 올라가 혜산진에 이르는 노선이다. 소위 국경선으로서 경비와 군사적 측면에서 중요한 노선일 뿐만 아니라 오지의 교통운수 관점에서 가장 중추적인 지위를 차지할 수 있는 노선이다.

⑥ 고무산-무산 노선 : 현재 조선철도회사는 고무산과 신참(新站) 구간의 공사를 진행 중이고 계속해서 고무산까지 연락하려는 계획이 있으므로, 이 노선에 대한 이유는 생략한다.

⑦ 수성-웅기 노선 : 해안선(海岸線)으로서 두만강안 노선(회령-웅기 구간)에 접속하고 교통운수의 측면에서 필요하며, 소련과 중국 국경에 이르는 육운 시설로서 국책의 관점에서 긴요한 선로이다.

⑧ 두만강안 노선 : 현재 도문철도회사는 회령과 동관진(潼關鎭) 구간의 철도 부설을 완료했다. 해당 구간에서의 물자 반입, 무역과 교통운수상의 효과는 영업 성적에 비추어 이미 주지되고 있는 바이다. 온성(穩城)까지의 연장은 이미 부설 허가를 받아 현재 시공 계획을 준비 중이다. 그러므로 여기에 접속하여 두만강을 따라서 남하하며 웅기에서 수성-웅기 노선에 연락하는 본 노선은 아오지(阿吳地)와 고건원 지방에 매장된 약 4만 톤에 이르는 탄전의 개발, 두만강 일대의 평야에서 산출되는 물자의 반출, 훈춘(琿春)과 연해주(沿海州)에 존재하는 무진

장한 물자의 반입 등, 소련과 중국 국경의 무역은 물론 경비와 군사적 관점에서 가장 긴요하다.

⑨ 회령-고건원 노선 : 회령에서 훈춘에 이르는 최단 경로로서 소련·중국과의 무역, 군사적 측면에서 필요한 선로이다.

⑩ 나진-종성 노선 : 간도 지방의 무역과 만몽, 서백리(西伯利)[68]의 상권을 획득하는 데 긴요한 선로이다.

㉕ 조선광업회(朝鮮鑛業會)의 부설 요망 노선

1. 국유 예정 노선과 사설철도 면허 노선
2. 정주(定州)-창성(昌城) 노선
3. 개천철도의 연장
4. 평안남도 탄광선의 연장
5. 단천(端川)-혜산진 노선
6. 충주-삼척 노선
7. 안동-울진 노선
8. 영동(永同)-전주 노선

부설 이유

광업과 철도의 관계 : 철도 부설이 소위 산업 개발에 극히 중대한 관계가 있다는 사실은 재론할 필요가 없지만, 그중에서 필요성이 가장 절실한 부분이 광업이다. 광업은 여타의 생산 사업과 달리 시가지에 공장을 설치하여 작업할 수 없고 성질상 당연히 광산의 경영에 필요한 재료의 수송, 혹은 생산품의 반출 등을 모두 철도에 의존하여 산간벽지에서 원료를 채굴한다. 그런데 조선의 철도는 아직 보급이 완전하지 않기 때문에 조선의 광업 발달이 현저히 저해되고 있는 현상이다. 가령 금광업을 보면 현재와 같은 상태로서는 물자를 공급하고 광석을 반출할 수 있는 기관이 결여되어 있으므로, 합금 품위 10만 분의 3 혹은 4 이상의 채굴은 감당할 수 없다. 이는 진실로 국가 경제상 손실이다. 만약 여기에 적당한 시설이 구축되면 현

68 시베리아 일대를 지칭하는 용어이다.

재보다도 저품위의 광석을 더욱 많이 처리할 수 있을 것이며, 이를 통해 다수의 광산이 채산을 맞출 수 있음은 자명한 이치이다. 그 유명한 사도(佐渡)의 금산(金山)은 100만 분의 5까지 채굴하고 있지만, 평안북도의 운산(雲山)금광은 현재 100분의 9까지 채굴하고 있다. 조선의 금광산 전체를 이것과 동일시하기 어려운 것은 당연하지만, 만약 금속광산이 밀집한 지대에 철도를 부설하면 각종 광산 개발이 현저히 촉진되어 광산물이 확실히 격증할 것이다. 덧붙여 현재 이미 발견되었지만, 교통기관의 결여로 인하여 출원이 보류된 광구도 존재하며, 새롭게 발견되는 것도 적지 않다. 요컨대 이를 통해 철도 자체도 역시 상당한 수익을 올릴 수 있다는 점은 평양-승호리 구간의 탄광선이 거두고 있는 현재 수익만 보아도 의심할 여지가 없다.

이하 열거하는 각 노선은 단순히 광산물의 수송만으로도 상당한 성적을 거둘 수 있고 조선의 산업 개발상 극히 중요한 선로이다. 게다가 일단 철도가 부설되면 농산물, 임산물의 이동, 혹은 수산물의 운반 등으로 인하여 철도 화물이 상상 이상으로 격증할 것이라는 점은 명백하다. 다만 광산의 성질상 매장량을 추정하기 곤란하기 때문에 구체적 숫자를 명기하기 어렵다는 점은 유감스러운 부분이다.

① 국유 예정 노선과 사설철도 면허 노선 : 조선총독부가 이미 발표한 국유철도 예정 노선과 사설철도 부설이 면허된 노선은 전부 필요한 노선이다. 그중에서 경의선 맹중리(孟中里)역에서 분기하여서 박천(博川), 영변(寧邊), 운산, 북진(北鎮)을 경유하여 희천에 도달하는 노선은 특히 시급히 부설할 필요가 있다.

(비고) 본 연선에 존재하는 허가 광구의 수는 45개[1925년(대정 14) 1월 현재 이하 동일]

② 정주-창성 노선 : 경의선 정주역에서 분기하여 구성(龜城), 삭주(朔州)를 거쳐 압록강 유역의 창성에 도달하는 새로운 선로이다. 본 노선은 조선 내 손꼽히는 금광지대를 통과하는 것으로서 극히 중요하다.

(비고) 본 연선에 존재하는 허가 광구의 수는 116개

③ 개천철도의 연장 : 평안남도 개천철도의 종점인 천동(泉洞)에서 평원철도 순천역에 연결되는 선로와, 같은 철도의 개천역에서 분기하여 덕천에 이르는 노선의 연장을 희망한다. 무연탄전 지대인 덕천까지 본 철도를 연장하는 일은 장래 맹산군(孟山郡)에 존재하는 무연탄광구에 활로를 열어 줄 수 있다. 순천 방면은 금은광, 철광이 풍부한 곳이다. 또한 본 철도는 무연탄 지대까지 관통한다. 본 철도는 평원선을 통해 별도의 탄광선인 성천역에 연결된다.

(비고) 본 연선에 존재하는 허가 광구의 수는 114개

④ 평안남도 탄광선의 연장 : 본 철도는 탄광선의 종점인 승호리역에서 연장하여 강동, 성천을 경유, 평원선에 연결되는 노선으로, 평양탄전의 중추 구역을 관통한다. 그 필요성은 재론할 여지가 없다. 성천, 순천 사이가 평원선에 의해서 연결되고 개천철도와 서로 호응하면 본 철도는 완전하게 기능을 발휘할 수 있다.

(비고) 조선총독부 보류 탄전 이외에 본 연선에 존재하는 허가 광구의 수는 36개

⑤ 단천-혜산진 노선 : 함경남도 단천에서 풍산(豊山), 갑산(甲山)을 거쳐 혜산진에 이르는 노선이다. 현재까지 조사된 바에 의하면 본 철도의 연선에 매장된 철광석의 양은 1,000만 톤 이상이다. 아연, 은, 납, 동, 유화철 등도 풍부하다. 영업선(營業線)으로 함경북도 길주에서 합수를 거쳐 혜산진에 이르는 선로가 우수하다는 점은 의심할 여지가 없다.

(비고) 본 연선에 존재하는 허가 광구의 수는 79개

⑥ 충주-삼척 노선 : 충청북도 충주에서 제천을 거쳐 강원도 영월로 들어가 무연탄과 철광석 지대를 관통하여 동해안 삼척에 도달하는 노선이다. 본 철도의 연선에는 조선총독부가 스스로 출원하여 조사 중인 무연탄전이 있다. 이것이 채굴되면 이미 허가를 받은 철, 기타 금속 광구와 더불어 수송 화물은 자못 풍부해질 것이다.

(비고) 본 연선에 존재하는 광구의 수는 58개

⑦ 안동-울진 노선 : 경상북도 안동에서 예안, 봉화, 춘양을 거쳐 강원도 울진으로 통하는 노선이다. 본 노선은 경상북도 금광지대를 종주하는 중요한 철도이다.

(비고) 본 연선에 존재하는 현재 허가 광구의 수는 27개이지만 교통이 편리해지면 더 많은 출원이 이루어질 수 있다.

⑧ 영동-전주 노선 : 경부선 영동역에서 분기하여 무주, 진안을 거쳐 전주로 통하는 노선이다. 본 노선이 통과하는 지대는 금광이 밀집된 유명한 곳이지만 교통기관의 결여로 인하여 광업의 발달이 저해되고 있다. 따라서 이 노선의 속성을 희망한다.

(비고) 본 연선에 존재하는 허가 광구의 수는 72개

㉖ 조선산림회(朝鮮山林會)의 부설 요망 노선

1. 속후(俗厚)-후주(厚州)-고읍 노선[북청(北靑), 직동(直洞), 풍산, 갑산, 혜산진, 신갈파진 경유]

2. 개천-강계 노선[희천 경유]

3. 평양-고원(高原) 노선[자산(慈山), 은산(殷山) 경유]

4. 김천-김화 노선[상주, 문경, 충주, 원주, 횡성, 홍천, 춘천, 화천 경유]

5. 포항-원산 노선[동해안을 따라서]

부설 이유

위의 각 노선은 공통적으로 그 연선에 많은 삼림이 존재한다. 임산(林産)을 개척하고 반출하는 통로로서 급설이 필요하다. 속후-후주-고읍 노선 가운데 혜산진, 후주, 고읍 구간은 물 흐름이 미약하여 겨우 작은 뗏목을 이용하고 있다. 따라서 육로를 통해 목재를 반출하고 후주와 고읍에서 큰 뗏목을 만드는 편이 득책인 실정이므로, 이 구간에 철도의 연결이 요구된다. 또한 김천과 김화 노선, 포항과 원산 노선은 중앙산맥의 동서 측을 연결하는 것으로서 이곳에 뿌리박힌 대삼림의 자원 개발상 가장 긴요한 선로이다.

(7) 기왕의 연장 계획

조선철도를 국유화한 이후에는 점차 철도를 통일시켜 나갔을 뿐으로, 당시 철도망계획은 생각조차 할 수 없는 일이었다. 다만, 그 후 오야(大屋) 장관의 손으로 철도망계획이 수립되고 있는 것 같았지만, 세간에 발표되지 않았던 상황을 보면 결국 사장된 것으로 보인다. 그렇지만 어쨌든 오야 장관의 재임 중인 1917년(大正 6)까지, 즉 제23회 의회부터 제32회 의회까지 제국의회의 승인을 거쳐 8,300만 엔의 건설비 예산이 통과되었고 이 자금을 통해 경부-경의선, 마산선의 나머지 공사가 진행되었다. 이외에 평남선(平南線), 경원선, 호남선이 신설되었고 함경선의 일부 공사가 착수되었다.

이후 1917년(大正 6) 7월 조선 국유철도가 만철회사에 위임·경영됨과 동시에 구보 요조(久保要藏) 이사가 경성관리국장으로 부임하여 경영을 맡았다. 조선총독부는 새롭게 국유와 사설철도의 감독을 위해서 철도부를 신설하고 부장으로서 히토미 지로(人見次郎)를 임명했다. 공무과장에는 닛타 도메지로, 감리국장에는 와다 슌(和田駿)[후에 사와자키 오사무(澤崎修)]이 임명되었다. 그리하여 위임·경영 기간 중에 철도의 건설과 개량에 관한 계획은 모두 조선총독부가 관장하고 그 자금은 국비로서 지변되었다. 만철회사는 단지 업무를 집행하는 데 지나지 않았다. 대소사 일체에 관하여 철도부의 지휘와 명령을 받아야 하는 복잡한 관계였기 때문에 수탁회사로서 만철은 격화소양(隔靴搔痒)의 감을 느꼈을 것이다.

철도부의 초대 히토미 지로 부장은 2년을 재임하고 뒤를 이어서 아오키 가이조(青木戒三)가 부임했다. 그 사이 제40회 의회에서 진해선(鎮海線), 평양탄광선(平壤炭鑛線), 함경선의 건설비로서 약 6,000만 엔의 예산이 통과되었다. 아오키는 겨우 3개월 만에 전라북도 도지사로 전임했으며, 1919년(大正 8) 8월 소위 문화정치를 표방하면서 부임한 사이토 총독, 미즈노 정무총감과 같은 시기에 와다 이치로(和田一郎)가 부임했다. 그는 여러 가지 철도 연장에 대해서 계획을 수립했는데 1921년(大正 10) 2월 유게 고타로에게 양보하고 퇴관했다. 유게의 취임 이후에 산업조사위원회가 개최되었다. 그 결과 철도망계획의 전제로서 전국에 걸친 선로조사가 개시되었다. 같은 해 제45회 의회를 통과한 예산안에 평원선 건설비가 처음으로 포함되었다. 1922년(大正 11) 6월에는 미즈노 정무총감의 후임으로 철도지사라 칭해졌던 아리요시 주이치(有吉忠一)가 부임했다. 그는 철도 보급에 관한 큰 계획을 도모했다. 그러나 때마침 이 두 명의 정무총감 시절에는 진재로 인하여 재정 긴축이 추진되었으므로 계획했던 일은 뜻대로 풀리지 않았다. 1923년(大正 12)과 1924년(大正 13)에는 건설비의 매년 할당액이 축소되었다. 선로 연장은 물론이고 일찍이 물가 등귀 때문에 공사의 진행이 여의치 않았던 함경선과 같은 기존 결정 계획 노선의 공사 완성 시기도 재차 연기되었다. 그런데 공사 시행 기관으로서 점차 확장 국면에 있던 만철회사의 입장에서 일시적 축소는 매우 곤란했고 특히 함경선 부설은 총독부에게도 긴급한 사업이었다. 따라서 우선 만철의 자금을 융통하여 함경선 공사를 진행하고 개통 시기를 1개년 앞당겨 1927년(大正 16)으로 하기로 했다. 또한 예산 부족액은 만철회사에서 가불하여 처리하며 다음 해의 예산 공포를 기다려 결산을 맞추기로 결정했다. 그런데 느닷없이 이 사건이 제50회와 제51회 의회의 문제로 등장하게 되어 마침내 위헌론(違憲論)까지 불거지게 되었다. 그럼에도 불구하고 요컨대 이는 당시 총독부와 만철이 조선의 철도 보급과 속성을 추진하기 위해 노력한 성의를 반영하는 것에 다름 아니었다.

그 후 1923년(大正 12) 3월 구보 국장은 병(病)으로 사직하고 안도 마타사부로(安藤又三郎)가 새롭게 부임했다. 안도는 곧바로 조선철도에 관하여 오래 축적된 지식을 반영하여 국유철도 개량안을 수립했다. 그러나 위임·경영의 해제가 점차 실행되는 시기를 앞두고 그는 겨우 2년 만에 조선을 떠났다. 그 사이 아리요시 정무총감은 1924년(大正 13) 6월 사직하고 시모오카 주지가 후임으로 부임했다.

총독부 당국의 철도연장계획 경과는 대체로 상술한 바와 같다. 종래에도 연장 계획이 있었던 것은 물론이지만, 이번과 같이 전국적인 차원의 심대한 계획은 아니었다. 단순히 당면한 응급 과제를 처리한다는 의미에서 재정이 허락하는 한에서 노선을 하나 신설하거나 기존 노선을 연장하는 데에 불과했다. 이는 그 당시 주변 상황에 연유한 것이었지만, 그래도 과거 20년 동안 2억 5,000만 엔의 건설비 예산이 의회의 협찬을 얻어 통과했다.

조선의 국유철도 경영이 만철의 손을 떠나 직영으로 되었던 시점은 1925년(大正 14) 4월부터였다. 당시 누가 철도국장의 자리에 앉을 것인가는 환원 이후 초임 국장이라는 점, 시모오카 정무총감이 품고 있는 산업제일주의에 따른 철도정책의 실행자라는 점에서 세간의 주목을 받았다. 항간에는 안도 만철 이사의 유임설, 유게 철도부장의 취임설, 도다(戶田) 현 철도국 이사와 닛타 현 공무과장의 영전설 등이 전해졌다. 결국 5월에 산둥(山東)의 철도고문인 오무라 다쿠이치(大村卓一)가 취임하게 되었다.

오무라 국장은 6월 초순 조선에 도착하여 부임한 이후 곧바로 시모오카 정무총감의 의도를 파악하여 철도망의 보급을 기도하고 조사를 추진했다. 1925년(大正 14) 10월 대체의 조사가 완료되자 오무라 국장은 정부의 양해를 구하는 작업에 돌입했다. 조선철도10년계획이 바로 이것이다. 오무라 국장은 11월 하야시(林) 경리과장, 사와자키 감독과장과 함께 도쿄로 건너갔다. 마침 이때 질병으로 요양 중이었던 시모오카 정무총감이 병세가 악화하여 서거했던 점은 조선을 위해서 애석한 일이었을 뿐만 아니라, 본 안의 전도에 일대 어두운 그림자가 드리우는 일이었다.

오무라 국장은 도쿄에 도착한 이후 관계 당국과 절충을 거듭했다. 새로 부임한 유아사 정무총감 역시 필사의 노력을 경주했다. 그러나 1926년(大正 15) 예산안 중에는 산미증식계획이 들어가 있었으며, 특히 정부의 비모채주의(非募債主義)[69]에 의거하여 결국 목적을 달성할 수 없

69 국채와 지방채를 합한 공채 발행을 최대한 억제하는 방침이다. 제1차 세계대전 이후 지속적인 불황 국면에 있었던 일본은 재정 합리화의 조치로서 긴축 방침을 채택하고 본국과 식민지를 통틀어 공채 발행액의 확대를 기피했다. 그 결과 조선의 대규모 사업이 지연되거나, 혹은 폐기되는 사태가 빈번하게 나타났다. 이는 자금 조달의 측면에서 철저하게 일본에 종속된 채, 자기결정권이 부재했던 식민지적 특성의 한 단면이라고 할 수 있다. 1920년대 일본의 경제 상황과 재정정책과 관련해서는 다음의 연구가 참조된다. 坂入長太郎, 1989, 『日本財政史研究』, 酒井書店; 서정익, 2003, 『日本近代經濟史』, 혜안; 金澤史男, 2010, 『近代日本地方財政史研究』,

었던 점은 진실로 유감스러운 일이었다.

(8) 예정 선로의 조사

총독부는 조선철도망 확정의 전제인 선로조사사업을 일찍부터 계획했다. 우선 65개의 선로, 연장 약 5,000마일(8,046.7km)에 걸쳐서 조사가 이루어졌다. 1917년도(大正 6) 이후 경상부 재원을 통해 조사가 실시되었다. 1921년(大正 10) 산업조사위원회의 결의에 기초하여 1922년도(大正 11)부터는 이 사업이 임시부 사업으로 이관되었고 새롭게 선로조사부가 설치되었으며, 6개년 이내에 완료한다는 계획이 수립되었다. 그러나 1923년(大正 12) 재정 정리의 결과 2개년을 연장한 8개년 계속사업으로서 1개년에 약 600마일(965.6km)을 조사한다는 계획으로 변경이 되었다. 1925년(大正 14)에 이르러서는 재정 긴축의 영향을 받아 조사사업이 다시 경상부로 환원되었고 우선 조사반 2개를 설치하여 약 400마일(643.7km)을 조사하기로 결정되었다. 그리하여 1927년(大正 16)까지 본 선로 3,230마일(5198.2km), 비교 선로 440마일(708.1km), 도합 3,670마일(5906.3km)에 이르는 지형 조사가 완료되었다. 이를 북부, 중부, 남부로 구분하여 주된 선로의 내역을 기록하면 다음과 같다.

① 북부 조선

- 수성에서 나진, 경흥(慶興), 경원(慶源), 수성(穩城), 종성을 거쳐 회령에 이르는 구간
- 회령-고건원 구간, 길주-혜산진 구간, 사회진(四淮津)-종성 구간, 함흥-강계 구간, 종성-경원 구간
- 순천에서 희천, 강계를 거쳐 만포진에 이르는 구간
- 정주에서 구성, 삭주, 청성진(淸城鎭)을 거쳐 신의주에 이르는 구간
- 신의주, 혹은 남시(南市)에서 다사도에 이르는 구간

② 중부 조선

- 갈마에서 양양, 울진, 영덕, 포항, 울산을 거쳐 부산진에 이르는 구간

日本經濟評論社.

- 경성에서 진주를 거쳐 금화에 이르는 구간
- 경성에서 양원, 횡성을 거쳐 강릉(동해안)에 이르는 구간
- 경성에서 충주, 안동을 거쳐 대구에 이르는 구간
- 춘천-장호원 구간
- 수원에서 여주, 원주를 거쳐 횡성에 이르는 구간
- 안동-영덕 구간

③ 남부 조선

- 대구에서 고령, 거창을 거쳐 남원, 혹은 선천에 이르는 구간
- 목포, 혹은 나주에서 하동에 이르는 구간
- 송정리-보성 구간
- 광주-벌교 구간
- 김천에서 거창, 진주를 거쳐 삼천포에 이르는 구간
- 이리에서 전주, 남원, 순천을 거쳐 여수에 이르는 구간
- 이리에서 전주, 선천, 안의, 고령을 거쳐 대구에 이르는 구간

이외에 협궤로 조사된 곳이 합계 약 61마일(98.2km)에 이르렀다. 본 선로의 경제 조사 역시 열심히 진행되어, 1926년(昭和 1)까지 아래의 구간에 대한 조사가 종료되었다. 대구에서 안동, 예천, 단양을 거쳐 충주에 이르는 구간은 이미 조사가 완료된 동시에 현재 그 연장선인 충주-경성 구간의 조사가 진행 중이다.

- 갈마-부산진 구간 387마일(622.8km)
- 순천-여수 구간 24마일(38.6km)
- 웅기-동관진(潼關鎭) 구간 97마일(156.1km)
- 순천-용당 구간 84마일(135.2km)
- 길주-혜산진 구간 88마일(141.6km)
- 용소(龍沼)-삼영(三榮) 구간 24.7마일(39.8km)

- 순천-만포진 구간 178마일(286.5km)
- 당진-해남 구간 15.4마일(24.8km)
- 진주-전주/원촌-담양 구간 156마일(251.1km)
- 벌교-광주 구간 46.4마일(74.7km)
- 보성-광주 구간 35.7마일(57.5km)

그런데 약 5,000마일(8,046.7km)을 목적으로 하는 조선의 철도망을 설정하기 위해서는 1927년 이후 본 선로 약 2,000마일(3,218.7km), 여기에 비교 선로와 기타 2할을 더한 합계 2,400마일(3,862.4km)의 지형 조사가 필요했다. 대개 이것은 어려운 구간에 속하는 것이었다. 조사반은 종래와 같이 다시 두 개로 나뉘었고 작업 일수는 연장되었다. 1개년에 약 600마일(965.6km), 4개년 동안 조사를 종료하기로 결정이 되었다. 동시에 별개의 반을 조직하여 경제 조사까지 완료한다는 방침이 수립되었다. 장래 조사를 실시해야 할 예정 노선은 다음과 같다.

지형 조사 미완료 예정 노선

- 나진-수성 구간, 53마일(85.3km)
- 신안주-만포진 구간 114마일(183.5km)
- 고무산-무산 구간 34마일(54.7km)
- 온정(溫井)-벽동(碧潼)/군우리(軍隅里)-영변 구간 71마일(114.3km)
- 합수-무산 구간 92마일(148.1km)
- 장진-갑산 구간 54마일(87.0km)
- 북창(北倉)-군우리 구간 60마일(96.6km)
- 북청-갑산 구간 99마일(159.3km)
- 승호리-기창(岐倉) 구간 43마일(69.2km)
- 장진에서 원주, 고읍에 이르는 구간 51마일(82.1km)
- 남천(南川)-오류동(伍柳洞) 구간 77마일(123.9km)
- 신계-삼등 구간 49마일(78.9km)
- 김천-삼천포 구간 107마일(172.2km)

- 철원-남천 구간 46마일(74.0km)
- 사천-통영 구간 30마일(48.3km)
- 토성(土城)에서 해주, 저도에 이르는 구간 139마일(223.7km)
- 부산진-영등포 구간 273마일(439.4km)
- 춘천-천성 구간 73마일(117.5km)
- 청풍에서 제천, 도마에 이르는 구간 98마일(157.7km)
- 단양-영월 구간 32마일(51.5km)
- 예천-울진 구간 72마일(115.9km)
- 의성-영천 구간 42마일(67.6km)
- (복선 첨설 조사) 경성-남시 구간 281마일(452.2km)
- 합계 1,990마일(3,202.6km)

선로 조사의 경과는 대체로 위와 같았다. 1925년(大正 14) 6월 조선철도가 환원된 이후 제1차 철도국장으로서 부임한 오무라 다쿠이치는 종래의 미온적 조사에 만족하지 않고 예정 선로의 실지 답사 필요성을 인식하고 바쁘게 움직였다. 같은 달 말에는 시모오카 정무총감을 따라 함경선 건설 장소와 도문선(圖們線)을 시찰하고 9월에는 경전선(慶全線)을, 10월에는 평원선과 만포진선을 순시했다. 1926년(大正 15)에 들어서는 1월과 3월에 걸쳐서 동해선(東海線)을, 11월에는 혜산선(惠山線)을 답사하고 1927년(昭和 2) 1월에는 다시 동해선을 시찰했다. 국철과 사철의 기존 노선과 예정 선로에 널리 족적을 남겼던 것이다. 나아가 그는 시찰을 통해 실정을 파악하는 동시에 모든 철도문제에 대해서 지방 유지와 격의 없이 의견을 교환했다. 이러한 행동은 지방민에게 강한 호감을 주었을 뿐만 아니라 철도망의 완성과 기타 철도문제의 해결과 관련하여 직간접적으로 도움이 된 측면이 적지 않았다.

2) 조선철도12년계획

(1) 12년계획의 내용

이번에 성립된 조선철도12년계획은 기존 결정 계획을 아울러 3억 2,000만 엔의 거액을 투자하여 1927년도(昭和 2) 이후 12년 동안 860마일(1,384km)에 이르는 5개 노선을 신설하고 210마일(338.1km)의 5개 사설철도 노선을 매수하며, 이와 동시에 기설 노선과 차량을 개량하는 것이다. 그 내용은 다음과 같다.

① 새로 건설하는 노선

새롭게 건설하는 선로는 다음의 5개이고 연장 860마일(1,384km)이다.

○ 도문선(圖們線) = 웅기(雄基)-동관진(潼關鎭) 구간, 97마일(156.1km)

○ 혜산선(惠山線) = 길주(吉州)-혜산진(惠山鎭) 구간, 88마일(141.6km)

○ 만포선(滿浦線) = 순천(順川)-만포진(滿浦鎭) 구간, 178마일(286.5km)

○ 동해선(東海線) = 원산-포항, 울산-부산 구간, 341마일(548.8km)

○ 경전선(慶全線) = 진주-전주, 원촌-담양 구간, 156마일(251.1km)

○ 합계 = 860마일(1,384km)

② 사설철도의 매수

이번에 매수하려는 사설철도는 새로운 노선의 건설에 동반하여 그 사이에 있는 210마일(338.1km)이며, 매수 후에는 국유로 경영하려는 계획이다. 즉 기설의 경남선(慶南線)과 전남선(全南線)과 전북철도는 경전선에 중요하게 맞물린 노선이고 경동선(慶東線)은 동해선을 완전하게 연결하는 노선이며, 도문철도는 신규 계획에 속하는 도문선에 접속하는 노선이다. 매수 노선 가운데 조선철도회사(朝鮮鐵道會社) 소속의 경동선과 전북철도, 도문철도회사(圖們鐵道會社)의 노선 143.6마일(231.1km)은 협궤이기 때문에 매수 이후 광궤[70]로 개축할 것이다. 이러한 사설철도의 매수는 각 노선의 사정과 정부 재정의 형편을 감안하여 1927년도(昭和 2) 이후 5개년 동안 단행될 예정이다.

○ 조선철도회사 소속 = 경전선, 마산-진주 구간, 43.5마일(70km)

---

70 본 자료집에서 광궤는 1,435mm의 표준궤를 의미한다.

= 전남선, 송정리-담양 구간, 22.7마일(36.5km)

= 경동선, 대구-학산/서악-울산 구간, 92마일(148.1km)

○ 전북철도회사 노선 = 이리-전주 구간, 15.5마일(25.0km)

○ 도문철도회사 노선 = 회령(會寧)-동관진 구간, 36.1마일(58.1km)

○ 합계 = 209리 8분(337.6km)

③ 건설 및 개량비

본 계획의 건설·개량비는 기정 계획에 속하는 8,990만 8,160엔 이외에 신규 계획에 속하는 2억 3,009만 1,840엔, 총계 3억 2,000만 엔이다. 그 내역은 다음과 같다.

○ 건설비

기정 계획 비용 = 7,742만 8,932엔

신규 건설비 = 1억 7,414만 2,334엔

- 도문선 1,708만 3,358엔, 혜산선 1,927만 4,295엔, 만포선 4,663만 9,379엔, 동해선 6,300만 174엔, 경전선 2,814만 5,128엔

합계 = 2억 5,157만 1,266엔

○ 개량비

기정 개량비 = 1,247만 9,228엔

신규 개량비 = 5,594만 9,506엔

- 매수 노선 개량 1,575만 4,157엔
- 기설 노선 개량 2,219만 5,349엔
- 기설 노선의 차량 증비와 개량 1,800만 엔

합계 = 6,842만 8,734엔

건설·개량비 총액 3억 2,000만 엔은 연액 1,900만 엔 내지 3,000만 엔으로, 1927년도(昭和 2) 이후 1938년도(昭和 13)에 이르는 12개년 동안에 지출이 된다. 연도별 액수는 다음 표와 같다.

〈철도의 건설과 개량비 계속비표〉 (단위: 엔)

비목		1927년도 이후 지출액	연도별 지출액											
			1927	1928	1929	1930	1931	1932	1933	1934	1935	1936	1937	1938
건설비	봉급과 급여	5,209,398	343,703	345,303	350,422	394,204	419,811	454,392	484,828	495,435	498,290	480,336	479,131	463,534
	사무비	3,791,970	218,122	219,974	227,245	271,485	283,222	307,667	362,369	375,936	384,576	384,354	383,283	373,737
	특별급여금	130,000	26,000	26,000	26,000	26,000	26,000							
	함경선	18,017,230	9,919,000	8,098,230										
	평원선	44,336,674	1,039,407	1,960,177	6,840,282	7,140,282	7,147,082	5,375,180	5,223,372	5,227,194	4,383,698			
	도문선	14,977,177	1,053,199	1,053,199	2,697,815	5,281,114	4,891,850							
	혜산선	17,206,199	191,376	191,376	185,398	623,369	892,762	1,341,184	1,329,600	2,713,473	2,643,955	3,553,808	3,530,898	
	만포선	42,137,322	46,900	46,900	321,080	721,020	886,341	1,817,374	1,817,374	1,809,055	6,225,740	8,145,906	8,148,293	12,151,329
	동해선	55,473,291	718,391	718,391	1,224,549	1,324,549	2,143,722	3,449,934	4,407,417	7,428,821	7,461,641	8,835,596	8,858,395	8,901,884
	경전선	24,729,914	143,902	240,450	1,427,209	1,717,977	1,709,210	7,975,040	7,975,040	3,541,086				
	차량비	25,562,100	1,900,000	2,400,000	2,400,000	2,400,000	2,400,000	2,400,000	2,400,000	2,400,000	2,401,100	1,600,000	1,600,000	1,260,000
	계	251,571,266	15,600,000	15,300,000	15,700,000	19,900,000	20,800,000	23,120,772	24,000,000	24,000,000	24,000,000	23,000,000	23,000,000	23,150,494
개량비	봉급과 급여	1,293,166	170,191	107,191	113,495	132,652	143,993	136,588	98,495	98,495	98,495	98,457	92,657	65,457
	사무비	899,712	60,371	60,371	65,926	80,741	91,852	90,556	75,211	75,211	75,211	75,194	75,194	73,874
	특별급여금	45,000	9,000	9,000	9,000	9,000	9,000							
	공사비	46,135,856	2,723,438	3,023,438	3,411,579	4,177,607	4,755,155	4,652,084	3,326,294	3,328,294	3,316,294	4,326,349	4,332,149	4,755,175
	차량비	20,055,000	500,000	500,000	700,000	700,000	1,200,000	2,000,000	2,500,000	2,500,000	2,500,000	2,500,000	2,500,000	1,955,000
	계	68,428,734	3,400,000	3,700,000	4,300,000	5,100,000	6,200,000	6,879,228	6,000,000	6,000,000	6,000,000	7,000,000	7,000,000	6,849,506
총계		320,000,000	19,000,000	19,000,000	20,000,000	25,000,000	27,000,000	30,000,000	30,000,000	30,000,000	30,000,000	30,000,000	30,000,000	30,000,000

본 계획이 성립된 결과, 건설·개량비의 기정 계속비 8,990만 8,160엔에 대한 연도별 지출액 가운데 일부를 연기한다. 그리고 도문선, 혜산선, 만포선, 동해선, 경전선 등의 5개 노선 건설, 기설 노선과 사설철도 매수 노선 가운데 도문선, 경동선, 전북선의 개량, 차량의 증비·개량 등에 필요한 경비 2억 3,009만 1,810엔을 새로 추가하고 기정 완료 연도를 연장하여 1938년도(昭和 13)에 이르는 계속비로 한다. 다음 구분에 따라서 비용을 지출한다.

본 계획에서 새로운 노선의 건설은 비교적 적은 경비로 효과가 클 노선으로, 결국 도문선 이하 5개 노선이 선정되었다. 지방 상황에 따라 소곡선(小曲線) 급경사를 사용하고 되도록 터널 등의 난공사를 피하며, 목재가 풍부한 지방의 경우 교량과 기타 건조물을 가(假)구조로 만들어 건설비의 저감에 노력한다는 방침이 수립되었다. 기설 노선은 대개 개업 당시의 운수 상태에 맞추어 공사의 속성(速成)을 도모했기 때문에 운수가 번창하자, 개량해야 하는 부분이 많이 있었다. 그러나 재정의 상황을 고려하여 이번 계획에서는 기설 노선의 차량 증설 비치,

개량과 궤조의 변경, 선차(船車) 연결, 공장 설비, 목재의 부패 방지 설비, 통신 설비의 개량, 각 역의 확장 가운데 긴급한 부분만 계상되었다.

다음으로 매수 이후에 사설철도는 조선철도회사, 경남철도회사(京南鐵道會社), 금강산전철회사(金剛山電鐵會社)가 존재하게 된다. 이에 조선철도회사는 해당 회사 소속 노선 가운데 일부가 매수되어 상당한 여유 자금이 발생하므로, 이 자금을 활용하여 소유 노선이 경제적 지점까지 도달할 수 있도록 약 200마일(321.9km)을 건설하기로 결정했다. 또한 나머지 경남철도회사와 금강산전철회사의 미설치 노선과 이후 설립될 사설철도를 합하여 12개년 동안 약 600마일(966.0km)을 건설한다는 방침이 수립되었다. 여기에 필요한 자금은 6,600만 엔 정도가 책정되었다.

이처럼 12년계획 완성 후의 국·사설철도 연장은 3,501마일(5,634.3km)에 달하게 되었으며, 1926년도(昭和 1) 말 영업 길이 1,829마일(2,943.5km)에 비해서 실로 9할 1푼이 증가하게 되었다. 내역을 적시하면 다음과 같다.

〈12년계획 완성 이후의 영업 연장 예상표〉

단위: 마일(km 환산)

구분	1926년도 말 영업 거리	매수에 의한 증감	1938년도까지 건설 전망	1938년도 말 영업 거리
국철	1,342(2159.7)	210(338.1) 증가	1,066(1715.6)	2,611(4202)
사철	487(783.8)	210 감소	613(986.5)	890(1432.3)
계	1,829(2943.5)		1,672(2690.8)	3,501(5634.3)
면적 100평방리당 길이	12.9마일(20.8)			24.5마일(39.4)
인구 10만 명당 길이	9.4마일(15.1)			17.9마일(28.8)

〈12년계획 완성 이후의 도별 분포 예상표〉

단위: km², 마일(km 환산)

구분	면적	1926년도 말	1927년도 이후 개업 예상	계	면적 100방리당 거리
경기도	831(12,465)	185.8(299.0)	68.0(109.4)	253.8(408.5)	30.5(457.5)
충청북도	481(7,215)	85.1(137.0)	32.0(51.5)	117.1(188.5)	24.5(367.5)
충청남도	526(7,890)	138.9(223.5)	69.0(111.0)	207.9(334.6)	39.5(592.5)

전라북도	552(8,280)	82.3(132.4)	57.0(91.7)	139.3(224.2)	25.2(378)
전라남도	900(13,500)	94.3(151.8)	237.0(381.4)	331.3(533.2)	36.8(552)
경상북도	1,231(18,465)	206.7(332.7)	135.0(217.3)	341.7(550)	27.8(417)
경상남도	978(14,670)	140.1(225.5)	72.0(115.9)	212.1(341.3)	26.6(399)
황해도	1,085(16,275)	143.1(230.3)	90.0(144.8)	233.1(375.1)	21.5(322.5)
평안남도	968(14,520)	134.0(215.7)	128.0(206)	262.0(421.6)	27.1(406.5)
평안북도	1,844(27,660)	106.3(171.1)	151.0(243)	257.3(414.1)	14.0(210)
강원도	1,703(25,545)	85.6(137.8)	280.0(450.6)	365.6(588.4)	21.5(322.5)
함경남도	2,073(31,095)	251.7(405.1)	134.0(215.7)	385.7(620.7)	18.6(279)
함경북도	1,319(19,785)	175.0(281.6)	219.0(352.4)	394.0(634.1)	29.9(448.5)
전체	14,312(214,680)	1,828.9(2943.3)	1,672.0(2680.8)	3,500.9(5634.2)	24.5(367.5)

(2) 12년계획과 第52 의회

第51 의회에서 정부안으로 제출하고자 관계 각 성과 절충을 거듭한 조선의 철도망보급계획안은 정부의 비모채주의(非募債主義)라는 재앙을 만났다. 민간에서 혼신을 다한 운동마저 그 효력을 잃고 결국 철도망보급계획안은 내각의 용인을 얻지 못했다. 촉진건의안이 귀족원을 통과했다는 작은 사실에 만족할 수밖에 없었다. 그러나 그 후 일본과 조선에 촉진기성회가 설치되어 통제적으로 운동을 진행하여 조선의 철도 보급은 점차 긴급한 현안으로 등장하고 일반의 인정을 받기에 이르렀다. 따라서 第52 의회에서 그 목적을 관철시키고자 예산 편성 시기인 1926년(大正 15) 10월 와타나베 사다이치로(渡邊定一郎), 오무라 햐쿠조(大村百藏) 등 민간 유지들이 도쿄(東京)로 건너가 시부사와(澁澤) 기성회 명예회장, 고마쓰(小松) 회장을 비롯한 여러 사람과 함께 와카쓰키(若槻) 수상, 가타오카(片岡) 대장대신과 회견하여 상세한 진정이 실시되었다. 그 결과 앞날에 조금이나마 서광이 비치기 시작했다. 여기에 힘을 얻어 격렬한 운동이 지속되었다. 한편 사이토 총독은 이 문제에 대해서 특별히 와카쓰키 수상에게 양해를 구하기도 했다. 유아사(湯淺) 정무총감[71], 오무라(大村) 철도국장, 구사마(草間) 재무국

71 유아사 구라헤이(湯淺倉平)는 도쿄제국대학을 졸업하고 내무성에 들어가 오카야마(岡山)현과 시즈오카(靜岡)현의 관선 지사를 지냈고 1916년 귀족원 의원으로 임명되었다. 1929년 회계검사원장을 거쳐 1933년부터 궁내대신을 역임했다. 1940년 병으로 사망했다. 1925년부터 1927년까지 조선총독부 정무총감을 역임하면서 산미증식계획과 조선의 철도망 구축에 관여했다.

장은 도쿄로 건너가 단단히 마음을 먹고 총독부안의 승인을 내각에 요청하며, 그 사이에 여러 가지 장애와 난관을 돌파해 나갔다. 결국 11월 10일 11년 계속사업으로 건설·개량비와 기정 계획의 지출액을 합해 3억 2,155만 엔을 지출하는 원안에서 1년이 연장되고 155만 엔이 삭감된 연장계획이 내각에서 통과되었다. 이어서 정부는 제52 의회에 예산안과 조선사업공채법 개정법률안을 제출했다. 이에 중의원과 귀족원 위원회에서 여러 가지 질문과 응답이 오가는 심의 도중, 정계 이면의 복잡한 사정에 의해 누차 위험에 처하고 때로는 의회 해산설로 곤욕을 치르기도 했지만, 다행히 계획안은 3월 10일 중의원, 3월 24일 귀족원을 무사히 통과했다. 그리하여 오랫동안 조선 전체가 희망했던 철도연장계획이 확립되기에 이르렀다.

이보다 앞서 조선사업공채법 개정법률안은 1월 29일 대만과 관동주사업공채법 중 개정법률안과 함께 중의원에 일괄 상정이 되었다. 가타오카 대장대신의 설명 직후에 18명의 위원으로 구성된 위원회에 부의되었는데, 아래의 자료는 이 위원회에서 정부 위원과 심사위원 사이에 오간 질문과 응답의 개요를 기술한 자료이다. 이를 통해 본 안건의 심의 상황을 상세히 파악할 수 있으며, 조선과 철도문제가 각 의원 사이에서 어떻게 취급되었는지를 엿볼 수 있을 것이다.

〈조선사업공채법 개정법률안〉

「조선사업공채법(朝鮮事業公債法)」

제1조 조선에서 사업비를 지변하고 연초전매제도의 실시, 혹은 사설철도 매수에 필요한 교부금으로 교부하기 위해 정부는 종전에 모집된 액수를 합하여 6억 370만 엔을 한도로 공채를 발행하거나 이것의 상환 지변을 목적으로 차입할 수 있다.

제2조 전조 규정에 의한 공채의 발행가격 차감액을 보전하는 데에 필요한 경우에는 전조의 제한 이외에 공채를 발행하거나 차입할 수 있다.

부칙

본 법은 1927년(昭和 2) 4월 1일부터 시행한다.

〈조선사업공채법개정법률안 이유서〉

조선의 철도 선로 부설을 촉진하고 사설철도를 매수하기 위해서 기채법정액을 증가시키는 동시에 발행 가격의 차감 보전을 위한 공채를 발행할 수 있도록 「조선사업공채법」을 개정할 필요가 있다. 이에 본 안을 제출하는 바이다.

〈중의원의 조선사업공채법개정법률안위원회 의사〉

본 위원회는 1927년(昭和 2) 1월 29일부터 3월 10일까지 총 11회 열렸다. 질문과 응답의 순서에 따라서 의사 과정의 핵심을 기록하면 다음과 같다.

제1회 1월 29일

위원 : 주마 오키마루(中馬興丸), 오노 시게유키(小野重行), 다카하시 모토시로(高橋元四郎), 가토 로쿠조(加藤六藏), 곤노 구에몬(紺野九右衛門), 다나카 요타쓰(田中養達), 혼다 요시나리(本田義成), 다카기 오토쿠라(高木音藏), 후루카와 기요시(古川清), 다카야마 나가유키(高山長幸), 사카나시 사토루(坂梨哲), 마쓰야마 쓰네지로(松山常次郎), 노다 슌사쿠(野田俊作), 마키야마 고조(牧山耕藏), 데라다 이치마사(寺田市正), 오조노 에이사부로(大園榮三郎), 가미무라 기치로(神村吉郎), 노하라 다네지로(野原種次郎)

그 후 사임자가 발생하여 보결을 거쳐 다음과 같이 선임되었다.

위원(재임자가 있기 때문에 중복된 인명이 있음)

이시즈카 사부로(石塚三郎), 나카야마 사다오(中山貞雄), 나카노 도라키치(中野寅吉), 아키타 도라노스케(秋田寅之介), 사토 준조(佐藤潤象), 가미무라 기치로, 사이토 도시로(齊藤藤四郎), 구리야마 히로시(栗山博), 히라이 미쓰사부로(平井光三郎), 간자키 이사오(神崎勳), 데라다 이치마사, 오가와 고타로(小川鄉太郎)

위원장과 이사에 대한 호선 결과 위원장으로 마키야마 고조, 이사로 오노 시게유키, 혼다 요시나리, 데라다 이치마사가 선임되었다. 그 후 사임자가 발생하여 후임으로 이사에 나카야마 사다오, 구리야마 히로시가 선출되었다. 정부 위원 가운데 조선 관계자는 조선총독부 정무총감 유아사 구라헤이(湯淺倉平), 재무국장 구사마 히데오(草間秀雄), 철도국장 오무라 다쿠이치(大村卓一)[72]였다.

제2회 2월 4일

○ 유아사 정부 위원 : 조선사업공채법 개정법률안의 제안 이유를 설명하겠다. 조선의 산업 진흥을 위해서는 교통기관의 보급, 특히 철도의 부설을 촉진할 필요가 있다. 기존 결정 철도 이외에 새롭게 도문선, 혜산선, 만포선, 동해선, 경전선 등의 5개 철도 노선을 건설하고, 아울러 차량을 증설 비치할 계획을 수립함과 동시에 새로운 노선의 건설에 동반하여 국유 노선 사이에 개재한 조선철도회사, 전북철도회사, 도문철도회사 소속의 철도를 매수하며, 기관의 통일과 기타의 개량에 경주할 것이다. 그 경비의 지변에 대해서는 조선총독부 특별회계의 재정 현상에 비추어 공채 발행에 의존할 수밖에 없다. 그러므로 기채의 법정금액을 증가시킬 필요가 있다. 나아가 기채의 법정금액 개정을 기회로 하여 다른 기채법과 마찬가지로 발행가격 자원의 보전 계획을 확대할 필요가 있다. 이 법안을 통해 철도의 신규 노선을 건설할 예정이다. 연장은 860마일(1,384km)이고 사설철도의 매수 연장은 대략 209마일(336.4km) 정도이다.

○ 마키야마 위원장 : 참고 자료로 매수해야 할 철도회사의 영업 보고서(考科狀, 고과장), 주주 명부, 중역 인명 등의 문서를 제출해 달라.

---

72 오무라 다쿠이치의 철도 경력은 1896년 삿포르(札幌)농학교 공과를 졸업하고 북해도탄광철도주식회사(北海道炭鑛鐵道株式會社)에 취직하면서 시작되었다. 1906년 북해도탄광철도주식회사 노선의 국유화와 함께 철도 관리가 된 그는 1917년 철도원 총재 관방 순찰과를 거쳐 1919년 합이빈(哈爾賓)지방관리국장이 되었고 1920년부터 중국철도기술통일위원회의 일본 측 고문으로 베이징에서 근무했다. 1925년부터는 조선총독부 철도국장으로 철도망 구축에 매진했고 1932년에는 관동군교통감독부장에 취임하여 만주의 교통정책을 지도했다. 이어서 1937년 오무라 다쿠이치는 남만주철도주식회사의 철로총국장을 역임했고 1939년에는 남만주철도주식회사의 총재에 취임하여 1943년까지 재직했다. 1946년 만주에서 사망했다. 오무라 다쿠이치의 생애와 조선철도에 대한 구상과 관련해서는 다음 논문을 참조할 수 있다. 정재정, 2007, 「조선총독부철도국장 大村卓一과 朝滿鐵道連結政策」, 『역사교육』 104호, 역사교육연구회.

제3회 2월 10일

○ 데라다 위원 : 이미 협찬을 받은 경원선(京元線)과 기타 철도 공사가 예정과 같이 진행되지 않고 지체된 이유를 설명해 달라. 또한 조선의 교통정책은 무엇인가.

○ 유아사 정부 위원 : 예정대로 진행하고 있지만, 어느 정도 재정 긴축으로 인한 계속비의 이월과 변경에 기인한 문제라고 생각한다. 이월의 경우 1923년(大正 12)의 대진재(大震災) 때문에 공채정책이 조선의 특별회계에 영향을 주어 공채의 발행액이 감소했기 때문이다. 또한 교통정책은 산업 개발과 국방의 측면에서 진행되고 있다. 철도는 관선(官線) 이외에 사설철도의 연장을 꾀하여 매년 450만 엔의 보조금을 지급하고 있으며, 이후에도 이 방침을 유지할 것이다. 이번 제안은 여러 가지 조건과 제한 아래에서 계획된 것이어서 진실로 어쩔 수 없는 바가 있다. 한편 국유철도 800여 마일(1,287.5km)의 연장 계획을 수립하는 동시에 끼어 있는 사설철도 210마일(338km)의 매수를 계획하고 있다.

○ 데라다 위원 : 종관선(縱貫線)의 복선과 경인선(京仁線) 전화(電化)는 이 계획에 계상되어 있는가.

○ 오무라 정부 위원 : 복선은 부산-삼랑진, 경성-인천 구간이 계획되어 있다. 경인선의 전철화(電鐵化)는 포함되어 있지 않다.

○ 유아사 정부 위원 : 종관선의 복선보다도 새로운 노선의 건설이 현재의 급무라고 생각한다.

○ 마키야마 위원장 : 종관선의 복선은 국방상 필요하다는 언명을 종래 회의장에서 들었는데, 이번 계획에서 이것이 제외되면 향후 10년 동안 복선은 보류된 것으로 해석해도 되는가. 또한 그렇게 해도 국방상의 결함은 없는가.

○ 유아사 정부 위원 : 종관선의 복선은 현상에 비추어 계획에 포함하지 않았다. 산업개발을 목표로 했지만 국방과 경비의 측면에 심심한 주의를 기울였다. 이번 철도망계획도 국경의 경비와 국방에 중점을 두었다. 수해 시에 종관선이 불통하여도 다른 노선을 이용할 수 있는 편익이 존재한다.

○ 데라다 위원 : 선로의 가치, 연선의 물자, 선로의 수익 등에 대해서 구체적으로 설명해 주길 바란다.

○ 오무라 정부 위원 : 상세한 조사 결과를 대체로 말하자면, 도문선의 경우 두만강 연

안 국경에 위치한 곳의 철도이고 약 90마일(144.8km)이다. 이 방면은 주로 탄광을 개발하는 연선으로 대부분 전부 탄광 구역이다. 대안(對岸) 훈춘 방면에서 산출하는 대두는 엄청난 수량이다. 국방은 물론 장래 길림성(吉林省) 방면의 선로가 완성되면 그 방면과의 교통과 탄토 물자의 교통선이 될 것이다. 혜산선의 경우 약 80마일(128.7km)이다. 함경선 성진(城津) 부근에서 출발하여 혜산진, 압록강에 도달하는 선로이다. 주된 사명은 함경북도 일대의 처녀지 개발과 임산물의 반출이다. 장래 벌어질 공업 개발에 편리할 터이다. 만포선의 경우 경원선 일부에서 분기하여 만포진에 이르는 약 170마일(273.6km)의 노선이다. 연선에는 무연탄이 매장되어 있다. 탄광 구역의 개발에 이점이 될 뿐만 아니라 평안남도와 평안북도의 삼림 개발에 이바지할 것이다. 또한 평안남북도의 북부에 매장된 광산물 채굴을 목적으로 하며, 장래에는 대안 지나(支那)[73] 국경을 향해 나아가 혜산진에 도달할 예정이다. 동해선의 경우 부산에서 출발하여 원산에 도달하는 370마일(595.5km)의 해안선이다. 이는 소위 영북(嶺北)과 영동(嶺東)이라 불리는 강원도 척수산맥(脊髓山脈)에 부설될 것이다. 비교적 토질이 비옥한 영동의 해안은 바다를 향해 돌출된 산기슭이 적어 농산물, 농경지의 개발, 연선의 무연탄과 아연 등 필수 광산물 개발에 이점이 많다. 또한 이 연안은 해항이 결핍되어 있어서 애써 잡은 해산물 수송에 많은 곤란을 겪고 있어서 본 노선은 수산 개발의 사명을 겸하고 있다. 이 선로는 함경남북도와 상호 연속되어 동부 간선을 형성하며, 나아가 길림으로 이어진다. 경전선의 경우 경부선(京釜線)과 호남선(湖南線)을 결합하는 선로로, 진주에서 출발하여 전주, 광주에 이른다. 남부 조선을 횡단하는 선로이다. 남부 조선의 중간 지대로서 교통이 불편한 장소의 농산물, 임산물, 광산물 개발의 사명을 지니고 있다.

○ 데라다 위원 : 작년 이래 철도협회(鐵道協會), 조선철도동지회(朝鮮鐵道同志會) 등의 청원과 진정, 그리고 중의원과 귀족원에 대한 건의 내용과 이번 계획의 차이는 무엇인가.

○ 유아사 정부 위원 : 귀족원과 중의원에 제출된 촉진 건의의 취지는 첫째, 국유철도의 연장, 둘째, 사설철도의 조장과 발달이라고 생각하는데, 이번 계획의 수행은 그 취지에 부합한다고 생각한다.

---

73 중국을 지칭하는 용어이다.

제4회 2월 15일

○ 후루카와 위원 : 외무대신이 출석했는데, 북선(北鮮), 북만(北滿)과의 교통에 중대한 관계를 지닌 길회철도(吉會鐵道)[74]의 완성을 요망한다. 이 노선의 영향은 비단 조선의 문제가 아니라 일본해에 면한 혼슈(本州)에 중대한 관계가 있다. 만철(滿鐵)은 길회선에 반대한다고 들었다. 지나와의 관계에서 길회철도가 어느 정도로 진척되고 있는가.

○ 시데하라(幣原) 국무대신 : 길회철도에 대한 만철의 불만은 없다. 본 노선은 지나 관헌과의 교섭이 필요한 문제로서, 구체적 교섭은 전혀 진행되지 않았다. 아직 시기와 방법 등을 언급할 단계가 아니다.

○ 유아사 정부 위원 : 조선총독부도 길회선 완성을 희망하지만 어쨌든 다른 나라의 영토이므로 현재 우리의 방침을 말하는 것은 시기상조이다.

○ 마키야마 위원장 : 다년간 현안이었던 도문선의 교량 가설 문제가 이미 지나 정부와의 사이에 해결되었다고 들었다. 그 경과의 대요를 듣고 싶다.

○ 시데하라 국무대신 : 이미 해결된 문제의 상세한 경과는 정무총감이 답할 것이다.

○ 유아사 정부 위원 : 종래 임시 다리는 불완전했기 때문에 도문철도에서 가교를 계획하여 지나 관헌과 교섭했다. 그 결과 뜻이 통하여 현재 진행 중이다.

○ 후루카와 위원 : 길회철도에 대해서 외무당국은 지나 관헌과 일찍이 교섭을 진행했는데, 현재도 교섭 중인가.

○ 시데하라 국무대신 : 직접적으로 외무성과 지나 관헌의 교섭은 없었다. 관계가 있는 일본의 자본가와 지나 관헌이 교섭을 진행했고, 외무성은 예전이나 지금이나 교섭에 나서지 않았다.

○ 다카기 위원 : 나는 조선 유학생을 알고 있다. 그는 힘으로는 독립할 수 없기 때문에 지혜를 키우기 위해서 만학에 나섰다고 말했다. 우리나라가 조선을 위해서 시행하고

---

74 만주를 횡단하는 선로인 길회철도는 길장철도(吉長鐵道)를 회령까지 연장하여 조선철도와 연결하는 것을 목표로 일본이 1909년 중국과의 간도협약을 통해 중국의 간도 영유권을 인정하는 대가로 획득한 노선이다. 일본이 길회철도를 중시한 까닭은 웅기, 나진, 청진 등을 통해 일본과 만주를 연결하는 최단거리의 루트였기 때문이다. 1920년대 지지부진한 상태였던 길회철도는 만주사변 이후 관동군의 재촉을 계기로 1933년 2월 전체 노선의 개통을 맞이했다. 이와 관련해서는 다음의 연구가 참조된다. 김지환, 2014, 『철도로 보는 중국 역사』, 학고방.

있는 정책에 열복(悅服)할 수 없는 이유를 물으면 웃으면서 대답하지 않는다. 이번 계획은 훌륭하지만 조선인이 기뻐하지 않는 정책을 시행할 필요는 없다고 생각한다. 시정(施政)에 결함은 없는가.

○ 유아사 정부 위원 : 조선의 철도는 내지(內地)는 물론 홋카이도, 대만에 비해서 심히 열악하다. 12개년 이후라고 할지라도 면적과 인구에 대비하여 심히 근소함을 벗어날 수 없다. 조선의 개발을 위해서 우선 교통기관의 속성을 계획했다.

○ 나카야마 위원 : 매수 노선 가운데 경동선, 전북선, 도문선은 모두 협궤이다. 이것을 매수하고 다시 광궤로 개축하는 일은 비경제적이라고 생각한다. 종래의 허가 방침에 문제는 없는가.

○ 오무라 정부 위원 : 현재 조선철도의 경우 광궤는 4척(尺) 8.5촌(吋)이고 협궤는 2척 6촌이다. 건설 당시에는 자금, 기타의 관계로 인하여 협궤를 허가했다. 지금 간선 사이에 있는 노선은 매수정책이 필요하다.

○ 유아사 정부 위원 : 과거 장기간에 걸쳐서 부설되었으므로 그 흔적을 더듬어 당시 방침을 헤아리는 것에 불과하지만 이후에 지방 상황에 따라 광궤나 협궤를 허가하려고 한다. 이 지속적인 방침을 통해서 사설철도가 순차적으로 발달하리라 생각한다. 이것이 바로 철도정책이라고 확신한다.

제6회 2월 18일

○ 마쓰야마 위원 : 이번 계획 가운데 도문선은 북선 개발을 위해서 진실로 기쁜 일이지만 이것과 관련하여 길회선, 영고탑(寧古塔)에 이르는 노선, 블라디보스토크(浦鹽)로 통하는 노선은 국책(國策), 특히 영토를 맞댄 조선총독부에서 크게 고려해야 한다고 생각하는데, 어떠한가.

○ 유아사 정부 위원 : 총독부 역시 반드시 영토 안에만 주의를 기울이고 영토 바깥에 대해서 무심한 것은 아니다. 인접 국가와의 사이에 충분한 양해를 거쳐 공영의 혜택을 누린다는 관점에서 출발할 필요가 있으므로 곤란한 사정이 있다.

○ 마쓰야마 위원 : 혜산선과 만포선에 대해서는 매우 찬성한다. 이것들을 장래 만주의 펑텐(奉天), 길림에 연속시키려는 노력이 필요하다. 경전선의 연선은 산간지로, 오랜

보고라고 들었다. 그리하여 그 가운데 사설철도 기성 노선을 매수하고 이것을 연장하려는 계획은 사설철도에 자금을 공급한다는 의미도 있을 것이다. 해당 노선은 사설철도로 운영해도 유리하다고 알고 있는데, 이것을 매수하고 기타 불리한 노선을 남겨 둔 이유는 무엇인가.

○ 오무라 정부 위원 : 이 노선 가운데 매수해야 할 것은 마산-진주 구간 40마일(64.4km), 송정리-담양 구간 20여 마일(32.2km), 이리-전주 구간 10여 마일(16.1km)이다. 이 중에서 조선철도회사 송정리-담양 구간이 비교적 이익이 많지만 역시 정부의 보조가 필요하다. 마산-진주 구간은 영업 성적이 생각만큼 좋지 않다. 이리-전주 구간 10여 마일(16.1km)은 협궤로서 건설비가 소액이기 때문에 성적이 양호하고 정부 지원금 없이도 경영할 수 있는 상태이다. 그러나 이 간선에는 향후 많은 계속비가 필요하다.

○ 마쓰야마 위원 : 사설철도의 경우 불입자본금과 같은 금액까지 발행할 수 있는 사채 제한을 배로 확대하든가, 보조금 비율을 9분(%)이나 1할(10%)로 올리는 방법을 통해 사설철도의 연장을 조장시킬 복안은 없는가.

○ 오무라 정부 위원 : 보조금 비율을 증가시키는 일은 정부 지출이 배로 되는 관계상 최근의 상태로 보아 8분(%)의 보조로도 상당한 연장을 시행할 수 있다고 생각한다.

○ 혼다 위원 : 총독부는 이번 계획에 대해서 만족하는가, 작년 이래의 건의안이나 철도협회 조사안의 50%에도 미치지 못하는 점은 유감이다. 철도와 단거리 수송에 적합한 자동차의 관계는 어떠한가.

○ 유아사 정부 위원 : 조선의 철도 보급은 내지에 비해서 한참 뒤떨어져 있다. 12개년 후에도 내지에 견줄 수 없다는 점은 명확하지만, 그렇다고 해서 여기에 만족할 수는 없다. 중앙 정부의 재정정책, 혹은 공채정책과 관계가 있어 곧바로 이상을 실현하는 것은 곤란하겠지만, 본 계획이 완료될 때쯤에는 다시 새로운 노선에 대한 계획이 필요하다고 생각한다. 사설철도는 보조금 증액을 통해 연장을 촉진할 수 있지만, 현재의 액수와 연한으로 충분히 조장할 수 있다고 생각한다. 보조금 비율의 증가 역시 마찬가지이다. 점차 금리가 저하되는 경향이어서 이후 점차 촉진될 것이라고 기대하고 있다. 이번 매수 노선 중에서 조선철도회사와 같은 곳은 상당한 자금을 얻을 수 있으므로 신규 선로 연장에 이바지하는 결과를 낳으리라 생각한다.

○ 혼다 위원 : 도문선과 사설 도문철도회사의 내용 및 매수에 관한 운동이 왕성해진 연유를 말해 달라.

○ 오무라 정부 위원 : 내용을 설명한다.

○ 유아사 정부 위원 : 회사는 양호한 영업 상태를 전망하고 매수를 희망한 게 아니다. 당국은 국유선 사이에 끼어 있기 때문에 어쩔 수 없이 매수에 나선 것이다.

○ 다카기 위원 : 이번에 매수하려는 사설철도 회사의 주주는 일본인이 다수이고 조선인은 겨우 100분의 2에 불과하다. 그 이유와 이것이 조선 통치에 미치는 영향은 어떠한가.

○ 유아사 정부 위원 : 조선은 금리가 높고 부의 수준이 낮기 때문에 이러한 사업에 참여하려는 사람이 없고 그로 인하여 투자액이 근소하다고 해석할 수 있다. 매수 영향의 경우 오히려 연선 주민이 크게 기뻐하는 바라고 생각한다.

○ 다카기 위원 : 현재 사설철도는 경영상 모두 비명을 지르고 있다. 이를 구제하기 위해서 정부가 매수하는 것은 아닌가.

○ 유아사 정부 위원 : 완전히 반대라고 생각한다. 매수를 요구한 회사는 없었다. 보조금 증가운동은 예년부터 계속된 활동이다. 이번 건은 총독부가 도출한 계획이다.

○ 다카기 위원 : 현재 주주의 대다수는 25엔 불입을 5~6엔으로 매수한 상태라고 들었다. 사설철도매수법에 의해서 이익금의 20배, 혹은 건설을 통해 매수하게 되면 그들에게 매우 유리하지 않은가.

○ 유아사 정부 위원 : 염가로서 매수한 사람도 있고 혹은 불입 이하로 가격이 낮아져 손해를 본 주주도 있을 것이다. 정부는 법률이 정한 규정에 따라 매수하므로 아무튼 문제는 없을 것이라 생각한다.

○ 아키타 위원 : 조선의 예산은 3억 2,000만 엔이라는 거액이다. 총독부의 철도정책 중에서 사설철도의 경우는 광궤와 협궤를 서로 교합시키고 특히 이번에 매수하려는 협궤 노선을 광궤로 개축하는 안을 세웠다. 비경제적이지 않은가. 또한 향후 계속하여 협궤를 허가할 것인가. 전북선은 단거리 노선으로 매수하면 이익이 있다. 그러나 마산-진주 구간은 필요성이 크지 않다. 도문철도의 매수 공채는 1930~31년(昭和 5~6)에 교부될 것인데, 서두를 필요가 있다. 전북선은 미쓰비시(三菱)의 동산농장(東山農場)을 횡단하고 그 농장의 주주 가운데에는 농장의 지배인으로 50%의 주식을 소유한 사람이 있다고 해

서 세간의 의혹이 많다.

○ 오무라 정부 위원 : 종전에는 지방의 교통기관 발달이 시급했기 때문에 협궤를 허용했다. 현재는 간선 일부에 끼어 있는 상태이므로 이것을 매수하여 개축해야 한다고 생각한다. 협궤는 건설비가 저렴하다는 장점이 있다. 그러므로 일시적으로 이를 부설하여 지방 개발에 힘써야 하는 곳이 적지 않다고 생각한다. 매수를 보류하고 새로운 노선을 부설하는 방향도 있지만 간선 5개 노선 가운데 끼어 있으므로, 이것을 매수하여 통일시킬 필요가 있다. 매수 노선의 예정 연도는 1927년도(昭和 2)부터 1931년도(昭和 6)까지이다. 전북철도는 동산농장을 통과하지만 하등 의심스러운 점은 없다. 2척 6촌의 협궤이자 연장 15마일(24.1km)로서 현재 상당한 이익을 거두고 있다. 이것을 법정가격으로 매수할 것이다. 마산-진주 구간도 경전선 계획 때문에, 또한 도문철도의 매수 역시 오래 걸리겠지만 교부공채의 한도가 매년 400~500만 엔으로 예정되어 있기 때문에, 국유 노선의 완성과 동시에 매수를 완료할 터이다.

○ 마쓰야마 위원 : 사설철도 매수를 위해서 살포된 금액은 그 회사가 임의로 사용할 수 있는가, 아니면 새로운 노선에 사용해야 한다는 제한이 있는가.

○ 오무라 정부 위원 : 미설치 노선을 보유한 회사의 기설 노선을 매수하는 것이므로 교부된 자금으로 미설치 노선을 부설해야 한다고 생각한다.

제7회 2월 21일

○ 사토 위원 : 사설철도 매수 이후 개량비 1,575만 4,157엔의 내역, 새로 계획된 5개 노선의 건설 순서와 연도별로 예정된 진행 정도는 어떻게 되는가. 연도별 책정된 건설·개량에 대한 추가 금액을 알고 싶다. 매수 노선에서 협궤를 광궤로 개축하는 일은 적당하다고 확신한다. 옛 양강척림철도(兩江拓林鐵道)의 노선 일부가 2척 6촌으로 허가되었던 이유는 무엇인가. 장래 매수를 고려한다면 본 노선도 이와 같은 공정을 그대로 진행하여 협궤인 상태로 연장하는 것이 득책이 아니지 않은가. 또한 전남선은 국유노선과 관계가 없고 송정리-담양 구간은 간선이 아니라고 생각한다. 오히려 혜산선의 중간인 합수(合水)로부터 분기하는 옛 척림선을 매수하는 것이 급무이지 않은가.

○ 오무라 정부 위원 : 사설철도 매수 이후 개량비는 도문철도 33마일(53.1km), 460만

2,000엔이고 경동선 92마일(148.1km), 약 900만 엔이다. 전북선 16마일(25.7), 약 215만 엔이고 합계 1,575만 엔이다. 1마일(1.61km) 평균 약 10만 엔 정도이다. 시행 연도는 1927년도(昭和 2) 이후이고 건설·개량에 대한 추가 금액은 각 연도별 표를 참조해 주길 바란다.

○ 사토 위원 : 혜산선은 원래 3척 6촌으로 계획이 되었지만, 고무산(古茂山)에서 삼하구(三河口)까지가 2척 6촌으로, 삼하구에서 합수까지가 3척 6촌으로 변경되었다. 혜산선은 물론 4척 8.5촌으로 될 것인데, 그렇다면 세 가지 단위가 섞여 불편하지 않겠는가.

○ 오무라 정부 위원 : 목재 운반과 같은 것은 광궤가 이상적이지만 경비가 협궤에 비해서 3~4배에 이른다. 협궤의 운반력은 우선 10만 톤 목재를 기준으로 50만 척체(尺締) 정도라고 생각한다. 장래 사정에 따라서 혜산선의 종점부터 50~60마일(80.5~96.6km)의 경편철도가 부설될 시기가 있을 것이다. 고원지대는 돈벌이가 되는 경편철도를 부설하고 삼림 개발을 도모하는 것이 적절하다고 생각한다. 3척 6촌, 2척 6촌으로 차이가 있는 구간은 이것을 2척 6촌으로 통일하는 것이 적절하다고 생각한다. 전남선은 간선이 아니지만 전라남도와 전라북도, 그리고 경상남도를 횡단하려는 계획 노선이 단순히 전주에만 연결되고 전라남도의 수도인 광주에 연결되지 않으면 국유 노선으로 불리하다.

○ 사토 위원 : 매수되는 사설철도를 가지고 있는 동시에 미완성된 노선을 보유한 회사에 대해서 교부된 자금을 신규 노선의 건설에 전용시키는 일은 감독상 가능하지만, 그 금액은 1,700만 엔이고 사설철도 건설비는 향후 5,000만 엔이 필요하다. 부족한 금액은 내지 자본에 의존해야 한다고 생각하는데, 거기에는 여러 가지 곤란함이 있다. 현재 8분(%)의 보조금 이외에 회사가 거둔 이익의 2분의 1을 배당으로 돌릴 수 있어야 한다.

○ 오무라 정부 위원 : 보조금을 지금과 같이 8분(%)으로 고정했기 때문에 탄력이 없고 내지의 보조법과 같이 그 여분을 배당에 가산하는 방법이 있지 않냐는 주장이 있지만, 그렇게 되면 현재 부담하는 8분(%)의 보조금 이외에 탄력을 지닌 부분만큼이 추가로 보조되는 결과가 된다. 내지의 보조율은 5분(%)이고 별도로 2분(%)까지 배당을 인정한다. 이 예를 조선에 시행하면 보조가 6분(%)이 되고 2분(%)의 배당이 인정되는 것이다. 재계의 현황으로 보면 8분(%)의 보조도 상당한 자금을 유인할 수 있다고 생각한다.

○ 오조노 위원 : 도문철도와 연락하는 천도철도(天圖鐵道)와의 관계 계획은 어떠한가.

○ 유아사 정부 위원 : 외국의 영토이긴 하지만 경영 계획의 내용은 이미 알려져 있다.

길회선, 기타와의 연결 개선에 대해서 많이 기대하고 있다.

○ 오조노 위원 : 용정(龍井)으로 통하는 데 상삼봉(上三峯)을 경유하는 일은 우회라고 생각한다. 어떠한가.

○ 오무라 정부 위원 : 우회이긴 하지만 건설 당초 여러 가지 고심과 연구의 결과 겨우 이 노선이 채택되었다. 장래 길회선의 기공 역시 이 노선을 채택할 것으로 생각한다.

○ 마쓰야마 위원 : 사설철도의 주식을 염가로 매수하고 8분(%)의 배당을 얻는다면 그 이윤율은 1할 5분(15%)에 해당한다. 그래서 연장되는 것을 기뻐하고 있는 일파가 존재한다는 소문을 들었다. 불입액에 대해서 즉시 8분(%)의 보조를 제공하는 것에 대해 처음부터 비난이 있었다. 회사의 배당률 상향을 인정하든가, 선로 연장을 하지 않는 경우의 제한 등을 생각하는 방법은 어떠한가.

○ 마키야마 위원장 : 1927년도(大正 16) 이후 조선철도의 신규계획 가운데 매수 이후 사설철도 건설 전망은 향후 12개년 동안에 약 600마일(965.6km), 여기에 필요한 자금은 6,600만 엔인데, 예정된 정부의 보조금은 어느 정도인가.

○ 오무라 정부 위원 : 매년 450만 엔 이내로 12개년 동안 약 4,800만 엔 정도이다.

제8회 2월 23일

○ 나카노 위원 : 각 노선을 소규모씩 공사하는 행위, 즉 좀먹듯이 공사를 시행하는 것은 득책이 아니라고 생각한다. 남선은 뒤로 미루고 북선 방면에서 국경과 관계가 있는 지방부터 우선적으로 시행할 필요가 있지 않은가.

○ 오무라 정부 위원 : 이번에 계획된 노선은 모두 중대한 사명을 지니고 있다. 10마일(16.1km), 혹은 20마일(32.2km), 30마일(48.3km)을 연장한다면 그것만큼 효과를 발휘할 수 있다. 북선 노선은 기공한 이후 5년 이내에 전부 완성할 터이다.

○ 혼다 위원 : 매수 노선은 현재 이익이 있는 부분부터 우선해야 한다고 생각한다. 오히려 이익이 적은 북선 지방과 같은 노선을 우선할 필요는 없다. 동해선도 훌륭하지만, 이보다 경성에서 중앙을 거쳐 이 노선에 합치되는 노선과 함북선(咸北線)에서 황해선(黃海線)으로 통하는 노선이 산업 개발과 국방 충실의 관점에서 필요하지 않은가. 강계(江界)-혜산진 노선의 장래 계획은 없는가.

○ 유아사 정부 위원 : 이익이 없는 노선은 사설철도로서 자연히 발달되지 않는다. 아무리 보조금을 얻을 수 있다 해도 부설되지 않는다. 직영도 공채 상환과 상응하지 않는다. 이번에 선정된 노선은 현상적으로 중요하다. 매수 노선은 국유 노선에 끼어 있어서 어쩔 수 없고 전북철도는 만경강 개수의 관계상 필요하다. 경성-춘천 구간은 일단 사설철도로 허가했지만 채산 측면에서 실현되지 않았다. 결국 효력을 잃었다.

○ 오무라 정부 위원 : 강계에서 장진(長津)을 거쳐 혜산진 방면에 이르는, 즉 함경남도와 평안북도의 고원지대를 지나는 철도를 부설할 필요성을 묻고 있는데, 이는 나중에 2척 6촌의 경편철도로서 개발하는 것이 적당하다고 생각한다.

○ 혼다 위원 : 매수 문제에 대해서 이러저러한 비평이 들린다. 정무총감과 철도국장의 인격을 믿지만 그 이전에 어떠한 동기가 있는 것은 아닌가.

○ 유아사 정부 위원 : 식민지를 겨냥한 이권 브로커에 대해서 엄중히 심사하여 그 출원을 거부한 사례가 적지 않다. 이들이 허가받은 사람을 질투하면서 여러 가지 주장을 하는 것은 어쩔 수 없는 일이다. 현재 총독은 고희(古稀)의 고령으로 건건비궁(蹇蹇匪躬)[75]의 성심을 다하고 있고 우리들 역시 이를 받들어 국가를 위해서 지극히 노력하고 있다. 소문은 사실과 다른 측면이 많다. 요컨대 조선 통치는 가장 공정하게 이루어지고 있다고 확신한다.

○ 혼다 위원 : 동해안 노선이 가능한 것이면 강원도를 횡단하는 노선의 부설도 채산이 맞지 않을까.

○ 오무라 정부 위원 : 횡단 노선은 약 세 개를 부설할 수 있다. 경성에서 춘천과 인제를 거쳐 오리진에 통하는 노선, 원주에서 대관령을 넘어 강릉에 이르는 노선 등이 있다. 후자는 최대의 난공사에 해당하지만, 전자는 가능성이 높다. 시기가 무르익어 조선철도망에 또 하나의 노선이 더해질 날을 기대하고 있다. 또한 조선철도회사가 부설하는 몇 개의 노선이 강원도를 지날 것이다. 이들의 종단을 연결하는 일은 차후 문제로 남겨 두고자 한다. 이 노선은 비교적 공사가 어렵기 때문에 상당한 시일이 필요할 듯하다.

---

75 임금에게 충성하며 자신의 이익을 돌보지 않음을 이르는 말로, 『주역』 「건괘편(蹇卦篇)」에서 유래했다.

第11회 3월 2일

○ 오가와 위원 : 조선의 도문철도를 1930년도(昭和 5)에 매수하면 건설비 377만 엔에 대하여 이익률 6분 4리(6.4%)를 곱한 것의 20배인 482만 5,600엔이 된다. 이것을 1928년도(昭和 3)에 매수하게 되면, 즉 이러한 가정 아래에서 건설비를 계산하면 어떻게 되는가.

○ 오무라 정부 위원 : 그 건설비 전망 액수는 1928년도(昭和 3)에 368만 엔이다. 내역은 1926년도(大正 15) 말의 건설비 323만 4,436엔, 공사 중의 철교 건설비 35만 5,000엔, 차량 증비에 필요한 비용 9만 엔이다.

○ 오가와 위원 : 차량비 9만 엔을 1927년도(昭和 2)에 계상하면 매수 후 즉시 광궤로 개축하는 것이므로 불이익이지 않은가.

○ 오무라 정부 위원 : 오지(娛地)의 체화(滞貨)가 많아 상인들이 고통을 매우 호소하고 있다. 현재 상태에서 이를 증설 비치하는 것은 참으로 어쩔 수 없는 일이라고 생각한다. 또한 매수 후에 즉시 광궤를 부설할 수는 없다. 적어도 2~3년이 필요하다. 따라서 수송을 계속하면서 개량을 시행할 필요가 있다. 개축 이후 쓸모가 없어진 차량들은 충분히 고려하여 다시 이용할 수 있도록 노력하겠다.

○ 데라다 위원 : 도문철도는 맨 처음에 궤도의 폭이 2척 6촌으로 허가가 되었다. 이를 1930년도(昭和 5)에 482만여 엔으로 매수하고 다시 이것을 광궤로 개축하기 위해서 460만여 엔을 투입하려고 한다. 그 산정의 기초를 보면 해당 건설비는 1926년(大正 15) 상반기에 323만 4,636엔이고 그 이익금의 3개년 평균은 3분 5리이다. 그런데 정부는 매수 전 3년, 즉 1927년(昭和 2), 1928년(昭和 3), 1929년(昭和 4)의 평균 이익률이 6분 4리(6.4%)로 격증하리라 전망하여 매수 날짜의 건설비를 370만 엔으로 예상하고 여기에 공채 액면 482만 5,600엔을 교부하려고 한다. 이것을 1928년도(昭和 3)로 앞당겨 건설비 이내로서 매수하면 약 60만 엔이 감소된다. 귀하의 의견은 어떠한가.

○ 가타오카 대장대신 : 도문철도를 매수하는 연도가 뒤로 밀리면 값이 올라간다. 그러므로 1928년도(昭和 3)에 이것을 매수하면 국가에 이점이 많다. 이 취지 아래에서 속히 매수해야 한다는 생각이라고 생각한다. 국가에 조금이라도 이익이 있다면 정부도 신중히 생각해서 되도록 조속히 이를 실행하도록 노력할 것이다.

○ 마키야마 위원장 : 이외에 질의가 없으므로 우선 조선사업공채법 개정법률안의 토

론에 들어가겠다.

○ 데라다 위원 : 도문철도 매수의 경우, 정부가 우리들의 의견처럼 1930년도(昭和 5)에 매수하는 것으로 계획을 변경한다는 뜻을 밝히지는 않았지만, 특별위원의 의견을 되도록 존중하여 신속히 실행에 나서겠다는 뜻을 지금 언명했으므로, 이 주장을 신뢰하여 찬성의 뜻을 표한다.

○ 혼다 위원 : 데라다의 질문에 대해서 이사는 이것을 고려하겠다고 답변했다. 고려하겠다고 말했다면, 1928년도(昭和 3)에 매수하겠다는 희망의 의미에서 본안의 통과가 결정되어야 한다. 위원회의 의견을 존중하여 희망조건을 충분히 만족시키는 것으로 원안이 통과되어야 한다고 생각한다.

('찬성'을 외치는 사람이 있음)

○ 마키야마 위원장 : 덧붙여 대장대신에게 말하자면, 지금 들은 바대로 조금 전 주장에서는 고려한다고 답변했는데 그 점이 다소 명료하지 않기 때문에 재차 답변해 주길 바란다.

○ 가타오카 대장대신 : 상당히 명료하게 말한 바인데, 즉 특별위원들은 이 매수를 1928년도(昭和 3)에 시행하면 1930년도(昭和 5)에 실행하는 것보다 국가에 이로울 것이고, 그러므로 조속히 실행해 달라는 취지에서 질문했다고 생각한다. 이에 대해서 나는 국가의 이익을 도모하는 일은 정부 당국으로서 당연히 노력하지 않으면 안 된다고 보며, 따라서 특별위원들의 희망을 고려하여 되도록 속히 이것을 실행에 옮기도록 고려하겠다고 말했다. 상당히 철저하게 대답한 바이다.

○ 혼다 위원 : 나는 1930년도(昭和 5)로 제안된 부분을 1928년도(昭和 3)에 매수한다는 희망조건을 붙여 본 안이 위원회를 통과하길 희망한다.

('찬성'을 외치는 사람 있음)

○ 사토 위원 : 희망 조건을 덧붙여 정부 원안에 찬성한다. '이번에 정부가 제안한 조선철도의 신규 계획은 일찍이 제51 의회에서 귀족원과 중의원이 요망한 건의에 비하면 충분하지 않다고 할지라도 제국 재정의 현상에 비추어 어쩔 수 없다. 그러므로 민간의 자력에 의해서 사설철도의 촉진과 발달을 도모하지 않을 수 없으며, 정부는 이것을 조장하기 위해 더욱 적절한 방법을 강구하길 바란다'와 같은 희망 조건을 덧붙여서 원안에 찬

성한다.

('찬성', '이의 없음'이라고 외치는 사람 있음)

○ 마키야마 위원장 : 그럼 별도의 의견이 없기 때문에 이를 채결한다. '도문철도 매수는 1930년도(昭和 5)에 시행할 계획이지만 이것을 변경하여 1928년도(昭和 3)로 앞당겨 매수한다'는 희망 조건에 더하여 사토 위원이 발의한 희망 조건을 덧붙여 조선사업공채법 개정법률안을 가결하려고 하는데, 이의가 없는가.

('이의 없음'라고 외치는 사람 있음)

○ 마키야마 위원장 : 그렇다면 본 안은 지금 두 가지의 희망 조건을 붙여서 가결되었음을 선고한다.

위원회에서 본 안건의 심의는 1월 29일부터 3월 10일까지 실로 약 40일이 걸렸다. 이처럼 굉장히 지연된 이유는 사설철도 매수 문제에 관하여 이면에 검은 속사정이 숨겨져 있는 것이 아닌가 하는 풍설이 전해졌기 때문이다. 그 후에 이는 완전히 거짓말로 판명이 되어 결국 다음과 같은 희망 조건이 붙어 위원회를 통과하고, 이어서 중의원과 귀족원을 통과하기에 이르렀다.

1. 도문철도의 매수는 1930년도(昭和 5)에 시행할 계획이었지만 이것을 변경하여 1928년도(昭和 3)로 앞당겨졌다.
2. 이번 정책의 제안에 속한 조선철도의 신규 계획은 일찍이 제51 의회에서 귀족원과 중의원이 요망한 건의에 비하면 충분하지 않을지라도 제국 재정의 현상에 비추어 어쩔 수 없으므로, 민간의 자력에 의해서 사설철도의 촉진과 발달을 도모하고 정부는 이것의 조장을 위해서 더욱 적절한 방법을 강구하길 바란다.

제52 의회에서 총독부 소관 정부 위원은 종래의 예를 깨뜨리고 유아사 정무총감, 구사마 재무국장 이외에 새롭게 오무라 철도국장이 참가했다. 요컨대 이는 정부가 본 안을 중시한 결과에 다름 아니었다. 내지에서 철도 부설 문제가 언제나 정당 확장의 좋은 미끼가 되고 매년 의회에서 논란이 되었던 것은 주지의 사실이다. 이번 의회에서 조선의 철도계획이 도문선 매수와 관련하여 그 이면의 사정에 대한 한두 가지 질문만 거치고 용인되었던 점은 조선과 조선의 철도가 아직 정치적으로 인식되지 않은 결과라고 할 수 있다. 다른 한편으로는 이 부설과 매수에 관한 계획안에 비난의 여지가 없었다는 점의 반증이라고 할 수 있다.

(3) 신설 노선의 가치

조선의 철도망 완성이 급무라는 사실은 이미 상세히 설명했다. 이것을 통해 조선 산업을 개발하고 반도 2,000만 민중이 안심하고 살 수 있도록 하며, 제국의 당면한 안건인 인구와 식량, 연료 문제 등의 해결에 기여할 수 있다. 이는 단순히 조선만의 문제가 아니다. 이번에 신설할 선로는 모두 척식철도라는 사명을 지니고 있다. 매수 선로는 새로운 노선과 국유 노선의 사이에 있는 사설 선로이다. 다음과 같이 신설 선로의 상황과 경제적 가치에 대해서 고찰을 시도해 보고자 한다.

① 도문선

본 노선은 북선의 중요한 항구인 웅기를 기점으로 하여 도문강안(圖們江岸)을 따라서 북서로 나아가 아오지(阿吾地), 경원(慶源), 훈융(訓戎), 온성(穩城)을 거쳐 도문철도의 종단 동관진에 도달하는 97마일(156.1km)의 소위 국경철도이다. 국책의 관점에서 이번 계획 노선 가운데 가장 유의미한 선로이다. 웅기를 기점으로 한 국경 일대는 간도(間島), 훈춘, 소련 영토가 맞댄 일·로·지(日·露·支) 3국의 접경지로서 군사상으로, 장차 정치상으로 중요성을 지니고 있다는 사실은 이미 일반이 주지하고 있다.

이처럼 국제적으로 중요성을 지닌 도문선은 경제적으로도 빠뜨릴 수 없는 유망한 선로이다. 우선 석탄에 대해서 말하자면 연선에 온성, 훈융, 개척동(開拓洞), 고건원(古乾原), 아오지, 간도, 훈춘의 각 탄전이 있다. 매장량은 2억 톤 이상이라고 이야기된다. 목재는 도문강 유역에 천혜의 처녀지가 존재하는 관계상 본 연선을 통해 반출될 것으로 예상되는 축적량은 무려 3억 척체로 추정되고 있다. 단순히 이것만으로도 본 계획 노선이 국방상 필요할 뿐만 아니라 경제적으로 중요하다는 점이 판명된다. 또한 연선에서의 농지가 개간 및 개량되면 대안 훈춘과 간도의 옥야(沃野)로부터 반출되는 무한한 농산물과 아울러 무수한 물량에 이를 것이라는 점도 필연적 결과라고 할 수 있다. 기타 북만과 소련 영토의 관계를 생각할 때, 타국의 대부원 지역을 포옹한 국제적 경제 관계가 존재하는 이 지방에 철도를 부설하는 일은 가장 적절한 시책이라고 말하지 않을 수 없다. 특히 가까운 장래에 길회철도가 완성되면 본 노선이 가져올 효과는 지금 재론할 필요가 없다.

② 혜산선

본 선로는 길주에서 함경남북도의 경계를 따라서 뗏목 사공으로 이름이 자자한 압록강 유역의 혜산진에 도달하는 연장 88마일(141.6km)의 삼림철도이다. 그 통과로는 북선의 삼림지대이다. 도문강과 압록강의 상류에 있는 대삼림은 이 철도를 통해 곧바로 일본 해안에 연결이 된다. 조선에는 무한한 삼림이 존재하기 때문에 자급자족이 가능하다. 매년 300여 만 척체의 용재와 10여 만 척체의 신탄재를 다른 곳에 공급할 수 있다. 조선 목재계의 현상도 본 철도의 완성을 통해 바로잡힐 뿐만 아니라 머지않아 오히려 내지 이출을 유치하고 최근 연액 1억 2,000만 엔의 입초(入超)를 보이고 있는 제국의 목재 문제를 완화할 수 있다. 본 선로가 인접 지대와 경제상의 접촉을 이루고 국방과 경비의 측면에서 공헌하는 바가 크다는 점은 물론이다. 덧붙여 말하자면 본 철도에 의해서 반출될 목재 축적량은 대략 1억 5,000만 척체이다.

③ 만포선

본 노선은 평안남도 순천에서 출발하여 군우리(軍隅里), 신흥(新興), 무평(武坪), 강계를 거쳐 압록강 유역의 만포진에 이르는 178마일(286.5km)의 선로이다. 이 철도 역시 도문선과 혜산선과 마찬가지로 국방과 경비상 필요한 선로인 동시에 광산물과 임산물이 풍부한 소위 경제선이다. 다만 도문선과 혜산선이 임산물을 주로 취급하는 것에 반하여 본 노선은 광산물을 주로 취급한다는 차이가 있다. 바꿔 말하면 혜산선이 삼림철도라면 본 노선은 광산철도라고 말할 수 있다. 이 철도의 사명은 연선에 있는 순천, 개천(价川), 영변(寧邊), 덕천(德川)의 매장량 3억 5,000만 톤의 탄전을 개발하고 아울러 평안북도 각지에 산재한 운산(雲山), 창성(昌城)을 비롯하여 대소의 유명한 금광과 개천 철광의 채굴 기운을 조장하는 것이다. 또한 본 노선의 세력권에는 평안북도 벽지의 대밀림이 존재한다. 본 노선을 통해 반출될 목재 축적량은 대략 1억 3,000만 척체 이상이다.

이 선로는 순천에서 청천강을 따라서 북상하고 도중에 평안북도의 영산(靈山)과 묘고산(妙

高山)을 지난다. 따라서 연선의 풍광이 뛰어나게 아름다울 뿐만 아니라 높고 가파른 산을 오르는 지그재그식의 철도는 조선의 다른 곳에서 찾을 수 없는 방식이다.

④ 동해선

본 노선은 원산-포항 구간과 울산-부산 구간의 총 341마일(548.8km)의 선로이다. 갈마(葛麻)로부터 동해안을 따라서 남하하고 안변(安邊), 통천(通川), 고성, 양양, 강릉, 삼척, 울진, 영덕, 영일 등 대소 도읍을 지나서 조선철도회사 경동선의 포항에 이른다. 또한 이 선로의 남단 울산에서 해안을 따라 부산까지 이어진다. 경동선 매수 이후 광궤 개축과 상응하여 동해안선을 완성하고 다시 함경선과 연결하여 동부의 종관철도를 형성한다. 본 선로는 이번 계획 노선 가운데 가장 장거리 선로로, 여러 의미에서 가장 중요하다.

이 철도는 함경남도, 강원도, 경상북도, 경상남도의 네 도를 통과하는데, 대부분의 지방은 강원도에 속한다. 그동안 강원도는 교통산업의 측면에서 혜택을 받지 못한 토지였다. 면적이 1,700방리(25,500km²)이고 인구가 130여 만[76]임에도 불구하고 철도 연장은 관·사를 합하여 겨우 86마일(138.4km)에 불과하다. 강원도의 문화가 현저하게 지체된 이유 가운데 하나이다. 게다가 강원도의 물자는 자못 풍부하다. 최근의 연간 생산액을 보면 농산물 7,702만 엔, 임산물 347만 엔, 수산물 495만 엔, 광산물 15만 엔, 공산물 1,182만 엔이다. 교통기관의 시설이 완비된 이후에 개척할 여지가 있는 것은 물론이다. 이번 계획 노선의 세력권에 있는 탄전만을 보아도 통천, 강릉, 삼척, 소원(所遠), 금천(黔川), 영해(寧海), 영일, 장기(長鬐)가 있다. 목재의 반출 예정 축적량은 3,500만 척체에 이른다. 기타 해안선 일대 해산물은 현재 수치를 계상할 수 없지만 역시 다량이다. 또한 금강산의 절경은 재론할 필요가 없다. 하얀 물결이 출렁이는 동해안의 풍광은 여객의 마음을 부추기기에 충분하다. 요컨대 본 노선의 부설은 미개발된 처녀지를 개척하는 의미에서, 장래 한반도의 제2종관선을 형성한다는 측면에서 가장 효과적인 선로라고 말하지 않을 수 없다.

---

76 『朝鮮總督府統計年報』(1928년도판)에 나온 1927년 말 강원도 인구는 130만 2,439명이다. 그러므로 원문에 표기된 '1,300여 만'을 '130여 만'으로 수정했다.

⑤ 경전선

본 노선은 조선철도회사 경남선 진주에서 하동, 광양, 순천, 곡성, 원촌, 남원, 임실을 거쳐 전주에 이른다. 전북선의 광궤 개축과 상응하여 이리를 거쳐 군산에 도달하는 노선과 원촌에서 분기하여 전남선의 담양에 이르고 다시 송정리를 거쳐 목포 방면으로 나아가는 노선이 존재한다. 조선 남부에서 호남선, 경부선과 연결되는 선로로 연장 156마일(251.1km)이다. 이 철도의 목적은 목포항, 부산항과의 경제적 결합이다. 종래 항운에 의하거나 우회 육로에 의지했던 두 지역 사이에 가장 짧은 교통운수의 거리를 확보하는 동시에, 연선의 산업을 개발하고 다도해의 풍부한 해산물을 오지까지 편리하게 이송하려는 것이다. 산업 측면에서 종래 비교적 혜택을 입고 있는 남조선에 이 횡단선이 부설되면 연선 생산에서 수위를 차지하는 쌀과 보리, 대마, 면화 등 농산품의 생산량은 한층 더 늘어날 수 있다. 축산물도 상당수에 이를 것이다. 이외에 이 지방의 물산인 종이, 도기(陶器), 국수(麵子), 과일 등도 생산액이 증가할 수 있다. 특히 해산물 발달이 현저해질 것은 더할 나위 없이 명백한 사실이다. 여객교통의 방면에서 보면 기후가 온화하고 풍광이 절경인 남선의 낙원을 향한 예기치 않은 여객 수요가 폭주할 것이다. 그중에서 전라남도와 전라북도와 경상남도에 걸친 지리산과 같은 피서지는 전국적으로 유명세를 떨칠 수 있다. 이처럼 경전선의 개통은 어떠한 방면에서도 환영하지 않을 수 없다.

지금까지 상술했듯이 신설 노선이 모두 경제적 선로라는 사실은 두말할 필요가 없다. 그 가운데 국경에 연접하는 도문선과 혜산선과 만포선은 국방과 경비의 측면에서 더욱 중요하다. 동해선은 또 하나의 한반도 종관선 역할을 수행할 뿐만 아니라 조선철도를 유럽과 아시아를 잇는 공도(公道)라는 관점에서 볼 때 그 부설 의의는 특별하다. 요컨대 신설 선로의 가치는 국책과 경제적 측면에서 다른 선로에 비하여 우월하다는 점이 증명된다.

(4) 12년계획과 사설철도

조선철도의 근본 방침은 국유이다. 사설철도를 점차 국가에서 매수·통일한다는 논의는 상당히 오래전부터 나타났고 현재 제국철도협회(帝國鐵道協會)의 건의안에도 명기되어 있다.

사설철도의 조장 방법은 매년 보조금을 교부하는 형태이다. 보조 비율은 불입자본금과 차입금, 사채(社債)에 대해서 당초 6분(%)이었지만 현재는 8분(%)까지 상향되었다. 최근 보조금은 430만 엔에 달한다. 그러나 영업 성적은 어느 회사든 그다지 좋지 않다. 장래 보조 기간이 만료된 이후에 배당이 감소하지 않을까 하는 우려에서 사설철도에 대한 투자를 기피하는 경향이 내지 자본가 사이에서 나타나고 있기 때문이다. 따라서 자금 조달의 어려움에 기인하여 보조 비율을 1할(10%) 정도로 상향하자는 요청이 현재 각 방면에서 대두하고 있다. 이러한 현상 아래 국영철도의 배양과 지방 산업의 개발이라는 사명을 지닌 사설철도의 연장은 지지부진하다. 최근 매년 연장되는 거리는 겨우 30~40마일(48.3~64.4km)에 불과하다. 그렇다고 해서 보조금을 증액하는 일은 정부의 재정상 불가할 뿐만 아니라 가령 보조금을 증액해도 현재 상태에서 과연 새로운 노선이 부설될 수 있을지는 가히 의심스럽다. 사설철도는 어떠한 의미에서 완전히 난관에 봉착해 있다.

그리하여 정부는 사설철도 가운데 일부를 매수하여 철도망계획을 도모하는 동시에 국면을 타개하고자 제52 의회에 매수 계획을 제출했고 이 안건은 12년계획의 통과로 확정되었다. 계획안이 통과될 때에 추가된 희망 조건, 즉 '사설철도의 촉진과 발달을 도모하고 이것의 조장을 위해서 정부는 적절한 방법을 강구한다'에 기초하여 보조법 개정의 필요성이 대두했다. 각 정파는 일치하여 아라카와 고로(荒川伍郎) 외 13명의 연서와 시바 데이키치(斯波貞吉) 외 197명의 찬성으로 3월 17일 「조선사설철도보조법(朝鮮私設鐵道補助法)」 중 개정법률안을 중의원에 제출했다. 이 안은 위원회의 심의를 거쳐 사토 준조의 제안에 따라 다시 보조법 제5조(보조금의 매년 총액은 최고 450만 엔이다)의 보조금 제한을 삭제하는 것으로 수정된 채 가결되었다. 그러나 제52 의회의 분규로 인하여 결국에는 본 회의에 상정되지 못했다. 그렇지만 12년계획의 통과로 인하여 조선 사설철도의 매수라는 새로운 사례가 만들어졌다. 그 결과 본 계획이 완성된 이후에 선로의 연장, 혹은 신규 노선의 부설을 통해 적어도 890마일(1,432.3km)이 늘어날 수 있게 되었다. 나아가 보조금 증액이 이루어지면 사설철도의 조장을 한층 더 촉진할 수 있다고 예상할 수 있다.

아래는 참고용으로 보조법개정법률안의 전문, 이유, 제출자와 찬성자의 인명을 기록한 것이다.

〈조선사설철도보조법 중 개정법률안〉

다음의 성규에 의거하여 제출한다. 1927년(昭和 2) 3월 17일

○ 제출자

아라카와 고로, 다카기 마스타로(高木益太郎), 핫토리 에이메이(服部英明), 오시마 요조(大島要三), 오쓰 준이치로(大津淳一郎), 사기노 고메고로(鷺野米伍郎), 마키야마 고조, 오조노 에이사부로, 데라다 이치마사, 유아사 본페이(湯淺凡平)[이상 헌정(憲政), 정본(政本), 신정(新政), 무소속], 혼다 요시나리, 아키타 도라노스케, 마쓰야마 쓰네지로[이상 정우(政友)]

○ 찬성자

시바 데이키치, 다카하시 모토시로, 사이토 이타로(齋藤仁太郎), 고노 사토루(河野曉), 무라카미 구니키치(村上國吉), 요코야마 이치카쿠(橫山一格), 스가무라 다이지(管村太事), 도자와 다미주로(戶澤民十郎), 히로세 도쿠조(廣瀨德藏), 히사 쇼헤이(比佐昌平), 무라카미 몬시로(村上紋四郎), 히라카와 마쓰타로(平川松太郎), 스기우라 다케오(杉浦武雄), 구도 데츠오(工藤鐵男), 시모모토 시카노스케(下元鹿之助), 주마 오키마루, 히라노 미쓰오(平野光雄), 사이토 긴고(齋藤金吳), 미야자키 마쓰지로(宮崎松次郎), 이시즈카 사부로, 다나카 요타쓰, 시오다 미야히라(鹽田宮平), 하다 히코시로(羽田彦四郎), 세키야 마고이치(關矢孫一), 오쿠무라 센조(娛村千藏), 사토 미노루(佐藤實), 후쿠다 고로(福田伍郎), 마루야마 고로(丸山伍郎), 덴다 세이사쿠(傳田淸作), 데라시마 곤조(寺島權藏), 후지이 게이신(藤井敬愼), 고구레 산시로(木檜三四郎), 도다 요시미(戶田由美), 다니구치 겐주로(谷口源十郎), 데시로기 류키치(手代木隆吉), 이모토 조사(井本常作), 스가와라 에이고(管原英俉), 사토 다마사부로(佐藤球三郎), 오이시 마사루(大石大), 미우라 가즈헤이(三浦數平), 가네미츠 쓰네오(金光庸夫), 모토다 하지메(元田肇), 마쓰다 겐지(松田源治), 다구치 분지(田口文次), 가와하라 모스케(川原茂輔), 다카기 다이시로(高木弟四郎), 오아사 다다오(大麻唯男), 고바시 이치타(小橋一太), 나카야마 사다오, 하라다 주에(原田十衛), 이케다 야스치카(池田泰親), 나가미네 요이치(長峰與一), 요시마쓰 주케(吉松忠敬), 진 군키치(陣軍吉), 나가이 사쿠지(永井作次), 사토 주엔(佐藤重遠), 이와키리 시게오(岩切重雄), 나카무라 가주(中村嘉壽), 마에다 겐호(前田兼寶), 구라소노 산시로(藏園三四郎), 고다마 사네요시(兒玉實良), 쓰자키 나오타케(津崎尙武), 도고 미노루(東鄕實), 사카세가와 니지로(逆瀨川仁次郎), 이노리 시게시로(禱苗代), 기시모토 가쇼(岸本賀昌), 기보 세이세이(宜保成晴), 오시로 고노이치(大城幸之一), 가미무라 기치로, 후모토 스미요시(麓純義), 구리바야시 고사쿠(栗林

伍朔), 오쿠노 고시로(娛野小四郎), 고이 다미지로(箇井民次郎), 누마타 가이치로(沼田嘉一郎), 모리타 마사요시(森田政義), 우에바 하카루(植場平), 나카바야시 도모노부(中林友信), 이사카 도요미츠(井坂豊光), 우에하라 요시오(上原好雄), 오리하라 미이치로(折原己一郎), 마에다 후사노스케(前田房之助), 지바 미야지로(千葉宮次郎), 노리모토 나오쓰네(則元由庸), 시바 야스이치로(志波安一郎), 모리 하지메(森肇), 다카시마 준사쿠(高嶋順作), 고지마 젠사쿠(小嶋善作), 시무라 세이엔몬(志村清右衛門), 혼다 데이지로(本田貞次郎), 후쿠이 진조(福井甚三), 야기 이쓰로(八木逸郎), 호리타 기지로(堀田義次郎), 가토 료고로(加藤鐐伍郎), 단게 모주로(丹下茂十郎), 미와 이치타로(三輪市太郎), 시미즈 이치타로(清水市太郎), 우라노 노리아키(浦野謙朗), 나카무라 시로베에(中村四郎兵衛), 미야자키 도모타로(宮崎友太郎), 마쓰우라 고베(松浦伍兵衛), 호시 렌페이(星廉平), 가시와다 다다카즈(柏田忠一), 가네다 히데오(兼田秀雄), 하라다 도지로(原田藤次郎), 노무라 지사부로(野村治三郎), 미야자키 미키노스케(宮崎幹之助), 다나카 류조(田中隆三), 이데 시게사부로(井出繁三郎), 사카키다 세이베(榊田清兵衛), 이케다 가메지(池田龜治), 구마가이 고에몬(熊谷伍右衛門), 호리 요시유키(堀喜幸), 다카미 유키미치(高見之通), 사쿠라우치 유키오(櫻內幸雄), 하라 후지로(原夫次郎), 히라타 다미노스케(平田民之助), 기요미즈 나가고(清水長鄕), 오가와 고타로, 야마야 도쿠지로(山谷德治郎), 나카무라 게이지로(中村啓次郎), 하라다 사노지(原田佐之治), 다니하라 이사오(谷原公), 오노 도라키치(小野寅吉), 야마구치 사이치(山口左一), 노하라 다네지로, 마스다 기이치(增田義一), 쓰쓰미 세이로쿠(堤清六), 고야 미쓰오(小屋光雄), 마쓰야마 가네사부로(松山兼三郎), 무토 가몬(武藤嘉門), 구로다 아키라(畔田明), 나가오카 가이시(長岡外史), 나가타 신노조(永田新之允), 오카다 유타카(岡田溫), 사사키 헤이지로(佐佐木平次郎), 반도 고타로(坂東幸太郎), 하야시다 가메타로(林田龜太郎), 세키 나오히코(關直彦), 사사키 야스고로(佐佐木安伍郎), 다자키 노부조(田崎信藏), 기요세 이치로(清瀨一郎), 도미나카 고타로(富永孝太郎), 바바 요시오키(馬場義興), 오자키 유키오(尾崎行雄), 쓰치야 세이사부로(土屋清三郎), 다키 구메지로(多木久米次郎), 다나카 유즈루(田中讓), 가와사키 스케타로(河崎助太郎), 모리타 긴조(森田金藏), 하무라 요노스케(羽室庸之助)(이상 헌정, 정본, 신정, 무소속) 시가 와타리(志賀和多利), 히로세 다메히사(廣瀨爲久), 구마가이 이와오(熊谷巖), 야마구치 기이치(山口義一), 이소베 야스지(磯部保次), 안도 마사즈미(安藤正純), 시노하라 와이치(條原和市), 기라 모토오(吉良元夫), 구라모토 요이치(倉元要一), 다나베 시치로쿠(田

邊七六), 야마시타 다니지(山下谷次), 가와구치 요시히사(川口義久), 우라야마 스케타로(浦山助太郞), 이구치 노부지로(井口延次郞), 아오야마 겐조(青山憲三), 후루카와 기요시, 가모이 아키라(鴨居哲), 야마모토 요시지(山本芳治), 야마모토 신페이(山本愼平), 다카하시 미쓰타케(高橋光威), 이사카 히데고로(伊坂秀伍郞), 야노 겐키치(矢野鉉吉), 나이야 다쓰지로(內野辰次郞), 이마이 다케히코(今井健彦), 이노케 도시에(猪野毛利榮), 가토 지세이(加藤知正), 이조베 히사시(磯部尚), 세누마 이베에(瀨沼伊兵衛), 하마구치 기치베에(濱口吉兵衛), 모리 노부테루(森矗昶), 이쿠타 와헤이(生田和平), 나카시마 모리토시(中島守利), 다카기 오토쿠라, 이타노 도모조(板野友造), 이무라 고로(飯村伍郞), 후타쓰기 마코토(二木洵), 오카다 이타로(岡田伊太郞), 마키노 료조(牧野良三), 사카이 다이스케(坂井大輔), 스나다 시게마사(砂田重政), 무카이 도시오(向井俊雄), 이시하라 쇼타로(石原正太郞), 우에노 야스타로(上埜安太郞), 니시자와 사다키치(西澤定吉), 와타나베 스케사쿠(渡邊祐策), 후지타 가네스케(藤田包助), 이시이 사부로(石井三郞), 쓰치야 오키(土屋興)[이상 정우]

조선사설철도보조법을 다음과 같이 개정한다.

제1조에 다음 1항을 더한다.

전항의 경우에 불입자본금에 대한 이익금의 100분의 2를 한도로 하고 회사의 영업연도마다 이익금의 2분의 1은 이익금에서 공제한다.

보조법

제1조 조선에서 철도를 경영하는 주식회사의 영업연도 이익금이 철도의 경영에 필요한 불입자본금에 대해서 연 8분(%)의 비율에 미달하는 경우 조선총독부는 회사에 대해서 설립 등기일부터 15년을 한도로 부족액을 보급할 수 있다. 단 보조금은 철도의 경영에 필요한 불입자본금에 대해서 연 8분에 상당하는 금액을 초과할 수 없다.

〈조선사설철도보조법 중 개정법률안 이유서〉

조선의 철도 보급과 촉진이 조선의 통치, 국방, 식산, 흥업, 외교에 극히 필요하다는 점은 일찍이 귀족원과 중의원의 건의안을 봐도 명료하므로 더 이상 두말할 나위가 없다. 중의원은 제51 의회에서 각 연합이 합의하여 조선의 철도 보급과 촉진에 관한 건의안을 제출했지만, 때마침 회기가 절박했기 때문에 의결하지 못했다. 그러나 당시 귀족원은 같은 취지의 건의안을 만장일치로 가결했다. 1927년도(昭和 2) 총독부 예산안과 조선사업공채법 개정법률안에 계획의 일단이 보이듯이 두 가지 안건은 모두 이미 중의원을 통과하고 현재 귀족원에서 심의 중이다.

그런데 조선총독부의 국유철도 연장에 관한 앞선 안은 귀족원과 중의원의 건의 취지에 비해서 절반 정도에 불과할지라도 현재 제국 재정에 비추어 참으로 어쩔 수 없는 일이다. 그러므로 선후의 방책을 확립하지 않으면 수미일관(首尾一貫)할 수 없다. 아울러 마땅히 이 안건에 내재된 결함은 사설철도의 보급을 통해 보완되어야 한다. 따라서 전술했듯이 제50 의회의 귀족원 예산총회에서는 결의 사항이 첨부되었으며, 다시 제51 의회에서는 건의안의 말미에 '사설철도의 조장과 발달을 위해서 적절하고 유효한 방법을 강구하길 바란다'는 요구 사항이 명기되었다. 이뿐만 아니라 중의원의 건의안에서는 제3항에 명확히 '현행 조선철도보조법의 8분 보조를 개선하고 미완성된 노선의 속성을 도모한다'는 내용이 명시되었다. 조선사업공채법 개정법률안에도 다음과 같은 결의 사항이 첨부된 채 올해 3월 10일 중의원을 통과했다.

> 이번에 정부가 제안한 조선철도의 신규 계획은 제51 의회에서 귀족원과 중의원이 요망한 건의에 대비하여 충분하지 않다. 그러나 제국 정부의 현상에 비추어 어쩔 수 없는 바이다. 민간의 자력에 의해서 사설철도의 촉진과 발달을 도모해야 한다. 정부는 사설철도의 조장을 위한 적절한 방법을 강구하길 희망한다.

이처럼 본 안건에 대한 귀족원과 중의원의 요망은 이미 두 번의 의회를 걸쳐서 명확하게 표시되었음에도 이에 대한 계획이 인정되지 않았던 점은 자못 유감스러운 바이다. 따라서 중의원은 자진하여 '조선사설철도보조법안중개정안'을 제출하여 조선 개발의 사명을 완수하고 나아가 귀족원과 중의원의 주장을 관철시키고자 한다.

본 안이 통과된 결과 이미 중의원을 통과한 예산에 대해서 변경을 야기한다는 염려가 있으며, 각종 근심이 없는 것은 아니다. 그러나 본 안건의 실시로 인한 보조금 증가액은 종래의 실적에 비추어 보면 참으로 근소한 금액으로 굳이 예산을 변경할 필요가 없다. 그뿐만 아니라 이미 중의원을 통과한 사설철도매수법에 의해서 매수된 선로의 보조금을 지급하지 않아도 되기 때문에 현행 보조법에서 정한 정액 이내에서 목적을 달성할 수 있다. 혹은 조선사업공채개정안의 통과에 의해서 4~5개의 사설철도가 매수되므로, 사설철도는 이것을 신규 연장 선로의 자금에 유용할 수 있고 이를 통해 자연히 사설철도의 보급과 보조의 일단에 이바지할 수 있다. 그럼에도 이번에 제안된 사설철도의 매수는 주로 국유철도의 간선 부설에 필요한 사설철도의 매수이기에 그 결과 자연히 해산될 수밖에 없으므로, 철도의 보급이나 연장과는 추호의 관계를 맺지 않는다. 본 안과 내지의 「지방철도보조법」을 비교하면, 내지의 경우 건설비에 대해서 이익금의 100분의 2는 이것을 이익금 가운데 공제하여 배당금에 충당시킬 수 있다. 그러나 본 개정안의 경우 이익금의 반액이 인정되므로 내지의 그것에 비해서 자못 불리한 듯 보이더라도 조선의 보조법과 내지의 보조법은 성질이 다르다. 조선의 경우 공평을 기하기 위해서 이익금의 2분의 1만을 인정하고 이것의 최고한도를 100분 2로 설정했다. 이에 본 안을 제출하는 바이다.

조선의 사설철도 궤도를 앞으로 광궤를 사용할지, 혹은 협궤를 사용할지와 관련된 문제는 종래 크게 의논이 되었을 뿐만 아니라 제52 의회에서도 의원의 질문이 있었다. 그러나 유아사 정무총감과 오무라 철도국장은 반드시 일률적일 필요는 없으며 상황에 따라서 처리하겠다고 언명했다. 이와 관련하여 사와자키(澤崎) 철도국 감독과장은 다음과 같은 의견을 발표했다. 사설철도 문제의 참고용으로 소개한다.

〈조선의 사설철도는 광궤? 협궤?〉

이번 총독부에서 제출한 1927년도(昭和 2) 이후 12개년 동안의 철도계획 가운데에는 사설철도의 협궤 노선을 매수하여 이것을 광궤로 개축하는 내용이 포함되어 있다. 매수계획의 협궤 노선은 전북철도, 도문철도, 조선철도회사의 3개 노선이다. 각 노선은 공사의 선후에 다소 차이는 있겠지만 모두 매수한 후에 광궤로 개축할 계획이다. 협궤 노선을 매수하여 이것을 광궤로 개축하는 부분에 대해서 1) 매우 비경제적이지 않은가. 광궤 노선이 되어야 할 선로라고 한다면 왜 처음부터 광궤 노선으로 면허·경영되지 않았는가. 2) 조선의 철도에는 광궤도 있고 협궤도 있다. 즉 하나로 통일되어 있지 않은데 이는 왜 그러한가, 이후 계속해서 협궤 노선을 부설할 생각인가와 같은 의문이 세간의 일부에서 제기되었다. 따라서 이 문제와 관련하여 일언하고자 한다. 첫 번째 문제에 대해서 간단히 대답하자면 일정한 기간이 흐른 이후에 협궤철도를 광궤로 개축하는 일은 결코 비경제적이지 않다. 오히려 반대로 국가 경제상 유리하다고 말할 수 있다. 경제문제의 이해관계를 검토하기 위해서는 결국 계수 비교의 방법을 사용해야 하는데 나는 극히 간단한 계수를 활용하여 이것을 논하고자 한다. 우선 광궤철도와 협궤철도의 건설비이다. 조선의 실험에 의하면 협궤 노선의 건설비는 대단히 싸다. 1마일(1.61km)당 7만 엔 정도이다. 반면에 광궤 노선은 매우 비싸다. 1마일당 12만 엔 정도이다. 따라서 두 노선의 1마일당 건설비 차이는 5만 엔이다. 현재와 가까운 장래의 운수량과 교통 계통 등을 감안하여 협궤철도로 부설하면 충분한 선로가 있다고 치자. 이 선로에 대해서 "이는 장래 광궤철도로 부설해야 할 필요가 있는데, 필요성이 발생한 시점에 광궤로 개축하기 위해서는 쓸데없는 개축비가 투여되어야 한다. 따라서 비경제적이지 않은가"라는 주장이 있다. 당초부터 광궤로서 부설해야 한다는 논리이다. 그러나 그렇게 하면 일정 기간 1마일당 7만 엔이면 충분한 것에 12만 엔이 투여되고 그 차액 5만 엔은 일정 기간 쓸데없이 버려지게 된다. 물론 개축이 필요한 시점에는 헛된 투자비가 발생한다. 그러나 그때 요구되는 비용과 일정 기간 버려지는 비용을 일괄적으로 대비하면 어느 쪽이 클 것인가. 전술했듯이 광궤 노선의 건설에는 1마일당 12만 엔이 필요하다. 그런데 개축의 경우에 일찍이 투여된 협궤 노선의 건설비용 7만 엔은 전부 쓸데없는 비용이 되지 않고 2만 엔 정도는 이용이 가능하다. 그렇다면 버려진 금액은 5만 엔이다. 한편 처음부터 광궤로 부설했기 때문에 버려진 금액은 5만 엔이다. 이는 소용이 없는 돈이기 때문에 개축할 때까지 매년 이자를 지불해야 한다. 연리 8분, 10개년이라고 가정하면 2배 하고 2분이므로 첫 번째 연도의 5만 엔은 10년째에는 12만 엔이 된다. 이 방식으로 비교할 경우 쓸데없이 버려지는 비용은 5만 엔과 12만 엔이 된다. 매우 큰 차액이라고 할 수 있다. 게다가 광궤철도와 협궤철도의 비교는 건설비만으로 충분하지 않다. 영업비와 이용자가 지불해야 하는 환적비용[77]을 포함하여 생각할 필요가 있다. 통상 영업비는 광궤가 협궤에 비해서 낮은데, 이는 운수량이 일정량 이상인 경우에 해당하는 것으로서 일정량 이하인 경우에는 오히려 비싸다. 용기(容器)가 지나치게 크면 그 운전비만큼 유지비가 들어서, 적당한 용기를 사용할 때에 비해 많은 비용이 필요한 것은 알기 쉬운 이치이다.

운수량은 매년 증가한다. 그러므로 어느 순간 운수량은 일정 수준 이상에 도달하고 그 이후에는 광궤가 경제적인 방식이 된다. 일정 기간 협궤로 일관한 경우와 수년 동안 광궤로 일관한 경우의 영업비를 총체적으로 비교하여 볼 수 있다. 철도 상태가 다르고 제각각이기 때문에 계수로서 쉽게 나타내기 어렵지만, 예를 들어 10년 동안 협궤로서 충분한 선로라고 하면 10년 동안, 혹은 몇 년째 이후에는 광궤의 영업비가 쌀 것이다. 그럼에도 총체적으로는 큰 격차가 나타나지 않을 것이라 생각한다. 그 차이는 전술한 과잉 건설비의 사장에 의한 손실에 비해서 훨씬 적다고 할 수 있다. 이어서 환적 비용의 경우 현재 광궤 노선과 협궤 노선 사이를 이용할 때 철도국이 하주(荷主)에게서 징수하는 비용은 화차(貨車) 1톤당 20전이다. 소량과 평균하면 대략 1톤당 25전이다. 이 비용은 어느 선로가 협궤이기 때문에 이용자가 특별히 지출하는 것이다. 그렇다면 어느 하나의 선로에서 1년에 발생하는 환적 비용은 어느 정도인가. 조선의 협궤 노선은 내지에 비해서 길기 때문에 적합한 예시로서 30마일(48.3km)을 기준으로 하면 적당하다. 화물의 매년 양은 최고로 잡아도 10만 톤이다[연장 90마일(144.8km)의 경동선이 7만 톤을 넘지 않는다]. 그 가운데 연락 도시의 창고에 입하되는 하루의 양을 최소로 잡아 2만 톤이라고 하면 곧바로 환적이 되는 화물의 양은 8만 톤이다. 그렇다면 이 연간 환적 비용은 2만 엔이다. 꽤 큰 금액이라고 할 수 있다. 그러나 이 금액을 광궤이기 때문에 버려지는 비용과 대비하면 극히 소액이라는 점을 단번에 알 수 있다. 어떻게 해도 광궤 탓에 쓸데없이 투자되는 비용은 1마일당 5만 엔 이상이고 30마일(48.3km)로 하면 150만 엔이다. 연리 8분의 단리(單利)로서 1년에 12만 엔 이상에 이른다. 협궤로서 충분한 곳에 광궤를 부설했을 때와 협궤를 부설했을 때의 득실 차이는 크다. 협궤 부설 이후 얼마 지나지 않아 적은 수수료로 정부가 노선을 매수하고 즉시 광궤로 개축하는 일이 비경제적이라는 점은 두말할 나위가 없다. 그

77 적환(積換) 또는 환적(換積)은 화물을 운송하는 도중에 중간에 짐을 옮겨 다시 싣거나 쌓는 것을 뜻한다.

러나 대체로 10년 정도 지난 후에 이것을 광궤로 개축하는 일은 지금까지 서술한 바대로 오히려 경제적이다. 이번 매수·개축계획에 포함된 선로는 건설 이후 모두 10년 이상이 지났다. 대략 12년 내지 19년이 흐른 노선이다. 향후 협궤 노선의 부설 인정과 관련된 문제에 대해서는 이미 말한 바대로 명백하게 긍정할 수밖에 없다. 특히 조선과 같이 자본의 결핍으로 고통을 받는 곳에서 투자비용의 사장은 가장 경계해야 할 부분이다. 적어도 간선으로 기능해야 할 노선이 아닌 한, 소액의 자금으로 충분한 협궤 노선의 보급을 통해 현재의 급무인 교통기관의 연장을 도모할 것이다. 다만 소량 화물의 수송기관으로 도로와 자동차 운수가 점차적으로 경제성을 띠고 있기 때문에, 어느 노선에 어떠한 교통기관을 채용할지에 대해서는 충분한 연구와 조사가 필요하다고 말할 수 있다.

(5) 12년계획과 재계

조선의 철도 연장 계획이 완성되면 한반도의 산천이 모두 그 혜택을 입는다. 특히 메말라 있는 조선의 재계에 자비로운 비가 될 것이다. 따라서 이 계획의 의회 통과 소식이 보도되자마자 한반도 사업계에 생기가 돌기 시작했던 사실은 매우 기쁜 현상이라고 말하지 않을 수 없다.

새로운 노선이 부설되는 지점은 모두 경제적 노선이었다. 철도 부설로 인해 종래 묻혀 있던 물자가 시장으로 유통되는, 즉 조선의 산업이 개발되고 부가 증진되는 노선이라 할 수 있다. 물론 이는 개통 후의 결과이다. 그러나 공사가 시작되면 그쪽 지방으로 관계자가 유입되고 재료가 조달·운반되며, 노동력이 공급된다. 지금까지 혜택을 보지 못한 한촌과 벽지까지 번영이 초래할 것이다. 또한 차량의 제조와 수리를 위해서 공장의 증설과 기존 공장의 대확장 등이 시행되고 이 방면에도 재료와 노동력이 요구된다. 특히 철도의 개통으로 인하여 새로운 도시가 만들어지는 현상은 유독 조선에서 그 사례가 많다. 이외에도 인문이 향상될 뿐만 아니라 산업 개발로 인한 예기치 못한 수확이 생긴다.

요컨대 본 계획의 확립은 각종 사업의 진흥을 유도할 수 있는 전제이기 때문에 영향력은 결코 적지 않다. 우선 첫째, 직접적으로 긍정적인 효과를 보는 것은 토목건축계이다. 현재 토목건축계는 조선토목건축협회(朝鮮土木建築協會)가 중심인데, 이 단체는 이미 일대 비약을 위한 준비에 매진하고 있다. 여기에 더해 운송업과 여관업 등도 필연적으로 혜택을 입을 수밖에 없다. 이들 업계는 지금부터라도 대책을 강구할 필요가 있다. 운송업을 예로 들면 소운송(小運送)의 개선 문제로부터 대두된 운송점의 합동은, 도다(戶田) 철도국 이사가 부임한 이후 조사·연구된 문제로서 운송점 측에서도 현재 논의가 진행 중인데, 자본 합동은 경제 사회의 대세이다. 특히 지방에서는 이미 합동이 구체화하고 있다. 일찍이 입안된 철도당국의 이상적인 계획과 같이 점차 하나의 철도역에 하나의 운송점을 두는 방식으로 바뀌고 마침내 대동단결을 통해 조선에 하나의 거대한 운송회사가 출현하는 변화는 단지 시간의 문제이다. 12년계획이 성립되고 조선철도계에 혁신이 불면 다년 현안인 소운송 문제는 자연스럽게 해결될 수 있을 것이다. 여관업의 경우 각지 모두 매우 유치한 상태로 전국에 아직까지 완비된 여관이 없다고 해도 과언이 아니다. 그뿐만 아니라 여관업은 항상 서로 배척만 하고 있어서 여관업의 개선이나 발달이 더디다. 모름지기 이 기회를 이용하여 종래 여관협회를 한층 권위 있는 조직체로 개조하고 단체적 통제 아래에서 전국의 여관이 번영하도록 해야 한다. 철도연장계획이 성립되고 유럽과 아시아의 교통이 옛날로 회귀하는 이때, 여관업자의 각성과 분투가 요구된다.

이처럼 본 계획의 성립은 단순히 철도업계를 번성시킬 뿐만 아니라 오랫동안 침체의 상태에 빠진 조선 재계에 갱생의 기운을 불어넣을 것이라 확신한다.

(6) 12년계획을 위해서 분투했던 사람들

본 철도계획의 성립은 필경 내선(內鮮) 관민의 분투와 노력에 기인한 바이지만, 특히 조선 측에서는 당국의 책임자인 사이토 총독을 비롯하여 유아사 정무총감, 구사마 재무국장, 오무라 철도국장, 이하 관계자의 마음고생이 심했다. 민간에서는 와타나베 상업회의소연합회(商業會議所聯合會) 회장이 불편한 몸을 이끌고 다년간 건투했고, 조선철도망조사위원 및 조선철도망촉진기성회(朝鮮鐵道網促進期成會) 역원을 필두로 상업회의소, 조선토목건축협회, 조선공학회(朝鮮工學會), 조선광업회(朝鮮鑛業會), 조선철도협회, 조선철도연구회(朝鮮鐵道研究會) 등의 각 단체와 공직자, 신문·통신 관계자 등 수많은 사람이 헌신적으로 노력했다. 즉 배후에서 대세가 된 여론이 없었다면 아마 본 안건은 이렇게 성공할 수 없었다. 또한 도쿄에서 심심한 후원을 보내 준 시부사와, 고마쓰 두 기성회장, 구니사와(國澤) 제국철도협회장, 바바(馬場) 중앙조선회(中央朝鮮會) 전무이사 이하 각 회원 및 귀족원과 중의원 의원들은 특필할 만하다. 따라서 우리는 본 계획에 직접 관련된 사람들의 간략한 이력을 게재하여 오랫동안 기념하는 동시에 그 공적을 칭송하는 바이다.

○ 유아사 구라헤이(조선총독부 정무총감) : 총독을 보좌하여 오로지 조선 통치의 대임에 헌신하는 청렴근직(淸廉謹直)한 그에게 2,000만 민중은 열복(悅服)하고 있다. 유아사 구라헤이는 시모오카(下岡) 정무총감의 뒤를 이어서 1925년(大正 14)에 부임했다. 그는 시모오카 정무총감이 남긴 정책 가운데 첫 번째인 철도문제의 해결을 위해서 오랫동안 분투·노력했다. 마침내 이번에 철도보급계획이 완성되고 조선의 개발에 일대 혁신을 가져왔다는 점은 누구나 알고 있는 사실이다.

그는 후쿠시마(福島)현 고리야마(郡山) 출신으로 1898년(明治 31) 도쿄제국대학(東京帝國大學) 법과를 졸업하고 문관고등시험에 합격하여 시가(滋賀)현 참사관으로 부임했다. 이후 효고(兵庫)현 참사관을 거쳐 돗토리(鳥取)현·에히메(愛媛)현·나가사키(長崎)현·가나가와(神奈川)현의 경찰부장을 역임했다. 이어서 가가와(香川)·가나가와현의 내무부장을 거쳐 1909년(明治 42) 내무성 사무관에 임명되었다. 내무성 참사관과 지방국장, 오카야마(岡山)현과 후쿠오카(福岡)현의 지사, 내무성 경보국장 등을 거쳐 1916년(大正 5) 관직에서 물러났다. 1919년(大正 8) 마정(馬政)정리국 위원, 1923년(大正 12) 마정조사회 위원, 같은 해 야마모토(山本) 내각의 경시총감에 부임했고 1924년(大正 13) 내무차관이 되었다. 정무총감에 부임한 시기는 1925년(大正 14)이었다.

○ 구사마 히데오(조선총독부 재무국장) : 약 2억 엔의 예산을 주무르는 조선의 대장대신으로 일을 재치 있고 빠르게 처리하는 그는 이번 철도망계획에서 다분히 분투했다. 본 계획이 얼마나 중요한가. 조선에는 아직 해야 할 일이 산적하다. 게다가 재정난이 덮친 이때 재정의 안배는 여간 어려운 일이 아니다. 이 난국에서 팽대(膨大)한 철도 예산을 계상하고 대장 당국의 양해를 얻어 마침내 의회의 협찬을 거쳤던 일은 그의 과감한 결의와 노력에 기인한 바라고 말하지 않을 수 없다. 그는 후쿠이(福井)현 출신으로 1907년(明治 40) 도쿄제국대학 법과를 졸업하고 같은 해 문관고등시험을 패스하여 대장성에 들어가 세무감독관이 되었다. 아키타(秋田), 나가사키, 구마모토(熊本), 우쓰노미야(宇都宮), 센다이(仙臺), 도쿄 등 각 세무감독국에서 일하고 1919년(大正 8) 해외 주재 재무관이 되어 러시아에서 근무했다. 1920년(大正 9) 귀국하여

대장서기관이 되었고 주세국 관세과장, 지가조사과장을 거쳐 1924년(大正 13) 조폐국장으로 영전했다. 같은 해 8월 다시 총독부 재무국장의 명을 받아 현재에 이르렀다.

○ 오무라 다쿠이치(조선총독부 철도국장) : 본 계획에 간여한 다수의 사람 가운데 제1인자라는 사실은 거듭 말할 필요가 없다. 언동이 솔직하고 사업에 전념하는 스타일인 그가 조선철도, 혹은 조선에 있다는 점은 우리에게 축복이다. 그의 노력으로 다년 현안인 철도보급계획이 확립되고 이미 그 제일보를 디디게 되었다. 게다가 그의 공로는 12년 이후 본 계획이 실현될 때에 더욱 칭송될 것이다.

그의 취미는 사업 그 자체로 나머지에는 아무 관심도 없다. 하루 종일 어떠한 일을 계획하고 어떠한 일을 하지 않으면 안 되는 사람이다. 본 계획이 확립된 지금, 그의 마음속에 과연 어떠한 귀신과 같은 꾀가 있을지가 가장 흥미로운 대목이다. 그는 후쿠이현 출신으로 1896년(明治 29) 삿포로(札幌)제국대학 공과를 졸업하고 북해도탄광철도회사(北海道炭鑛鐵道會社)에 입사했다. 그 후에 구미 여러 나라로 출장을 다녔다. 1906년(明治 39) 철도작업국에 부임하고 이래 홋카이도 철도관리국 공무과장과 관방순찰과 등을 거쳐 1922년(大正 11) 산동철도조약 실시위원에 촉탁이 되었다. 1925년(大正 14) 5월 조선의 철도국장에 임명되면서 고등관 1등으로 승급이 되었다.

○ 도다 나오하루(戶田直溫, 조선총독부 철도국 이사) : 강건하고 활달한 오무라 철도국장의 보좌 역할로서 다재다능한 그가 있다는 사실은 조선철도의 행복이라고 말하지 않을 수 없다. 그의 착임 이후 종래 퇴행적 경향을 보였던 영업정책이 현저하게 적극주의로 변했고 여객 방면, 혹은 화물 관계에 발랄한 생기가 일어난 점은 부정할 수 없는 사실이다. 조선철도의 직영 이후에 일시적으로 비관적 상황을 보였던 영업 성적이 근래 호황으로 바뀐 사실은 그의 공적인 동시에 소위 적극적 시설의 결과라고 할 수 있다. 본 계획의 영업 방면은 시종일관 오무라 국장을 보좌하여 대소 사무의 일체를 처리한 그의 작품이다.

그는 기후(岐阜)현 출신으로 귀공자다운 풍모에서 명문가 출신이라는 점을 충분히 엿볼 수 있다. 1909년(明治 42) 도쿄제국대학 법과를 졸업한 그는 바로 문관고등시험에 합격하고 1910년(明治 43) 철도성에 들어갔다. 1918년(大正 7) 구미로 유학을 떠났고 1920년(大正 9) 운수국 총무과장, 외국철도조사과장, 여객과장 등을 역임한 이후에 베이징 주재관이 되었다. 1926년(大正 15) 1월에 철도국 이사 겸 영업과장으로 발탁이 되었고 고등관 2등으로 승급되었다.

○ 닛타 도메지로(新田留次郎, 조선총독부 철도국 공무과장) : 철도망 조사는 멀리 총독부 철도부 시대로 거슬러 올라가는데, 당시 철도부 공무과장에 있었던 그의 계획과 노력은 비상했다. 특히 철도국 설치 이후에도 계속 공무과장으로 건설, 개량, 보선(保線) 사무를 총괄하고 이번 계획의 기초 조사와 기술적 방면에 관한 사항을 모두 지도·감독하여 완성했다. 장래 해당 계획 수행의 책임자로서 그의 역할이 매우 흥미롭다. 그는 온량한 신사적 성격으로 세속을 초월한 재치가 있다. 게다가 능히 후진을 잘 보살피므로 전체 종사원으로부터 큰 신뢰를 받고 있다. 그는 도쿄 출신으로 1897년(明治 30) 도쿄제국대학 공과를 졸업하고 1904년(明治 37) 철도작업국에 입사했다. 1906년(明治 39) 통감부 철도관리국 기사에 임명되었고 1911년(明治 44) 구미 여러 나라로 출장을 떠났다. 이후 청진(淸津)출장소장을 거쳐 오늘에 이르렀다. 현재 고등관 1등이다.

○ 이와사키 마사오(岩崎眞雄, 조선총독부 철도국 기계과장) : 1904년(明治 37) 제국대학 공과를 졸업하고 즉시 철도작업국에 입사했다. 1906년(明治 39) 조선으로 건너와 초량·용산공장 등에서 근무하고 1917년(大正 6) 만철 위임 경영과 동시에 총독부 기사에 임명되어 관방철도부에서 근무했다. 그 후 구미 여러 나라로 출장을 떠났다. 조선철도가 직영된 이후에 돌아와 철도국 기계과장이라는 요직에 취임하고 1925년(大正 14) 고등관 2등으로 승급이 되었다. 20년 동안 시종일관 조선철도의 차량 공작 업무에 매진한 공적은 타인의 추종을 불허한다. 특히 그는 이번 계획에 관하여 가장 중요한 차량 증비와 공장 확장의 장래 계획을 창안했다.

그는 도쿄 출신으로 '성실한 기술가'의 전형이다. 또한 사무, 그중에서도 예산에 정통하다. 그는 장래 많은 비용이 투여되는 운수기관의 증비·개선을 유감없이 수행할 것이다.

○ 하야시 시게키(林茂樹, 조선총독부 철도국 경리과장) : 얼굴색이 어둡고 신체가 장대하며 원기 왕성한 그는 사무관이라기보다는 오히려 기사라고 보는 편이 맞다. 12년계획의 입안자로서 활동하고 오무라 국장과 함께 팽대한 예산을 수립하여 도쿄로 건너가 정부 당국과 절충, 용인을 얻어 계속해서 의회를 통과하기까지 정부 위원인 국장을 도와 시종일관 분투했고, 마침내 최종적인 승리를 쟁취할 수 있었던 일련의 과정에서 특별한 공훈자이다.

그는 히로시마(廣島)현 출신으로 1912년(明治 45) 제국대학 법과를 졸업하고 같은 해 문관시험에 등제하여 총독부 시보가 되었다. 탁지부 사계과와 전매국 사무관을 거쳐 이탈리아, 캐나다 등의 구미 여러 나라로 출장을 떠났다. 귀국 후 1925년(大正 14) 4월 철도국 참사로서 조선철도 직영 이후에 처음으로 경리과장에 임명되었다. 조선철도의 경리를 담당하고 항상 문제없이 일을 처리하는 것으로 명성이 자자하다. 특히 국우회(局友會) 운동부장을 겸하여 철도의 운동계를 위해 큰 역할을 하고 있다.

○ 사와자키 오사무(澤崎修, 조선총독부 철도국 감독과장) : 그는 명석한 두뇌를 가지고 있고 뛰어난 문필가로 정평이 나 있다. 그러나 애석하게도 병을 잘 앓는 체질로서 항상 건강이 좋지 않다. 이 점은 대단히 동정해 마지않는 바이다. 1914년(大正 3) 도쿄제국대학 법과를 졸업하고 같은 해 문관고등시험을 패스하여 총독부 시보가 되었다. 1916년(大正 5) 조선총독부 철도국에 입사하고 이후 만철의 위임 경영과 동시에 총독부 철도부로 전근하여 곧바로 감독과장으로 부임했다. 직영된 이후 계속해서 철도국 참사로 근무하고 감독과장으로 사설철도의 감독과 지도라는 중책을 맡았다. 이번 계획 가운데 사설철도의 매수와 장래 계획 등 가장 곤란하고 복잡한 사무를 담당하여 훌륭하게 일을 성공시켰다. 그의 앞에는 많은 난관이 놓여 있지만 우리는 국가를 위한 그의 자중자애(自重自愛)를 기원한다.

○ 에토 스케모리(衛藤祐盛, 조선총독부 철도국 운전과장) : 가장 힘든 직책인 운전과장으로 일처리가 능숙한 그는 1908년(明治 41) 교토(京都)제국대학 공과를 졸업하고 즉시 만철회사에 입사, 운전과에서 근무를 시작했다. 1919년(大正 8) 구미 여러 나라를 순유(巡遊)한 이후에 1923년(大正 12) 만철의 위임 경영 당시 경성관리국 운전과장으로 영전했다. 직영과 동시에 철도국 기사에 임명되어 계속해서 동일 직책에서 일했다. 만철 입사 이후 지금까지 약 20년 동안 시종일관 운전 업무를 담당했다. 현재 그 길에서 확고부동한 권위를 가지고 있다. 나아가 운전 업무는 물론 석탄 연구와 운전 종업원 양성 등에 관하여 연구와 조사를 진행하고 있다. 훌륭한 연구가로서 철도국 내에 정평이 나 있다.

○ 이시자키 요리히사(石崎賴久, 조선총독부 철도국 서무과장) : 조선총독부 소속 관서 가운데 가장 많은 종업원을 포용하고 있는 서무과장으로 실권을 장악하고 공평하게 1만 3,000명의 종업원이 불평과 불만을 호소할 여지가 없게 매우 훌륭히 일을 처리하는 이름난 과장이다. 그는 고치(高知)현 출신으로 1914년(大正 3) 도쿄제국대학 법과를 졸업하고 1917년(大正 6) 만철회사에 입사했다. 사평가(四平街), 철령(鐵嶺) 등의 지방사무소장을 역임하고 1924년(大正 13) 만철 경영의 시대에 경성관리국 서무과장에 부임했다. 직영과 동시에 참사에 임명되어 오늘에 이르렀다. 에토 운전과장과 마찬가지로 보통의 관리와 그 경로를 달리한다. 12년계획이

확립된 지금, 인사행정과 기타 부문에서 그의 수완이 자못 필요하다. 현재 고등관 4등이다.

○ 사이토 가타(齊藤固, 조선총독부 철도국 청진출장소장) : 북선의 책임자로서 칙임 기사인 그는 기술가로서 사무에 정통하고 덧붙여 조선철도의 경영에 관하여 많은 포부와 식견을 가진 특출한 사람이다. 일찍이 총독부 관방철도부 시대에 조선철도의 직영을 위해서 노력했다. 이번 12년계획에서 그가 당시에 연구한 부분이 적지 않게 공헌했다. 그는 야마가타(山形)현 출신으로 1905년(明治 38) 교토제국대학 공과를 졸업하고 즉시 철도작업국에 입사했다. 1907년(明治 40) 만철회사에 입사하여 보선구 주임, 공사계 주임 등을 거쳐 1915년(大正 4) 산동철도관리부 부원과 동시에 회사의 예비원이 되었다. 1917년(大正 6) 청도(青島)수비군 민정부 철도 기사가 되었고 1918년(大正 7) 다시 만철회사로 복귀했다가 같은 해 다시 이전 직책으로 복귀했다. 1923년(大正 12) 조선총독부 기사에 임명되어 철도부에서 근무했다. 1925년(大正 14) 조선철도의 직영과 동시에 철도국 기사에 임명되어 청진출장소장이 되었고 1926년(大正 15) 고등관 2등으로 승급이 되었다. 같은 해 일지국제도문강교가(日支國際圖們江橋架) 공사의 기사장을 겸임하게 되었다.

○ 이마이즈미 시게마쓰(今泉茂松, 조선총독부 철도국 부산공무사무소장) : 고참 기사로서 고등관 3등 1급이다. 그는 센다이 출신으로 1904년(明治 37) 도쿄제국대학 토목공과를 졸업하고 즉시 철도작업국에 입사하여 임시군용철도감부의 일원으로 조선에 건너왔다. 따라서 그는 조선철도의 준비 때부터 일에 참여했다. 1908년(明治 41)에는 통감부 철도관리국 기사가 되었고 1909년(明治 42) 평양영업사무소 보선장, 1911년(明治 44) 철도국 공무과의 보선장을 겸했다. 1913년(大正 2) 경부선 개량공사의 시기에 공사계 감독으로 대전에서 근무하다, 1917년(大正 6) 조선철도의 만철 이관과 동시에 총독부 기사가 되어 철도부 공무과에서 근무했다. 1919년(大正 8) 퇴관하여 조선경편철도 기사장으로 공무과장에 부임했지만 6개월이 흐른 뒤에 만철에 입사하여 경성관리국 공무과에 적을 두었다. 1922년(大正 11) 사찰원이 되어 같은 해 구미 여러 나라로 출장을 떠났고 1년 반 체류한 뒤 1923년(大正 12) 말 돌아왔다. 1925년(大正 14) 직영과 함께 철도국 기사에 임명되어 대전공무사무소장에 부임했고 이어서 현재 직책으로 옮겼다.

○ 오카무라 마사오(岡村正雄, 조선총독부 철도국 대전공무사무소장) : 온후한 성격에 한반도 철도를 위해서 부지런히 일에 매진하는 그는 오카야마(岡山)현 출신으로, 1905년(明治 38) 도쿄제

국대학 공과를 졸업하고 즉시 임시군용철도감부의 일원으로 조선에 건너왔다. 하마당(下馬塘) 경편철도반에 배속이 된 이래 각 지역의 건설 업무를 담당하고 1910년(明治 43) 건설과에 들어가 오로지 경원선의 측량에 종사했다. 같은 해 조선총독부 철도국 기사로 임명되었고 1914년(大正 3) 공무과에 들어갔다. 1915년(大正 4) 철원보선장, 1917년(大正 6) 만철 이관과 동시에 평양보선계 주임을 거쳤다. 1922년(大正 11) 보선과 보선계 주임에 전직하고 전기계 주임을 겸했다. 1925년(大正 14) 직영과 동시에 철도국 기사에 임명이 되었고 그 후 대전공무사무소장에 부임했다. 현재 고등관 3등이다. 일찍이 만철시대에 1년 6개월 정도 외유하여 1년 반 동안 보선 업무를 시찰한 바가 있다.

○ 도미타 데쓰조(富田哲造, 조선총독부 철도국 경성공무사무소장) : 전체 노선의 공무사무소 관할 구역 가운데 가장 긴 구간을 주관하고 우수한 성적을 거두고 있는 그는, 이번에 계획된 새로운 노선 부설의 책임자로서 일반으로부터 많은 기대를 받고 있다.

그는 구마모토현 출신으로 1905년(明治 38) 교토제국대학 공과를 졸업하고 즉시 임시군용철도감부의 일원으로 조선에 건너왔다. 그 후 1906년(明治 39) 임시건설부 공무과에 배속되었다. 1910년(明治 43) 개성보선장으로 전직하고 같은 해 철도국 기사에 임명되었다. 1911년(明治 44) 원산건설사무소에 들어가 경원선 측량에 종사했다. 1912년(明治 45) 경원선 공사계 감독, 이어서 1914년(大正 3) 원산보선장이 되어 공사계 감독을 겸했다. 1917년(大正 6) 대전으로 전직하였고 1919년(大正 8) 대전보선 주임이 되었다. 1922년(大正 11) 용산공무사무소장에 임명이 되었다. 1923년(大正 12) 부산으로 전직하고 1925년(大正 14) 철도 직영과 동시에 철도국 기사 고등관 3등에 서임되고, 같은 해 현직인 경성공무사무소장에 부임했다.

○ 나가타 미쓰노스케(永田光之助, 조선총독부 철도국 평양공무사무소장) : 숙달된 기술가로서 일을 민첩하게 처리하는 그는 미에(三重)현 출신으로 1910년(明治 43) 도쿄제국대학 공과를 졸업했다. 이후 당시 철도원 소관이었던 한국철도관리국의 대전건설사무소에 배속되었고 아울러 조선철도의 토박이가 되었다. 1911년(明治 44) 공무과로 전근하고 1913년(大正 2) 건설과로 다시 전직했다. 이후 철도국 기사가 되었다. 1917년(大正 6) 조선철도가 만철로 이관될 때에 그는 남아서 철도부 공무과 겸 감리과에서 근무했다. 그러다가 1923년(大正 12) 만철회사로 입사하여 경성철도국 평양공무사무소장에 취임했다. 1925년(大正 14) 직영과 동시에 철도국 기사로 임명되었고 1927년(昭和 2) 고등관 3등이 되어 현재에 이르렀다. 신규 계획 노선 가운데

그의 손을 거치는 것이 많다.

○ 고노 기이지로(河野喜一郎, 조선총독부 철도국 경성운수사무소장) : 그는 농후한 성격의 신사로서 상하로부터 신뢰가 두텁다. 오사카(大阪) 출신으로 1900년(明治 33) 오사카고등공업학교를 졸업하고 철도작업국에 입사했다. 1904년(明治 37) 야전철도에 배속되어 만주로 건너가 철령(鐵嶺), 대석교(大石橋) 등의 기관고 주임을 역임하고 1914년(大正 3) 관직을 떠나 만철회사에 입사했다. 이후 랴오양(遼陽), 다롄의 차량계를 거쳐 1921년(大正 10) 랴오양공장장으로 영전했다. 1923년(大正 12) 경성철도국에서 근무를 시작하고 이후에 대전운수사무소장이 되었다. 1925년(大正 14) 직영과 동시에 철도국 기사로 임명이 되어 같은 해 경성운수사무소장으로 전임했다. 현재 고등관 4등이다.

○ 사토 요시마사(佐藤義正, 조선총독부 철도국 평양운수사무소장) : 훌륭한 기술가로서 특히 운전 업무에 정통한 그는 돗토리현 출신으로 1904년(明治 36) 구라마에(藏前)고등공업학교 기계과를 졸업하고 즉시 철도작업국 기차부에 배속되었다. 1905년(明治 37) 임시군용철도감부 부원으로 조선에 건너온 이래 운전 공작의 방면에서 근무했다. 1917년(大正 6) 7월 조선총독부 기사로 임명되었고 공장 겸 운전과에서 일했다. 1922년(大正 11) 운전과 차량 주임이 되었고 다음 해인 1923년(大正 12) 운수사무소제도의 창시와 더불어 경성운수사무소장에 임명되었다. 1925년(大正 14) 평양으로 전근했다. 현재 고등관 5등이다.

○ 후루카와 구니하루(古川國治, 조선총독부 철도국 부산운수사무소장) : 그는 현재 한반도의 관문인 부산의 운수사무소장으로 명성을 떨치고 있다. 조선철도의 직영에 즈음에서는 시월회(十月會)의 간사장으로 드날렸다.

그는 나고야(名古屋) 출신으로 젊었을 때부터 철도업계에 투신하여 주로 현업 방면을 연마하고 특히 전신기술에서 우수한 역량을 발휘했다. 1904년(明治 37) 임시군용철도부의 일원으로 조선으로 건너와 1907년(明治 40) 운전과에 들어가 전기통신 업무를 담당하고 1908년(明治 41) 영업과로 전근했다. 1914년(大正 3) 현업으로 대구역장이 되었고 1917년(大正 6) 신의주(新義州)·용산역장을 역임하고 1919년(大正 8) 영업과 대전파출원으로 영전했다. 1922년(大正 11) 다시 본과로 돌아가 배차 주임이 되었고 1925년(大正 14) 직영과 동시에 고등관에 임명되어 부산운수사무소장에 취임했다. 현재 고등관 5등이다.

○ 미쓰나가 기타로(光永喜太郎, 조선총독부 철도국 대전운수사무소장) : 운수 현업의 수뇌로서 충

분한 실력을 보유하고 철도 직영 당시 부산운수사무소의 영업주임으로 근무했다. 동년배에 비하여 뒤처진 감이 있지만 이무기가 어느 때까지 땅속에 있지 않듯이 어느 순간 발탁되어 대전운수사무소장으로 영전한 이래 착착 뛰어난 업적을 쌓고 있다.

그는 구마모토현 출신으로 홋카이도로 적을 옮기고 북해도철도(北海道鐵道)에 입사했다. 1905년(明治 38) 임시군용철도감부의 일원으로 조선에 건너온 이래 각지의 역장을 역임하고 1916년(大正 5) 청진출장소 운수주임으로 전근했다. 1922년(大正 11) 영업과 용산파출원이 되었고 1923년(大正 12) 부산운수사무소 영업주임으로 전임한 뒤 1925년(大正 14) 대전운수사무소장에 취임했다. 현재 고등관 6등이다.

○ 사토 슈키치(佐藤周吉, 조선총독부 철도국 기사) : 철도국 공무과 제1조사실 주임인 그는 이번 계획에서 도면과 실지 선로의 조사에 종사한 숨겨진 공로자이다.

그는 후쿠시마현 출신으로 1907년(明治 41) 도호쿠(東北)제국대학 농과·토목공학과를 졸업하고 즉시 총독부 철도관리국에 취직하여 평양출장소와 압록강건설사무소 등에서 건설 사무에 종사했다. 1922년(大正 11) 조선총독부 기사에 임명이 되어 관방철도부에서 근무했다. 1925년(大正 14) 직영과 동시에 철도국 기사가 되었다. 현재 고등관 5등이다.

○ 와타나베 사다이치로(渡邊定一郎, 경성상업회의소 회두) : 그가 본 계획에 관한 유일한 민간 유일의 위대한 공훈자라는 사실은 두말할 나위가 없다. 그는 도쿄의 인약관(人若冠) 철도공사에 관여하고 1904년(明治 37) 조선으로 건너와 경의선(京義線) 건설 공사에 종사했다. 이후 다시 일본으로 돌아가 제분업에 뛰어들었다. 1913년(大正 2) 조선의 간척사업에 참여하고 1918년(大正 7) 마쓰야마 쓰네지로와 황해사(黃海社)를 창설하여 수리간척 공사의 설계·감독과 청부업을 개시했다. 이후 전무취체역(專務取締役)을 거쳐 사장에 취임했다. 현재 경성상업회의소 회두(會頭)와 전선연합회 회장, 조선철도협회 및 토목건축협회의 이사, 국수회(國粹會) 조선 본부장이다.

그는 성격이 호방하고 구속받기 싫어하는 자주적이고 독립성 강한 사람으로 일찍이 갑작스러운 재액(災厄)을 만나 한쪽 눈을 상실했다. 그러나 오히려 원기가 더욱 왕성해져서 산미증식 문제에 관한 운동을 성공시키고 이번에 다시 철도계획의 성립에 노력했다. 또한 산업에 관한 여러 현안 해결에 정진하고 있다. 정말로 조선을 등에 짊어지고 있는 민간의 제일인자라고 할 수 있다.

○ 마키야마 고조(중의원 의원(대의사)) : 어떤 의미에서 조선에서 선출된 두 명의 중의원 의원이 있다. 한 명은 마쓰야마이고 다른 한 명은 마키야마이다. 두 명은 항상 중의원에서 조선 대표자로서의 모습을 띠고 있다. 이번 철도망계획이 '조선사업공채법 개정법률안'으로 의회에 제출될 때, 중의원에서 위원장이 마키야마였다. 이는 본 안의 통과가 용이하게 된 원인이었다. 일시적으로 환경이 별로 유리하지 않았던 본 안의 운명이 우여곡절을 거쳐 마침내 무사히 각 의원의 찬동을 얻을 수 있었던 밑바탕에 마키야마의 노력이 있었다는 점은 누구나 인정할 것이다. 그는 이키(壹岐) 출신으로 1906년(明治 39) 와세다(早稻田)대학 정치경제과를 졸업한 뒤, 경성거류민단 의원, 경성학교조합 의원을 역임하고 1917년(大正 6) 총선거에서 나가사키현의 중의원 의원에 당선이 되었다. 그 후 세 차례나 선거에서 당선되었고 정우본당(政友本黨) 대의사(代議士) 회장, 원내 간사를 거쳐 최근 민정당(民政黨)으로 적을 옮겼다. 현재 조선신문사(朝鮮新聞社) 취체역 사장, 금강산전기철도회사(金剛山電氣鐵道會社) 감사역(監査役), 동아전신통신사(東亞電信通信社) 사장을 역임하고 있다.

○ 마쓰야마 쓰네지로(중의원 의원) : 그는 와카야마(和歌山)현 출신으로 1908년(明治 41) 도쿄제국대학 공과를 졸업하고 미국으로 건너가 캔자스(Kansas)주 와델(Waddell)공무소에서 수리와 교량, 기타 토목 등을 전공했다. 1910년(明治 43) 귀국하여 철도연대에 입대하고 육군 소위가 되었다. 제대 후 도쿄부의 토목기사로서 교량 주임으로 근무하다가 1912년(大正 1) 사직하고, 황해도 가와사(川佐)농장의 기사장, 1915년(大正 4) 평안남도 대정수리조합(大正水利組合) 기사장 등을 역임했다. 1918년(大正 7) 수리관개와 전기사업의 설계·감독 사무를 주로 하는 황해사를 세워 사장이 되었다. 1921년(大正 10) 주식회사로 조직을 변경한 이후 취체역 사장에 취임했는데, 1926년(大正 15) 사임하고 현재 조선토지개량주식회사(朝鮮土地改良株式會社) 전무취체역이자 중의원 의원으로 정우회(政友會)에 속해 있다.

그는 마키야마와 함께 조선을 대표하는 중의원 의원으로 여겨지고 있다. 중앙 정계에서 논의되는 조선 문제는 두 명의 손을 거쳐 해결되는 것이 상례이다. 이번 계획의 중의원 통과는 당국의 노력과 민간 유지의 열성적인 운동에 기인한 바이지만, 조선을 이해하고 조선의 사정에 정통한 마쓰야마의 분투도 한몫했음은 인정하지 않을 수 없다. 또한 그가 중의원 밖에서도 조선철도망완성 조선대표 재경(在京)위원으로 계속 활약한 점은 일반이 주지하는 사실이다.

○ 아루가 미쓰토요(有賀光豊, 조선식산은행 두취(頭取)) : 12년계획의 성립에 관하여 조선 측의

숨겨진 공로자이다. 당시 다망한 몸을 이끌고 철도망 운동에 분주히 노력한 점에 대하여 특별히 경의를 표하지 않을 수 없다.

그는 이미 특종 은행인 조선식산은행(朝鮮殖産銀行) 두취로서 금융계의 중요한 인물일 뿐만 아니라 민간에서 보기 드문 인격자로 조선 사업계에 없어서는 안 될 인물이다. 그는 나가노(長野)현 출신으로 1894년(明治 27) 도쿄법학원을 졸업한 이후 문관고등시험에 합격하여 대장성에 입사했다. 이후 나가사키세관 감독부장, 하코다테(函館)세관장 등을 거쳐 1906년(明治 39) 조선으로 건너와 통감부 재정감사관이 되었다. 이어서 서기관으로 근무하다, 진남포(鎭南浦)세관장, 관세국의 각 과장을 두루 역임하고 1911년(明治 44) 총독부 도사무관으로 임명되어 경기도 내무부장, 관세과장, 이재과장을 거쳐 1918년(大正 7) 총독부 참사관으로 영전했다. 이후 다년의 관직 생활을 청산하고 조선식산은행 창립과 동시에 이사로 선임되어 미시마(三嶋)의 뒤를 이어서 두취에 취임했다. 여러 공직을 거친 명성이 자자한 인물이다.

○ 오무라 햐쿠조(조선중앙물산회(朝鮮中央物産會) 사장) : 그는 민간에서 우리 조선을 대표하는 한 명이다. 조선 문제가 논의될 때마다 가장 앞장서서 참여하는 그는 제일 먼저 뛰쳐나가 분투하거나 민중의 분투를 이끌어 내는 스타일로, 이번 철도망계획에서 와타나베 등과 더불어 여러 차례 도쿄로 건너가 정부 요로를 내방하는 등 크게 힘을 썼다. 이후 조선의 여러 문제 역시 그를 필요로 한다는 점은 확실하다. 그는 후쿠이 출신으로 1905년(明治 38) 조선으로 건너온 이후 일시 문필계에서 활약하다가 군산거류민단장, 경성상업회의소 평의원, 경성거류민단 의원 등에 당선되어 공공사업에 매진했다. 그는 취미로서 의태부(義太夫)[78]를 터득하고 전문가 수준으로 다다미(疊)를 다룬다. 최근 그의 연설은 더욱 원숙해져서 조선 민간을 통틀어 유수하다고 일컬어진다.

○ 가다 나오지(賀田直治, 실업가) : 일찍이 조선 사설철도 산파역으로 서선척식철도회사(西鮮拓殖鐵道會社) 상무취체역을 역임한 그는 조선의 철도망 완성에 매진해 왔다. 이번 12년계획의 성립에 관하여 재경조선대표위원, 기성회 역원으로 그의 분투는 당연한 사실인 동시에 그가 시종일관 얼마나 조선철도를 위해서 힘을 쏟았는지 엿볼 수 있다.

78 일본 에도시대 전기 오사카의 다케모토 기다유(竹本義太夫)로부터 시작된 것으로 반주에 맞추어 이야기를 읊는 행위의 일종이다.

그는 야마구치(山口)현 출신으로 실업계에서 유명한 인사인 가다 긴자부로(賀田金三郎)의 양사자(養嗣子)이다. 그는 1902년(明治 35) 도쿄제국대학 농과를 졸업한 이후 대만으로 건너가 총독부 기사로 근무했다. 임야정리조사과장, 임영시험장(林營試驗場)장 등을 역임하고 칙임관으로 승진한 이후에 퇴관하고, 조선으로 건너와 실업계에 투신했다. 서선척식철도회사 이외에 조선피혁회사(朝鮮皮革會社) 사장, 동양축산흥업회사(東洋畜産興業會社) 사장, 기타 여러 회사와 사업에 관계하고 조선 사업계에 공헌한 바가 적지 않다. 지금은 적을 도쿄로 옮겨서 의연히 각종 사업계에서 활약하고 있다.

○ 아라이 하쓰타로(荒井初太郎, 조선토목건축협회 회장) : 조선 실업가 가운데 가장 뛰어난 재능을 가진 사람으로 현재 조선토목건축협회 회장, 조선건축회와 조선광업회 이사, 조선축산회(朝鮮畜産會) 부회장 등의 요직에 있다. 최근 그는 대중의 열망을 짊어지고 합병 문제에서 출발하여 분규로 번진 인천미두취인소(仁川米豆取引所)[79]의 사장에 추대되었다. 어쨌든 한반도 민간의 중진이라고 할 수 있다.

그는 도야마(富山)현 출신으로 진지하고 온후한 신사이다. 1904년(明治 37) 조선으로 건너와 경부철도속성공사에 종사하고 그 이후 각 방면의 철도공사, 기타 청부사업에 매진했다. 토목건축 청부업에 속하는 아라이구미(荒井組)를 경영하며 번창했다. 그동안 정미업, 양조업, 토지개간사업, 목축업 등을 겸영하고 최근에는 구무힌(クームヒン)[80]회사를 창업하고 대표 사원이 되었다. 이후 인천미두취인소, 경성미두취인소(京城米豆取引所), 용산공작(龍山工作), 삼파주조(三巴酒造), 조선정미(朝鮮精米), 조선화약총포(朝鮮火藥銃砲), 북륙기선(北陸汽船), 화태임업(樺太林業), 조선토지경영회사(朝鮮土地經營會社)에 중역으로 참여했다. 이번 철도망계획에서는 여러 번 일본과 조선을 왕복하며 운동에 크게 노력했다. 철도망계획의 성립에서 그의 공적은 절대로 빼놓을 수 없다.

○ 요시다 히데지로(吉田秀次郎, 인천상업회의소 회두) : 조선 실업계의 거두 가운데 한 명으로 그를 꼽는 데에는 누구도 이론을 달지 않을 것이다.

그는 구마모토현 출신으로 1897년(明治 30) 조선으로 건너와 인천의 호리상회(堀商會)에 입

79 쌀과 대두를 거래하는 장소라는 의미로서 1896년 미곡시장을 장악하려는 의도 아래에 설립된 기관이다. 오늘날 원자재 선물시장과 동일한 기능을 수행했다.

80 목재 방부·방충제의 일종이다.

사하여 선박업에 종사했다. 1902년(明治 35) 원산지점 주임이 되었다. 1908년(明治 41) 원산에서 회조업(回漕業)[81]과 수이출입 무역업을 개시했다. 1912년(明治 45) 조선우선회사(朝鮮郵船會社) 설립과 더불어 전무취체역에 취임했지만 1916년(大正 5) 사직과 함께 인천으로 이주하여 길전상회(吉田商會)를 설립하고 수입무역과 화약상을 경영했다. 또한 길전운수(吉田運輸), 길전창고(吉田倉庫), 길전정미소(吉田精米所), 오전정미소(娛田精米所), 원산상업은행(元山商業銀行) 등을 설립하여 사장 또는 대표자가 되었다. 나아가 청도에서 제염업을 경영하는 등 각 방면에서 활약하고 조선전분(朝鮮澱粉), 조선토지경영, 조일양조(朝日釀造), 조선인촌(朝鮮燐寸), 인천미두취인소, 월미도유원(月尾島遊園), 조선화재보험(朝鮮火災保險), 내국통운(內國通運) 등의 중역을 역임했다. 현재 인천상업회의소 회두, 인천곡물협회(仁川穀物協會) 회장으로 있다. 이번 계획에서 조선 측 위원으로 달성 운동에 정진한 공로자이다.

○ 구기모토 도지로(釘本藤次郎, 실업가) : 현재 조선 실업계에서 은퇴하고 경기도평의원, 경성신사 대총대(大總代)로 활동하고 있다. 경성상업회의소 회두 시대에는 경성, 혹은 조선의 구기모토로 민간 거두 가운데 쟁쟁한 인물이었다. 12년계획에서 조선 측 위원으로 앞장서서 계획의 완성에 열성적으로 운동한 점을 인정하지 않을 수 없다.

그는 히젠(肥前) 지방의 가라쓰(唐津) 출신으로 1895년(明治 28) 조선으로 건너와 경성에서 금물상(金物商)을 경영했다. 이후 사업의 발전과 함께 진남포에 지점을, 주물공장을 남대문에, 철공장을 인접 지역에, 오사카에 출장소를 신설하고 농구의 개량과 제조에도 힘을 쏟았다. 일찍이 십우합자회사(十友合資會社), 경성경매(京城競賣), 조선제면(朝鮮製綿), 실업은행(實業銀行), 경성증권신탁(京城證券信託), 조선피혁(朝鮮皮革), 특허시멘트와(特許セメント瓦), 동양축산흥업, 조일양조(朝日釀造), 남조선철도(南朝鮮鐵道), 경취시장(京取市場), 대정토지건물(大正土地建物) 등 각종 주식회사 설립에 매진하며 사장, 취체역, 감사역으로 참여했다. 이외에 조선 내 주요한 회사에 관계하고 경성번영회(京城繁榮會) 회장, 경용금물상조합(京龍金物商組合) 조합장, 경성위생조합연합회(京城衛生組合聯合會) 회장, 경성상업회의소 평의원, 부회두, 회두에 당선되어 조선 실업계에 이름을 날렸다. 현재는 그 경영을 장자에게 물려주고 조용한 곳에서 유유자적하고 있다.

---

81 조운업(漕運業), 즉 배로 하는 운송업을 지칭한다.

○ 시부사와 에이이치(澁澤榮一, 자작) : 일본 재계의 거두로 모르는 사람이 없는 인물이다. 올해 88세의 고령이지만 청년보다 기력이 정정하다. 현재는 수많은 회사, 공직을 떠나서 조용한 곳에 머물고 있다. 그러나 어떠한 중대 문제가 발생하면 세상에 나와 활약한다. 이번 조선철도의 보급 계획에서 그를 촉진회 명예회장으로 추대하고 승낙을 구한 일은 매우 성공적인 작업으로, 당시의 전쟁에서 이미 승기를 잡은 것이었다. 아니나 다를까 운동은 차례로 진행되어 효과를 거두고 무사히 목적을 달성했다. 노령인 그가 은퇴한 몸을 이끌고 조선철도를 위해서 운동에 매진한 일은 그가 다년 경영한 제일은행(第一銀行)을 통하여 금융계에, 혹은 경인철도와 경부철도의 창립에 간여하여 교통 방면에 기여하는 등 조선과 인연이 깊었기 때문이다. 즉 우리 국책을 수행하는 데에 조선철도의 보급이 현재의 급무라는 점을 통감하고 분기했을 것이다.

그는 사이타마(埼玉)현 출신으로 메이지유신 이전 프랑스에 유학하고 귀국해서는 대장성에서 근무했다. 1873년(明治 6) 그는 관직에서 물러나 조야에서 제일은행을 창립하고 특히 상업교육에 전념했다. 상업회의소, 은행집회소(銀行集會所) 등을 창립하여 상공업자의 지위를 높였다. 이외에도 실업계에 공헌한 바는 손으로 셀 수 없을 정도이다. 공적에 의해서 남작을 수여받은 이후에 다시 자작으로 승작(陞爵)되었다. 1916년(大正 5) 실업계를 떠나 자선·공공 사업에 매진하고 일지(日支)·일미(日米)의 친교에 노력하고 있다.

○ 고마쓰 겐지로(小松謙次郎, 귀족원 의원) : 조선철도촉진기성회(朝鮮鐵道促進期成會) 회장으로 철도망계획에 정진하고 분투했을 뿐만 아니라 12년계획이 마침내 완성될 수 있었던 데에는 확실히 그의 노력이 있었다.

그는 나가노현 출신으로 1888년(明治 21) 제국대학 법과를 졸업하고 사법성 참사관 시보가 되었고, 1891년(明治 24) 체신성 참사관 겸 서기관, 저금관리소 소장 겸 체신성 참사관, 고등해원심판소 심판관을 역임했다. 1900년(明治 33) 체신성 통신국장에 임명되고 이어서 체신차관에 취임했다. 이후 관직을 떠나 귀족원 의원에 칙선되고 금계간기후(錦鷄間祗侯)[82]에 제수되었다. 1924년(大正 13) 기요우라(清浦) 내각에서 철도대신을 역임했다.

---

82 공로가 있는 화족(華族)이나 관리를 대우하기 위해서 메이지 시대 중반에 신설된 일종의 자격으로서 직제와 봉급 등이 없는 명예직이다. 금계간기후에 임명된 사람은 궁중 석차에서 칙임관에 준하는 대우를 받는다.

○ 이노우에 준노스케(井上準之助, 일본은행 총재) : 일본 재계의 대가 시부사와 자작의 뒤를 계승하여 일찍이 한 차례 내각에 참여하여 대장대신을 역임했다. 현재는 일본은행 총재라는 중책을 맡아서 난국에 빠진 일본 재정을 바로 세우기 위해서 분투 중이다. 예전부터 조선의 철도망계획에 대해서 다대한 포부를 가졌던 그는 이번 계획의 성립에서도 촉진기성회의 고문으로서 조선과 조선철도에 관한 지식에 기초하여 항상 바쁜 와중에도 여러 활동을 지속했다. 그 공훈이 현저하다.

그는 오이타(大分)현 출신으로 1896년(明治 29) 도쿄제국대학 법과를 졸업하고 일본은행에 입사했고 승진을 거듭하여 영업국장이 되었다. 1907년(明治 40) 뉴욕(New York)대리점 감독으로 미국으로 건너가 3년을 보냈고, 귀국해서는 요코하마정금은행(橫濱正金銀行)에 들어가 부두취(副頭取)에 취임한 뒤 두취가 되었다. 이후 미시마(三嶋) 총재가 퇴임하자 일본은행 총재에 취임하고 1923년(大正 12) 야마모토 내각에 참여하여 대장대신에 올랐다. 그러나 내각의 총사직과 더불어 조야에 내려갔다가 1927년(昭和 2) 재차 일본은행 총재로 복귀하여 현재에 이르고 있다.

○ 바바 에이이치(馬場鍈一, 중앙조선회[83] 전무이사) : 일찍이 조선에 재주한 적이 있고 현재는 도쿄에서 오로지 조선을 소개하는 일에 노력하고 있다. 이번 철도계획에서는 촉진기성회 상담역을 맡아 전력을 경주했다. 그의 원조에 대하여 경의를 표하지 않을 수 없다.

그는 도쿄 출신으로 1903년(明治 36) 도쿄제국대학 법과를 졸업하고 문관고등시험에 합격하여 대장성에 배속되었다. 1905년(明治 38) 세무감독국 사무관에 임명되고 계속 승진하여 법제국 참사관 겸 행정재판소 평정관이 되었으며, 이후 관직을 떠나 현재의 직책을 수행하고 있다. 그동안 세관감시관 겸 세관사무관, 총독부 서기관, 총독부 재정감사관을 역임하고 1910년(明治 43) 이후 문관고등시험 상임위원, 임시제도조사회 위원, 대례사(大禮使) 사무관 등을 역임했다.

○ 구니사와 신베에(國澤新兵衛, 중의원 의원) : 현재 제국철도협회 회장이라는 요직에 있다. 일본 철도사업의 발달에 기여한 바가 적지 않다. 조선의 철도보급계획에 대해서도 당초부터 많은 노력을 경주했다. 노령임에도 불구하고 조선철도의 조사·연구와 실지 시찰에 적극적으로

83 공식 명칭은 중앙조선협회이다.

참여한 공로는 자못 현저하다.

그는 고치현 출신으로 1889년(明治 22) 제국대학 공과를 졸업하고 구주철도주식회사(九州鐵道株式會社)에 초빙되어 처음으로 철도업계에 투신했다. 1892년(明治 25) 철도청에 입사한 이래 일시적으로 체신기사로 전업했지만, 다시 철도기사로 복귀하여 1906년(明治 39) 남만주철도주식회사 이사가 되었고 이어서 부총재를 역임했다. 1917년(大正 6)에는 이사장에 취임했다. 이때는 조선의 철도 경영이 만철회사로 위탁된 시기였는데, 이를 계기로 조선, 조선철도와 그의 인연이 비로소 시작되었다. 1919년(大正 8) 그는 만철을 사직하면서 현직을 떠나 중의원 의원에 당선되어 정계에 발을 내딛었다. 1915년(大正 4) 공학박사의 학위를 받았다.

○ 다니구치 모리오(谷口守雄, 제국철도협회 상무이사) : 조선철도망에 관한 조사에 선구적으로 나선 곳은 제국철도협회였고 그 안에 조직된 위원회가 임무를 맡았다. 위원회의 특별위원으로 시종일관 헌신적으로 노력한 사람이 바로 다니구치였다. 그는 미에현 출신으로 일본축전지(日本蓄電池), 보르네오식산회사(ボルネオ殖産會社)를 비롯하여 다수 회사의 중역을 역임하면서 매우 바쁜 몸임에도 불구하고 철도사업에 다대한 흥미를 가지고 제국철도협회 상무이사로서 철도업계에 힘을 쏟았다. 특히 조선철도의 발달은 조선 개발상 등한시할 수 없다는 관점에서 철도의 보급을 제창했다. 제국철도협회는 결국 그의 주장을 받아들였고 제국철도협회의 책동을 계기로 이번 계획이 성립되었다. 12년계획에 포석을 놓았던 그의 공로는 절대로 잊을 수 없다.

○ 오카와 헤이자부로(大川平三郎, 조선철도주식회사 사장) : 한반도 운수교통업계에서 종횡무진 활약하고 있는 그는 일본 실업계의 중진이다. 그는 실업계의 원로 시부사와 자작과 다나카 에이하치로(田中榮八郎)와 친밀한 관계일 뿐만 아니라, 수십 회사의 사장 또는 취체역과 감사역을 역임한, 즉 시부사와 자작의 왕성했던 시절을 함께한 인물이다.

그는 일찍이 실업에 뜻을 두고 왕자제지회사(王子製紙會社)에 입사하고 1879년(明治 12) 미국에 유학을 떠났다. 유학에서 돌아온 이후에 회사에 기여한 바가 적지 않았다. 계속 승진하여 전무취체역에 올랐지만 1898년(明治 31) 회사를 사직하고 구주제지(九州製紙), 중앙제지(中央製紙), 목증흥업(木曾興業), 사일시제지(四日市製紙), 중지도제지(中之嶋製紙), 북해도흥업(北海道興業), 화태공업(樺太工業) 등 여러 제지회사를 창업하고 오로지 경영에 매진했다. 일본 제지사업의 제일인자라고 할 수 있다. 1926년(大正 15) 조선철도회사의 사장에 취임하면서 조선과 처음으로 관계를 맺었다. 재계의 유력한 인물인 그가 부임한 이후 조선철도회사의 경영이 적극적으로 변모한 점은 논쟁이 필요 없는 엄연한 사실이다. 또한 그는 촉진기성회의 재경위원으로 이번 계획의 실현을 위해서 많은 힘을 쏟았다.

○ 야마우치 이다이라(山內伊平, 금강산전기철도회사의 전무취체역) : 그는 조선 사설철도 가운데 장래성이 가장 유망한 금강산전기철도회사의 발전에 경주하고 있으며 혁혁한 성과를 거두고 있다. 그는 현재 도쿄에 머물고 있다. 후쿠시마현 출신으로 1903년(明治 36) 삿포로농학교의 토목공학과를 졸업한 이후 약 2년 동안 홋카이도에서 학문적 이론과 실제적 경험을 쌓았다. 1905년(明治 38) 미국으로 유학을 떠나 워싱턴(Washington)에 주재하면서 푼만대학 연구과에 들어가 1909년(明治 42) 이학석사 학위를 취득한 후 귀국했다. 덕도수력전기(德島水力電氣)·사국수력전기(四國水力電氣), 일영수전(日英水電), 광도제작(廣島製作), 목증천전기(木曾川電氣) 등 여러 회사의 사업에 관계하고 수력전기업계의 권위자로 활동했다. 1918년(大正 7) 조선으로 건너와 각지의 수력전기 지점 등을 조사하고 1919년(大正 8) 금강산전기회사의 설립과 함께 감사역에 취임했다. 1920년(大正 9)에는 상무취체역에 선임이 되었다. 1926년(大正 15) 다시 전무취체역에 취임하여 현재에 이르렀다.

조선철도망조사위원으로 이번 계획의 완성에 열심히 활동한 점은 일반이 주지하는 사실이다. 현재 점점 번성하고 있는 조선의 수전(水電)사업계에서 그의 존재는 정말로 유의미하다고 할 수 있다.

○ 후쿠바라 도시마루(福原俊丸, 남작) : 귀족원 남작 의원이자 의회의 투장(鬪將)으로 명성이 자자한 그는 현재 조선철도주식회사의 부사장으로 조선 교통의 중책을 맡고 있다. 이번 철도계획에서는 촉진기성회 상담역으로 각 방면에서 활약했다.

그는 1901년(明治 34) 도쿄제국대학 공과를 졸업하고 1902년(明治 35) 교토제국대학에 강사로 부임했다. 1904년(明治 37) 도쿄 포병공창(砲兵工廠)에서 근무한 이후에 1906년(明治 39) 대장성 임시건축부 기사에 임명되었다. 1908년(明治 41) 구미로 유학을 떠나 1909년(明治 42) 귀국했다. 1918년(大正 7) 귀족원 이원으로 호선이 되어 현재에 이르렀다. 오노다시멘트주식회사(小野田セメント株式會社), 기타 여러 회사의 중역을 역임했다. 정계와 실업계에서 큰 활약을 펼쳤다.

○ 아키모토 도요노신(秋本豊之進, 경남철도주식회사 부사장) : 그는 조선 사설철도 가운데 조선철도회사에 버금가는 연장 노선을 보유하고 지방 교통에 기여하고 있는 경남철도회사의 부

사장으로 경영의 실권을 장악하고 명성이 자자한 인물이다. 그는 야마구치현 출신으로 도쿄법학원 재학 중인 21세의 약관으로 문관고등시험을 통과하고 회계검사관이 되었다. 나라(奈良)현 사무관, 오이타현 경찰부장을 거쳐 조선으로 건너와 진남포 이사관, 평양부윤 등을 역임했다. 가쓰라(桂) 내각 당시 동지회(同志會)의 공인 후보로서 오이타현에 입후보하여 당선된 동시에 관계를 용퇴하고 동경상원철공회사(東京桑原鐵工會社) 취체역 사장에 취임해 이 회사가 월도중강회사(月島中鋼會社)로 개칭된 이후에도 계속하여 그 자리에 머물렀다. 1924년(大正 13) 가을 경남철도회사 상무취체역으로 전직하고 1925년(大正 14) 부사장에 취임하여 현재에 이르렀다. 어렸을 적 네모토 미치아키(根本通明) 선생으로부터 한문 서적을 배운 탓에 그에 대한 조예가 매우 깊다. 취미로서 바둑을 즐기고 초단의 실력을 보유하고 있다.

○ 다치카와 요시(立川芳, 경남철도회사 상무취체역) : 조선에 재주하는 중역으로 왕성한 열정을 충분히 발휘하면서 회사 경영에 전념하여 뛰어난 성과를 거두고 있다. 이바라키(茨木)현 출신인 그는 1908년(明治 41)부터 5년 동안 도쿄에서 신문경제부 주임으로 활동하고 1912년(大正 1) 동경전화주식회사(東京電話株式會社) 전무취체역에 취임하고 다른 한편으로 동경와사(東京瓦斯), 동경전등(東京電燈), 대일본제당회사(大日本製糖會社) 등의 사무를 맡아 처리했다. 1919년(大正 8) 도쿄시 고지마치구(麴町區) 미나미마치(南町)에 위치한 장도사무소(長島事務所)의 총지배인이 되었고 이후 지금 직책으로 돌아와 오늘에 이르렀다.

○ 이다 노부타로(飯田延太郎, 도문철도회사 대표자) : 그는 후쿠오카현 출신으로 1898년(明治 31) 주오(中央)대학을 졸업하고 일찍이 도쿄지방재판소 소속의 변호사가 되었다. 현재 유린(有隣)·신국(神國)생명보험회사(生命保險會社)의 취체역 사장으로 재직하고 있다. 또한 남만주태흥합명회사(南滿洲太興合名會社) 대표사원으로 도문철도 경영을 맡고 있다. 국경 교통에 다대한 공헌을 하고 있다는 점은 명백한 사실이다.

도문철도는 이번 12년계획의 성립으로 인하여 정부에 매수된다. 제52 의회에서 매수 시기가 앞당겨졌기 때문에 회사는 상당한 희생을 치르지 않으면 안 된다. 그러나 이는 국가를 위해서 어쩔 수 없다. 그는 일찍이 조선철도촉진기성회의 재경대표위원으로 이번 계획의 실현을 위해서 왕성하게 활약했다.

○ 마쓰나가 다쿠미(松永工, 조선철도회사의 기사장) : 12년계획을 위해서 조선철도협회 상무이사이자 조선철도망조사위원으로 동분서주하고 구니사와 제국철도협회장 일행이 조선에 왔

을 때는 조선 측 대표위원으로 전국을 안내했다. 12년계획의 실현에 온 힘을 쏟은 공적은 다대하다.

그는 도쿄 출신으로 1901년(明治 34) 교토제국대학 공과를 졸업하고 홋카이도청에 들어가 1906년(明治 39) 철도 기사가 되면서 철도업계에 이름을 알리기 시작했다. 이후 가나자와(金澤), 아오모리(青森), 료코쿠(兩國), 우에노(上野) 등의 보선사무소장을 역임하고 나고야철도국 공무과장이 되었고 칙임관으로 승진했다. 1924년(大正 13) 퇴관과 더불어 조선철도회사에 입사하여 기사장 겸 경무과장으로 재직하고, 현재 공정회(工政會) 조선지부장으로 활동하고 있다. 회사 안팎에서 좋은 평가를 받고 있다. 한때 중역설이 나돌기도 했지만 아직까지 그 소문은 실현되지 않았는데, 이는 단지 시간문제라고 할 수 있다.

(7) 12년계획 성립 봉고제(奉告祭)

第52 의회를 통과한 조선철도망계획의 제창자인 정무총감 시모오카 주지는 산업제일주의를 표방하고 철도망의 속성, 산미증식과 치산(治山)·치수(治水)의 3대 정책을 표방하면서 차근차근 치적을 쌓았다. 그러나 산미증식계획이 이미 실행기에 들어서고 특히 철도문제의 해결에 전력을 경주할 때 불행하게도 질병으로 인하여 그 완성을 보지 못하고 1925년(大正 14) 11월 서거했다. 더할 수 없이 원통한 일이었다. 이번에 그의 유업인 조선철도망계획이 무사히 의회를 통과하여 실행에 들어갔으므로 도쿄에 체류 중인 전선상업회의소연합회 회장 와타나베 사다이치로는 시모오카 정무총감의 공적을 기리고자 1926년(大正 15) 3월 27일 도쿄 시외의 오사키(大崎)에 위치한 그의 묘 앞에서 조선철도계획 성립에 대한 봉고제를 거행하고 다음과 같은 봉고문(奉告文)을 낭독했다

〈고(故) 시모오카 정무총감 영전(靈前) 봉고문〉

동풍(東風)이 얼음을 녹이고 봄을 맞이하여 초목이 피어나는 이때, 불초(不肖) 와타나베 사다이치로가 삼가 술과 음식을 올리며 돈수재배(頓首再拜)[84]하고 아울러 선현(先賢) 시모

84 머리가 땅에 닿도록 두 번 절을 한다는 뜻으로 경의를 표함을 의미한다. 계수재배(稽首再拜), 계상재배(稽顙再拜)와 같은 말이다.

오카 주지 각하의 영령(英靈)에게 조선철도망의 대계획이 실행되고 정상 궤도에 올랐음을 아룁니다. 현세와 내세에 그 경사스러운 일을 함께 할 기회를 얻은 것은 진실로 기쁘기 그지없는 일입니다.

각하는 정계의 기둥, 풍운아로 마땅히 내각의 수반 자리에 오를 수 있음에도 불구하고 단호하게 조선이라는 외진 곳에 정무총감으로 부임했습니다. 생각건대 이는 조선 통치상 매우 중대한 의의를 지니는 일이었습니다. 이곳은 앞날이 다난(多難)한 곳으로 큰 수완과 역량을 지닌 각하와 같은 인물이 온다는 것이 진실로 가슴 아픈 곳이며, 남자가 큰 뜻을 품어야 할 곳이 아닙니다. 그럼에도 불구하고 이곳으로 온 각하의 심사(心事)를 헤아릴 때 세상 사람은 이를 대단하게 여길 뿐만 아니라 매우 높이 샀습니다.

당시 우리들은 각하가 와서 하시는 일에 대해서 그저 눈을 크게 뜨고 지켜볼 만한 가치가 있을 것이라고 생각했습니다. 과연 각하는 취임 벽두부터 무엇도 두려워하지 않고 산업제일주의를 표방하면서 조선에 왔습니다. 이후 사이토 총독을 보좌하여 조선 통치의 대임을 수행하고 산업정책을 강구했으며, 산업의 근본을 배양하고 이것의 기조를 정비하는 데에 힘을 쏟았습니다. 그리하여 백년의 계획을 수립해 결정하고 시행에 착수했으며, 마음을 열어 진심을 보여주었습니다. 명쾌하고 활달하게, 숨기는 일이 없이 민중이 진실로 그 뜻을 강하게 품도록 만들었습니다.

각하가 조선에 있을 때 불초 사다이치로는 공직에 있어서 각하를 알게 되었으며, 인정을 받아 후한 대접을 받았습니다. 누차 산업 문제에 관하여 각하의 경륜을 경청하고 불초의 포부를 개진했습니다. 서로 통하는 것에 대해서 유쾌하게 생각하고 진심으로 사람을 대하는 각하의 담대함을 존경하며 따른 바입니다. 전선상업회의소연합회가 소위 산업상의 4대 요강을 제창하고 불초가 대표로서 세상에 크게 외칠 때, 역시 각하는 적극적으로 개발 대책을 협찬하고 여기에 호응해 주었습니다. 그런데 인명은 재천이라 했던가. 각하가 부임하고 나서 얼마 지나지 않아 질병에 걸리고 공훈이 아직 완성되기도 전에 불귀의 객이 되었습니다. 모두가 슬퍼하며 눈물로 옷깃을 저미며 탄식하지 않을 수 없었습니다.

그렇더라도 각하의 큰 뜻은 사라지지 않았습니다. 그 후에 부임한 유아사 정무총감은 현명한 분이며 공명정대했습니다. 각하의 뒤를 이어 총독을 보좌하면서 각하가 남겨 놓은 정책을 이어받아 확충했습니다. 산업 개발의 길을 씩씩하게 걸어 나갔습니다. 각하가 일어설 수 없는 중병에 걸려 누워 계시는 동안 이것의 실행 여부가 염려되었지만, 오히려 산미증식계획과 마찬가지로 현재 그 계획은 이미 실행 시대에 들어섰고 첫해를 지났습니다. 이와 동시에 각하 생전의 일대 계획이었던 철도망속성사업은 무수한 우여곡절을 만나 자칫하면 험난한 정국 속에 차질을 겪거나 좌절될 우려가 있었지만, 하늘의 도움을 받아 다행히 조선이 버려지지 않았습니다. 제52 의회에서 조선총독부 예산이 통과되고 아울러 실현되기에 이르렀습니다. 이는 실로 조선을 위해서 큰 술잔을 들어 기뻐해야 할 일로서 내세와 현세의 경계를 떠나 각하와 함께 경사로 여겨 기뻐해도 좋다고 생각합니다.

불초 사다이치로는 부족하지만 이전에 추대를 받아 전선상업회의소연합회의 회장이 되었습니다. 그런데 근래에 한쪽 눈을 잃고 나머지 한쪽도 겨우 볼 수 있을 뿐으로, 행보가 매우 고통스럽고 그 힘겨움을 견딜 수 없는 상황입니다. 그렇지만 조선의 현재와 장래가 제국 국운의 성쇠와 참으로 지대한 관계를 가졌다고 생각하면, 우리는 하루도 편안히 쉴 수 없습니다. 하물며 각하 생전의 격려와 목소리가 뇌리에 새겨 있는데 어떻게 그럴 수 있겠습니까. 우리 지사들은 자신을 알아주는 사람을 위해서 죽는데, 비록 이 불초 신체가 자유롭지 않지만 각하의 큰 뜻을 저버리는 일을 어찌 할 수 있겠습니까. 오히려 심안(心眼)은 밝아지고 보국(報國)에 대한 일편단심은 더욱 커지며 마음에 남아 있는 일말의 두려움은 사라져버렸습니다. 이미 의욕으로 충만해졌습니다. 성부(成否)는 다시 논할 거리가 못 됩니다. 2천만 민중을 위해서 여생을 바치고 그 유골이 남산에 묻힌다면, 사나이가 품은 큰 뜻을 펼치는 것으로 족합니다. 결코 죽음을 피하지 않고 여생을 열심히 살 것입니다. 벌떡 일어나 오로지 철도망촉진기성운동에 몰두하고 동분서주하면서 하루도 쉬지 않고 오늘에 이르렀습니다. 이 계획이야말로 3억 5,000만 엔의 대사업에 속하고 이것의 성부(成否)와 지속(遲速)은 조선 산업의 운명에 중대한 관계를 지니고 있습니다. 그러므로 그 실현이 제국 재정에 많은 부담으로 작용함에도 불구하고 사이토 총독, 유아사 정무총감 이하 당국에서는 배수(背水)의 각오로서 중앙 정부와 절충에 노력했습니다. 우리 기성회 역시 시부사와, 고마쓰 회장을 필두로 마음을 모아 조야를 설득하며, 양해를 구하는 일에 힘을 쏟았습니다. 유지들을 모아 우리를 지지·후원해 달라고 열성적으로 부탁했습니다. 조선의 관민은 애써 고생한 결과가 헛되이 끝나지 않도록 협심하여 노력했습니다. 그 결과 일대 국가적 계획은 제국의회의 승인을 얻게 되었습니다. 1927년(昭和 2) 2월 10일 중의원을 통과하고 3월 24일 귀족원을 통과하여 확정되기에 이르렀습니다. 일찍이 산미증식계획의 실시를 보고 이번에 다시 철도망정책의 완성을 고할 수 있게 되었습니다. 아침 해가 떠올라 조선의 산천을 뒤덮고 있던 연무가 흩어지고 밝은 세상이 드러나는 것과 같은 기분이 아닐 수 없습니다. 불초 사다이치로는 너무 기뻐서 뛰지 않을 수 없었습니다. 조야에 깊은 예를 올리고 장차 조선으로 돌아가 2천만 민중에게 이 경사를 알리기에 앞서, 이 사실을 각하의 영전에 보고하는 일이 제일 중요한 의무라고 생각했습니다. 자세한 이야기를 건네드릴 수는 없을지라도 의미심장한 그 뜻을 각하는 분명 헤아릴 수 있을 것입니다. 바라건대 영령께서는 오셔서 이 봉고제에 차린 상을 드십시오.

1927년(昭和 2) 3월 27일

조선상업회의소연합회 회장 와타나베 사다이치로 계수재배(稽首再拜)

또한 조선철도촉진기성회는 3월 29일 본 계획의 완성과 관련하여 온 힘을 쏟은 귀족원과 중의원 의원 및 기타 조선 관계 인사들을 제국호텔로 초빙했다. 이 자리에서는 다음과 같이 시부사와, 고마쓰 회장의 인사말과 미즈노 렌타로(水野鍊太郎)의 감사 인사가 오갔다.

〈시부사와 자작의 인사말〉

각하와 제군, 오늘 저녁은 조선철도의 촉진기성회가 안내해 드린 바, 바쁘신 와중에도 참석해 주셔서 참으로 감사합니다. 이 촉진기성회에 동정을 가지고 모든 사람이 일치단결하여 후원해 주신 덕분에 오늘 저녁의 이 자리가 마련될 수 있었습니다. 저는 명예회장으로서 그 진상을 자세히 알지 못합니다. 참으로 죄송스럽게 생각하고 있습니다. 그러나 고마쓰가 실제의 업무에 참여했기 때문에 그와 관련해서는 고마쓰에게 맡기고 저는 조선철도의 기원에 대해서, 즉 이러한 일이 있었던가 싶은 과거에 대해서 한마디 하고자 합니다. 철도망의 장래와 관련된 희망은 고마쓰가 말할 것으로 생각합니다. 제가 드릴 이야기는 매우 기묘한 이야기로 하등 참고할 필요가 없는 조선에 관한 과거의 이야기입니다. 그렇지만 과거에 그러한 일도 있었다는 식으로 하나의 추억담처럼 들어 주시면 감사하겠습니다.

모두가 어느 정도 아시는 것처럼 저는 현재 세상에서 물러나 타성(惰性)에 따라 다소간 사회사업에 참여하고 있습니다. 그러나 조선에 대해서는 금융 또는 운수 방면에 미력하나마 다소 힘을 기울였다고 말씀드릴 수 있습니다. 예전에 익힌 솜씨라고 말씀드려야 할까요. 저의 업으로서 보고 행한 것입니다. 제가 금융계에 발을 들인 시기는 1873년(明治 6)입니다. 그리고 조선에 은행 지점을 개설한 시기는 1878년(明治 11)으로, 몇 년 사이에 그렇게 되었습니다. 당시 운수의 경우 누군가 시작해 볼까 하는 시도가 있었는지도 모르겠지만, 그 당시 조선에서 어떠한 계획이나 기초가 있었을 이유가 없었습니다. 마침 계속해서 지나에도 은행 지점을 개설할까 고민하고 있었는데, 그와 관련하여 영국인 랜스(Lance)라는 사람이 위체은행(爲替銀行)[85] 등을 개설하는 것은 부적절하다고 말했기 때문에 조선에서만 은행을 유지했습니다. 뒤돌아 생각하면 유지하고 있었던 것이 좋은 선택이었다고 생각합니다. 처음 얼마간은 조약 개정으로 어떠한 효과도 없었지만 1884~1885년(明治 17~18)경부터 제일은행이 해관(海關) 업무를 취급하게 되었습니다. 브라운(Brown)이라는 영국의 은행이 조선의 해관 업무를 취급하고 있었는데 그로부터 일의 단초를 얻을 수 있었습니다. 그러나 이는 금융이라는 측면에서 보면 정말로 미미한 것이었습니다. 1894~1895년(明治 27~28) 일청전쟁(日清戰爭) 이후 점점 조선에서 할 수 있는 일이 늘어났습니다. 그로 인하여 관계 은행은 몇십만 엔의 금융을 취급할 수 있었습니다. 아울러 이로부터 단서를 얻은 지방의 해관 취급은 조선 무역의 진전과 더불어 증가하는 경향이었습니다.

그 이후 철도에 대해서는 1897년(明治 30)으로 기억합니다만, 미국인 모스(Morse)라는 사람이 왕과 약속하여 경성과 인천 사이에 철도를 건설하게 되었습니다. 이에 대하여 저는 은행을 1878년(明治 11)부터 유지해서 다소 실효가 있지 않을까 생각했는데, 정부는 이미 조약을 맺고 있는 미국인이 무슨 말이든 하지 않을까 하는 느낌에서 여러 가지 계획을 수립했습니다. 1897년(明治 30)의 외무대신은 오쿠마(大隈) 씨였습니다. 저는 오쿠마 씨에게 그 모스라는 미국인이 약속한 경인철도의 현재 내부 사정을 볼 때, 여러 가지 원

85 외환 업무를 주로 하는 금융기관이다.

활하지 못하여 공사가 진척되지 않고 있으며 모스도 곤란함을 겪고 있기 때문에, 마침 이러한 좋은 상황에 맞추어 일본인 12명으로 신디케이트(syndicate)[86]를 조직하여 일본인의 손으로 낮은 가격에 매수하는 것이 좋겠다고 연달아 권유했습니다. 그것이 성사된 시기는 1899년(明治 32) 10월경이었습니다. 가격은 120만 엔이었다고 기억합니다. 당시 상황과 다른 점이 있을지도 모르겠지만, 도쿄부터 요코하마(橫濱)까지의 거리보다 조금 먼, 인천부터 경성까지의 철도를 대담하게도 우리들이 하나의 조합으로 경영하는 것이 가능할지에 대해 기대하기 어렵다는 불안이 있었습니다. 그래서 저는 오쿠마 씨에게 120만 엔의 정부 대하금(貸下金) 사용을 요청했고, 그 역시 "괜찮겠지요" 하면서 대여해 주었습니다. 또한 당시에는 경부철도를 부설해야 한다는 문제가 제기되었는데 나는 그것도 마찬가지로 즉시 정부에 청원했습니다. 그 출원도 속히 허가되었는데, 1898년(明治 31)으로 기억합니다. 이토(伊藤) 씨도 조선에 있으면서 다소간 신경을 써 주어서 일본인 단체가 허가를 받은 것이 경부철도입니다. 이는 1899년(明治 32)부터 공사에 착수하여 5개년 동안 이를 완성한다는 조건으로 계약을 체결했습니다. 앞서 설명한 경인선의 경우 늦어도 1898년(明治 31)에는 운행이 가능하도록 만든다는 모스가 약속한 조건을 승계하여 이후 공사에 착수했지만 예정과 같이 진척되지 않았습니다. 공사를 완료한 후에 인도한다고 매매계약을 맺었기 때문에 여러 가지 고민 끝에 아다치 다로(足立太郎)라는 사람을 투입하여 남겨진 절반 정도의 철도 공사를 그에게 오롯이 맡겼습니다. 이 철도가 낙성·개통된 시기는 1899년(明治 32) 말이었습니다. 그때 저는 물론 개통식에 참석했습니다. 그 무렵 앞서 말씀드린 경부철도가 드디어 기공하게 되었는데 이를 둘러싸고 여러 가지 말들이 많았습니다. 과연 이익이 있을까 없을까 기대하기 어려웠던 정부에서도 한쪽에서는 "그러한 일을 할 수 없다"라고 말하는 상당한 불만이 있었고, 다른 한쪽에서는 "하자"라고 하며, 어느 쪽에서는 매우 반대하고 다른 쪽에서는 크게 찬성하는 모양이었습니다. 그리고 1899년(明治 32)에 일단 착수하자고 했는데, 자금이 없었습니다. 이와 관련하여 매우 고심했는데, 오쿠라구미(大倉組)와 함께 필요한 돈을 여러 방면을 통해 마련하여

86 다수의 금융기관이 연합한 차관단을 뜻하는 말로서 주로 대규모 자금이 필요한 사업에 대해서 이루어지는 국제적인 무담보 신용대출을 지칭한다.

우선 착수에 나서고 경비를 절약하자고 했던 일도 있었습니다. 지금 생각해 보면 꽤 위험한 일로서, 1899년(明治 32)의 일이었습니다. 경인철도는 1899년(明治 32) 겨울쯤에 어느 정도 준공이 되었고 운행이 가능한 구간의 개통이 이루어졌습니다. 이후에도 사업은 계속 진행되어 조선인도 철도의 편리함을 다소나마 느끼게 되었습니다. 이어서 진행된 것이 바로 경부철도로, 이 공사는 생각처럼 진척되지 않았습니다. 일본 자본만으로는 불충분하다고 생각하여 1902년(明治 35)에 해외로 나가 자금 모집에 나섰지만, 아무리 해도 우리의 미력으로는 불가능했습니다. 그렇게 고심하던 무렵, 1903년(明治 36) 말부터 우리가 알고 있는 일본과 러시아의 문제가 점점 심해지기 시작했습니다. 지금에서야 하는 이야기이지만, 상황이 그렇게 흘러가자 반대로 "어째서 빨리 경부철도를 완성시키지 않는가"라고 불평이 제기되었습니다. 그 불평을 제기한 쪽은 저의 선배로서 존경해 마지않는 인물이었습니다. 그때 저는 "당신들은 종전에 어떻게 말했던가. 지금에 와서 어쩜 그렇게 뻔뻔스러운 말들을 할 수 있는가"라고 대응했습니다. 어쨌든 자본금이 필요했으므로 결국 일본은행에서 500만 엔을 빌려 경부철도를 하루속히 기공하게 되어, 대체로 1903년(明治 36) 말에 완성이 되었습니다. 덧붙여 후루이치 고이(古市公威)도 이 일에 관련되어 있었습니다. 지금까지 이야기한 것이 바로 제가 철도에 관계하게 된 대체의 경위입니다. 즉 일청전쟁, 일로전쟁(日露戰爭)을 거치면서 저와 조선철도의 관계가 깊어졌습니다. 한편 이미 고문으로 활동하고 있던 고 메가타(目賀田) 남작의 지휘 아래에 조선의 금융은 점차 틀을 갖추기 시작했는데, 이는 1903~1904년(明治 36~37)을 지나 1907년(明治 40)의 일이었습니다. 조선에서 은행 문제가 대두된 시기는 1907년(明治 40) 통감부 관제가 만들어지고 이토 공작이 통감으로 취임하면서입니다. 1878년(明治 11)에 기획했던 은행이 1906~1907년(明治 39-40)경에야 성립되었던 것입니다. 그 후 경인철도, 경부철도는 민영으로 운영되지 않고 관영으로 전환되었습니다.

금융이나 운수 관련하여 제가 조선을 위해 쏟은 힘은 정말로 미약하며, 지금 말씀드린 것과 같습니다. 지난 십수 년의 활동은 지금에 와서 말하자면 웃고 넘어갈 만한 이야깃거리에 불과하지만, 그 사이의 일은 쉽지 않았고 고심이 많았다고 말씀드려도 결코 과언이 아닙니다. 저는 조선에 금융과 운수가 필요하다고 생각했습니다. 운수가 필요하다는 점은 경제사상의 관념으로부터 도출한 결론이 아니라 눈앞의 불편함을 느끼며 스스로 생각한 부분입니다.

이상은 과거의 이야기로 현재에는 아무런 효과가 없을지도 모르겠습니다. 그렇지만 일상의 편리를 도모하기 위해서 조선 금융에 미력하나마 힘을 쏟았다고 말하고 싶습니다. '꼭 제 이름을 빌려달라'고 부탁하는 와타나베 군 등에게 저는 "이제 그럴 필요가 없지 않겠는가"라고 말한 적이 있습니다. 그러나 조선과의 관계가 있어서인지 저는 금융적 측면에서 지금 또 고문이 되었습니다. 철도촉진기성회의 미래라든가 현재에 관련된 점은 고마쓰 군이 말할 것이므로 저는 과거의 일에 대해서만 말씀드렸습니다. 아무쪼록 철도촉진기성회에 대한 장래에 관하여 충분한 원조와 지도를 부탁드립니다. 이에 잔을 들어 여러분의 건강을 기원하고 싶습니다.

〈고마쓰 회장의 인사말〉

각하와 여러분, 실은 시부사와 자작에게 인사말씀을 부탁하고 저는 가만히 있으려고 했습니다만, 지금 들으신 바와 같이 부탁 말씀이 있었기에 기성회의 일에 관하여 말씀 올리고 싶습니다. 기성회는 그 시작이 재작년 무렵이었습니다. 제국철도협회에서 조선철도의 보급을 위해서 특별히 조사위원을 조직하여 상세한 조사를 수행했습니다. 조사에 기초하여 협회에서 발표한 항목은 5개였습니다. 첫 번째는 국유철도의 방침이고 두 번째는 철도 부설에 관한 법률의 제정이며, 세 번째는 이후 18년 동안 2,100여 마일(3,380km)의 철도 부설이고 네 번째는 점차 주요한 사설철도의 매수이며, 다섯 번째는 사설철도에 대한 보조금을 개정하는 것이었습니다. 철도협회의 조사에 근거한 5개 항목은 귀족원에서, 또한 중의원에서 대체로 찬의(贊意)를 얻었습니다. 귀족원에서는 작년에 만장일치로 「조선철도의 보급·촉진에 관한 건의안」이 통과되었습니다. 중의원에서는 '각 정파가 연합한 160여 명의 찬성'으로서 일찍이 철도협회가 주장한 바와 같은 항목이 건의안으로서 제출되었습니다. 그렇지만 다른 문제의 분규로 인하여 결의까지 이르지 못했습니다. 그리하여 작년 여름경부터 조선철도의 상황을 한층 개선하고 보급하지 않으면 안 된다는 목적 아래에서 조선에 관계가 있는 분들과 기타 조야의 유력한 인사들이 모여서 조선철도촉진기성회를 설립하게 되었습니다. 저는 매우 부족한 사람이지만 당시 회장에 취임해 달라는 부탁을 받았고 결국 수락하기에 이르렀습니다. 지금 시부사와 각하의 연설과 같이 조선의 금융과 운수 상태는 자작이 여러 해 전부터 주장했음에도 불구하고 이제야 촉진회 창립을 필요로 하는 현상을 유감스럽게 여겨 우리의 간청을 수용하여 명예회장을 승낙하셨습니다. 이 모임이 출범한 이래 어떻게 이 촉진을 실현할 것인가와 관련하여 고문, 상담역(相談役) 등 여러분들과 회합을 진행했습니다. 때마침 총독부도 만철의 관리·위탁을 해제하고 스스로 철도정책을 수립했고, 이를 통해 귀족원과 중의원의 희망에 부합하도록 노력하고 있었습니다. 총독부가 재정 여건, 다른 여러 정책 관계에도 불구하고 최선의 노력을 다한 점은 인정하지 않을 수 없습니다. 특히 우리가 기대하는 방향과 동일한 보조를 취했기 때문에 촉진기성회는 이 계획을 지지하여 그 실현을 도모하기 위하여 온 힘을 쏟았습니다. 제일 먼저 운동의 초창기에 시부사와 자작을 번거롭게 하여 수상에게 이 계획의 승인을 간청하고 대장대신에게도 계획의 필요성을 역설했습니다. 다행히 수상과 대장대신도 원칙적으로 '조선철도의 보급 촉진'에 찬성했습니다. 그러나 현 내각에는 기정의 재정계획이 존재하기 때문에 무슨 수로 이 계획을 용인할 것인지가 가장 난관이었습니다. 아무래도 12년 동안 3억 2,000만 엔이라는 대계획이었으므로, 공채 모집 금액에 제한을 두고 있는 정책과 어떻게 조화를 이룰 것인지가 자못 걱정스러운 점이었습니다. 그렇지만 다행스럽게도 부흥 계획, 기타 공채 재원에 의한 사업 가운데 다소 기한이 연장되는 것이 있었고, 정부가 예정하고 있는 공채 모집 금액의 범위 내에서 계획이 성립될 수 있었습니다. 다른 예산과 더불어 조선의 철도계획은 귀족원과 중의원을 곧바로 통과했습니다. 물론 사설철도 매수 비용을 포함한 조선철도사업공채법안의 경우 주지하다시피 중의원에서 상당한 논의가 전개되어 결정에 쉽게 이르지 못했으며, 일시적으로는 일이 잘못되지 않을까 하는 걱정도 있었습니다. 그러나 법안은 도문철도의 매수 시기를 앞당기는 조건 외에는 아무런 수정 없이 가결되었습니다.

이처럼 12년 동안 3억 2,000만 엔이 투입되는 철도정책이 확립될 수 있었던 것은 정부 당국의 진력은 말할 필요도 없고 귀족원과 중의원에 관계된 인사를 비롯하여 모든 방면의 후원과 조력이 있었기 때문입니다. 오늘 저녁을 통해 여기에 모이신 여러분에게 그간의 경과를 설명하고 아울러 여러분께서 힘써 주신 것에 대한 고마움의 예를 올리는 바입니다. 그렇지만 앞서 설명한 것처럼 이번의 철도계획은 우리의 주장과 비교하면 결코 완전한 것은 아닙니다. 조선의 현상을 봐도 이번 계획은 충분하지 않습니다. 아시다시피 작년에는 임정(林政)의 통일, 수해와 기타 치수 방침, 산미증식계획이 수립되었습니다. 그런데 이번 철도계획은 반드시 이러한 시설과 보조를 같이하고 있는 것은 아닙니다. 말하자면 지금까지와 마찬가지로 우선 제1기 계획이라고 할 만한 것으로서, 지도상에서 반드시 하지 않으면 안 되는 대강의 일부만을 부설하려는 것입니다. 산미증식계획에 동반한 교통 노선은 모두 후일의 사업으로서 남겨져 있습니다. 일반 산업정책의 진행에 필요한 자동차 도로망이라든가, 지방 철도 등과 같은 것을 점차적으로 보급해야 한다는 점은 두말할 나위가 없습니다. 이번 계획을 철도협회의 조사와 비교하면 대략 그것의 반 정도에 불과합니다. 특히 사설철도의 조장·발달과 관계된 부분은 현재와 큰 차이가 없습니다. 산미증식계획, 기타와 관계된 교통 노선은 국유철도보다는 사설철도의 보급에 기대하는 부분이 많습니다. 정부의 철도계획요강에 의하면 사설철도 600마일(965.6km)을 연장하기 위해서는 6,600만 엔의 경비가 필요합니다. 그런데 사설철도의 발달·조장에 관하여 유효하고 적절한 아무런 방법이 없는 상황에서 거액의 자금을 내지로부터 얻을 수 있을지는 상당히 어려운 문제에 속합니다. 이 점에 관해서는 총독부의 고려를 바라며, 나아가 여러분의 충분한 후원을 희망합니다.

단지 철도에 대해서 말해도 이와 같은 문제가 현재 남겨져 있습니다. 이뿐만 아니라 조선의 일반 산업을 장려하는 일에는 여러 가지 문제가 미해결인 채로 남아 있습니다. 철도는 원래 산업정책의 일부입니다. 따라서 철도는 물론이고 산업의 발달과 관련하여 여러분의 동정과 후원을 희망하고 있는 부분이 많습니다. 아울러 이 자리에 참석한 와타나베 사다이치로 군은 조선의 산업 발달을 위해서 온 힘을 기울이고 있습니다. 그는 조선 상업회의소연합회 회두의 자격으로 이 기회를 통해 이번 계획에 힘을 써 주신 여러분에게 감사의 인사와 더불어 장래 한층 동정과 후원을 부탁한다는 말을 한 것입니다. 저 역시 여기에 덧붙여 여러분의 동정과 후원을 부탁드리면서 자작의 말씀에 덧붙인 인사말씀을 드리는 바입니다.

〈미즈노 렌타로의 감사 인사〉

주최 측에서 오늘 저녁 저를 초대하면서 저에게 한마디 해 달라는 부탁이 있었습니다. 매우 주제넘는 일이지만 인사말씀을 드리고자 합니다.

오늘 저녁은 조선철도촉진기성회의 초대로 정중한 대접을 받으며, 시부사와 자작과 고마쓰 회장께서 조선의 과거와 조선에 관한 장래에 대한 말씀을 듣고 저 역시 기쁘기 그지없습니다. 지금 새롭게 말할 필요가 없는 바이지만, 조선의 개발에 가장 중요한 부분은 교통기관의 보급입니다. 산업의 발전, 다른 부분의 향상, 경비상으로도 교통기관의 발전을 도모하지 않으면 개발의 목적을 달성할 수 없습니다. 저는 조선에 재직하고 있을 때에도 교통기관이 갖추어져 있지 않아 실제로 다소의 고통을 느끼고 실제 체험한바 있습니다. 산업과 문화는 두말할 나위가 없습니다. 1919년(大正 8) 소위 독립소요사건[87] 때 교통기관이 없었기 때문에 국경의 방비, 마적의 방어, 불령선인(不逞鮮人)[88]의 토벌에 많은 어려움이 있었습니다. 이는 경찰 측면에서 느낀 바인데 나아가 문화 방면에서 말해도 조선의 철도 연선은 발달하고 있지만, 한 걸음 오지로 들어가면 우리가 상상할 수조차 없는 상태에 있습니다. 그러므로 어떤 식으로든지 조선에서는 가장 먼저 철도망의 보급을 도모해야 한다는 점이 저뿐만 아니라 조선에 관계가 있는 모든 방면에서 이구동성으로 주창되었습니다. 다만 경비가 부족하여서 오늘날까지 충분한 목적을 달성할 수 없었던 점은 유감입니다. 그런데 비록 완전하다고 말할 수 없지만, 조선철도촉진기성회와 총독부 당국의 노력에 의해서 어쨌든 조선철도의 일부분만이라도 실행할 수 있게 된 것은 조선을 위해서 매우 기쁜 일입니다. 이는 조선만이 아니라 내지의 산업 차원에서도 내지와 조선의 관계에서도 역시 기뻐할 만한 것이라 생각합니다. 이 일에 관해서는 조선철도촉진기성회 여러분의 노력에 대하여 저희들이 심심한 사의를 표하지 않으면 안 될 것입니다. 특히 시부사와 자작이 과거 조선의 상황을 설명했듯이 조선과 관계가 있는 우리에게는 참으로 감개무량한 일입니다. 오늘날 조선은 제국의 영토 일부가 되었고 조선인은 우리 일본인과 마찬가지로 새로운 동포가 되었습니다. 그동안 조선 개발은 부진했다고 말할 수 있지만, 저는 총체적인 측면에서 큰 발전을 이룩했다고 생각합니다. 교육, 산업, 교통의 측면에서 과거와 비교할 수 없을 정도로 조선은 발전했고 어떠한 의미에서는 위대해졌다고 말해도 문제가 없다고 저는 생각합니다. 제가 재직하던 시절, 미국인 게일

87 1919년 초에 전개된 3·1운동을 지칭하는 용어이다. 일제는 많은 사람이 떠들썩하게 들고 일어나 술렁거린다는 사전적 의미의 '소요'라는 단어로 3·1운동을 격하하여 불렀다.

88 일제의 지배에 항거·저항했던 조선인을 부정적으로 지칭하는 용어이다.

(Gale)이라는 사람은 "조선에 세 번 왔는데, 올 때마다 조선의 발달이 눈부시다. 산은 비록 충분하다고 말할 수는 없지만, 푸르름이 더해 가고 도로는 점점 양호해졌다. 간선 철도의 보급은 어쨌든 이루어지고 있다. 이 상태를 보면 서양 여러 국가의 식민지 상태에 비하여 모자라지 않다고 말하는 것보다는 오히려 놀랄 만한 진보를 거듭하고 있다고 말해도 무방하다. 일본인, 특히 일본인 당사자의 지능, 재력(才力), 기력이 인상적이었다"라고 말하는 동시에, 조선을 통과하여 지나로 가는 도중 압록강을 건널 때에 조선의 국경에서, "조선의 발전에 공헌한 일본인에게 다대한 경의를 표한다"는 의미의 대단히 긴 전보를 발송했습니다. 어쨌든 긴 시간 동안 조선은 상당히 진보했습니다. 물론 이러한 진보는 과거와 현재 당국에 몸을 담고 있는 사람에 의해서만 이루어진 것이 아닙니다. 돌이켜 보면 앞서 시부사와 자작의 설명과 같이 1878년(明治 11) 무렵과 그 이후에도 조선은 실로 안타까운 상태였습니다. 시부사와 자작은 금융과 교통 방면에 착안하여 다대한 노력을 쏟아부었습니다. 거기에는 많은 고심이 있었고 무수한 어려움과 장애물이 존재했을 것으로 생각합니다. 이러한 고장을 배격하고 곤란을 극복하면서 오늘에 이르렀습니다. 어쨌든 선배 여러분의 고심과 고난이 있었기에 조선이 일본 제국의 영토로 편입되고 오늘날과 같이 개발이 이루어질 수 있었습니다. 큰 감사를 표하지 않을 수 없습니다. 당시 사정을 알고 있는 사람은 현재 조선의 사정을 보고 반드시 감개무량할 것입니다. 이는 정치계와 경제계 방면의 인사들과 기타 여러분들이 국가를 위해서 조선의 개발을 도모하고 제국을 위해서 많이 희생한 결과라고 생각합니다. 오늘날의 상황을 보면 시부사와 자작을 비롯하여 기타 여러 선배에게 감사의 예를 올리는 것이 우리들의 책무일 것입니다. 또한 장래를 생각하면 조선은 오늘날 상당한 정도로 발달했지만 이후 발달이 필요한 부분 역시 허다합니다. 철도도 그중 하나입니다. 방금 고마쓰 회장의 말씀처럼 철도망도 점점 사업에 착수하겠지만, 그것으로 결코 만족할 수 없습니다. 산업 쪽에서 식량문제, 수리문제와 같은 상당한 규모의 계획이 수립되어 있지만 이후 더욱 개척해야 할 방면이 존재합니다. 금일 1,500만 석의 쌀이 산출되지만 더욱 분발하여 2,800만 석, 혹은 약 3,000만 석을 산출한다는 계산 아래에 이것의 실현을 위해서 상당한 노력을 기울이지 않으면 안 됩니다. 교육 방면에서, 도로의 측면에서, 특히 치수와 항만 문제에 대해서 상당히 고려해야 합니다. 만약 이것이 상당한 정도로 해결되지 않으면 조선의 개발

은 철도만으로는 불가능합니다. 이 측면들을 종합하여 계획을 수립할 필요가 있습니다. 조선의 개발은 달리 말하면 제국의 발전이라고 할 수 있습니다. 동시에 조선인으로서 일본인과 마찬가지로 일시동인(一視同仁)의 혜택을 입도록 하기 위해서는 산업계획이 상응되어야 합니다. 이렇게 보면 향후 조선에서 해야 할 일이 많습니다. 바라건대 철도 촉진에 온 힘을 기울이고 있는 여러분과 조선에 관계가 있는 분은 함께 조선의 개발을 위해서 힘을 쓸 필요가 있지 않을까 생각합니다. 한편 현재 조선은 제국의회에 대의사(代議士)를 보내지 않고 있습니다. 그러므로 조선의 문제는 조선에 관계가 있는 사람들이 노력하지 않으면 안 됩니다. 정부와 총독부 당국자의 노력은 물론이고 이와 동시에 민간에 있는 인사와 조선에 거주하는 사람이 함께 조선 문제의 해결에 나서야 합니다. 철도망의 경우 철도촉진기성회와 같은 것이 매우 필요합니다. 그러나 이 모임만이 철도망의 촉진을 위해서 나섰다고 말하는 것은 아니지만, 철도촉진기성회가 이번에 철도망 계획의 실현을 위해서 보여주었던 역량이 많았다는 사실은 재론할 필요가 없습니다. 조선의 제반 문제와 관련하여 부디 교통기관의 속성과 더불어 다른 방면에도 힘을 쏟아 주시길 부탁합니다. 저는 일찍이 조선에 재직했던 관계상 조선의 산하와 풍물을 항상 마음속에 품고 있습니다. 따라서 오늘 초대를 받은 기회를 이용하여 이러한 일을 이야기한 바입니다. 시부사와 자작과 같이 과거에 온 힘을 기울이신 분께 감사의 뜻을 표하고, 앞으로 우리들은 언제까지나 노력하겠다는 것을 맹세하고 싶습니다. 오늘의 참으로 정중한 초대에 대해서 매우 감사합니다.

(8) 12년계획에 대한 비판과 감상

○ 구니사와 신베에(제국철도협회 회장) : 제2기 계획을 수립하고 사설철도보조법을 개정하자.

조선철도망의 제1기 계획 860마일(1,384km)이 제국의회를 통과한 일은 진실로 기쁘기 그지없다. 그러나 본 계획은 헌정회 내각의 긴축 방침에 의해서 수립이 된 것으로 여전히 불만족스럽다. 제1기 계획은 국유 노선 2,100마일(3,380km), 사설 노선 500마일(804.7km) 부설로 우리의 주장에 비해서 3분의 1 정도에 지나지 않는다. 그렇지만 제1기 계획으로서 조선철도망의 단초가 마련되면 이후 정부에서 계획이 재정립되는 경우 여기에 계상되는 것이 곤란하지 않을 것이며, 정우회 내각에서는 소위 적극적 정책으로 공채정책이 완화되기 때문에 조선철도의 이후 계획도 크게 촉진되리라 생각한다. 더욱이 중앙정부, 총독부도 정당을 모방하여 국책적인 관점에서 사고하는 것이 매우 필요하다. 조선 개발은 단순히 철도만의 문제가 아니라 치산, 치수, 공광업의 진흥, 혹은 수산, 축항 등 각 방면에 걸쳐 있다. 이것을 한꺼번에 착수하는 일은 불가능하다. 따라서 우선 철도에 대하여 정부가 그 골격, 즉 간선을 완성하고 지선의 경우 사설철도를 통해 완성을 도모하자는 것이 우리의 주장이다. 그러나 현재 「사설철도보조법」으로는 내지 자금의 유인이 어렵다. 홋카이도에서 사설철도의 보조가 10년 7분(%)에서 15년 8분(%)으로 변경된 지금, 조선은 뒤쳐진 형국이다. 조선철도망의 완성은 1) 제1기 계획의 진행에 이은 국유 노선 제2기 계획의 수립, 2) 「사설철도보조법」의 개정을 통한 내지 자본의 유인이라는 두 가지가 이루어져야 가능하고 비로소 조선철도망이 완성될 수 있다. 물론 어떤 지방에서는 20~30마일(32.2~48.3km) 범위 내의 단거리 철도가 교통의 밀도, 수송 화물의 성질 등에 의해서 반드시 필요하지 않을지도 모른다. 그곳에는 사설철도의 보조 기관으로 자동차를 이용하면 된다. 철도와 자동차는 각각 고유한 사명이 있는데, 내지와 같이 양자가 경쟁하는 일은 국가 경제적으로 불이익이다. 그러므로 우선 국유로 간선을 부설하고 그 보조 기관으로 사설철도를 이용하고 발달시키며, 사설철도의 보조로 자동차를 이용하는 방법을 통해 각 교통기관의 능력을 발휘시킬 수 있다. 그러므로 철도의 경우 중지를 모아서 이 점에 관하여 다시 연구할 필요가 있다.

○ 고마쓰 겐지로(조선철도기성동맹회 회장) : 10년 후 제2차 계획을.

조선의 철도망 완성에 관해서는 그 기성동맹회 회장으로서, 개인적으로 온 힘을 쏟아부었다. 이번에 의회를 통과한 12년계획은 조선의 산업 개발, 연료 문제, 기타 교통의 불편을 해결하는 데 완전하다고 말할 수 없다. 그러나 어떤 일에나 바라는 것에는 한계가 없으니, 당분간은 이를 다행스럽게 여겨야 한다. 정부 역시 돈이 없어서 민간의 희망대로 진행할 수 없다. 그렇지만 이번 계획이 종료되는 순간, 적어도 10년 후에는 제2차 계획의 실현을 보아야 한다는 점은 당연지사이다. 당국에서 이미 복안을 세웠을 것으로 생각한다. 철도는 한번 만들면 재차 만들 필요가 없기 때문에 가능한 한 철도는 만들어진 채로 작동하게 해야 한다. 이번 12년계획과 1892년(明治 25) 내지에서 있었던 부설법(敷設法)

사이에는 공통점이 있다. 그 당시에는 사단과 군항(軍港) 부근 소재지를 연결하는 계획이 수립되었지만, 조선은 아직 거기까지 나아가지 않았기 때문에 교통이 불편하여 자동차 노선이 발달되었던 것은 다행스러운 점이다.

그러나 자동차를 여러 군데로 막힘이 없이 통하게 하여 일반에게 편익을 주려고 해도 도로가 우선 갖추어지지 않으면 아무 것도 할 수 없다. 그러므로 당국에서 도로정책을 확립하는 것이 조선 개발의 선결 문제인 동시에 최대의 급무라고 확신한다. 교통기관이 각지와 완전히 연락되어야지만 비로소 이해타산을 세울 수 있기 때문에 도로만큼은 완성하지 않으면 안 된다.

○ 유게 고타로(弓削幸太郎, 전 조선총독부 철도부장) : 입학시험에 합격한 일과 마찬가지이다.

조선철도12년계획의 예산 성립과 관련한 감상 또는 비판을 기고해 달라는 부탁을 받아 다음과 같은 의견을 피력하고자 합니다.

12년계획 예산의 성립은 입학시험에 합격한 때와 같은 느낌입니다. 입학시험의 경우 다년간 충분한 준비와 더불어 여러 차례 학부형과 상담이 이루어집니다. 그러나 가정마다 사정이 있기 때문에 기다리고 기다려 달라고 하다가 원서를 제출할 수 없게 됩니다. 학교 쪽은 하루라도 빨리 입학시키지 않으면 좋지 않기 때문에 과감히 원서를 제출하자고 학부형을 독촉합니다. 세간에서도 열성적인 격려와 응원이 있어서 학부형은 우선 학비를 차입하기 위한 여러 가지 방법을 궁리합니다. 그 결과 원서를 제출하고 훌륭히 합격하면 관계자 일동은 크게 만족합니다. 이제부터는 졸업 이후 입신출세를 손꼽아 헤아리면서 기다리면 됩니다.

학교의 과정은 본인이 실력을 갖추고 있으면 별로 문제가 되지 않습니다. 걱정스러운 부분은 세간의 불경기, 혹은 학부형의 방침으로 인해 예정된 학비를 보내기 어렵게 되는 경우입니다. 이전의 학교 재학 중에 여러 차례 학비가 끊겨서 곤란할 때에는 무리하게 무전(無錢)으로 취학하여 학교로부터 꾸지람을 들은 적도 있었지만, 예정된 연한이 한참 지난 지금까지 시험을 치르지 않은 과목이 존재합니다. 이럴 때는 기필코 학비를 지속적으로 융통하지 않으면 안 됩니다.

대체로 12년 졸업이면 조금 길다, 10년이면 한 옛날이라고 말할 수 있습니다. 12년 중에는 시세가 크게 변합니다. 가능하다면 수업 연한을 다소 단축하기를 바랍니다. 지금부터 노력할 지점은 바로 이러한 문제입니다.

○ 사토 준조(대의사) : 사설철도보조법 중 개정법률안 심의가 미결된 점은 유감.

삼가 답장을 올려 축하를 드리옵니다. 이번에 조선철도연장계획이 제52 의회를 통과하고 조만간 실현의 길에 들어선 것은 조선 개발상 진실로 기쁜 일입니다. 이때 귀사에서 계획의 내용과 경과를 상술하는 『조선철도12년계획』이라는 책을 공간하려는 취지는 지극히 시의적절한 계획이라고 생각합니다. 이에 관하여 저에게 감상 또는 비판을 부탁했는데, 그 취지를 말씀드립니다. 저는 조선에 거주하면서 누차 의견을 말씀드린 대로, 조선의 개발은 철도의 보급과 속성 추진 이외에 다른 길이 없다고 생각합니다. 정부의 계획이 충분하다고 할 수 없고 제국 재정의 상황에 비추어 어쩔 수 없으나, 사설철도의 조장에 대해서는 정부와 의견을 크게 달리합니다. 의회에서 한두 가지 질의를 하고 최종적으로 위원회에서 저는 희망 조건을 붙여 원안에 찬성 의견을 표했습니다. 각 정파의 대표자들은 제가 제기한 희망 조건을 붙인 원안에 대하여 만장일치로서 찬성·가결했습니다.

사설철도 조장에 관해서는 이 희망 조건에 기초하여 보조법 개정의 필요를 느끼고 하루라도 빨리 그 일단을 실현시키고자 했습니다. 이에 별지로 첨부한 이유서의 주지에 의거하여 각 정파가 협의한 후 의견을 일치시키고 14명의 제출자 명의로 198명의 찬성을 얻어 도합 212명이라는 다수의 이름으로 개정안을 제출했습니다. 3월 22일 상정이 되고 23일 위원회를 열어 토의에 들어갔는데, 저는 보조법 제5조 보조금 제한을 삭제 수정할 것을 제의하며 만장일치로 가결되었습니다. 23일 일정을 변경하여 즉시 이 안건이 제출되었지만, 어물쩍 넘어가고 24일에는 315개의 안건 가운데 7~8번의 순서로 다시 상정되었지만 회의장의 혼란으로 인하여 의회가 종료되기에 이르렀습니다. 25일에는 289개의 안건 가운데 10~11번의 순서로 제출되었지만 의장과 부의장의 사직으로 인하여 저녁에 의장과 부의장의 선거가 진행되고 마침내 시간이 없어 회의가 종료되었습니다. 이는 매우 유감스러운 바였습니다. 이 과정은 이미 알려진 사실이지만, 공동의 논의에 어느 정도 유용하다고 생각하여 별지 참고 서류를 첨부하여 회답하는 바입니다.

○ 사와자키 오사무(조선총독부 철도국 감독과장) : 사설철도 매수.

조선철도12년계획 일부로서 사설철도 5개 노선을 매수하여 국영으로 전환할 것입니다. 5개 노선은 전북철도, 도문철도, 조선철도회사 경영의 전남선과 경동선과 경남선입니다. 5개 노선의 거리는 210마일(338.1km)로, 현재 조선에 운영 중인 487마일(783.8km)의 4할 정도에 해당합니다. 조선에서 사설철도 매수가 이루어진 것은 총독부 설치 이전에는 경부철도의 매수가 있었습니다. 총독부 설치 이후에는 함경선의 1개 구간인 함흥과 서호진(西湖津) 사이에 부설되었던 함흥탄광철도(咸興炭鑛鐵道)의 일부가 매수된 이래로 이번이 처음입니다. 함흥탄광선은 철도로 매수된 것이 아니라 그 도로 용지와 건물이 매수된 데에 불과했습니다.

이번 매수는 1927년도(昭和 2)부터 1931년도(昭和 6)까지 5개년 동안 5개 노선을 매수하는, 조선으로서는 커다란 계획입니다. 이는 마치 내지에서 1906년(明治 39) 제정된 철도국유법에 의해서 시행되었던 일본철도 외 16개 철도의 매수에 필적할 만합니다. 그 당시 내지에서는 임시철도국유준비국이 설치되어 매수 사무를 진행했지만, 이번 조선에서는 별도의 기관을 설치하지 않을 예정입니다.

매수되는 5개 노선 가운데 전남선과 경남선은 광궤 노선이지만 나머지 3개는 2척 6촌의 협궤 노선입니다. 협궤 노선의 거리는 전북선이 15.5마일(24.9km), 도문선이 36.1마일(58.1km), 경동선이 92마일(148.1km)로, 합계 143.6마일(231.1km)입니다. 이들 협궤 노선을 매수하여 총독부는 광궤로 개축합니다. 광궤 개축의 착수는 각 노선을 모두 매수한 직후에 이루어지는데, 준공까지는 전북선과 도문선의 경우 2~3년, 경동선은 5년 정도의 시간이 필요할 것입니다. 그동안 철도국은 협궤 노선을 그대로 경영할 것입니다. 철도국에서 자진하여 협궤 노선을 경영하는 일은 이것이 효시입니다. 협궤 노선의 경영에는 여러 가지 특수한 점이 있기 때문에 꽤 어려운 작업이 될 것입니다. 특별한 대책과 방법이 필요합니다.

조선과 같이 일반적으로 운수량이 적은 지방에서는 건설비용이 낮은 협궤 노선이 보급되어야 합니다. 협궤 노선을 어떤 식으로 건설하고 개량하며 영업할 것인지에 대해서는 이후 한층 더 연구가 필요합니다. 철도국 스스로 협궤 노선을 경영하고 그 연구를 도모하는 점은 조선의 일반 철도사업을 위해서 훌륭한 일이라고 생각합니다.

○ 스즈키 만지로(鈴木萬次郎, 조선철도회사 상담역) : 계획은 12년, 완성은 5년.

더이상 말할 필요도 없이 12년계획은 철도의 부설계획입니다. 이 계획을 통해서 철도 사업이 외견상, 나아가 자금 측면에서 정리된다는 점은 진실로 기쁜 일입니다. 저는 이 계획을 12년이 아니라 6년 정도로 단축시켜 하루빨리 준공시켰으면 하는 바람입니다. 욕망에는 끝이 없는 것일지도 모르겠지만, 일취월장하는 현재에 우리 정책상, 혹은 조선의 개발상 10년이라는 세월은 짧은 기간이 아니기 때문에 이번 계획이 5개년으로 완성되기를 희망합니다.

세간에는 소원의 경우 바라는 만큼 잘 이루어지지 않는다는 말이 있기 때문에 희망은 무엇보다 크게 하고 계획은 짧을수록 좋습니다. 옛말에 100리 길을 가는 사람은 90리에 이르러 반쯤 왔다고 생각하라는 문구가 있습니다. 따라서 저는 이번 계획을 기쁘게 생각하지만 실로 가장 짧은 기간에 대계획이 완성되기를 희망합니다. 그러나 지금까지 무계획적이었던 철도망이 불완전하게나마 이번 12년계획을 통해서 완성의 영역으로 나아갈 수 있게 된 점은 무엇보다 기쁜 일입니다.

제가 조선에 온 시기는 1892년(明治 25), 즉 일본에 처음으로 국회가 열린 해로, 의원으로서 온 사람은 나와 고노 히로나카(河野廣中)가 처음이었습니다. 그때는 인천까지 배로 와서 다시 작은 증기선으로 한강을 건너 용산에 도착해, 용산에서부터 수레를 이용하여 경성에 들어갔습니다. 그 당시와 비교하면 격세지감입니다. 돌이켜보면 36년 전, 그때의 감상으로 현재를 보면 조선 전체에는 이러한 교통기관이 사통팔달로 깔려 있고 거미줄처럼 철도 노선이 부설된 듯합니다. 그런데 이번에 비로소 점차로 철도망을 완성시키는 12년계획이 수립되었다는 사실은 아무래도 유감스러운 부분입니다. 그렇지만 지금까지 무계획이었던 상황에서 어쨌든 12년계획이 마련된 점은 우선 기쁩니다.

○ 이노우에 슈(井上周, 조선철도회사 감사역) : 철도 경영은 이해관계를 떠나서.

어쨌든 12년계획 아래에서 철도망 완성의 실행에 착수한 점은 철도 관계자인 나에게는 매우 기쁜 일입니다. 이 계획이 지방 개발과 문화의 진전에 필수라는 것은 제가 재차 언급할 필요가 없습니다. 그럼에도 지금까지 조선에서 이와 같은 계획이 실행되지 않은 점은 재정 관계상 어쩔 수 없는 부분이었습니다. 그래서 이를 국가에만 맡겨 두면 목적이 언제 달성될지 분명하지 않기 때문에, 그 일부만이라도 국가의 부족한 부분을 보완한다는 의미에서 사설철도 회사가 곳곳에 창립되었습니다. 그렇지만 아무리 해도 불충분하기 때문에 무엇보다 국가가 나서서 철도사업에 힘을 쓸 필요가 있습니다. 이번에 비로소 국가가 철도망 완성에 착수하기로 했기 때문에 우리로서는 정말로 기쁘지 않을 수 없는 일입니다.

대체로 세간에서는 우리 같은 내지 거주자가 조선에 와서 철도사업을 일으키면 즉시 돈을 바라고 왔다고 생각합니다. 물론 이에 관하여 일괄적으로 말하는 것은 불가능하지만 대략적으로 말하자면 그러한 세평은 지레짐작이 아닐까 합니다. 다른 사람은 모르겠지만 우리는 이 철도사업에 일종의 취미를 가지고 있습니다. 특히 앞서 말씀드린 것처럼 철도와 문화는 커다란 관계를 지니고 있어서 하루라도 빨리 완성하고 싶습니다. 한편 저의 양부(養父), 친부(親父)는 철도에 취미를 가지고 있었습니다. 저는 어렸을 적부터 철도를 보고 들으면서 자랐기 때문에 스스로 철도에 커다란 취미를 가지게 되었고, 그 결과 본 사업에 노력하고 있기도 합니다. 요컨대 저는 이해관계를 떠나서 철도는 완성되어야 한다고 생각합니다. 저의 양부와 친부가 활동했던 오사카를 중심으로 철도가 많았는데, 그 가운데서도 한신(阪神) 등지의 명성이 자자했습니다. 이러한 배경에서 자라났기 때문에 저는 한번 해보자는 마음을 가지고 조선에 와서 철도사업의 경영에 나섰습니다. 단지 돈을 벌기 위해서라면 인구가 희박하여 물가가 낮은 조선에서 경영에 나서기보다 다른 곳에서 돈을 버는 편이 훨씬 수월했을 것입니다. 그러나 제가 그렇게 하지 않았던 것은 조선에서의 철도를 경영한다는 것 자체가 저에게는 큰 의의가 있었기 때문입니다.

이러한 사실을 안다면, 당국에서도 현재 미약한 사설철도정책에 대하여 고려해야 할 부분이 여러 가지임을 생각해 주셨으면 합니다. 요컨대 정부에서 조선의 현실을 이해하고 그 첫 번째 사업으로 12년계획을 수립하고 그것을 통해 조선철도의 완성을 도모한다는 방침을 세운 사실은 기쁘기 그지없습니다. 저는 이 계획이 하루라도 빨리 완성되기를 희망합니다.

○ 모토오카 우노키치(本岡卯之吉, 원산상업회의소 회두) : 동해안선의 실현에 따라 비로소 보편적 발달이 가능하다.

오랫동안 우리가 기다리고 바란 조선의 산업정책과 철도망 문제가 구체화한 것은 조선 개발상 매우 기쁜 일이다. 민간에 있는 우리도 이것의 실행과 관련하여 무거운 책임감을 느낀다. 물론 조선에는 치산, 치수와 같은 큰 문제가 여전히 남아 있다. 일찍이 전선상업회의소연합회에서 4대 요항(要項)이 고조되었을 때는 만세소요(萬歲騷擾)[89] 직후로, 이 문제는 어떻게 하면 치국안민(治國安民)할 수 있을 것인가와 관련된 대책의 주요 목표로 주창되었습니다. 그러나 현재는 그 당시와 상황이 전혀 다릅니다. 조선의 산업과 교통 발전을 기도하고 나아가 다양한 문제를 해결하는 것이 필요한데, 우리의 관점에서는 일본해를 세토나이카이(瀨戶內海)[90]로 만드는 작업이 모국과의 경제 관계를 한층 더 밀접하고 견고하게 할 수 있는 지름길입니다. 이는 조선, 특히 북선 지방의 발전을 촉진하는 데 극히 중요한 일이라 믿습니다. 한편 조선은 서해안을 통하여 지나해(支那海)[91]에서 남지(南支) 방면과 연락할 수 있습니다. 따라서 자연스럽게 우리 조선반도(朝鮮半島)는 세계 교통로의 요충지가 되고 이를 통해 반도는 번영을 이룰 수 있다고 생각합니다.

조선철도망계획은 이미 결정을 보았습니다. 우리 지방과 밀접한 경제 관계를 지닌 평원철도는 평양 방면에서부터 공사가 착수되고 있는데 현재 상태로 보아 하루라도 빨리 이를 완성해야 합니다. 이것이 점차 구체화하고 또한 1년 남짓한 시간에 함경선이 완성되면, 간도 방면과 길림을 거쳐 창춘에 연결되거나 국경과의 접속이 가능해집니다. 다행히 오무라 철도국장의 혜안에 의해서 동해안선도 결국 착수하기로 했다는 복음을 접하였습니다. 장래 동해안선을 통하여 조선은 보편적으로 발달할 수 있는 가능성을 확보했다고 생각합니다.

이 동해안선의 완성과 상응하여 북선 지방과 내지의 무역은 아무래도 일본해를 이용하여 이루어질 수밖에 없습니다. 일본 본토와 분리된 감이 있는 북쪽 방면을 우리 지역에서 장악하고 그 경제를 떼려야 뗄 수 없는 관계로 만들며, 세계의 대세를 주시하면서 이 관계를 그러한 쪽으로 이끌어 간다는 각오를 다지지 않으면 안 됩니다. 소련은 블라디보스토크(浦汐)를 대상으로 하여 여러 가지 계획을 수립하고 있습니다. 우리에게는 미

---

89 1919년 초에 전개된 3·1운동을 지칭한다. 앞서 언급한 독립소요사건과 동일한 의미를 지니는 용어이다.

90 일본의 혼슈, 규슈(九州), 시코쿠(四國)에 둘러싸인 해역으로서 중요한 해상 교통로이다.

91 오늘날 중국해를 뜻하는 용어로서 동남동 방향으로 아시아대륙과 경계를 이루는 서태평양의 일부를 지칭한다.

래에 그것과 경제적으로 제휴하고 일본해를 더욱더 번성하게 만들어 갈 책임이 있음을 통감하는 바입니다.

○ 오타니 도메고로(大谷留五郎, 조선총독부 철도국) : 제2차 철도망계획 예상.

이번 12년계획이 완성에 가까워지면, 다음 계획의 조사에 착수할 것으로 생각합니다. 다음은 제2차 계획으로 예상되는 노선입니다.

〈제2차 철도망 예상〉

① 중앙선(中央線) : 청량리에서 이천, 장호원, 충주, 단양, 영주, 안동, 의성, 대구

② 경동선(京東線) : 수원, 이천, 여주, 원주, 횡성, 강릉

③ 김삼선(金三線) : 김천, 거창, 함양, 산청, 진주, 삼천포

④ 남천철원선(南川鐵原線) : 경의선 남천, 신계(新溪), 이천(伊川)을 거쳐 경원선 철원까지

⑤ 압록강선(鴨綠江線) : 신의주에서 의주(義州), 삭주(朔州), 창성, 벽동(碧潼), 초산(楚山), 위원(渭原)을 거쳐 만포진까지

⑥ 청진웅기선(淸津雄基線) : 함경선 북부 수성(輸城)에서 부거(富居), 이진(梨津), 나주(羅州)를 거쳐 웅기에 이르러 도문선과 만나는 것

〈제2차 매수 노선 예상〉

① 조선철도회사 함남선(咸南線)

이 노선은 장진을 거쳐 국경의 후주(厚州), 고읍(古邑)에 이르며, 도중에 만포진과 만납니다. 따라서 오지의 개발과 더불어 만포진에서 평톈 방면으로 나아가는, 즉 동해안에서 최단거리를 형성할 수 있습니다. 국유로 만들어 광궤 노선으로 개축할 필요가 있습니다(단, 기술상의 문제는 별도로 한다).

② 금강산전기철도

이는 별도로 설명할 필요가 없습니다. 어느 시기에는 국유가 될 것입니다.

〈선만연락철도(鮮萬聯絡鐵道)〉

조선과 만주는 압록강, 두만강을 경계로 매우 가까이에 위치하고 육지로 국경을 형성하고 있습니다. 두 곳을 연결하는 철도는 현재 경의선과 안봉선(安奉線)이 있을 뿐입니다. 조만간 두만강 교량의 준공을 통해 도문철도(圖們鐵道)와 천도철도(天圖鐵道)가 연결되고 장래 길돈철도(吉敦鐵道)가 돈화(敦化)에서 회령까지 연장될 경우, 이 철도는 두만강 교량을 통과할 것으로 예상됩니다. 결국 2개소에 지나지 않는 것입니다. 300리의 국경이 겨우 3개소의 철도를 통해 연결된다는 점은 매우 안타깝습니다. 조선과 만주 국경을 연결할 다수의 철도가 출현하기를 희망합니다. 최근 북만주(北滿洲) 방면은 곳곳에 철도가 계획되어, 맹렬한 철도열이 일어나고 있는 것은 대륙 방면의 발전상 기쁜 현상입니다. 그런데 조선과 만주의 국경 방면에서 새로운 철도부설계획이 들리지 않는 상황은 유감입니다.

이는 조선의 대안 지방인 간도, 훈춘을 제외하고 나머지 지역의 경우 대체로 산악이 중첩되어 있거나 미개발인 곳이 많기 때문일 것입니다. 현재 북만주 방면에서 계획되어 있거나, 이미 착수된 철도를 열거하면 다음과 같습니다.

① 외국 자본에 의한 노선

① 개원도록선(開原掏鹿線) : 카이위안-타오루 구간

② 호해선(呼海線) : 하얼빈-하이룬(海倫) 구간

② 지나 스스로 계획한 노선

선로 명칭	구간	거리
봉해선(奉海線)	펑톈-하이룽(海龍)	152마일(244.6km)
개해선(開海線)	카이위안-타오루-하이룽	128마일(206.0km)
통해선(通海線)	바이인인타이콰이(白音太來)-카이룽(開龍)	70마일(112.7km)
장부선(長扶線)	창춘-눙안(農安)-푸에(扶余)	95마일(152.9km)
길반선(吉盤線)	지린-판스(盤石)	30마일(48.3km)
부석선(扶石線)	푸에-스터우청(石頭城)	66마일(106.2km)
밀목선(密穆線)	무링(穆陵)-미산(密山)	100마일(160.9km)
영해선(寧海線)	닝구타(寧古塔)-하이린(海林)	140마일(225.3km)
부유선(扶楡線)	푸에-보도나로(伯都納)-위수(楡樹)	140마일(225.3km)
빈흑선(賓黑線)	하얼빈-헤이허(黑河)	미상

철도계획은 이처럼 왕성합니다. 장래에는 조선 국경 방면과의 결합에 대해서 계획이 수립되어야 한다고 생각합니다. 물론 예상에 불과하지만, 계획이 기대되는 철도를 정리하면 다음과 같습니다.

〈선만연락철도의 예상〉

① 중만철도(中滿鐵道) : 만포진 대안[지안(輯安)]에서 퉁화(通化), 싱징(興京)을 거쳐 푸순(撫順), 펑톈 지방에 이른다.

② 장개철도(長開鐵道) : 혜산진의 대안 창바이(長白)에서 푸숭(撫松), 멍장(濛江), 후이난(輝南), 하이룽, 둥펑(東豊), 시펑(西豊)을 거쳐 만철 본선(本線)인 카이위안에 이른다.

③ 혼춘철도(琿春鐵道) : 도문선 경원의 대안에서 훈춘을 거쳐 소련과 중국 국경인 투멘지(土門子)에 이른다.

④ 간혼철도(間琿鐵道) : 옌지[延吉, 쥐쯔제(局子街)]에서 훈춘에 이른다.

⑤ 간해철도(間海鐵道) : 옌지, 왕칭(汪淸), 미구타(密古塔)를 거쳐 동지철도(東支鐵道) 동부선(東部線)의 하이린에 이른다.

⑥ 금안철도(金安鐵道) : 만주 본선 취안저우(全州)에서 관동주(關東州) 경계를 통과하여 쳉지탄(城子疃)에 이르는 60마일(96.6km) 구간은 소위 금복철도(金福鐵道)로서 현재 공사중이다. 장래에는 안둥(安東)까지 연장될 것이다.

5. 1931년 만주사변의 발발과 북선철도계획의 수립

〈자료 143〉 大村卓一 著, 1944,「滿洲事變直後」,『大陸に在りて』, 勝進社, 166~186쪽.

1) 천도철도(天圖鐵道)란

만주사변 당시 나는 조선에 있었기 때문에, 직접 그 사태에 참여할 만한 일은 없었다. 오로지 조선군의 군사수송을 담당했다. 그때의 조선군사령관은 유명한 월경장군(越境將軍)인 하야시 센주로(林銑十郎) 대장이었다.

만주에서 사변이 일어난 것을 안 하야시 씨는 홀연 군대를 신의주(新義州)의 변경에 집중하여 대기하는 자세를 취했다. 그러자 적은 병력의 우리 수비군이 몇 배의 적군에 포위되어 뜻밖에 고전하진 않을 것이라는 정세가 보이자, 하야시 씨는 더 기다리지 않고 대기하는 병력에 기탄없이 압록강(鴨綠江)을 건너도록 하였다. 결국 이것이 월경장군이라는 명칭이 나오게 된 것인데, 이러한 사건과 이후 금주(錦州) 공략에 출동했던 무로(室) 중장의 경성사단의 군사수송 등에서, 나는 조선철도국장으로서 노력하였던 것이다.

그러한 형편상 당시 생생하게 떠오르는 것은 특별히 없지만, 그로부터 새해가 밝아 1932년(昭和 7) 2월 말, 선만 국경 교통에 지대한 관계가 있는 간도(間島)의 천도철도(天圖鐵道) 연장선의 협의를 위해 펑톈(奉天)에서 혼조(本庄) 관동군사령관이나 우치다(內田), 에구치(江口) 만철정·부총재를 방문하고, 이어서 돌아오는 길을 병비(兵匪)가 횡행하는 경도선(京圖線)에서 합이파령(哈爾巴嶺)을 넘어 간도로 내려왔던 잊지 못할 여행의 기억이 있다.

원래 이 천도철도의 연장 문제라는 것은 거슬러 올라가자면 1909년(明治 42)의 일지(日支) 양국 간의 '간도에 관한 협약'으로까지 올라가는데, 그 당시부터 일지 간에는 장래 길장철도(吉長鐵道)를 연길(延吉) 변경까지 연장하여 돈화(敦化)로부터 회령(會寧)으로 나와, 북선의 청진(淸津)으로 이어진다고 하는, 소위 길회철도(吉會鐵道) 문제라고 하는 것이 있었다.

그런데 이미 전불금(前拂金)까지 수취하여 가계약을 체결해 둔 상태로 지나 측에서 말을 빙빙 돌려 조금도 실현을 보지 못하고 20년간이나 방치되고 있었다.

여기에 회령에서 경성에 이르는 도문철도(圖們鐵道)의 경영자로 지금은 병상에서 여생을 보내고 있는 이다 노부타로(飯田延太郞)라는 사람이 있다. 그는 이후 일화대사전(日華大事典) 등을 만들고 대륙정책에 대해서도 훌륭한 선각자였는데, 이 사람이 1923년(大正 11), 마침 배일풍조가 만연한 가운데 베이징정부와 교섭하거나, 장작림(張作霖)을 납득시키는 활동을 하는 등 상당한 노력을 하여 일본과 중국 합작의 천도경편철도회사를 만드는 데 성공했다. 구간은 천보산(天寶山)부터 노두구(老頭溝), 간도 용정(龍井)을 거쳐 도문강(圖們江) 좌안에 이르는 약 100km 정도이다. 주로 노두구의 석탄이라든지 천보산의 은, 동광 등을 운송하는 것으로 되었는데, 이다 군의 목적은 그런 것에 있는 것은 아니었다. 장래 이 철도를 근간으로 하여 조선 측에서 할 만주 개발이라는 국책 수행에 이바지하고자 생각했던 것이다.

그런데 이제 건설에 대해서 보면 지방민들의 배일적(排日的) 방해 등이 있었고, 공사는 좀처럼 진척되지 않았다. 지연 또 지연, 고심에 고심을 거듭하여, 간신히 전 노선의 개통을 본 것은 내가 조선에 부임하기 직전이었다. 그러한 사정에서 경영도 매우 곤란하여 이다 군도 파산에 이르렀고, 철도는 총독부의 보조로 겨우 버티고 있었다.

그러나 이 철도가 얼마나 국책상 필요한지는 말할 필요도 없다. 내가 조선에 부임하자 정무총감 아래에 조선산업개발12개년계획이 입안되었는데, 가장 먼저 북선 개발을 기획하여 함경선(咸鏡線)의 완성, 회령(會寧) 저쪽의 도문철도를 포함하여 웅기항(雄基港)까지의 북선철도(北鮮鐵道)를 관통하는 천도철도를 광궤로 개편하고, 마침 돈화(敦化)까지 연장되고 있던 길돈선(吉敦線)에 연결하여 선철과 만철 양자의 손에 의해 간도 및 동변도(東邊道)의 보고(寶庫)를 개척하고, 북선 3항[92]을 창구로 하여 일본해 내해화(內海化)의 완성을 목표로 나아갔던 것이다.

그래서 몇 번이나 만철과 교섭이 진행되었던 것인데, 주위의 다양한 사정으로 인해 대화가 진전되지 않고 우물쭈물한 채로 1931년(昭和 6) 사변의 해가 되어 버렸다.

거기서 예의 현안인 길회선(吉會線)의 완성과 나진(羅津)의 축항이 단숨에 결정되었고, 그 첫 번째로 돈화로부터의 연장선이 착수되는 것으로 되어, 조선 측에서도 거기에 호응하여 도문철도의 광궤 개조, 북선선의 관통, 국경 도문강의 가교 등의 준공을 서둘렀다. 나의 펑톈(奉天)행은 그 협의를 위한 것이었다.

---

92 일본과 만주를 잇는 북선루트 가운데 청진과 나진, 웅기를 말한다.

2) 경도선으로

2월 말로 말하면 건국일[93]을 목전에서 기다리며 내외 모두 다사한 때이고, 제네바에서는 여러 나라로부터의 총공격을 받아 일본은 고립 외교에 빠져, 예의 리튼조사단[94]이 광란노도(狂瀾怒濤)를 돌려보내듯이 만주에 막 도착하려던 무렵이었다. 게다가 국내에서는 병비의 횡행이 아직 종식되지 않아서 가는 곳마다 약탈, 방화, 폭행이 일어나고, 철도노선도 자주 파괴되어, 아군은 비적 소탕과 치안 회복에 힘껏 노력하고 있었다. 한편 건국의 환희는 대도시를 중심으로 팽배하여 끓어올랐고, 묘망(渺茫)한 동양의 천지가 세계사적 대변혁을 일으키려는 전야에 그 산욕(産褥)의 고뇌 한가운데를 왕래했던 것이어서 당시를 회상하면 실로 감개무량하지 않을 수 없다.

펑톈의 협의가 마무리된 것이 3월 2~3일경이었는데 그때 나는 생각했다. 지금 만주 건국의 여명이 밝아오고 있는데 나는 다년의 현안이었던 북쪽의 창문을 밀어 열어야 할 만주에 찾아왔다. 그리고 그 창문은 더욱더 열리고 있다. 첫째로 이 기회에 그 현재 상황을 수단으로 스스로의 눈으로 보고, 길돈선에서 지금의 경도선 연도(沿道)를 따라 북선으로 관통해 보고 싶었다. 만철 사원의 활동을 현장에서 시찰하고 싶은데 어떠냐고 묻자, 길돈선의 배후지에는 왕덕림(王德林) 비적이 있어서 동변도부터 간도에 걸친 치안은 매우 불안하다고 하여 멈추는 것이 어떨지 충고를 받았다. 그러나 이 기회에 꼭 봐두고 싶다고 희망을 말했다. 그래서 하천이 빙결되어 있는 사이라면 자동차가 통행할 수 있으므로 서둘러 출발하면 좋겠다고 하여, 현재 제제합이(齊齊哈爾)건설사무소장을 맡고 있는 사토 슈키치(佐藤周吉) 군과 두 사람으로 훌쩍 장춘(長春)을 순회하는 여행을 하게 되었다.

도중에 창춘의 야마토(大和)호텔에서 1박하고, 당시 길장철도 만철 대표 나카가와 마스쿠라(中川增藏) 군으로부터 현황을 듣고 운명을 하늘에 맡기고 길장선에 올라탔다.

다음 날 밤은 돈화의 정차장 2층에서 1박. 들어 보니 하천은 아직 녹지 않았기 때문에 이제 4~5일은 자전거의 통행도 괜찮다는 것. 거기까지는 좋았지만 이 부근은 4~5일 전에도 전투

93 만주국은 1932년 3월 1일 건국했다. 여기에서의 건국일은 만주국의 건국일을 말한다. 이때의 '2월 말'은 만주국 건국 직전인 1932년 2월 말을 가리킨다.

94 만주사변과 만주 상황을 조사하기 위해 조직된 국제연맹 중일분쟁 조사위원회를 통칭하는 말이다.

가 있어서 앞으로의 치안 상태를 절대로 보증할 수 없다는 이야기를 들었다.

따로 호위병도 있는 상황도 아니기 때문에, 뭔가 좋은 방법은 없을까 생각하고 있었는데, 마침 공교롭게도 돈화에 있는 만주국군의 한 장교가, 새롭게 제정된 국기를 배급하면서 연길까지 간다는 것을 알게 되었다. 건국식에 맞추기 위해서 지방의 제 관청으로, 처음 제정된 만주국기를 배급한다고 하는 것이었다.

그래서 그 자동차에 편승하는 것으로 하여 사토 군과 2명이 탄 것은 좋았지만, 이 자동차 운전수가 대단한 겁쟁이로, 사람이라도 보이면 비적이 아닐까 하여 급속도로 도망쳤다. 인가(人家)가 있으면, 보통이면 속도를 낮출 것을 반대로 속도를 높여서 위험하기 짝이 없었다. 도로는 아시다시피 요철이 심한 도로이고, 얼어 있는 길을 격한 바운드를 하면서 급속도로 운전을 하게 되면 상당히 튼튼한 신체라도 녹초가 될 수 있었다.

어쨌든 멀리서 총성을 들으면서도 따로 비적의 습격을 받지 않고, 험준한 하얼빈(哈爾巴嶺)을 넘어 명월구(明月溝)[당시의 옹성라자(甕聲啦子)]로 들어가서, 여기서 점심식사를 했다. 불운이라고 하면, 거기서부터 겨우 3개월 전, 경도선 건설을 위해 파견 온 만철측량대 일행이 왕덕림(王德林) 휘하 지나 정규병에게 저격되어 이토(伊藤), 나카무라(中村) 두 사원의 고귀한 희생자를 내었다는 것이다.

나는 그 희생의 땅에 서서 아직 생생한 나무 표식에 감사의 마음을 올렸다. 이후 10년을 지나 만주 국유철도는 1만 km를 돌파하고 왕성한 국운을 축하하는 오늘날이 되어서도, 그 언덕에 있는 나무 표식을 회상하고, 최초의 희생을 기억하며 엄숙한 감회에 빠진다.

그렇게 말하는 것도 만주 건국 사업의 첫째는 철도 건설이었는데, 이것은 모두 끊임없는 비적의 폐해에 직면해서 많은 희생을 견디며 이루어 낸 것이다. 기술적으로 말하면 1년에 700~800km의 건설 작업은 대단한 것은 아니지만, 오로지 일본인 정신력의 결합에 의해 완성된 것이고, 일본인이 아니고는 완수할 수 없었다는 것을 절실히 느끼기 때문이다.

3) 서쪽으로 돌아가다

그로부터 다시 이 덜덜거리는 자동차에 흔들리며 오후 9시경 무사히 연길에 도착했다. 여기서는 당시의 간도 방면의 보안대 사령, 지금의 만주국 길흥(吉興) 장군[상장(上將)]이 있었다.

여기서 우선 관사를 방문하여 경의를 표하고 연길에서 1박 했다. 그리고 다음 날 아침 연길을 출발하여 조선으로 돌아왔는데, 그때까지 나는 만주로 가게 될 것이라고는 꿈에도 생각하지 못했다.

그런데 청진에서 1박을 해 보면서 숙소로 신문기자들이 우르르 몰려와 맹렬하게 질문했다. '귀하는 이번 만주로 들어간다는 것이 사실입니까' 하는 질문이었다. 나남(羅南)의 지사(知事)님까지 와서 마찬가지 질문을 했기 때문에, 내가 하얼빈을 넘어왔을 무렵에는, 이 소문은 조선 내에 상당하게 퍼지기도 했는데, 이것이야말로 나에게는 아닌 밤중에 홍두깨인 풍문이었다. 스스로 현재 임무의 목표는 조선경제개발12개년계획을 완성하는 것이었고, 눈앞에는 변경의 불안을 배제하고 북선 일대를 명랑화하고, 만선 국경을 넘나들며 동변도의 보고(寶庫)를 개척하는 사명을 가졌다. 이것은 뭐든지 다 이제 겨우 본궤도에 올랐을 뿐 아닌가 하고 웃으며 부정했었는데 어찌 알 수 있었으랴. 몰랐던 것은 나뿐이었던 것으로 보였고, 그로부터 1개월 정도 지난 4월 말이었던가 시베리아에서부터 구면이었던 관동군의 모 대좌가 혼조(本庄) 씨의 친서를 가지고 경성으로 나를 방문하러 왔다.

이번 관동군에 교통감독부라고 하는 것을 두고 만주철도를 관리하는 것으로 되었으므로, 꼭 출마하라는 어찌할 수 없는 담판이었다. 나도 이리저리 생각한 끝에, 조선에서는 이미 8년 있었고 대부분 계획은 본궤도에 올라, 따로 내가 없어도 걱정할 것이 없어서 일단 우가키(宇垣) 총독에게 상담해 보겠다고 하였다. 그러자 우가키 씨도 찬성하여, 나에게 의지가 있으면 꼭 국가를 위해 대륙으로 가서 일하여 달라고 권유했다.

이리하여 이야기는 순조롭게 되어 6월 초, 나는 조선철도국장의 현직인 채로, 관동군 교통감독부에 파견 형태로 부임하게 되었다.

서쪽에서 왔던 자는 서쪽으로 돌아간다. 조선 부임으로 칭타오(青島)에서 경의선에 올라 경성에 도착했던 나는 다시 경의선으로 내려가 서쪽으로 가게 되었다. 관동군사령관은 이윽고 무토(武藤) 씨로 바뀌었고, 고이소(小磯) 참모장과 함께 조선을 경유하여 부임했는데, 곧바로 나도 조선의 진용이 정돈되어 그 뒤를 따라 만주로의 부임을 서둘렀다. [1941년(昭和 16) 3월]

6. 전시하 일본제국의 연락 강화와 조선철도 구상

〈자료 144〉 運輸通信省 鐵道總局 業務局, 1944, 『日滿支連絡運輸ニ關スル協定』, 運輸通信省 鐵道總局 業務局, 1～13쪽.

1) 일만지(日滿支)[95] 연락·운수에 관한 협정

본 협정서에 서명한 각 운수기관은 일만지 교통, 운수의 편리함을 증진하기 위해 다음 각 조에 따라 여객, 수하물, 소하물(小荷物), 화물을 연락·운수하기로 협정한다.

제1조 연락과 운수는 본 협정과 다음 시행규칙에서 정해진 바에 따라 시행한다.

1. 연락운수규칙과 동(同) 취급세칙
2. 연락운수청산규칙
3. 연락운수통관규칙과 동 취급세칙
4. 연락통신에 관한 협정
5. 연락승차권의 대행 판매[代賣]에 관한 규정
6. 대매업자 주최 단체에 관한 규정

제2조 각 운수기관은 다른 운수기관으로부터 인계를 받은 수하물과 운송품을 자신이 운영하는 노선 내에서 운송을 완료해야 하는 책임을 지닌다.

제3조 본 연락과 운수의 경우 일본 화폐 엔(圓), 만주국 국폐(國幣) 엔(圓), 중화민국 국폐(중국연합준비은행권) 엔(圓), 몽고연합자치정부 국폐 엔(圓)은 등가로 취급한다.

제4조 다음 사항에 관해서는 각 관계 운수기관 사이의 협정에 따른다.

1. 접속지의 여객, 수하물, 운송품의 접속 작업과 인계 수속에 관한 사항
2. 열차와 차량의 직통에 관한 사항
3. 기타 본 협정에서 정해지지 않은 연락과 운수에 관한 사항

---

95 일본, 만주, 중국을 통칭하는 용어이다.

제5조 연락과 운수에 사용해야 할 운수장부는 각 운수기관이 자비로 만든다.

제6조 연락과 운수에 사용해야 할 운수장부의 용어는 발송 운수기관에서 통용하는 용어를 사용한다.

전항의 용어는 필요에 따라 접속지에서 인수 운수기관이 번역한다.

제7조 수하물과 운송품의 멸실(滅失)이나, 훼손으로 인한 손해에 대해서 지불해야 할 배상액은 그 손해의 원인을 야기한 운수기관이 명확할 때는 해당 운수기관에서 부담하고 그 손해의 원인을 야기한 운수기관이 명확하지 않거나, 원인이 복합적이어서 각 원인으로부터 발생한 손해를 구별하기 어려울 때는 다음 각호의 경우를 제외하고 운임, 집화 요금(集貨料), 배달 요금, 접속 요금(接續料) 및 요상액 표시 요금(要償額表示料) 수득액(收得額)의 합산액[수하물에 대해서는 여객 운임, 수하물 운임, 배달 요금, 요상액 표시 요금 수득액의 합산액]에 의해서 안배하여 부담한다.

1. 화차(貨車)가 직통하는 운수기관 사이에 환적(積換), 혹은 하역(積卸)을 하지 않고 덮개가 씌워진 화차에 쌓인 화물로서 봉인(施封)이 되었고 기타 외부에 이상한 흔적이 없는 화물을 하역할 때, 수량 부족을 발견하고 지체 없이 그 상황을 해당 화물을 적재한 화차의 발송 운수기관에 통지한 경우의 손해는 해당 화물을 적재한 화차의 발송 운수기관이 부담한다.
2. 화차가 직통하는 운수기관 사이에 덮개가 씌워진 화차에 쌓인 화물에 빗물과 눈이 새서 발생한 손해의 배상액은 다음 각호에 따라 처리한다. 단, 예상할 수 없는 사유로 인한 손해는 해당 화차의 소속 운수기관이 부담한다.

1) 운송 중에 발생한 손해는 해당 화물을 적재한 화차의 발송 운수기관이 부담한다.
2) 하주(荷主)가 하역(取卸)해야 하는 경우 하역한다는 의사를 통지한 시간부터 기산(起算)하여 6시간 이내에 발생한 손해는 해당 화물을 적재한 화차의 발송 운수기관이 부담하고, 그 후에 발생한 손해는 해당 화물을 적재한 화차가 도착한 운수기관에서 부담한다.
3) 철도가 하역해야 하는 경우 하역 선로에 들어선 후 6시간 이내에 발생한 손해는 해당 화물을 적재한 화차의 발송 운수기관이 부담하고, 그 후에 발생한 손해는 해당 화물을 적재한 화차가 도착한 운수기관에서 부담한다.

4) 일몰 후부터 일출까지 하역하지 않는 시간은 앞선 2호의 시간으로 계상하지 않는다. 그동안에 발생한 손해는 해당 화물을 적재한 화차의 발송 운수기관이 부담한다.

5) 2호와 3호의 경우 6시간 전후에 걸쳐서 발생한 손해는 해당 화물을 적재한 화차가 발착된 운수기관에서 이것을 절반씩 부담한다.

제8조 수하물과 운송품의 연착으로 인한 배상은 인도 기간을 초과한 운수기관에서 부담한다.

인도 기간의 초과가 2개 이상의 운수기관에서 발생했을 때는 시행규정과 연락운수규칙에서 정한 해당 운수기관의 인도 기간에 대한 초과 일수의 비율을 각 운수기관의 운임, 집화 요금, 배달 요금, 접속 요금[접속요금은 조선총독부 교통국의 노선으로 설정된 것에 한함], 요상액 표시요금 수득액에 곱하여 나온 배상액을 안분(按分)[96]하여 부담한다.

잘못 도착했거나 잘못 계송(繼送)[97]되어서 인도 기간을 초과한 경우에는 잘못 도착하게 했거나, 잘못 계송한 책임이 있는 운수기관에서 배상액을 부담한다.

제9조 운임, 요금(보관요금을 제외), 선금(立替金), 잔금(引換代金) 등의 징수가 불가능하여 운수기관에서 손해를 입게 된 경우, 책임 운수기관이 명확할 때는 그 운수기관에서 이것을 부담하고, 책임 운수기관이 명확하지 않을 때는 각 운수기관에서 받아야 할 운임과 요금(통관 수속 대변 수수료와 보관 요금을 제외)의 액수에 따라서 안분하여 부담한다.

보관요금의 징수 불가능으로 인한 손해는 수하물, 혹은 운송품을 보관한 운수기관에서 이것을 부담한다. 단, 2개 이상의 운수기관에서 수하물, 혹은 운송품을 보관했을 때는 각 운수기관에서 받아야 할 보관 요금에 의해서 안분하여 부담한다.

제10조 수하물의 물표(合符, 짐표), 수하물표, 소하물표, 역(驛) 명찰, 화물통지서, 화차의 차표, 꼬리표(荷札) 등을 오기하거나 오인하여 수하물과 운송품을 다른 운수기관으로 잘못 보내 반송되거나, 또는 전송(轉送)된 경우 관계 운수기관의 운임, 요금, 기타

96 일정한 비율에 따라 고르게 나눈다는 뜻이다.

97 발송지와 도착지 사이의 중간 역에서 열차에서 다른 열차로, 화차 또는 컨테이너 단위로 연결하여 수송하는 것을 뜻한다.

받아야 하는 액수에 대해서는 오배송이 없는 것으로 간주한다. 단, 오배송의 결과 해당 운송에 관여한 운수기관의 수하물 또는 운송품에 멸실이나 훼손으로 인한 손해가 발생한 경우에는, 원래의 운임과 요금을 실제 운송에 관여한 전체 운수기관이 해당 운송으로 받아야 하는 운임 액수에 따라 안분하고, 관계 운수기관이 받아야 하는 액수를 경정(更正)한다.

전항의 사유로 인하여 수하물, 운송품을 잘못된 경로를 통해 운송한 경우는 전항 단서에 준하여 관계 운수기관의 운임과 요금을 경정한다.

제11조 하주가 누구인지 확실히 알기 어렵거나, 거래 취소와 기타 사유로 인하여 수하물과 운송품을 운수기관에서 시가로 환산하여 처분할 때는 다음 각호에 따라서 이것을 처리한다. 단, 하주가 누구인지 확실히 알기 어려운 것 이외의 수하물과 운송품에 대해서는 매각 대금이 제 비용보다 부족하고 하주로부터 부족액을 추징하기 불가능한 경우에 한정한다.

1. 매각 비용을 공제한 매각 대금이 잔금[통관 수속 대변 수수료를 포함, 본 조항 중 이하 동일]보다 부족할 때 그 부족액은 각 운수기관의 운임 액수에 따라 안분하여 부담한다.
2. 매각 대금에서 매각 비용과 잔금을 공제한 나머지 금액이 운임과 요금[보관 요금을 제외]보다 부족할 때 그 부족액은 각 운수기관의 운임 액수에 따라 안분하여 부담한다.
3. 매각 대금에서 매각 비용, 잔금, 운임과 요금[보관 요금을 제외]을 공제한 나머지 금액이 보관 요금보다 부족할 때 그 부족액은 수하물, 운송품을 보관한 운수기관이 부담한다. 단, 2개 이상의 운수기관에서 수하물, 운송품을 보관했을 때는 각 운수기관의 보관요금에 따라서 안분하여 부담한다.
4. 매각 대금에서 매각 비용, 잔금, 운임, 요금 등을 공제하고 잉여금이 있을 때는 각 운수기관이 운임으로 받는 액수에 따라 안분하여 수취한다.

제12조 차량이 직통하는 운수기관 사이에 적재 화물의 탈락, 과적, 붕괴, 차량의 고장 등으로 인하여 수하물과 운송품을 환적하거나 다시 바로 쌓은 경우, 그 비용은 하주가 부담하는 것을 제외하고 해당 수화물과 운송품이 적재된 차량의 발송 운수기관에서 부담한다. 단, 2회 이상 환적하거나 다시 바로 쌓은 경우인데 해당 수

하물과 운송품이 적재된 차량을 발송한 운수기관의 책임이라고 인정하기 어려울 때는, 그 직전에 환적하거나 다시 바로 쌓은 운수기관에서 부담한다.

예상하기 어려운 차량의 고장으로 인하여 발생한 전항의 비용은 해당 차량의 소속 운수기관에서 부담한다.

차표 오기 때문에 화물을 하역한 이후 착오 사실이 판명되어 다시 화물을 적재하고 올바른 도착역으로 전송한 경우, 적재에 소요된 비용은 화차 발송 운수기관에서 부담한다.

제13조 시행규정에 저촉되지 않는 범위에서 운임과 요금, 기타 운송 조건을 변경하려고 할 때, 해당 운수기관은 실시 기일 전에 개정된 실시 절차가 이루어질 수 있도록 다른 운수기관에 통지해야 한다.

제14조 연락과 운수 사무용 서류, 인쇄물은 상호 무임(無賃)으로 운송한다. 단, 항공기에 의한 운송은 이에 해당하지 않는다.

제15조 연락과 운수에 관한 사무를 처리하기 위해서 사무 관리자를 둔다.

사무관리자는 참가 운수기관의 협의에 따라 정한다.

제16조 연락과 운수에 관한 회의는 매년 1회 개최한다.

전항의 회의에서 다음 회의의 일시, 주최 운수기관, 장소를 결정한다.

특히 필요한 경우 사무관리자는 관계 운수기관과 협의한 후 임시회의를 개최할 수 있다.

회의를 주최하는 운수기관은 회의 의제의 수집, 송부, 회의의 소집을 담당하고 회의 의정서를 작성한다.

제17조 회의의 의장은 회의의 주최 운수기관이 담당한다.

회의에 출석하지 않은 운수기관은 회의의 결의에 관하여 다른 운수기관에게 위임할 수 있다.

회의의 결의에 참가하지 않은 운수기관은 그 결의에 대해서 이의를 신청할 수 없다.

제18조 각 운수기관은 3개월의 예고 기간을 두고 본 협정에서 탈퇴할 수 있다.

탈퇴한 운수기관은 청산의 범위 내에서 청산 종결일까지 참가 운수기관으로 간주한다.

제19조 다른 운수기관을 본 협정에 참가시키려고 할 때는 전체 참가 운수기관의 승인이 필요하다.

전항에 의해서 운수기관이 참가할 때는 사무 관리자와 해당 운수기관 사이에 참가에 관한 협정을 체결한 후 양자가 서명·조인하는 것으로 각 운수기관의 서명·조인을 대신한다.

제20조 본 협정에 참가한 운수기관이 참가하지 않은 운수기관과 일만지 상호 간(일본 내지, 대만, 조선 상호 간을 포함)의 연락·운수에 관한 협정을 체결하려고 할 때는 본 협정의 규정을 기반으로 해야 한다. 단, 연락과 운수의 특별한 사항은 이에 해당하지 않는다.

제21조 본 협정의 개정은 회의의 결의에 따르거나, 혹은 왕복 문서에 의해서 전체 참가 운수기관의 승인을 얻어 할 수 있다.

일부 운수기관이 다른 운수기관과 관련 없는 사항을 개정하려고 할 때는 시행규정에 한하여 전항의 규정에도 불구하고 관계 운수기관 사이에 개정을 실시하고, 이 사실을 사무 관리자에게 보고한다.

사무 관리자가 전항의 보고를 받은 경우는 이것을 다른 참가 운수기관에게 통지한다.

제22조 본 협정은 1940년(昭和 15) 10월 1일부터 시행한다.

본 협정 체결의 증거로서 본 증서 14통을 작성하고 각 운수기관 대표자가 서명·조인한 후에 각 운수기관이 공히 1통씩 보유한다.

1940년(昭和 15) 6월 27일

철도성 운수국장 나가사키 소노스케(長崎惣之助)

조선총독부 철도국장 야마다 신주로(山田新十郎)

대만총독부 교통국총장 도마리 다케지(泊武治)

남만주철도주식회사(南滿洲鐵道株式會社) 총재 오무라 다쿠이치(大村卓一)

화북교통주식회사(華北交通株式會社) 총재 우사미 간지(宇佐美寬爾)

화중철도주식회사(華中鐵道株式會社) 부총재 덴 마코토(田誠)

일본해기선주식회사(日本海汽船株式會社) 사장 노무라 지이치로(野村治一良)

대판상선주식회사(大阪商船株式會社) 사장 (대리) 가와라 도시오(香春敏夫)

대련기선주식회사(大連汽船株式會社) 사장 (대리) 가와무라 다쓰오(川村龍雄)

일본우선주식회사(日本郵船株式會社) 사장 오타니 노보루(大谷登)

동아해운주식회사(東亞海運株式會社) 사장 가와타 이사오(河田烈)

대일본항공주식회사(大日本航空株式會社) 총재 (대리) 가타오카 나오미치(片岡直道)

만주항공주식회사(滿洲航空株式會社) 사장 마키노 마사미치(牧野正迪)

중화항공주식회사(中華航空株式會社) 총재 (대리) 아라이 사부로(新井三郎)

2) 일만지 연락·운수에 관한 협정의 권리와 의무 계승에 동반한 협정서

본 협정서에 서명한 각 운수기관은 일본해기선주식회사, 대판상선주식회사, 일본우선주식회사, 동아해운주식회사, 대련기선주식회사가 보유한 일만지 연락·운수 협정에 관한 권리와 의무를 선박운영회 및 관동주(關東州) 선박운영회로 계승하는 것에 대해서 다음과 같이 협정한다.

제1조 선박운영회, 관동주 선박운영회는 각 부기된 기선회사가 일만지 연락·운수에 관한 협정에 대하여 보유한 권리와 의무 일체를 계승한다.

선박운영회 : 일본해기선주식회사, 대판상선주식회사, 일본우선주식회사, 동아해운주식회사, 대련기선주식회사[톈진(天津)과 상하이(上海) 항로를 제외]

관동주 선박운영회 : 대련기선주식회사[톈진과 상하이 항로에 한정]

제2조 일만지 연락·운수에 관한 협정에 다음 각서를 추가한다.

선박운영회와 관동주 선박운영회의 일만지 연락·운수 협정의 실시에 관한 각서

선박운영회와 관동주 선박운영회가 시행해야 할 본 협정의 실시에 관해서는 다음 해당 항로의 운항 실무자를 본 협정 참가 운수기관으로 간주한다.

일본해기선주식회사

대판상선주식회사

일본우선주식회사

동아해운주식회사

대련기선주식회사

제3조 본 협정은 1942년(昭和 17) 8월 1일부터 시행한다.

본 협정 체결의 증거로서 본 증서 16통을 작성하고 각 운수기관 대표자가 서명·조인한 후에 각 운수기관이 공히 1통씩 보유한다.

1942년(昭和 17) 12월 1일

철도성 업무국장 호리키 겐조(堀木鎌三)

조선총독부 철도국장 야마다 신주로

대만총독부 교통국 총장 후쿠미 다카오(副見喬雄)

남만주철도주식회사 총재 오무라 다쿠이치

화북교통주식회사 총재 우사미 간지

화중철도주식회사 부총재 덴 마코토

선박운영회 총재 오타니 노보루

관동주 선박운영회 회장 가와무라 다쓰오

일본해기선주식회사 사장 노무라 지이치로

대판상선주식회사 사장 오카다 나가타로(岡田永太郎)

대련기선주식회사 사장 가와무라 다쓰오

일본우선주식회사 사장 데라이 히사노부(寺井久信)

동아해운주식회사 사장 시미즈 야스하루(清水安治)

대일본항공주식회사 총재 고다마 쓰네오(兒玉常雄)

만주항공주식회사 사장 후지타 도모(藤田朋)

중화항공주식회사 총재 고다마 쓰네오

1. 일만지 연락·운수 협정 제15조에 관한 각서

일만지 연락·운수에 관한 협정 제15조에 정한 사무 관리자는 당분간 철도성에서 위임한다.

2. 선박운영회와 관동주 선박운영회의 일만지 연락·운수 협정의 실시에 관한 각서

선박운영회와 관동주 선박운영회가 시행해야 할 본 협정의 실시에 관해서는 다음 해당 항로의 운항 실무자를 본 협정 참가 운수기관으로 간주한다.

일본해기선주식회사

대판상선주식회사

일본우선주식회사

동아해운주식회사

대련기선주식회사

7. 일제하 조선철도의 시기별 주요 정책과 그 시행

〈자료 145〉 朝鮮總督府 鐵道局, 1940, 「第二章 國有鐵道の經營」, 『朝鮮鐵道四十年略史』, 朝鮮總督府, 69~113쪽.

1) 철도의 통일

(1) 철도 통일의 준비

일로전쟁(日露戰爭) 후 조선의 철도는 경부철도주식회사가 경영하는 경부선과 경인선, 임시군용철도감부가 관리하는 경의선과 마산선이 있었고 그 밖에 임시군용철도감부에서 건설 중인 경원철도가 있었다. 이와 같이 관리·경영이 달랐기 때문에 운수·연락상의 불편이 적지 않았다.

당시 정부 부내에서는 장래를 고려하여 상당한 시기에 이 철도들의 관리를 통일하는 것은 경영상으로도 군사적 목적을 달성하기 위해서도 필요한 것이라고 논의되고 있었다. 다만 통일의 방법에 관해서는 당초 관계 방면에서 소견을 달리하는 것이 있었다. 철도를 주관하는 관청인 체신성에서는 경의선을 체신성으로 이관하는 것과 함께 경부·경인 두 노선을 정부가 매수하고 종관 간선의 관리를 통일시키자는 의견이 있었다. 육군에서는 당분간 육군대신의 관리에 두고 경부·경인 두 노선을 매수해서 모든 노선을 통일하고 필요한 시설을 정리한 후 적당한 시기에 모든 노선을 체신성에 이관하자는 의견이었다. 또한 대장성에서는 국가 재정상 경부철도의 매수를 직접 실행하는 것이 불가능하다면 차라리 경부철도주식회사가 경의철도를 합병하도록 하여 경영 개선을 위한 방법을 얻자는 태도를 보이고 있었다.

당시 우리나라에서는 다년의 현안이었던 내지(內地) 철도 국유의 방침을 구체화하는 방책을 강구하고 있었으며, 또한 만주에서는 일로전쟁 중 아군 점령으로 돌아온 동청철도(東清鐵道)의 처분과 경영을 어떻게 할 것인가라는 문제가 있었고, 나라 안팎에 걸친 중요한 철도 경영 문제가 잇따라 일어났다. 조선철도 경영에 관해서도 당시 이미 대륙철도의 일원적 경영에 관한 주목할 의견이 있었다.

1906년(明治 39) 8월 22일 초대 만철 총재 고토 신페이(後藤新平)가 정부 요로(要路)가 회람하도록 제출한 취직정유서(就職情由書)는 오래도록 대만(對滿) 정책의 근간이 되었던 것에 대해서 말하고 있다. 이 문서에서는 고다마(兒玉) 참모총장과의 회견을 다음과 같이 기술한다. "(…) 따라서 이와 밀접 관계를 갖는 조선철도와 같이 향후 이를 사설회사에 매도해야 하는지의 의문에 대해서도, 당신은 이 사업이 만주철도와 순치상의 관계에 있으므로 사실상 사업의 통일이 필요하지만, 반드시 매도할 필요가 없고 따로 이를 만주철도 경영자에게 대부해서 통일 경영하는 것이 첩경이라고 말하고 있다. 나 역시 동감하는 바이다"라고 총장이 말했다고 쓰고 있다.

내지 철도에서는 사설철도를 매수·통일하는 방침을 결정하고 메이지(明治) 초기부터 일관된 철도의 국유 국영 방침을 확립했다. 따라서 조선의 철도도 국가가 직접 이를 관리·경영할 필요를 인식했다. 1905년(明治 38) 3월 17일 대(對)조선 경영상 우선 경부철도의 매수를 고려하기에 이른 각의는 조선철도 통일의 전제로서 경부철도 매수안을 내정했는데, 당시 이미 제21회 제국의회는 회기의 여유가 없었기 때문에 매수 법안은 차기 의회에 제출하는 것으로 했다.

1905년(明治 38) 6월 정부는 관계 4성(省)의 차관을 위원으로 지명해서 조선에서 각 철도를 통일하는 방법, 순서를 조사·심의하도록 명령했다. 위원은 여러 차례 서로 만나서 신중하게 심의를 거친 결과, 8월 12일 다음과 같은 보고서를 체신대신에 제출했다.

철도합동심의위원회 보고서 발췌

1905년(明治 38) 6월 21일 오우라(大浦兼武) 체신대신으로부터, 조선에서 우리가 경영을 담당할 철도의 경우 오늘날 경부·경인의 2개 선은 이미 준공이 되었고 경의, 마산의 2개 선도 거의 관통에 성공했다. 장래 이들 각 철도 경영의 방침을 결정하고 그 혜택을 잃지 않는 것은 실로 긴요하고 시급한 일에 속한다. 이를 이루는 첫걸음이 이들 각 철도를 합동·통일하고 수미일관하게 만들어 번거로움을 제거하며, 간소화를 통해 민첩·원활하게 움직이도록 하는 것에 있다는 사실은 두말할 나위가 없다. 그러므로 가쓰라 다로(桂太郎) 내각총리대신과 고무라 주타로(小村壽太郎) 외무대신, 소네 아라스케(曾禰荒助) 대장대신, 데라우치 마사타케(寺內正毅) 육군대신 등 관계 각료와 상의하여 각 철도를 통일하는 방법과 순서를 조사·심의하기로 결정했다는 취지의 훈시가 있었고, 우리를 그 위원으로 지명했다. 따라서 아래의 우리 위원은 그날을 기점으로 하여 8월 9일에 이르기까지 체신성에서 도합 6회 모여 심의·연구를 진행한 후에 다음과 같은 각항의 조건을 결의했다.

이에 관계 문안을 갖춰 복명하는 바이다.

① 조선 각 철도의 통일 방법은 경부철도(경인선도 포함, 이하 동일)를 매수하여 이를 정부선(政府線)으로 합동하는 것이 적당한 처리라고 생각한다.

②, ③ 생략

④ 경부철도를 매수하는 방침을 결정한 이상 장래 경부철도의 시설에 대해 체신성에서 깊이 주의하고 합동 후 이익이 없거나, 혹은 재작업이 필요한 경영을 하지 않도록 감독할 필요가 있다. 단, 공장의 신설을 비롯하여 중대한 일은 이를 육군성과 협의한다.

⑤ 매수 법안은 다음 회기 의회에 제출하는 것으로 한다.

⑥ 조선철도는 평화 극복 전에는 군사철도로 하고 평화 극복 후에는 체신성의 관리로 옮기는 것이 적당하므로, 의회 제안의 책임자는 평화 극복의 전후에 따라 육군성 또는 체신성이 담당한다.

⑦, ⑧, ⑨ 생략

⑩ 경부철도 매수 대가로 공채 증서를 교부하는 경우 회사의 청산상 다수의 주주에 배포하기 위해 현금이 필요할 때는, 대장성에서 액면 100만 엔까지를 한도로 하여 시가로 이를 매상한다는 편의를 제공한다고 약정할 필요가 있다.

⑪ 조선철도를 관리·경영하기 위해 철도관리국을 설치하고 그 관제는 별지 제4호 초안(기재 생략)에 따르되, 단 주무대신의 명의는 제6항의 취지에 따라 결정한다.

⑫ 조선철도는 이를 특별회계로 하여 그 법안은 별지 제5호 초안(기재 생략)에 의거한다.

⑬ 조선철도특별회계에 속하여 거치되는 운전자본액은 약 100만 엔으로 하고 조선철도용품을 공급하기 위해 관설철도용품자금으로 약 50만 엔을 증가할 필요가 있다고 생각된다.

이와 같이 보고합니다.

외무차관 친다 스테미(珍田捨已)

대장차관 사카타니 요시로(阪谷芳郞)

육군차관 이시모토 신로쿠(石本新六)

체신차관 덴 겐지로(田健次郞)

위의 보고서에 기초하여 오우라 체신대신은 안을 갖춰서 각의의 심사를 구했다. 같은 해 11월 30일 경부철도의 매수는 1906년(明治 39)에 이를 단행하는 것으로 결정되었다. 또한 같은 해 10월에는 일로강화조약이 체결되고 12월 22일에는 통감부가 설치되었다. 동아의 정국은 완전히 새로운 질서의 건설에 접어들어 진전되었기 때문에, 조선철도 통일 후의 철도 경영에 관해서는 통감부가 이를 담당하는 것으로 논의가 진행되었다.

(2) 경부철도의 매수

1906년(明治 39) 1월 7일 가쓰라 내각이 사직하고 대신하여 사이온지(西園寺公望) 내각이 성립하였다. 철도 통일 방침은 후계 내각에서도 승계되었다. 경부철도 매수 법안은 2월 16일 각의의 결정을 통과한 후 다음의 이유서를 더해서 3월 3일 철도국유 법안과 함께 제22회 제국의회 중의원에 제출되었다. 철도국유법안에 대해서는 조야 간에 왈가왈부로 논쟁이 있었지만, 경부철도 매수 법안은 특별한 이견 없이 3월 27일 그대로 의회를 통과했다.

경부철도 매수법안 이유서

"조선에서 철도 각 선의 관리를 통일하고 운수교통의 민활(敏活)을 꾀하며 일반 경영상, 군사상의 목적을 달성하기 위해, 경부철도주식회사 소속의 철도를 매수하는 것은 적절한 조치라고 생각하니 이 안을 제출하는 이유이다."

당시의 정부 방침과 위원회 상황은 같은 3월 26일 귀족원에서 후작 구로다 나가시게(黑田長成)가 다음과 같이 보고했다.

"경부철도 매수법안의 위원회의 결과를 보고합니다. 한국의 경영을 위해, 또한 만주에서 우리나라의 이익 발전을 위해 이 법안이 필요합니다. 즉 관설의 경의선과 사설의 경부철도를 하나로 만드는 것입니다. 이 종관노선이 분리된 금일, 불편이 지대합니다. 이를 매수해서 통감이 감리하도록 하는 것이 우리나라를 위해 이익이기 때문에 이 법안이 제출된 바입니다. 또한 만일 유사시 해로의 교통과 만선(滿鮮)의 교통을 위해서 필요하기 때문에 이에 대해서 특별히 반대하는 사람들이 없었습니다. 다만, 다니(谷干城) 자작은 금일과 같이 국채 발행이 다액인 시기에 이러한 매수는 국가를 위해 불리하다는 이유로 절대적인 반대를 표했습니다. 즉 전체를 매수하는 일에는 절대로 반대한다는 다니 자작의 주장이 있었지만, 대다수는 위원회에서 이를 원안대로 가결하기로 결정했습니다."

『매수가격설명서』에는 매수 후의 국가 재정에 미칠 영향으로, 결국 정부의 지출 감소를 초래하고 주주는 공채의 이자 수익에 의해 수지상의 손실이 없음이 분명히 기재되었다. 이리하여 경부철도 매수법은 1906년(明治 39) 3월 31일 법률 제18호에 의해 공포가 되었다.

경부철도매수법의 개요

제1조 정부는 본 법의 규정에 따라 1906년(明治 39)에 경부철도주식회사 소속의 철도를 매수하고, 매수의 기일은 정부에서 이를 지정한다.

제2조 생략

제3조 매수 가격은 다음과 같이 한다.

① 불입주금(拂入株金)의 6%에 상당하는 금액에 20배 한 금액

② 경인선에서 1902년(明治 35) 후반기부터 1905년(明治 38) 전반기까지 영업연도 6개년간의 건설비에 대한 이익금의 평균 비율을 매수 시점의 건설비에 곱한 액수에 20배 한 금액

전항 제2조에서 이익금이라고 하는 것은 영업수익에서 영업비와 수익감정 이외의 모든 감정에서 발생한 이자를 공제한 것을 말한다. 이익금의 평균 비율이라고 하는 것은 1902년(明治 35) 후반기부터 1905년(明治 38) 전반기까지 매 영업연도 건설비의 합계로써 같은 기간 이익금의 합계를 나눈 것의 2배를 말한다.

(이하 생략)

한편 통감부는 1906년(明治 39) 2월 개설되었고 이토 히로부미(伊藤博文)가 초대 통감으로 취임했다. 같은 해 3월 체신차관은 통감부 총무장관 앞으로 조선철도의 경영에 관한 정부의 방침을 비공식적으로 알려서 예비 경영과 함께 인계 처리에 관한 협의를 진행했다.

이리하여 4월 18일 체신·대장·외무·육군대신으로부터 다음과 같은 각의 결정이 요청되고 매수 기일에 관해서도 체신대신으로부터 청의(請議)가 있었다.

철도 소관의 건

이전에 경부철도매수법 발포의 결과 매수가 실행되었고 국유로 하는 시기도 머지않았다. 조선에서 관영 사업은 우편·전신과 같이 이미 통감부의 소관으로 정해졌으므로, 본 철도 역시 매수가 종료된 이상 해당 부에서 이를 관리하는 것으로 결정된 것으로 인정한다.

경부철도 매수 기일에 관한 건

경부철도 매수는 해당 회사의 1906년(明治 39) 상반기 결산 기일의 다음 날인 7월 1일로 이를 실행하는 것으로 결정한다.

위 두 건은 각의의 결과 결정을 보고 그 취지를 5월 2일부로 이토 통감에게 통지되었다. 1906년(明治 39) 7월 1일, 칙령 제176호에 의해 통감부 철도관리국을 설치하고, 후루이치 고이(古市公威)가 초대 국장으로 취임했다. 같은 날 경부철도 매수를 실시해서 경인·경부 노선을 국유로 하여 관리국의 소관으로 했다.

종사원의 인계에 관해서는 7월 1일 통감부 철도관리국 통달로써 "옛 경부철도주식회사의 직원 및 용원은 청산 사무에 종사하는 자를 제외한 이외에 사령(辭令)을 쓰지 않고 현재 급여 그대로 모두 통감부 철도관리국 용원으로 채용하고 (…) 용원도 용인으로 채용할 것"이라고 규정했다. 인계를 받은 인원은 고등직원 이하 1,791명이었다.

경부철도의 매수 가격은 경부철도매수법에 따라 계산한 결과, 2,012만 3,800엔으로 결정되었다. 1908년(明治 41) 6월 30일 정부는 공채로 이를 회사 청산인에게 교부했다.

경부철도가 국유화될 때 정부는 별도로 속성공사 보조비 220만 엔, 경부철도 대부금 158

만 엔, 회사채 1,000만 엔, 경인철도 대부금 109만 7,063엔을 가지고 있었으므로, 이들을 합친 3,500만 863엔이 당시 정부에서 총 투자한 금액이었다.

(3) 군용철도의 이관

임시군영철도감부의 소관에 속한 경의선 철도 및 마산선의 이관에 관해서는 1906년(明治 39) 6월 육군대신으로부터 다음과 같은 각의의 결정이 요구되었다.

"1904~1905년(明治 37~38) 전쟁 중 군사상의 필요에 의해 경성·신의주 및 마산·삼랑진 간[삼랑진 정거장·낙동강안 간의 선로는 경부철도주식회사로부터 차수 중]의 2개 철도를 부설했다. 압록강 가교를 제외하고 그 밖의 양 철도 모두 전부 개통하고 현재 군사 수송에 지장이 없는 한 일반 대중의 편승과 화물의 수송을 허가하고 있다.

그러나 전쟁 종료와 함께 군사상 본 철도 사용 정도가 점차 감소하는 동시에 일반 대중의 수송이 빈번해졌다. 오늘날에는 이를 군부의 소관에 둘 필요가 없다. 이뿐만 아니라 이번에 경부철도의 국유가 결정되고 오는 7월 1일부터 통감부의 관리에 속하게 되었으므로, 전술한 두 철도도 이 시기에 모두 통감부의 관리로 이관하여 통일적으로 경영해 주길 바란다. 나아가 본 철도는 전쟁 중 급속도로 기공이 되었으므로 개축의 필요를 절감하여 현재 개량공사를 시행 중인데, 이 개량공사 역시 철도와 함께 통감부로 인계해 주길 바란다. 이를 아울러 각의에 요청한다."

각의 결과 위 청의서대로 결정되었다. 이토 통감은 6월 초 그 통첩을 접했는데, 이어서 육군대신으로부터 인계에 관한 상세한 요령을 협의함과 함께, "따라서 본 철도 인계 후에라도 군용품의 수송, 공용 혹은 육군대신의 허가증이 있는 군인, 군속의 승차는 당분간 무임으로 해 주길 바란다"는 요청을 받았다.

이리하여 철도 통일의 필요상 경의선과 마산선의 건설과 개량에 관한 사무가 육군성에서 통감부로 인계되었다. 통감부 철도관리국에 임시철도건설부를 설치하고 이를 관리시키도록 했다. 7월 26일 칙령 제192호에 의해 9월 1일부터 임시철도건설부를 설치하게 했다.

9월 1일 후루이치(古市) 통감부 철도관리국 장관과 야마네(山根武亮) 철도감사무취급(鐵道監

事務取扱) 사이에 군용철도 인계 수속이 완료되었다. 야마네 철도감은 8월 31일 부하 일동에게 다음의 고사(告詞)를 보냈다.

고사

"임시군용철도감부 직원 제관에 고한다. 돌아보면 벌써 3년째, 1904년(明治 37) 2월 일로간과(日露干戈)로 우리 제1군이 조선에 들어와 승승장구하여 적을 만주로 압박할 당시, 우리 감부는 그 후방과 확실히 연락하기 위해 철도 부설의 중임을 맡아 3월 4일 조선에 상륙했다. 이후 1년간 경의선 310여 마일(498.9여 km)과 마산포선 25마일(40.2km)의 긴 노선을 완성했다. 적 함대의 동진에 맞서 우리 야전군이 후환이 없도록 함으로써 작전의 성공을 거둘 수 있게 했다. 1905년(明治 38) 7월 만주에서 안봉(安奉) 간 경편철도의 인계를 받아 적은 시일 안에 능히 180여 마일(289.7여 km)의 궤도를 연락시킴으로써 만주 모든 군의 작전을 용이하게 했다. 그 공로는 대저 공성야전에 종사하는 자들의 무훈과도 비교될 만한 것이다. 그 사업의 성적은 거듭 천황에게까지 이르러 성지를 욕되게 하지 않았다. 무궁한 영광이 여기에 더해졌다. 실로 이 선만 양국에 걸쳐 구불구불한 긴 노선의 철도를 1주년도 안 돼서 그 목적을 달성할 수 있었던 것은 전적으로 대원수(大元帥) 폐하의 빛나는 위엄 덕분이라 하더라도, 또한 제관(諸官)이 충용의열(忠勇義烈)로 밤낮으로 분투 노력하고, 무더위와 추위를 무릅쓰고 괴로움과 결핍을 견디며 열심히 그 사무에 종사한 결과가 아닐 수 없다. 제관의 공로실적은 본관(本官)의 직으로서 상세 보고를 올림에 게으르지 않게 하여 머지않아 논공행상의 은전을 베풂이 있을 것이다. 국가 미증유의 전쟁에서 철도감부로서 얻은 큰 명성은 제관의 진력에 의한 것이므로 제관이 가져야 할 영광이다. 본관도 또한 그 영광을 나누어 얻는 것에 제관에게 깊이 감사한다.

이제 바야흐로 군용철도사업을 통감부에 이관하고, 안봉철도의 사업은 철도제리부(鐵道提理部)에 인계된다. 싸워서 이기고 돌아온 우리 부서는 장차 소집해제가 될 것이다. 이후 제관은 계속하여 통감부 및 제리부에 남아 업무에 종사한다. 더욱 정려(精勵)하게 선로의 개량과 운수의 개선에 힘써서 유종의 미를 거두고, 장래의 군사행동을 원조하며 만주와 조선의 계발에 이바지하길 바란다. 또한 그 개선(凱旋)한 점을 세계에 높이 드러내고 우리 군의 명예를 실추시키지 않으며, 각자 본분을 지키면서 더욱 학술에 힘써 훗날의 위급에 대응할 각오를 다지길 바란다. 제관들, 앞으로 강건가찬(强健加餐)하라."

종사원의 인계에 관해서는 9월 1일부 통감부령으로 현재 임시군용철도감부 경의선 및 마산선의 사무에 종사하는 관리는 별도 사령의 교부 없이도 현재 급여 그대로 현재의 임지에서 통감부 철도관리국의 관리로 임용될 수 있도록 했다. 고용인에 대해서도 통달에 따라 규정했다. 9월 1일 인계된 인원은 임시군용철도감부원 3,499명, 마산포반원 202명이었다.

경의선 및 마산선은 모두 1905년(明治 38) 이후 개량공사를 시행 중이었는데, 인계 당시 재산가액은 부대비, 기타를 청산해서 경의선 1,091만 6,000엔, 마산선 91만 엔, 합계 1,182만 6,000엔이었다. 그 후 3개년에 걸쳐 인계된 군사비 지변에 의해 남은 건설공사 및 개량공사를 시행해서 1910년(明治 43) 총독부 개설 당시 군사비 지출에 의한 경의선의 경비는 2,912만 655엔, 마산선 226만 2,560엔, 합계 3,138만 3,215엔에 이르렀다.

2) 통감부의 경영

조선에서 철도 통일은, 다년간 숙원인 철도 국유 실시와 함께 일로전역(日露戰役)의 결과 동청철도의 부설권 획득·경영과 관련하여 실행되었다. 또한 이 철도 통일이 조선 경영의 합리적 실시, 그리고 만주에서 우리나라의 권익 발전을 목표로 했던 것은 말할 것도 없다.

1894년(明治 27) 8월 20일 잠정합동조관을 체결한 이래, 특수한 목적 아래 놓인 조선의 철도는 경부, 경의 종관간선의 완성에 따라 일대 전기를 맞았다. 반도 인문의 발달과 산업의 진흥에 이바지하고, 국제 교통기관으로서 요건을 갖추며 철도 본래의 사명 달성과 경제적 경영을 향해 매진함으로써 획기적인 성과를 얻게 되었다.

(1) 철도관리국의 설치

1906년(明治 39) 6월 칙령 제176호에 의해 철도관리국 관제가 발포되었다. 종래 각 관리·운용을 다르게 했던 각 노선은 통감의 관리에 속하게 되었고, 조선철도의 건설·보존·개량·운수 및 부대 업무를 관장하게 되면서, 새로이 총무, 공무 및 운수의 3부가 설치되었다. 직원의 임명·채용에 관해서는 칙령 제178호에 의한 특별 임용령, 칙령 제179호에 의한 사설철도에 종사하는 자를 통감부 철도관리국의 주임(奏任) 문관에 임용하는 경우 규정의 적용 방법, 기타 직원의 관등급(官等級), 고원(雇員)의 채용 등 제반의 제도에 관한 규정이 마련되었다. 그리고 용품·자금의 경리에 관해서는 대장성령 및 대장성훈령에 기초하여, 제국철도특별회계법을 준용하는 것으로 했다. 또한 같은 해 7월 26일 칙령 제192호에 의해 경의선 공사 속행을 위한 임시철도건설부가 설치되었는데, 당시 간부는 통감부 철도국장관 공학박사 후루이치 고이(古市公威), 총무부장 겸 공무부장 공학박사 오야 곤페이(大屋權平), 운수부장 오카 마사이(岡正矣), 임시철도건설부장 이시카와 이시요(石川石代)였다. 직제의 경우 총무부는 문서 통계·직원·세입과 세출, 예산·결산과 출납, 철도 수요 물품의 구매·보관·출납, 제작·수리, 기타 각 부에 속하지 않는 사항을 관장했다. 공무부는 선로와 건설물의 수리·보존 및 건설·개량공사에 관한 사항, 공장에 관한 사항을, 운수부는 철도의 운수, 차량의 운행과 보관, 철도용 전기·통신에 관한 사항을 관장했다. 임시철도건설부는 경의 및 마산선의 건설과 개량에 관한 사무를 관장했다. 이에 마침내 조선에서 철도의 통일경영이 시작된 것이었다.

그러나 창시 시대에서 거듭나서 통일경영 시대에 들어온 조선철도는 얼마 안 가서 경제계의 불황에 직면했다. 즉 일로전쟁 후 호황을 본 우리나라 재계는 점차 반동기에 들어갔고 조선에 미친 경제적 영향은 상당히 심각했다. 철도처럼 고정자본이 방대한 기업의 경우에는 생산과 운수량의 감소에 따라 경영 부진이 초래되는 한편, 수입의 감소와 수송량 증가의 2개 부문에서 악영향을 받게 된다. 그 타개책으로서 영업정책, 즉 경제시장의 육성, 적극적인 운수량의 증가를 꾀하는 것은 조선 경제의 발달에 비해서 대단히 선구적인 당시의 개척철도에는 상당히 곤란한 일이었다. 이리하여 철도의 경영은 몹시 소극적인 정책, 즉 기술상의 개선에 의존한 경비 절약을 택할 수밖에 없었다.

(2) 철도청의 설치

1909년(明治 42) 6월 19일 관리국제를 폐지하고 통감부 철도청을 설치했다. 또한 지방사무소 조직의 간이화를 단행한 것은 당시 수지의 부적합에 따른 타개책이었다. 그 목표가 사무의 간소화, 경비의 절약에 있었다는 점은 오야 장관이 직원들에게 전한 다음의 훈시에서도 분명하게 나타난다. 이를 통해 당시 철도 경영의 고난시대를 엿볼 수 있다.

"조선에서 일본이 시설한 사업은 많이 있습니다. 철도는 그중 가장 큰 것이므로 무엇보다도 효력이 있는 것이라고 생각합니다. 따라서 조선의 정치면에서도, 경제면에서도 또한 사회면에서 보더라도 철도는 큰 편익을 제공하고 있습니다. 이러한 사정을 수반하는 철도이므로 반드시 수지의 계산만으로 존재 이유가 있는 것은 아닙니다. 그렇지만 그것을 담당하는 부서로서 한편으로 수지의 계산에 무게를 두고 가능한 한 경제적으로 되도록 만들어야 한다는 점은 두말할 필요가 없습니다.

1906년(明治 39) 통감부에 철도관리국이 설치되고 나서 고작 2, 3년이 지났을 뿐, 결코 오랜 시간이 아니므로, 지금 수지상 이익이 없다고 말하는 것은 결코 이상한 것이 아닙니다. 지난 1906년(明治 39), 1907년(明治 40)의 상황을 감안하여 1908년(明治 41) 즈음에는 손실이 나서는 안 된다고 생각했지만, 조금 손해를 보고 있습니다.

올해는 다소의 이익을 보지 않으면 안 된다고 생각하지만, 이 역시 대단히 곤란한 상황입니다. 매년 이와 같이 수지타산이 맞지 않고 있습니다. 수입 쪽은 일반 경제계가 부진한 영향을 받았다고 생각하지만, 경제계가 회복해서 이후 좋아진다면 이익이 증가할 수 있는 길이 있을 것으로 생각합니다. (…) 지출 쪽에서 이를 생각해 보면 하등 무익한 것을 하고 있지는 않습니다. 그러나 상세히 연구한다면 낭비가 있을지도 모릅니다. 그래서 이번 관제 개정과 함께 분과 규정을 개정하고 일의 번잡을 피하고 되도록 신속하게 일을 처리하는 방침을 내놓은 것입니다. 또 한편으로 위아래 마음을 하나로 하여 철저히 절약하고 지출을 제한하지 않으면 안 되는 점에 대해서 제군이 특히 유의하기를 희망하는 바입니다."

(3) 통감부 당시의 업적

1906년(明治 39) 착공 이래 열심히 계속 개량 중이었던 경의선 공사는 1910년(明治 43)에 완료되었다. 경부선도 초량(草梁)·부산(釜山) 간의 연장공사를 준공하고, 평남선은 속성 영업 개시의 방침으로 1909년(明治 42) 7월 착공, 열심히 공사 중이었다. 또한 국방상, 산업 개발상 반도 횡단철도의 건설을 계획했는데, 재정상의 사정 때문에 부득이하게 지연되었다. 1909년(明治 42) 6월 이토 통감이 물러나고 소네(曾禰) 통감이 새로 부임하자마자 열심히 획책해서 철도의 확장을 꾀했다. 경원선과 함께 호남선을 급히 부설하기로 결정하고 이에 필요한 예산을 편성해서 내각에 회부했다. 그런데 사이온지 내각의 뒤를 이은 가쓰라 내각은 극단적인 긴축 정책을 세워서 일체의 신규 사업을 승인하지 않는 방침을 세웠기 때문에 대부분의 예산 교섭이 절망적인 상태에 빠졌다. 이리하여 1909년(明治 42) 10월 정부의 예산각의에서 경원·호남양 철도 부설 예산안은 끝내 부결될 처지에 있었는데, 다시 가쓰라 총리대신에게 두 철도의 시급한 부설 필요성을 열의를 갖고 설명한 결과 형세가 호전되었다. 원안의 예산 할당 연도가 변경된 채 부활되었고 마침내 1910년(明治 43)부터 기공하기에 이르렀다.

운수 영업의 경우 전후 내선 교통관계가 빈번해짐에 따라 조선 사업계가 일시에 팽창하여 여객 왕래, 화물의 집산이 특히 활발해졌기 때문에 열차 횟수를 늘리고 급행열차에 식당차를 연락했다. 또한 종래 편승편재선(便乘偏載線)이었던 경의·마산선의 일반 운수 영업을 개시하는 것과 함께 고율의 화물임금비례법을 폐지하고 거리체감법으로 개정했다. 또한 통일되어 있지 않은 각 노선의 여객임률을 원거리 체감으로 개정하는 등 여객과 화물 수송의 측면에서 각종 시설을 시행했다. 1908년(明治 41) 7월 이후의 급격한 경제계 반동 때문에 기대한 성적을 거두지는 못했지만 한산한 구간열차를 폐지해서 수송의 조정을 꾀하는 한편, 힘껏 여객, 화물의 흡수책을 마련했는데, 그 업적은 불황 속에서 종말을 고하고 말았다.

3) 철도원의 경영

(1) 철도원으로 이관

1909년(明治 42) 6월 18일 통감부 철도관리국은 철도청으로 개칭해서 종래의 제도를 크게 바꿨다. 그런데 얼마 안 가서 같은 해 가을 중앙정부는 우리나라 철도행정 통일의 필요성에 따라 조선의 철도를 철도원 소관으로 옮기기로 방침을 정했다.

이 방침은 이미 철도원에서 갖고 있던 전국 철도행정 통일정책을 빠르게 실현시키는 것으로, 이미 1908년(明治 41) 공포된 철도원 관제 제1조에 "철도원은 내각총리대신에 속하고 철도와 궤도에 관한 사항과 남만주철도주식회사에 관한 사항을 총리한다"라고 되어 있었다. 조선에서 우리나라가 경영하는 철도를 철도원으로 이관하는 것에 따라 우리나라 내외에 걸친 철도행정은 전부 일원적으로 통제되었다. 이들은 전후 우리나라의 만주·조선정책의 한 단계로서 실시된 것이었다.

그렇지만 이러한 이관론이 전부터 문제가 된 사실은 같은 해 6월 철도청이 설치될 때 장관이 직원 일동에 대해 했던 훈시의 말미에서도 드러나는 바였다. 통감부 고다마(兒玉) 서기관은 같은 해 10월, 도쿄(東京)에서 중앙정부와 조선철도의 철도원 이관에 관해 오야 장관과 함께 절충안을 만들었고, 아래의 각서 협정에 관해 통감부에 전조(電照)의 결과, 대체로 이의가 없다는 취지의 회답을 받았다.

각서

① 통감은 필요하다고 인식되는 경우 철도관리국장에 대해 직접 명령을 내려 임기(臨機) 처분을 할 수 있음.

② 다음의 경우에는 미리 통감의 동의를 거칠 것.

철도의 경영과 건설에 관한 계획과 그 변경

해륙 연락에 관한 중요한 사항

운임과 발착 시간, 기타 운수에 관한 중요한 사항

③ 다음의 사항은 미리 통감의 승낙을 거치고 통감에 의해 이를 행할 것.

철도의 부설, 토지수용법령의 제정 등에 관하여 한국 정부와 교섭이 필요한 사항

④ 철도관리국장은 통감부 참여관회의에 참석할 수 있음.

⑤ 한국 정부와 통감이 발하는 법령으로 철도에 관계를 미치는 것은 미리 철도관리국장과 협의할 것.

위의 각서 중, 제1항 통감의 감독권 및 당시의 철도청관제에 보이는 제4조의 군사령관 명령권에 관해 정해진 사항은 별도의 개별 칙령으로 제정되었다. 1909년(明治 42) 11월 2일 철도청관제 개정의 건은 각의에서 결정이 되었다.

당시 도쿄에 있던 고다마 서기관의 보고는 중앙과의 교섭을 다음과 같이 말하고 있다.

10월 22일 이시즈카(石塚英藏) 장관 앞

"정부는 한국철도 소관의 교체를 맞아 서둘러 관제, 기타 제 법례에 관하여 철도원과 협의했다. 오야 장관과 상담한 후 통감의 전보 훈령에 따라 철도원관제를 개정하기로 했다. 오야 장관을 기감(技監)에 임명하고 기타 철도청 정원 전부를 수용하는 길을 열었다. 봉급은 봉급령에 따르지 않고 현재 받는 봉급을 지급할 수 있도록 정했다. 결국 현재 그대로이되, 다만 소관만 옮기는 것에 그쳤다. 대체로 지장이 없다고 생각되어서, 우선 동의를 표해 두고 (…) 특별임용령은 추밀원을 거쳐야 했으므로 1월 1일부터 시행하는 것은 어렵더라도, 정부는 하루라도 일찍 이를 실행시키기를 희망했다. 소관(小官)도 이때 빨리 실시하는 편이 오히려 이익이라고 생각하고 (…) 철도영업법 및 장래 발포될 법령의 효력을 조선인에 미치게 하기 위해 한국 정부로 하여금 법규를 발하게 하는 건은 별도의 서면으로 통첩하기로 처리되었다."

이시즈카 장관이 10월 26일 고다마 서기관에게, "철도 이관의 건은 이전 전보와 같이 처리되었다. 이는 물론 우리 쪽에서 말한 조건이 채용된 것으로 통감도 동의한다는 의사를 표했다"라고 전보 훈령을 보낸 것은 이 문제에 관한 통감부의 입장을 말하는 것이었다.

1909년(明治 42) 12월 16일 철도원 소관이 되었으므로, 철도원관제의 개정이 공포되는 동시에 철도원 직원의 관제 정원을 증가시켰다.

당시의 관제 개정에 관한 청의(請議) 이유는 다음과 같았다.

"조선에서 철도를 철도원 소관으로 함으로써 철도행정의 통일을 꾀한다. 그 회계에 대해서는 1909년(明治 42) 법률 제6호 제국철도회계법 부칙에 의해 조선에서 경영하는 철도는 종래의 제국철도회계법 및 제국철도용품자금회계법을 적용한다. 또한 수익감정에 대한 이익 보급에 대해서는 1907년(明治 40) 법률 제15호의 대상으로써 종전 그대로 하고, 우선 그 관리를 철도원으로 옮긴다."

또한 같은 해 12월 16일 칙령 제340호에 의해서 통감 및 주차군사령관의 권한이 다음과 같이 유보되었다.

"통감은 한국에서 제국이 경영하는 철도에 관해 임시적으로 필요한 조치를 명령할 수 있다."

"한국 주차군사령관은 전항의 철도에 관해 군사수송, 기타 필요한 설비를 요구할 수 있다."

라고 규정하고, 수익 감정에 대해서는 1907년(明治 40) 법률 제15호, 한국철도의 수익 감정 결손에 관한 건에서

"한국철도의 수익 감정에서 결손은 일반회계에서 이를 보충한다."

라고 규정했다. 그리고 철도원으로 이관될 때 오야 국장은 다음의 훈사를 발표하며 직원들에게 통달했다.

"이번 칙령 제336호에 의해 철도원관제를 개정하는 동시에 우리 철도는 철도원 소관으로 귀속되었다. 한국철도관리국이라는 개칭을 통해 통감부와의 관계가 완전히 두절된 것으로 볼 수도 있지만, 내용은 전혀 그렇지 않다. 향후 어떠한 일이라도 통감의 보호를 받지 않는다면 그 발전을 기대하기 어렵다는 점은 지금과 동일하다. 주의가 필요하지 않을 정도로 우리 모두 알고 있는 바이지만, 소속이 변경되었다고 해서 전연 관계가 없는 것처럼 지레짐작하여 냉담하게 조치하는 것은 유감스러울 일일 뿐만 아니라, 이보다 문제적인 것은 없다. 따라서 이제부터 통감부와 소속 관서에 대해서는 더욱 호의를 표하고 만일의 불상사가 없기를 바란다."

4) 총독부의 경영[전기(前期)]

(1) 총독부 철도국의 설치

1910년(明治 43) 8월 다년간 현안이었던 일한병합(日韓併合)이 이뤄지고, 조선총독부가 설치되었다. 그보다 앞서 조선에서 철도는 철도원이 관장하는 바였는데, 일한병합에 따라 조선

에서의 모든 관아는 총독부에 속하는 것으로 했다. 같은 해 7월 12일 가쓰라 수상이 데라우치 통감에게 보내는 통첩 중 철도에 관해서는, "철도와 통신에 관한 사무는 총독부 소관으로 편입할 것"이라고 했듯이, 정부는 조선에서 철도의 소관을 일한병합 후 철도원에서 분리하는 방침을 결정했다. 조선철도를 철도원의 소관으로 통일시킨 것은 당시 정치적 고려에 따른 바가 적지 않았기 때문에, 일한병합 논의가 진전됨에 따라 철도원 소관의 의의는 점차 없어지게 되었다. 8월 20일 철도원 총재는 데라우치 통감에게 "한국철도관리국 관리 변경의 건에 대해 오야 장관으로부터 품의가 있었는데, 이때 모두 각하의 지휘를 받고 철도에 관한 의견이 있으면 각하에게 보고하라는 취지로 국장에게 시달해 두었다"라고 전했다. 통감부에서는 총독부 설치를 준비하는 것과 함께 철도 관리의 변경 수속을 진행하였다. 총독부의 소관으로 하는 것은 행정통일상 극히 자연스러운 결과이므로, 철도원으로 이관될 때 했던 것처럼 복잡한 수속을 요하지 않았다.

이리하여 같은 해 10월 1일, 조선총독부는 각종 행정기관을 통합·정리해서 그 사무를 개시하는 동시에 총독부 철도국을 설치했다. 조선의 철도는 철도원 소관이 된 지 고작 9개월 반 만에 조선총독의 소관이 되었다. 동시에 철도국은 처음으로 감독관청으로서 조선 내 경편철도(輕便鐵道) 및 궤도에 관한 사무를 관장하게 되었다.

(2) 철도 운영의 기초 확립

철도국은 1917년(大正 6) 7월 31일까지 지속되었는데, 이 시대에 조선철도의 경영은 점차 그 기초를 확립했다. 즉 1911년(明治 44) 11월, 이미 공사 중인 압록강 가교공사가 마무리되고, 경의선의 개량공사 또한 준공되었다. 만철 안봉선의 광궤 개축에 맞춰서 남대문[이후 경성]·창춘(長春)[이후 신경(新京)] 간에 1주 3회의 선만 직통 급행 여객열차의 운행이 개시되면서 멀리 소련과 중국의 철도와 연락하는 대륙교통이 완비되었다. 또한 이 사이 평남선을 준공해 호남선, 경원선을 전체 개통하여 간선으로 해항과의 연락을 완성하고, 나아가 함경선의 일부를 개통했다. 1915년(大正 4)에 행해진 조선철도 1,000마일(1,609.3km) 기념축하는 실로 조선철도가 남북종관선과 동서횡단선을 완성하고 점차 그 교통체제를 확립했음에 크게 의의를 부여할 수 있는 것이었다. 이리하여 대륙으로의 교통과 산업 개발의 사명을 가진 조선철도는 이 시대에 근대로의 발전적 태도를 바로잡고 그 기초를 명확하게 한 것이었다.

당시 철도의 정비는 조선의 사회·경제·문화 모든 부문을 급속도로 개발하여 총독 시정의 근간으로 삼고자 한 것이었다. 물론 철도의 경영은 개척적인 투자시대의 수준을 벗어날 수 없었다. 하지만 대륙교통에 관하여 조선철도는 내선만(內鮮滿)을 통하는 객화의 왕래를 촉진하고, 당시 이미 산업자본이 확립된 내선경제의 대륙 진출에 공헌하면서 이윽고 소위 3선 연락 운임 문제의 발생을 보게 되는 시대를 맞이했다.

(3) 오야 장관의 훈시

이 시기 경영의 추이에 관해서는 1914년(大正 3) 11월 27일 철도국에서 개최한 최초의 주요 역장회의에서 이루어진 오야 장관의 훈시에서 그 일부를 알 수 있다. 내용은 다음과 같다.

> "이 철도국을 개설한 후 작년까지는 시종일관 하나의 방침으로 나아갈 수 없었던 이유가 있었다. 이 철도는 아직 창업시대에 속해 있어서 반드시 하나의 방법으로써 전반을 행하는 것이 불가능하다. 부분적으로만 다른 것을 시도하고 있다. 또한 불공평한 수입 창출이라는 점을 알고 있지만, 상당한 수익을 내기까지는 그 방법을 실행하지 않으면 안 되었다. (…) 그리고 직원 일반이 수고하여 1912년(大正 1)부터 점차 영업철도라고 할 만한 형태가 되었다. 이를 시작으로 점점 시설을 개선하고 통일적으로 일을 진행했다. 그래서 지금은 단순히 조선의 철도뿐만 아니라 (…) 그 때문에 1913년(大正 2)부터 여러 가지 연구의 결과 승객의 임금, 화물의 임금도 개정하고 가능한 통일적인 방침을 잡게 된 것이다. 마침내 오늘날 철도국은 본부가 가진 통일적 방침을 집행할 수 있는 단계에 도달하였다. 비로소 철도국이 준비되었다고 말할 수 있는 때가 되었기 때문에 여러분의 회합을 서두른 것이다."

(4) 고다마(兒玉) 총무과장의 훈시에 나타나는 경영 방침

또한 그 회의에서 고다마 총무과장의 훈시는 당시 조선철도의 발전과 사명, 그리고 철도 운영의 향상에 관해 다음과 같이 말하고 있다.

> "조선의 철도는 압록강의 철교가 개통되고 나서 호남선, 경원선의 일부가 완성된 것에

서 특히 그 효용과 성질, 혹은 지위에 특별한 변화가 생겼거나 생기고 있다. 종래 신의주에서 부산에 이르는 철도는 단순히 조선의 북단과 일본 혹은 그 일부를 연결하는 하나의 교통로에 지나지 않았는데, 압록강의 가교 준공과 안봉선과의 접속과 함께 소위 세계의 교통로로 변화하였다. (…) 가까운 장래에 조선철도는 국제철도로서 더욱 긴요한 지위를 점하는 동시에 여러분이 이 철도에 기울였던 주의는 한층 절실하지 않으면 안 된다고 생각한다. 또한 호남선과 경원선의 건설 계획이 세워지고 나서, 조선의 철도가 조선의 산업 발달에 중요도를 더해 가고 있다. 그 결과로서 조선철도가 소위 조선철도로서의 지위를 향하여, 그 가치에서 특별한 증가를 가져왔다고 생각하지 않을 수 없다. 따라서 이 조선에서 산업 개발을 향하여 가장 큰 힘을 가졌다고 할 수 있다. 교통기관, 특히 이 철도는 여객을 나르고 화물을 수송할 뿐만 아니라 조선의 산업 개발에 비상한 관계가 있다. (…) 또한 철도는 그 자체로서 효력이 충분한 것은 아니다. 보조 기관인 운송업자를 비롯하여 다른 교통기관과의 관계 등을 밀접하게 만들어 철도를 더욱 많이 이용하도록 하는 것에 주의하지 않으면, 이 철도의 충분한 효력을 펴기 어렵다고 생각한다. 즉 하천, 도로, 경편철도, 기타 항만과의 관계 맺음에 대해서 철도는 심대한 주의를 기울이지 않으면 안 된다고 생각한다. (…)"

5) 만철 위탁경영

(1) 데라우치 총독의 선만철도 일원화 계획

만철 위탁경영은 데라우치 내각 시대에 행해졌다. 그는 1910년(明治 43) 초대 조선총독으로 부임한 이래 열심히 다년의 악정(惡政)을 개혁해서 성대(聖代)의 홍은(鴻恩)을 입을 기초를 확립했다. 또한 일로전쟁 전후에 걸쳐 육군대신의 요직에 있었던 대장은 어려움이 많았을 제1대 총독으로서 식견이 고매하고 의연했는데, 항상 일로전쟁 후 우리나라의 대륙 경영에 부심하는 바가 있었다. 새로운 영토의 치적을 거두자마자, 지나에 대한 근본적 국책 수립의 필요성을 인식하고 우리나라의 권익 아래에 있는 만주에서 소위 4두 정치의 폐해를 제거했다. 선만을 일원화한 경제적 발전의 기획과 함께 선만철도를 일원화하는 의견을 가지고 있었다. 그 일부로서 3선 연락 운임 문제를 제기하고 반도 종관선을 대륙 경영의 근간으로 만들고자 크게 노력했다.

1916년(大正 5) 10월 오쿠마(大隈) 내각의 뒤를 이은 데라우치 내각은 긴축 정리의 사명을 띠고 세계대전의 시국에 처하여, 국방을 충실히 하는 대외 방침을 확립한 군국 내각을 조직해서 드디어 지론의 실현을 결의하기에 이르렀다. 이리하여 3선 연락 운임 문제의 갈등을 조각(組閣)하자마자 해결해서 항구성 있는 협정을 성립시켰다.

그러나 조선과 만주는 영토를 맞대고 있어 자연히 서로 인문상, 경제상 종래 그 관계가 매우 깊고 또한 교통기관의 발달 및 산업의 융성에 따라 점점 그 관계의 긴밀도가 더해 가고 있었다. 두 지역은 가령 서로 다른 영토권 아래 있더라도 운수교통기관의 입장에서 관찰해서 차라리 동일 구역으로 보는 것이 당연하게 되었다.

즉 조선철도와 남만주철도는 당초부터 성립의 주지를 달리하고 성질과 조직도 따로 하고 있었지만, 거의 그 궤도의 폭을 동일하게 하여 연락운송에 지장이 없도록 했다. 압록강 철교를 준공하고 안봉선 개축공사 완성에 이르러 모든 종류를 협정하여 연락의 편의를 꾀했다. 그리고 선만 직통 급행열차를 마련해 부산·창춘 간에 특별열차를 운행하고, 안둥현(安東縣)에서 열차 접속의 불편을 덜었으며, 혹은 특종 화물의 환적·통관 등의 불편을 없애는 등 각종의 상호 연락·취급에 최선을 다했다. 동시에 국제철도로서 관계 국가들 사이에 여러 가지 연락 협정을 맺고 세계 교통기관의 책무를 수행하기 위해 노력하고 있다.

그렇기는 하지만 두 철도는 일찍이 경영 주체를 달리했던 기간이 있어 그 연락에 철저함이 부족하거나 사람들 여론의 표적이 된 3선 연락 같은 것을 일으켜 각자의 기능을 발휘하는 데 유감스러운 점이 없지 않았다. 따라서 경제·교통 관계가 더욱 밀접해지는 이때 양 철도의 경영을 한데 모아 규모를 키우고 선만 교통경제의 발전상에 큰 효과가 있게 할 기운을 기르게 했다. 이리하여 조선 국유철도의 만철 위탁경영은 데라우치 내각의 포부, 소위 대륙정책에 기초하여 표방된 불언실행주의(不言實行主義)에 의해 착착 교섭이 진행되었다.

당시 조선에서는 하세가와 요시미치(長谷川好道) 총독이 재임하고 있었는데 정무총감으로는 데라우치 총독 시대부터 이어 온 야마가타 이사부로(山縣伊三郎)가 재임 중이었다. 철도국 장관은 오야 곤페이였는데, 데라우치 수상의 방침을 체득하여 통일 방침을 결정했다. 내각에서는 데라우치 수상 및 고토(後藤) 내상 겸 철도원 총재 등이 중심이 되었고, 고다마 서기관장이 주로 조선총독부와 교섭에 임했다.

그보다 앞서 만철에서는 데라우치 총독의 의도가 현실화할 수 있도록 총무과 참사 와다 슌(和田駿), 와시오 고준(鷲尾弘準) 등이 중심이 되어서 만선철도청을 설치했다. 1916년(大正 5) 1월 재빨리 그 계획안 수립의 취지를 요로 당국에 보내고 이어서 관계 법률안 칙령안 등을 송부하도록 했다. 본 계획안은 정부가 남만주철도주식회사와의 협정에 따라 철도 및 부대사업의 위탁경영을 실시하고, 조선의 철도 및 만철의 조차선을 통일해서 특별회계를 마련하며 선만철도 경영을 위해 펑톈(奉天)에 철도청을 세우고 만주 및 조선에 각 철도관리국을 설치한다는 내용이었다.

(2) 위탁경영 방침 확립

그러나 이듬해 1917년(大正 6) 3월 정부는 외무성의 반대에 의해 선만행정통제안을 버려두고 만철로 하여금 조선의 철도를 경영시키도록 한다는 방침을 확정했다. 6월 25일 도쿄에서 오야 장관과 구니자와(國澤新兵衛) 만철 부총재 사이에 인계에 관한 각서가 교환되었다. 이리하여 7월 31일 철도 위탁의 칙령이 공포되어 총독부에서 위탁경영 계약서의 조인을 완료하는 동시에 세목에 관한 부속 협정이 성립되었다. 국유철도의 건설 계획, 사설철도의 보호·보조 등에 관한 사무를 총독부에 남기고 국유철도와 부대 사업의 운영에 관한 사항은 모두 만철회사에 위탁하여 경영시키기로 되었다. 기차과장 요코이 지쓰로(橫井實郎)가 임시철도국장이 되었는데, 이윽고 이사 구보 요소(久保要藏)를 경성에 주재시켜서 만철경성관리국장으로 임명했다. 위탁경영에 관한 계약의 중요한 내용은 다음과 같다.

경영위탁계약서(요항)

① 총독부는 회사에 대하여 조선 국유철도의 건설, 개량, 보존, 운수 및 부대사업 일체의 경영을 위탁한다.

② 회사는 경영에 관해 총독의 지휘와 감독을 받는다.

③ 국유철도의 손익은 별도로 감정하고 회사는 여기에서 나오는 이익이 총독부의 지출액에 대한 6%에 달할 때까지는 전액을, 6%를 초과할 때는 그 초과한 금액의 반을 더한 것을 총독부에 납부한다. 단, 만일 손실이 발생했을 때 그 손실은 이듬해 이후의 이익으로 보전한다.

④ 건설과 개량에 필요한 자금은 총독부가 부담한다.

⑤ 회사는 조선 국유철도의 사무를 처리하기 위해 경성에 이사 1명을 둔다.

⑥ 본 계약에 의한 위탁 기간은 조인한 날부터 만 20개년으로 한다. 단, 총독부는 필요에 따라 언제라도 본 계약을 취소하거나 전시와 같은 사변이 있을 때 임시 조치를 명령할 수 있다.

(3) 계약 일부의 개정

경영 1년 후, 실제 운용상 유감스러운 점이 있었기 때문에 일부 협정 조항을 변경하였다. 그러나 이상의 협정에 보이는 것과 같이 조선 노선의 영업 수지를 전혀 별개의 감정으로 취급했기 때문에 여러 가지 점에서 불리하고 불편함을 면할 수 없었다. 즉, 선만철도 통일의 실적을 거두는 것에도, 회사 수탁의 채무를 온전히 하는 것에도 지장이 적지 않았기 때문에 이와 같이 구별된 계산을 폐지하고 회사의 일반 경제로 옮겼다. 그 사이 양 선이 서로 통하며 각자의 장단점을 보완함으로써 선만철도의 기능을 충분히 발휘할 수 있는 제도를 마련할 필요성이 생겼다. 이에 따라 개정된 요지는 다음과 같았다.

① 해당 계약 중 영업 수지를 별개로 감정한다는 내용을 개정하여 이를 회사의 일반 경제에 편입하고 양자 경제에서 공통의 실효를 얻을 것.

② 회사는 총독부에 매년 일정한 금액을 납부할 것.

납부액에 대한 적당한 금액의 추정은 곤란했는데, 결국 당분간 회사는 총독부 지출액에 대해 6%에 상당하는 금액을 매년 납부하기로 했다. 별도의 보충공사는 회사의 비용으로 집행하고 준공 후 국유로 이관하는 것으로 했다. 이 금액은 적어도 연액 40만 엔을 웃도는 범위로 행할 것을 협정하였다. 위 개정계약 중 납부금에 관한 내용은 1918년(大正 7) 이후 만 3년이 지난 1920년(大正 9) 말 다시 총독부와 협정해야만 했다. 마침 총독부에서 위임 해제의 논의가 있었고, 또한 대전 후의 불황기에 접어들어서 경영상 수많은 어려움이 있고 납부금 협정상 자칫하면 의견 충돌을 초래할 우려가 있었기 때문에, 부득이 1921년(大正 10)에 한하여 당초 협정으로 돌아가 총독부 지출액의 연 6%에 달할 때까지의 이익은 모두 총독부에 납부하는 것으로 잠정적으로 협정했다. 1922년(大正 11) 이후는 별도의 협정을 보지 못했지만, 1921년 7월 신임 하야카와(早川) 사장이 다롄(大連)에 부임하자마자 직접 총독과 회견하여 다음과 같이 개정하였다.

① 남만주철도주식회사는 1922년(大正 11), 1923년(大正 12), 1924년(大正 13)에는 1920년(大正 9) 말 당시 조선총독부 지출액에 대한 6%와 1921년(大正 10) 이후의 지출액에 대한 4%에 상당하는 금액을 매년 조선총독부에 납부한다.

② 남만주철도주식회사는 매년 공사비 10만 엔 이상의 보충공사를 회사의 비용으로 시행한다.

③ 전항의 보충공사로 인해 발생하는 재산은 국유로 귀속이 된다.

개정된 협정에 따라서 1925년(大正 14) 3월 말까지 위탁경영이 계속되었다.

(4) 위탁경영 중의 업적

위탁경영 중 건설, 개량 방면에서는 1916년(大正 5)부터 계속해서 시공 중인 함경선 건설 및 호남, 경원 각 선의 개량공사가 열심히 추진되었다. 그 밖에도 평양탄광선의 연장, 진해선의 공사 착수 및 동서 두 해안을 연락하는 평원선의 부설계획을 세워서 1922년(大正 11)부터 계속사업으로 시행되었다. 또한 운수 영업에서는 구주대전(歐洲大戰)의 영향을 받은 재계의 변동에 따라서 일진일퇴의 상황에 처해 있었다. 그러나 이때 내선만지(內鮮滿支)의 연락이 밀접하게 되었을 뿐만 아니라 만철 본선을 거쳐 멀리 소련과 중국의 철도와 연락했다. 이로써 국제철도의 새로운 상황이 형성되었다. 한편 부산 제2잔교의 준공과 맞물려 연락에 필요한 제반 시설을 정비함으로써 수송 능률의 증진을 꾀했다. 그리고 사회적 시설로서 인천(仁川) 온천 및 수영장의 신설, 사우회(社友會)의 창설, 공제 및 저금제도의 확립, 철도학교, 도서관, 병원 등의 신설이 시행되었고 보건과 복지 증진을 꾀했다.

6) 총독부 직영 환원

1924년(大正 13) 6월 아리요시 주이치(有吉忠一)의 뒤를 이어 시모오카 주지(下岡忠治)가 정무통감이 되자, 먼저 산업의 개발 및 조선인의 생활 안정이 2대 신조로 채택되었다. 총독부 재정의 정리가 단행되었고 기초의 확립과 상응하여 산림, 치수, 철도, 항만 등 자원의 함양 및 개발이 열의 있게 추진되었다.

(1) 산업 개발의 계획과 철도의 직영

사이토(齋藤實) 총독은 시모오카 정무총감이 부임하자마자 지론이었던 철도의 직영 환원에 대하여 협의했는데 시모오카 통감은 즉시 찬성을 표했다. 이미 철도부장이었던 와다 이치로(和田一郞)로부터 국유철도의 위탁 해제를 행할 필요와 이유를 열심히 들은 결과, 산업 개발의 대계획과 맞물려 더욱 그 실현에 노력했다.

이리하여 1924년(大正 13) 만철 사장으로 새로 부임한 야스히로 반이치로(安廣伴一郞)와 위탁경영 계약 해제 교섭을 진행했는데, 만철에서도 경제계의 여전한 불황, 조선철도의 실적 부진을 고려해서 납부금 비율을 내리지 않으면 굳이 위탁경영을 지속할 이유가 없었다. 경성 주재의 안도(安藤又三郞) 이사로부터도 역시 본사에 대해 위탁계약 해제의 적절한 조치를 통보하는 바가 있었다.

이때 총독부는 만철이 시행한 사회시설 및 철도종업원의 대우 문제를 건드리지 않고 납부금 비율을 내리는 것이 적절하지 않다고 생각했다. 만철 또한 위탁경영 개시 당시의 열의를 완전히 잃었기 때문에 조선철도의 경영에 관한 양자의 방침이 다르다는 것이 명료해졌다. 위탁경영 해제의 논의는 급속도로 진전되어 8월 말에는 이미 근본 방침의 결정을 보게 되었다.

그 후 직영 환원의 논의는 중앙으로 옮겨 갔다. 중앙 일부에서는 반대론이 제기되었지만 시모오카 총감 및 유게 고타로(弓削幸太郞) 총독부 철도국장이 설득에 주력하고, 선만철도 연락상의 조건을 충분히 만족시키겠다는 양해를 구하여 동의를 얻었다.

(2) 직영 개시에 따른 제 문제

1924년(大正 13) 10월, 직영 환원 문제가 점차 세상에 떠들썩하게 전해지고 실현이 가까워지자 경성철도국은 계속 경영 주체를 변경함으로써 발생하는 철도운영상의 불리와 신분 변동의 방지 및 퇴직수당금 확보, 급여 감액 저지를 목적으로 하는 운동을 일으켰다. 또한 직영 환원의 난관으로서 직원들이 만철을 퇴직할 때 발생하는 총액 약 700만 엔에 달하는 퇴직수당금 문제를 동시에 해결하지 않으면 안 되었다. 만약 이를 정부에서 부담하기로 하면 대장성이 재정적인 측면에서 곤란해할 것으로 여겨졌다. 이에 정부는 수당 문제를 분리해서 10월 28일 위탁 해제의 각의를 결정하고 총독부는 이후 만철과 인계에 관한 세부 교섭을 진행했다.

당시 1만 3,000명 직원의 기쁨과 근심을 짊어진 지위에 있었던 안도 국장은 곤란한 입장에 처했다. 그는 다롄 본사에 직원의 요망 사항을 전하고 대체적으로 용납을 받아 급하게 돌아왔다. 11월 15일 철도국에서 앞서 총독부와 철도국 간부 간 협정했던 각서에 기초하여 인사 및 급여에 관한 인계 요강을 발표했다. 이 요강에 있는 사항은 직원 대부분의 요망을 만족시킬 만한 것이었다. 따라서 이 문제는 해결이 되었고 경성철도국은 직영에 대응하는 준비에 착수하며 그 실시를 기다렸다.

당시 안도 국장이 발표한 인사 급여에 관한 인계 요강은 다음과 같다.

① 위탁계약이 해제될 때 현재의 경성철도국원은 전부 총독부에 인계되는 것으로 하며, 총독부에서는 즉시 관리나 기타로 채용하기 위해 특별채용령을 제정한다.
② 인계 후의 급여는 회사와 관청의 제도가 다를지라도 개인의 월 소득이 대체로 이전보다 저하되지 않을 방침이다.
③ 만철 퇴직수당금은 각자 퇴직에 이를 때까지 연 7%에 상당하는 금액을 복리로 계산해 특별상여금의 형태로 합산·지급한다.

(3) 의회에서의 질문 응답

1925년(大正 14) 1월 위탁 해제에 관한 법률안은 조선철도용품자금회계법안으로 제50회 의회에 상정되었고, 회의 벽두에 정부의원의 설명이 있었다. 이에 대하여 중의원[대의사(代議士)] 마키야마 고조(牧山耕藏)는 "직영 환원은 국제적 교통정책 및 우리나라의 대륙정책을 크게 전환시키지 않겠는가. 위탁 해제의 진의는 무엇인가" 등을 질문했다. 이에 대해 시모오카 정무총감은 정부위원으로서 설명을 맡아서, 대륙정책의 근본이 바뀌면 안 됨을 전제하고 3선 연락 운임의 삭감으로 봐도 운임 경쟁이 일어나지 않는 이유를 설명했다. 나아가 "조선철도는 오직 종관선만의 문제가 아니라, 지선 역시 크게 신장함으로써 조선 통치 전반에 이를 고려할 필요가 있다. 특히 산업 개발 및 사철 감독과 아울러 조선철도의 경영은 직영으로 가능하고 8년간의 경험에서 이를 확신한다"는 취지로 말하고, 이를 위원회에 회부했다. 위원회는 2월 초에 개최되었고 위탁 해제의 이유에 관한 각종 질문이 있었는데, 시모오카 정무총감이 주로 이에 응수했다. 기타 직원의 퇴직금 문제, 푸순(撫順) 석탄의 구매 문제, 해항지 시설 문제, 길회선(吉會線) 완성에 대한 총독부의 의향, 용품 자금 결정의 표준 등에 관해서 설명했다. 만장일치로 가결되었기 때문에 조선사설철도보조법 중 개정법률안과 함께 본 회의에 상정·가결이 되었고 귀족원에서도 위원회를 거쳐 가결되었다.

(4) 위탁경영의 해제

위탁 해제는 3월 31일 철도국 국장실에서 사이토 조선총독 및 야스히로(安廣) 만철 사장 사이에 위탁 해제 계약서 및 부속 협정서의 조인이 이뤄졌다. 4월 1일 칙령 제108호를 시작으로 관계 법령이 공포되고 같은 날 철도국 특별실에서 사이토 총독 참석하에 조선총독부 철도국의 개청식이 거행되었다.

경영위탁 해제 계약서

조선 국유철도의 경영위탁 해제에 관한 조선총독 사이토 마코토와 남만주철도주식회사 사장 야스히로 반이치로 사이에 협약한 조항은 아래와 같다.

제1조 조선 국유철도의 경영위탁 계약은 1925년(大正 14) 3월 31일로 이를 해제하고, 남만주철도주식회사는 조선 국유철도를 제3조에 정하는 것을 제외하고 무상으로 현 상태 그대로 조선총독부에 인계한다.

제2조 회사가 조선 국유철도의 경영위탁 업무 집행에 따라 위탁계약 해제일 현재 보유한 권리와 의무는 조선총독부가 승계하는 것으로 한다. 단, 잡감정(雜勘定) 중 대금(貸金), 사원 저금, 사원 신허 보증금(社員身許保證金), 사원 공제금, 공려사(共勵舍), 소비부, 위체(爲替)와 학교 재산에 관한 감정에 속하는 것, 1924년(大正 13)

결산에 의해 소멸한 것과 아울러 별도로 협정하는 것은 이에 한하지 않는다.

제3조 회사가 조선 국유철도의 경영위탁 업무 집행에 의해 저장한 물품에 대하여 위탁 해제일에 현존하는 것은 조사상 그 실비 금액 중에서 이전 조선철도 용품 자금액을 공제한 금액을 조선총독부에 보상해서 인계한다.

제4조 제2조에서 정하는 것 외에 인계에 관해 필요한 사항은 별도로 이를 협정한다.

1925년(大正 14) 3월 31일

조선총독 남작 사이토 마코토

남만주철도주식회사 사장 야스히로 반이치로

(5) 사이토 총독의 훈시

다음으로 4월 1일 있었던 철도국 개청식에서 총독이 행한 훈시는 다음과 같았다.

"이에 조선총독부 철도국의 사무 개시를 맞이하여 한마디 고하는 바이다.

조선에서 국유철도는 앞서서 그 경영을 남만주철도주식회사에 위탁한 이래 8년이 지났는데, 그 사이 회사의 노력으로 개선된 운수시설이 자못 많았다. 그런데 본부가 직접 이를 경영하는 중요한 역할을 맡을 필요를 인식하여 1924년(大正 13)을 끝으로 회사에 대한 위탁을 해제하고, 국유철도와 부대 사무, 사설철도 및 궤도의 감독에 관한 사무를 아울러 신설 철도국이 관장하게 되었다.

생각건대 본부 시정 이래 관민의 일치협력에 의한 통치의 성과가 점점 확인되더라도 그 시정의 이상(理想)에서 보면 겨우 진보의 도정에 다다르고 있는 것에 지나지 않는다. 특히 민중 생활의 안정과 경제 발전의 기조가 되는 산업 개발의 시설에 관해서는 개선의 여지가 많고, 철도는 산업 개발, 기타 일반 시정상 지대한 관계가 있어서 통치상 가장 긴요한 사업의 하나에 속한다. 이로써 그 경영에 대해서는 영토 내 각지의 사정에 따라 개발상 적절하고 유효한 방책을 강구해야 함이 물론이다. 항상 산업, 기타 제반의 행정기관 사이에 충분한 연락·협조를 꾀해 서로 호응해서 조선의 개발에 공헌해야 한다.

사설철도의 보급과 개선은 조선의 교통정책상 중요한 사항이어서 매년 보호·장려에 힘쓴 결과, 이제 바야흐로 선로가 연장되고 그것을 육성하고 감독할 필요성이 점점 절실해지고 있다. 따라서 지금부터 감독기관과 국유철도 경영기관의 합체에 따라 사업의 효과에 적지 않은 편의를 얻을 수 있다고 믿는다.

원래 조선과 만주는 맞닿은 지역이어서 양자의 교통과 경제 관계가 매우 밀접하다. 이전에 조선에서 국유철도의 경영을 남만주철도주식회사에 위탁한 것은 이 사정을 감안한 것이다. 본부로 직영된 뒤에도 두 지역 교통의 연락에 유의하여 그 개선을 꾀함은 물론이고, 내지 철도, 기타 교통기관과 연락시설의 완성을 기하여 대륙 간선철도로서의 사명을 달성해야 한다.

애초 철도의 업무는 대중의 생명과 재산, 기타 이해에 직접 관계하는 바가 매우 많다. 특히 이에 종사하는 자는 책임의 중대함에 유념하여 항상 사무 처리에 정확·민첩을 기해야 한다. 그리고 여객과 기타 대중을 정성스럽고 친절하게 대함은 물론이거니와, 이번 철도의 관영 이관을 계기로 하여 한층 대중에게 편리를 제공할 것에 유의해야 한다. 바야흐로 경영 쇄신을 맞이하여 사명의 무거움을 통감하고 직원들 사이에 훌륭한 철도 기풍을 진흥하는 것이 실로 시급한 일이다. 각자 서로 조율하여 기강을 바르게 하고 청렴·성실의 모범을 보이며, 집무할 때 조금의 게으름도 없게 하고 항상 심신을 연마해 능률의 증진에 힘씀으로써 철도국 신설의 의의를 완성함에 유감이 없도록 해야 한다."

1925년(大正 14) 4월 1일

조선총독 남작 사이토 마코토

이리하여 조선철도의 경영은 다시 총독부로 환원되었다. 선만 두 노선은 각자 독립 경영으로 바뀌었지만, 남만주철도주식회사와의 종래 특수한 관계를 감안하여 연락·운수는 조금도 변화하지 않았다. 또한 더욱 밀접·원활을 기할 필요가 있었으므로 회사와 다음의 사항에 대하여 협정을 맺었다.

① 선만 직통 열차의 운행, 차량의 직통 및 상호 융통
② 안둥역, 안둥기관구 및 검사구, 기타에서의 공동 작업
③ 여객·화물의 운송, 철도 건설, 운행 및 통신 등 철도 영업상의 모든 규칙은 되도록 연락·통일을 기할 것

④ 내지에 있는 선만안내소의 공동 사용

기타 각종 협정을 행하여 선만 양 선 운수상의 편의를 도모하고 철도성 노선, 조선의 각 사설철도, 기선, 자동차 그리고 국제 연락운수 등에 관해서는 각종 협정을 계속하거나 갱신했다.

이리하여 조선의 철도는 총독부의 산업 개발에 관한 시설과 맞물려 조선 통치의 근본 방침에 적응하여 직영의 취지를 이루는 데 힘썼다.

(6) 철도국 설치

4월 1일 칙령에 의해 총독부 철도국 관제가 공포되고 종래의 총독부 철도부에 속했던 사설철도의 보호 감독에 관한 사무까지 담당했다. 조선에서 철도 경영에 관한 사무를 통합 처리하게 되었는데, 처음에는 국장대리로 시모오카(下岡) 정무총감이 임시 취임했다. 1925년(大正 14) 5월 26일 직영 환원 후에는 초대 철도국장으로 오무라 다쿠이치(大村卓一)(현 만철 총재)가 부임하면서 새로운 진용을 꾸려 조선철도 근대화로의 첫걸음을 내디뎠다.

(7) 직영 후의 경영

1925년(大正 14) 직영 개시 후에 조선철도는 획기적으로 진전했다. 그사이 변천에 관해서는 역대 국장의 훈시 등에 나타나는 경영 방침의 요지와 업적의 개요를 요약하여 그 일단을 알아보고자 한다.

당시 오무라(大村) 국장의 취임 인사와 훈시의 요지는 다음과 같았다.

"(…) 이 중대한 직무를 다하기 위해서는 지금 철도에 종사하고 있는 여러분의 과거 경험과 열성을 기대하며 상호 협력해서 최선을 다하는 길뿐입니다. (…) 여기 다년간 철도에 종사하고 있는 제군은 실로 소중하고 중요한, 진정한 의미에서 철도의 재산입니다. 아무쪼록 이후 철도를 위해 총독부 철도국을 설치한 취지를 구현하고 아울러 협력해서 마음을 다해 줄 것을 간절히 바라 마지않습니다.

인간은 나아가거나 물러서지 않으면 어느 한곳에 도달할 수 없습니다. 철도는 더욱 그러하여, 나아가지도 않고 물러서지도 않으며 같은 곳에 쭉 머무르는 것은 퇴보를 의미합니다. 아무쪼록 제군은 철도를 위해 협력하여 항상 나아가고 세계의 다른 철도에 지지 않도록, 혹은 우방의 철도에 뒤처지지 않도록, 세간으로부터 손가락질받지 않도록, 일종의 철도 기질을 양성해서 공동 일치로 진력해 주기를 갈망하는 바입니다."

이어서 11월 17일 그는 철도국에 취임 후 최초로 과장·소장회의를 개최하고 다음과 같은 경영 방침의 요지를 훈시했다.

"(전략) 여객 수송에 관해서는 열차의 안전·정확과 고객 서비스에 주의해야 한다. 각 직원이 더욱 '민활, 친절'한 기풍을 함양하도록 지도가 필요하다. (…)

화물 운수에 대해서는 지금 조선 내 산업의 장래가 기대된다. 전력을 다해 생산 증가를 조성할 필요가 있다. 특히 수송기관의 연장, 발달에 따라 촉진되는 산업으로서 광산 및 공업 생산품이 있는데, 그 개발은 따로 철도 업무의 진전만으로 되지 않고 국가의 큰 계획에서 무엇보다도 중요한 요건에 속한다. (…)

열차 운행용 연료에 대해서는 이미 계획된 것처럼 조선철도는 조선의 석탄으로 운행하고, 이를 위해 기관차의 땔감을 바꾸거나 통풍 장치 설비를 개량해서 열등탄(劣等炭) 사용을 고려할 필요가 있다. (…) 열차 운행에 관해서는 대중 혹은 다른 과, 소(所), 장(場)의 동료에 대한 책임으로 봐도 운전 종사원이 완전한 실적을 거두기를 희망한다. (…) 보선(保線) 작업에서는 특히 조선의 지세상 거의 매년 홍수가 일어나 곳곳이 심하게 파괴되므로 직원의 각별한 주의가 요구된다. 어느 정도까지는 부단한 주의로 미리 이를 피하도록 노력해야 한다. (…) 요컨대 보선 작업에서 무엇보다도 중요한 점은 쉽게 눈에 띄지 않는 부분에 대해서 각 부서 모두 주의가 필요하다는 것이다. (…) 새로운 선로의 건설에 관해서는 기술 진보를 위한 연구를 게을리하지 않고 이를 실제로 이용해야 한다. 아울러 새로움에 경쟁적으로 몰두하여 다른 것을 단지 모방하는 일에 신중해야 한다. 이후 한정된 자원으로 무한한 요구에 부응하기 위해서는 신설 노선의 건설비를 가급적 낮추어 시공해야 한다. (…)

마지막으로 우리는 엄숙한 규율 아래 일하는 정부의 관리인 동시에 대중에 대해서는 영업상의 일개 종사원이라는 것을 잠시라도 잊어서는 안 된다. 소위 사혼상재(士魂商才)[98]를 겸비해서 사람과 일에 대하여 친절함을 발휘해야 한다.

친절한 마음을 발휘하면 천하무적이 된다. 동료끼리 서로 도와 우리 철도의 번영을 꾀하고, 여러분도 그러한 각오로 부하 직원의 훈련에 임하기를 간절히 바란다."

이상 자세하게 조선철도의 경영에 관한 방침을 살펴보았다. 특히 조선의 산업 개발을 구체화하는 방편으로서 철도의 이용과 연장이 가장 중요하다는 사실을 시사하는 바는 다음 연도에 수립된 1927년도(昭和 2) 이후 계획의 전제에서 드러났다. 자세한 내용은 각항에서 기술하겠지만, 이후 오로지 교통망의 확충을 위해서 새로운 노선 건설, 사설철도의 매수와 개량 등이 착착 진행되었다.

1932년(昭和 7) 10월 11일 오무라 국장의 뒤를 이은 신임 국장 요시다 히로시(吉田浩)는 전 국원에 대하여 다음과 같은 요지로 훈시했다.

요시다 국장 훈시 요지

"이 철도는 내지의 철도와 같이 이미 상당히 발달한 곳에 부설해서 운수 영업을 하는 것과는 달리 간단하지 않다. 조선 전 지역의 장래 개발이라는 대사명을 가지고 있다. 특히 오늘날과 같이 만주가 우리 일본에 중요한 문제가 되고 있는 시대에 만주와 일본 본국 사이를 연결하는 조선은 종래와는 또 다른 의미로 나아가지 않으면 안 되는 것이 많다. 경제·산업·정치 방면의 인문적 진보에 대해 무엇보다도 중요한 사명을 가지고 있는 이 철도는 이러한 의미와 관련하여 한층 중요성이 더해 가고 있다. (…)"

그 후 같은 해 11월 18일 철도국 제1회의실에서 요시다 국장 취임 후 제1회 과(課)·소(所)·장장(場長)회의가 개최되었는데, 그는 회의석상에서 다음과 같이 처무(處務) 요항과 경영 방침을 이야기하고 있다. 철도의 직무를 행하는 데는 '상하 업무의 연쇄'와 '좌우의 연락'이 필요하고

98 무사 정신과 장사의 재능.

'서로 허심탄회하게 업무를 운영해 나가며', '감독은 간섭이 아니고 위임은 방임이 되어서는 안 된다'는 것을 비롯하여 기타 상벌·규율·사고 재정·직원의 가족주의 등에 대해 훈시했다. 마지막에는 "조선의 철도는 내지와 다른 점을 지니고 있다. 식민지 철도, 혹은 홋카이도(北海道)철도와 유사하지만, 그밖에 수지가 맞지 않음에도 불구하고 내지 철도와 만철 사이의 중간 운송을 하지 않으면 안 되는 관계가 있다. 만몽 문제처럼 그러한 밀접한 관계로부터 발생하는 영향이 현실에 나타난다는 점도 부인할 수 없다. 병합 후 내선융화라는 측면 역시 대단히 중대하게 생각하지 않으면 안 된다. 토지의 개발도 중요한 일이다. 이처럼 여러 가지 사정이 뒤섞여 있고 이것들이 하나하나씩 철도의 각 시설에 관련을 맺고 있기 때문에, 내지 철도보다 조선철도의 경영이 어렵다. 그러므로 이 가운데에서 업무를 처리하고 있는 사람은 내지와 다른 마음가짐을 지닐 필요가 있다. 그 점에 관하여 제군의 노고를 크게 치하한다. 나 자신도 일찍이 그러한 치하를 받은 한 사람이 되지 않으면 안 된다고 생각했다."라고 했다.

요시다 국장 부임 당시는 만주사변의 여진이 아직 가시지 않은 한편 만주국 성립 후 얼마 지나지 않은 때였다. 요시다 국장은 부임 후 착착 기정 계획을 수행하는 데 노력하는 것과 함께 철도국 내 사무기구를 정비해서 사변 후의 새로운 상황에 대처했다. 수송력의 개선·강화와 교통망의 정비·확충이 진행되었다. 1937년(昭和 12) 지나사변(支那事變)이 일어나자 조선철도의 사명은 더욱 중요해지고 수송량은 더욱 증가했다. 그간 도문(圖們) 및 혜산선의 개통, 특히 경부선의 복선공사 및 중앙선의 건설공사가 개시되었다. 한편 소운송업의 통제 개선이 행해졌다. 지나사변은 세계정세의 복잡다기한 추이와 맞물려 장기전 태세에 들어갔다. 이에 따라 조선 특수 자원의 개발 및 시국 관계 생산 확충의 필요가 더욱 급해졌다. 철도 수송 또한 일찍이 보지 못한 성황을 보였다. 그사이 요시다 국장이 물러나고 1938년(昭和 13) 5월 9일 철도성 경리국장을 지낸 구도 요시오(工藤義男)가 국장으로 취임했다.

구도 국장은 취임 초 전 국원에 대하여 다음과 같은 요지의 취임 인사를 했다.

구도 국장 인사 요지

"두말할 필요도 없이 조선의 철도는 산업과 군사적 관점에서 사명이 더욱 무겁고 커졌다. 조선철도의 사명은 조선의 지방 개발 혹은 산업의 육성, 그에 따른 조선 통치의 완벽, 혹은 군사상의 목적에 부응하는 측면에서 종래와 동일하다. 그러나 지방 개발, 산업의 육성이라고 해도 예전 같으면 주로 조선의 지방 개발이라는 측면에서 조선의 산업을 조장하는 것이 주된 목적이었다고 생각한다. 하지만 국운의 진전에 따라서 이번의 지나 사변으로 인하여 그것은 단순히 조선만이 아니라 제국의 군사와 경제적 측면에서 지방을 개발하고 자재를 획득하는 일이 절대적으로 필요해졌다. 나아가 주지하다시피 군사상의 목적이라고 말해도 오늘날에는 그 중요성에 특별한 차이가 있다. 일본의 대륙정책 실행에서 중대한 기관이 되었다고 말하지 않을 수 없다. (…)"

그런데 구도 국장은 불행히 병을 얻어 재임한 지 고작 1년 1개월 만에 퇴직했다. 그 뒤를 이어 1939년(昭和 14) 7월 31일 당시 철도성 운수국장이었던 야마다 신주로(山田新十郞) 국장이 취임했다. 야마다 국장은 취임 직후 전 국원에 대해 다음과 같이 취임 인사를 했다.

"(…) 사변 발발 이래 조선철도가 협력·일치하여 시국 수송이라는 대임을 수행하고 있다는 점은 전임지에서 들은 바입니다. 근년에 없는 무더위가 기승을 부리는 요즘 제군이 밤낮으로 업무에 매진하고 있는 것에 경의를 표합니다. 건국 이래 장차 2,600년 이 유구한 일본이라는 나라에 태어난 일본인으로서 오늘날 우리만큼 행복한 사람은 아마 지금까지 없었다고 확신합니다. 즉, 신동아 건설을 맞이하여 우리는 일치하여 이 대목적을 감행하지 않으면 안 되는 큰 책임을 두 어깨에 짊어지고 있습니다. 이는 우리가 무엇보다도 명예롭고 영광스럽게 생각하지 않으면 안 되는 바입니다. 하루라도 빨리 대목적을 완성해야 한다는 굳은 결의를 가질 필요가 있습니다. 일상을 받치는 철도 업무는 이 신질서 건설에서 무엇보다도 중요한 요소 중 하나입니다. 저는 제군과 함께 대목적을 위해 충분한 노력을 기울이고 싶으며, 제군의 협력을 희망하는 바입니다. (…)"

이에 계속하여 8월 11일 철도국에서 최초의 과·소·장장회의를 개최하고 다음과 같은 요지의 훈시를 내렸다.

야마다 국장 훈시 대요

"(…) 지나사변 발발 이래 시국에 대응해서 군사수송, 기타 여러 가지 철도 관계의 업무를 문제없이 완수하고 교통기관으로서의 사명을 충분히 발휘하여 여기까지 이르게 된 것은 그동안 과, 소, 장을 비롯하여 제군들의 여러 가지 고심과 노력이 있었기 때문입니다. 감사의 뜻을 표하는 바입니다.

조선철도의 특이성을 말하자면, 그중 하나가 조선 내의 여러 가지 수송을 담당하는 것입니다. 특히 최근에는 만주, 지나 방면과 내지와의 교통이 빈번해지고 군사상의 소위 병참기지로서 조선철도의 지위가 비상히 중대해졌습니다. 저는 조선철도가 이러한 국면에 따른 의미의 특이성을 가지고 있는 것으로 판단하고 있습니다. 즉, 조선철도는 내지와 만주, 혹은 북지(北支) 방면과의 수송 중간에 위치하고 있기 때문에, 내지, 만주, 북지 방면 사이의 교통을 원활하게 만드는 문제는 실로 조선철도의 설비나 운송의 원활 여하에 달려 있습니다. 소위 내지와 대륙 운송의 열쇠는 오로지 우리 조선철도국원의 두 어깨에 있다고 저는 판단하고 있습니다. 이 특이한 중책을 짊어진 조선철도국 앞에는 여러 가지 큰 문제가 놓여 있습니다. 이미 이전 국장, 혹은 그 전 국장의 시대부터 이러한 상태에 대응하기 위해서 새로운 노선의 건설과 현재 노선의 개량 방면에 근본적인 계획을 수립해 두었습니다. 저는 이 계획을 실현하는 책임자로서 이와 관련하여 이 기회를 맞아 제군들의 후원을 간절히 희망하는 바입니다.

또한 동아신질서의 건설이라고 하는 문제가 있습니다. 조선철도국의 사명은 이 신질서의 건설에 대하여 상당히 중요한 부문을 담당하고 있습니다. 우리는 적극적으로 여러 업무를 진행하는 한편으로 소위 견인지구(堅忍持久)가 필요합니다. 동아신질서 건설이라는 커다란 목적은 반년 혹은 1년이라는 짧은 세월로 실현되기가 도저히 곤란합니다. 이 목적을 충분히 달성하기 위해서 우리는 다음 시대, 혹은 그다음 시대라는 식의, 큰 생각을 지금부터 가지고 있어야 합니다. 소위 견인지구, 불요불굴의 대정신을 가지지 않으면 안 됩니다.

우리나라 국난의 역사에서 국운을 걸고 싸웠던 일청전쟁(日清戰爭), 일로전쟁 혹은 구주대전이라는 최근 예를 돌아봐도 우리의 선배는 훌륭하게 이 국난을 극복했습니다. 게다가 국난 이후 일본의 국력은 한 단계 약진을 이루었습니다. 우리도 오늘날 이 큰 문제에 당면하여 우리나라의 국력을 몇 배로 약진시켜야 한다는 큰 책임을 느끼고 있습니다.

조선의 철도는 소위 수송력의 확충·강화를 근본적 방침으로 하는데, 이와 관련하여 당연히 실행해야 하는 문제가 있습니다. 즉, 이를 위해서 필요한 기구의 개정, 종사원 대우의 문제 등 여러 가지가 있습니다. 저로서도 충분히 결심하여 이러한 문제를 실현해 가고 싶습니다.

다음으로 최근의 정세는 종사원이 소집되거나 혹은 여러 문제 때문에 갑자기 비숙련 종사원이 다수를 차지하게 되는 상황입니다. 이는 오직 조선만의 상태는 아닌데, 이로 인하여 현장에서 지도적 지위에 있는 제군은 물론이고 지도와 훈련을 할 때 여러 가지 문제가 발생하고 있습니다. 그렇지만 내외의 상황이 언제 어떻게 사변이 발발할지 예측할 수 없는 정세이므로, 우리는 언제 어떻게 사변이 발발하더라도 직접 이에 대응할 정도로 준비하고 각오해야 합니다. 이러한 의미에서 종사원의 지도·훈련에 충분히 신경을 써 주기를 희망하는 바입니다. (…)"

야마다 국장 취임 이후 1939년(昭和 14) 10월 만포선의 개통, 6월 경부선 일부의 복선 운행 개시 등이 있었고 아울러 조선철도의 획기적인 확충·발전이 이루어졌다. 요컨대 1925년(大正 14) 직영 환원 후 근년에 이르는 기간은 이른바 조선철도의 약진기라고 칭할 수 있다. 만주 및 지나사변을 계기로 한 동아의 새로운 정세와 조선 산업의 급속한 개발과 관련해서 건설 및 개량 사업의 획기적 진전, 운수량의 증대에 힘입은 운수시설의 완비·확장, 선만 직통 고속열차의 운행 구간 연장 또는 증편, 조선 내 열차의 객차 분리, 그 결과 생기는 신식 기관차와 객화차의 신설 및 개량, 철도운수의 효율을 더욱 높일 자동차 및 소운송업의 통제와 기구의 개정·확충 등, 신시대에 대응할 수 있는 철도 운영의 근대화를 시행했다. 신동아의 눈부신 건설과 조선 산업의 개발에 대처하며 오늘날에 이른 것이다.

7) 북선선(北鮮線)의 만철 위탁경영 및 일부의 환원

(1) 만주사변의 발생과 길회선

1907년(明治 40) 이래의 현안이었던 소위 길회선[길림·회령 간]은, 1927년(昭和 2) 이후의 신규 계획에 기초하여 매수한 회령·동관(潼關) 간의 광궤 개축과 동관·웅기(雄基) 간의 건설에 따라 착착 그 진행을 보고 있었다. 이때 갑자기 발발한 만주사변은 만몽에 관한 수많은 현안의 해결을 촉진했다. 길회선 문제도 이에 해결의 서광이 비쳤다.

길회선 건설이 실현될 때 그 종단항을 어디로 할지, 그 노선을 어떻게 할지의 문제에 관해서 만철은 재빨리 1932년(昭和 7) 2월 현지조사반을 조직해 북선(北鮮)의 항만을 조사했다. 신중한 조사·연구의 결과, 종단항으로 청진, 웅기, 나진 가운데 수륙이 모두 넓고 풍파가 차단되어 항구 건설에 적당한 나진이 선정되었다. 이와 연락할 철도는 둔화(敦化)에서 차오양촨(朝陽川), 옌지(延吉), 후이무둥(灰幕洞)(투먼)을 거쳐 남양(南陽)에서 조선 도문선에 연결되고, 웅기 또는 나진에 이르는 선을 간선으로 해야 한다는 결론에 도달했다.

한편 만주에서는 1932년(昭和 7) 3월 1일 새로운 국가가 탄생했다. 일만(日滿) 불가분의 관계가 점점 긴밀해졌기 때문에 제국 정부는 일본과 만주를 연결하는 새로운 교통로의 정비·활용을 꾀할 호기로 여겼다. 같은 해 5월 10일 위탁경영에 관한 묘의(廟議)의 결정이 내려졌다.

(2) 경도선(京圖線)의 준공

만철은 둔화·후이무둥(투먼) 간의 소위 북회선(北廻線)의 경우 사변 발발 직후에 곧바로 실측을 개시해 당시 설계도 거의 완료했다. 이후 만주국과 협정을 거쳐 1932년 5월 공사에 착수해 이듬해 1933년(昭和 8) 4월 레일 부설을 끝내고 9월 1일로써 일만 간 빛나는 새로운 교통로의 영업을 개시했다. 동시에 신징(新京)·투먼 간의 철도는 경도선이라고 개칭되었다. 이리하여 제반 준비가 갖춰지자 같은 해 10월 15일 경도선은 도문강 철교를 통해 조선 도문선에 이어졌다. 오랫동안의 현안이었던 길회철도 문제가 사실상 해결되었던 것이다. 그리고 만주국은 천도경편철도(天圖輕便鐵道)[차오양촨(朝陽川)-카이산툰(開山屯) 간]을 매수하고 그 개축을 만철에 위탁했다. 만철은 1934년(昭和 9) 3월 이를 준공해서 4월 1일부터 이른바 경도남회선(京圖南廻線)(朝開線)으로 영업을 개시했다.

(3) 북선선의 위탁경영

그보다 앞서 조선철도는 1927년(昭和 2) 이래 도문선의 건설 및 개량공사를 시행 중이었는데, 1933년(昭和 8) 9월에 이르러 공사가 거의 준공되었다. 이에 나진항의 이용 개발과 맞물려 북선 및 동북 만주에서의 교통망 정비라는 대국적 견지에서 이를 만철에게 위탁·경영시키게 되었다. 5월 이후 교섭을 이어오던 중 9월 중순 의견의 일치를 보게 되어서 수속과 기타에 관한 준비가 착착 진행되었다.

이리하여 1933년(昭和 8) 9월 28일 칙령 제258호에 의해 "조선총독은 그 관리에 속하는 철도 일부의 건설, 개량, 보존 및 운송과 부대의 업무를 남만주철도주식회사에 위탁할 수 있다"라는 규정이 공포되었다. 동시에 조선총독부 보고를 통해 10월 1일부터 북선선을 만철에 위탁하는 건이 정해지고 회사는 위탁 철도에 관한 일체의 인계를 받아 10월 1일부터 경영을 개시했다.

위탁경영 계약의 요지

① 총독부는 조선 국유철도 함경선 가운데 수성(輸城)·회령 간, 청진선, 회령탄광선 및 도문선과 그 부속 업무 일체의 경영을 만철에 위탁한다.

② 만철은 조선 내외 교통 편리의 증진과 조선 지방 산업 개발을 위해 최선의 노력을 다하여 위탁 철도의 영업을 담당한다.

③ 위탁 철도에 관한 건설·개량공사로서 기정의 예산으로 시행 중인 것과 계획·결정된 것은 총독부가 이를 시행할 필요에 응하여 만철에 위탁할 수 있다.

④ 장래 위탁 철도의 개량 및 지선 건설의 필요성이 있을 때는 총독부의 자금으로 만철이 이를 시행하지만 필요에 따라 총독부가 이를 시행할 수 있으며, 이 지선이 완성되면 총독부는 그 경영을 만철에 위탁한다.

⑤ 보충공사는 만철의 부담으로 시행하고 그 재산은 총독부에 귀속하며 보충비의 범위 및 연액은 따로 협정한다.

⑥ 천재지변, 기타 불가항력에 의한 재해의 응급 및 복구에 관한 것은 따로 협정한다.

⑦ 만철은 위탁 철도에 관해 위탁 기간 내 따로 협정한 금액을 총독부에 납부한다.

⑧ 철도의 위탁 기간은 1933년(昭和 8) 10월 1일부터 만 20년으로 하며, 기간 만료 1년 전까지 쌍방에서 하등의 반대 표시가 없으면 다시 20년간 계속하는 것으로 하고 이후에도 이러한 예에 따른다.

조선총독부에 대한 납부금 비율은 위 계약의 부속 협정에서 1935년(昭和 10)에는 매년 위탁

철도 투자액의 4%로 협정이 되었는데, 1936년(昭和 11) 이후는 동일 노선의 영업 수지를 감안하여 2.2%로 개정되었다.

(4) 만철의 업무 개시

경영을 위탁한 북선의 철도는 함경본선 중 수성·회령 간, 도문선(회령·웅기 간), 청진선 및 회령탄광선의 합계 328.5km[그 후 변경해 329.2km가 됨]이었다. 만철은 이들 철도의 경영을 위해 청진에 북선철도관리국[1936년(昭和 11) 10월 북선철도사무소로 개칭해 나진으로 이전]을 세워 업무를 개시했다. 1935년(昭和 10) 11월 사설철도로 웅라선(雄羅線)[웅기·나진 간]이 건설·개업되었다. 또한 따로 공사 중이었던 나진항 부두 일부의 준공에 따라, 1935년 1월부터 항만업무가 개시되었다. 이에 일본해 호수화(湖水化)의 구현에 한걸음 전진이 있었다. 만철은 1936년(昭和 11) 6월 동북 만주 일대 화물의 수·이출상 북선 3항 병용의 의미에서 조선총독부로부터 청진·웅기 2개 항의 대부를 받아 나진과 함께 관리·경영을 시작했다.

북선에서 위탁 철도는 내선만 사이에 일대 교통 노선의 요충을 맡고 있으며, 조선 및 만주 내의 각 철도 및 일본해 항로를 통해 내선 철도와 연락·협조를 꾀하는 중요한 위치에 있었다. 이 때문에 계약 중에 특히 조선 내외 교통 편리의 증진과 조선의 지방 개발을 위해 최선의 노력을 해야 한다는 내용이 기입되었다.

(5) 항만 대부에 관한 각서

항만 대부의 경우 만철은 청진, 웅기 두 항구도 철도와 일괄해서 이관을 받아 이를 경영할 준비를 했지만, 두 항구의 대부는 관유재산관리규칙만으로는 불가능했기 때문에 칙령을 받기로 결정되었다. 1936년(昭和 11) 4월 칙령 제60호에 의해 북선철도의 수송과 관련하여, 두 항구에서 수행하는 해륙 연락 수송을 위해 필요하다면 조선총독은 그 관리에 속하는 관유재산을 무료로 대부하거나 사용할 수 있음이 규정되었다. 따로 조선총독과 만철 총재는 각서를 교환하고 대부 기간은 철도 업무 위탁의 기간과 합치시켰다. 그리고 만철은 그 후 도문에서 목단강(牡丹江)에 이르는 노선을 건설하고 경도선과 함께 북선과 동북 만주에 이르는 교통 형태를 정비했으며, 나진항 부두 설비 또한 착착 확대했다.

(6) 북선선 일부의 환원

그런데 그 후 북선 지방의 정세는 오지(娛地) 만주의 발전과 각종 광공업의 발흥으로 뚜렷하게 변화했다. 특히 시국상 중요 자원인 무산(茂山) 철광의 개발에 관해서 새로이 일본제철주식회사 청진공장의 신설 및 북선척식철도주식회사에 의한 고무산(古茂山)-무산 간 광궤선 개량 등이 있었다. 이러한 사정에 즉시 반응하여 북선철도 및 항만의 경영·강화를 꾀하는 것이 가장 긴요하게 되었다. 이에 상삼봉(上三峯)-수성 간, 청진선 및 회령-신계림(新鷄林) 간의 철도와 청진항 종단 시설에 관한 경영이 조선총독부에 의해서 부활했다. 이로써 일만과 북선지방 교통을 한 단계 진전시키게 되었고 조선총독부와 만철 당사자 간 절충이 수차례 거듭되었다. 이리하여 최종적인 타협을 1940년(昭和 15) 5월 경성에서 행한 결과, 완전하게 양자 간의 의견이 일치되었다. 1933년(昭和 8) 10월 위탁 이래 6년 9개월이 지나 북선선의 일부와 1937년(昭和 12) 12월 이후 철도와 함께 위탁영업 중이었던 회령·웅기 간 자동차 노선이 1940년(昭和 15) 7월 1일 이후 철도국의 경영으로 복귀되었다.

(7) 위탁경영 방식의 변경

환원 구간은 성진철도사무소 소관으로 추가되었다. 남은 구간 즉, 상삼봉-웅기 간의 철도 시설은 종래의 위탁경영을 변경해서 대부하는 방식을 취했다. 이 구간에 대한 총독부 투자액 약 2,300만 엔에 대해서는 매년 약 3.9%의 대부료를 납부하는 것으로 했다. 이 때문에 6월 9일 조선총독부 훈령 제26호에 의해 이 철도는 잡종 재산으로 정해졌다. 만철은 위 구간에 대해 7월 1일 사설철도의 면허를 받아 나진·웅기 두 항구를 중심으로 한 북선 및 만주 일대의 교통 정비에 매진했다. 이 환원이 이뤄질 때 만철에서 철도국으로 인계된 종업원은 약 1,600명이었다.

8. 일제하 조선철도의 각 노선별 건설과 개량

〈자료 146〉 朝鮮總督府 鐵道局, 1940, 「第五章 國有鐵道の建設及び改良」, 『朝鮮鐵道四十年略史』, 朝鮮總督府, 231~294쪽.

1) 건설 및 개량사업의 개요

(1) 창시시대

당시의 건설에 대해서는 별도의 장에서 상세하게 서술한 것처럼, 그 기원은 멀리 1892년(明治 25)으로 거슬러 올라간다. 이 무렵 이미 조선에 대해서는 대륙 경영의 전진기지로, 철도 부설을 계획하는 분위기가 일본 조야(朝野)에 조성되었다. 하지만 각종 상황이 바뀌어 실현하지 못하다, 1898년(明治 31)에 이르러서야 겨우 궤도에 오를 수 있었다. 미국인이 공사를 진행하던 경인철도를 경인철도합자회사가 매수한 후 그 공사를 계속해서 1899년(明治 32) 9월 경인간의 일부를 개통시킨 것이 그 단초이다.

한편, 경부선은 경부철도주식회사 창립위원의 계획으로 예측·실측이 차례로 진행되고 있었는데, 이 회사가 성립되는 동시에 건설공사에 착수했다. 일로전쟁 개전(開戰) 이전에 속성명령(速成命令)을 받는 등 도중의 많은 어려움을 극복하고, 결국 일로전쟁에서 대첩을 거둔 1905년(明治 38) 초에 개통해 이후 군사작전상 중대한 역할을 담당했다.

군용철도 경의선의 건설은 임시군용철도감부의 편성에 따라 용산-신의주 간 간선과 지선을 합한 328마일(약 527.9km)의 공사가 총공사비 2,000여만 엔으로 1906년(明治 39) 3월 완성되었다.

마산선은 당초 1903년(明治 36) 1월 영남철도회사 및 경부철도회사의 합작으로 계획되어 삼랑진 부근 일부 노선이 이미 가영업을 하는 데 이르렀다. 그러나 일로전쟁으로 인한 작전·용병상의 필요에서 낙동강-마산 간을 1904년(明治 37) 9월 철도감부에서 기공하여, 1905년(明治 38) 10월 전면 개통시켰다.

반도 동서의 양쪽 해안을 연결하는 경원선은 당초 1904년(明治 37) 8월 군용으로 측량하고, 그해 말 이미 원산 부근에서 건설을 시작했다. 본격적인 공사는 이듬해인 1905년(明治 38) 봄부터 시행되었다. 그리하여 원산·용산의 양 끝에서 각 공구(工區)로 나누어 추진되었는데, 공사 도중 통감부 철도관리국에 이관되었다. 이후 철도관리국의 소관으로 계속 공사가 진행되었다.

(2) 통일 이후

통감부 철도관리국 설치 이후 경부·경의 두 선은 관부연락선의 취항과 맞물려 유럽과 아시아 교통의 중요 간선이라는 사명을 갖게 되었다. 경의선은 건설 당시 속성으로 진행한 관계로 설비를 서둘러 개량할 필요가 있었다. 이에 1907년(明治 40) 이후 경부·마산 두 철도의 나머지 공사와 함께 개량공사에 착수하여 1911년(明治 44) 종료했다. 그사이 경의선의 부분 개량 또한 함께 진행했다.

같은 해 11월 압록강 가교 공사가 준공하고, 만철 안봉선의 광궤(廣軌) 개축이 이루어져 오랫동안 기다려 온 조선과 만주가 연결되었다. 그사이 지방 개발에 이바지하기 위해 주요 항만으로 통하는 신규 노선의 건설 계획을 수립하여, 우선 평양-진남포 간의 건설공사를 1910년(明治 43) 10월 준공했다. 이어서 1914년(大正 3)에 호남선과 경원선을 준공했고 함경선 건설공사를 시작했다. 이상의 여러 노선은 당시 정세의 완급에 따라 진행되었다. 또한 반도 전체에 걸쳐 근본적인 부설 계획을 수립하여 조선철도 건설사상 일대 신기원을 그은 것이 1927년(昭和 2) 이후 실시된 이른바 조선철도12개년계획이었다.

(3) 철도12개년계획

이 계획은 종래의 경부·경의 두 선과 같이 군사상의 필요에 따라 건설된 것과 취지를 다소 달리하며, 주로 조선 산업의 개발을 목표로 한 것이었다. 산업의 흥륭(興隆)은 대개 교통기관의 보급·발달에 달린 것인데, 1926년(昭和 1) 당시 조선 국유철도의 영업연장은 불과 2,159km(사철 미포함)에 불과했다. 이를 당시 내지 혼슈(本州), 홋카이도(北海道)와 비교하면 그 면적은 100방리(方里)[99]당 혼슈 79km, 홋카이도 46km임에 비해 조선은 20여 km에 불과한 빈약한 상태였다. 산업 개발이라는 사명을 수행하기에는 도저히 충분한 역량을 발휘할 수 없었

99 가로세로 1리(里)가 되는 면적. 약 15km²이다.

다. 조선의 면적은 거의 혼슈와 동일하고, 육지에는 농경에 적합한 500만여 정보(町步)의 땅이 존재한다. 국경 및 등줄기의 산맥에는 도끼가 닿지 않은 천혜의 울창한 처녀림이 있다. 땅속에는 석탄(유효량 10억 톤 이상) 및 금·은, 기타 중요 지하자원이 매장되어 있다. 삼면의 바다에는 무한히 많은 수산물이 있다. 더불어 풍부한 수력과 저렴한 노동력 이용이라는 좋은 조건이 있다. 그렇기에 이들의 개발을 생각할 때, 철도 보급을 도모하는 것은 발전하는 조선에서 진정으로 긴요한 일이었다.

여기에서 경부선·경의선 및 마산선의 강화·개량과 함께 국유철도의 증설 계획을 수립하고, 비교적 적은 경비를 들여 큰 효과를 거두었다. 다음의 5개선, 즉 도문선(웅기-동관진 간)·혜산선(길주-혜산진 간)·만포선(순천-만포진 간)·동해선(원산-포항, 울산-부산진 간)·경전선[진주-전주, 원촌[금지(金池)-담양 간]의 합계 약 1,384km가 선정되었다. 신규 노선 건설과 함께 그사이에 개재된 조선철도회사 소속 경남선 외 5개선 합계 약 337km의 매수도 계획했다. 이러한 종합적인 계획을 세워 1926년도(昭和 1) 제52회 제국의회의 협찬을 거쳤다.

위 계획은 당초 1938년도(昭和 13)까지 완성할 예정이었으나 제국 재정의 신축(伸縮)에 맞추어 일부가 연기되었고, 1940년(昭和 15) 3월 말 마침내 계획의 대부분을 준공했다. 아직 준공되지 않은 것은 동해·경전 두 노선의 일부이다.

(4) 기타

북선개척사업은 국경 지방에서 산업 개발·국방·경비상의 견지에서 각 부문에 걸쳐 계획되었다. 그중 주요 부분으로 북선 척식 협궤철도 백무선(백암-무산 간) 건설이 반영되었다. 그 실시는 1932년도(昭和 7) 제62회 제국의회의 협찬을 거쳐 1932년(昭和 7) 11월부터 공사에 착수했다.

철도12개년계획 및 기타 계획은 차례로 실시되었다. 그런데 1936년(昭和 11) 다시 조선 중앙부를 개발해야 할 필요성이 생겨서 경경선(당초, 중앙선으로 지칭) 건설이 제안되었다. 이 역시 제69회 제국의회의 협찬을 거쳐 1936년(昭和 11) 3월부터 약 358km의 건설에 착수했다.

한편, 개량공사 방면은 1935년(昭和 10)경까지 기설선 및 매수선의 부분 개량에 지나지 않았는데, 시세의 진전에 따라 수송력 증강을 위해 경부·경의선의 복선화 및 개량계획이 긴급하게 요구되었다. 또한 신설선과 연락상의 필요에서 매수선 등의 강화를 계획하여 미증유의 예산을 계상했다. 마침내 1936년(昭和 11)부터 본격적으로 개량공사가 추진되었다.

이상 개략적으로 설명한 바와 같이 신설선은 모두 경제적 노선이었음은 말할 필요도 없지만, 이 중 선만 국경에 연접한 도문·혜산·만포의 각 노선은 국방·경비 면에서도 중요하다. 동해선·중앙선은 종래의 반도 종관선에 다시 2개 노선을 늘린 것이었다. 주요 노선의 복선화·개량계획은 신설선 건설과 맞물려 다시금 약진 조선의 중요한 추진력이 되고 있다. 이를 통해 대륙전진기지로서, 나아가 장래 아시아와 유럽 교통의 공도(公道)로서 그 의의를 더해 가고 있다.

아래에서는 각 노선의 건설 및 개량의 개황을 설명하겠다.

2) 국유철도의 건설

(1) 압록강 가교 공사

① 가교 계획

선만을 잇는 철도 가교는 현재 도문·상삼봉(上三峯)·훈융(訓戎)·만포·수풍(水豊)·신의주의 6개소가 있고, 장래에 다시 증설해서 교통상의 일원화를 도모할 추세에 있다. 그중 첫 번째 가교라고 말할 수 있는 것은 경의철도에 연달아 건설된 압록강 철교이다.

압록강은 조선과 만주의 국경을 흐르는 길이 800km의 큰 강으로, 그 수원은 장백산맥에서 발원해 여러 지류를 합쳐 용암포 부근에서 황해로 흘러 들어간다. 가교점(架橋點) 부근의 평상시 조수간만의 차는 약 4m, 유속은 흡사 내지 하천의 홍수 때와 같다. 하저(河底)가 약하기 때문에 유심(流心)이 끝없이 이동하며, 하상(河床)의 높낮이 역시 일정하지 않다. 최근까지는 상류 수백 km 사이에 주벌(舟筏)[100]을 통하게 했지만, 수력전기 댐이 생긴 이후 점차 그 수를 줄이고 있다. 더불어 매년 7, 8월의 홍수기와 겨울철 4개월간의 결빙으로 인해 1년의 절반은 수운을 이용할 수 없는 상태이다. 봄철 해빙기에는 유빙(流氷)이 서로 부딪혀 일대 장관을 이룬다.

100 통나무를 떼로 가지런히 엮어서 물에 띄워 사람이나 물건을 운반할 수 있도록 만든 것이다.

압록강 가교의 설치 계획은 철도감부가 1904년(明治 37) 2월 이미 수립해, 가교점을 안동현(安東縣)의 하류 약 1km 지점으로 선정했다.

② 공사 상황

교량공사는 맨 처음 철도감부에서 1906년(明治 39) 3월 경의선 개량공사 시행과 동시에 착수했는데, 피일교(避溢橋)[101] 공사는 가교 공사 착수 이전에 이미 준공했다. 통감부 철도감리국 이관 후 머지않아 압록강 가교의 설계에 관해서는 강형(鋼桁)[102]을 가설하고, 교각의 기초는 전부 잠함(潛函)[103] 공법을 이용하기로 했다. 이어서 세부 조사를 계속한 결과, 선박의 항행에 적합하도록 중앙부에 개폐식 교량을 세우기로 결정했다. 1909년(明治 42) 3월 설계를 완료하고 예산 총액 233만여 엔을 계상했다. 공사 실시에 대해서는 1909년도(明治 42)부터 1911년도(明治 44)까지 3개년 계속사업으로 작업을 수행하기로 하고, 1909년(明治 42) 조선 측에서 교각 기초공사에 착수했다. 그런데 공사 중 가교 문제에 관해 외무성과 청국 사이에 수차례 교섭을 거듭한 결과, 1910년(明治 43) 3월 동의를 얻어 안동(安東) 측에서도 공사에 착수했다.

이 공사는 1909년(明治 42) 8월 착수 이래, 1911년(明治 44) 10월 말 준공까지 2년 2개월이 걸렸다. 그사이 결빙 및 강우 기간을 제외하면 실제 작업 기간은 1년 4개월에 불과했다. 공사에 사역한 인부의 연인원은 51만 명이었다. 사업비 총액은 175만 엔[이 중 공사비 37만 엔]으로, 이를 예산 총액과 비교하면 약 58만 엔이 절감되었다. 이렇게 좋은 결과를 거둔 것은 주로 잠수함(潛水函)의 사용과 기계 응용이 적절했기 때문이었다.

압록강 가교는 중앙을 철도 노선으로 하고 양측에는 각각 폭 2.6m의 보도(步道)를 만들었다. 횡목(桁)은 모두 활꼴(弓狀) 형태의 강형을 사용하고, 조선 측에서 9번째 횡목을 개폐식으로 하여 수동식으로 이를 회전시켰다. 또한 예비로 석유발동기를 비치했다. 교량 보존상 1934년(昭和 9) 11월에 이르러 회전을 폐지했다. 이후 열차 운전 횟수가 증가함에 따라 부분적으로 개축해 오늘날에 이르고 있다.

101 홍수 때에 물이 잘 빠져나가도록 둑 속에 만든 다리.

102 강철로 만든 들보.

103 토목건축의 기초공사를 할 때 압착 공기를 보내어 지하수가 솟는 것을 막으면서, 그 속에서 작업할 수 있게 철근 콘크리트로 만든 상자를 뜻한다.

(2) 경원선 건설

① 경원선의 부설권 문제

경원선은 평원선과 함께 반도의 동서 해안을 연락하는 횡단선으로, 일본해의 항로를 거쳐 우라니혼(裏日本)[104]과의 교통로를 형성한다. 또한 함경도 동쪽을 멀리 달려 두만강 기슭에 이르는 선만(鮮滿) 교통의 주요 간선로의 일부를 이루며, 경제적으로도 자못 중요한 사명을 지니고 있다.

경원선 부설권의 획득은 1896년(明治 29) 프랑스인이 경의(京義)·경목(京木) 두 철도와 함께 그 부설권을 당시 한국 정부에 요구해서 세간의 주목을 끌었다. 이후 한국에 대한 여러 나라의 각종 요구가 점차 격화되는 가운데 일본도 지속해서 부설권을 요구했다. 1903년(明治 36) 각국이 부설권 획득에 부심하던 중, 일본 정부와의 사이에 경원선의 건설 출자 계약이 맺어졌다.

② 군용철도 부설과 그 중지

때마침 러일 국교 단절로 인해 제국 정부는 군사상의 필요에서 1904년(明治 37) 8월 경성-원산 간의 군용철도 부설을 결정하고 경성에서 회양(淮陽)을 거쳐 원산에 이르는 구간에 철도를 부설했다. 또한 필요에 따라 두만강 연안에 달하는 노선을 연장할 수 있다는 뜻을 한국 정부에 통고했다. 이와 동시에 육군은 측량을 개시하고, 이어서 같은 해 11월 임시군용철도감부는 용산 및 원산에 건축반(建築班)을 두고 양단(兩端)에서부터 공사에 착수했다.

그러나 머지않아 러일 간에 전운이 제거되어 이 노선을 급하게 부설할 필요가 일시에 해소되었고, 기타 여러 걸림돌이 생겼다. 예산 관계도 있어서 결국 1906년(明治 39) 9월 통감부 철도관리국에 인계 후 일단 공사를 중지했다. 그 후 다시 이 노선의 부설에 대한 논의가 일어나 1912년(明治 45) 5월 통감부 철도관리국 기사 오시로 히토시(小城齊)에게 종래의 노선에 이어서 다시 측량하게 하고, 평원선과의 비교 조사를 하도록 했다.

104 일본 혼슈에서 동해안에 면한 지방을 말한다.

③ 경원선 건설

당시 일본에서는 전후(戰後)의 재정 상태를 감안하여 비교적 공사가 쉬운 호남선을 우선 부설하고, 이후 경원선의 속성(速成)을 기대해야 한다는 의견도 있었다. 그러나 북선 물자를 중부로 수송하는 것 또한 급무였기에 두 노선을 모두 부설하기로 결정하고, 제26회 제국의회의 협찬을 거쳐 1910년(明治 43) 4월부터 실측에 착수했다. 그 결과 의정부·철원·평강(平康)을 거쳐 조선의 등줄기 산맥 중 삼방관(三防關)의 험준한 곳을 뚫고 석왕사(釋王寺)를 거쳐 원산에 이르는 약 223km의 노선을 선정했다. 같은 해 6월 용산에 건설사무소를 세우고 10월부터 공사에 착수했다.

당초 경원선의 건설비는 1,378만 9,000엔[총계비(總係費) 및 차량비를 제외]로, 1910년도(明治 43) 이후 11개년 동안 지출 예정이었다. 그러나 합병 후 부설이 시급해졌기 때문에, 제27회 의회의 협찬을 얻어 위 기간을 1911년도(明治 44) 이후 5개년으로 단축시켰다(이후 제31 제국의회에서 1개년 연장). 1911년(明治 44) 3월 다시 원산에 건설사무소를 두고 실측에 착수했다. 11월 원산 방면에서 기공하여 점차 양 방면에서 공사를 진행했다. 용산-세포(洗浦) 간은 8개 공구로, 세포-원산 간은 7개 공구로 나누어 순차적으로 노반(路盤) 공사를 진척시키고, 이와 동반해서 정거장 설비 및 궤조(軌條, 레일) 부설을 시행했다. 때마침 수해 등의 재난을 마주했지만 비교적 순조롭게 진척해서, 각 구간이 준공될 때마다 차례로 영업을 개시했다. 1914년(大正 3) 8월 16일 세포-고산(高山) 간 26km의 준공을 마지막으로 해서, 전체 노선 약 223km의 영업을 개시했다.

④ 공사 개황

경원선 중 용산-복계(福溪) 간 및 고산-원산 간은 지세가 대체로 험준하지 않아 두세 가지 다소 눈에 띄는 일들을 제외하면 공사는 대개 평이했다. 그러나 복계-고산 간은 소위 철옥산맥(鐵獄山脈)에 해당해서, 산악이 중첩되어 있고 수목이 울창해 인적이 드문 심산유곡(深山幽谷)이 많았다. 당시 폭도(暴徒) 또는 호랑이가 출몰하는 등 측량원이 작업 중 때로 위험에 처했으며, 공사 역시 쉽지 않았다. 이 중 세포-고산 간은 굽이진 삼방천(三防川)의 계곡이 존재하여 토공(土工)·교량·터널 등의 공사가 많았다. 공사용 재료의 운반 역시 매우 어려운 일 중 하나였다. 또한 연선에는 인가가 거의 드물었다. 조선인 대부분은 노동을 싫어하는 경향이 있어서, 청부인은 인부 고용에 매우 고생을 겪었다. 때로는 고을 관아와 교섭해서, 때로는 동리장(洞里長)에게 알선을 맡기는 등 공사 인부의 모집 방법을 있는 힘껏 강구했다. 동시에 경부 연선의 숙련된 인부를 고용하거나, 중국인 노동자를 보급해서 가까스로 예정된 공정을 수행할 수 있었다.

경원선 공사에 소요된 총비용은 1,165만 2,000엔이었다. 이외에 재용(再用) 물품 대금이 53만 7,000엔이었다. 경원선 공사의 중요 진척 내용을 정리하면 다음과 같다.

(단위: km)

구간	거리	기공 일자	개업 일자
용산-의정부 간	31.2	1910년 10월	1911년 10월 15일
의정부-연천 간	42.6	1911년 4월	1912년 7월 25일
연천-철원 간	23.9	1911년 5월	1912년 10월 21일
철원-복계 간	25.7	1911년 11월	1913년 7월 10일
복계-검불랑 간	15.6	1911년 11월	1913년 9월 25일
검불랑-세포 간	12.2	1912년 5월	1914년 6월 21일
세포-고산 간	26	1912년 5월	1914년 8월 16일
고산-용지원 간	6.4	1912년 4월	1913년 10월 21일
원산-용지원 간	38.7	1912년 10월	1913년 8월 21일
합계	222.3		

(3) 호남선 건설

① 호남선 건설 계획

호남선 연선의 충청·전라·경상도 일대는 예부터 삼남(三南)이라고 불린 지방으로, 토지가 비옥하고 오곡이 풍족하며 수산(水産) 및 여러 공예품이 많아 반도의 보고로도 주목을 받아 왔다. 일찍이 내외인 간에 개발 수단이 기획되고 있었는데, 교통·운수 시설이 정비되지 않아 아직 이러한 부원을 개척하지 못했다.

호남선 부설에 대해서는 1898년(明治 31) 6월 다소간의 경위는 있었지만, 개발을 목적으로 한국 정부와의 사이에 부설권 교섭이 성립되어 그 후 통감부시대 제26 제국의회의 협찬을 거쳐 경원선과 함께 공사를 서둘렀다.

건설 노선은 경부선 대전에서 시작해 가수원(佳水院)·두계(豆溪)를 거쳐, 논산(論山)·강경(江景)의 평야를 지나 금강(錦江) 강변에서 전주평야의 동쪽을 따라 이리(裡里)에 도달한다. 여기서부터 평야를 가로질러 김제평야의 동쪽을 지나, 전라남북도 경계에 우뚝 솟은 노령산맥을 관통하고, 광주(光州)의 평야로 들어가 광주·송정리(松汀里)·영산포(榮山浦) 등의 여러 읍을 지나 목포항(木浦港)에 이른다. 거리는 간선 261.1km와 별도로 이리에서 군산항으로 가는 지선을 합쳐 285.8km이다. 통과지대는 여러 비옥한 토지를 껴안고 있는 금강·만경강·동진강 및 영산강 등의 유역에 속해 식량자원의 개발상에서 매우 중요한 노선이다.

호남선의 부설은 맨 처음 제26회 제국의회의 협찬을 거쳐, 1910년도(明治 43) 이후 11개년 계속사업으로 약 1,253만 6,000엔을 부설공사비로 지출하기로 계획했다. 이로 인해 그 개통은 전도가 요원했기 때문에, 가급적 서둘러서 영업을 개시한다는 방침을 채택했다. 터널 및 대토공 등의 난공사를 뒤로 미루고 우선 정거장을 간략하게 설치하고, 교량 및 기타 공작물 역시 부득이한 것 외에는 모두 임시 구조로 해서 먼저 7개년 동안에 개통을 시킨다는 계획을 세웠다.

② 건설공사의 실시

호남선의 속성 공사는 대전-사가리(四街里) 간 및 군산 지선과 사가리-목포 간으로 나누고, 다시 전자는 8개 공구로, 후자는 5개 공구로 구분했다. 1910년(明治 43) 5월 대전 방면에서 측량을 개시하여 같은 해 6월 대전에 건설사무소를 세우고 10월부터 공사를 시작했다. 그런데 1910년(明治 43) 8월 일한병합이 성립되자 반도 개발상 이 노선을 한층 더 급히 부설할 필요가 생겨서, 제27회 제국의회의 협찬을 거쳐 건설비 지출 연한을 1911년도(明治 44) 이후 5개년으로 단축했다. 따라서 1911년(明治 44) 3월 다시 목포에 건설사무소를 설립하고, 목포-사가리 간의 측량을 시작하여 10월 이 방면에서도 기공을 했다.

이후 각 공구에서는 순조롭게 공사가 진행되어서, 1911년(明治 44)과 1912년(明治 45) 대전 방면에서 대수해를 입은 것 외에는 심각하게 어려운 점은 없었다. 노반의 준공에 따라 구간 영업을 시행해, 기공 이래 5년여를 거친 1914년(大正 3) 1월 11일 정읍-송정리 간 57km의 준공을 마지막으로 전 노선의 영업을 개시했다. 그런데 앞서 설명한 것과 같이 이 노선은 주로 속성 공사를 진행했던 관계상 곳곳에 불완전한 곳이 있어서, 예정 계획에 따라 1912년(大正 1) 10월부터 차례대로 개량하여 완성했다. 노선 건설에 소요된 총비용은 884만 8,000엔, 이외에 재용 물품 대금 103만 2,000엔이었다. 공사의 개황은 다음과 같다.

(단위: km)

구간	거리	기공 일자	개업 일자
대전-연산 간	39.9	1910년 1월	1911년 7월 11일
연산-강경 간	21.5	1911년 3월	1911년 11월 15일
강경-이리 간	27.1	1911년 3월	1912년 3월 6일
이리-군산 간	33	1911년 6월	1912년 3월 6일
이리-김제 간	17.8	1911년 12월	1912년 10월 1일
김제-정읍 간	26	1911년 12월	1912년 12월 1일
정읍-송정리 간	57.1	1911년 12월	1914년 1월 11일
송정리-나주 간	14	1912년 10월	1913년 10월 1일
나주-학교 간	21.4	1912년 4월	1913년 7월 1일
학교-목포 간	35.2	1911년 10월	1913년 5월 15일
합계	293.6(이후 목포역과 목포 해안 간의 0.6km를 추가)		

(4) 평남선 및 평양탄광선 건설

① 평남선 건설

평남선은 당초 임시군용철도감부가 부설 계획을 수립해 1905년(明治 38) 8월 측량을 시행하고 용지 일부 역시 매수했지만, 노선 부설에 이르지 못한 채로 마무리되었다. 그 후 내지 자본가 사이에서 대동강의 수력을 이용하는 전력회사를 세우고 평남가도(平南街道)상에 전기철도를 겸업하려는 계획도 있었지만, 이 또한 실현되지 못했다.

1908년(明治 41)에 이르러 국유선으로 부설하는 안이 결정되었다. 공사비는 제24회 의회에서 188만 엔을 계상해 1908년도(明治 41) 이후 3개년으로 나누어 지출한다는 협찬을 얻었다. 경과 지역은 평양에서 평남가도를 끼고 서쪽으로 진출해서, 태평(太平)에 이르러 대동강변을 따라 내려가는 곳에서 약 2km를 꺾어 기양(岐陽)을 지나 진남포(鎭南浦) 동쪽 끝에 도달하는 것으로, 노선의 거리는 약 55.3km이다.

1909년(明治 42) 7월 용지 매수에 착수했다. 노선은 5개 구역으로 나누어 1909년(明治 42) 9월부터 공사를 시작하고 1910년(明治 43) 5월에 토공을 대략 완성했다. 곧이어 레일 부설에 착수하는 한편, 도상(道床) 정리에 힘써 10월 16일 전체 노선을 개통했다. 노선의 건설은 속성 방침을 채택해, 소규모 교량 및 구교(溝橋)를 제외하고 비교적 큰 교량·하수·토류공(土留工) 등은 모두 임시구조로 했다. 정거장 설비 역시 당장 영업에 지장이 없는 수준에 그쳐서, 개통 후 얼마 지나지 않은 1910년도(明治 43) 말부터 교량, 기타 개축에 착수해 1913년(大正 2) 말 대개 완성을 고했다. 진남포 정거장 확장 및 해륙 연락 설비 공사는 1915년도(大正 4) 말에 거의 완료되어, 서선(西鮮)의 운수·교통상에 신기원을 열었다. 총결산액은 185만 2,000엔이었다.

② 평양탄광선 건설

평양탄광선은 경의본선 대동강역에서 분기해 승호리(勝湖里)에 이르는 23.3km의 단거리 선이다. 그러나 연선에 매장된 무연탄 개발의 동인(動因)이 되어 반도의 산업 발달에 이바지하는 바가 자못 많다. 맨 처음 무연탄의 반출은 채탄광구에서 대동강변까지 궤간(軌間) 2척 6촌의 경편 마차철도를 부설하여 2량 내지 3량의 탄차를 끌고, 다시 수상을 통해 겸이포 또는 진남포 등으로 수송하는 방법을 취했다.

1909년(明治 42) 농상공부는 공사비 5만 7,000엔을 들여 대동강신호소(현재 대동강역) 부근에서 분기하는 전용 철도를 부설하고, 열차 운전을 철도관리국에 위임했다. 이후 총독부 철도국이 설치되자 소관을 총독부로 이관했다. 또한 당시 연선의 사동(寺洞)은 평양광업소 소재지로 이미 하나의 시가지를 형성하고 있었기 때문에, 본 노선은 1911년(明治 44) 9월 1일 이후 평양-사동 간 10.7km에 일반 여객 운수의 취급을 개시했다. 이어서 오노다(小野田)시멘트제조주식회사가 전용 경편철도선으로 부설한 미림(美林)-승호리 간 11.4km를 매수해, 이후 보충 개량공사를 시공해서 영업 거리를 약간 연장하여 오늘에 이르고 있다.

(5) 진해선 건설

① 건설 계획 및 공사 개요

진해선은 진해요항(鎭海要港)과 경부 및 경전선의 연락로(連絡路) 개설을 목적으로 계획되었다. 1910년(明治 43) 7월 기사 구마 유지(久間雄二) 및 참모본부 파견 육군대좌 나카시마 마사타케(中島政武)의 답사에 이어, 같은 해 10월 기사 후쿠이 가오루(福井薰), 기수 나가타 고노스케(永田光之助) 등이 예비 측량을 하고, 1918년 제40회 의회에서 부설이 결정되었다. 공사비는 241만 엔으로, 당초 1918년(大正 7) 이후 5개년 계속사업으로 되어 있었지만, 1920년(大正 9) 실측을 겨우 완료해 곧바로 초량(草梁)공무사무소 주관으로 공사에 착수했다. 그 후 물가 상승으로 인하여 1922년도(大正 11) 36만 7,000엔, 1923년도(大正 12) 159만 2,000엔을 추가로 증액해, 1925년도(大正 14)까지 3개년 연장의 협찬을 거쳐 공사를 계속했다.

이 노선은 진해에 가까운 장복산맥(長福山脈)[105]에 긴 장복산 터널을 뚫고 상남(上南) 부근의 평탄지로 나와 북진해서 진창가도(鎭昌街道)와 교차하고, 다시 동해정천(東海亭川)·무군천(無群川) 등의 교량을 건너 창원(昌原)에 이르는 20.6km의 구간이다. 노선 중 장복산 터널은 당시 조선에서 두 번째로 긴 터널이었다. 1921년(大正 10) 12월 남구(南口)에서, 이듬해인 1922년(大正 11) 1월 북구(北口)에서 공사에 착수했다. 하지만 전력을 이용한 수지식(手持式) 착암기(鑿巖機)로 작업했기 때문에, 약 2년 후인 1924년(大正 13) 3월 26일에야 도갱(導坑)[106]을 뚫을 수 있었다. 그러나 때마침 관동대진재(關東大震災)의 영향으로 함경선과 마찬가지로 예산이 미루어져 일단 작업을 중지할 수밖에 없었다. 1925년(大正 14) 12월 다시 착수하여 1926년(大正 15) 10월 노반공사의 진척과 맞물려 철도연대(鐵道聯隊)에서 레일 부설을 완료했고, 11월 11일 전 노선이 개통되었다.

② 육군철도대의 활약

궤조 부설은 지바(千葉)철도 제1연대 및 쓰다누마(津田沼) 제2연대에서 파견된 300명씩의 연습 임시 철도대 병사들에 의해 광궤 부설 실시 작업 훈련의 의미로 시행되었다. 당초 40일 내에 완수할 예정으로 착수해서 선발대 90명은 8월 22일 창원에 도착했고, 본대 이케다(池田) 중좌 이하 500여 명은 8월 30일에 도착하여 31일 창원에서 진해로 출발해 작업을 개시했다.

105 원문의 '장벽산맥(長壁山脈)'은 '장복산맥(長福山脈)'의 오기이기에 바로잡았다.

106 터널공사를 할 때 먼저 예비적으로 뚫는 작은 굴이다.

시종일관 통제된 행동 아래 공사를 진행하여 좋은 성적으로 완성했다.

진해선의 건설은 일본해 해전으로 유명해진 요항 진해와 배후지를 연결하는 것일 뿐만 아니라, 그 일부를 철도연대가 건설했다는 점에서 특필할 만하다. 때마침 한여름에 공사가 시행되어, 엄숙한 군율 아래 연일 십수 시간씩 날씨를 가리지 않고 밤을 새워 횡목의 가설에 종사하는 등 그 괴로움과 노고는 참으로 헌신적이었다. 이러한 상황은 철도국원에게 상당한 자극을 주었다. 9월 21일 야간 작업의 경우는 교량 상자꼴 횡목(函桁)이 떨어져, 상등병 구리타 분고로(栗田豊伍郎) 외 3명이 결국 순직했다. 이후 최선을 다해 공사에 임한 결과 10월 12일 작업을 종료하고, 같은 달 14일 철도연대는 진해를 출발하여 부대에 복귀했다.

진해선의 건설비는 총액 437만 7,000엔으로, 그 가운데 철도연대 위탁 공사비는 1만 2,800엔이었다.

(6) 함경선 건설

① 노선 개요

함경선은 반도 횡단철도인 경원선의 종점 원산에서 시작해, 대체로 함경남북도의 해변을 따라 북상하여 영흥·북청·성진·나남 등의 북선 주요 도읍을 거쳐 청진에 도착하고, 다시 북진해서 국경의 회령에 이른다. 그 사이에 길주·회령 등 탄전(炭田) 지대를 지나고 해안 도처의 벽지(僻地)를 개척하며, 조선 중앙부에서 북선에 다다르는 연장 629.4km의 노선이다. 더 나아가 간도·길림 방면과의 지름길이 되어 동북부 만주에서 부원(富源)의 개척에 이바지해야 하는 중대한 사명이 있다. 일로전쟁 당시 1905년(明治 38) 9월 우리 육군이 군수품 수송 목적에서 청진-회령 및 수성(輸城)-경성(鏡城) 간에 경편철도를 급히 부설했는데, 이것이 함경선의 기원이라고도 말할 수 있다.

② 노선 예측 조사

함경선의 건설에 관해서는 1908년(明治 41) 통감부가 이를 계획해 기사 이나가키 진(稻垣甚), 기사 마루야마 추사쿠(丸山忠作), 사무관보 이치노세 다케노우치(一瀨武內) 등에게 명령하여 연선 상황을 시찰하도록 했다. 일행은 같은 해 6월 11일 경성을 출발하여 부산에서 다시 배로 원산에 상륙해, 원산을 기점으로 신포(新浦)·청진·나진·웅기 등 여러 항구를 비롯한 연선의 상황 및 배후지 방면에서의 화객 집산 상태를 조사했다. 이를 통해 이들 여러 지방이 전후(戰後)의 일시적인 호황 현상이 아니라 점차 건전하게 발전하고 있는 것을 확인하고, 같은 해 7월 15일 예상 이상의 성적을 거두며 제1차 답사를 마치고 경성으로 돌아왔다. 이후 1910년(明治 43) 8월 16일 이나가키 기사는 기수 아구이 나카사부로(安喰長三郎), 서기 요시키 하루모토(笹井温基) 외 고원 2명, 공부 3명을 데리고 원산·청진 사이 536km의 제2차 답사를 시행하고, 같은 해 10월 20일 돌아왔다. 이어서 1913년(大正 2) 5월 함경선 국부 조사를 위해 기사 호리구치 벤이치로(堀口勉一郎), 기수 이타구라 도키야(板倉鋭丸)를 주임으로 북부 및 남부로 나누어 조사대를 편성했고, 7월 9일 양쪽 모두 조사를 완료하고 돌아왔다. 이보다 앞서 1912년(大正 1) 9월 12일 회령-경성 간, 청진 지선 및 함흥-원산 간 선로 조사를 위해 기사 닛타 도메지로(新田留次郎) 외 10명의 조사대가 편성되어, 9월 23일부터 회령-경성 간 조사에 착수해 10월 6일 이를 마쳤다. 이후 17일 아라타 기사는 시마다(島田), 이와오(岩尾) 두 기사와 함께 남행해 귀임 길에 올랐으며, 이타구라 기수, 이다(飯田) 기수 이하 8명은 다시 함흥-원산 간 노선의 조사까지 마치고 11월 17일 돌아왔다.

③ 건설 예산과 그 연기

이처럼 예측 조사를 진행한 결과, 마침내 1913년(大正 2) 제31회 제국의회에서 원산-영흥 간 및 청진-회령 간 합계 151km를 제1기 건설 노선으로 정하고, 1914년 이후 5개년에 걸친 계속사업으로 협찬을 얻었다. 나머지 대부분 즉, 수성-영흥 간 478.4km는 1917년(大正 6) 제40회 의회에서 1918년도(大正 7)부터 1919년도(大正 8)에 걸친 사업으로 총건설비 9,085만 3,000엔의 협찬을 거쳤다. 그러나 정부의 재정 긴축 방침에 따라 전자는 제50회 의회에서 2개년, 후자는 1921년(大正 10) 제46회 의회에서 3개년이 각각 연기되었으며, 다시 그 후 수차례 연기되었다. 준공은 1927년도(昭和 2) 이후 실시된 신규 계획의 제2차년도 즉, 1928년(昭和 3)에 마무리되었다.

④ 건설공사

북부 청진 방면에서는 1914년(大正 3) 4월 선로의 실측에 착수해, 같은 해 6월 청진에 건설사무소[이후 출장소로 개칭]를 세우고 기사 닛타 도메지로(新田留次郎)를 소장으로 임명했다. 같은 해 10월 우선 제1공구인 청진-장흥(章興) 간 23.2km의 노반공사에 착수했다. 한편, 남부 원산-영흥 간 54.2km는 원산출장소(소장 이나가키 진)의 소관으로, 1914년(大正 3) 4월 선로 실측을 마치고 이를 2공구로 나누어 북부와 마찬가지로 10월부터 공사에 착수해서 점차 북진했다. 그런데 이 선로는 대개 해안 지방을 지나는 관계상 난공사가 많았다. 특히 거산(居山)·고참(古站) 등의 대터널공사, 북청 남대천(南大川), 단천 남대천, 성천강 등의 대교량공사, 산자락과 해안가에 직면한 공간에 축조하는 장대하고 높고 험한 해안 축제(築堤) 공사 등은 가장 어려운 공사였다. 험한 바닷가에서 큰 암석을 대규모로 폭파하기 위해서 당국은 처음으로 카리트 폭파작업을 시행하거나, 또는 터널공사에 대규모 발전소를 세우는 등 공사상에 여러 신규 설비를 도입하면서 완성에 온 힘을 기울였다.

공사 재료의 수송은 공사 구역 일부에 경편궤조를 부설하는 외에, 우차(牛車)·지나(支那) 마차 및 화물자동차 등 모든 운반기구를 사용했다. 중남부를 건설할 때는 원산-성진 간의 해상에 구환(鳩丸, 47톤)을 전속선(專屬船)으로 사용해, 단평선(團平船)을 끌고 가서 공사 현장 부근의 여러 지점에 육양(陸揚)하는 등 모든 노력을 기울였다. 기타 물가 및 임금 등귀와 경비 긴축에 따른 예산 편성난, 노동자 부족으로 인한 공사 지연 등 여러 어려움이 동반되었다.

공사는 한 단계씩 진행이 되었다. 남부에서는 1915년(大正 4) 원산-문천(文川) 간, 북부에서는 1916년(大正 5) 청진-창평(蒼坪) 간의 개통을 시작으로, 이후 순차적으로 남북에서 공사가 진전되었다. 중부에서는 1924년(大正 13) 단천-길주 간이 개통되었다. 그러나 그사이에 미완성된 부분이 존재했거나, 또는 일부 구간을 자동차로 연락하거나, 도중에 바다가 끼어 있는 등 연락상 많은 불편함이 있었다.

1927년(昭和 2) 11월에 이르러서야 북부와 중부를 연결하여 회령-단천 간을 '북부선'이라 명명했다. 남부는 같은 해 12월 원산에서 북상해서 반송(盤松)까지 이르렀는데, 공사를 개시한 이래 실로 15년이라는 오랜 시간과 공사비 9,085만 3,000엔을 들여 1928년(昭和 3) 9월 1일 원산-회령 간 전 구간 627.4km를 개통했다. 이에 10월 1일 나남에서 성대한 전체 개통식을 거행했다. 그사이 구간 개업을 한 것은 23회라는 다수에 달했다.

함경선의 구간별 공사 개요는 다음과 같다.

(단위: km)

구분	구간	거리	기공 일자	개업 일자
남부	원산-문천 간	20.1	1914년 10월	1915년 8월 1일
	문천-영흥 간	34.4	1914년 11월	1916년 9월 21일
	영흥-함흥 간	69.3	1918년 6월	1919년 12월 1일
	함흥-서호진 간	17.7	1921년 10월	1922년 12월 1일
	서호진-퇴조 간	18.3	1921년 11월	1923년 9월 25일
	퇴조-양화 간	58	1922년 7월	1924년 10월 11일
	양화-속후 간	14.1	1923년 9월	1925년 11월 1일
	속후-신북청 간	8.8	제1회 1923년 10월 제2회 1925년 7월	1926년 11월 11일
	신북청-반송 간	15.6	거산 터널 1925년 10월 선로 1926년 11월	1927년 12월 1일
	반송-군선 간	23.9	1926년 9월 1927년 4월	1928년 9월 1일
북부	군선-단천 간	31.5	1926년 5월	1927년 11월 1일
	단천-일신 간	22.5	1922년 6월	1924년 10월 11일 ※ 이 구간은 개통 때부터 1927년 12월 1일까지 함경선 중부선으로 불렸다.
	일신-성진 간	19.9	1919년 10월	
	성진-길주 간	42.3	1922년 9월	
	길주-용동 간	38.9	선로 1926년 4월 고참 터널 1925년 10월	1927년 12월 1일
	용동-극동 간	8	1926년 4월	1927년 8월 1일
	극동-수남 간	16	제1회 1923년 10월 제2회 1925년 7월	1926년 12월 1일
	수남-주을 간	36.2	1922년 5월	1924년 10월 11일
	주을-경성 간	12.2	1919년 9월	1921년 11월 11일
	경성-나남 간	8.2	1918년 6월	1920년 10월 1일
	나남-수성 간	14.9	1918년 6월	1919년 12월 1일
	청진-수성 간	9	1914년 10월	1916년 11월 5일
	수성-창평 간	42.8	1914년 10월	1916년 11월 5일
	창평-회령 간	41.6	1916년 7월	1917년 11월 25일
합계		624.2		

⑤ 지선 건설

본선 건설에 동반해 순차적으로 각 지선이 건설되었다. 그중에 회령탄전을 개발하는 회령탄광선은 1928년(昭和 3) 8월, 함경남도 오지 풍산(豊山)·갑산(甲山) 방면을 연결하는 북청선은 1929년(昭和 4) 9월, 이원철산(利原鐵山) 광석을 반출하는 광산선 및 차호선(遮湖線)도 마찬가지로 1929년(昭和 4) 9월 각각 개통했다. 천내리(川內里)에서 시멘트를 개발하기 위한 천내리선은 1927년(昭和 2) 11월 이후 소야전회사(小野田會社)[107] 건설선을 대부(借上)해 영업했다. 각 지선의 구간과 거리, 기타에 대한 개요는 다음과 같다.

(단위: km)

명칭	구간	거리	기공 일자	개업 일자
회령탄광선	회령-계림 간	10.6	1926년 5월	1928년 8월 11일
	※1932년 계림-신계 간 1.1km를 추가			
북청선	신북청-북청 간	9.3	1928년 10월	1929년 9월 20일
차호선	증산-차호 간	4.9	1928년 10월	1929년 9월 20일
철산선	나흥-이원철산 간	3.0	1928년 9월	1929년 9월 20일
천내리선	용담-천내리 간	4.4	(대부 영업선)	1927년 11월 1일
합계		32.2		

(7) 평원선 건설

① 연선 개요

평원선은 경의선 서포(西浦)를 기점으로 대개 동진(東進)해서 순천(順川)·양덕(陽德)을 거쳐 평안남도와 함경남도를 경계로 하는 거차령(巨次嶺) 고개를 뚫고, 다시 성내(城內)를 지나 함경본선 고원역(高原驛)에 다다르는 연장 약 213km의 구간이다. 서선의 중요 도시 평양과 동해안의 요항(要港) 원산을 연결하는 제2차 반도 횡단선으로, 우라니혼 항로를 이용해 내지 방면과의 연락상에서, 또한 진남포를 거쳐 해로(海路)로 멀리 다롄(大連)·칭타오(靑島) 및 상하이(上海) 등에 이르는 경제·교통상으로 매우 중요한 사명을 가진 노선이다. 평원선 연선의 서부지방은 대개 평탄한 지대여서 농산물이 풍부하고, 장림읍(長林邑) 부근에는 대삼림이 있으며,

107 원문은 회사명을 누락한 채 '동회사(同會社)'로만 표기해서 이를 바로잡았다.

성천군(成川郡) 및 고원군에는 천혜의 각종 지하자원이 여러 곳에 산재해 금·은·무연탄 등의 채광이 10여 개 광구에서 이루어지고 있다.

② 건설 계획

평원선의 건설에 대해서는 군부에서 일찍이 경원선과 비교 조사를 시행했으며, 한편 민간에서도 1903년(明治 36) 이래 원산·평양·진남포의 각 거류민 유지의 부설 운동 등이 있었다. 그러나 경원선을 우선했던 관계로 역시 지연될 수밖에 없는 상태가 되어, 1921년도(大正 10) 제45회 제국의회에서 경비 4,652만 엔으로 1922년도(大正 11) 이후 1930년도(大正 19) 준공 예정으로 어렵사리 협찬을 얻었다. 하지만 그 후 정부의 전년도 예산 답습 방침에 순응해야 했고, 또 구주전(歐洲戰) 후의 재계 피폐, 관동대진재 등의 사유로 인해, 1922년도(大正 11)에 서부에 속하는 서포-동남리(東南里) 간 불과 7.2km의 노선 실측 및 용지 매수에 착수했을 뿐이다. 1923년도(大正 12)·1924년도(大正 13)를 헛되이 보내고, 1925년도(大正 14)에 동남리-순천 간 31.8km의 노선 실측을 겨우 마쳤으며, 1926년(大正 15)에 서포-사인장(舍人場) 간의 노반공사에 착수했다.

③ 공사 개요

건설공사는 동서 양 방면에서 기공해, 서부는 서포를 기점으로 점차 구간 개업을 계속해 1936년(昭和 11) 11월 양덕에 이르렀다. 동부는 1931년(昭和 6) 4월 하순 고원-장흥 간을 제1공구로 해서 착수해, 공사를 차례로 진행해 1937년(昭和 12) 12월 성내까지 30km를 개통했는데, 계속해서 나머지 구간인 성내-양덕 간을 공사하고 있다. 현재 공사 중인 구간에는 백두연봉(白頭連峯)에서 분기하는 조선 중부 등줄기 역할을 하는 낭림산맥이 있다. 이로 인해 노선 통과 구간에는 우뚝 솟은 산과 깊은 계곡에서 흐르는 좁은 물줄기가 놓여 있어 터널·교량·대축제 등 난공사가 많다. 특히, 수동(水洞)-운곡(雲谷) 두 개 면(面)의 경계에 자리한(幡居) 표고 600여 m의 험한 토령(土嶺)을 돌파하기 위해 장대한 터널을 뚫었다. 이 터널공사는 1935년(昭和 10) 9월 다른 것보다 우선해서 전기 동력을 이용해 굴착을 시작했다. 공사 재료의 운반에는 특별히 화물자동차 도로를 새로 건설하는 등 고심하며 공정을 추진했다. 그 결과 전후(前後) 노반과 함께 1936년(昭和 11) 5월 준공했다.

그러나 그 외의 구간은 앞서 설명한 바와 같이 난공사가 많았기 때문에 공사에 상당한 시일이 소요될 것으로 전망된다. 현재 평양건설사무소 소관 아래 양덕·창촌(倉村)·청룡(青龍)·순간(順干)·거차(巨次) 등의 공사구 건설을 차례로 진행하고 있다. 시국 관계로 인한 자재난 및 인부의 고용난을 잘 극복하며 전 구간 개통을 서두르고 있다.

현재[1940년(昭和 15) 7월 1일]까지 평원선의 공사 개요는 다음과 같다.

(단위: km)

구간	거리	기공 일자	개업 일자
서포-사인장 간	25.0	1926년 5월 6일	1927년 11월 1일
사인장-순천 간	22.3	1927년 5월 20일	1928년 10월 15일
순천-신창 간	19.7	1927년 11월 8일	1929년 10월 1일
신창-장림 간	29.5	1929년 2월 15일	1931년 10월 1일
장림-양덕 간	27.4	1933년 8월 17일	1936년 11월 1일
양덕-천을 간	27.9	1938년 8월 1일	(공사 중)
천을-성내 간	22.8	1933년 10월 27일	(공사 중)
성내-고원 간	30.0	1931년 4월 21일	1937년 12월 16일
계	204.6		

(8) 철도건설12개년계획

① 산업의 부진과 그 대책

1917년(大正 6) 7월 만철 위탁경영 당시는 예산, 기타 관계로 인해 함경선·평원선 등 예정선의 건설은 공정이 지연되어 진척되지 못했다. 다만 사설철도는 그사이 상당한 발달을 보였다. 그 후 구주전 후의 재계 피폐로 인해 관·사 양 철도 모두 자금난에 빠졌다. 즉, 정부의 비모채주의(非募債主義)로 인하여 철도뿐만 아니라 사업계 일반은 꽉 막힌 상태가 되었다. 민심은 가라앉았고 그 파급 영향 또한 적지 않았다. 이에 전선(全鮮)상업회의소를 비롯한 관민유지가 궐기해 조선에서 산업진흥계획, 철도망의 속진(速進), 항만의 개축, 치산치수라는 4대 강목을 들고 당국에 그 실행을 요망했다.

총독부에서도 당시 시모오카 정무총감은 산업제일주의의 입장에서 이러한 민간운동을 받아들여, 오랜 현안이었던 산미증식 및 토지개량사업을 비롯해 철도문제에 매진할 것을 전제로 세웠다. 이와 더불어 여러 어려움을 물리치고 만철 위탁을 해제해, 제1차 철도국장으로 오무라 다쿠이치를 영입해 진용을 쇄신했다. 오무라 국장은 취임 후 조선 산업 상태를 상세하게 조사하고, 개발을 촉진하기 위해서는 각종 자원을 더욱 쉽게 반출할 수 있도록 철도 노선 건설을 급무로 해야 한다는 점 및 이들 건설선의 연장과, 이에 따라 기설 각 노선에 미치는 운영상의 영향을 10여 년에 걸쳐서 계수화하고 이를 바탕으로 수익금(收支益金) 증가에 따라 건설비 이자를 지변할 수 있다는 점, 즉 신규 노선의 건설은 철도경영상에도 유리하다는 자료를 얻었다.

② 12개년계획의 수립

당시[1926년도(昭和 1) 말] 조선철도의 연장은 혼슈·대만 등과 비교해 매우 유치한 상황을 면치 못했음을 앞서 설명한 바 있다. 조선의 산업은 농산·임산·수산 등 전도가 매우 유망해, 특히 각종 지하자원과 공업의 경우는 장래 발달할 여지가 많았다. 그럼에도 당시 이러한 산업의 연간 생산액은 불과 16억 엔에 불과했다. 이는 주로 천혜의 부원(富源)이 매장되어 있어도 철도의 보급이 적어서 개발과 반출을 할 길이 없었던 점에 원인이 있다. 조선 산업의 개발은 단지 반도 2,000만 민중을 안정시키는 것뿐만 아니라, 제국의 인구·식량·연료 문제를 해결하고, 나아가 수입 무역을 전환시킬 가능성이 있었다. 이러한 견지에서 우선 조선철도의 보급 촉진을 도모해서 산업 개발에 구체적인 한발을 내딛는 것이 매우 긴요했다. 전술한 자료에 나온 요인까지 더해진 결과 1927년도(昭和 2) 이후의 획기적인 철도부설계획이 수립되어 제52회 의회에 제안되었다. 한때 이러한 대규모 계획의 실현을 위태롭게 주위 환경이 조성되는 등, 여러 어려움이 있었지만 이를 극복하고 점차 실현되기에 이르렀다.

시모오카 정무총감은 산업증식계획의 수립 이후 불행하게도 사망했다. 그러나 그가 조선 개발상에 남긴 귀중한 싹은 시간이 갈수록 생장했다. 이것이 발단이 되어 철도 관계에서는 제국철도협회가 국제적 견지에서 볼 때 조선의 개발은 우선 철도의 촉진·연장이 현재 급무라는 견해에서 하나의 성안을 마련하여 이를 조선의 관민에게 자문했다. 한편, 조선철도협회 및 상업회의소 등도 여기에 합류해 위원을 도쿄에 보내 건의안을 귀·중 양원에 제출했다. 이어서 1927년(昭和 2) 조선철도촉진기성회를 도쿄에 설립하여 관계 각 방면을 설득하고 측면에서 양해를 구하기 위해 노력했다.

이 건설안은 제52회 제국의회에서 여러 질의응답을 거듭 거치는 한편, 조선철도촉진기성회의 운동 등 관민 내외가 호응해서 결국 일거에 계획이 통과되어 1927년도(昭和 2)부터 곧바로 실시되었다.

③ 계획의 중요성과 그 내용

대개 당시의 소위 12개년계획이란 조선 산업의 획기적 개발과 약진 조선철도의 전주곡이었다고 말할 수 있다. 당시 정부는 극도의 긴축정책을 견지하고 있어, 조선에 대한 인식이 매우 박약했다. 이로 인해 그 실현에 상당한 어려움을 느꼈던 것은 당연했다. 그러나 이 계획의 중요성은 군사적으로 출발한 기왕의 조선철도 외에 제국의 인구·식량·연료 등 제반 문제에 공헌하는 동시에 조선 자체의 경제·문화 개발을 위한 철도 건설로 계획되었다는 점에서 중대한 의미를 발견할 만한 것이었다.

당시의 계획 내용은 다음과 같다.

〈신규 노선 건설〉

(단위: km)

노선명	구간	거리
도문선	웅기-동관진 간	156.1
혜산선	길주-혜산진 간	141.6
만포선	순천-만포진 간	286.4
동해선	안변-포항 간 부산진-울산 간	477.9 70.8
경전선	진주-전주 간 원촌-담양 간	202.4 38.6
합계	1,383.8	

이들 신규 노선의 건설 예산은 1억 7,414만 2,000여 엔, 여기에 기정 계획인 함경·평원 양 노선의 건설비 7,742만 8,000여 엔을 더해, 합계 2억 5,157만여 엔, 이 밖에 매수선, 기타의 개량비 6,842만 8,000여 엔을 더해, 총 3억 2,000만 엔(차량비를 포함)이었다. 더불어 사설철도의

매수는 경남선(마산-진주 간) 70km 외에 4개선 합계 약 337km로, 매수비는 별도의 공채를 통해 지변하기로 했다.

이 계획은 그 후 정부 재정의 사정으로 인해 수차례에 걸쳐 연기·개정되어, 전체 완성 연도는 연장을 면할 수 없었지만, 그사이 도문·혜산·만포 각 선은 이미 준공했다. 또한 사설철도의 매수 및 개량 역시 공사를 종료해, 현재 동해 및 경전 두 선의 건설을 계속하고 있다.

(9) 도문선 건설

① 측량 조사

도문선은 앞서 설명한 12개년계획에 의한 노선으로, 1927년도(昭和 2) 이후 6년간에 건설하기로 예정이 되었다. 북선의 요항인 웅기(雄基)를 기점으로, 대개 도문강안(圖們江岸)을 북진해 아오지(阿吳地)·훈융(訓戎) 등을 거쳐 온성(穩城)에서 남하해 동관진(潼關鎮)에 이르는 약 162km를 '도문동부선'이라 부른다. 이에 매수선인 구 도문철도 동관진에서 함경선 종단인 회령에 이르는 약 58km를 '도문서부선'이라 칭하고, 이를 광궤로 개축하여 동부선에 접속시킨 것이다.

도문선의 중요성은 일찍부터 일반적으로 인식이 되어, 1917년(大正 6) 이 지방의 답사 및 예측을 시행했다. 이후 수차례 조사를 거듭하며 경과 지역의 비교·연구를 축적해, 1925년(大正 14)의 조사를 끝으로 본 노선이 결정되었다.

조사원들은 여름철에는 갈대가 무성한 습지에서 모기나 독충류에 고생하고, 겨울철에는 혹한에 시달리면서 불요불굴(不撓不屈)의 정신으로 사명을 다했다. 건설공사에 앞서 웅기 정거장 부근의 실측에 착수하고, 순차적으로 측량대를 편성해 도문선의 실측을 시행했다. 동부선의 건설은 노반공사 10공구 외에, 웅기 정거장 전후(前後) 및 웅기 해안 하양장(荷揚場) 확장공사로 구분하고, 1927년(昭和 2) 10월 웅기-증산(甑山) 간, 증산-아오지 간을 동시에 착수했다. 결국 후속 공사를 진행하여 1933년(昭和 8) 8월 1일 남양-동관 간의 준공을 마지막으로, 건설비 1,623만 4,000여 엔을 투자해 모두 준공했다.

② 공사 과정의 고심

공사 중의 상황은 연선에 인가가 드물어서 물자와 인부 사용에 어려움이 많았다. 특히 결빙기에는 영하 30몇 도에 이르는 혹한으로 인해 콘크리트 공사는 물론, 제반 건조물의 시공이 거의 중단될 수밖에 없었다. 그러나 개업(開業)을 서두르고자 때로는 가건물 등에서 방한 설비를 시공하거나, 콜란 등의 부동제(不凍劑)를 사용하여 상당한 희생을 지불하며 공사를 진행했다. 해빙기에는 지하 수분이 스며 나와 특히 습윤지대는 온통 진흙이 되었다. 농번기에는 특히 인부가 부족했을 뿐만 아니라, 공사 중간에 조선인 노동자 구제를 위해 외국인 노동자의 사용을 제한받아, 쿨리(苦力)[108]의 사용을 전체 노동자의 1할로 줄이게 되어 작업 능력 또한 일시적으로 굉장히 저하되었다. 더불어 만선(滿鮮) 국경에 비적이 빈번하게 습격해 온 1930년(昭和 5)경에는 조원(組員) 중에서 안타까운 희생자가 나오는 등 인심이 안정되지 않았다. 이로 인해 인부 중 도망자가 생기는 등 공사 진행상 여러 어려움이 있었다. 비적의 방어에 대해서는 당국의 종사원들도 호신용으로 권총을 대여해 휴대하게 할 정도였다.

궤도용 여러 재료는 모두 웅기 해안 인입선(引込線)으로 육양해 운반할 계획이었기 때문에, 1929년(昭和 4) 2월 우선 해안 인입 궤도를 부설했다. 동시에 중량품(重量品) 육양지에 스팀 크레인 및 동비(動臂) 기중기를 신설해 강형(鋼桁), 화차(貨車), 기관차 등을 육양해, 차례로 각 현장으로 수송했다. 제1회 궤조 연결은 웅기 공사구(工事區)에서, 웅기 보선구(保線區) 설치 후에는 보선구에서 시행했다. 역사, 관사, 통신 시설을 정비해서 각 구간 영업을 시행하면서, 1933년(昭和 8) 8월 전 노선을 개통했다.

③ 공사 개요

1931년(昭和 6) 9월 18일 갑자기 만주사변이 발발하며, 도문선과 길돈선(吉敦線: 길림-돈화 간)의 연락을 도모할 필요성이 생겼다. 이에 미개업 구간인 온성-강양(江陽) 간을 1931년(昭和 6) 9월 착공했다. 강양-동관 간은 같은 해 12월 결빙기에도 불구하고 공사를 시작해 필사적으로 공사 진척에 노력한 결과, 온성-풍리(豊利) 간은 1932년(昭和 7) 11월, 풍리-강양 간 중 풍리-남양 간 약 3km는 1932년(昭和 7) 12월 각각 개업해서 경도선(京圖線)에 접속했다. 그런데 당시의 남양역은 아직 역사 건축이 완공되지 않아 일시적으로 객차로 대용했다.

108 육체노동을 담당한 중국인 노동자를 낮춰 부르는 말이다.

나머지 구간인 남양-동관진 간은 제반 준비를 정비하여 해빙과 동시에 공사를 재개하여, 1933년(昭和 8) 8월 1일 도문선 서부의 광궤 개량선인 상삼봉(上三峯)-동관 간과 동시에 운수 영업을 개시했다. 이에 따라 전 구간이 개통되어, 웅기 방면에서 경성에 이르는 직통 열차의 운전이 가능하게 되었다. 이에 북선 방면에서 교통이 새로운 태세를 정비하게 되었다.

(단위: km)

구간	거리	착수 일자	개업 일자
웅기역 전후(前後)	-	1928년 9월 1일	1929년 11월 16일
웅기-신아산 간	65.0	1927년 10월 20일	1929년 11월 16일
신아산-훈융 간	39.9	1929년 2월 20일	1930년 10월 1일
훈융-온성 간	24.7	1930년 6월 25일	1931년 10월 21일
온성-풍리 간	10.6	1931년 9월 1일	1932년 11월 1일
풍리-남양 간	3.9	1931년 12월 20일	1932년 12월 1일
남양-강양 간	6.9	1931년 12월 20일	1933년 8월 1일
강양-동관 간	11.8	1931년 12월 20일	1933년 8월 1일
합계	162.8		

또한 도문선이 건설될 즈음 2개의 선만 국제교(國際橋)를 가설했다. 하나는 상삼봉 교량이고, 다른 하나는 도문강교량이었다. 압록강교량이 남만주와의 연락에 새로운 기원을 연 것과 마찬가지로, 이들 도문강에 놓인 2개의 교량은 북선과 북만주 및 동만주를 곧바로 철도를 통해 연결해 두 지역의 운수·교통에 새 경지를 여는 중대한 사명을 가졌다. 다음은 그에 대한 개요이다.

④ 삼봉교량의 건설

도문강은 만년설이 쌓여있는 장백산(長白山) 남동쪽 기슭 압록강과의 분수령에서 발원한다. 연장은 약 500km로, 유유히 조선·만주·소련 3국의 경계를 흘러 웅기 북방의 서수라(西水羅) 부근에서 일본해로 유입된다. 하구 부근은 강폭이 늘어나서 선박이 강물을 거슬러 올라올 수 있어, 결빙기를 제외하면 상류 지방 삼림지대에서의 유벌(流筏) 또한 번성한다.

삼봉교량의 가설은 1923년(大正 12) 만주 측 천도(天圖)철도의 개업에 따라, 당시 도문철도

(협궤, 이후 모두 광궤로 개축)와의 연락상 필요가 절실해졌다. 당시 만주는 장작림(張作霖)의 세력 아래에 있어 교섭이 쉽게 결정되지 않았다. 그러나 1925년(大正 14) 가을 천도철도 사장 이다 노부타로(飯田延太郎)가 거듭 길림 관헌과 교섭을 거듭한 결과, 같은 해 12월 간신히 동의를 구할 수 있었다. 이후 계속해서 일본과 중국 양국 정부 간의 교섭이 이루어져, 1926년(大正 15) 6월 9일 간도 주재 일본 총영사와 연길도윤과의 사이에 세목 협정을 마치고 양국 공동 사업으로 가설하는 것이 결정되었다. 설계·공사 감독 일체를 모두 당시 철도국 기사 청진출장소장 사이토 가타(齋藤固)에게 맡겨, 같은 해 10월 5일 기공해 1927년(昭和 2) 9월 30일에 완성되었다. 당시는 상삼봉교라고 불렀지만, 1933년(昭和 8) 8월 1일부터 삼봉교로 명칭을 변경했다.

교량은 종성군(鍾城郡) 상삼봉과 그 건너편 길림성 개산둔(開山屯) 지방과의 사이에 가설되었다. 그 실현은 당시 양국 간의 불안정한 정세로 인해 어두웠던 국경을 현저하게 명랑하게 만들었으며, 일본인과 중국인의 실질적 경제 제휴를 밀접하게 했다. 나아가 국부적이지만 일본인과 중국인 사이의 융화를 촉진한 효과가 컸을 뿐 아니라, 이후 소위 길회선(吉會線) 완성의 단서를 이루었다.

이 가교의 설계 당시 어떤 교량을 가설해야 하는가에 대한 여러 사정을 조사·연구한 결과, 강판형(鋼鈑桁) 10여 연(連)을 가설하는 것이 적당하다고 판단되었다. 또한 이전에 성립된 협정에 기초하여 인도교와 협궤철도에 편리한 교량의 설계에 착수해 일단 완공했다. 그러나 장래에 철도를 광궤로 개축할 경우를 고려하여 광궤철도에 충당할 수 있는 교대(橋臺), 교각(橋脚) 및 철형(鐵桁) 등을 가설하는 것으로 변경했다. 한편, 공사비를 최대한 절약할 필요가 있었기 때문에 고심한 결과, 보통은 많이 볼 수 없는 형상의 교대·교각을 고안하고, 재료는 전부 콘크리트로 축조했다. 철도교 강판형의 측면에 인도교를 설치하고, 인도교와 철도교의 경계에는 위험 방지용 철조망을 설치하기로 했다.

기초 굴착은 상궤(箱桦) 침하(沈下) 방법을 채용했다. 겨울철이 되어 강 표면 한쪽 면이 결빙되었기 때문에, 얼음을 깨면서 상궤(箱桦) 침하(沈下) 작업을 계속했다. 가장 추울 때는 최저 영하 28도, 낮에도 영하 14~5도에 이르는 상황에서, 때로는 특수한 장려 방법을 강구하고, 때로는 수중 작업 노동자에게 방한 장화를 지급해 사용하도록 하는 등 고심을 다 했다. 토사 또는 암반 굴착 등 수중 바닥 굴착 작업을 계속했지만, 때론 잠수부가 작업 후 일시적으로 기절하는 경우도 있을 정도였다. 봄철 해빙기에는 유수(流水)가 급격해서 밤낮을 가리지 않고 얼음 덩어리의 제거 작업을 시행했고, 여름철에 물이 불어나는 시기에는 애써 쌓은 발판을 흘려보내는 등 많은 어려움이 동반되었다. 이 모든 것을 해치며 이듬해인 1927년(昭和 2) 9월 20일 철형 가설을 마쳤으며, 보도(步道) 및 기타 상부 구조는 9월 30일로 완성해 모두 완공되었다. 10월 16일 성대한 개교식(開橋式)을 시행하고, 11월 15일부터 일반 연락 운수를 개시했다. 교량의 건설비는 30만 엔으로, 공사 중에 사용된 인부의 연인원은 약 2만 8,000명에 달했다.

삼봉교량은 그 후 도문선 및 조개선(朝開線)의 개축에 따라 9월 4일 광궤철도교로 개축되어 현재에 이르고 있는데, 그 중심점이 일·만 양 철도의 분계가 되는 점이 압록강철교와 마찬가지이다.

⑤ 도문교량의 건설

도문교량은 만주사변 후 동아의 새로운 정세에 대응해 건설되었다. 압록강·삼봉 두 교량에서와 같은 외교 교섭상의 번거로운 경위는 없었고, 가설에 관한 설비·기술 또한 당시에 비하여 진보했기 때문에 비교적 순조롭게 진행되었다. 본 교량의 건설은 만주국 철도 전부를 위탁경영하는 만철이 실시하게 되어, 도문선 전체 개통에 앞서 1932년(昭和 7) 8월 6일 공사에 착수했다. 당시 만철은 경도선[신경(新京)-도문(圖們) 간]의 건설을 마치고, 다시 도가선[도문-가목사(佳木斯) 간]의 건설을 차례로 진행하고 있었다.

교량은 함경북도 온성군에 소재한 남양역과 건너편 길림성 연길현 도문역 사이에 가설되었다. 가설형(架設桁)은 요코하마(橫濱)제작소 및 가와사키(川崎)차량주식회사가 제작을 맡아 단선(單線)·광궤상로(廣軌上路)강판형이 사용되었다. 교대의 기초공사는 콘크리트로 하고, 교각 기초의 시공법은 상궤(箱枠) 침하(沈下) 공법을 채용했다. 일부는 상궤 부족으로 인해 시판공(矢板工)으로 보완해서, 착수 이래 약 8개월이 지난 1933년(昭和 8) 4월 철도교가 준공되었다. 이후 6월 20일 공도(公道: 보도)를 준공했다. 경비 총액은 42만 3,000여 엔이었다.

(10) 혜산선 건설

① 혜산선의 측량 조사

혜산선은 함경선 길주역을 기점으로, 길주 남대천(南大川)을 거슬러 올라 재덕(載德)·합수(合水)를 거쳐, 이 노선의 중앙부에 박혀 있는 남설령(南雪嶺)을 돌파해, 운총천(雲寵川)을 따라 내려가 압록강변의 혜산진(惠山鎭)에 이르는 연장 약 141km의 선로이다. 백암(白岩)에서 분기해서 무산(茂山)에 이르는 척식철도의 개통과 맞물려, 북선의 삼림 및 지하자원을 개발하고, 장래 신흥 만주국 내부에 도달하는 하나의 동맥선을 이룬다.

혜산선의 조사는 1926년(大正 15) 9월부터 11월에 걸쳐 실시되었는데, 합수(合水) 부근의 지형은 백암 방면과의 고도차가 심해서 조사 역시 원활하지 않았다. 이어서 1929년(昭和 4) 제1회 실측을 길주부터 시작했다. 합수 부근의 가파른 곳은 육군 비행대의 연습을 겸해 일본 최초로 항공사진 촬영을 통해 측량을 실시하고 도상(圖上)으로 선로를 선정했다. 이를 기준으로 현지에서 선점(選點) 실측을 해 본선을 결정하는 등 기술적인 신선함을 더했다. 이는 우리나라에서 비행 측량을 철도에 응용한 효시로, 선로의 실측은 그 후 차례대로 순조롭게 진행되었다.[109]

② 공사의 개요

본 공사는 1931년(昭和 6) 5월 1일 길주-수북(水北) 간 제1공구의 착수를 시작으로, 1937년(昭和 12) 11월 검산-혜산 간 제15공구의 준공을 마지막으로 전 노선을 개통했다. 그사이 공사에 소요된 연 일수는 실로 7,500여 일이었으며, 공사 청부 총금액은 693만 6,000여 엔으로, 교량·터널 등의 건조물은 주로 콘크리트로 하고 일부에 철근콘크리트를 사용했다.

이 지방은 북위 41도 이북에 위치해 있다. 길주부터 올라가 경사면(勾配)으로 된 남설령(南雪嶺)으로 향해 합수 및 남계(南溪)에서 반환선을 세우고, 혹은 중간에 33/1,000의 급경사면을

---

109 당시 일본육군 비행대가 진행한 항공촬영 실측과 관련된 정책 사료와 합수 부근 공중사진 측량도가 일본 방위성 방위연구소에 소장되어 있다. 또한 복사본을 아시아역사자료센터(アジア歴史資料センター)에서 열람할 수 있다(「航空寫眞による鐵道測量實施の件(C01006294000)」, 『陸軍省大日記=大日記乙輯-S4-7-30』, 1929).

설치해서 이를 올라가 이 노선의 가장 긴 터널인 남설령의 중간까지 약 74km를 연속 상승해 최고 표고 1,500여 m의 고지대인 백암 부근에 도달해서, 여기서 내려와 경사를 이루어 혜산진까지 이르렀다. 겨울철에는 영하 30몇 도에 달해, 하천뿐만 아니라 지표 일대에 결빙이 생기고, 특히 합수 부근에서는 수년 동안 녹지 않은 만년빙이 발견되어 일반을 놀라게 한 적도 있었다.

이러한 지대였기 때문에 겨울철의 구조물 시공은 거의 불가능해서, 각 공구 모두 결빙 기간 중에는 오로지 토공 공사에 전력을 다했다. 한편, 건조물 시공상의 준비를 정비해 해빙기를 기다려 전반적인 시공에 매진했다. 그러나 결빙기 직후에는 눈이 녹기 때문에 불시에 큰 유수(流水)가 들이닥친 적이 한두 번이 아니었다. 더불어 본선의 오지 삼림지대는 특수한 현상으로 장마철 등에는 비가 한 달여에 걸쳐 내리는 일이 있어서, 이로 인해 공정이 예상대로 진척될 수 없었다. 또한 공구의 준공 기간이 서로 가까워서 각 공구 모두 노동자가 부족해 역시 임금 상승을 초래했으며, 당사자들은 노동자의 모집에 많은 고심을 했다. 그 가운데서도 특히 합수 부근 및 남설령의 긴 터널을 공사할 때는 자가발전을 통해 기계 굴착을 실시했으며, 이외에 남설령에는 공사 재료 운반용 케이블을 가설해 수송로의 부족을 보충했다.

궤도의 부설공사는 당국의 직영으로 하고, 제반 재료의 운반은 각 공구마다 순차적으로 영업 종단역 구내에서 수취해 이를 건축열차에 쌓아 현장으로 수송했다. 영업을 개시한 후에는 노선 각 구간의 궤조 연장에 따라, 역사·관사를 건축하거나 통신 설비를 정비했다. 이를 통해 4회에 걸쳐 구간 개업을 시행하고, 1937년(昭和 12) 11월 전 노선을 개통했다.

각 구간의 공사 개요는 다음과 같다.

(단위: km)

구간	거리	착수 일자	개업 일자
길주-재덕 간	26.2	1931년 5월 1일	1932년 12월 1일
재덕-합수 간	31.0	1931년 11월 15일	1933년 11월 1일
합수-백암 간	12.8	1932년 6월 22일	1934년 8월 1일
백암-봉두리 간	29.7	1932년 9월 11일	1935년 9월 1일
봉두리-혜산진 간	42.0	1934년 8월 1일	1937년 11월 1일
합계	141.7		

(11) 만포선 건설

① 선로의 개요

만포선은 평원선 순천역을 기점으로 북상해서 천동(泉洞)을 거쳐 개천(价川)에서 출발해, 안만(안주·만포진)가도를 따라 청천강변을 북진해서 희천(熙川)을 지나 구현령(狗峴嶺) 고개를 넘어 독로강변을 내려와 강계(江界)에서 좌회전해 국경 만포진에 이르는 연장 약 299km에 달하는 선만 연락상의 주요 국책선이다.

만포선 연선 중 희천 이북은 산악이 이어져 있거나 낭떠러지이며, 또는 길이 좁아져 계곡을 이룬다. 특히 희천·강계 2개 군의 경계에 우뚝 솟은 구현령은 표고가 815m에 달한다. 더불어 남북 양록의 고도차가 실로 255m이며, 지형 역시 극히 복잡해 최대의 난공사가 예상되었다. 또한 그 연선 남부에는 덕천(德川)·맹산(孟山)·순천·개천 및 영변(寧邊)의 4개 군에 걸친 평남북부 탄전을 비롯해 금·은·동·철, 기타 각종 광산이 풍부하며, 북부에는 독로강이 발원하는 낭림산맥 가운데 오랫동안 개발되지 않은 대삼림이 있고 무연탄·흑연 등의 광상 또한 많다.

② 계획과 조사

만포선의 계획은 멀리 다이쇼(大正) 초기에 이미 경제적 가치와 국방 및 경비상의 사명이 인정되어 조사가 이루어졌다. 당시[1914년(大正 3)] 예정 경과 지역은 맹중리(孟中里)에서 시작해 박천(博川)·희천·강계를 거쳐 만포진에 연결되는 노선이었는데, 이후 수차례 구간별 조사를 통해 현재의 노선이 결정되었다. 그 가운데 구현령을 넘는 것이 쉽지 않아서 육군 비행대에서 부근 일대 등고선 지형도를 제작하여 도상 선정을 시행했다. 여기에 근거한 선형(線形)은 회송선, 우회선 등으로 각종 노선에서 극히 신중하게 비교·연구를 시행했다.

1927년(昭和 2) 의회의 협찬을 거치자마자 이듬해 1928년(昭和 3) 순천-개천 간의 실측에 착수하고 차례로 공사를 진행해 공사의 진척을 꾀했다. 그런데 갑자기 1931년(昭和 6) 9월 유조구(柳條溝) 폭파사건을 도화선으로 만주사변이 발발하고, 이어서 만주국이 건국되어 일만 관계에 급격한 변화를 초래했다. 만포선은 중요도가 높아져 서둘러 완성하게 되었다. 그런데 만포선 전 노선 개통의 속도는 구현령 부근의 난공사 구간의 정복에 좌우되었기 때문에 최대한 빠르게 그에 착수했다. 또한 현지의 지세가 매우 복잡해서 노선의 선정에는 상세하고 정확하게 비교·연구를 할 필요가 있어서, 비행기를 이용해 정확한 항공사진 측량을 채용하기로 했다. 이에 1932년(昭和 7) 9월 그 작성을 육군 당국에 위탁하고 승낙을 얻어, 평양 비행 제6연대 및 참모본부 육지측량부의 협력을 통해 같은 해 11월 이를 개시했다. 완성된 정밀한 등고선 지형도를 이용해, 이듬해 1933년(昭和 8) 초부터 선로 선정에 힘써 6개 선을 설정했다. 이후 이를 비교·연구한 결과 현재 노선을 채택해서, 6월 말 해당 안의 실측에 착수했다.

본 구간의 실측은 32개의 대 삼각점과 보조 삼각점 14개소를 설정하고, 노선은 부근 일대를 삼각망으로 표기해 3개의 기준선으로 측정해 조사하고, 노선상에 35개 점을 설정해 선로 중심 측량의 근간으로 삼았다. 이를 통해 이후의 실측은 순조로운 진척을 보여 만포진에 이르렀다.

또한 만포교 가교점의 선정은 일만 양자 간에 수차례의 기술적 교섭을 거쳐 결정되었다.

③ 공사 상황

공사는 1931년(昭和 6) 4월 순천-천동 간의 토공을 시작으로, 희천까지는 청천강변의 비교적 평탄한 지역을 지났다. 그런데 구현령 굴착의 경우, 그 남록을 대 우회선으로 상승해서 고개 정상 인근에 크고 작은 20여 개의 터널을 뚫고, 그중 가장 큰 구현터널에 대해서는 1934년(昭和 9) 7월 1일 착공했다. 이어서 개고(价古)에 화력발전소를 세워 중유발동기 450마력 2대를 이용해 같은 해 9월부터 송전을 개시하고, 압착(壓搾)을 통한 착암기 동력, 콘크리트 혼합기 동력, 터널 내 조명 및 터널 내외의 사석(捨石)·재료 운반용 전기기관차의 축전지 충전용 등으로 사용했다. 또한 일부 터널 굴착에는 전동 착암기 역시 병용해서 공사의 진척을 도모했다. 이 지역의 발전소 시설은 당국이 관리했는데, 운전 비용 일체는 청부인이 부담하기로 했다. 또한 굴착 범위가 큰 지역에서는 칼릿(Carlit) 폭파 작업을 시행하는 등 새로운 기술과 기계를 동원해서 가장 난관이었던 굴착에 노력한 결과, 1년 10여 개월 만에 그렇게도 어려웠던 공사 역시 1936년(昭和 11) 5월 준공했다.

만포 부근 삼걸령(三傑嶺) 터널공사에서도 이와 마찬가지로 전력을 사용했다. 또한 노반공사의 건조물 구조는 콘크리트 및 일부에 철근콘크리트를 사용했다.

궤조 부설 공사는 노반공사의 준공에 따라 궤도를 구성하고, 역사·관사 및 통신 등의 제반 시설을 건설했다. 이후, 제1회 순천-천동 간을 1932년(昭和 7) 11월에 개업한 후 7회에 걸쳐 차례로 구간 영업을 시행하여 1939년(昭和 14) 2월 만포에 도달했는데, 만포교(滿浦橋)의 준공과 맞물려 9월 28일 전체 개통식을 거행했다. 같은 해 10월 1일부터 만주국 매집선(梅輯線)과의 직통운수를 시작해서, 일만 교통사의 한 페이지를 장식했다. 또한 만포 정거장은 매집선의 시작역이 된 관계상, 특히 여러 시설을 완비하도록 했다.

공사 재료는 침목(枕木)의 일부를 현장에서 구입하는 외에, 시멘트, 기타 대부분을 화물자동차, 우차(牛車), 또는 건축열차를 이용해 운반하고, 공사 중에는 잠시 개고(价古)에 창고를 세워 수시로 필요한 곳으로 배급했다. 이 건설 공사는 1931년(昭和 6) 4월 착공한 이래 1939년(昭和 14) 9월 28일 전 구간의 영업을 개시하기까지, 9년 6개월의 긴 시일이 소요되었다. 연 일수는 1만 5,100여 일이었고, 공사비 총액 역시 3,830만 2,000여 엔이라는 엄청난 규모였다.

공사 상황을 정리하면 다음과 같다.

(단위: km)

구간	거리	착수 일자	개업 일자
순천-천동 간	32.6	1931년 4월 26일	1932년 11월 1일
천동-개천 간	6.3	1932년 9월 1일	1933년 7월 15일
개천-구장 간	24.1	1932년 6월 6일	1933년 10월 15일
구장-희천 간	46.8	1932년 6월 6일	1934년 11월 1일
희천-개고 간	30.2	1933년 8월 17일	1935년 10월 1일
개고-전천 간	63.1	1934년 7월 1일	1936년 12월 1일
전천-강계 간	47.5	1935년 6월 22일	1937년 12월 1일
강계-만포 간	49.3	1935년 8월 16일	1939년 2월 1일
만포교 및 부근	3.5	1937년 6월 19일	1939년 10월 1일
합계	303.4		

④ 만포교 건설

만포선의 준공에 따라, 만철 측에서 건설 중이던 매집선[매하(梅河)-집안(輯安) 간]과 연락할 수 있도록 만포교량을 가설할 필요성이 생겼다. 그러나 당초 만포선 건설 예산에는 교량 건설비가 계상되어 있지 않았기 때문에, 만주사변 후 선만(鮮滿) 교통 강화의 필요상 만포역에서 압록강교량의 중심에 이르는 노선의 건설비 추가 예산 95만 엔을 1935년도(昭和 10) 제69회 제국의회에 제출해 협찬을 거쳤다. 1937년(昭和 12) 6월부터 만포터널 전후(前後) 공사 및 만포교량 공사로 나누어 착수해, 1939년(昭和 14) 8월 준공했다. 같은 해 9월 28일 미나미(南) 조선총독, 나카무라(中村) 조선군사령관, 기타 두 철도 관계자의 입회 아래 집안 측에서 만포·집안 양 노선의 궤도 연결식을 거행하고, 이어서 만포역 구내에서 간소하게 의미 있는 전체 개통식을 거행했다. 10월 1일부터 연대 운수를 시작했다. 이에 남만주 중부에 이르는 신 국제선이 실현되어 선만 교통사상에 새로운 기축을 완성했다.

이 공사 중 만포역과 만포교 부근 사이는 높이차가 컸다. 이를 완화하기 위해 역과 교량 사이에 환상선을 부설하여 우회 하강하고 그 중간에 만포터널을 뚫어 교량을 건넜는데, 환상선은 당국에서 부설한 최초의 것이었다.

만포교량의 횡목(橫桁)은 가설용 횡목을 써서 부설하고, 강판목(鋼板桁)은 발판(足場)을 부설해 시공했다. 공사에 필요한 여러 재료는 만주국에서 반출한 분량의 경우 세금을 부과하지 않고, 노동자 등은 거의 만주인을 사용했다. 공사비는 총독부 및 만주국이 절반씩 부담하고, 보수 분담에 관해서는 중앙을 경계로 하기로 했다. 이는 다른 국제 교량과 마찬가지였지만, 가설 교섭은 압록강 및 상삼봉교의 가설 당시에 비해 대단히 간소화하였다.

이 공사는 설비와 기술의 진척에 따라 비교적 순조롭게 진척이 되었는데, 공사 중 대안의 집안에 여러 차례 비적이 출몰했기 때문에 청부업자, 기타 종업원이 만포 측으로 피난했다. 이에 따라 당국 종사원 역시 일시적으로 권총·일본도로 무장하면서 공사를 시공했다. 또한 만포역 구내에 기관차고, 강계에 보선구, 기타 현업 기관을 두었는데, 혹한지이기 때문에 청사·관사 등에 각기 방한 설비를 시공했다. 특히 독신자가 거주하는 익제료(益濟寮)에는 대규모 난방이 설비되었다.

(12) 경전선 건설

① 선로의 개요

경전선은 이리-전주 간의 매수·개축한 노선을 연장해 전주에서 남하해 대체로 전주-순천 간 도로에 연접해 임실-남원을 거쳐 섬진강을 넘어 전남으로 들어가, 송치(松峙) 고개를 뚫고 순천으로 나와 동쪽으로 운행해 남해 연안에 근접한 광양·하동을 거쳐 경남 진주로 연락하는 경전 본선[이후 선로 명칭을 고쳐 이리-여수항 간을 전라선으로 지칭]과, 중간의 금지(金池)에서 서쪽으로 나아가 광주선 담양으로 연락하는 선로 등 합계 약 251km 구간이다. 남선(南鮮)에서 종횡단선을 이루어, 목포·군산 및 여수·부산과 같은 주요 항구의 내륙 연락로를 형성했다. 또한 경남 및 전남북, 각 도의 풍부한 해산물을 오지로 수송하기에 편리하고, 아울러 연선의 농산·임산·광산물을 개발하려고 하는 것이다. 노선의 실측은 전주 방면에서 실시해, 제1회는 1927년(昭和 2) 10월 착수했는데, 그 후 차례로 실측을 진행하면서 여러 차례 개측(改測)을 거듭하여 우수한 노선을 선정하기 위해 노력했다.

② 공사 개요

경전선의 건설공사는 우선 교통 형태를 정비한다는 의미에서 전라남북 종관선에서 착수해, 1929년(昭和 4) 4월 전주-용암(龍岩) 간 약 15km의 노반공사에 착수했다. 1936년(昭和 11) 12월 최종 공구인 송원(松院)-순천(順天) 간을 준공하여, 전주-순천 간 약 133km를 개통했다. 그사이 공사 소요 연 일수는 5,100여 일, 청부 준공 금액은 355만 1,000여 엔이었다. 본 공사는 각 공구 모두 대체로 순조롭게 진척을 마쳤지만, 송치의 터널공사는 그 전후(前後)의 대축제와 함께 상당한 난공사였고 전력, 기타 기계 설비와 진보한 기술을 이용해 이를 돌파할 수 있었다. 더불어 이 지방은 1928년(昭和 3)·1929년(昭和 4) 두 해에 큰 가뭄이 들어 지방 경제가 극도로 피폐하고 곤란했다. 이에 이들 지방민을 구제한다는 취지에서 시국광구(時局匡救)궁민구제사업을 일으켜, 공사는 전적으로 농민을 사역했다. 따라서 농사일의 많고 적음에 따라 인부의 모집이 여의치 않을 때도 있었는데, 계원(係員)의 노력으로 대국적으로는 공사 진척을 방해하는 데에는 이르지 않았다. 궤조 부설공사는 1931년(昭和 6) 10월 전주-남원 간을 제1차로 개업하고, 차례로 궤도를 구성해 역사·관사 등의 설비 및 통신 설비를 시행해, 3회로 나누어 구간 개업을 했다.

더불어 금지-담양 간은 1939년(昭和 14) 11월 노반공사에 착수해 목하 공사 중이며, 순천-진주 간 역시 착수 계획 중이다.

이미 개업한 구간의 공사 상황은 다음과 같다.

(단위: km)

구간	거리	착수 일자	개업 일자
전주-남원 간	60.5	1929년 4월 18일	1931년 10월 1인
남원-곡성 간	20.3	1932년 10월 14일	1933년 10월 15일
곡성-순천 간	52.4	1933년 11월 14일	1936년 12월 16일
합계	133.2		

(13) 동해선 건설

① 동해선의 사명과 그 조사

동해선은 경원선 안변(安邊)을 기점으로 대개 동해안을 남하해서 통천(通川)·고성(高城)·양양(襄陽)·강릉(江陵)·영덕(盈德) 등을 거쳐 포항(浦項)에 이르는 구간과, 경부선 부산진에서 시작해 동래를 거쳐 북진하여 울산까지 이르는 구간 등 합계 약 551km를 건설하는 것이다. 동시에 매수 협궤 노선인 전 조선철도주식회사 소속 경동선(慶東線)을 광궤로 개축·연락시켰다. 동해안은 종래 양항이 부족하고, 육상교통이 불편했기 때문에 개발이 지체되었다. 그런데 동해선 건설에 따라 강원·경북 두 도의 매우 풍부한 해산물을 반출하기에 편리하게 만들고, 통천·강릉·영일의 석탄, 기타 광산물 및 태백 연봉의 임산물 개발이 용이하게 된다. 더불어 문화적으로 뒤처졌던 연선을 개척하는 것은 물론, 장래 함경선과 연락해서 반도의 동부 종관선을 형성할 주요 간선이 된다. 본선은 1922년(大正 11) 갈마(葛麻)-양양 간을, 이듬해인 1923년(大正 12) 포항-영덕 간을 각각 예비 측량하고, 이어서 1926년(大正 15)에는 양양-울진(蔚珍) 간 및 별도의 조(組)가 부산진-포항 간과 영덕-울진 간을 조사해 이를 완수했다. 1927년(昭和 2) 본선 건설계획이 제국의회를 통과하자, 같은 해 북부에서는 안변(安邊) 방면에서 실측을 시작해 차례로 이를 진행하고, 남부는 1930년(昭和 5) 1월 부산진-울산 간의 실측을 시행하고, 포항 이북에 대해서는 1935년(昭和 10) 실측을 실시했다.

② 북부선의 건설공사

북부선 건설은 1928년(昭和 3) 2월 안변-흡곡(歙谷) 간 약 31km의 노반공사 착수를 시작으로, 1937년(昭和 12) 12월 양양까지 192.6km를 개통했다. 현재 양양-삼척 간 103.9km 및 동막

(東幕)-매원(梅院) 간 3.7km를 공사 중이다. 이미 개업한 노선의 연선에는 세계적 명승지인 금강산이 있고, 그 부근에 풍광이 수려한 해금강을 가까이서 볼 수도 있으며, 특히 고성(高城)-양양 간에서는 해산물 및 임산물의 개발을 촉진시켰다.

본 구간 중 안변에서 속초(東草) 부근까지의 연안은 지형학상의 융기지대에 속해 곳곳에 표사(漂砂)로 인한 사구(砂丘)로 뒤덮인 늪지가 있다. 또한 산지대의 지질은 신세대에 속하는 3기층(紀層)·4기층 내에 있다. 이로 인해 공사 과정에서 전자는 축제의 침하를 불러왔으며, 후자는 암초가 부채꼴의 지대를 서서히 미끄러져 내려오는 곳이 많아, 축제 및 절취(切取) 시행에 장해가 매우 많았다.

또한 1936년(昭和 11) 8월 이 지방에서 미증유의 큰비가 내려 수재의 참상이 말로 다 할 수 없었다. 사람과 가축의 피해 역시 많았지만, 공사에 미친 영향이 매우 컸다. 특히 속초-양양 간에서는 유역이 좁은 해안 부근에 역류 면적이 광대한 산간의 대유수(大流水)가 일시적으로 쇄도했기 때문에 전 구간이 동시에 큰 피해를 입었다. 애써 준비한 공사 재료와 일부 완공된 공사 구간을 일순간에 모두 유실해서, 잠시 너무 놀라 무엇을 해야 할지 모르는 상황이었다. 하지만 종사원의 희생적 봉사를 통해 밤낮으로 수많은 고난을 물리치고 이를 복구했다.

이곳은 그 후 다시 피해가 있어 축제 중에 토사 1,000m²가 유실되었다. 한편, 당국도 이러한 재해 상황을 감안해 시공기면(施工基面)[110]의 상승, 법면(法面) 보호 공사의 신설, 교량 경간(徑間)의 증대, 또는 지반 연약(軟弱)으로 인한 교량·구교, 기타 기초공사의 설계 방침을 변경했다. 특히 교량 기초갱에는 특별히 장척물(長尺物)을 사용하기로 했다. 본 구간에서는 당시 재해가 매우 심각했는데, 그 후 큰 재해가 없어 예정 기간에 준공한 것은 행운이었다.

묵호-삼척 간 노선은 사설철도인 삼척철도와 병행했기 때문에, 양자 간에 협정을 이루어 복잡한 지역의 시공은 철도국에서 위탁 공사를 맡아 시공하는 등 사설철도에 대해서도 협력하며 철도의 완성을 위해 노력하고 있다. 또한 본선은 예산 관계상 완성 연도가 연기되었는데, 그 촉진에 대해서는 때로 시국광구궁민구제사업으로 공사를 하고, 때로 총독부 사회과의 알선 인부 또한 채용해서 공사를 진행하고 있다.

110 선로 또는 도로에 있어서 노반의 높이를 보여 주는 기준면.

③ 남부선의 건설공사

건설 구간은 대개 남선 동해안, 즉 일본해에 접해서 북상해 온천의 도시 동래(東萊), 풍광이 미려한 해운대 등을 거쳐 문록역(文綠役)[111]의 옛 전장으로 유명한 울산에 이르는 약 72km이다. 공사는 전 구간을 8개 공구로 나누어, 1930년(昭和 5) 7월 부산진-해운대 간 3공구를 일제히 착수한 것을 시작으로, 차례로 공사를 진행해 그사이 5~6년을 지나 1935년(昭和 10) 12월 울산에 이르는 구간의 건설을 완료했다. 한편, 울산-경주 간 및 경주-대구 간의 광궤 개량공사를 완성함에 따라, 이 구간 일원에서 광궤 궤간을 이용하여 운전할 수 있었다. 경주-포항 간의 개량공사 역시 현재 실시 중인데, 준공에 앞서 1940년(昭和 15) 4월부터 포항-흥해(興海) 간 12km의 건설공사에 착수했다.

남부선 건설은 이 지방의 기후가 대체로 온화하기 때문에 겨울철에도 평균 온도가 영하로 내려가지 않아서, 콘크리트 공사, 기타 공사 역시 순조롭게 진척이 되었다. 그러나 본 공사의 후반 즉, 1933년도(昭和 8)에 남선 지방에 희유의 대호우가 내려 절취·교량 등 여러 공사에 의외의 피해를 보아 공정이 지연될 수밖에 없었다. 하지만 종사원이 최선을 다해 노력한 결과, 예상 이상의 성적으로 준공할 수 있었다.

④ 남북 양선의 건설 개요

남·북 양선 모두 궤도의 부설공사는 순조롭게 진행되었다. 역사·관사 등 영업 관련 여러 시설 또한 모두 빈틈이 없이 시공되었으며, 재료 운반 등도 선로가 동해선에 대체로 병행해 있어서 시멘트 등의 수송도 때로는 선박을 이용할 수 있어서 비교적 편리했다.

남북 각 구간의 공사 개요는 다음과 같다.

111 일본에서 임진왜란을 지칭하는 용어. 일본에서는 1592년의 1차 침략(임진왜란)을 '분로쿠의 역(文綠の役)', 1597년의 2차 침략(정유재란)을 '게이초의 역(慶長の役)'이라고 한다.

〈동해선 북부〉

(단위: km)

구간	거리	착수 일자	개업 일자
안변-흡곡 간	31.4	1928년 2월 2일	1929년 9월 11일
흡곡-통천 간	29.6	1930년 5월 6일	1931년 7월 21일
통천-두백 간	14.7	1931년 5월 1일	1932년 5월 21일
두백-장전 간	57.2	1931년 5월 1일	1932년 8월 1일
장전-외금강 간	78.0	1931년 10월 19일	1932년 9월 16일
외금강-고성 간	10.4	1931년 10월 19일	1932년 11월 1일
고성-간성 간	39.3	1932년 10월 11일	1935년 11월 1일
간성-양양 간	42.6	1935년 11월 28일	1937년 12월 1일
합계	303.2		

〈동해선 남부〉

(단위: km)

구간	거리	착수 일자	개업 일자
부산진-해운대 간	18.9	1930년 7월 10일	1934년 7월 16일
해운대-좌백 간	22.3	1930년 10월 1일	1934년 12월 16일
좌백-울산 간	31.8	1932년 10월 14일	1935년 12월 16일
합계	73		

울산-경주 간 및 경주-포항 간은 개량공사로 시행 부분에 서술했다.

(14) 북선척식철도 백무선의 건설

① 건설 계획 및 조사

백무선은 철도건설12개년계획과는 별개로 북선 삼림개척을 목적으로 해서, 1932년도(昭和 7) 제62회 제국의회에서 총예산 627만 엔을 들여 1932년도(昭和 7) 이후 6년에 걸쳐 완수하도록 협찬을 거쳤다. 그런데 이후 제70회 의회에서 물가 등귀, 기타로 인해 예산액을 965만 엔으로 증액하고, 완성 기간 또한 연장되었다.

백무선은 혜산선 백암(白岩)에서 시작해 무산(茂山)까지 이르는 연장 약 188km, 궤간 0.762m의 협궤철도이다. 이 노선은 서두(西頭)·연면(延面) 두 수역(水域) 일대의 광대한 삼림지대를 횡단하며 국경지대의 천연자원을 개발하고, 동북 만주 일원에 대한 교통 정비에 이바지하고 있다. 조사는 1927년(昭和 2) 백암-유평(楡坪) 간을 시작으로, 이듬해 1928년(昭和 3) 수평-무산 간의 예비 측량을 마쳤다. 노선의 사명은 삼림 개발이어서, 인적이 닿지 않은 대삼림지대를 조사하며 노고가 적지 않았다. 더불어 삼림지대 특유의 해충에 공격을 받거나 맹수에 위협을 당하면서도 무사히 조사를 완료했다. 실측 과정에서의 더한 어려움과 싸워 가며, 첫 번째 실측은 1932년(昭和 7) 5월 백암 방면에서 시행해서 순차적으로 회차를 거듭했으며, 또한 일부를 다시 측량하여 전체 구간을 종료했다.

② 공사 개요

백무선 공사는 1932년(昭和 7) 11월부터 백암 방면에서 3개 공구를 동시에 착수했다. 1939년(昭和 14) 10월 연사(延社)까지 136.3km를 개통하고, 연사-무산 간 약 51km의 일부는 현재 공사 중이다. 백무선 일대는 해발 1,000m 이상의 소위 고산(高山)철도로, 특히 분기점인 백암 부근은 해발 1,400m 이상, 북계수(北溪水)역의 경우는 실로 해발 1,720m에 달하는 일본 제일의 고지대 정거장이다. 혹한기에는 영하 40몇 도의 추위가 찾아오고, 봄철인 5월이 되어도 얼음이 녹지 않기 때문에, 공사 기간이 매우 짧아서 진척에 어려움이 많았다. 더불어 인가가 드물어서 노동자가 없었기 때문에 그 모집 등에 상당한 어려움을 겪었다. 예상 이상의 고배를 마셨지만, 이러한 어려움을 잘 극복하며 점차 공사를 진행해 갔다. 이 과정에서 공사 착수 당초에 공사 재료의 운송은 도로가 갖추어지지 않았기 때문에 소나 말을 이용하는 수밖에 없어서, 어려움이 적지 않았다. 그 후 혜산선이 개업하면서 점차 이를 이용해 운반할 수 있었다. 공사 재료 중 목재는 매우 풍부했기 때문에 대부분을 현지 부근에서 구해 교량·교각 재료, 기타에 사용하고 임시 구조로 삼았다. 그러나 서두(西頭) 및 연면천(延面川)의 교량에는 콘크리트를 사용해 본 구조로 했다. 궤조 부설 공사 역시 계획 당초에는 23톤 궤조를 사용할 예정이었지만, 제품 관계상 30톤을 사용하게 되었다.

백무선의 공사 개황은 다음과 같다.

(단위: km)

구간	거리	착수 일자	개업 일자
백암-산양대 간	33.8	1932년 11월 16일	1934년 9월 1일
산양대-연암 간	22.1	1932년 11월 16일	1935년 9월 1일
연암-유평동 간	44.6	1933년 8월 2일	1936년 10월 15일
유평동-연사 간	36.8	1936년 10월 1일	1939년 10월 1일
합계	137.3		

(15) 경경선(중앙선) 건설

① 건설 계획 및 조사

경경선(京慶線)은 1936년도(昭和 11) 제69회 제국의회에서 경비 6,513만 4,000여 엔(이후 제74회 의회에서 532만 8,000여 엔을 증액)으로 협찬을 거친 소위 12개년계획 이후의 신규 계획 노선이다. 동해 중부선 영천(永川)에서 시작해, 북상해서 의성(義城)·안동(安東)·영주(榮州)를 거쳐, 낙동강 및 한강의 분수령을 이루는 죽령(竹嶺) 고개를 넘어, 단양(丹陽)·제천(堤川)을 지나, 치악(雉岳)·원주(原州)·양평(楊平)에서 경성(京城)[112]에 이르는 연장 약 345.2km의 노선이다. 건설 계획 당초의 노선 명칭은 중앙선이었으나, 이후 일부 구간의 영업 개시를 맞이해 경경선으로 개칭했다.

경경선 건설의 주요 목적은 동해 중부선의 광궤 개축과 맞물려 반도 제2의 종관선을 형성하고, 경상북도, 충청북도, 강원 및 경기도의 4개 도에 걸친 오지 연선 일대의 풍부한 광산·농산·임산 등의 개발을 돕는 것이었다. 또한 지방 산업의 발달을 촉진하는 동시에, 근래 격증한 내선만(內鮮滿) 교통 연락과 객화(客貨)의 수송 완화를 도모하려는 것이었다. 이 노선을 결정하기에 이르기까지, 1923년(大正 12) 이후 서빙고에서 시작해 이천(利川)·충주(忠州)를 거쳐 단양·예천(醴泉), 경상북도 안동·의성·대구(大邱)를 잇는 노선, 또는 청량리·양평을 거쳐 장호원(長湖院)·충주를 잇는 노선 등 여러 노선을 조사했다. 그 결과 1935년(昭和 10)에 이르러 중앙 종관선인 청량리·양평·원주·제천 등의 도읍을 잇고 단양·영주, 경북의 안동·의성을 거쳐 영천으로 연결하는 본 노선을 계획했다. 실측은 1936년(昭和 11) 죽령 및 치악의 양 터널 부근

112 현재의 청량리역을 이르는 말로, 동경성(東京城)이라고 했다.

및 기타 각 지역에서 동시에 착수해, 같은 해 건설을 시작했다.

② 북부선의 공사 개요

경경선의 공사는 1936년도(昭和 11)부터 남북 두 기·종점 부근 및 중앙부 죽령터널과 치악터널 부근의 여러 곳에서 착수했다. 북부선은 경원선 동경성(청량리)에서 시작해, 북진해서 동남(東南)에서 방향을 바꾸어 양평가도와 나란히 나아가, 북한강을 건너 양수 부근부터 남쪽으로 회전해 남한강을 따라 양평을 지나, 원주를 거쳐 단양으로 나아가 남부선과 연락했다. 1936년(昭和 11) 7월 경성건설사무소가 경성부 청량리정(淸涼里町)에 설치되어 공사를 맡았다.

공사는 1937년(昭和 12) 1월 동경성-이비(二碑) 간의 제1공구에서 시작해, 점차 진전시켜 1939년(昭和 14) 4월에는 양평에 이르기까지 구간을 개업하고, 계속해서 1940년(昭和 15) 4월 원주에 이르는 합계 약 108km를 개업했다.

본 구간의 공사에서 특수 사항은 북한강교량의 가설과, 20m 높이의 궤조를 사용해 1일 평균 연장 1,500m에 달하는 기록을 세웠다는 점이다. 또한 치악 부근의 터널 굴착 공사는 본선의 공사와 따로 분리해 1937년(昭和 12) 1월부터 착수해서, 펑톈(奉川)과 제원(堤原)가도와 사이에 발전소를 세우고, 450마력 중유발동기관 3대를 이용해 양 끝에서 굴착에 힘써 1939년(昭和 14) 5월 16일 준공했다. 기타 북한강교량은 경성전기에서 전력을 공급받아 변전소 및 압축소를 세우고, 기초공사는 압기잠함공(壓氣潛函工)을 이용해 시공했다. 남한강 또한 자가발전을 통해 같은 공법을 채용해 시공하고 있다. 특종 교량에 대해서는 강구(鋼構) 교각을 설계·시공하는 등, 기술의 정수를 동원해 건설을 서둘렀다. 더불어 1939년(昭和 14) 8월부터 경원선에 직통하는 망우(忘憂)-석촌(碩村) 간의 노반공사에 착수했다.

③ 남부선의 공사 개요

남부는 동해중부선 영천에서 시작해 대체로 북상해서, 의성·안동·영주를 지나, 소백산맥의 등줄기인 죽령고개에 터널을 뚫어 단양으로 나가 북부선에 접속하는 노선이다. 본 구간의 건설은 1936년(昭和 11) 12월 경북 안동에 건설사무소를 세우고 공사를 담당하게 했다.

공사는 1936년(昭和 11) 12월 영천-신녕(新寧) 간을 2개 공구로 나누어 착수해, 1938년(昭和 13) 12월 우보(友保)에 이르기까지를 구간 개업하고, 계속해서 공사를 진행해 1940년(昭和 15)

3월 안동(安東)에 이르는 합계 약 89km를 개통했다. 영업 개시는 대구-영천 간의 광궤 개축과 맞물려서, 지방 교통을 더욱 편리하게 하고 있다. 공사를 시공할 때에는 시국 관계로 궤조의 입수난 때문에 어쩔 수 없이 일부 구간의 개통을 연기했다. 또한 교량 강형(鋼桁)의 제작 지연으로 인해, 아직 도착하지 않은 곳은 가교(假橋)로 진행하고, 이후 가설을 교체하는 등 진척에 불편한 점이 많았다. 더불어 20m 궤조를 부설할 때에는, 당초 철도성에 특허권이 있는 장척(長尺) 궤조부설기(軌條敷設機)를 시용(試用)했지만, 성적이 좋지 않아서 철도성과 협의해 그 승인을 받아 광궤용으로 설계를 변경하고, 이를 경성(京城)공장에서 제작해 궤조를 끌어내리는 롤러를 제작해 부설했다.

본 구간의 건설은 형(桁)의 미도착에 따른 지연과 가설 교체 등의 여러 어려움이 있었지만, 이러한 노력을 통해 예정된 영업 개시 기간에 준공하게 되었다. 이는 해당 종사원들의 노력에 힘입은 바가 컸다.

또한 소백산맥의 등줄기인 죽령터널 및 인근은 1937년(昭和 12) 4월부터 중유발동기관 450마력의 직결(直結) 365볼트암페어 발전기 3대를 통해 착암기와 기타를 이용하며 공사를 진행했고, 1940년(昭和 15) 5월 준공했다. 금계(金鷄)터널은 남선합동전기에서 전력을 구입해, 같은 기계로 터널을 파서 정복했다. 이밖에 공사를 빠르게 완성하기 위해 청부업자들이 기계 설비를 설치하고 시공한 공구도 여러 곳 있었다. 경북 안동 부근의 성낙천(成洛川) 교량은 시공 기면(基面) 관계상 상로구형(上路構桁)을 사용했는데, 조선철도 역사상 최초였다. 기타 나머지 구간 역시 현재 계속해서 시공 중이다.

경경(京慶) 남북부의 공사 진행 상황은 다음과 같다.

〈경경 북부선〉

(단위: km)

구간	거리	착수 일자	개업 일자
동경성-양평 간	52.5	1937년 1월 18일	1939년 4월 1일
양평-원주 간	55.9	1938년 2월 6일	1940년 4월 1일
합계	108.4		

〈경경 남부선〉

(단위: km)

구간	거리	착수 일자	개업 일자
영천-우보 간	40.1	1936년 12월 18일	1938년 12월 1일
우보-경북 안동 간	48.9	1937년 8월 7일	1940년 3월 1일
합계	89.0		

3) 국유철도의 개량

(1) 경의선의 개량

① 초기의 개량

경의선은 당초 군사상의 긴급한 수요에 대응해 건설했기 때문에 가급적 천연 지형을 이용하여 토공의 양을 줄이고, 터널 등 대공사를 피했다. 전체적으로는 40분의 1로 경사를 인정했으며, 장소에 따라서는 30분의 1 경사 또는 반경팔쇄(半徑八鎖)의 곡선을 채용한 지점도 있었다. 이로 인해 열차의 견인력도 적었고, 일반 화객의 수송을 제공하기에는 역시 경사의 완화, 곡선의 개량, 궤도 구구(溝構)를 완비할 필요가 있었다. 이로 인해 당시 철도감부는 1905년(明治 38) 3월 이미 개량공사의 조사 및 설계를 완료하고, 공사비 역시 2,004만 엔[수해비·운송비·압록강가교비를 포함]을 1905년도(明治 38) 이후 4개년에 걸쳐 임시군사비 지변으로 계속비(繼續費)를 계상하여 일부 공사에 착수했다. 이후 통감부에서 인계한 1906년도(明治 39)에도 종전과 마찬가지로 군사비 지변으로 계속 공사를 시행했다.

1907년(明治 40) 이후 개량공사비는 철도회계자본 감정의 경리로 이관이 되었는데, 그 후 계획의 확장·개선이 필요해 당초 비용으로는 완성이 어렵게 되었다. 따라서 다시 1910년도(明治 43) 이후 3개년 계속비로 544만여 엔[일반 관리비 40만여 엔을 포함]을 추가 요구해, 제26회 의회의 협찬을 거쳐 공사가 한 걸음씩 진행되었다. 1911년(明治 44) 11월에 이르러 일부 공사를 남기는 외에 계획 대부분을 준공했다. 그 결과 노선 전체에서 최급 경사 100분의 1, 최소 곡선

20쇄(鎖)의 선로가 되었으며, 압록강 교량공사의 완성과 맞물려 조선과 만주의 철도 연락을 완전하게 했다. 그 후 수해 상황을 감안하여 1912년(大正 1)부터 1913년도(大正 2)에 걸쳐 용산 기점 284km 부근에서 시공기면의 상승, 제1·제2 청천강 및 대녕강 피일교(避溢橋)[113]의 신설, 맹중리(孟中里), 기타의 교량 개·증축 등을 시행했다.

② 공사의 개황

개량 후의 본선 총연장은 노선의 변경, 기타에 따라 약 496km가 되었다. 그사이 터널 신설은 9개소로, 연장은 5,400m였다. 교량 개·증축은 328개였으며, 이 중 167m 이상의 교량은 22개소로, 연장은 약 7,343m, 구교의 개축은 310개소에 달했다. 공사가 가장 어려웠던 곳은 임진강·대동강·청천강·대녕강·압록강의 5대교였는데, 임진강은 1907년(明治 40) 7월 공사에 착수해, 이듬해 7월 하순 심각한 수해를 입어 이로 인해 이미 대부분 공사를 마쳤던 기초 및 기타 공작물이 거의 파괴되어 공정에 큰 지장이 생겼다. 그러나 최선을 다해 공사를 진행한 결과, 1909년(明治 42) 12월 준공했다. 청천강 및 압록강은 기초공사에 신식 잠수함을 사용했으며, 다른 곳은 모두 보통 정통침강식(井筒沈降式)으로 공사했다.

③ 궤조 부설 교체 및 기타

궤조는 처음에 60파운드를 사용했다. 그러나 조선과 만주를 연락하는 간선으로서, 많은 차량을 견인할 수 있는 대형 기관차를 운전하고 적당한 속도를 얻기 위해서는 75파운드 궤조로 변경할 필요가 있었다. 이에 개량공사를 준공한 구간에서는 정거장 구내를 제외하고, 차례로 75파운드 궤조로 교체해 대형 기관차의 운전을 가능하게 했다. 정거장의 신축 또는 개·증축을 한 곳은 26개소로, 이 중 신의주역은 선만 연락상의 요소라는 중요성에 비추어 3층 벽돌식 건물로 해서 호텔을 겸영하는 설비를 했다.

④ 부분 개량

그 후의 개량공사는 지방의 발전에 따라 역사의 신설 또는 개축, 열차 운전의 증가에 따른

---

113 홍수 때에 물이 잘 빠져나가도록 둑 속에 만든 다리이다.

기관차고의 확장, 박천사리지선(博川砂利支線)의 부설, 침목의 증설, 궤조 부설 교체, 해륙 연락 설비 등이 있었다. 그중 주요한 내용을 기록하면, 침목 증설은 1920년도(大正 9) 반경 20쇄 이하의 급곡선 및 교량 일부, 1921년도(大正 10)에 들어서는 기타 곡선부 및 직선부에도 시행해서 1922년도(大正 11)에 대부분을 종료했다. 1923년도(大正 12) 이후에는 평남선·탄광선, 기타 전체 노선의 필요한 장소에 증설공사를 시행하고 종료했다.

궤조는 그 후 수송량의 증대에 따라 1922년도(大正 11)부터 각 역 구내에 60파운드를 75파운드로, 1923년도(大正 12)부터는 곡선부의 궤조를 100파운드로 부설 교체 작업을 개시하여 1924년도(大正 13)에 준공하고 운전의 안전을 기했다.

이어서 역사 개축의 주요 내용은 개성역은 1918년(大正 7) 10월 착수하여 1919년(大正 8) 5월 준공, 정주역은 1922년(大正 11) 10월 착수, 1923년(大正 12) 5월 준공, 신막(新幕)·황주(黃州)·선천(宣川)의 각 역은 모두 1923년(大正 12) 10월 착수해 1924년(大正 13) 5월에 준공했다. 이를 통해 여객과 화물 취급을 더욱 편리하게 했다. 또한 각 지역에서 측선(側線)의 증설, 승강장 및 화물상옥(貨物上屋)[114]의 신·증설, 통신선의 설비 개량 등을 하는 외에, 해마다 수송량의 증대 및 수해 등의 상황을 감안하여 수시로 각 지역에 개량공사를 시행했다.

⑤ 진남포 조탄장 설비

진남포 석탄 선적 설비는 1932년(昭和 7) 중에 공유수면 매립, 저탄장 및 선로용 축제, 선적 잔교 공사, 기계 설비, 기타를 12월 상순에 완성했다. 이를 통해 서선 방면 일대에서 석탄(주로 무연탄)의 화물 취급 능력이 현저히 상승했다.

공사의 개요는 다음과 같다. 구내의 무연탄선 부근의 매립공사는 1931년(昭和 6) 9월 나카히라구미(中平組: 청부 금액 39만 8,000엔)를 통해 착수해서 1932년(昭和 7) 6월 지축성토(地築盛土)를 준공했다. 같은 해 4월 착수한 석탄 선적 잔교 공사는 하자마구미(間組: 청부 금액 21만 7,000엔)에서 같은 해 10월 준공했다. 역 구내의 석탄선, 기타 지축공사는 같은 해 6월 요시자와구미(吉澤組: 청부 금액 3만 엔)에서 담당해서 같은 해 10월 준공했다.

제반 공사와 함께 같은 해 4월 기계 설비 공사에 착수하여 1932년(昭和 7) 12월 준공하고,

114 수송 화물을 보관·선별하거나, 작업 또는 대기하는 데 쓰려고 부두나 역 가까이에 지은 건물이다.

이듬해 4월 이후 사용을 개시했다. 그러나 위의 설비만으로는 불충분했기 때문에, 1934년(昭和 9) 6월 다시 조탄(操炭) 설비를 확충하기로 했다. 조탄 설비 확장공사를 직영 및 민간 청부를 통해 착수하여 1935년(昭和 10) 초 아래와 같은 기계 설비를 완성했다.

저탄장 기중기, 이동식 호퍼(hopper), 벨트 컨베이어, 벨트 컨베이어식 석탄 적재기, 전동기

이러한 설비는 당국에서 최초의 시도였기에, 설계·시운전 등에 적지 않은 고심이 필요했다. 이 계획은 제일 처음에는 공무과에서 입안했지만, 제반 기계 및 전기 부분품의 도착에 따라 설치(据付)공사 및 시운전 등의 사무 일체를 공작과로 이관했다. 이후 공작과가 주체가 되어 공사를 준공해, 약진 반도의 추진력은 더욱 새로운 확장을 요망하는 상황에 있다.

(2) 경부선의 개량

① 부산 종단 시설의 확충

경부선의 개량공사는 통감부 철도관리국의 인계 직후 부산-초량 간 선로의 부설, 기타 개량공사를 계속 진행하여 1908년(明治 41) 3월 준공, 4월부터 부산-초량 간의 영업을 개시했다. 이에 따라 부산정거장 본관의 신축에 착수해, 1층을 정거장으로 하고, 2층을 철도호텔 겸영 설비로 해서, 1910년(明治 43) 3월 낙성했다. 이어서 부산 해륙 연락 설비는 총독부 토목과에서 시행한 부산 잔교 및 돌제(突堤)[115]공사의 진행에 따라, 선로 연장, 가건물(上家)[116] 건설공사 등을 시행하고, 1912년(大正 1) 10월 돌제 잔교의 낙성과 함께 해륙의 연락이 한층 편리해졌다.

② 한강교량의 개축

한편, 경부선은 해마다 수송량이 증대되어 열차의 운전이 더욱 빈번해져, 이로 인해 기존

115 육지에서 강이나 바다로 길게 내밀어 만든 둑. 바다로 들어가는 강어귀에 퇴적물을 막고 물 깊이를 고르게 하기 위하여 만든다.

116 건물 위에 임시로 지붕만 덧달아 만든 가건물이다.

설비를 개량할 필요가 있었다. 특히 한강교량의 경우는 운전 밀도가 늘어나면서 강형(鋼桁) 강도의 관계로 중량기관차를 운전하기에는 위험하여, 하루라도 빨리 개축해야 하는 상황이었으며 복선화할 필요도 있었다. 이에 구 교량의 상류에 한강 제2교량을 가설하는 동시에, 그 전후(前後)로 복선 토공 공사를 시행하는 계획을 세웠다. 1911년도(明治 44)부터 1912년도(大正 1)에 걸쳐 개량비 39만 6,000엔, 복선공사 건설비 90만 2,000엔을 요구하고, 제27회 의회의 협찬을 거쳐 1911년(明治 44) 7월부터 착공했다. 이를 토대로 압록강 가교에 사용한 잠수함 침강식을 채용해, 1912년(大正 1) 9월 교량 전후(前後)의 복선 토공 공사와 동시에 준공했다. 또한 구 한강교량의 개축공사는 구 강형의 철거 및 교각 일부의 재건축을 계획하고, 1913년도(大正 2)에 들어서 신규 강형을 가설했다. 이에 한강 구 교량은 새로운 생명을 얻었으며, 복선공사에 따라 노량진·용산 두 정거장 구내의 선로 개축공사를 1914년도(大正 3)에 준공했다.

그 후 한강교량은 1925년(大正 14) 7월 대홍수로 인해 본 교량 및 피일교 사이의 축제 전부가 유실되었다. 탁류는 강형(鋼桁)의 하부 2척(呎)을 휩쓸어 버렸기 때문에, 그 보전(保全)을 위해 종래의 축제를 피일교로 바꾸고, 기설 교량의 구형(構桁)을 3척 상승시켰다. 여기에 대응해 용산-노량진 간 선로의 기면(基面)을 상승시켰다.

이러한 개량공사 외에, 당초 공사를 서둘렀던 관계상 선로에 50분의 1의 최대 급경사지, 곡선 최소 반경 50쇄인 지역이 있었는데, 국제 연락 운수를 실시한 이후에는 전체 노선에서 이를 개량할 필요가 있었다. 따라서 1914년(大正 3) 이후 점차 개량공사에 착수했는데, 개요는 다음과 같다.

③ 대구-부강 간

대구-부강(芙江) 구간은 경부 본선 중 최대 난코스로, 최대 급경사는 50분의 1, 곡선 최소 반경 50쇄의 장소가 있었다. 그러나 호남 및 경원선 두 노선의 부설, 사설철도의 증가 등에 따라 수송력을 증강할 필요가 있어서, 경사를 100분의 1로, 곡선을 대개 20쇄로 했다. 각 구간별로 보면 대구-김천(金泉) 간은 다음과 같다.

(단위: km)

구간	거리	착수 일자	개업 일자
대구-약목 간	12.5	1915년 2월	1916년 2월 1일
약목-김천 간	35.8	1914년 10월	1916년 11월 1일

위의 약목-김천 간은 종래 금오산의 남록을 돌아 도중에 터널이 있는 25.7km 노선이었는데, 이를 금오산 동북쪽에서 서쪽으로 우회해 낙동강 상류 익산군(益山郡)의 옥야(沃野)로 나오는 것으로 변경했다. 여기에 새로 구미(龜尾)·대신(大新)의 두 역을 설치하여, 종래의 50분의 1 경사를 100분의 1로 완화했다. 또한 김천-부강 간은 다음과 같다.

(단위: km)

구간	거리	착수 일자	개업 일자
김천-영동 간	38.2	1917년 1월 하순	1919년 6월 10일
영동-옥천 간	21.9	1917년 6월 6일	1919년 12월 15일
옥천-대전 간	14.7	1916년 7월 하순	1919년 12월 15일
대전-부강 간	21.6	1914년 10월 초순	1916년 2월 18일

본 구간의 개량 역시 종래의 50분의 1 경사를 100분의 1로 완화하고, 종래 같은 구간의 운전에 필요한 정기 보조 기관차를 폐지하여 기타 수송에서 면목을 새로이 했다.

④ 성현터널 및 그 부근

경부선 개량공사 중의 난공사였던 성현(省峴)터널은 개량공사 전까지는 전후(前後)의 경사 50분의 1의 가파른 곳이었다. 그러나 1920년(大正 9) 2월 남구(南口) 및 북구(北口)의 양 방면에서 개량에 착수해, 전후(前後)의 경사를 100분의 1로 개량했다. 공사 때는 발전소 및 공기압착소를 설치하고, 착암기(잭 해머)를 사용해 1922년(大正 11) 9월 22일 도갱(導坑) 관통에 이어, 복공(覆工) 및 전후(前後) 노반공사에 착수했다. 1923년(大正 12) 3월 말 공사비 195만 6,000엔으로 준공하여 터널 남구(南口)에 성현 정거장을 신설하고, 5월 15일부터 개량선의 운행을 개시했다. 동시에 대구-청도 간의 선로 경사를 완화했다. 경부선의 열차 운전은 근대적 체제로 정비되었다.

⑤ 해륙 연락 설비

시모노세키(下關)와 부산 간의 연락 수송은 화객과 화물 모두 계속 증가해, 제1잔교만으로는 도저히 이를 감당할 수 없었다. 이에 1917년(大正 6) 총독부에서 시행 중이던 제2잔교 공사의 준공에 따라, 같은 해 3월 말 부산역 구내에 화물 인입선(引込線)을, 1918년(大正 7) 3월 잔교에 선로를 부설하고, 4월 화물 상옥(上屋)·창고 등을 신설했다. 그 후 1919년(大正 8)에 이르러 3회에 걸쳐 인입선을 증설하고, 선로 모양의 교체 공사 등을 완성해 선박과 차량의 연락에서 화물과 여객을 구별하여 편의를 증대시켰다. 그 후 필요에 따라 매년 공사를 계속 진행하고 있다.

경성에 가까운 항만으로 인천은 1922년(大正 11) 축항공사의 낙성에 따라 해륙 연락 설비를 정비할 필요가 있었다. 같은 해에 축항 부근 세관 구내에 연락 화물 취급소의 신축 및 화물 측선(側線)의 축설 연장을 하고, 다시 1923년도(大正 12)에 들어서 축항 구내 화물 상옥을 증설해, 해당 항만에서 선박과 차량의 연락 수송의 편의를 높였다.

⑥ 침목 증설

1919년(大正 8) 선로 개량공사의 준공에 따라 열차 운전 횟수 및 견인 차량 수를 증가했기 때문에, 1920년도(大正 9) 이후는 경부선 중 반경 20쇄 이하의 급한 곡선 및 교량의 일부, 1921년도(大正 10)에는 기타 곡선부 및 직선부에 대한 침목의 증설을 시행해, 1922년도(大正 11)에 대부분 종료했다. 그 후에도 필요 구간에 대해 순차적으로 이를 실시하고, 궤조 역시 60파운드를 75파운드로 점차 교체해 운전의 안전을 기했다.

⑦ 경성역 부근

용산을 기점으로 하는 경의선의 운전은 점차 수송이 늘어나, 운전 시간의 단축과 열차의 정리를 위해 남대문에서 곧바로 경의선 수색(水色)에 이르는 선로를 개량할 필요가 있었다. 이에 1919년(大正 8) 개량에 착수해 아현(阿峴)·의령(懿寧)의 2개 터널을 뚫고 신촌(新村)에서 나와 수색에 이르는 새로운 선로를 완성했다. 1920년(大正 9) 2월부터 운전을 개시해, 동시에 용산역 구내 배선의 개량을 시행했다. 이보다 앞서 경인선의 종단역인 서대문역은 부세(府勢)의 상황을 감안하여 1918년(大正 7) 폐지했다.

남대문역 본관·승강장·화물 상옥·창고 등은 몇 년간 계속 여객·화물이 증가함에 따라 증축할 필요가 있었다. 이에 1922년(大正 11) 6월 개·증축에 착수해 3년여를 거친 1925년(大正 14) 10월 준공하고, 경성역으로 개칭하여 같은 달 15일부터 새 역사에서 영업을 개시했다. 승강기·확성전화기·증기난방·기타 근대적 설비를 설치하여 완전히 변화했다.

⑧ 초량-부산진 간

초량에서는 기관차고의 확충, 객·화차 정류선·인입선·화물적재선, 기타 여러 설비를 개량하는 외에, 1918년(大正 7)까지 부산진 매립지의 일부를 이용해 부산진 역사의 이전·개축 및 부산-부산진 간의 복선공사를 완성했다. 기타, 화객 수송의 증대, 수해 등을 감안하여 매년 선로 및 건조물을 개량하고 있다.

(3) 경인선 및 마산선의 개량

① 경인선의 개량

경인선은 경인철도합자회사가 건설한 노선이었는데, 처음에는 경비 관계에서 교량·구교 등을 거의 임시 구조로 했으며, 또한 작은 곡선이 많았다. 개설 이후 열차 횟수가 증가함에 따라 개량공사를 시행할 필요가 생겨서, 1907년(明治 40)과 1908년(明治 41)의 두 해에 걸쳐 총비용 52만 5,000여 엔으로 개축에 착수해, 1910년(明治 43) 3월 종료했다. 그 결과, 복선에 비해 약 1.6km를 단축했고, 장래 복선으로 할 경우를 고려해 개량공사 때에 영등포부터 약 4.8km를 제외한 용지·토공·교량·구교 등의 복선 준비를 병행했다. 그 후 필요에 따라, 다른 선과 마찬가지로 각 지역에서 선로 건조물의 보강·개량을 시행했다.

② 마산선의 개량

경의선처럼 마산선 역시 임시군용철도감부의 속성 노선으로, 교량·구교 및 기타 공작물 모두가 가설(假設) 구조였다. 이로 인해 운수·영업을 개시하기 위해 상당히 개량할 필요가 있었다. 감부는 1905년(明治 38) 6월 경의선의 개량공사와 함께 예산을 신청해, 같은 해 10월 총비용 119만 2,000여 엔을 1905년(明治 38) 이후 3개년 계속사업으로 지출하는 것을 인가받아

공사에 착수했다. 1906년(明治 39) 9월 통감부 인계 이후에도 공사를 계속해, 1908년(明治 41) 4월 낙동강교량의 낙성[종래의 목교(木橋)·임시 구조를 본 건조로 개량]과 함께 마산-진영 간 일부 40분의 1 경사를 제외하고 전 노선의 개축공사를 시행했다. 그 후 1911년(明治 44) 7월 수해를 고려하여 1912년(大正 1)부터 진영-낙동강 간 시공 기면의 상승공사에 착수했다. 지반이 약하기 때문에 지반의 침하가 수십 회에 걸쳐 일어났는데, 이를 방지할 수단을 힘껏 강구하여 1913년도(大正 2)에 겨우 이를 준공했다. 이후 필요에 따라 각 지역에서 선로 건조물의 개량을 시행했다. 또한 마산-진영 간의 경사 완화 공사는 1939년(昭和 14) 4월 이후 개량공사가 시행 중이다.

4) 매수선의 개량

1927년(昭和 2) 이후 12개년계획에 의한 신규 노선 건설에 따라, 그 사이에 있는 사설철도의 몇 개 노선을 매수했다. 그중 협궤 노선에 대해서는 이를 광궤로 개축하여 직통 운전을 도모할 필요가 있어서 매수 후에 개량공사를 실시했다. 이제 그 대강을 설명하면 다음과 같다.

(1) 전라선

전라선 중 이리-전주 간 24.9km는 원래 전북철도주식회사의 노선이었는데, 1927년(昭和 2) 10월 매수와 동시에 광궤 개축공사에 착수하여 1929년(昭和 4) 9월 준공하고, 역사의 신·개·증축과 함께 개축 노선에 의한 영업을 개시했다. 본 구간은 평탄한 전북평야의 일부여서 공사상 특별한 어려움은 없었다. 개축 건조물 중 특히 전주역사는 외부 구조를 조선식 건축물로 하여, 이리역의 근대식 건축물과 대조의 묘를 발휘하고 있다. 본 노선 중 순천-여수항 간 [광협선(廣狹線)] 40.3km는 전남 광주-순천 간 선로와 함께 1936년(昭和 11) 3월 남조선회사의 노선을 매수한 것이었는데, 매수 후 침목 증설, 기타 선로 보강 공작을 시행했다.

(2) 도문선

도문선 중 회령-동관 간 59.6km는 원래 도문철도회사의 노선이었는데, 1929년(昭和 4) 4월 매수해 도문 서부선으로 개칭하고 1931년(昭和 6) 5월 광궤 개축공사에 착수했다. 그 가운데 회령-상삼봉 간은 1932년(昭和 7) 11월 광궤 노선을 이용한 운수 영업을 개시하고, 나머지 구간인 상삼봉-동관 간에도 시행에 노력해서 1933년(昭和 8) 8월 준공했다. 별도로 건설 중이었던 도문 동부선과 연락해서 광궤 노선을 이용한 전 구간의 영업을 개시한 것이다. 이 공사는 비좁은 도문강변 지대를 따라 구 노선을 개량한 것으로, 지형상의 많은 어려움이 따랐다. 어떤 구간은 구 협궤 노선과 개량 광궤 노선을 동시에 운전하며 공사를 진행했다. 이 노선은 1933년(昭和 8) 10월 1일 만철에 위임 경영선이 되었기 때문에, 나머지 부대 공사는 만철에서 시행했다.

(3) 동해선

동해선 중 울산-경주 간 약 41km는 원래 조선철도주식회사 경동선으로 불렸는데, 1928년(昭和 3) 7월 매수 후 동해 남부선의 건설이 진행됨에 따라 1935년(昭和 10) 6월 광궤 개축에 착수했다. 1936년(昭和 11) 12월 광궤 노선으로 준공해 동해 남부선으로 영업을 개시하여 오늘에 이르고 있다.

(4) 대구선

대구선은 원래 조선철도주식회사 경동선의 일부로 대구-학산(鶴山) 간 약 107km의 협궤 노선이었는데, 1928년(昭和 3) 7월 매수했다. 그중 대구-영천 간 38.4km는 경경선 남부의 건설공사 진행에 호응해서 1935년(昭和 10) 9월 광궤 개축공사에 착수했고, 1938년(昭和 13) 7월 대구선으로 개칭하여 광궤 노선을 이용한 영업을 개시했다.

(5) 경경 남부선

경경 남부선 중 영천-경주 간 35km는 위의 대구선과 마찬가지로 원래 경동선에 속한 협궤 노선이었다. 그런데 매수 후 1937년(昭和 12) 7월 광궤 개축공사에 착수하여 1939년(昭和 14) 1월 노반 준공에 이어 역사·통신선·운전 시설 등을 설치했고, 1939년(昭和 14) 6월 광궤 노선을 이용한 영업을 개시했다.

(6) 경전 서부선

경전 서부선 중 전남 광주-순천 간 119.7km(광궤 노선)은 1936년(昭和 11) 조선철도주식회사의 노선을 매수한 것이다. 매수 후 바로 선로 보강을 위해 노력해, 침목 증설, 기타 제반 설비의 개량을 시행했다.

이상의 각 노선의 개량공사 중 1940년(昭和 15) 7월까지 완성한 광궤 개축 구간의 개요는 다음과 같다.

(단위: km)

명칭	구간	거리	기공 일자	개업 일자
전라선(구 전북철도)	이리-전주 간	25.3	1928년 4월 26일	1929년 9월 1일
도문선(구 도문철도)	회령-상삼봉 간 상삼봉-동관진 간	40.4 17.3	1931년 5월 11일 1932년 3월 20일	1932년 11월 1일 1933년 8월 1일
대구선(구 조선철도 경동선)	대구-영천 간	38.4	1936년 9월 5일	1938년 7월 1일
동해 남부선(구 조선철도 경동선)	울산-경주 간	39.3	1935년 6월 25일	1936년 12월 1일
경경 남부선(구 조선철도 경동선)	영천-경주 간	37.5	1937년 7월 25일	1939년 6월 1일
합계		198.2		

또한 매수 협궤 노선 중 아직 광궤 개축공사를 완료하지 않은 노선으로 개천선 및 동해 중부선의 경주-포항 구간만이 남아 있다. 이 중 동해 중부선은 1939년(昭和 14) 11월 이후 개축 공사 중이다.

5) 경부선 및 경의선의 복선공사

(1) 경부선의 개량

경부선은 수송량이 날로 증대하여, 계속해서 중궤조(重軌條) 교환, 완화 곡선 삽입, 교량·구교 보강, 분기점 개량, 곡선 고도 강상(扛上) 등의 선로 보강 및 정거장과 전기·통신 설비의 개량을 시행해 왔다. 그런데 만주사변 후 수송량의 격증 및 내선만 연락 시간 단축 등에 따라 열차 속도의 향상, 운전 횟수의 증가, 중기관차의 운행 등으로 인한 선로 보강 공작의 획기적 시공이 필요해졌다. 이에 따라 1936년도(昭和 11) 이후 각종 교량·구교, 기타의 개축에 착수하여 현재 시공 중이다.

정거장 설비 역시 이러한 상황을 반영해 다시 개선할 필요가 있었다. 부산에서는 해륙 연락 및 각 노선에서의 역사 개·증축, 선로의 유효 거리 및 승강장의 연장, 화물작업장의 확장 및 화물상가(貨物上家)의 신·증·개축, 급수·급탄 및 보안 설비의 충실, 신호장 신설, 기설 역구내의 배치 변경 등을 시행하고 있다.

(2) 경부선의 복선공사

이처럼 중궤조의 부설 교체, 교량·구교·정거장 등의 제반 시설의 개축을 매년 시행하며 수송의 강화를 도모했다. 그러나 경부선은 조선 개발의 대동맥선이기도 해서 장래 신동아 건설의 중요 노선이며, 아시아와 유럽을 연락하는 첩경이었다. 이에 경의선과 함께 정비의 필요성이 갈수록 높아져서 복선공사를 시행했다. 1936년도(昭和 11)에 우선 경부 본선의 공사에 착수했다. 그중 대전-남경성 간은 1939년(昭和 14) 6월, 부산진-삼랑진 간은 1940년(昭和 15) 3월에 모두 준공했다. 이어서 일부 역사 및 관사 등의 이축, 전기·통신 설비의 확장 또는 이설 등을 시행 중이다. 삼랑진-대전 간은 1940년도(昭和 15)에 들어서 일부 공사에 착수했다.

경부선의 공사는 공사량에서 볼 때 교량·구교의 개축, 신호장의 설치, 선로 개량 등의 중요 공사가 동시에 또는 서로 앞뒤로 시행되어 상당히 번잡했다.

제일 처음 착수한 것은 경부선 부산진-삼랑진 구간 중 사상(沙上)-구포(龜浦) 간과 대전-남경성 구간 중 수원-군포 간이었다. 이 공사는 단기간 시행할 필요가 있어서, 구간과 시공 기간을 안배하여 부산진-삼랑진 구간을 5개 공구, 대전-남경성 구간을 14개 공구로 분할 청부해서 순차적으로 기공했다.

(3) 공사 상황

경부선 복선공사의 개시 후에는 특히 일반 공사도 많아져서 노동력 부족이 예상되었다. 이를 보충하기 위해 기존에 비하여 더 많은 기계력을 이용해서, 토공용 칼릿기관차, 터널 굴착용 착암기, 교량 기초에 잠수공법을 이용할 기계 설비 등, 진보한 철도공사 시행법을 채용해서 만전을 기했다.

복선공사는 성질상 열차 운행이 가장 빈번한 영업 노선에 접촉해서 작업하기 때문에, 토질이 좋지 않은 곳에서 공사할 때는 토사가 붕괴해서 궤도를 매몰하고, 기암절벽을 폭파할 때에는 암석이 날아들어 노선을 파손하는 등 여러 문제를 일으켰다. 불량한 지반에서 축제 구축을 할 때는 침하·결궤를 불러와 교량·옹벽이 이동하는 경사를 일으키는 등, 예측할 수 없는 사고가 일어나 귀중한 희생자와 많은 물자를 낭비했다. 이 가운데 구포-물금(勿禁) 간의 호포천(狐浦川)교량의 정통(井筒) 공사 시행 중에는 통 내에 진흙이 분출해서 사상자를 냈다. 전동(全東)-전의(全義) 간의 성곡(城谷)터널은 지층 경반(硬盤)으로 인해, 또한 오산-수원 간의 오산터널은 지질 불량으로 인해 낙반이 일어나 사상자를 냈다. 성곡과 오산의 터널공사는 모두 준공 기간을 4개월간 연장해서 겨우 완성했다. 기타 여러 난공사가 있었지만, 다행히 큰 영향 없이 준공했다.

궤도 부설은 노반공사의 진척 상태와 열차운행 조정을 고려해 적절하게 시행되었다. 여기에 필요한 도상용(道床用)[117] 자갈은 기설 사리선(砂利線)을 확장하는 것만으로는 채집 및 운반에 부족했기 때문에, 연선 현장 도처에 존재하는 것을 채집했다. 또한 노반 축조 종료 부분의 노면법견(路面法肩)에 준척해서 궤조 연장 작업을 시행했다. 그러나 본 선로는 국제열차를 비롯해 많은 급속열차를 운행하는 관계상, 일반 신규 선로의 궤조 연장과는 달리 속도에 제한을 주지 않도록 궤도를 강고하게 할 필요가 있었다. 이로 인해 영업열차 운행 전, 중기관차를 운행해서 도상전압(道床輾壓)을 시행했다.

본 공사의 진행 중 시국의 진전으로 인한 국책사업의 발흥과 생산력 확충 사업의 발전에 따라, 물가·임금이 등귀해 점차 결핍 문제[118]가 발생했다. 이러한 입수난을 만나 공사 시행에 많은 어려움이 생겼다. 또한 선로공사에 부대하는 전기·통신, 건물 등의 여러 공사의 진행에 어려움이 생겼는데, 종업원의 노력과 상하가 일치된 협력을 통해 다행히 소기의 성과를 거둘 수 있었다. 더불어 난공사 중에서 호포천교량과 오산터널의 진행 상황을 간략히 서술하면 다음과 같다.

---

117 도상은 레일 및 침목으로부터 전달되는 차량 하중을 노반에 넓게 분산시키고 침목을 일정한 위치에 고정하는 기능을 하는 자갈 또는 콘크리트 등의 재료를 의미한다.

118 여기서의 결핍 문제는 건설 자재와 노동력 부족을 지칭하는 것으로 보인다.

(4) 호포천교량의 가설 상황

호포천교량은 경부선 구포 부근의 낙동강 지류 호포천에 가설한 것이다. 인근은 낙동강 범람 구역에 속해 홍적토(洪積土)가 퇴적되고 경부철도의 건설 시대부터 지질 불량으로 인하여 마(魔)의 교량으로 알려졌다. 당시의 교대·교각은 매년 침하 또는 경사가 이동해 균열이 발생했기 때문에, 그때마다 보강 조치를 강구해 왔다. 이변이 갈수록 심해져 열차 운전에 위험을 느끼게 되어, 1934년(昭和 9) 12월 25일 교대는 보통기초 항타공(抗打工), 교각은 정통기초공(井筒基礎工)에 의한 개축공사에 착수했다. 그런데 축제 구축에 따른 교대 이동으로 인해 축제 역시 침하해서 부근 지반이 융기했다. 이로 인해 교대·교각 사이에 근고(根固)콘크리트를 설비해 지벽(支壁)으로 삼고 축제에 부제(副堤)를 설치했다. 그러나 교대의 이동은 교각에 전달되어서 교각 간에도 마찬가지로 근고콘크리트를 설비하는 등, 그사이 여러 어려운 작업을 계속 진행하며 1935년(昭和 10) 10월 29일 마침내 준공했다.

복선공사 때는 기왕의 실례, 문헌을 조사하여 기초를 정통(井筒) 공법을 이용해 착수해서, 부산 측 교대, 기타는 예정대로 공사를 진행했다. 그러나 일부 교각에서는 정통을 침하·굴착하는 중 진흙이 분출해서 정통(井筒) 안을 틀어막아 사상 사고가 야기되었다. 교각도 경사가 져서 나머지 부분은 잠수법으로 변경해서 준공시켰다.

(5) 오산터널의 개설 상황

오산터널은 경부선 오산 부근의 구릉 부분을 관통하는 터널이다. 그런데 지질 내부는 편마암질이어서 변화가 많고, 단단한 곳과 연약한 부분이 교차하며 산재해 단층의 갈라진 데(割目)가 있으며, 게다가 점토가 끼어 있다. 1937년(昭和 12) 12월 21일 터널 양쪽 외부에서 공사를 시작하여 터널의 굴착은 합장(合掌)·지량(枝梁)·후광(後光)을 병용하고, 저설(底設) 터널은 수굴식(手掘式)으로 해서 신중하게 공사를 진행했다. 터널 관통 후에 결국 낙반이 일어나 사망자 4명, 부상자 5명이 나왔기 때문에, 이를 기피하는 갱부·인부의 도망이 속출해 작업에 많은 어려움이 있었다. 그러나 종사원의 끊임없는 노력에 따라 결국 이를 극복하고 1939년(昭和 14) 2월 15일 준공했다.

(6) 경의선의 개량

경의선은 경부선과 마찬가지로 중궤조 부설 교체, 교량·구교의 개량, 기타 수송 증강에 관한 여러 설비의 개량·충실을 매년 시행해 왔다. 그런데 조선의 산업 약진과 만주국의 발전에 따른 화객의 격증에 대응하여 복선공사를 시행했다. 1938년도(昭和 13) 경성-평양 간 일부 공사에 착수해서, 현재 각 공구로 나누어 토공을 시행 중이다. 일부분에서는 토공 진행과 궤도 부설을 병행하고 있다. 이에 따라 필요한 지역에는 역사 및 관사의 이·개축, 급수 설비 및 전기·통신 설비의 개량 등을 순차적으로 시행하고, 평양-남시(南市) 간의 복선공사는 1940년도(昭和 15)에 들어서 일부 구간의 시공에 착수했다.

또한 본 노선의 배차 관계를 원활히 하기 위해 경성 및 평양에 험프(hump) 조차장 계획을 수립해 평양은 1938년(昭和 13) 12월, 경성은 1939년(昭和 14) 1월 토공에 착수했다.

경부·경의 두 노선의 구간별 개량공사의 개요는 다음과 같다.

〈경부선〉

(단위: km)

구간	거리	착수 일자	개업 일자
부산진-삼랑진 간	46.3	1936년 7월 7일	1940년 4월 1일
대전-남경선 간	158.1	1936년 7월 7일	1939년 6월 15일
합계	204.4		

9. 일제하 조선철도의 영업

〈자료 147〉 朝鮮總督府 鐵道局, 1940, 「第十章 國有鐵道の營業」, 『朝鮮鐵道四十年略史』, 朝鮮總督府, 406~446쪽.

1) 운수 영업의 개요

(1) 영업 거리(粁程)

국유철도의 운수영업은 통일 이래 여러 차례 변천을 겪었는데, 지금 이를 개관하면 영업 km의 경우 당초 1,020km 정도였다가, 1927년도(昭和 2) 이후 선로의 연장이 눈부시다. 1940년(昭和 15) 7월 1일 현재 영업 km는 경부·경의·호남 · 경원·함경 이른바 5대 간선에, 도문(圖們)·혜산(惠山)·만포(滿浦)·전라(全羅)·경전(慶全)의 각 노선, 현재 건설 중인 동해(東海)·경경(京慶)·평원(平原) 각 노선과 그 지선까지 더하면 4,000여 km에 달하여, 통일 당시와 비교하여 약 4배 가까운 연장이 이뤄졌다.

(2) 객화(客貨) 운임률

여객 운임에 관해서는 애초 각 선의 운임 산정법이 달라서 1878년(明治 41) 4월 이것들을 원거리 체감법으로 통일했는데, 이는 근거리일수록 고율이었기 때문에 1912년(明治 45) 4월 거리비례법으로 개정하여 지금에 이르고 있다. 화물 운임은 통일 후 1906년(明治 39) 처음으로 대화물(大貨物) 운임을 제정했는데, 1912년(明治 45)에 크게 개정하여 급품(級品)제도와 화물등급제, 차급(車扱)·톤수(噸數)·근급(斤扱) 등의 제도를 마련했다. 그 후 1919년(大正 8)·1923년(大正 12)·1926년(大正 15)·1930년(昭和 5)·1938년(昭和 13)에 각각 개정했는데, 화물 운임율은 원거리 체감법에 따라 조선 내 산업 개발에 중점을 두고 특정 할인을 실행하고 있다.

(3) 영업 시설

영업 시설의 경우 영업 선로의 연장과 함께 매년 시설을 확충하고, 정거장 수도 통일 당시의 약 6배가 되었다. 운영의 주된 방침으로는 내지·조선·만주·북지(北支) 간의 연락을 강화하고 조선 내 운수교통의 정비를 충실히 하는 것에 중점을 두는 한편, 여객·화물 기타 각종의 유치·선전, 조선 사정의 소개 등에 관해서는 도쿄(東京)·오사카(大阪)·시모노세키(下關)·펑톈(奉天) 등에 주재원을 파견하여 부족함이 없도록 하고 있다. 운수 성적에서도 1938년(昭和 13)과 통일 당시를 비교하면 승차 인원 22배, 화물 톤수 14배, 운수 수입 23배의 증가가 있었다. 철도 총연장이 약 4배 증가한 것에 비교하면 월등한 증가라고 말할 수 있다. 연락 운수는 내지·조선 내·대륙의 각 방면 모두 성적이 양호하여, 일찍이 있었던 3개 선 연락 운임 같은 문제가 일어날 여지가 없게 되었다. 부대 영업으로서는 여관·식당차를 국영(局營)으로 하여 여객의 편의를 도모하고, 1913년(大正 2) 7월부터 실시한 창고 영업은 1930년(昭和 5) 9월 지정운송인 제도의 제정에 따라 그 경영을 조선운송주식회사(朝鮮運送株式會社)에 위탁하여 경영의 합리화를 꾀하고 있다.

국영(局營) 자동차의 영업은 현재 매우 작은 범위에서만 실시되고 있지만, 철도 대행의 의미에서 여객 취급, 운임에서 충분히 지방 개발에 공헌하고 장래의 발전을 기하는 면이 적지 않다. 이리하여 1906년(明治 39) 통일 당시와 비교하면 국유철도의 영업은 각 방면에서 획기적인 신장을 보였다. 아래에서 그 항목에 관하여 알아보자.

1) 운수에 관한 법규

(1) 기본 법령

1906년(明治 39) 7월 철도 통일 당초에는 경부철도와 임시군용철도감부의 옛 규정을 답습했는데, 같은 해 12월 11일 총독부령 제49호에 의해 통감부철도관리국운수영업규정을 제정했다. 이 규정은 내지 철도의 운수 규정에 준하여 제정되어, 1910년(明治 43) 병합 후에도 총독부가 규정한 명령으로서 효력이 존속했다.

이후 1912년(明治 45) 6월에는 제령 제9호로 철도영업법 중 제1조와 제19조, 제23조를 없애고 그 밖의 전 조항을 조선철도의 운수 영업에 관해 적용하게 되었는데, 이에 따르면 주무대신에 속하는 직무는 조선총독이 수행하게 되었고, 철도의 건설, 차량기구의 구조 및 운전에 관해서는 1908년(明治 41) 1월 통감부 철도관리국 장관 달시(達示)를 답습하였으며, 영업법의 보조 규정인 운수 규정은 1912년(明治 45) 6월 총독부령 제118호로 제정 공포되었다.

이 법령은 오랫동안 시행되었는데 1919년(大正 8) 4월 법률 제54호에 의해 영업법의 일부가 개정됨에 따라 조선에서도 제령을 개정해야 했다. 그리하여 1920년(大正 9) 6월 개정이 단행되는 동시에 사설철도도 철도영업법 전 조항의 적용을 받게 되었다. 이에 따라 위임 명령이었던 철도운수규정도 함께 개정되어 영업법 제1조의 제외례(除外例)를 철폐한 결과, 철도의 건설 및 운전 등의 규정을 명령으로 정할 필요가 생겨, 1927년(昭和 2) 8월의 부령 제82호와 같은 해 10월의 부령 제98호에 의해 개정되었다.

(2) 운수 규정

조선에서 관사(官私) 철도에 대한 운수 규정은 1906년(明治 39) 12월 통감부령에 의해 「운수영업규정」을 제정했던 것을 효시로 한다. 그 내용은 대체로 내지의 것과 유사하여 철도에 대한 여객 및 대중의 의무와 함께 여객과 공중(公衆)에 대한 철도의 책임을 상호적으로 명확히 하였다. 이후 1907년(明治 40) 7월 19일 부령 제29호에 의해 '영업' 두 글자를 삭제하고, 운수규정이라고 개칭하여 같은 해 1월부터 실시되었다. 병합 후에도 총독부령으로서 효력이 존속했는데 1912년(明治 45) 6월 총독부령 제118호로 새롭게 철도운수규정을 정하고 1920년(大正 9) 크게 개정했다. 이후 시세의 변화에 따라 여러 번 개정되어서, 1926년(大正 15)의 개정에서는 철도운수규정을 「조선철도운수규정」이라고 개칭하고, 다음으로 1930년(昭和 5) 2월 철도영업법 개정에 따라 내용을 개정하고 귀중품명을 지정해 근중(斤重)을 킬로그램(kg)으로 바꿨고, 그밖에 제9장에서 철도의 책임에 관한 사항을 더하고 요상액(要償額)[119] 표시 및 인도(引渡)기간에 관한 규정을 정했다. 1932년(昭和 7) 3월에는 화약류 운송에 관한 일부 사항을 개정하고 1937년(昭和 12) 4월에는 여객 운임 중 동행하는 6세 미만의 어린이 운임에 관하여 개정하는 등 필요에 따라 수정 및 보완, 개정함으로써 일반 여객 및 하물 주인의 편의에 만전을 기하며 현재에 이르고 있다.

(3) 여객 화물과 운수 관계 규정

여객과 화물 운송 취급 수속은 1906년(明治 39) 12월 통감부 철도관리국 운갑(運甲) 제437호

---

119 대가를 요구하는 것을 말한다.

로 제정된 이래, 경제계의 추이에 따라 여러 번 일부 개정되고 다수의 단행(單行) 규정으로 이를 보충했다. 만철 위탁경영 후에도 종전의 규정을 준용했는데, 1923년(大正 12) 9월 먼저 종합적인 「화물운송수속」을 제정하여 종래 몇 종류로 나뉘어 있던 관계 규정을 계통적으로 망라하여 사무를 간소하게 하고, 화물 운임과 요금 규칙을 철도성(鐵道省)에 준하게 하는 등 취급상의 통일을 도모했다.

다음으로 1924년(大正 13)에는 여객과 수하물에서의 수많은 규정을 총괄하여, 조선선과 만주선을 통일한 남만주철도주식회사 여객 및 하물운송규칙을 제정해 6월 1일부터 실시했다. 1925년(大正 14) 4월에는 직영 환원을 맞이해서도 특별히 정한 것을 제외한 여러 규정을 준용했는데, 1927년(昭和 2) 4월 조선총독부 고시 제127호로 여객 및 하물운송규칙을 정했고, 화물에 관해서는 조선총독부 고시 제540호에 의해 수소하물운송규칙(手小荷物運送規則)을 정하여 이를 분리하고, 기타 규칙도 여러 차례 내용을 일부 개정하며 현재에 이르고 있다.

화차(貨車) 및 부속품의 운용에 관한 규정은 통감부 시대에 제정된 대화물운송취급수속(大貨物運送取扱手續) 안에 포함된 이래 누차 보충 규정을 마련해 왔다. 1923년(大正 12) 11월 운용취급수속을 제정하고 1927년(昭和 2) 5월 달(達) 제287호에 의해 다시 개정하여 「화물수송수속」으로 바뀌면서 지금까지의 화물운송규칙에서 분리되었고, 또 관계 단행(單行) 규정을 통일한 것이다.

2) 영업 거리(粁程)

(1) 통일 당시

1906년(明治 39) 7월 통감부 통일 당시의 선로는 경부선 초량(草梁)·서대문(西大門) 간 274.2마일(438.7km), 경인선 영등포·인천 간 19.4마일(31.0km), 총 293.6마일(469.7km)에 경의선 용산·신의주 간 310.6마일(496.9km)과 그 지선(겸이포 및 마산선)의 총 344.3마일(550.8km)까지 더하여 총연장 637.9마일(1,020.6km)이었다. 그리고 영업선은 경부·경인의 2개 선으로, 나머지는 여객의 편승(便乘), 화물의 편재(便載)만 취급한 것에 지나지 않았다.

1907년(明治 40) 10월 30일에 경의선 토성(土城)에서 벽란도(碧瀾渡)까지 3.6마일(5.7km)의 건설 재료 운반선을 이용하여 화물의 특약 편재(便載)를 개시했고, 1908년(明治 41) 4월부터는 경의선 본·지선 및 마산선의 운수 영업을 시작하는 동시에, 경부선 초량·부산 간 1마일(1.6km)을 개통하면서 부산을 경부선의 종단역으로 하였다.

(2) 총독부 개설 당시

1910년(明治 43) 총독부 개설 당시의 영업 km는 경부·경의 및 각 지선을 포함한 1,086.1km이었다. 같은 해 10월 16일 평남선 평양·진남포 간의 영업을 개시하고 1911년(明治 44) 9월 총독부 농상공부(農商工部)로부터 평양탄광선 대동강·사동(寺洞) 간 노선을 인계받은 데 이어서 11월에는 압록강 교량 준공에 따라 신의주·안둥(安東) 간을 직통했다. 1910년(明治 43)부터 건설공사 중이었던 경원선은 1911년(明治 44) 10월에 처음으로 용산·의정부 간을 개통했다. 호남선은 같은 해 7월 처음으로 대전·연산(連山) 간을 개통하고 이듬해 1912년(明治 45) 3월에는 강경을 거쳐 이리에 닿는 동시에 군산지선(群山支線)을 개통했다. 나아가 1912년(大正 원년)에는 10월에 김제, 12월에 정읍까지 이르게 된다. 한편 경원선은 같은 해 10월 철원까지 나아가며 1926년 말에는 영업 거리가 1,347km에 달했다.

(3) 1,000마일 축하식

이후 해마다 각 선에서 영업 거리가 연장되었다. 호남선은 1914년(大正 3) 1월 11일 정읍·목포 간 노선을 개통함으로써 전체 283.4km가 개통했다. 이어서 8월 16일 경원선의 세포(洗浦)·고산(高山) 간 개통을 최종으로 용산·원산 간 전체 221.4km의 영업이 개시되었다. 1914년(大正 3) 10월 건설에 착수한 함경선은 1915년 8월에 남부 원산·문천(文川)을 개통했고, 이로써 조선 내 국유철도의 개업선이 연장 1,000마일(1,600km)에 이르렀는데, 마침 같은 해 조선총독부 시정 5주년이어서 10월 3일 경성 경복궁에서 조선철도 1,000마일 축하식을 거행했다.

이후 1916년(大正 5) 9월에는 함경 남부선 문천·영흥(永興) 간 노선이, 11월에는 청회선(清會線) 청진·창평(蒼坪) 간 노선이 개업하여, 1917년(大正 6) 7월 만철 위탁경영 당초의 영업 거리는 1,705.7km이었다.

(4) 위탁경영 중의 영업 거리

위탁경영 중의 선로 연장은 1917년(大正 6) 11월 창평·회령(會寧) 간 노선을 개통해서 청회선 50.1마일(92.9km)을 전부 개통시켰다. 1918년(大正 7) 5월에는 오노다(小野田)시멘트회사의 전용선인 사동(寺洞)·승호리(勝湖里) 간 노선을 매수했다. 1919년(大正 8) 3월에는 아현리(阿峴里)터널이 완성되면서 경성역에서 수색(水色)까지 직통하는 선로가 개설됨과 더불어 서대문역 및 경의선의 용산 기점을 폐하고 경성역을 중심으로 하게 되었다. 같은 해 12월 함경 북부선 수성(輸城)·회남(羅南) 간 노선, 남부선 영흥·함흥 간 노선의 개통을 시작으로 하여 매년 남부, 북부 및 중부의 각 선을 연장하고 미개통 구간에서 여객, 수하물의 자동차 연락을 하는 등 위탁경영 중 선로 연장은 대부분 함경선의 노선 연장으로 시종일관했다. 위탁경영 말기였던 1925년(大正 14) 3월 말일에는 그 길이가 2,092.6km에 달했다.

(5) 직영 환원 이후

직영 환원 후 계속해서 함경선 건설을 추진하고 1927년(昭和 2) 12월 북부와 중부를 이어 북부선이라고 칭했다. 이듬해 9월 반송(盤松)·군선(群仙) 간 23.9km의 개통을 마지막으로 하여 다년간 현안이었던 함경선 원산·회령 간 647.9km의 전 구간 개통을 보게 되어 10월 나남(羅南)에서 성대한 전통식(全通式)을 거행했다. 그사이에 진해선 창원·진해 간 노선, 박천(博川)선, 회령탄광선 회령·계림(鷄林) 간이 개통되었고, 천내리(川內里) 철도의 차상(借上)[120] 영업과 1927년도(昭和 2) 이후 12년에 걸친 철도 건설 계획에 의한 전북철도, 조선철도회사 광주선(光州線), 그리고 경동선(慶東線)의 매수와 함께 평원선 서포(西浦)·사인장(舍人場), 사인장·순천(順川) 간 영업이 개시되었다. 1928년도(昭和 3) 말 당시 영업 거리는 경부·경의·호남·경원·함경의 이른바 당시 5대 간선에 각 지선을 더하여 2,551.9km에 달하여 통일 당시의 약 2.5배에 이르렀다.

(6) 1929년(昭和 4) 이후의 연장

1929년 이후에는 도문철도주식회사(圖們鐵道株式會社) 회령·동관진(潼關鎭) 간 노선의 매수 및 그 광궤 개축이 준공되었고, 동해북부선 안변(安邊)·흡곡(歙谷)·통천(通川)·고성(高城)의 각 구간, 함경선 지선인 북청선(北靑線)·차호선(遮湖線)·이원철산선(利原鐵山線)과 용산선 용산·

120 정부가 민간으로부터 물건을 빌린 행위를 말한다.

당인리(唐人里) 간 노선, 그리고 서강(西江)·신촌 간 노선의 영업을 개시했다. 경전(慶全)북부선 이리·전주 간의 광궤 개축이 준공되면서 영업을 개시하는 동시에 전주·남원 간 노선이 연장되고 평원서부선 순천(順川)·신창(新倉)·장림(長林) 간 각 구간이 건설되었다. 경전남부선에서는 마산·진주 간을 매수했고 만포본선(滿浦本線) 순천·천동(泉洞) 간과 천동·구장(球場) 간 노선이 개통되었다. 또한 개천선(价川線) 신안주(新安州)·천동 간의 차상 영업, 혜산선(惠山線) 길주·합수(合水) 간의 개통 등이 있었다. 특히 도문선은 동부에서 웅기(雄基)·신아산(新阿山)·훈융(訓戎)·온성(穩城)·남양(南陽)·동관(潼關) 구간이 차례대로 개업했고, 1933년(昭和 8) 8월에 회령·동관 간의 광궤 개축공사가 완성과 함께 전 구간이 개통되었다. 이에 웅기·회령 간 영업을 개시하여 북선 방면과 조선 내 각 지방 및 동만주 지방에 대한 교통상의 신기원을 이루었다. 같은 해 10월에는 이른바 길회선(吉會線)의 건설 계획에 동반하여 동북만주와 나진을 중심으로 하는 북선 방면의 국가적 교통정책에 기반해서, 도문선과 함경선 중 청진 이북의 철도 328.5km를 만철에 이관했다. 1933년(昭和 8) 말 영업 거리는 2,935.4km에 달해 통일 당시와 비교하여 약 2.8배에 이르렀다. 이 사이에 1930년(昭和 5)부터 국유철도에 미터법(米突法)을 실시하여 종래의 마일제를 킬로미터제로 바꿨다.

(7) 1934년(昭和 9) 이후의 연장

1934년도 이후에는 혜산선에서 합수·백암(白岩)·풍두리(風頭里) 구간을 개업하여 1937년 2월 혜산진에 이르는 141.7km가 전체 개통했다. 만포선에서는 희천(熙川)·개고(价古)·전천(前川)·강계(江界)의 각 구간을 개업하여 1939년(昭和 14) 2월 만포에 이르는 299.9km가 전체 개통했다. 이어서 같은 해 8월 만포 교량공사가 준공되어 만주국 매즙선(梅楫線)에 연결했다.

백무선(白茂線)은 백암을 기점으로 하여 산양대(山羊臺), 연암(延岩)을 거쳐 1936년 10월 유평동(楡坪洞)에 이르렀다. 평원선은 서부 장림(長林)·양덕 간 노선을 1936년 11월에, 동부 고원(高原)·성내(城內) 간을 1937년 12월에 개업했다. 동해선은 고성부터 간성(杆城)을 거쳐 1935년 12월 양양(襄陽)에 이르렀다. 경전북부선은 1936년 12월 고성·순천 간 노선을 개업해 이리·순천 간 노선을 전부 개통했고, 여기에 순천·여수항 간 노선까지 더해 전라선(全羅線)으로 개칭되었다. 1936년 3월 남조선철도(南朝鮮鐵道) 매수에 더불어 송정리(松汀里)·순천 간 노선을 경전서부선으로 개업했고, 동해남부선은 부산진에서 좌천(佐川)을 거쳐 1935년 12월 울산에 이르렀다. 1936년 울산·경주 간 광궤 개축공사의 완료와 맞물려 부산·경주 간 광궤선 영업을 개시했다. 경경선은 북부 동경성(東京城)·양평(楊平) 간을 1939년 4월에, 양평·원주 간을 1940년 4월에 모두 개통했다. 남부는 영천(永川)·우보(友保) 간 노선을 1938년 12월, 우보·안동 간 노선을 1940년 3월 개통했다. 또 광궤 개축공사 중이었던 대구·영천 간은 1938년 7월 준공했고, 북선선(北鮮線)은 1940년(昭和 15) 7월부터 그 일부인 상삼봉(上三峰) 이남 145.9km를 다시 당국의 경영으로 환원했다.

(8) 경부선 일부의 복선화

이에 앞서, 1937년(昭和 12)부터 복선공사에 착수했던 경부선 본선은 1940년 6월까지 대전·삼랑진(三浪津) 간만 남기고 복선에 의한 열차 운전을 행하는 등 확연히 그 면목을 개선하기에 이르렀다.

(9) 현황

이리하여 각 시대 각각의 계획에 기반한 건설·개량·매수 등에 의해 해마다 그 영업 구간을 연장해 왔는데, 1940년(昭和 15) 6월 말 현재 영업 거리는 총연장 4,145.4km(북선선 상삼봉 이북은 제외)에 달한다. 이를 1906년(明治 39) 철도 통일 당시의 1,020.6km와 비교하면 약 4배 이상, 1910년(明治 43) 총독부 설치 당시와 비교하면 약 3배 이상에 달하며 통일 당시에 비해 3,124km가 증가한 것이다.

3) 객화 운임률

(1) 여객 운임

1906년(明治 39) 통일 당초에는 경부철도와 철도감부에서의 제도를 그대로 답습했다. 즉, 경부·경인·마산 각 선의 운임률은 3등의 경우 거리 50마일(80.5km)까지 1마일(1.6km)당 1전 8리(厘), 51마일(82.1km) 이상 100마일(161.0km)까지 1전 6리, 101마일(162.5km) 이상은 1전 4리인데, 2등은 3등의 2배, 1등은 3등의 3배로 하는 원거리 체감 운임률이었다. 한편 경의선은 3등 1마일 3전의 거리 비례 임금을 채용하고 등급 임금의 비율은 경부선과 동일했다. 이상과 같이 운임률이 일률적이지 않고 그 계산도 복잡하며, 동일 철도에서 다른 운임률이 있는 것은 불합리했다. 그리하여 1908년(明治 41) 4월 경의·마산 두 선의 일반 영업 개시를 계기로 하여 전 노선에 걸쳐 여객 운임을 통일 개정하여 새로이 원거리 체감법을 채용했다. 즉, 3등은 50마일까지 1마일당 3전, 51마일 이상 100마일까지 2전 5리, 101마일 이상 200마일(321.9km)까지 2전, 201마일(323.5km) 이상 300마일(482.8km)까지 1전으로 하고, 2등은 75%, 1등은 150% 할증했다.

(2) 1912년(明治 45) 이후의 개정

그러나 이 통일 운임은 근거리일수록 점차 고율이므로 일반적인 구매력에 합치되지 않고, 당시 분위기로서는 설비 혹은 속도보다 오히려 저렴한 운임이 좋다고 하는 등 민심에 적합하지 않았다. 그래서 일반 여객, 특히 근거리 왕래자에 편익을 줄 필요가 있다고 느껴 1912년(明治 45) 4월, 3등 1마일 2전(2등은 3등의 75% 증가, 1등은 3등의 150% 증가)의 거리비례법을 실시했다. 이 개정의 결과 당시 민심에 맞아 여객이 뚜렷이 증가하여 이후 조선의 개발에 공헌한 것이 적지 않았으며, 해마다 교통의 순조로운 발전을 보기에 이르렀다.

그런데 1914년(大正 3) 7월 구주전란이 발발하자, 물가와 임금의 폭등을 불러와 수지 균형이 무너져 1920년(大正 9) 1월 운임률을 1마일당 3등 2전 5리, 2등 4전 5리, 1등 7전으로 개정하여 조선과 만주의 통일을 도모했다. 동시에 당시 보조화폐[121]가 품절되어서 1926년(大正 15) 3월까지 여객 운임 5전 단위제를 채용했는데, 같은 달에 전(錢) 단위 미만의 단수(端數)는 이를 전 단위로 절상하는 것으로 운임 계산 방식을 개정했다.

(3) 현행 운임률

1930년(昭和 5) 4월부터 미터법 실시에 따라 마일 운임률을 km 운임률로 환산했는데, 환산할 때 구매 부담이 큰 1, 2등 운임률의 마일 미만을 절상하고 3등만 다수 여객의 부담을 경감할 목적에서 모(毛) 미만을 절사하여 얼마간의 저하를 꾀했다. 즉, 3등 1km당 1전 5리 5모, 2

121 본위 화폐를 보조하여 적은 액수를 거래할 때 이용하는 돈을 말한다. 금화가 본위라면 은과 백동, 구리 등으로 보조화폐를 사용하는 사례가 있다.

등 2전 8리, 1등 4전 4리의 운임률을 제정해 오늘에 이르고 있었는데, 다시 1940년(昭和 15) 4월 1일부터 여객의 폭주와 보조화폐의 품절로 인한 표 판매 사무 능률 향상책으로서, 다시 보통여객 운임의 5전 단위제를 실시하고 있다.

(4) 특수할인 운임

기타 회수승차권, 정기승차권, 단체 할인 등의 운임 시설은 이미 경부철도 시대부터 실시되었다. 각각 1906년(明治 39) 12월의 여객 및 수하물 운송 취급 수속 부칙에 규정되었는데, 그 후 사회 정세에 응하여 각종 운임 시설이 행해졌다. 현재는 회수승차권은 보통운임의 20%, 정기승차권은 25% 내지 50%, 학생 통학 정기 승차권에는 80% 내지 98% 상당의 할인을 시행하는 외에 현재 조선의 교육기관 보급 정도에 비춰 철도 연선의 통학 아동에게 무임승차증을 교부하여 그 수가 1939년도(昭和 14) 약 2만 2,000여 명에 달하고 있다. 6개월 간 2,000km를 승차하는 여객에게는 2, 3등 운임을 약 20% 할인한 km권(粁券)을 발매하여 철도 이용 여객 또는 원거리 승차 여객에 편의를 주고, 20명 이상을 하나로 하여 여행하는 단체 여객에게는 그 인원과 승차 km에 따라 보통운임의 20% 내지 40%, 학생에게는 3등에 한하여 50% 내지 60%, 노동자와 이에 준하는 사람의 단체에 대해서는 40% 내지 50% 할인 운임을 제공하고 있다. 이리하여 사회정책 면 또는 여객 유치 면에서 도움을 주는 동시에, 학교의 교원·학생·생도·공무여객·피구호자·이주자·취직자, 기타 각종 회합 참석자 등의 특수 여객에 대하여 상당히 운임을 할인하여 교육 장려상 또는 사회정책상으로 이바지하고 있다.

(5) 화물 운임

통일 당초에는 여객 운임과 마찬가지로 경부철도 및 감부가 제정한 규정을 답습했다. 1906년(明治 39) 12월에 처음으로 대화물 운임률을 제정하고 이듬해(明治 40) 1월 1일부터 경부·경인 두 선에 시행했다. 이어서 4월 1일부터 경의·마산 양 선에 적용되어, 이로써 전 노선 대화물 운임의 통일이 이뤄졌다. 당시에는 일반 화물에 등급을 마련하지 않고 단순히 고가품을 지정하여 일반운임률의 50%를 더하는 것 외에, 특종품의 운임률을 마련하는 것에 지나지 않았다. 게다가 취급 종별로는 근급(斤扱), 톤급(噸扱)의 두 종류가 있었을 뿐이었다. 이와 같은 운임률은 점점 복잡해지는 조선의 경제 상태에 적응할 수 없어서 1912년(明治 45) 크게 개정되어 급품(級品)제도가 신설되어 화물의 종류에 따른 등급을 마련했다. 보통화물을 1급 내지 4급으로 나누어 운임률에 차이를 두는 동시에 근급·톤급 이외에 새로이 차급(車扱)제도를 마련했다.

(6) 1919년(大正 8) 이후의 개정

구주전(歐洲戰) 이후 물가와 임금 앙등에 따라 수지 균형이 현저하게 무너지게 되어서, 1919년(大正 8) 11월 화물 운임을 인상했다. 그 주된 내용은 톤급의 폐지, 재적급(才積扱)[122]의 신설, 차급 최저톤수의 제정, 원근 운임의 조정, 최저 마일의 설정 등이었다. 즉 운임률 구성상의 원칙을 고쳐 증수(增收)를 꾀했는데, 한편으로는 생활필수품 운임의 할인, 근거리 운임의 인하 등을 병행하여서 결국 수익상 눈에 띄는 효과를 얻지는 못했다. 그리고 경제계의 이상한 팽창이 철도 수지의 균형을 점점 악화시켰기 때문에 이 구제책으로서 1920년(大正 9) 6월 다시 운임 인상을 단행하여 지출 부족을 보전한 바 있었다. 그런데 1923년(大正 12) 10월 계속 고등(高騰)하던 물가가 일부 하락하자 철도 수지상 다소의 여유가 생겨서 일반 운임을 인하하는 동시에 운임률 제도를 간명하게 하고, 아울러 해마다 빈번해진 내지와 조선 간 연락 운수의 통일을 위해 철도성 노선과 협조하여 운임률 제도를 개정했다. 개정의 요점은 5등급제를 채용하고 발착 수수료를 운임에 포함시키며, 최저 마일을 없애고 최저운임을 설정한 것 등이었다.

다음으로 1926년(大正 15) 10월에는 당국, 철도성 및 만철선 간 3선 연락의 경우에 화물의 도착역 변경, 출발역 송환에 대하여 각자 노선 내 운임의 통등주의(通等主義)를 인정하는 것으로 하고, 종래의 운임률을 최장거리 600마일(965.6km) 이상으로 연장했다. 1927년(昭和 2) 6월에는 운송규정의 개정에 기초하여 다시 운임률을 개정하고, 1928년(昭和 3) 9월에는 1급에서 5급까지의 보통운임률을 601마일(967.2km) 이상으로 개정하고, 북선 지방 개발의 제반 사정을 고려하여 상당한 운임률을 저렴하게 하려고 했다. 1930년(昭和 5) 4월부터 미터제 채용에 따라 종래의 용적 계산 방식을 폐지하고 도량형의 통일을 꾀하면서, 톤급을 신설하고 넓고 큰 화물과 열차 지정가의 할증을 낮추는 한편 화물 등급의 표시를 품목 등급주의에서 운임률 등급주의로 바꿨다. 보통 등급을 1급에서 10급까지의 10등급, 특별 등급을 11급에서 30

---

122 뱃짐이나 석재의 부피 단위로 1재는 1입방척 또는 0.0278m^3이다.

급까지의 20등급으로 나누고 운임의 인하를 단행하여 불황 타개책의 일단으로 하였다.

1938년(昭和 13) 2월에 이르러 화물제도의 간이화 방안으로서 등급표의 품류(品類)·품목을 정리·축소했다. 등급운임률의 간이화로서 톤급 및 특별 톤급과 특별 등급을 폐지하고 보통 등급에서도 반수(半數) 이하로 감소시켰다. 그에 따라 특별운임률은 폐지되고 보통운임률도 품목 등급주의 표시 방식에 따라 소구급(小口扱), 차급(車扱)에 대해 각각 전용 운임률이 설정되었다. 또한 임률의 리(厘) 단위가 폐지되어 계산상의 간편을 기했다. 할인운임률도 역시 이를 계기로 실정에 맞춰 할인을 폐지하거나 할인율을 감소시키는 것으로 하였다.

(7) 현행 운임률

이리하여 현행 운임률은 화물을 보통품과 위험품 두 종류로 대별하고 운임률 제정의 기초를 가치등급주의와 화차(貨車)용량주의의 절충에 두면서, 1급부터 3급에 걸친 3등급 분류 이외에 1급 할증제를 채용했다. 운송 방법, 수량 등에 따라 택급(宅扱), 소구급(小口扱) 및 차급(車扱)의 세 가지 급종별(扱種別)을 만들어 중량과 용적의 편중에서 생기는 불공평을 방지하기 위해 중량품 및 귀중품(嵩高品)을 특별히 감안하여 원거리 체감법에 따라 운임률을 안배했다. 이외에도 경제정책상, 사회정책상, 영업정책상 등의 이유에 의해, 또는 사설철도 보호 지원의 취지에 맞게 운임 할인이 필요한 화물에 대해서는 할인운임률을 설정하고 있다. 이로써 항상 경제계의 동향에 순응하고 신흥 조선 산업의 발흥을 조장하는 운임률을 적용하고 있다.

(8) 소수하물(手小荷物) 운임

경인철도합자회사(京仁鐵道合資會社)는 1900년(明治 33) 7월 1일 소하물 귀중품·하차(荷車)·행상품·교자(轎子)·숭상품(嵩商品)·개·사체(死體)·위험품 등에 대한 운임률을 제정했다. 경부철도는 1905년(明治 38) 1월 영업 개시를 맞아 새로이 특수품의 운임률과 짐승류 및 귀중품의 증임금(增賃金), 보관료를 제정하고, 이어서 1905년 9월 16일 위의 운임률을 원거리 체감운임률로 개정하며 귀중품, 동물, 특종품의 운임률을 정했다. 철도감부는 1905년 10월 경의·마산선에 편재(便載)를 개시할 때 내지 철도를 본따서, 원거리 체감운임률 및 귀중품, 기타 모든 종류의 운임률과 보관료 등을 제정하고 철도 통일 후에도 이들을 그대로 존속시켰다. 1908년(明治 41) 1월 통감부 철도감리국은 전 노선 운임률을 통일하기 위해, 종래의 운임률을 참고

하여 내지 철도와 거의 동일한 여러 종류의 운임률을 제정했다. 그리고 원거리 운송의 편의를 도모하는 동시에 정거장에서 1.5리(里) 이내 하주(荷主)의 주소에 무임 배달을 취급하는 것으로 하고 우선 경부·경인선에 이를 실시했다. 이어서 1908년(明治 41) 4월 경의·마산선을 영업선으로 함과 동시에 위의 운임률을 이들 노선에 시행했다. 그 후 1919년(大正 8) 말에는 내선만(內鮮滿) 사이에 동시에 운임을 개정하고, 1921년(大正 10) 1월에는 다시 일부 개정을 시행했다.

(9) 현행 운임률

1930년(昭和 5) 4월 미터법 채용에 따라 운임 개정이 있었다. 이후 1935년(昭和 10) 10월 소하물에 대한 고율 운임 일부가 폐지되었다. 현행 수하물 운임은 여객이 탁송(託送)하는 수하물에 대해서는 3등 30kg, 2등 40kg, 1등 60kg까지는 무임으로 하고, 초과 중량에 대해서는 통상 수하물 운임과 같은 액수의 운임을 수수하고 계산 방식은 한 사람의 총중량에 따르고 있다. 수하물 운임은 1개당 중량에 따라 계산하고 귀중품, 가구 및 공용기류(空容器類)의 운임은 통상 수하물 운임의 2배로 하며, 그 최저운임은 30전이다. 특수 운임으로서는 산업의 장려와 식료품 등의 원활한 수급을 위해 우유·어패류(魚介類)·어묵(蒲鉾) 등에 대해서는 그 운송 거리에 따라 30% 내지 50% 할인하는 식료품 운임이 있다. 교육 보급 보조를 목적으로 하는 관공립 도서관의 순회문고에 대해서는 50% 할인이 있고, 기타 신문·잡지에 대한 저율 운임 외에도 각종 할인제도를 채용하고 있다.

4) 영업 시설

(1) 정거장 수

통감부 이후 운수 영업상 제반 시설은 해마다 정비·확충되어, 당초 역의 개수는 경부·경인선을 합하여 보통역 45개, 간이역 5개로, 경의·마산 양 선의 보통역 43개를 포함하여 전 노선 합계 겨우 93개 역에 지나지 않았다. 이후 영업 또는 운전상의 필요에 따라 이미 개설된 노선에 신설하기도 하고, 또는 새 노선의 영업 개시 등으로 1940년(昭和 15) 7월 1일에 전 노선 역의 개수(북선선을 제외)는 보통역 463개, 간이역 145개, 합계 608개 역(그 밖에 신호장 6, 신호소 1)에 달하여 당초의 6배 이상에 이르렀다. 영업 거리의 연장 등과 함께 철도 부근 지역의 산업 및 경제의 발전을 촉진[123]하고, 문화 흥륭을 도운 것은 말할 필요도 없다. 이하는 영업 운수상의 모든 시설에 대해 그 경과 개요를 설명하는 것이다.

(2) 부산 해륙 연락 시설

창설 당시 초량·부산에 아직 철도와의 연락 없이, 관부(關釜)연락선도 초량 앞바다에 정박하고 소증기선 구중환(九重丸, 55톤) 및 홍엽환(紅葉丸, 25톤)이 여객과 화물의 연락 수송을 담당해 왔다. 통일 후의 1908년(明治 41) 4월 1일 부산역의 영업 개시와 함께 배와 기차의 연락은 부산의 새 잔교(棧橋)를 통해 이뤄졌는데, 당시 내지 연락 승객의 편의를 위해 초량역에 국장(局章)이 들어간 우산을 갖추어 비가 올 때 부산역과 잔교 간 여객에게 제공되었다. 그 후 부산 잔교는 여러 차례에 걸쳐 개량된 결과 지금의 완비된 대륙의 현관, 입구가 되어 베이징(北京)·신징(新京) 등의 급행열차가 발착하고 있다.

(3) 당시의 선만(鮮滿) 연락

북방 신의주와 맞은편 안둥현(安東縣)의 사이에서도 1907년(明治 40) 9월부터 신의주역[현재의 신의주 강안역(江岸驛)] 구내 제2 잔교와 안동현 공동 잔교 상호 간의 운수에 관하여, 압록강도강주식회사(鴨綠江渡江株式會社)와 업무 청부 계약을 체결하고, 이 회사 소유 선박 또는 썰매(橇)를 정시 운항하여 여객과 화물의 연락 운수를 개시했다. 그리고 당국은 안동현에 파출소를 세워 역 직원을 파견하고 회사는 당국 평양출장소의 인가를 받은 업무 취급 책임자를 신의주역에 상주시켜서, 각 연락 업무에 종사시켰다. 선박의 운항은 1일에 2회 왕복으로, 오로지 철도 연락의 여객 화물과 송영자(送迎者)의 수송에 맞춰 이곳도 또한 여객의 편의를 도모해 신의주역에 우산을 비치하고 역과 잔교 사이에서 무료로 제공했다. 그 후 1911년(明治 44) 11월 압록강 교량이 준공되고 철도에 의한 연락이 완성됨에 따라 자연히 폐지되었다.

123 원문은 '보진(保進)'으로, '촉진(促進)'의 오기이다.

(4) 최초의 급행열차

1908년(明治 41) 4월 1일 전 노선 열차 운전 시각이 개정되면서, 급행열차 취급 수속을 제정, 부산·신의주 간의 융희호(隆熙號) 및 부산·서대문 간 제1·2 열차를 급행열차로 지정했다. 이 열차에는 종래 보통열차의 차장(車掌) 외에 급사(給仕), 차량검차수(車輛檢車手)와 함께 새로 객급전무차장(客扱專務車掌)을 승무(乘務)시켰다. 그리고 1911년(明治 44) 11월 1일부터 운전을 개시한 선만 직통 급행열차에는 여객의 취급에 관해 상당한 소양이 있는 자를 탑승시켜, 그를 열차장이라 칭하고 그 집무는 객급전무차장에 준했다. 경부철도 시대의 여객열차는 1등 차의 연결을 원칙으로 하고 경부·경인의 양 노선에서는 일찍부터 1등 여객을 취급했다. 경의선은 1908년 4월 1일 경부·경의 직통 급행열차의 운전에 항상 1등 차를 연결하도록 했다. 조선철도 고급 열차의 1등 차 연결은 여기에서 원칙으로 자리 잡았다.

(5) 주재원 배치

통일 후 철도의 업적은 해마다 양호한 성적을 거두었다. 특히 1910년(明治 43) 8월 병합의 조칙 발포에 따라, 전후 경제계의 반동(反動)에 의하여 침체 상태에 있던 일반 경제계에 한 줄기 생기가 일어나고, 조선에서의 사업계도 점차 활황을 띠고 있었다. 이듬해[124] 11월 선만 철도가 연락되어 내선만의 경제 관계도 차차 긴밀해져 여객의 왕래와 물자 이출입도 또한 증가했다. 그런데 내지 인사 간에는 아직 조선 사정에 충분히 밝지 않은 경향도 있어서, 1913년(大正 2) 9월 도쿄 시바구(芝區) 사쿠라다혼고쵸(櫻田本鄕町)에 철도국 영업소를 설치하고 철도국 사무 및 섭외 사무, 연락 업무 외에 조선철도의 소개에 힘썼다. 1916년(大正 5) 7월에는 오사카 기타구(北區) 우메다쵸(梅田町) 철도원(鐵道院) 오사카 화물취급소(荷扱所) 구내에도 출장원을 상주시켜 오로지 철도 여객 화물의 운송에 관한 안내를 담당시켰다. 또한 대(對)만주운수의 신장을 기하고 아울러 북만주발 화물 운송 대변(代辨)에 의한 화물 교환증 발행 사무 취급을 위해 1929년(昭和 4) 1월 하얼빈(哈爾濱)에 영업과 직원을 주재시켰다. 그런데 1936년(昭和 11) 11월 이를 펑톈으로 옮기고, 선만지(鮮滿支) 운수사무의 연락, 만주와 북지에서의 교통계를 둘

124 원문의 '익(翌) 40년'은 '익(翌) 44년'의 오기이다. 압록강철교가 개통되어 만주와 조선의 철로가 연결된 해가 1911년이기 때문에, 1911년으로 바로잡았다.

러싼 여러 정세 자료를 수집하여, 조선철도의 선전 및 조선철도 이용자의 여러 사무 알선 등을 담당시켰다. 이어서 1937년(昭和 12) 12월부터 영업과원을 시모노세키 선만지 안내소에 주재시켜 만주사변 이래 격증하는 내지-대륙 간 객화 수송과 철도국 업무 및 섭외 사무 연락, 조선 사정 소개, 선전 등에 만전을 기했다.

(6) 시내 하물취급소의 설치

한편 조선 내에서도 내국통운주식회사(內國通運株式會社)와 업무 청부 계약을 체결해 1916년(大正 5) 10월부터 경성·부산·인천·평양 및 대구 시내에 각각 하물취급소를 설치했다. 소하물 및 속달우편(速達便), 큰 화물의 취급을 개시하고 철도의 적극적인 가두 진출에 따라 하물의 흡수에 노력하는 동시에 일반 하주(荷主)의 편의를 도왔다.

(7) 승인 운송 취급인의 설정

1908년(明治 41) 2월 주요 역에 승인 운송 취급인을 설치하고, 그 취급한 납부금에 대해 환급제도를 마련했는데, 이 제도는 그 후 만철 위탁경영 당시에도 계속되었다. 1929년(昭和 4) 11월 1일 지정운송취급인규칙을 제정해서 1930년(昭和 5) 6월 1일부터 조선운송주식회사가 지정운송취급인으로 선임되어 부담 또는 대신 처리함에 따라 철도 보조기관으로서 각종 작업을 통할(統轄) 수행시켰다.

(8) 사설철도와의 화차 직통

1921년(大正 10) 10월 당국 노선과 각 사설철도 사이 화차의 직통 취급을 개시하고, 두 선을 직통하는 화물의 운송을 간편하게 빠르게 했다. 기타 사설철도 연락역에 대해서는 국유철도 정거장의 공동 사용, 여객화물 열차의 운전 및 수입금의 취급 등을 행할 연락 및 사설철도 운영상의 편의를 제공하고 있다.

(9) 3등 침대차의 사용 개시

1923년(大正 12) 2월 11일부터 부산·경성 간 야행열차에 3등 침대차를 개시했는데, 이는 내지와 대륙의 철도를 통하여 조선철도가 그 효시였다. 사용 개시 당시는 보급이 철저하지 못해서 이용자도 많지 않았지만, 1~2개월 후부터 점점 이용이 늘어나고 연결 구간도 경의선·경원선·함경선과 호남선 등으로 점차 확대되었다. 현재는 장거리 여행객의 필수가 되어 널리 이용된다. 그 후 만철과 철도성에서도 이를 사용하게 되었다. 1936년(昭和 11) 5월부터 3등침대 이용객에 대해 모포 대여를 시행해 한층 편리해졌다.

(10) 철도운수위원의 설치

1929년(昭和 4) 10월 경성·부산·대전·평양·청진에 철도운수위원회를 세웠다. 본회는 각종 운수기관의 화물 운송 개선에 관한 조사 연구를 수행하고, 철도국의 자문에 응하거나 의견을 묻는다. 한편 일반 운수에 관한 지식의 보급을 꾀하고 그 외에도 운수기관의 발달에 필요한 사항을 조사 연구한다. 현재는 강계(江界)를 제외한 각종 철도사무소에 배치한 소장(所長)을 위원장으로 하고 철도국장의 지시를 받아 본회를 불러 모으고 있는데, 업무상 이로운 점이 많다.

(11) 기타

연락운수에 관해서는 아시아와 유럽 연락을 재개하고, 항공기관과 일본해 항로와 연대운수를 개시하는 것 외에, 사변 이래 격증한 객화에 대하여 수송시설의 확충 강화를 꾀하는 등 각 방면에 걸쳐서 수송에 만전을 기하고 있다.

5) 운수의 개황

(1) 통일 당시의 상황

일본과 조선의 경제 관계는 일로전쟁 후 뚜렷하게 밀접해져서 철도 수송도 점차 양호한 성적에 이르렀다. 1906년도(明治 39) 수입은 전년 같은 기간에 비해 각 노선 동시에 30%에서 40%의 증가를 보였고, 특히 경부선의 출화(出貨)는 60% 이상 증가했다. 1907년 4월부터 경부·경의 직통열차 운전이 개시되고 화물 운임의 통일을 꾀했다. 그와 동시에 화물의 속달 방법을 강구하고, 주요 역에 화물 수급인을 두고, 출화 장려를 위해 환급(割戾)제도를 마련하는 등 운수상의 시설 개선에 힘쓰며 경제계의 호황과 더불어 객화의 수입이 점차 증가했다. 그런데 1909년 들어서 전후 경제 반동이 심하여 객화 수량이 감퇴해서 비교적 수송이 한산한 구간의 열차를 폐지하는 한편, 여객 화물의 흡수책을 강구했는데 각지에 폭도의 출몰이 증가하고 콜레라가 유행하는 데 이어 겨울 들어 보기 드문 추위가 겹쳐 일반 여행자가 격감했다. 이에 전년도 대비 승차 인원에서 11%, 화물 수송량에서 3%, 운수 수입에서 5%의 감소를 보였는데, 화물 수입만은 원거리 수송 증가 때문에 얼마간의 증가를 보기에 이르렀다.

(2) 병합 전후

1910년(明治 43) 병합 후에는 가라앉은 상태였던 경제계도 회복 조짐을 보여서 각종 기업이 발흥하여 석탄, 건축 재료 등의 이동이 증가하고, 작황이 좋아 곡물 수송은 유례없는 호황을 보였다. 특히 평남선 개통 등으로 운수 수입은 예년에 비하여 최고로 호황이었다. 1911년도는 전년도의 호황을 이어 갔고, 또한 경원·호남 양 선의 일부 개통에 따라 이미 완성 노선의 영업 상태를 양호하게 하고, 한편 산업 개발과 경무기관(警務機關)의 정비에 따라 내지로부터의 여객이 나날이 증가하여 여객과 화물은 거듭 전년도 이상의 증가를 보였다.

1912년도(大正 1)의 성적은 객화 모두 양호했다. 특히 여객은 본년도부터 실시된 여객 임금의 인하에 힘입어 근거리 여객이 격증했다. 화물 운수는 운임 및 발착 수수료의 경감, 저렴한 차급(車扱)제도의 신설과 해항지(海航地) 도착 곡류(穀類) 운임의 저감 등에 따라 갑자기 수송량이 증가했다. 또한 미가(米價)의 앙등은 조선인 사이에 만주 좁쌀에 대한 수요를 촉진하여 운수 성적이 전년도에 비해 승차 인원에서 81%, 화물 톤수에서 4% 증가했다. 생산력이 적은 경원선과 호남선 등의 구간 개업에도 불구하고 1일 1마일 평균 수입에서 99전의 수입 증가를 보기에 이르렀다.

1913년도(大正 2) 역시 호황을 지속하여, 전년도 말부터 실시된 시장을 왕복하는 여객 대상 운임 할인, 가을철 각지의 공진회(共進會) 개최, 호남선의 전 구간 개통과 일만(日滿) 및 일지(日支) 연락운수의 취급 개시 등에 따라 성적이 한층 향상되었다. 화물은 1913년(大正 2) 6월에 이르러 다년간 현안이었던 지나(支那) 관세 3분의 1 감소를 보고, 이와 동시에 만주 무역품에 대한 운임을 저감했기 때문에, 종래 해로로 다롄(大連)을 경유했던 내지 출발 만주 도착 면·면사·곡분(穀粉) 등이 조선철도를 경유하게 되었다. 또한 7월에는 조선 쌀의 내지 이입세가 철폐되어 그 화물 이동이 활발해졌고, 또한 1914년 1월부터 일만 연락 화물의 취급이 개시되어 국제화물 운수의 시초가 열려서 미곡의 만주 수출이 증진되었다. 운수 수입은 전년도에 비해 여객 인원에서 13%, 화물 톤수에서 25% 증가했다.

(3) 만철 위탁경영 전후

그런데 1913년(大正 2) 말부터 경제계가 점차 불황에 빠져 1914년도는 연초에 쇼켄(昭憲) 황태후 붕어 기간에 들고, 이어서 7월 구주전란의 발발 등 영업 상태는 극도로 부진에 빠졌다. 1916년 들어서 재계는 점차 회복하는 한편 대전 때문에 도리어 우리 경제계가 호황을 드리워서, 특히 선박이 부족한 결과 더욱 철도에 의한 화물이 격증했다. 1917년이 되자마자 철도 수송은 공전의 성황을 이루고 추수기에 들어서 3만 톤을 돌파하는 상황이 되었다. 그 대책으로서 주요한 지역에 영업창고를 신설하고 새로이 사와야마형제상회(澤山兄弟商會) 기선을 사이에 두고 부산과 오사카-고베 간 연대운송을 개시하여 오로지 밀린 화물의 조절에 힘썼다. 재계의 호황은 내지·만주 간 여객의 왕래를 더욱 빈번하게 했기 때문에, 마침내 1919년 4월에 전 노선 열차 운전 시각 개정과 동시에 경부선에 급행 여객열차 1왕복을 증가하고 그 대책을 강구하게 되었다. 그 운수 성적은 2~3년간을 통하여 승차 인원에서는 각 전년도에 비해 평균 32%, 화물 톤수에서는 26%의 증가를 보였으며, 수입에서도 객화 모두 약 35% 이상의 호성적을 보았다.

이러한 계속된 영업 상황의 호조에도, 1920년(大正 9)에는 전후 반동시대에 들어서면서 그 영향으로 곧바로 철도와 여객 왕래가 격감했고, 화물운수도 해운계의 쇠락으로 인해 뱃삯이 극도로 하락했기 때문에 철도 운송이 모두 근거리 해항에서 배로 나가게 되어 더욱 한산한 상태가 되었다. 객화 모두 그 성적은 불황 상태를 벗어날 수 없었다.

그 후 일반 재계가 점차 회복세로 돌아서고 새 노선의 개통, 사회시설의 충실, 철도운수 기관의 점증으로 인한 객화 운송도 어느 정도 호조를 띠었는데, 1923년(大正 12) 9월 간도(關東) 지방 대지진 때문에 일시에 침체 상태에 빠졌다. 그러나 그해는 미곡이 증수되어 가격이 계속 높은 상태를 유지하였고, 한편으로 조선 내에서 제철과 시멘트 공업 등의 회복으로 인해 수송이 점점 매우 바빠졌는데, 정부의 긴축정책에 따른 여러 사업의 중지, 연기, 금융 경색 등으로 거래의 침체를 면치 못하여 1924년에는 여객·화물의 합계는 전년도에 비해 4.5% 감소했다.

(4) 직영 환원 이후

1925년도(大正 14) 이후에는 해마다 경제계가 회복되고 산미(産米) 이출, 좁쌀 수입, 기타 각종 건축 재료의 수송이 매우 왕성해졌다. 1927년(昭和 2) 4월 말 전국에 모라토리엄이 실시되어 충격을 받았음에도 불구하고 대개 호황을 유지하여, 1929년도(昭和 4)에 들어서는 9월 경성에 개최된 시정20주년기념 조선박람회를 계기로 하는 각종 회합에 따라 여객 왕래가 빈번해졌다. 1928년(昭和 3)에 들어 함경선이 모두 개통된 결과로서 함북 방면에서 목재·석탄 등의 남하, 이원철산선(利原鐵山線)·차호선(遮湖線)의 영업 개시로 인한 연선(同沿線)지대 광석의 반출, 함경선 흥남 유안(硫安)공장의 조업과 출하의 개시 등으로 인한 새로운 생산의 개척은 수송량의 현저한 증가를 불러왔고, 그 성적 또한 좋았다.

1930년도(昭和 5)에는 전년 하반기부터 나타난 긴축정책과 함께 은가(銀價) 하락의 영향이 점차 현저해졌다. 4월 1일부터 미터법 실시와 동시에 일부 여객·화물 운임의 저하를 시도해 회복에 매진했는데, 결국 심각한 세계적 불황의 여파를 피하지 못하고 전년도에 비해 여객인원에서 11%, 화물수송량에서 2%, 운송 수입에서 12% 감소를 보였다. 1931년(昭和 6)은 전년도부터의 불황 속에서 만주사변이 일어나 병사 수송이 있었다. 12월 정변에 동반하여 금 수출 재금지 실시에 따라 일반 물가가 높이 오를 것이라는 기대 심리에 자극받아서, 철도 수송은 얼마간 활황을 보였는데, 전반적 불황으로 이해와 1932년 상반기에 이르러서도 쇠퇴 추세를 만회할 수 없었다.

1932년도(昭和 7) 하반기 이래 일반 인플레이션 경기에 따른 철도 수송의 전면적 증가는, 1933년도(昭和 8) 이후의 운수 수입에도 두드러지게 반영되었다. 즉 1932년 3월 성립된 이웃 만주국의 견실한 발달에 따른 상호 교통의 증진으로 일반 여객의 왕래가 빈번해진 한편, 만주 주둔 병사의 교대 수송 또한 철도 수송을 활발하게 했다. 또한 만포선(滿浦線)·동해북부선·백무선(白茂線) 등의 신설 노선이 경제 지점에 도달하여 새롭게 석탄과 목재 등의 출회(出廻)를 촉진했다. 세계 경제 불황 속에서 홀로 우리나라의 군수공업 경기, 만주 건국 경기, 인플레이션 경기의 신생 경제적 발전은 더욱 여객 수송을 호황으로 이끌어 조선철도 수송 측면에서 기록적인 진전을 보였고, 마침내 1936년도(昭和 11)에는 당국 창시 이래 공전의 호성적을 냈다. 그 운수 수입을 1932년도에 비교하면 69% 증가를 보였다. 이 1932년 이후 일본 내지에서 일어난 인플레 경기가 반도에 파급됨과 더불어, 조선 경제 약진의 기초적 제 조건이 더욱

성숙했다. 내지 자본 유입의 급증을 촉진하고 그리하여 조선의 산업경제는 해마다 광·공업이 획기적으로 발전하기에 이르렀다. 한편으로 농산물의 앙등, 농·산·어촌의 경기 부흥과 맞물린 조선 경기의 현출(現出)에 연유한 것이었다.

(5) 지나사변 이후

1937년도(昭和 12)에는 지나사변 발발에 따라 특종 수송과 함께 병참기지[125]로서 군수공업의 발달을 촉진하여 대단히 기록적인 호성적을 보였다. 그리고 반도의 산업경제계도 사변이 점차 장기화하자 물자, 교통 동원 계획에 기반한 본격적인 전시체제로 재편성되어, 총후(銃後) 생산력 확충을 위한 중요한 일익을 형성하였다. 또한 광·공업, 이에 수반되는 수전공사(水電工事), 궤도 부설, 제 공장의 건설 등이 잇따라 대두되었기 때문에 여러 광·공업 원료와 생산품의 수송이 약진하는 동시에 만주국 및 북지의 발전에 대한 건설 자재의 공급 증대는 철도 운수의 눈에 띄는 발전을 나타냈다. 1938년도(昭和 13) 승차 인원을 총독부가 개시된 1910년도(明治 43)와 비교해 보면 222배, 화물 톤수에서는 144배의 증가를 보였으며 운수 수입에서 203배 증가했다. 당시 1일 1km 평균 운수 수입 11엔 45전은 68엔 74전으로 약진했고, 철도 총연장이 약 3배 이상 늘어난 것에 비하면 운수량의 증대는 괄목할 가치가 있다.

첨부. 우편물의 열차 체송

① 조선 내 우편물

경인철도 개통 후 얼마 지나지 않아 체신성(遞信省)과 계약을 체결하여 우편물의 기차편 체송(遞送)을 개시했다. 그 후 각 노선의 연장에 따라 그 구간을 확대했는데, 그 취급은 우편차에 의한 것, 우편차 이전의 소하물급(小荷物扱)에 의한 것 등이 있었다. 운송 요금도 또한 순차 변경되었는데, 1921년(大正 10) 체신국은 종래 각 지방국(地方局)에 분거(分居)했던 철도우편 현업(現業) 사무를 신설 경성철도우편국으로 통합하여 한층 업무의 민첩함을 기하게 되었다.

---

125 원문의 '병병기지(兵竝基地)'는 '병참기지(兵站基地)'의 오기이기에 바로잡았다.

이리하여 우편물의 열차 체송은 새 노선 건설에 의한 영업 개시와 함께 해마다 증가했다. 그 때문에 체신국은 대선로(大線路)의 대부분을 계원 취급편(取扱便)으로 하고 기타의 것은 우편부(郵便夫) 호송 폐낭편(閉嚢便) 또는 탁송(託送) 폐낭편으로 규정했다. 철도우편 선로는 실로 체송편의 근간을 이루게 되어 당국에서도 우편차 각종의 개조, 기타 시설의 정비를 기하여 협력하였다.

그런데 종래의 계약에 기초한 통과 요금은 극히 저율이고 불합리한 것이어서, 1936년(昭和 11) 이래 여러 차례 체신국과 절충을 거듭하여 1940년 3월 요금율 개정을 주로 전면적인 협정 개정을 했다. 개정의 주된 내용은 종래 별개로 설정했던 국영(局營) 자동차에 의한 폐낭 우편물 요금을 철도의 경우와 동일 요금에 의한 것으로 하는 것, 그리고 우편차 사용료는 차실(車室) 용적 8m³ 1kg에 1전 5리 5모, 11m³ 1kg에 2전 4리 4모, 14m³ 1kg에 3전 1리, 19m³ 1kg에 4전 4리 2모, 25m³ 1kg에 6전 9리 2모, 28m³ 1kg에 7전 7리 5모, 28m³를 초과하는 것은 전 용적에 대해 1m³ 1kg에 3리 1모로 하고, 철도선박우편법 제10조에서 정하는 최고 한도까지 인상하는 것 등이 있다.

② 일본 만주 간 우편물

1906년(明治 39) 당시 일만(日滿) 간 발착하는 우편물은 주로 시모노세키·다롄 간 우편에 의해 체송되었는데, 그 횟수가 적고 불편하여서 부산 경유 철도편을 이용할 필요가 있었다. 그러나 당시 부산·신의주 간 철도우편차실(車室)이 좁아서 일부 통상 우편물만 조선을 경유하여 체송하고 있었다.

1912년(明治 45)에 이르러 철도 체송 설비의 충실과 체신성, 관동도독부(關東都督部) 및 총독부 체신국이 절충하여 6월 15일부터 일만 간 발착 우편물의 전면적 운송 실시라는 획기적인 기원을 이뤘다. 그리고 1917년(大正 6) 4월 1일부터 내지·만주·북지나 간 발착 우편물을 조선을 경유하여 체송하도록 했다. 당국은 부산·안둥 간 제1·제2 열차에 500m³ 용적의 우편차를 연락 수송하는 것으로 하고, 그 후 취급열차 및 우편차를 증가했다.

이밖에 1936년(昭和 11) 11월 내지 출발, 간도 및 훈춘(琿春) 도착 우편물의 조선 경유 체송에 관한 협정이 성립되었다. 그 운송 구간을 부산·경성 간, 경성·남양(南陽) 간으로 나누어 각 열차와 우편차를 지정해 같은 해 12월 1일 실시했다.

이리하여 일만 간 우편물의 열차 체송은 부산을 기축으로 하여 하나는 수성(輸城), 하나는 안동을 경유하는 2대 종간선(縱幹線)으로서 연락하게 되었다. 또한 향후 만포선, 기타 선로로 경유가 예상되고, 이전과 비교하여 현격한 진보와 편익을 가져오고 있다.

6) 연락운수

(1) 국내 연대

① 대(對) 내지 연대

내선(內鮮)의 연계가 근대적 교통기관에 의해 구체화하고 강화한 때는 일로전쟁이 한창일 때로, 경부철도 전 노선 개통 후 얼마 되지도 않았을 무렵이었다.

1905년(明治 38) 1월 경부철도의 개통과 함께 산요(山陽)·규슈(九州)철도 각 역과 도카이도선(東海道線) 간 연대운수가 처음 시작되었는데, 먼저 부산항 경유 산요철도 사이에 여객과 하물을, 그리고 규슈철도와 도카이도철도 간 여객 및 수하물의 연락운수를 개시했다. 이어서 1907년(明治 40) 12월 경의·마산선과 철도청선(鐵道廳線) 각 지정역 상호 간에 화물의 연대운수를 개시했다. 이듬해 1908년(明治 41) 4월에는 주요 역에 한정된 취급을 전 노선 각 역으로 확장했다. 한편 근년에 이르러 여수항(麗水港)과 내지를 잇는 관려(關麗)항로에 의한 연대운수는 1930년(昭和 5) 12월 남조선철도주식회사와 가와사키기선(川崎汽船) 간에 행하기로 하여, 당국이 매수한 뒤 이를 이어받아 철도성선(鐵道省線) 각 선과 당국 지정역 사이에 이를 실시하고 있다.

국유철도의 관부(關釜) 연대 개시 이전에는 사용 선박도 겨우 200~300톤 내지 1,000톤 정도의 것을 사용했고, 항해는 20시간 이상을 요하지만 운행 횟수도 적어서 그 불편은 이루 말할 수가 없었다.

1905년(明治 38) 경부철도 개통에 따라 산요철도 방계 회사인 산요기선주식회사(山陽汽船株式會社)는 미쓰비시(三菱) 나가사키(長崎)조선소에 객화선(客貨船) 잇키호(壹岐丸), 쓰시마호(對馬丸)(총톤수 1,691톤, 여객 정원 280명, 화물 적재량 300톤) 두 척을 건조했다. 같은 해 9월 그 준공을 기다려 11월 일기환의 야간 배편으로 연락을 개시하고, 대마환은 같은 해 11월 취항하여 관부 연락이 개시되었다.

때마침 동아의 천지에 평화의 서광이 점차 비치고 거국적으로 전후의 경제적 진전에 매진하려던 때, 이 연락운수가 개시된 것은 실로 내선 교통사의 획기적인 사항이었다. 두 배 모두 매일 출항했고 그 소요 시간은 13시간 반이었다.

1906년(明治 39) 산요철도 매수에 더불어 그 경영이 철도원으로 이동하고, 1907년(明治 40) 3월에는 신바시(新橋)에서 시모노세키 사이에 급행열차의 운전이 개시되어 객화가 점증하고, 잇키(壹岐)·쓰시마(對馬)의 두 배로는 부족했기 때문에, 1907년 8월 에게야마호(會下山丸, 총톤수 1,004톤, 객화선)을, 1908년 다시 사쓰마호(薩摩丸, 1,900톤, 화객선)을 빌려 매일 주야로 2편이 함께 출항하게 되었다.

1910년(明治 43) 병합에 따라 일본과 조선이 정치적으로 결합되고 객화가 점점 증가하여 재래의 빌린 배로는 수송에 만전을 기하기 어려운 상황이 되어서, 1911년(明治 44) 대형선 사쿠라호(さくら丸, 총톤수 3,000톤)으로 교체한 외에, 화물 전용선을 빌려와 수송에 힘쓰고, 이듬해 1912년(明治 45) 6월 유라시아국제열차를 부산·창춘 간에 직통 운전하게 됨에 따라 주간 배편을 급행편으로 했다. 이리하여 본 항로는 교통의 중요로가 되었기 때문에 철도원은 고베 가와사키(川崎)조선소에서 건조된 고마호(高麗丸)을 1913년(大正 2) 1월부터, 시라기호(新羅丸, 모두 총톤수 3,300톤, 여객 정원 675명, 화물 적재 450톤)을 같은 해 4월부터 취항시켰다. 야간 배편 전용선으로 수송의 충실을 꾀했다. 1915년(大正 4)에는 석탄 운반선 다키호(多喜丸, 총톤수 1,200톤 화물선)을 본 항로에 배속하여 화물 수송을 전담시켰다. 그러나 그 후 수송력 증대와 속도 향상을 위해 고속선 건조의 기운이 뚜렷해지자 1921년(大正 10)에 고속터빈선을 고베 미쓰비시조선소에 주문하고, 제1선 게이후쿠호(景福丸)은 이듬해 1922년(大正 11) 4월, 제2선 도쿠쥬호(德壽丸)은 같은 해 10월, 제3선 쇼케이호(昌慶丸)은 이듬해 1923년(大正 12) 3월(총톤수 3,620톤, 여객 정원 980명, 화물 적재 250톤) 각각 취항시켰다. 이 세 척으로써 주야 배편을 되풀이하여 운항하고, 다희환을 제외하고 고려환을 화물편으로 전용하여 용선(傭船)을 폐하고, 일기환·대마환은 다른 항로로 전속했다.

그 후 여객은 해마다 증가했는데, 만주사변 후에는 특히 본 항로 이용 여객이 크게 증가하여, 경복환급에서는 수송력이 부족해지기에 이르러서, 1935년(昭和 10) 6월 미쓰비시 나가사키조선소에 일약 7천 톤급 대형선 두 척을 주문했고, 이듬해 1936년(昭和 11) 1월부터 금강환(金剛丸), 1937년(昭和 12) 1월부터 흥안환(興安丸, 모두 총톤수 7,080톤, 여객 정원 1,747명, 화물 적재량 900톤)을 취항시켜 야간 운행 전용으로 하고, 경복환을 주간 배편으로 전용하여(다희환은 제외) 현재에 이르렀는데, 지나사변 후 동아의 새로운 국면을 토대로 내선만 및 북지·몽강(蒙疆) 방면과의 교통은 몹시 바빠졌다. 특히 연말을 전후로 혼잡함이 말로 표현할 수 없을 정도여서, 이에 대한 열차 집중 운행의 완화도 필요하게 되었다. 대륙 여행의 안전과 신속을 기하기 위해서는 관부 또는 관려, 기타 여러 노선의 활용이 필수적인 상황이 되었던 것이다. 그리고 관부 간의 연락 여객 수는 1907년도(明治 40) 조선에 도착한 5,000여 명에 비하여 1938년도(昭和 13)에는 82만 4,000여 명에 달하여, 이를 개설 당시와 비교하면 금석지감을 금할 수 없다.

② 대(對)사설철도 연대

조선 내 사설철도와의 연락은 1910년(明治 43) 1월 1일, 부산궤도회사선(釜山軌道會社線) 온천장(溫泉場, 현재의 동래역)과 부산·초량의 2개 역 사이에 여객 수하물의 취급을 개시한 것이 그 효시였다. 그 후 1914년(大正 3) 11월 전북경편철도회사(全北輕便鐵道會社)와 여객 하물의 연락 운수를 개시하고 이후 해마다 그 범위를 확장했다. 현재는 각 사설철도의 전부에 대해 이를 시행하는 것 외에도 이들 각 사설철도와 당국 노선 경유 철도성 사이에 여객과 수하물 및 화물을 일본해 기선을 통해 연대운수하고, 철도성, 오사카상선과 일본우선(日本郵船)을 매개하여 대만 국유철도 사이에도 여객 수하물 및 화물의 연대운수를 실시하고 있다.

③ 대(對)기선 연대

연안 항로와의 연대는 1907년(明治 40) 6월 먼저 일본우선회사(日本郵船會社)와 협정하여 북선(北鮮)의 화물 연락 운수를 완비하고 같은 해 8월 오사카상선회사, 그 후 요시다회조점(吉田回漕店), 조선우선회사, 아와공동기선회사(阿波共同汽船會社)와 각각 연락운수 취급을 개시했다. 1918년(大正 7) 8월 오사카상선, 조선우선회사 항로를 넣어 함경북부선 각 역 사이에 화물의 연대운수를 개시했는데, 1928년(昭和 3) 9월 함경선 전 노선 개통에 따라 폐지되었다. 그 후 여러 차례 신설과 폐지가 있었고 현재는 조선우선, 오사카상선, 사와야마(澤山)기선, 아와(阿波)공동기선, 조선기선, 미쓰모토(光本)기선, 가와사키(川崎)기선 및 일본해기선 항로 간에 조선

내 각 항구, 내지, 만주 또는 지나행 화물, 일부 여객 수하물을 취급한다. 철도성을 사이에 두고 오사카상선 또는 일본우선 대만 항로 간의 여객, 수하물 및 화물의 연대운수를 실시하고 있다.

④ 대(對)자동차 연대

조선 내 지방 자동차와의 연대는 1921년(大正 10) 10월 가타쿠라(片倉)식산주식회사 경영의 진남포·용강(龍岡)온천장 간 자동차선 사이의 취급을 효시로 한다. 이후 신설과 폐지가 있었지만 이들 자동차와의 연대운수는 주로 온천장 유람 및 요양객 유치 등을 목적으로 하고 일부는 철도국선 미개통 구간의 운수를 담당했다. 현재 경남자동차(慶南自動車) 외 27개 회사와 여객 및 수하물을, 조선운수자동차(朝鮮運輸自動車) 및 공흥자동차회사(共興自動車會社)와 소하물 및 화물의 연대운수를 수행하고 있다.

⑤ 대(對)항공 연대

1936년(昭和 11) 9월 21일부터 일본항공수송주식회사 및 만주항공주식회사[철도성 노선, 대만 총독부 교통국 노선, 근해 우선 및 오사카상선 기륭(基隆)항로 발착 또는 경유를 포함] 간 이용 여객, 수하물의 연대 운수를 개시했다. 1937년(昭和 12) 4월 15일부터는 만철 소관 철도선에, 1938년(昭和 13) 6월 1일부터는 중화항공(中華航空) 노선에도 이를 도입했고, 소하물의 연대운송을 추가했다.

(2) 선만 연락운수

① 만철과의 연락

조선철도와 남만주철도는 정치경제상 밀접한 관계를 가지고 있으며, 선만 간 교통 강화의 측면에서도 일찍이 연락운수를 실시하고 있었는데, 그 개요를 설명하자면 다음과 같다.

1907년(明治 40) 9월 전 노선 각 역과 안둥현 간 여객 및 하물의 연락운수의 길을 열었다. 안둥현에 신의주역의 파출소를 설치하여 압록강에 연락 소증기선(겨울은 썰매 사용)의 운항을 개시했다. 선만 간 경제 관계가 밀접해지면서 1909년(明治 42) 4월 그 취급 구역을 안봉선(安奉線) 각 역으로 확장했다. 다음으로 같은 해 10월 조선선 각 역과 만주선 다롄 외 12개 역 간 여객 수하물의 연락 취급을 개시하는 동시에 소하물 취급역을 조선과 만주 전 노선 각 역으로 했다.

1911년(明治 44) 11월 압록강 가교 공사 준공과 함께 안봉선의 광궤 개축에 따라, 선만 직통 열차를 운전하게 되어서 여객·수하물 취급역을 안봉선 각 역 및 조선선 주요 역으로 확장했다. 동시에 실시된 선만 지정역 사이에 화물과 조선선 경유 만주선 안둥역과, 철도원선 사이 여객 소하물의 연락수송 등에 의해, 발착 객화는 급격한 증가를 보게 되었다.

② 철도총국(鐵道總局)과의 연대

그리고 1932년(昭和 7) 3월 만주국이 건국되면서 만주국 철도는 철도총국에서 경영하게 되었다. 지정역 사이에 여객, 수하물 및 화물의 연대운전을 행하고, 또 철도성, 대만총독부 교통국선과 사와야마기선 간에 당국선(當局線)[126]을 통과하는 것을 실시해 왔는데, 철도총국 새 노선 연장에 따라, 1935년(昭和 10) 7월 1일부터 화물 연대운수의 범위가 전 만주 주요 역과 당국선 각 역 및 당국선 경유, 철도총국선과 사와야마기선 간으로 확장되었다. 이어서 1936년(昭和 11) 3월 20일부터 당국선 경유 철도성선과 철도총국선 간 화물을, 1937년(昭和 12) 9월 1일부터 당국선 경유, 대만총독부 교통국선과 철도총국선 간 여객 및 수하물의 연대운수를 개시했다.

이보다 앞서 만철에서는 1936년(昭和 11) 10월 1일부터 펑톈에 철도총국을 설립하는 동시에 철도부(鐵道部) 북선철도관리국 및 철로총국을 폐지했다. 이들 각 부국(部局) 소관의 노선은 철도총국에서 관리하게 되었다. 종래의 만철선은 회사선, 철로총국선(鐵路總局線)은 국선(國線), 신설 북선철도사무소 소관의 노선은 북선선이라고 부른다. 철도의 일원적 경영에 따른 영업 제 규정의 정비 통일을 계기로 하여, 1938년(昭和 13) 1월 1일부터 종래 여객과 수하물의 취급역으로 만철 국선의 지정역에 한했던 것을 각 역으로 확장하고, 같은 날부터 당국선 경유 조선철도선, 금강산전기철도선 및 신흥(新興)철도선과 만철 소관선 각 역 간 여객, 수하물의 연대운수를 실시하고 있다.

연락운수 사무에 대해서는 당국·철도성·만철·대만철도, 기타 관계 운수업자가 의제를 가지고 모여 내지·조선·대만 등에서 매년 1회 서로 연락회의를 개최하고 있는데, 사무 처리상

---

126 여기서 당국선은 철도국 노선을 의미한다.

이로운 바가 적지 않다.

(3) 국제 연락

① 중화민국과의 연락

지나와의 교통 상태는 1913년(大正 2) 경봉(京奉)철도[127] 간에 실시되었던 연락운수를 효시로 한다. 이후 점차 그 범위를 확장해 철도성, 조선철도국 및 남만주철도와 경봉(京奉)·평수(平綏)·평한(平漢)·정태(正太)·농해(隴海)·진포(津浦)·경호(京滬)와 호항용(滬杭甬) 및 교제(膠濟)(산동)의 각 철도 간 여객 및 수하물의 연락 및 소하물(小荷物)의 대금(代金) 상환 취급(引替扱)을 인정했다. 다른 한편으로 위의 일본과 중국을 연락하는 여러 철도와 관계하는 기선회사를 더하고, 일중주유권(日中周遊券)[128]과 일중순유권(日中巡遊券) 발매를 협정하여 실시했으며, 기타 일중 연락 단체객과 왕복객(往復客)에 대한 할인을 행하게 되었다.

그런데 만주사변이 발발하자 여러 사정에 의해 일시적으로 그 취급을 중지했는데, 새롭게 1937년(昭和 12) 5월 15일부터 북령(北寧)철로관리국선 도착 화물의 운송을 개시했다. 다음으로 이번 지나사변을 계기로 북지의 치안 확립과 함께 일지(日支) 간 교통연락운수 부활의 논의가 일어나, 여객과 수하물은 철도국, 철도성, 만철선, 오사카상선주식회사, 근해우선주식회사, 북일본기선주식회사(北日本汽船株式會社), 일본해기선주식회사(日本海汽船株式會社), 다롄기선주식회사(大連汽船株式會社) 항로와 북지사무국선(北支事務局線) 간, 화물은 철도국, 철도성, 만철, 오사카상선주식회사, 근해우선주식회사, 아와국공동기선주식회사(阿波國共同汽船株式會社) 항로와 북지사무국선 사이에 모두 1938년(昭和 13) 10월 1일부터 연락운수 협정이 성립되었다. 이에 일본과 중국 국제여객 및 수하물 연락운수협정을 해소하고, 이후 일만지(日滿支) 연락운수를 실시하고 있다.

---

127 베이징과 펑톈을 연결하는 철도를 말한다.
128 관광용 할인 승차권을 말한다.

② 유라시아 연락

선만(鮮滿) 철도가 직통되면서부터 조선철도는 유라시아(亞歐) 교통의 가장 지름길이 되었다. 먼저 1914년(大正 3) 일만(日滿) 및 일·만·러 연락을 개시했는데, 제1차 구주대전란의 발발로 중지되었다. 1925년(大正 14) 2월에 이르러 일·러수교 협약이 맺어지고 양국 철도 당국자 간에 전과 같은 철도 연락운수 부활의 논의가 있었다. 같은 해 9월부터 러시아 수도에서 관계기관 대표자의 제1회 연락회의가 개최되었고, 1926년(大正 15) 10월 베를린에서 개최된 제2회 연락운수회의에서 소비에트연방 외에 독일, 벨기에, 프랑스, 이탈리아, 기타 각국의 철도도 참가하여 연락운수규칙 및 기타를 약정하여 1927년(昭和 2) 8월 1일부터 이를 실시하게 되었는데, 준비와 기타 관계상 소비에트 이외의 각국 철도는 동시에 연락운수의 실시를 할 수 없었다. 이윽고 1928년(昭和 3) 8월 30일부터 프랑스, 벨기에 철도를 제외하고 각국 철도는 동시에 연락운수를 실시하게 되었다. 같은 해 프라하에서 개최된 제4회 연락운수회의에서 네덜란드, 영국의 철도와 기선도 참가하여 여객의 연락운수를 하고 있다. 다음으로 1937년(昭和 12) 1월부터 소비에트연방을 경유하여 일본과 에스토니아, 라트비아, 리투아니아, 독일, 폴란드 간 화물의 연락운수를 개시하여 지금에 이르고 있다.

첨부. 3선(三線) 연락 운임 문제

경부·경의선 간선이 준공하면서부터 일본과 만주를 이은 조선철도 경로는 여객과 운수가 해마다 발달했는데, 화물운수는 새로운 국면을 열지 못했다. 따라서 그 타개책에 관하여 상당히 고려되는 바가 있었다.

① 발단

1911년(明治 44) 10월 압록강 가교 준공에 따른 교통 사정의 변화는 마침 해결을 본 지나 수출입 관세 3분의 1 감소와 맞물려 일본과 만주 간의 화물수송을 할 때, 관부(關釜) 간·경부·경의선 및 안봉선을 거쳐 펑톈에 이르게 하는 경우와, 오사카와 고베 등을 기점으로 하여 해로로 다롄에 이르고 다시 연봉선(連奉線)을 거쳐 펑톈에 도착하는 경우 두 가지 경로가 생기게 되었다. 양자를 비교하면 운임과 모든 비용을 합산하여 종전과 비교하니, 그 차이가 현저히 감소함에 따라 조선철도국의 타개책은 이에 활로를 얻어 그 기운을 조성하였다.

② 경쟁 방지의 제안

1913년(大正 2) 3월 철도원과 조선철도국은 특정관세 실시를 맞아 부산·다롄 양 경로에서 경쟁이 생길 우려가 있는 중요 화물에 대하여, 오사카·고베·시모노세키·모지(門司)와 펑텐 이북에서 동일액의 운임을 설정해 상호 간의 경쟁을 방지하고자 했다. 그리고 선만 연락 중요 화물에 대해 조선, 남만주철도 상호 간 운임을 저감하고, 특정운임을 설정할 것을 만철에 제안했다. 이로써 화주의 편의를 증대시키기로 했는데, 만철 대표자는 다롄항을 중심으로 하는 회사 운임정책의 근본 취지로서 안둥 또는 다롄을 경유하면 화물운임은 반드시 동일하게 할 것, 영업 정책상 실제 그 필요 여부를 조사할 때까지 현상을 유지할 것 등을 거론했다. 할인 특정운임 설정에는 강하게 반대하지 않더라도 근본적으로 안둥, 다롄 동일 운임세를 고집하며 양보하지 않았다. 나아가 같은 해 11월 만철 당사자와 조선철도 당사자는 경성에서 본 문제를 협의했는데, 사태의 특성상 철도원의 참가가 필요하여 12월 도쿄에서 다시 철도원과 오사카상점회사 각 대표자의 참가를 구하여, 협의를 거듭해 여러 의견을 교환한 결과, 협의함이 타당하다고 하여, 노무라 류타로(野村龍太郎)를 위원장으로 한 특별위원회에서 주요 품목인 면포 외 15품종 중 소액 취급(小口扱)에 한하여 펑텐, 철령(鐵嶺)과 창춘 도착에 대해 각각 30% 안팎의 저감을 하는 것에 동의를 얻었다. 철도원과 철도국에서도 마찬가지로 특정운임을 설정하고, 1914년(大正 3) 4월 1일부터 실시하는 협정을 이행하게 되었다.

③ 다롄 측의 반대

1913년(大正 2) 12월 오쓰카(大塚) 이사가 이 협정을 맺고 만주로 돌아오자, 간부급(壯年) 사원은 협정 파기를 주장하며 궐기하고, 다롄 시민은 실업구락부 회장을 선봉에 앞세워 반대 기세를 일으키며《랴오둥신보(遼東新報)》의 기사 논설과 함께 떠들썩하게 비난을 가했다. 그래서 이듬해 2월 사원 두 명을 도쿄로 보내 각 관계 운수기관과 교섭하는 한편, 협정 실시가 임박해온 3월 19일 만철 총재 노무라 류타로는 급히 상경하여 이를 유예하도록 진력한 결과, 실시를 1개월 미뤄서 5월 1일부터 유효기간을 향후 1개년으로 하는 협정을 행했다. 그 후 만철에서 품종 삭감을 원하여 협의한 결과, 일부 품종을 삭제했다. 그렇게 거듭된 파동이 극에 달했던 안봉선 운임 문제도 점차 안정을 찾게 되었다.

그런데 이 소식이 만주 방면에 전해지자, 다롄·잉커우(營口)의 실업가가 들고일어나 반대를 외쳤다. 특히 다롄의 경우는 곧바로 자신들의 번영을 빼앗긴다고 여겨, 시민대회를 개최하거나 위원을 상경시키는 등 기세가 대단했다. 한편 펑톈에서는 크게 본 협정의 실시를 바라는 여론 또한 높았다. 만철은 이 상황에 비추어, 5월 11일부터 다롄과 잉커우 출발 화물에 대해 임시할인을 시행했는데, 정부 당국은 이로써 조선 경유 직통운수의 길을 열었던 당초의 정신을 몰각한 것이라고 하며, 각의를 통해 6월 30일 한도로 이를 폐지시켰다. 이 사이 영국과 미국, 독일로부터 질문 교섭을 받았는데 기회균등주의에 저촉되는 것은 아니라고 대응했다. 1915년(大正 4) 2월에 이르러, 만철은 4월 말일 협정 만기와 동시에 철폐를 신고했는데, 정부는 이 문제를 근본적으로 해결해 두어야 한다는 의도가 있었기 때문에 관계 대표자들이 협의하여 각서를 교환하고, 다시 1개년간 계속 시행하기로 했다. 그리고 이후는 각자 조사 연구하여 협의를 거치는 것으로 했다.

1916년(大正 5) 들어서 만기가 임박하자 각 관계 철도는 근본적 해결에 관한 사견을 취합하여 이를 관계 방면에 비밀로 송달했다. 또한 철도국장관 오야 곤페이(大屋權平) 등이 상경하여 제반 준비 교섭을 해 두었다. 같은 해 4월 회의가 개최되었는데, 철도국과 만철의 의견이 합치되지 않아 상호 타협의 여지가 없었다. 마침내 철도원 총재의 중재에 의해 6개월간의 조사 기간을 통해 제외 품종의 범위를 정하기로 결론이 났다. 이 소식이 만주 방면에 전해지자 다시 반대운동의 목소리가 높아 갔고, 도쿄, 오사카 등의 신문도 사설을 통해 소식을 다루었다. 문제의 향방을 짐작할 수 없는 지경에 이르렀다.

④ 문제를 해결하다

정부는 모든 정황에 비추어 1916년(大正 5) 10월 조사 기한이 임박함에 따라 각 관계자를 소집해 10월 9일 수립된 데라우치(寺內) 새 내각하에서 이 문제를 협의하여 마침내 철도원과 철도국, 만철 3자가 상호 양보한 결과 다음과 같은 협정안이 성립했다. 이에 1913년(大正 2) 이래 주기적으로 갈등을 일으켜 온 이른바 안봉선 운임 저감 문제도 원만하게 근본적 해결을 보기에 이르렀다.

〈특정 운임 협정안〉

1. 본월 말일 기한으로 하여 현행 3선 연락 면포 외 10개 품종의 할인임금은 당분간 현

행대로 계속할 것. 즉 안봉선 경유 외에 다롄, 잉커우 양 방면 모두를 현행대로 할 것.

2. 다음에 열거하는 품목에 대해 새로이 안봉선 경유의 3선 연락 새로운 할인운임을 설정하는 것으로 하고, 그 할인운임에 대한 만철의 취득액은 안봉선 할인운임의 약 3할 인하에 상당하는 액수, 조선과 내지 철도의 수득액(收得額)은 대략 현재의 할인운임에 상당하는 액수를 표준으로 하며, 발착역 기타 세목은 상호 협의하여 결정할 것.

(1) 만주에서의 수출품, 돼지털 외 4품종

(2) 만주로의 수출품 철물류(金物類, 재료제품 포함) 외 18품종

이리하여 3개년에 걸친 갈등을 이어 온 이 문제는 근본적으로 해결을 보았다. 신협정에 따른 연락 운임 실시 후 얼마 지나지 않아 조선철도는 1917년(大正 6) 7월 남만주철도회사에 위탁경영되었는데, 3선 연락운임은 그 후에도 존속되었다.

그 후 1919년(大正 8) 11월에 이르러 구주대전 후의 상황에 비추어, 본 운임도 정리할 필요성이 생겼다. 비교적 이용이 적은 품종을 삭제하는 동시에 각 노선의 운임에 급격한 인상을 피하여 보통품에 대한 철도성 노선 30%, 조선 노선 70% 내지 80%, 만주 노선 30% 할인으로 하여 1920년(大正 9) 1월부터 실시했다. 그리고 정리운임 실시 후에도 몇 차례 철폐와 존속을 논의하였는데, 그 의견이 일치하지 않아 미적미적 2년여가 지났다. 이보다 앞서 본 운임은 그 후 만주에서 여러 나라의 기회균등주의에 반하는 것이라 하여 여러 번 외국의 항의를 받아서 1922년(大正 11) 워싱턴회의에서 문제가 되었던 상황을 감안하여, 각종 의혹을 외국이 품으면 국책상 불리하므로 우리 정부는 자발적으로 철폐할 것을 성명했다. 마침 만주 노선에서는 1922년(大正 11) 10월부터 안둥 발착 해항 운임을 저감하게 되었으므로, 다롄 발착에 비해 약 10% 내지 17% 저렴하게 되었기 때문에, 이를 계기로 철도성과 협의를 통해 할인운임은 안둥과 다롄 경유 모두 같은 해 10월을 기한으로 전부 폐지되었다.

이리하여 3선 연락 운임은 데라우치 마사타케가 조선총독으로 재임 중, 그 대륙 경영의 웅대한 계획의 실마리로 시작하여, 파동이 거듭되는 9년간 실시되었는데, 마침 구주전란의 영향에 의한 경영계의 대변혁기에 조우하여 3선 연락 운임의 효과는 이 거대한 파도 안에 매몰되어 실적에 대한 인식이 아직 충분하기도 전에 종말을 고한 것이다.

7) 국영(局營) 자동차 사업

최근 우리나라 자동차 운수사업은 자동차공업의 발흥과 도로 개선에 따라 가속도로 진보하고 있다. 조선에서도 자동차 운수사업 노선의 연장은 1938년(昭和 13) 말에 이미 4만 9,000km를 돌파하고, 철도와 나란히 반도 교통기관으로서 점차 중요한 위치를 점하게 되었다.

이에 반도 육상교통 동맥의 정비를 위해, 자동차 상호 간은 물론 철도와 자동차 간 충분한 연락 통제를 꾀하고 각각 견실한 발달을 도모할 필요가 생겼다. 그런데 민간 자동차사업의 현상은 반드시 이 목적에 합치하는 것은 아니어서 국가교통망 완성에 중요한 노선, 국경과 기타 국방 경비에 필요한 노선, 영업 성적과 무관하게 정비가 필요한 중요 노선, 혹은 국유철도 수익 유지 노선 등은 나라에서 경영하고, 철도와 자동차의 긴밀한 연락을 꾀하여 국가교통망을 강화하고 지방 개발에 공헌함과 함께 철도 자체의 기능 증진에 힘쓸 필요가 생기게 되었다.

조선에서 자동차 운수사업의 국영에 대해서는 이미 다이쇼(大正) 연간부터 상당 부분 연구되어, 1927년(昭和 2) 이후 수차례 구체적인 계획과 연구가 진척되었는데, 실현되지는 않았다.

마침 1936년(昭和 11) 3월 남조선철도를 매수할 때 그 부대 사업인 자동차 운수사업을 인계받아 경영하게 되었다. 이리하여 반도 최초로 국영(局營) 자동차를 운영하게 되었는데, 이는 전술한 바와 같은 적극적인 근거를 토대로 한 것은 아니었다. 아래는 그 개요를 설명한 것이다.

(1) 광려선(光麗線)

자동차 사업의 국영에 관해서는 1936년(昭和 11) 칙령 제14호에 의해, 철도국관제 제1조 제1항을 "국유철도와 이에 관련한 국영(國營) 자동차 및 그 부대 업무에 관한 사항"으로 개정해서 기본 체제를 확립했다. 업무를 직접 집행하는 기관은 광주자동차구(光州自動車區)로, 담당 구역 내의 정류장·화물취급소(荷扱所)를 그 관할 아래에 두었다. 처음에는 대전철도사무소 소관이었는데 1936년(昭和 11) 11월 순천철도사무소 소관으로 이전되었다. 사무의 총괄은 본 철도국 영업과 서무계에서 처리한다.

자동차구 직원은 남조선철도 인계자 외에 새로이 구장(區長)·조역(助役)·차장(車掌)을 임명하고 국영에 따른 사무 증가에 대처하여 사무괘(事務掛)·기공(技工)·차장 등을 증원했다. 교양

(教養) 및 감독상의 관계에서 종사원, 특히 승무원의 중앙 집중을 꾀하고 종래의 여수·낙수(洛水)·동복(同福)의 상근자를 광주 및 순천으로 변경했다. 이리하여 1938년도(昭和 13) 말 자동차구 인원은 구장 1명, 조역 3명, 차장 13명, 운전수 20명, 기술괘(技術掛, 운전수 겸직) 2명, 기공수(技工手) 4명, 기공조수(技工助手) 9명, 자동차 차수(車手) 4명, 사무계 8명, 합계 62명이다.

(2) 길이

인계 당시의 자동차 노선은 여객선이 광려선(光麗線) 여수-벌교-광주 간 43km 외 4개 선 합계 229km로, 화물선은 화순·동복 간 23km 외 3개 선 합계 71km, 총 300km였다. 이 중 여객·화물 중복선을 제외하면 길이 278km였다. 이 외 1937년 12월부터 회령·웅기읍 사이를 국영(局營)으로 하고 곧바로 만철의 위탁경영으로 넘겼다. 1940년(昭和 15) 7월 1일부터 환원된 북선선(北鮮線) 96km가 있는데, 이를 합해도 철도성이 관리하는 자동차선의 2,400여 km에 비교하여 약 9분의 1, 만철 경영 노선 1만 5,600여 km에 비교하면 56분의 1에 지나지 않는다.

(3) 운전

처음에 민영 당시의 운전 시각을 답습했는데, 실제로 상당한 지장이 있어서 근본적으로 개정을 하여 지방 사정에 맞춘 시각 횟수를 정하고, 가능한 열차와 접속하게 해서 운행 시간의 정확과 운전의 완전을 기했다. 그리하여 민중의 신뢰를 얻어 이용이 증대했다. 운행 횟수는 당초 여객 1일 1왕복 내지 10왕복, 화물 1왕복이었는데, 그 후 교통량 조사 결과를 토대로, 또는 지나사변하 연료 절약을 위해 증감이 있었다.

(4) 영업

국영(局營) 개시와 함께 새로이 자동차선 화물 수하물운송규칙을 제정하고 여객의 취급은 철도여객규칙을 개정 삽입하여 시행했다. 이러한 규정은 모두 가급적 철도의 취급에 준거하고 철도와 통하는 운송을 돕는 형태를 택했다. 운임은 철도와 자동차선의 병산주의(併算主義)로 하고 여객 운임률은 50km 이하 1km에 3전, 50km 이상 2전 5리, 100km 이상 1전 2리의 거리체감법을 채택했다. 화물 운임률은 철도국 운임률을 적용했는데, 할인운임은 별도의 기준으로 산정했다. 객화의 취급에 관해서는 괘원(掛員) 배치 화물취급소의 신설, 발송차의 취

급을 시작하고 승강장의 신설과 업무위탁정류소 또는 화물취급소에서 철도와 연대 취급을 개시했다. 그리고 자동차로 역의 화물을 집화 및 배달하고 수하물 배달택송(宅扱)의 집화와 배달을 개시했다. 1938년(昭和 13) 6월부터는 지방의 요망과 취급 수의 증가에 따라 광목기선(光木汽船), 조선기선(朝鮮汽船) 등과의 택송, 소액 취급의 연대운송을 개시하는 등 해마다 양호한 성적을 내고 있다. 사용하는 자동차는 인계 당시 여객차 15량, 화물차 4량이었는데, 차차 폐차해서 현재 28량이다. 그중 국영 후 '이스즈(いすず)'[129]형 여객차 17량, 화물차 5량을 새로 마련하고, 가솔린의 소비 절약에 순응하여 나무·목탄·아세틸렌 등의 대용 연료차를 사용하고 있는데 성적은 대체로 양호하다.

(5) 회웅선(會雄線)

본 노선은 1937년(昭和 12) 12월부터 철도국 경영 노선이 되어 곧바로 남만주철도주식회사(북선사무소)에 그 운수 영업을 위탁했다.

그 후 도로 개수 준공에 따라 1940년(昭和 15) 3월 10일부터 노선의 일부를 변경했는데, 전체적으로 보면 3km가 단축되었다. 이어서 1940년 7월 1일부터 국유철도 상삼봉(上三峰)·유성(輸城) 간의 업무 위탁 해제와 동시에 본 노선도 당국에 환원시켜 직영하게 되었다.

이 자동차 노선 업무의 직접 집행기관은 회령자동차구(自動車區)로 성진철도사무소의 소관에 속하고 있다.

자동차구 종사원은 만철 인계자 외에 새로이 자동차구장(회령역장 겸임), 기술조역을 임명하고, 국영에 따른 사무 증가에 대처하기 위해 사무괘·운전수·기공수·차장 등을 증원했다. 1940년(昭和 15) 7월 1일에 자동차구 인원은 구장(겸임) 1명, 조역 2명, 사무괘 5명, 운전수 9명, 차장 4명, 기공수 4명, 차장 1명, 합계 26명이다.

(6) 운전

자동차 운전 상태를 보면 만철 경영 당시는 1일 여객 1왕복의 운행으로, 화물에 관해서는 거의 고려되지 않았다. 그러나 국영이 되자마자 여객편을 1일 2왕복으로 하고, 화물은 출화

129 일본 자동차 제조기업 중 가장 오래된 회사인 이스즈자동차를 말한다.

에 따라 임시편을 운행하는 것으로 하였고, 월간 3왕복의 정기편을 운전하는 것으로 했다.

위와 같이 수송력의 증가에 따라서 화객의 이동은 점차 활발해졌고, 환원 직후의 1개월 성적이 양호하여 장래가 기대되는 실상이다.

(7) 영업

여객화물의 운임 계산 방식은 광려선(光麗線)과 같은 방식이었는데, 여객 운임률은 30km까지는 1km 4전으로 하고, 31km 이상 60km까지는 1km 3전 5리, 61km 이상은 1km 3전으로 정하고 있다. 화물은 하물 운임 계산 길이가 영업 길이의 6배에 상응하고, 광려선의 2배에 해당한다.

본 노선의 운전은 여객자동차 16인승 '이스즈(いすず)' 3량과 화물자동차 3톤짜리 '이스즈' 9량인데, 현재 광려선의 출화가 현저히 많아서 당분간 화물자동차 4량을 이 노선으로 돌려 현재 5량을 배치하고 있다.

8) 호텔, 기타 부대 영업

운수 영업에 부대로 경영하는 것으로 창고·여관·식당차 및 다방 등이 있다. 모두 산업의 보호, 화주와 여객의 편익을 도모함을 목적으로 했다.

(1) 영업 창고

종래 조선에서는 창고 영업이 대단히 유치해서 한두 지방을 제외하면 완비된 창고가 없어서 농업과 상거래가 진전되지 않아, 심히 불편을 느끼고 있었다. 이에 당국은 느낀 바가 있어, 창고업의 발달을 꾀하고, 철도화물의 흡수·수송·조절 등의 목적에서 1913년(大正 2) 6월 철도국 영업창고를 세웠다. 경부선은 경산·대구·왜관·김천·대전·조치원·천안·오산, 경의선은 개성·금교(金郊)·한포(汗浦), 경원선은 연주(漣州)·철원의 13개소를 지정하여 같은 해 7월 1일부터 영업을 개시했다. 업무 범위는 보통화물의 보관을 담당하는 것 외에 철도 운송에 관계된 화물에는 발송기탁(發送五)과 도착기탁(到著五)의 편법을 세웠기 때문에, 화주는 화물을 직접 보관하는 불편을 면할 수 있었다. 또한 창고화물증권(倉荷證券)의 발행을 청구해 쉽게 자금을 융통하고 한편 철도는 이에 따라 운송해야 하는 화물의 수량을 예상하여 미리 발송기탁에 대해 특히 창고료를 징수하지 않는 등 화주와 철도 모두 얻는 이익이 적지 않았다. 또한 보관 방법은 창고 내 보관을 원칙으로 하고, 일부 야적으로 보관하기도 했다.

철도창고업의 개시는 민간 창고의 유치한 사정과 관련된 것으로, 일반 하주(荷主)는 물론 지방 상인의 이용이 점차 증가하는 추세를 보여서 이후 중요한 역소(驛所)를 선정하여 설치를 점차 늘려 갔다. 창고영업 성적은 첫해 기탁 화물 취급 건수 1,210건에 대하여, 창고화물증권을 발행한 것이 807통에 이르고, 그중 은행업자가 금융을 지원한 것이 약 70%를 점했다. 기탁 화물은 곡류·가마니·다다미(莚)·어구(漁具) 등을 주로 하여 총톤수 9,639톤으로, 1일 평균 재고 톤수는 1,617톤에 달했다. 수입은 창고료 잡수입을 합쳐 4,709원으로 1일 1톤 평균 창고료는 1전 1리 5모에 해당했다. 그 후 영업 성적은 대략 양호했는데, 1920년도(大正 9) 말 이후 배편 과잉의 결과 해운에 의한 수송화물이 증가하고 민간 창고도 점차 발달했기 때문에 이후는 그 설비와 업무를 정리 긴축하는 방침을 채택하여 여러 해가 지났다.

마침 1930년(昭和 5) 9월, 조선운송주식회사를 지정 운송 취급인으로서 영업을 개시하였기 때문에 이 회사로 창고업을 위탁경영시키게 되었다. 당국 감독하에 수임자의 명의와 계산에서 영업시키고, 당국은 그 사용 창고에 대해 사용료를 받는 형식을 택했다. 위임 역소(驛所) 및 창고는 당국 운수 영업과의 관계 기타를 고려해 52개 역, 81개 동(棟), 2만 7,039m^3를 위탁해 지금에 이르고 있는데, 그 후의 성적은 점차 양호해지고 있다.

(2) 여관, 식당차와 구내식당

철도 통일 후 특히 1911년(明治 44) 압록강 교량 준공과 함께, 선만 연락 완성 이래 조선철도는 유라시아 교통로의 지름길로서 관광객과 통과하는 각국 사람들의 수도 점차 증가하였다.

원래 교통업과 여관은 떼려야 뗄 수 없는 관계에 있다. 지금까지 조선에서는 외국인 숙박을 위한 서양식 설비가 있는 여관이 드물어서, 여행자의 불편은 물론 철도 경영면에서도 아쉬운 점이 적지 않았다. 이에 철도 스스로 그 경영을 맡음으로써 1912년(大正 원년) 부산, 신의주 양 정차장 위에 호텔(현재의 부산철도호텔·신의주철도회관)을 지어 전자는 7월 15일부터 후자는 8월 15일부터 모두 개업했다. 또한 1914년(大正 3) 84만 엔을 투자해 경성에 대규모의 서양식 여관 조선호텔을 짓고 10월 10일부터 영업을 개시했는데, 단순히 숙박객뿐만 아니라 집회,

향연 등 각 방면의 이용자도 증가했다.

또한 최근 내지인과 외지인으로 금강산의 절경을 감상하는 사람들이 해마다 증가하는 경향에 비추어, 이들 여객의 편의를 도모하기 위해 1915년(大正 4) 8월 외금강산 기슭에 금강산호텔[이후 온정리(溫井里)호텔으로 바뀌었다가 현재는 외금강산장으로 개칭]을 건설해 8월 10일부터 조선호텔 분관으로 개업했다. 이어서 내금강산 기슭에 장안사(長安寺)호텔[현재 내금강산장으로 개칭]을 지어 1918년(大正 7) 7월부터 개업했는데, 그 후 1924년(大正 13) 신관 건축이 완성되어 매년 5월 1일부터 10월 31일까지 개관하고 있다.

그 후 1925년(大正 14) 4월 이후 직영하던 평양철도호텔은 1922년(大正 11) 야나기야여관(柳屋旅館)을 매입하여서 서양식과 일본식 두 가지 양식을 갖추었고, 경성역 위와 부산부 공회당에 식당을 직영하여 항상 여객의 요구에 앞서 개선된 시설과 서비스를 제공하는 데 만전을 기하고 있다.

식당차 영업은 1913년(大正 2) 4월 1일 경부선 제1·제2·제5·제6 열차와 경의선 제1·제2 열차에서 처음으로 시작하여 점차 그 범위를 넓혀 갔다. 1925년(大正 14) 안봉선 영업을 위탁받았고, 1928년(昭和 3) 9월 1일 함경선의 전 노선 개통에 따라 경성·청진 간 및 만철 북선선 주요 열차에서 영업했다. 안봉선의 위탁 영업은 1935년(昭和 10) 3월 제외되어 지금에 이르고 있다. 1932년(昭和 7) 4월 1일부터 호텔·식당차·구내식당의 영업은 경비 절감 기타의 이유에 따라 경영을 조선철도호텔경영주식회사에 위임했다. 그런데 만주국의 흥기에 따라 내(內)·선(鮮)·만(滿) 사이의 교통량이 급격하게 팽창하자, 주위의 환경이 다시 직영이 가능한 상황이 되어서 1934년(昭和 9) 4월 1일부터 당국에서 다시 경영하게 되었다.

10. 일제하 조선철도의 수입과 지출

〈자료 148〉 朝鮮總督府 鐵道局, 1940, 「第十一章 國有鐵道の經理」, 『朝鮮鐵道四十年略史』, 朝鮮總督府, 447~463쪽.

1) 경리의 개요

(1) 경부철도

경부철도회사(京釜鐵道會社)의 경리는 1901년(明治 34) 9월 체신대신의 인가를 거쳐 회계규칙에 준거하여 계산을 자본 감정, 수익 감정, 적립금 감정 및 잡감정(雜勘定) 4종으로 구분했다. 회계연도는 역년(曆年)에 따라 1년을 전기와 후기로 나누었다. 자본 감정은 자본에 관한 수지, 수익 감정은 영업상의 수지, 적립금 감정은 상법 제194조에 의한 법정적립금, 별도적립금 및 기타 적립금의 수지, 잡감정은 앞선 각 감정에 속하지 않은 제반의 수지를 각각 정리한 것이다. 그리고 자본금 2,500만 엔(이 중 불입 1,500만 엔), 사채(社債) 1,000만 엔, 특별보조금 220만 엔, 정부대하금(貸下金)[130] 158만 엔 등을 건설자금으로 하였다. 또한 경인철도회사(京仁鐵道會社)는 정부대하금 180만 엔[점차 상환해서 매수 당시 157만 5,000엔이 됨] 및 경부철도로부터의 융통금 70만 엔 등을 경영 자금으로 하였다.

(2) 군용철도

경의(京義)·마산선(馬山線)은 임시군사비 지변(支辨)[131]에 속하고 속성공사비, 개량공사비, 영업비의 3개의 비목(費目)으로 나뉘고, 여객화물의 편재로 인해 발생한 수입은 전부 군자금으로 수입되었다. 경의선은 속성공사비 2,188만 5,000여 엔, 개량비 723만 4,000여 엔, 합계 2,911만 9,000여 엔이 필요했고, 마산선은 속성공사비 135만 4,000여 엔, 개량비 90만 8,000여 엔, 합계 226만 2,000여 엔이 필요했다.

---

130 정부가 금융기관에 대여하는 돈을 의미한다.
131 빚을 갚으려고 돈이나 물건 등을 지불하는 것을 말한다.

(3) 통감부 관리국 시대

1906년(明治 39) 통감부 철도감리국 설치에 따라, 같은 해 4월 법률 제39호로 철도 회계에 관한 법률이 발포되어 제국철도회계법(帝國鐵道會計法) 및 제국철도용품자금회계법(帝國鐵道用品資金會計法)이 준용되었다. 이보다 앞서 제국의 관설 철도에서는 그 작업에 관한 특별회계를 마련해 영업상 수지 손익의 계산을 명료하게 했다. 또한 따로 철도용품 저장을 위해 일정한 자금을 특별회계로 했는데, 철도 국유의 방침을 결정하는 것과 함께 철도특별회계법(鐵道特別會計法)을 개정하여 자본 감정 및 수익 감정으로 했다. 자본 감정에서는 철도 창업 이래의 정부 투자액을 계상해서 자본 감정의 지변에 속하게 했다. 용품 자금 회계에서는 단순히 용품의 구입 저장뿐만 아니라 각종 철도 관계 용품의 제작 수선에 대한 수지를 취급했다.

그리고 조선의 철도 또한 편의상 이와 동일한 방법에 의해 경리했다. 이 법률을 준용해서 경부철도의 매수와 동시에 시행했다. 경부철도 매수 후 2개월, 즉 1906년 9월 임시군용철도감부의 폐지와 동시에 경의·마산의 두 선은 국유철도로 이관되었다. 이 두 선에 대한 1906년 중의 경리는 임시군사비 지변으로 특별회계 외의 취급을 행했는데, 1907년도 이후는 경부선과 동일하게 통감부 소속의 철도 특별회계로 처리하였다.

(4) 총독부 제1차 직영 당시

1910년(明治 43) 10월 조선총독부가 설치될 때 총독부특별회계가 제정되면서 철도 회계도 여기에 포함되었다. 1910년도분은 연도 중간인 관계상, 특히 철도 회계에 한하여 종래의 예를 따르게 되었다. 1911년 4월 법률 제58호에 기초하여 1910년도 말의 자본 감정에 속한 자금은 이를 총독부 회계의 세입으로 옮겼다. 1911년부터 완전히 본 회계에 소속되었다.

(5) 만철 위임경영 시대

1917년(大正 6) 7월 30일 조선 국유철도의 건설·개량·보존·운전 및 부대 사무 일체의 경영을 남만주철도주식회사에 위임했다. 건설과 개량에 필요한 비용은 조선총독부에서 부담했다. 그리고 남만주철도주식회사는 조선 국유철도에서 생긴 이익이 총독부 투자액의 6%에 달할 때까지는 그 전액을, 6%를 초과할 때는 그 초과분의 반액을 더한 것을 납부하는 것으로 했다. 만일 손실이 생길 때에는 그 손실은 다음 연도 이후의 이익으로 보전하기로 했다.

또한 보충 공사는 남만주철도주식회사의 비용으로 시행하고 매년 40만 엔을 내려가지 않는 금액을 만철 경리에서 지출하는 것으로 했다. 여기에서 발생하는 재산은 국유로 귀속시켰다.

(6) 직영 환원 후

1925년도(大正 14) 위탁경영 해제 후에는 다시 조선총독부특별회계로 복귀했다. 영업 수지를 경상부로 하고 건설 및 개량 등을 임시부로 했다. 그 밖에 용품 구입, 차량 수선 등을 행하기 위해 조선철도용품자금특별회계(朝鮮鐵道用品資金特別會計)를 마련해 지금에 이르고 있다.

2) 영업 수지

(1) 창업 시대의 수지

경인·경부 두 선은 사설 회사시대를 거쳐서 1906년(明治 39) 국유철도의 영업을 했다. 경의선은 1905년 11월 1월부터 일부 유료 편승편재(便乘便載)[132] 취급을 시작했다. 순수 영업선으로서의 경영은 1906년 9월 1일 경의선이 통감부 철도관리국으로 인계된 날부터 개시되었다.

영업 수지는 창업시대의 1906년(明治 39) 이래 1908년(明治 41)경에 이르는 약 3년간 일로전쟁(日露戰爭) 후 반동 기운이 농후해진 영향을 받아 그 수입은 예정액에 비하여 심각하게 부족한 상태였다. 한편 지출은 오히려 증가하는 경향으로 예산 편성에서도 소위 창업시대의 어려움에 빠졌다. 그 때문에 작업비 등을 감소하여 결손액을 줄여야 하는 상황이 되었다. 특히 당시 조선의 경제기구와 민정(民情)도 현저히 내지(內地)와 그 분위기가 다르고, 만반의 시설, 경제 등도 아직 유치했기 때문에 영업 수입에도 직간접으로 영향을 주어 실적 부진의 원인이 되었다.

(2) 영업 수지의 기초 확립

1910년(明治 43) 일한병합(日韓併合)의 조칙이 널리 반포될 때부터 민심 안정, 교통기관의 이

---

132 당시 경의선이 군용철도로서 활용되었기 때문에, 군용이 아닌 일부 승객을 태우거나 화물을 운송한 것을 지칭하는 것으로 보인다.

용 증대, 지방 경비의 충실, 농산물의 풍요 등에 따라 점점 승객과 화물이 증가했다. 1911년(明治 44) 호남선(湖南線)·경원선(京元線)의 일부와 평양탄광선의 영업 개시 등은 더욱 이 기세를 돋웠고, 이후 영업 선로의 연장 및 연선(沿線) 지방의 개발과 지방 경제의 진전에 힘입어 영업 수입도 점차 상승했다. 만족할 상태는 아니었지만, 조선 국유철도 경영상 영업 수지에 대한 장래를 전망하고, 그 발전의 기초를 형성한 셈이다. 물론 부분적으로는 1914년(大正 3)의 경제계 불황에 의한 객화(客貨) 감소, 구주전란(歐洲戰亂)이 운수 교통에 미친 영향 등에 의해 일시적으로 영업 수입의 감소가 있기도 했지만, 굳은 마음으로 지출을 줄여 수지의 균형을 맞추는 데 노력한 결과 그 영향이 적은 범위에 그칠 수 있었다.

(3) 호황 시대

1915년(大正 4)경부터 점차 경제계가 활황을 띠고 특히 1916년(大正 5)경에 이르러 구주대전(歐洲大戰)의 영향에 의한 재계 호황은 운수 수입에도 좋은 성적을 보였다. 1917년(大正 6) 만철이 위탁경영을 하기 시작해서도 계속해서 객화가 폭주했다. 한편 수해 등으로 인한 임시 지출도 경미했기 때문에 잉여금도 호조를 보였다. 1918년(大正 7)에 이르러서 구주전쟁의 영향과 조선 내 산업 부문의 발흥이 맞물려 객화의 수송이 더욱 번성하여, 지출의 방법에서 수해 응급비의 지출과 종업원에 대한 급여 개정 등을 행했음에도 불구하고, 수지 실적에 영향을 주지 않고 매우 좋은 기조가 지속됐다. 1919년(大正 8)은 구주대전의 영향을 받아 계속해서 수송의 활황을 보였다. 또 한편으로 물가 및 임금의 상승에 따른 지출의 대팽창이 예정되어서 여객화물 일부의 운임 인상 등을 시행했지만, 다른 한편으로 생활필수품에 대한 운임 할인을 시행하여 대세에서 효과를 거두지 못하여 결국 결손금 77만여 엔이 발생한 상황이었다. 이는 경제계 호황 이후에 찾아오는 불황의 순환 이론으로 여실히 맛보아야 할 현상이었는데, 더욱이 다음 시기의 불황 시대로의 표징이었다.

(4) 불황 시대

1920년(大正 9)에 이르러 상황이 일변하여 수입은 점차 감소하고 그 대책으로서 화물 임금 단가(賃率)의 개정을 단행해서 수입 증가를 꾀했는데, 불황은 점차 심각해지고 한편으로 수해 등의 재난을 당해 수지는 극도로 난국에 빠졌다. 이에 수지 예산의 대감소를 꾀하여 지출 경비에 크게 제한을 가하고, 운전의 정리, 석탄 사용상의 제한, 물품 절약, 공사의 연기, 종사원의 정리에 기초하여 인건비의 절약 등에 의해 지출을 극력 제한하여 그 보전책으로 고려했는데, 이 상태는 1923년까지 계속됐다. 1924년(大正 13)은 전년도에 이어서 긴축 절약을 추진했는데, 마침 만철 위임경영이 본년도를 끝으로 해제되었다. 따라서 종래 이듬해 소속으로 된 1924년도 하반기 상여금 등을 회사가 부담하게 된 관계상 상당한 결손이 생기며 만철 최종 연도는 끝났다.

1925년도(大正 14)는 계속해서 일반 경제계 불황의 영향을 고려하여 세입 감소의 예상 한도에서 세출을 긴축하는 방침 아래 실행 예산을 편성했다. 즉 영업상 지장을 주지 않는 정도로 노력해서 경비의 절약을 꾀하여 보존·보충공사와 같이 정말로 긴급하여 그만둘 수 없는 것에만 그치고, 예정된 이익금을 감소시키지 않는 데에 노력했는데, 마침 전 조선을 휩쓴 호우는 미증유의 대홍수를 일으켰다. 철도국 소재지인 용산을 시작으로 거의 각 노선에 걸쳐 큰 피해를 받았다. 이 응급 및 복구비의 지출은 임시 지출로 했던 재해비 외에 경상비에서도 변통하여 지급해야 했기 때문에, 한층 각종 경비의 절약을 실행하고, 수입 증가에 관한 여러 방법을 강구한 결과, 예정 이익금에 비해 적은 감소에 그칠 수 있었다. 그러나 재계는 여전히 침체 상태가 계속되어, 특히 1927년(昭和 2) 내지(內地) 경제계의 혼란 때문에 은행의 지불 정지가 속출하는 등 그 영향을 상당히 받았는데, 조선의 특수 사정은 이를 잘 완화하여 모라토리움의 실시도 철도 운수 영업에는 큰 영향을 미치지 않았다.

그리고 불황은 여전히 이후 수년간 계속되었기 때문에 부득이 대응으로 긴축정책을 채택해 신규 사업의 감축, 기타 극도의 경비 절감에 힘써서 수지의 균형을 맞추려고 한 결과, 얼마 안 되지만 잉여금이 생기는 상태가 되었다.

(5) 약진 발전의 새 단계

이후 1931년(昭和 6)의 만주사변 발발에 이르러 3, 4년간은 대개 이 상태를 이어 갔다. 일반 재계의 불황, 쌀값의 하락, 긴축정책에 기반한 각종 사업의 연기·중지, 은괴 시세의 하락에 더불어 대(對)중국 무역의 부진, 농촌의 피폐에 따른 구매력 감소, 소비 절약 등의 악조건이 겹쳐 철도 연장에 따른 객화 수송 수량의 자연 증가는 있었지만, 운수 성적은 특수한 발전을 보이지 못하며 일진일퇴를 거듭했다. 그런데 1932년(昭和 7) 만주국의 성립 후 경제계는 점차 호조의 기미를 보였다. 금 수출 재금지, 불황 타개를 위한 궁민구제사업(窮民救濟事業), 특수자원의 개발과 각종 토목사업의 촉진 등과 맞물려서 상황이 전환되어 객화의 수송이 점차 증가했다. 게다가 일만(日滿) 경제의 제휴와, 선만(鮮滿) 산업 협조 강화의 새로운 태세는 더욱 이러한 상태를 도와 운수 성적 또한 호황을 보이게 되었다.

1933년(昭和 8)~1934년(昭和 9) 이후는 일반 재계의 호전과 일본 만주 간 객화의 현격한 증가에 따라 1918년(大正 7), 1919년(大正 8) 당시와 비교해 그 규모와 질에서 크게 그 모습이 다른 업적을 거두었다. 즉 만주사변 후 조선철도는 대륙으로의 대동맥을 형성해서 약동 진전하여, 창업 이래 아직 보지 못한 획기적인 발전을 거두어, 영업 수입은 마침내 1936년(昭和 11) 1억 원[가수입(假收入)[133]을 포함]을 돌파하기에 이르렀다. 특히 1937년(昭和 12)의 지나사변(支那事變) 발발 후에 이르러서는 영업 성적도 상승일로였다. 1938년(昭和 13)처럼 영업 수입 1억 6,000만 엔[가수입을 포함]에 달하게 된 일은 시세의 변천이 초래한 것이라고 할 수 있는데, 창업 이래 40년 격세지감이 깊다.

3) 철도 건설 및 개량비

(1) 초기 건설·개량비의 지출

국유철도로서 건설 및 개량비로 그 공사를 시행하는 형식을 마련한 것은 1907년도(明治 40) 경의·마산선 건설·개량의 지변비목(支辨費目)인 임시 군사비의 지출 잔액 1,369만 4,000여 엔에, 817만 9,000여 엔을 추가한 2,187만 3,000여 엔으로, 1907년도부터 1910년도에 걸친 4개년의 계속비로서, 제23 제국의회의 협찬을 거친 것을 최초로 한다.

이후 조선 개발상 필수 요건인 운수 교통기관을 정비하고, 쇠미하고 부진이 극에 달한 산업의 흥륭(興隆)을 돕기 위해 점차 선로를 연장했다. 한편 기설(旣設) 노선의 개량 공사를 동시에 시행하는 것 외에 해마다 차량의 설비 증가에 힘썼다. 즉 평남선은 총액 188만 6,000여 엔으로 1908년(明治 41) 이래 3개년에 걸친 계속비로 제24 제국의회의 협찬을 거쳤다. 호남선은 총액 1,253만 6,000여 엔을, 경원선은 1,378만 9,000여 엔을 각각 1910년도(明治 43) 이후 11개

133 가수입에 대해서는 본 자료집에 수록한 실행 결과의 「조선국유철도회계 세입 세출 과목」을 참조할 수 있다.

년에 걸친 계속비로 제26 제국의회의 협찬을 거쳤다. 또한 함경선의 일부에 대해서는 총비용 1,230만 9,000여 엔으로 1914년도(大正 3) 이후 5개년의 계속비로서 제31 제국의회의 협찬을 거쳤다.

(2) 철도12개년계획 전후

그리고 제52 의회의 협찬을 거친 소위 12개년계획에 의한 예산은 총액 3억 2,000만 엔, 그 내역은 기정의 계획에 속한 평원·함경 두 선의 건설비 기타 8,990만여 엔, 신규 계획에 속한 도문(圖們) 외 4개 선의 건설비 1억 7,414만여 엔, 매수선 기타의 개량비 5,594만여 엔이었다. 위 계획에 기초한 1927년도 이후의 지출액은 1927~1928년도 각 1,900만 엔, 1929년도 1,700만 엔, 1930년도 1,218만 5,000엔을 지출했는데, 1931년도 제59 의회에서 사업 긴축, 물가 하락 등에 따라 공사의 연기 및 절감이 되었다. 또한 1929~1930년도에 부득이하게 연기되었던 1,550만 엔을 추가해서 이후의 연할액(年割額)을 재조정하여 1,363만 3,000엔을 지출했다.

(3) 만주사변 후의 건설·개량비

1932년도(昭和 7)에 이르러 만주사변 후 북선(北鮮)지방의 철도건설 촉진을 위해 295만 5,000여 엔, 남선(南鮮) 지방 궁민구제사업으로 100만 엔을 각각 제62, 제63 제국의회의 협찬을 거쳐 추가하여 같은 해 지출액이 1,894만여 엔에 달했는데, 이후의 각 연도 지출액은 물가 임금의 등귀와 건설사업 촉진을 위해 점차 증액되었다.

1933년도(昭和 8) 지출액은 예정 연할액 1,500만 엔에 제64 의회의 협찬을 거쳐 건설비 300만 엔을 앞당기고 수송력 증강과 운전 속도 향상을 위한 개량비 100만 엔을 추가하여 총액 1,894만 엔에 달했는데, 같은 해 시작된 개량비의 지출은 이후 점차 증가하여 근년에는 대규모 개량비 지출의 선두가 되었다.

1934년도(昭和 9)는 제65 의회의 협찬을 거쳐 북선 지방 철도의 건설 촉진을 꾀하기 위해 200만 엔을 다음 연도로부터 끌어오고, 전년도에 이어 개량비 140만 엔을 추가하여 1,833만여 엔을 지출하고, 1935년도는 제67 의회에서 만포(滿浦)교량 가설 공사비로 95만 엔, 기설선 개량공사비로 860만 엔, 총액 955만 엔을 추가했다. 또한 기정 건설비의 앞당김과 연기를 행하고, 이후의 연할액을 변경해서 2,400만 엔을 지출했다. 1936년도(昭和 11)는 제69 의회에서 조선 중부지대의 개발을 위해 새롭게 계상한 중앙선(中央線) 건설비 7,200만 엔과 승객과 화물 격증을 반영한 경부선, 기타의 기설선 개량비로서 1,208만 엔[134], 계 8,408만 엔의 추가 예산에 관한 협찬을 거치고, 실행상 예산의 앞당김과 물림을 행하여 3,430만 엔을 지출했다.

(4) 지나사변 후의 건설·개량비

1937년도(昭和 12)는 제70 의회에서 1936년도 결산상 불용(不用)이 된 금액 404만 8,000여 엔 및 최근 상황을 반영하여 선로와 기타 제반 설비의 개량, 차량의 확충 및 차량 수선 공장의 신설확장 등에 필요한 경비 1억 2,959만 7,000여 엔을 추가했다. 또 기정 비액(費額)의 조정을 행한 이후의 연할액을 변경하여 6,345만 4,000여 엔을 지출했다. 1938년도(昭和 13)는 제73 의회에서 1937년도 결산상 불용이었던 금액 14만 3,000엔과 수송량의 급증에 대처해서 경의선 일부의 복선공사 및 통신설비 개량에 필요한 경비 3,988만 6,000여 엔을 추가하고, 기정 연할액을 일부 앞당겨 예정액이 1억 439만 2,000여 엔이 되었다. 정부의 절약 방침에 순응하여 21만 4,000엔을 공제하여 절감했으며, 654만 5,000엔의 절감 및 순연을 행하여 정산해 9,784만 7,000여 엔을 지출했다.

이상 건설·개량비의 지출액에 대한 1938년도(昭和 13)까지의 결산액은 누계 5억 3,642만 9,000여 엔에 달하고 있다.

요컨대 건설 및 개량비는 항상 임시 세출의 주체를 이루고, 그 초기에는 대륙 전진의 원칙으로부터 오로지 주요 간선의 건설·개량에 힘써서 점차 조선 내 개발선 정비에도 지출되었다. 당시의 우리 국력으로 미루어 볼 때 그 비용은 반드시 소액이라고 할 수 있는 것은 아니지만, 도저히 지금에 비할 바는 아니다. 그 후 새로운 노선 건설 및 개량 계획 등에 의한 국비 지출은 그 당시의 사정에 따라 증액 혹은 절감, 순연 등을 거쳐 왔다. 만주사변, 지나사변을 계기로 국방상, 산업상의 필요에서 대대적으로 건설·개량 계획이 진행됨에 이르러서 이 4~5년 동안 그 예산에서 보이는 숫자는 미증유의 비약적인 것으로, 조선철도의 중요성을 여실히 보여 준 상황이다.

---

134 원문에는 "一千二百八百萬圓"이라 표기되어 바로잡았다.

(5) 북선개척사업비

북선개척사업비에서는 북선 지방 개척을 위해 백암(白岩)·무산(茂山) 간의 척식철도 부설에 필요한 경비로, 총액 627만 엔을 1932년도(昭和 7) 이후 6개년 계속비로서 제62 제국의회의 협찬을 거쳐, 1932년도(昭和 7) 이후 매년 50만 엔 내지 125만 엔을 지출했다. 1937년도(昭和 12) 물가 상승에 따라 공사비가 부족해져서 312만 엔을 기정의 계속비에 추가하고, 완성연도를 연장하여 1935년도 127만 엔, 1938년도 95만 엔을 지출해서 착착 준공을 서두르고 있다.

(6) 재해비

재해비는 각지에서 여러 차례 홍수에 의해 선로·축제(築堤)·교량 등의 손해를 입어서, 그 복구공사에 상당한 재해비를 지출해 왔다. 특히 1925년(大正 14) 7~8월 각지의 강우는 미증유의 대홍수로서 선로와 기타에 심대한 손해를 입어 복구 및 응급비에 막대한 경비가 필요했다. 그 공사비 가운데 69만 2,000엔은 경상비 중 보존비 및 보충비에서 변통해 지변하고, 56만 4,000엔은 제2 예비금에서 지출되고, 86만 3,000엔은 추가 예산을 요구했다. 또 수해를 감안하여 복구와 동시에 개량이 필요한 선로·교량 등에 대해서는 경비 389만 9,000여 엔으로 1926년도(昭和 원년) 이후 3개년간의 계속비로 지불했다. 최근에는 1938년(昭和 13) 8월 북선지방 미증유의 대수해에 대한 응급 복구 개량공사를 위해 1938년도는 우선 응급 공사만 시행했다. 경상비 보존비 안에서 65만 엔을 지출하고 217만여 엔은 제2 예비금에서 지출했다. 또 복구 개량에 필요한 경비 482만 엔은 1939~1940년 양 연도에 걸친 계속비로 제74 의회의 협찬을 거쳐 현재 복구 개량 중이다.

1906년도(明治 39) 이후 1938년도(昭和 13)까지의 재해비 총예산은 1,579만 4,000여 엔이고, 그 결산액은 1,573만 3,000엔이다.

4) 철도용품자금

철도의 생산 작업 내지 공급 능률 상황을 감안하면 사업 용품의 조달상 용품 자금 회계의 설치가 가장 긴요하다. 국유 통일 직후 즉 1906년(明治 39) 4월 법률 제39호에 의해 제국철도

용품자금회계법이 준용되어 그 수지 계산에 관해서도 제국철도회계규칙 및 제국철도용품자금회계규칙이 같은 해 6월 칙령 제159호로서 준용되도록 정해졌다. 그리고 1908년(明治 41) 2월 법률 제6호에 의해 본 회계에 저촉되지 않는 한 사설철도의 수요에 대응하여 기계, 기타의 물건 제작 수리를 하는 것이 가능해졌고, 민간 공사에서의 공급 부족 불편을 보충할 수 있게 되었다. 이 자금은 일반회계에서 편입(繰入)해 점차 증액하여 100만 엔으로 할 예정이었는데, 실제는 70만 엔만 편입하는 것으로 끝났다.

1910년(明治 43) 조선총독부 설치에 따라 옛 법규에 준거했던 회계를 폐지하고 1911년도(明治 44)부터 조선철도용품자금특별회계를 마련하여, 본 회계에 과잉금이 생긴 경우는 조선총독부 회계의 세입에 편입되는 것으로 개정되었다. 1933년(昭和 8) 조선자동차교통사업령이 제정되어 자동차 교통행정에 대한 총독부의 방침이 확립됨과 함께 1936년(昭和 11) 3월 남선(南鮮) 일부에 철도국 운영 자동차의 운행을 시행하게 되어서 1937년(昭和 12) 법률 제14호로 자동차 용품의 구입, 저장, 수리와 제작도 할 수 있도록 규정했다. 그 자금 관계에 관해서는 1925년도(大正 14) 만철 위탁경영이 해제될 때, 총독부 보관으로 복귀한 용품의 저장 재료 72만 1,000여 엔에, 조선총독부 특별회계에서 100만 엔을 편입했는데, 선로의 연장 및 제반 설비 확충에 따라 다시 1929년도(昭和 4)에 30만 엔, 1937년도(昭和 12)에 47만 8,000여 엔, 1938년도(昭和 13)에 50만 엔을 편입하여 현재 300만 엔으로 운용하고 있다.

그리고 본 회계 운용의 초창기에는 경부철도회사와 임시군용철도감부로부터 인계받은 저장품의 과잉으로 운용에 큰 곤란을 느꼈다. 그러나 점차 재고품 정리에 노력하는 한편, 선로의 연장과 제반 설비에 더불어 용품 자금의 운용이 더욱 많아지면서 그 효과를 발휘하게 되었다. 이후 각 연도에 본 회계용품비 예산 정액은 항상 자금의 몇 배 내지 수십 배에 달하는 상황이어서 최대한 자금의 운용을 민활(敏活)하게 하는 한편, 고정 저장품의 유효한 소화에 노력하고, 단단히 자금의 원활한 회전을 꾀하며 본 자금 설정의 사명을 수행하고 있다. 한편으로 용품 구입에 맞춰서도 총독부의 시정 방침에 기초하여 석탄, 목재, 기타 용품을 조선산품으로 구해 그 사용을 장려하고 있다. 1938년도(昭和 13)의 그 구입 금액은 1,849만 5,000여 엔에 달하고 있다.

5) 철도 투자액과 수익

(1) 경인·경부 두 노선의 투자액

1906년(明治 39) 3월 법률 제18호로 경부철도매수법이 공포되었다. 같은 해 7월 1일 경부·경인의 두 선 293.6마일(369.8km)의 매수를 완료했는데, 그 매수 가격은 2,012만 3,800엔이었다. 그리고 1903년(明治 36) 12월 28일, 일본 정부 재정상의 필요 처분으로 발포된 긴급칙령 제291호에 의해 그 지불 보증이 된 회사 사채금 1,000만 엔과 속성 공사비 보조 220만 엔, 1904년(明治 37) 8월 13일 공사비 부족 보전의 의미로서 회사에 무이자로 빌려준 158만 엔, 1899년(明治 32) 1월 28일 경인선 매수를 위한 정부 대부금 180만 엔 중 상환 잔액 153만 엔을 일시에 상환하는 계산을 통해 그 이자 상당액 43만 2,938원을 공제한 109만 7,063엔, 이상 합계 1,487만 7,062엔을 매수비로 더한 총액 3,510만 863엔이 경부선의 총투자액이 되었다.

(2) 경의, 마산 두 노선의 투자액

임시군용철도인 경의, 마산의 두 선 350.9마일은 1906년(明治 39) 9월 임시군용철도감부로부터 인계되었다. 이 임시 군사비 지변 결산액은 경의선 2,912만 600여 엔, 마산선 226만 2,500여 엔, 합계 3,138만 3,200여 엔이었다.

(3) 총독부 제1차 경영 시대까지의 투자액

통감부 철도관리국에서 1909년(明治 42) 12월 철도원 관할을 거쳐 1910년(明治 43) 10월 조선총독부 직영에 이르는 사이의 회계 정리는, 자본 감정에서는 건설·개량비 및 수해 복구비에 필요한 자금의 출납을 정리했기 때문에 이 기간의 투자액은 경부선·평남선·호남선·경원선의 건설비 및 경의선의 개량비·수해 복구비 총 2,848만 5,570엔, 그밖에 수익 감정 세출 중 보충비 27만 3,071엔과 용품 감정 거치(据置) 운전자금으로서 일반회계에서 수입된 70만 엔, 합계 2,945만 8,641엔이었다. 별도로 자본 감정의 세입·세출과 투자액의 비교에서 건설 및 개량비 결산액(자본 감정 세출)이 투자액, 즉 건설 및 개량비 지불자금으로서 일반회계에서 수입된 금액을 초과하고 있는 것에는 이유가 있다. 자본 감정 세입 중에 따로 철도 매수에 더불어 회사로부터 인계받은 현금과 물품대가 있었는데, 그 일부로 초과액을 지불했었다. 이들 매수에 의해 발생한 자금이 매수 가격 중에 포함되어 이미 투자액으로 계상이 완료되었기 때문이다.

1910년(明治 43) 10월 조선총독부 직영이 되자 그 세입 세출은 조선총독부 특별회계의 일부가 되었다. 자본 감정이라는 특별회계 양식은 폐지되었다. 그리고 특별회계에서 투하자본액은 세출 임시부 중 철도 건설 및 개량비·북선 개척 사업비·토목비·수해 복구비·전신전화 시설비·임시 방공 경비비·국경 지방 피해 선후(善後)비와 재해비 및 세출 경상부 중 보충비 외 사설철도 매수비, 용품 자금 등의 총계에서 건설 및 개발비 소속 물가 지불대금(拂代)을 공제한 것으로 했다.

(4) 다이쇼(大正) 및 쇼와(昭和) 연간의 투자액

그리고 통일 이래 일찍부터 계획된 반도(半島) 주요 간선의 건설도 국가 재정의 사정에 따라 오랫동안 실현되지 못했다. 1910년(明治 43) 점차 경원·호남 두 선의 건설에 착수하고 다음으로 함경선을 1914년(大正 3)부터 착공했다. 한편 이미 설립된 노선의 개량도 착착 준공되었고, 1927년(昭和 2) 이후에는 12개년계획에 따라 도문선 외 4개 선의 건설을 추진했다. 1927년(昭和 2)에 전북선(全北線), 1928년(昭和 3)에 조선철도 전남선 및 경동선(慶東線), 1929년(昭和 4)에 도문선, 1931년(昭和 6)에 경남선, 1933년(昭和 8)에 개천선(价川線), 1936년(昭和 11)에 남조선선(南朝鮮線)의 각 사철을 매수했다. 아울러 이들 매수된 노선 가운데 협궤선의 광궤 개축을 시행하고, 만주사변 이후 객화의 현저한 증가를 감안하여 중앙선의 건설, 경부·경의 두 간선의 수송력 증강에 더불어 제 개량공사 및 차량 확충을 꾀하는 등 새로운 태세에 순응하여 투자액은 현저하게 증가해 1938년도(昭和 13) 말에는 7억 1,109만여 엔에 달했다.

(5) 철도 투자의 재원

철도 투자의 재원에 관해서는 1910년(明治 43) 조선총독부 설치 이전의 것은 일반회계에서 편입된 자금으로 충당했는데, 총독부가 설치될 때에는 이를 정부에서 부담하는 것으로 했다. 1910년 이후의 투자액 중 건설 및 개량비의 대부분과 사설철도 매수비 등은 공채에 의했다. 이 공채 발행고는 조선사업공채법(朝鮮事業公債法)에 의거하여 조선총독부 특별회계에 속하는 것으로 총괄하여 기채(起債)되었는데, 1938년도(昭和 13) 말까지의 누계는 어림셈으로 5억

4,378만 6,000여 엔이다.

(6) 투자액과 수익의 관계

위에서 설명한 투자에 대한 수익 관계를 보면, 당초 조선의 철도는 국방과 산업 개발의 2대 목적으로써 건설된 관계상 반드시 채산상 유리하지는 않으며, 그 수익률도 투자액에 비해 심각하게 손색을 보인 시대도 있었다. 하지만 철도망의 발달에 따라 특히 개척철도의 본령을 발휘하여, 민도의 향상, 산업의 진흥 및 자원의 개발과 병행하고 수익도 차차 증가하여 요사이 점차 수지를 맞춰 가게 되었다.

지금 창업 이래 40년간 철도 투자와 수익의 관계를 대관(大觀)하면, 그 경로가 반드시 평탄하지는 않았다. 총독부 시정 2년째인 1911년(明治 44)처럼 이익이 겨우 63만 엔, 당시 1억의 투자에 대해 고작 0.6%의 비율에 지나지 않았다. 1912년(大正 1) 이후 1919년(大正 8)에 이르는 기간에 일정 정도 증가했다고 하는 것이 0.7% 내지 3.8% 사이를 오간다. 또한 1920년(大正 9)부터 1931년(昭和 6) 사이에도 소위 철도 불황시대였는데, 구주전란 후 경제계의 격변을 맞은 재계 불황의 여파는 철도 수지에 당연히 영향을 주어 상당히 곤란했기 때문에 가급적 수입의 증가를 꾀하는 한편, 경비에 많은 제한을 더하는 등 전면적으로 긴축정책을 폈다. 그리하여 간신히 수지의 균형을 맞추고 수익률도 공채 이자를 지불할 수 있는 상태에 도달할 수 있게 되면서 이 난국을 타개해 낼 수 있었다.

1932년(昭和 7) 만주국 성립을 계기로 오랫동안 위축과 부진이 계속된 경제계도 점차 호전되었고, 더불어 철도망의 확충과 조선에서의 특수 자원 개발과도 상호 관련하여 산업의 융성을 초래했다. 이에 따라 승객과 화물이 격증했는데, 더욱이 지나사변 이래 동아(東亞)의 새로운 상황에 맞춘 운수교통이 격증해서 창업 이래 일찍이 보지 못한 좋은 실적을 내게 되었다. 1938년도(昭和 13)에는 투자액에 대한 수익률이 5.9%로 발전하게 되었다.

6) 철도 재산

통감부에 의해 철도가 통일됨과 함께 한국철도 특별회계에는 제국철도회계법 및 동 회계규칙이 준용되었다. 재산은 이 규칙에 의해 처리되었는데, 그 후 철도원의 관리에 속하는 형태가 되고 나서 조선의 특별 사정을 감안하여 실지 조사에 기반한 재산부(財産簿)를 작성했다. 1909년(明治 42) 3월 31일을 기원으로 하여 등록 정리할 것을 결의했는데, 이에 재산 정리의 기초를 이루게 되었다.

1910년(明治 43) 조선총독부의 소관이 되자 재산 경리 사무는 1911년(明治 44) 7월 칙령 제200호에 의해 제정된 조선관유재산관리규칙에 의거하여 처리하도록 했다. 또한 그 취급에 관해서는 1914년(大正 3) 8월 훈령 제42호 조선총독부 및 소관 관서 회계사무장정과 1915년(大正 4) 1월 훈령 제2호에 의해 재산의 정리 구분, 대장(臺帳), 기타 양식이 각각 정해졌다.

1917년(大正 6) 만철 위탁경영 시대가 되고 나서는 관유재산 정리 사무도 모두 만철에서 대행하게 되어서 총독부 시대와 마찬가지의 취급 규정하에서 재산 정리를 행했다. 1925년(大正 14) 총독부 직영 환원 후에도 종전과 거의 동일한 취급에 따라 이후 1937년(昭和 12) 조선에 국유재산법이 시행되기까지 조금도 변화 없이 이 상태가 지속되었다.

내지에서는 1921년(大正 10) 4월 법률 제43호에 의해 국유재산법이 시행되었다. 이에 따라 여러 법령이 나와 국유재산 사무는 일찍이 통일이 확립되고 있었는데, 조선은 아직 외지(外地)의 특수 사정도 있어서 국유재산법의 특례법을 행한 조선관유재산관리규칙에 따르고 있었다. 아울러 시대의 진운(進運)에 맞추어 이 제도는 내지, 외지 공통으로 불리하고 불편한 점이 많아 조선에 국유재산법을 시행하자는 기운이 일어나 마침내 1936년(昭和 11) 8월 14일 칙령 제266호에 의해 위 법률 및 그 부속 법령의 거의 전부가 조선에서 시행되도록 했다. 이러한 사정은 조선에서 국유재산 취급상 하나의 신기원을 이룬 중요한 발전적 변화였다. 그리고 새로운 취급 규정에 따른 재산대장(財産臺帳)을 작성하게 되었는데, 아무래도 철도 보관 재산은 토지·건물·공작물(선로, 교량 등의 건조물)·기구·기계(차량) 등 광범위하고 그 내용도 다양하게 분류되며 수량적으로도 방대한 것이었기 때문에, 이것들을 새로운 대장 양식으로 개변하는 것이 용이하지는 않았다.

다음으로 조선 국유철도의 발전 과정을 재산상의 계수(計數)에서 보면, 국철 창업 당시 경부철도의 매수 및 군용철도 이관에 의해 인계받은 철도 재산 총액은 3,592만 1,000여 엔이었다. 그런데 해마다 건설, 개량, 보충공사 등의 진전 및 여러 시설, 차량 등의 확충에 따라 1929년(昭和 4) 말에는 2억 9,355만 7,000여 엔으로 증가했고, 이후 1937년(昭和 12) 3월 말일 현재는 4억 2,737만 7,000여 엔의 비약적인 숫자를 보이게 되었다.

① 1906년(明治 39) 창업 당시의 재산

(단위: 평, 건, 원)

토지	16,791,473평	597,854원
영조물(營造物)		34,425,374원
가옥	16,248건	898,705원
합계		35,921,933원

② 1925년(大正 14) 직영 환원 당시의 재산

(단위: 평, 건, 원)

토지	28,527,737평	7,682,452원
건물	183,713면평(面坪)	23,833,334원
공작물		140,869,851원
기구·기계	3,559건	32,730,507원
선박	10건	57,932원
합계		205,174,076원

③ 1937년(昭和 12) 말 현재의 재산

(단위: 평, 건, 원)

토지	43,251,544평	15,528,379원
나무와 대나무(立木竹)	2,231석	2,346원
건물	332,300면평(面坪)	37,190,870원
공작물		308,385,181원
기구·기계	6,264건	66,270,351원
합계		427,377,129원

11. 일제하 조선철도의 운영 기구와 조직

〈자료 149〉 朝鮮總督府鐵道局, 1940, 「第三章 國有鐵道の組織」, 『朝鮮鐵道四十年略史』, 朝鮮總督府鐵道局, 114~173쪽.

1) 통감부 철도관리국

1906년(明治 39) 조선철도의 통일경영을 하기 위해 7월 1일 설치된 통감부 철도관리국의 관제와 그 뒤의 개정은 다음과 같다.

〈통감부철도관리국관제 초(抄)〉, 1906년(明治 39) 6월 29일, 칙령 제176호

제1조 통감부 철도관리국은 통감의 관리에 속하고 한국에서의 철도 건설, 개량, 보존, 운수와 부대 업무를 관장한다.

제2조 통감부 철도관리국에 다음의 직원을 둔다.

구분			1907.3.25. 개정	1908.3.29. 개정
장관	1인	칙임		
사무관	전임 8인	주임	10인	11인
사무관보	전임 5인	주임	8인	9인
기사	전임 14인 (이 중 2인을 칙임으로 할 수 있다)	주임	25인	29인
통역관	전임 1인	주임	-	2인
서기	전임 145인	판임	222인	253인
기수	전임 65인	판임	82인	173인
통역생	전임 2인	판임	-	3인

제3조 장관은 통감의 명을 받아 국의 업무를 장리(掌理)한다.

제4조 장관은 한국주차군사령관의 요구에 응하여 군사수송, 기타 군사상 필요한 설비를 해야 한다.

제12조 통감부 철도관리국에 다음의 3부를 두고 사무관 또는 기사로 부장을 맡겨 상

관의 명을 받아 부 업무를 장리하게 한다.

총무부(總務部), 공무부(工務部), 운수부(運輸部)

각 부 사무분장은 통감이 이를 정한다.

第12조-2[1907년(明治 40) 3월 25일, 칙령 제55호에 따라 추가함] 한국 철도의 건설과 개량을 위해 철도관리국에 임시건설부를 두고, 다음의 직원을 증치한다.

구분			1908.3.29. 개정
사무관	전임	4인	3인
사무관보	전임	4인	5인
기사	전임 (이 중 1인을 칙임으로 할 수 있다.)	19인	17인
통역관	전임	3인	삭제
서기	전임	74인	51인
기수	전임	90인	73인
통역생	전임	6인	삭제

임시건설부에 부장을 두고 기사를 이에 맡겨 상관의 명을 받아 부 업무를 장리하게 한다.

第13조 통감은 필요에 응하여 지방에 사무소를 두고 사무를 분장하게 할 수 있다.

그리고 관리국의 건물은 7월 1일 옛 경부철도주식회사(京釜鐵道株式會社) 경성지점[남대문 밖 현재의 고시정(古市町)]을 통감부 철도관리국으로 고쳐 3부 8과를 설정하고, 지방에 3보선(保線)[135] 사무소, 2공장과 역, 기관고, 보선(保線) 대기소(手詰所) 등의 현장 기관을 설치했다.

다음으로 같은 해 9월 1일, 옛 군용철도 경의선(京義線)과 마산선(馬山線) 두 선을 이관함과 함께, 다음의 칙령에 기초하여 이들 두 선의 건설과 개량을 관장시키기 위해, 관리국 내에 임시철도건설부를 설치하고 분과(分課) 규정을 제정했다.

135 철도 선로를 관리하고 보호하여 안전을 유지하는 일.

〈칙령 제192호〉, 1906년(明治 39) 7월 1일

한국에서의 경의선과 마산선의 건설과 개량에 관한 사무를 장리시키기 위해, 통감부 철도관리국에 임시철도건설부를 두고 다음의 직원을 증치한다. (이하 생략)

부칙 본령은 1906년(明治 39) 9월 1일부터 이를 시행한다.

임시철도건설부의 조직은 별표대로 옛 군용철도 관계 업무를 계승했다. 출장소에는 서무(庶務), 계리(計理), 공무(工務), 운수(運輸), 기차(汽車)의 5괘(掛)를 두었다.

9월 1일 현재 관리국의 조직 개요 다음과 같았다.

〈통감부 철도관리국 조직〉[1906년(明治 39) 9월 1일 현재]

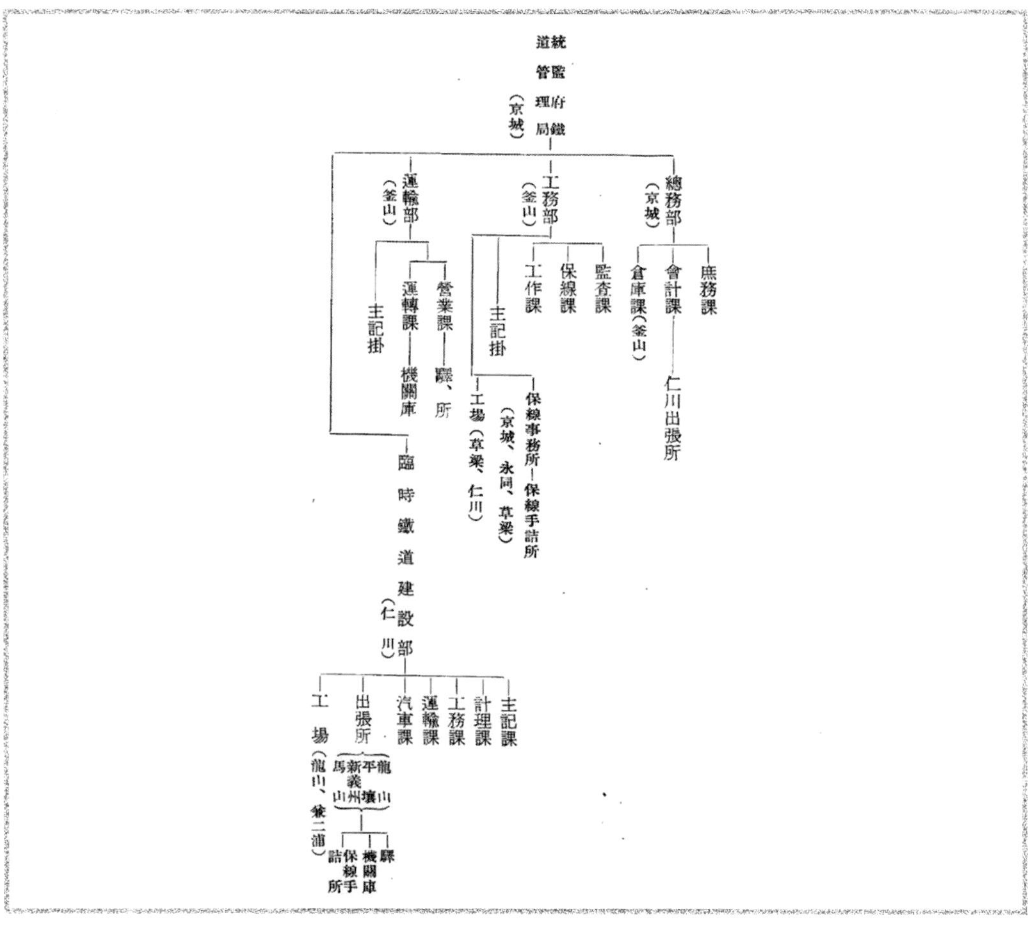

경부철도 매수와 동시에 1906년(明治 39) 6월 30일부로, 경부철도주식회사 총재 공학박사 후루이치 고이(古市公威)를 철도관리국 장관에, 오야 곤페이(大屋權平)를 총무부 겸 공무부장에, 오카 마사나리(岡正矣)를 운수부장에, 임시철도건설부장에는 이시카와 이시다이(石川石代)를 임명했다.

종사원은 경부철도 매수 당시 옛 경부철도주식회사의 종사원 1,791명과 모든 고원(雇員) 이하를 인계하여 일부를 8월 말 임관시켰다. 임시철도건설부는 옛 군용철도감부 소속 직원 판임 이하 110여 명과 고원, 용인(傭人)[136] 등 1,900여 명, 계 2,000여 명을 인계하여 종사시켰다.

1907년(明治 40) 3월 31일 칙령 제55호에 따라 관제가 개정되었다. 임시철도건설부에 관한 관제가 폐지되고 철도관리국 관제로 합병되었다. 임시건설부가 설치되고 군사비특별회계가 3월 말 한도로 종결되었다. 동시에 통감부훈령 제3호로 새롭게 제정한 각 과 분장 규정이 같은 날부터 시행되었는데, 이에 따라 총무부에는 서무(庶務)·경리(經理)의 2과, 공무부에는 주기(主記)·감사(監査)·보선(保線)·공작(工作)의 4과, 운수부에는 주기·영업(營業)·운전(運轉)·조사(調査)의 4과, 임시건설부에는 주기·공무(工務)의 2과가 설치되었다. 4부 12과가 만들어졌다.

각 부의 설치 개소는 같은 날 공무부를 부산에서 인천으로, 운수부를 부산에서 경성으로 옮기고, 임시건설부는 인천의 옛 임시철도건설부 터로 옮겼다.

중앙의 조직 개정과 동시에 지방 조직도 역시 고쳤다. 총무부에 초량계리(草梁計理)사무소, 공무부에 경성·영동(永同)·초량(草梁)의 3보선사무소와 용산(龍山)·인천·겸이포(兼二浦)·초량의 4공장, 운수부에 경성·초량의 2운수사무소, 임시건설부에 초량건설사무소를 두는 것으로 정했다. 용산과 평양의 2개소에는 출장소를 두고, 옛 군용철도 관계의 업무 일체를 관리하게 했다. 경부선과 경인선의 건설과 개량사무는 각 보선사무소에서 공무부장의 지휘를 받아 처리되었다.

(1) 본국 각 부의 용산 집중

1907년(明治 40) 10월 공무부와 임시건설부를 인천에서 용산으로 옮기고, 같은 해 11월 철

136 고용인.

도관리국을 용산으로 옮기게 되어, 비로소 본국 각 부의 용산 집중이 실현되었다.

후루이치 고이 장관은 1907년(明治 40) 6월 17일 관을 사직하고, 공무부장 겸 총무부장인 기사 오야 곤페이가 같은 날 장관에 임명되었다. 후루이치 장관은 1886년(明治 19) 공과대학장에 임명된 이래 1888년(明治 21) '우리나라' 최초의 공학박사가 되었고, 내무성 토목국장, 체신차관, 철도작업국장 등을 거쳐 1903년(明治 36) 경부철도주식회사 총재가 되어 일로전쟁(日露戰爭)에 큰 공적을 거두었다. 그사이 제1기 제국의회 개설을 맞아서는 귀족원 의원에 칙선되었고 1906년(明治 39)에는 제국학사원(帝國學士院) 회원이 되었다. 조선철도를 떠난 1917년(大正 6)에는 이화학(理化學)연구소장이 되었다. 1919년(大正 8)에 남작을 받고 1924년(大正 13) 추밀고문관(樞密顧問官)에 임명이 되었다. 기타 공학, 공업 전반에 관한 각종 조사회 등에 위원 또는 고문으로서 그 공적이 많고, 단지 조선철도를 위해서뿐 아니라 '우리나라' 공학계의 태두이자 대은인으로서 존경받았다. 1934년(昭和 9) 1월 79세로 홍거했다.

(2) 지방 조직의 개정

1908년(明治 41) 2월 1일 각 부, 과 분장을 고쳐 공무부에 감사·보선·공작의 3과, 운수부에 영업·조사의 2과를 두어 4부 9과로 하고, 지방은 초량에 출장소를 두어 출장소처무규정을 개정했다. 현업 사무는 모두 이를 용산·평양·초량의 3출장소에서 처리하도록 하고 서무·계리·설계·공무·운수·차량의 6괘(掛)를 두어 지방 조직을 통일했다. 종래의 계리·운수·보선·건설의 각 사무소 근무자는 각기 각지의 출장소 근무를 명했다. 공무부에 속한 공장은 초량·용산·겸이포의 3개소로 하고 인천공장은 폐지했다.

이리하여 옛 군용철도 개량공사의 준공과 함께, 각 선의 소관을 통일적 형태로 정비하여 같은 해 4월 1일부터 종래 일부 구간에서만 싣고 나르는 식으로 취급했던 경의선과 마산선의 일반 운수 영업을 개시했다.

2) 통감부 철도청

1909년(明治 42) 6월 18일 통감부 철도청관제가 공포, 즉일 시행됨과 동시에 사무분장의 큰 개정이 행해졌다. 철도청에 관한 관제는 다음과 같다.

〈통감부철도청관제 초〉, 1909년(明治 42) 6월 18일, 칙령 제160호

제1조 통감부 철도청은 통감의 관리에 속하고 한국에서의 철도 건설, 개량, 보존, 운수와 부대 업무를 관장한다.

제2조 통감부 철도청에 다음의 직원을 둔다.

장관	칙임	
사무관	전임 11인	주임
사무관보	전임 8인	주임
기사	전임 29인	주임. 이 중 2인을 칙임으로 할 수 있다.
통역관	전임 2인	주임
서기	전임 247인	판임
기수	전임 134인	판임

제10조 한국 철도의 건설과 개량을 위해 통감부 철도청에 임시로 다음의 직원을 둔다.

사무관	전임 3인	주임
사무관보	전임 5인	주임
기사	전임 13인	주임. 이 중 1인을 칙임으로 할 수 있다.
서기	전임 36인	판임
기수	전임 59인	판임

철도청 설치와 동시에 종래 각 부를 폐지하여 운수·공무·건설·공작·계리·서무의 6과를 두고, 지방은 종래의 3출장소를 폐지하고 새로 용산과 평양의 2개소에 영업사무소를 설치하여 오로지 현업 사무를 맡기고, 신의주(新義州)에 압록강출장소를 설치하여 압록강교량의 건설을 담당시키는 등 조직의 간이화를 실현했다.

영업사무소장의 권한은 대체로 종전의 출장소장의 권한과 같게 정했기 때문에, 영업사무소는 후년의 철도사무소와 유사한 것이었다. 동 사무소에 운수·공무·차량·계리·서무의 5괘를 두고 관내의 요지에 운수·차량 양 괘원을 근무시켰다.

업무 감독의 제도를 두어 장관의 보좌기관으로 하고 기술, 서무와 계리, 영업의 세 방면에

계 3명을 임명했는데, 같은 해 말에 이를 폐지했다.

〈통감부 철도청 조직〉[1906년(明治 39) 6월 18일 현재]

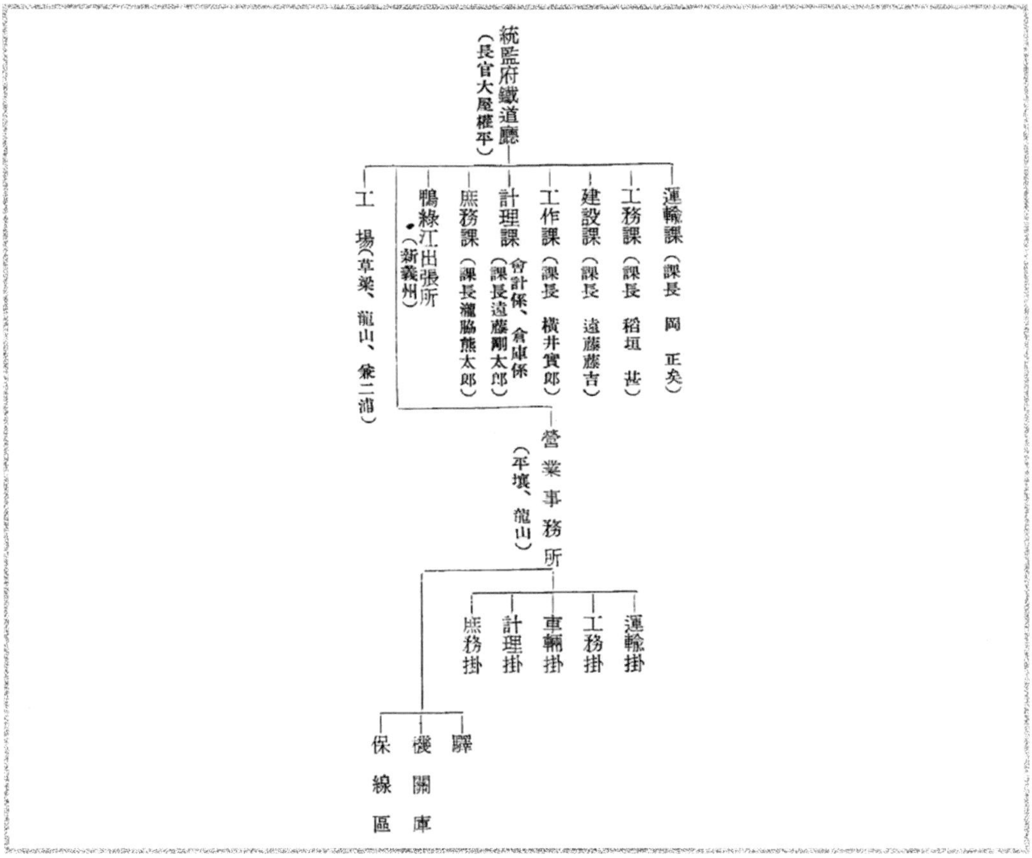

3) 철도원 한국철도관리국

1909년(明治 42) 6월 철도청관제가 공포된 지 얼마 안 되어 일본의 철도행정 통일의 견지에서, 조선철도를 철도원의 소관으로 하기로 되어, 1909년(明治 42) 12월 16일 철도원관제 개정이 공포됨과 동시에 철도원 직원의 관제 정원이 증가되고, 같은 날 내각 고시 제10호로 철도관리국의 명칭, 위치와 관할 구역 중에 한국철도관리국의 항을 추가하여 관리국을 6개소(동부, 중부, 서부, 규슈, 홋카이도, 한국)로 했다.

분과는 당연히 철도원의 분과 규정에 따르도록 했는데, 총재 명령(達)[137]으로 특례를 인정하여 서무·영업·운전·공무·건설·공작·계리(計理)의 7과를 설치했다. 또 총재 명령으로 "한국철도관리국장은 중대하다고 인정하는 사항을 제외하고 당분간 종래의 관례(振合)에 따라 전결(專決) 시행한 후에 보고할" 것, "한국철도의 회계 사무와 제 급여는 특별히 규정하는 것 외에 당분간 모두 종전의 규정에 의함" 등의 특수 사정이 인정된 제 규정을 제정했다.

동시에 용산에 운수·보선 양 사무소를 설치하여 경부·경인·마산선을 관장시키고, 평양에 출장소를 두어 경의선을 관장시키며, 별도로 압록강출장소를 신의주에 두어 교량 건설을 담당시켰다.

1910년(明治 43) 2월 1일부터 지방제도를 크게 고쳐 용산운수사무소를 폐지하고 그 운수 업무를 영업, 운전 2과의 직할로 하고, 출장소를 폐지하여 평양보선사무소(경의선 소관)를 신설하고, 평양[평남선(平南線)[138]], 압록강(교량)의 2개소에 건설사무소를 신설했다.

(1) 파출원제도를 행하다

이리하여 보선 업무에 관해서는 두 사무소를 두었는데, 운수 업무에 관해서는 지방사무소 제도를 폐지하여 초량, 평양에 두 과의 파출원을 두어 사무를 처리시키고, 그 뒤 파출원 재근지를 점차 증가시켰다. 당초 차량장(車輛長, 별기)은 운전과와 평양에 각 1명을 두었는데, 보선장(保線長)은 각 보선사무소에 3~4명을 배치했다.

파출원제도는 당시 철도원에서 일부에 행해진 운수사무소 폐지에 동반한 시설이었다. 조선철도에서는 1907년(明治 40) 3월 경성·초량 두 운수사무소 설치 이래 행한 운수 사무의 지방분권제도를, 4개년 지나 다시 중앙집권제로 바꾼 것으로, 그 뒤 이 제도는 길게 행해져 만철 위탁경영 시대인 1923년(大正 12) 다시 운수사무소 개설에 이르기까지 지속되었다. 건설사

137 달(達)은 문서 하달 형식으로서, 문서 기호를 뜻하기도 함. 예를 들어 '達 제○○호'와 같은 형식.

138 평남선은 평양-진남포 간 55.3km를 연결하는 노선으로 1910년 10월 완공되었다. 평남선 부설은 1905년에 진남포일본영사관 부영사가 주한공사 하야시 곤스케(林權助)에게 평양과 원산을 잇는 노선을 진남포항까지 연장해 줄 것을 청원했을 정도로 평양-원산 간 노선의 지선처럼 여겨졌다. 그러나 평원선 부설이 일본 정부와 육군 사이의 의견 차이로 미뤄지면서 평남선이 오히려 1907년 12월 제24회 제국의회에서 건설비 1,88만 6,000엔의 3개년 계속사업으로 통과되었다. 평남선과 평원선의 관계는 박우현, 2020, 「일제시기 평원선 부설과 횡단철도의 주변화(1904~1941)」, 『한국문화』 89, 200~205쪽 참조.

무소는 1910년(明治 43) 6월 경원선(京元線)의 건설을 위해 용산에, 호남선(湖南線) 건설을 위해 대전(大田)에 증치가 되었다.

1909년(明治 42) 12월 16일 철도원 한국철도관리국 당시 조직은 다음과 같다.

〈한국철도관리국 조직〉[1909년(明治 42) 12월 16일 현재]

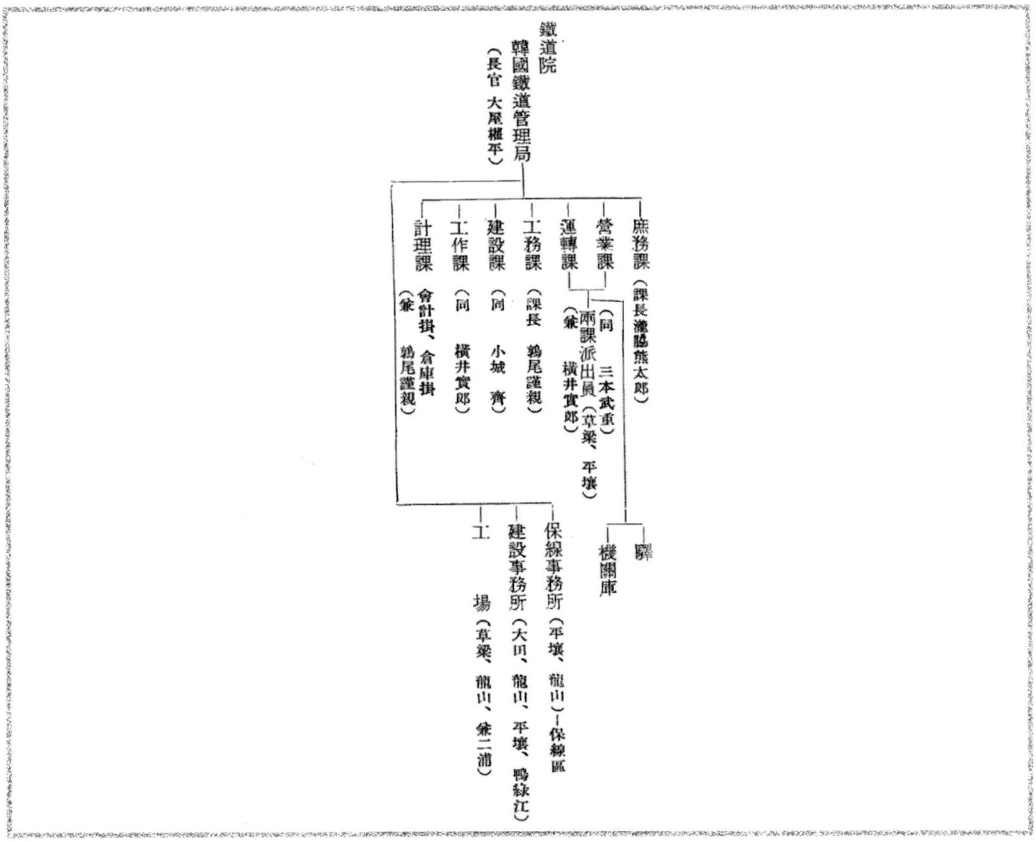

4) 조선총독부 철도국[전기(前期)]

(1) 제1차 조직

1910년(明治 43) 9월 일한병합(日韓倂合)의 실시로, 조선의 모든 관아[139]는 총독부에 속하게

139 원문에는 '관위(官衞)'로 표기되었는데, '관아(官衙)'의 오기여서 바로잡았다.

되어, 철도원 총재와 데라우치(寺內) 통감(곧이어 초대 총독이 됨) 사이에 철도 관리 교체 준비를 진행하여, 같은 해 10월 1일 조선총독부 철도국이 설치되었다. 조선의 철도는 철도원의 소관이 된 지 겨우 9개월 반 만에 조선총독의 소관으로 돌아갔고, 동시에 철도국에서 처음 경편철도(輕便鐵道)와 궤도에 관한 사무를 관장하게 되었다. 당시 관제의 주요 항목은 다음과 같다.

〈조선총독부철도국관제 초〉, 1910년(明治 43) 9월 30일, 칙령 제359호

제1조 조선총독부 철도국은 조선총독의 관리에 속하고 조선에서의 철도 건설, 개량, 보존, 운수와 부대 업무 및 경편철도에 관한 사무를 관장한다.

제2조 철도국에 다음의 직원을 둔다.

구분			1911.4.4. (칙령 79)	1912.3.27. (칙령 29)	1913.4.26. (칙령 67)	1914.5.14. (칙령 92)	1915.3.29. (칙령 38)	1916.5.25. (칙령 145)
장관								장관은 칙임.
기감(技監)	1인	칙임						이사 1인 칙임으로 개정.
참사	전임 6인	주임	7인	6인	6인	6인	6인	5인
부참사	전임 4인	주임	7인	6인	9인	9인	8인	8인
참사보	전임 9인	주임	9인	9인	9인	9인	8인	8인
기사	전임 38인	주임. 이 중 2인을 칙임으로 할 수 있다.	44인	39인	40인	41인	40인	40인
통역관	전임 1인	주임	1인	1인	1인	1인	1인	1인
서기, 기수	전임 409인	판임	460인	455인	502인	502인	502인	514인

제3조 장관은 기감이 이를 맡고, 조선총독의 지휘 감독을 받아 국의 업무를 장리하며, 부하 직원을 지휘·감독한다. [1916년(大正 5) 5월 25일 칙령 제145호에 따라 "기감이 이를 맡고"의 항이 삭제됨.]

제4조 기감은 기술에 관한 사무를 장리한다. [1916년(大正 5) 5월 25일 칙령 제145호에 따라 본조를 "이사는 상관의 명을 받아 국의 업무를 장리함"으로 고침.]

제5조 참사는 상관의 명을 받아 국의 업무를 관장한다.

제6조 부참사와 참사보는 상관의 명을 받아 국의 업무를 관장한다.

제7조 기사는 상관의 명을 받아 기술을 관장한다.

제8조 통역관은 상관의 명을 받아 통역을 관장한다.

제9조 서기와 기수는 상관의 지휘를 받아 서무와 기술에 종사한다.

제10조 조선총독은 필요하다고 인정하는 곳에 출장소를 두고 사무를 분장시킬 수 있다.

부칙 본령은 1910년(明治 43) 10월 1일부터 이를 시행한다. (이하 생략)

기타 동일부로, 칙령 제395호로 조선총독부 철도국 직원 특별임용령이 개정된 외에, 많은 제 규정이 정비되었다. 철도국의 사무 분장에 관해서는 총독부훈령 제5호로 8과를 설치하고, 그 분장 사항을 다음과 같이 정했다.

서무과(庶務課) : 문서의 수수(收受) 발송·편찬, 소송, 인사, 구제조합(救濟組合), 손해 배상과 위자금(慰藉金), 통계, 사고 보고, 다른 과에 속하지 않는 일

감리과(監理課) : 철도의 감독, 경편철도, 궤도, 사설철도와 외국 철도에 관련한 사항

영업과(營業課) : 여객 화물의 운송과 운임, 운수상의 시설 개량, 철도 및 선박의 다른 교통수단과의 연대운수

공무과(工務課) : 선로 건조물의 수리, 보존 및 개량, 용지에 관한 사항

공작과(工作課) : 차량과 기계의 설계, 차량과 기계의 제작 수리

계리과(計理課) : 세입과 세출의 예산·결산, 출납 감사, 구제조합 보험료(掛金) 징수, 운수 성적의 조사와 통계, 철도용품의 조도(調度)[140]

건설과(建設課) : 철도의 건설, 선로 조사에 관한 사항

사무소와 공장의 분장 사무에 관해서는 다음과 같이 규정했다.

140 사물을 적당하게 처리하는 일을 말한다.

건설사무소 : 소관 내 건설공사에 관한 사무를 관장한다.

보선사무소 : 소관 내 보존과 개량공사에 관한 사무를 관장한다.

운수사무소 : 소관 내 열차의 운전과 영업에 관한 사무를 관장한다.

공장 : 차량, 기계, 기타의 제작 수리에 관한 사무를 관장한다.

(2) 과 내 '괘'에 관한 규정

종래 각 과의 사무분장은 계리과(計理課)만 각 괘 분장사무를 규정하여 괘장(掛長)을 임명하고, 기타는 각 과에 분장 사항을 정하여 인원을 배치했는데, 본 개정에 따라 계리과의 분장 규정이 폐지되었다. 그러나 당시 통칭상의 괘 혹은 업무의 종별을 표시한 명칭은 통상 이를 사용했다. 예를 들면 '영업과 여객'과 같은 것이었다. 그 뒤 점차 각 과의 업무 진전에 따라 업무의 분과가 명확해지고 인원도 증가했는데, 일반적인 과의 사무분장규정은 제정되고 있지 않은 채, 만철(滿鐵) 위탁경영 시대로 들어가기까지 계속했다.

지방 조직에 관해서는 같은 날 총독부 고시로 사무소, 공장의 설치를 정했는데, 그 명칭, 위치와 소관 구역은 종전대로였다.

1911년(明治 44) 3월 1일 사무분장규정을 고쳐 공무과의 분장 사항에 "특별히 지정한 건설공사에 관한 사항"을 추가하고, 명령으로써 "경부·경의 및 평남선에서의 건설공사는 공무과장에게 담당시킨"다는 것으로 했다. 동시에 용산, 평양의 두 보선사무소, 평양건설사무소를 폐지하고, 평남선의 나머지 공사는 공사괘(工事掛)를 재근시켜 당분간 처리하도록 했다. 그리고 경원 및 호남선 건설을 위해서 특별히 원산·목포건설사무소를 설치했다. 지방사무소는 다음의 건설사무소만으로 했다.

명칭	위치	관할 구역
압록강건설사무소	신의주	압록강교량
용산건설사무소	용산	경원선 용산-세포(洗浦) 간
원산건설사무소	원산	경원선 세포-원산 간
대전건설사무소	대전	호남선 대전-사가리(四街里) 간
목포건설사무소	목포	호남선 사가리-목포 간

(3) 보선사무소의 폐지와 중앙집권

이번 개정에 따라 철도 통일 이래 존재한 보선사무소를 폐지하고, 종래의 보선장 기능을 활용하여, 이를 지방 업무의 통제기관으로 삼아 모든 업무를 공무과에서 관장하도록 한 것이다.

이 개정은 먼저 행해진 운수사무소 폐지와 함께 철도 업무의 중앙집권을 실현한 것으로, 이후 길게 행해져 만철 위탁경영 시대로 들어가, 다시 공무사무소가 설치되기까지 지속되었다. 그 뒤 건설공사의 일부 착공과 더불어 지방 기관으로서 출장소제도(청진)를 채용했는데, 일시적인 제도로서 행해진 것에 불과하고, 직통 연락의 완성과 함께 본국 직할 방침이 채택되었다.

그 뒤 1911년(明治 44) 11월 9일 겸이포공장을 폐지하고 이를 평양으로 이전했다. 압록강가교공사 준공에 따라 같은 해 11월 20일 압록강건설사무소를 폐지했다.

(4) 제2차 조직

다음 1912년(明治 45) 4월 1일 관제에서 정원 개정이 있었다. 이에 따라 사무분장규정이 개정되고, 종래의 서무과와 감리과를 아울러 총무과(總務課)로 하고, 운전과와 공작과를 합쳐 기차과(汽車課)로 했다. 이리하여 두 과를 줄여 6과로 하고 분장 규정을 다음과 같이 정했다. 지방사무소는 종래대로 했다.

- 총무과 : 철도 경영의 일반 계획, 제반 조사와 통계, 기타 교통기관과의 연락, 철도의 감독, 궤도와 경편철도, 직원의 진퇴·신분 및 상벌, 성안(成案)의 심사, 법규와 소송, 사고 보고, 문서의 접수·발송, 편찬과 보존, 다른 과에 속하지 않는 사항
- 영업과 : 운수와 부대 영업, 철도 여관, 창고업과 보세(保稅)창고, 전기·통신, 여객 및 화물에 대한 손해배상과 위자금
- 기차과 : 열차의 운전과 선박, 차량, 기계, 기타의 설계 제작과 수리, 전기동력
- 공무과 : 선로와 건조물의 수리, 보존 및 개량공사, 특별히 지정한 건설공사, 용지(用地)에 관한 사항
- 경리과 : 용품의 조도, 예산과 결산, 출납, 회계 감독, 구제조합, 운수와 부대 영업의 심사와 환급(拂戾), 운수 성적의 통계

- 건설과 : 선로와 건조물의 건설공사, 선로 조사

이 규정에서는 필요한 곳에 출장소·건설사무소와 공장을 두고 다음의 사무를 분장하도록 했다.

- 출장소 : 소관 내 철도의 건설, 개량, 보존, 운수와 부대 업무에 관한 사항을 관장한다.
- 건설사무소 : 소관 내 건설공사에 관한 사무를 관장한다.
- 공장 : 차량, 기계, 기타 제작 수리에 관한 사무를 관장한다.

동시에 각 과장, 출장소장, 건설사무소장과 공장장의 전결 사항을 다음과 같이 규정했다.

〈각 과장, 출장소장, 건설사무소장 및 공장장 전결사항〉, 1912년(明治 45) 3월 달(達) 제 198호

1. 주요 역의 역장, 기관고 주임과 보선장 심득(心得)[141]을 제외하고 부하 판임관 이하의 근무를 지정하는 것.
2. 부하 판임관 이하의 휴가 여부를 결정하거나 제복 출근(出仕, 출사)을 명하는 것.
3. 용인을 진퇴하는 것. 단, 징계와 행상(行賞)[142]은 이 한도에 있지 않다.
4. 부하 직원에게 관내 주관 사무의 관계지로 출장을 명하는 것.
5. 주관 사무에 관해 다른 관청, 기타 부서 바깥으로의 조회, 왕복을 하는 것.

이상을 공통 사항으로 하고, 이밖에 각 과와 소, 장장(場長)이 각 전결·시행해야 할 각각의 사항을 상세하게 규정했다. 본국 사무분장규정 중 운수 및 부대 사업의 심사와 반려, 운수 성적의 통계에 관한 사항은, 1912년(明治 45) 11월의 사무분장 개정에 따라 경리과의 손을 떠나 총무과로 옮겨졌다. 이 제도는 1917년(大正 6) 7월까지 계속 실시가 되었다.

---

141 주의사항.
142 상을 줌.

〈철도국 조직〉[1912년(明治 45) 4월 1일 현재]

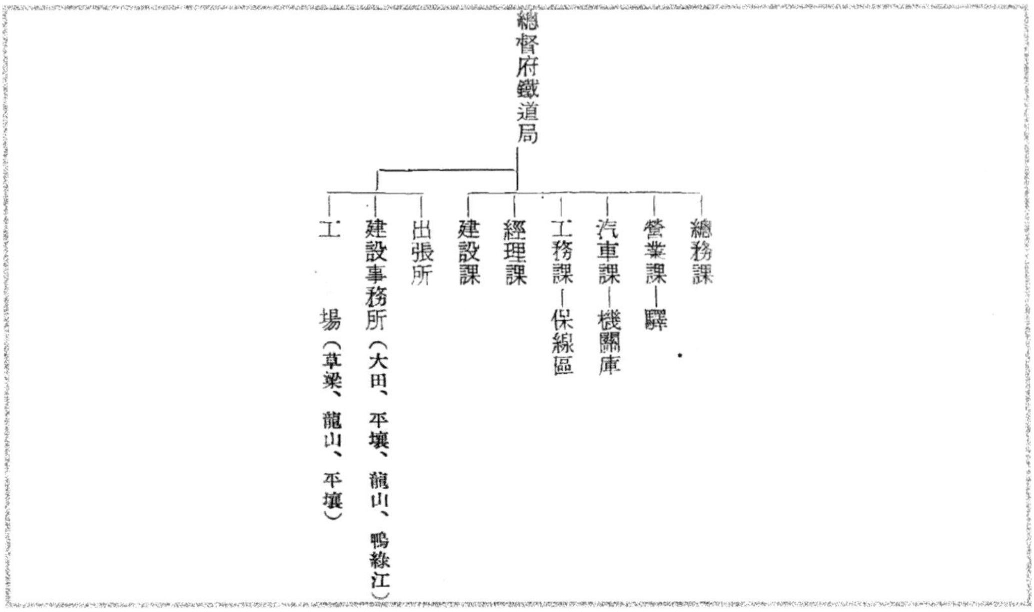

1910년(明治 43) 10월 1일 이후 1917년(大正 6) 7월 말에 이르는 사이 국장과 각 과장의 성명은 다음과 같다.

직명	이름	취임 연월일	직명	이름	취임 연월일
국장(장관)	오야 곤페이	1910.10.1	공무과장 기사	우즈라오 긴신 (鶉尾謹親)	1910.10.1
이사	고다마 히데오 (兒玉秀雄)	1916.5.26	〃	오카무라 하쓰노스케 (岡村初之助)	1911.3.1
서무과장 참사	다키와키 구마타로 (瀧脇熊太郎)	1910.10.1	〃	이나가키 진 (稻垣甚)	1915.12.23
〃	아키야마 기요시 (秋山清)	1911.3.1	건설과장 기사	오기 히토시 (小城齊)	1910.10.1
총무과장(겸)	고다마 히데오	1912.3.1	공작과장 기사	요코이 지쓰로	1910.10.1
〃	와다 슌(和田駿)	1916.11.24	계리과장(겸) 기사	우즈라오 긴신	1910.10.1
영업과장 참사	미쓰모토 다케시게 (三本武重)	1910.10.1	계리과장(겸) 참사	아키야마 기요시	1911.11.1
운전과장(겸) 기사	요코이 지쓰로 (橫井實郎)	1910.10.1	경리과장	가토 마사미 (加藤正美)	1912.4.6
기차과장(겸) 기사	〃	1912.4.1	감리과장(겸) 기사	오기 히토시	1910.10.1

5) 만철 경성(京城)관리국

1917년(大正 6) 7월 31일 조선-만주 교통상의 견지에서 조선철도의 경영은 만철로 위탁하여, 만철은 경성에 관리국을 설치하고, 우선 분과를 다음과 같이 정했다.

〈경성관리국분과규정 초〉[1917년(大正 6) 7월 31일 총사서갑(總事庶甲) 제254호]

제1조 경성관리국에 총무과(總務課), 영업과(營業課), 기차과(汽車課), 공무과(工務課), 경리과(經理課)와 건설과(建設課)를 둠.

제8조 필요한 곳에 출장소, 건설사무소와 공장을 둠.

다음으로 같은 해 10월 22일에 기차과를 폐하여 운수과(運輸課)로 하고 여기에 공장을 합치고, 건설과를 공무과에 합병하여 서무과, 운수과, 공무과, 경리과의 4과로 했다. 공장은 용산, 초량의 2개소와 평양분공장(分工場)으로 하고, 건설사무소는 대전을 폐하고 원산, 청진의 2개소로 했다. 국장은 처음에 국장사무취급(局長事務取扱)으로서 요코이 지쓰로(橫井實郎)가 그 직을 맡았는데, 9월 28일 이사 구보 요조(久保要藏)를 경성에 주재시켜 경성관리국장으로 임명했다.

1919년(大正 8) 1월 10일 경성관리국 직제를 일부 개정하여 서무과를 폐하고 비서실로 하는 동시에 경리과의 관장 사무를 확장하여 문서 수신 및 발송, 법규, 소송, 사택에 관한 사무, 다른 과에 속하지 않는 사항 등도 포함시켰다. 같은 해 3월에 경성철도학교(京城鐵道學校)를 설치했다.

1920년(大正 9) 2월 5일 건설사무소를 폐하고 공무사무소를 초량, 대전, 용산, 평양, 원산, 성진(城津)의 6개소에 두고 관할 철도의 건설·개량·보존공사를 실시시켰다. 출장소와 사무소의 각 관내 보선구(保線區)·통신구(通信區)·공사계(工事係)를 두는 것으로 고쳤다. 당시 보선구는 22개, 통신구는 6개, 공사계는 8개였다.

1922년(大正 11) 5월 20일 국장 달(達) 제7호로 경성관리국분과규정을 개정하고, 본국을 서무과·영업과·운전과(運轉課)·보선과(保線課)·건설과·기계과와 경리과의 7과로 했다. 다시 통첩으로 각 과에 계를 설치하고, 별도로 사찰원(査察員)을 두어(달 제8호) 일반 업무의 사찰을 행하게 했다. 지방 현업 감독기관으로서 부산, 대전, 용산, 평양의 4개소에 영업 및 운전과 파출원을 설치하고 초량·대전·용산·평양·원산·성진 6개소에 공무사무소를, 청진(淸津)에 출장소를 두고 건설사무소를 폐지했다. 그중 영업 및 운전파출원의 위임 사항은 업무의 확충과 더불어 다소 그 범위가 확대되었다.

다음으로 1923년(大正 12) 4월에 만철은 회사 직제를 제정하여 크게 기구를 고쳤다. 조선에서도 같은 해 6월 5일 경성관리국을 폐하고 경성철도국(京城鐵道局)으로 하고, 다음과 같이 직제를 제정했다. 본 개정의 요점은 본국에 차장(次長)을 두고 6과로 하고(보선과, 건설과를 합쳐 공무과로 함), 새롭게 직속원과 순찰원을 설치하고, 지방은 파출원을 폐하여 부산·대전·경성·평양에 운수사무소를 설치하고, 공무사무소·출장소·공장을 그대로 존치하고, 각 처무규정(處務規程)을 정하고 위임 사항도 개정하는 것이었다.

〈경성철도국규정 초〉[1923년(大正 12) 6월 5일 달갑(達甲) 제51호]

제1조 경성철도국은 사장에 직속하고 소관 철도와 부대 업무를 관장한다.

제2조 경성철도국에 차장을 두고 국장을 보좌하며 국장 사고가 있을 때 국장을 대리하도록 한다.

제3조 경성철도국에 직속원을 둔다.

제4조 경성철도국에 순찰원을 두고 국장의 명을 받아 일반 업무를 순시하게 한다.

제5조 경성철도국에 서무과, 영업과, 운전과, 공무과, 기계과와 경리과를 둔다.

제12조 다음의 개소는 경성철도국의 관리에 속한다.

출장소, 운수사무소, 공무사무소, 공장, 철도학교, 도서관

동시에 구보 국장은 병환으로 퇴직하고, 이사 안도 마타사부로(安藤又三郎)가 경성철도국장 사무취급(뒤에 국장)에 임명되었다.

본 개정과 동시에 현업 기관으로 기관고(機關庫)를 기관구(機關區)로 고치고, 검차구(檢車區), 열차구(列車區)를 신설하여 현업 사무 처리를 적절하고 재빠르게 하도록 했다. 지역의 관계상 정주(定州) 이북의 공무와 운전 사무는 안동(安東)사무소에서 행하는 것으로 개정했다. 이들 개정의 취지는 업무의 진전에 따라 지방기관의 권한을 확장하여 사무를 간단하고 빠르게

함에 있었다. 1925년(大正 14) 직영 환원 때까지 이 상태가 계속되었다. 그리고 당시 시작된 운수, 공무 두 사무소 제도는 그 뒤 1933년(昭和 8) 철도사무소 설치 때까지 10개년간 지속되었다.

1924년도(大正 13) 말 총독부 직영 환원 직전 분과 조직을 일람하면 다음과 같다.

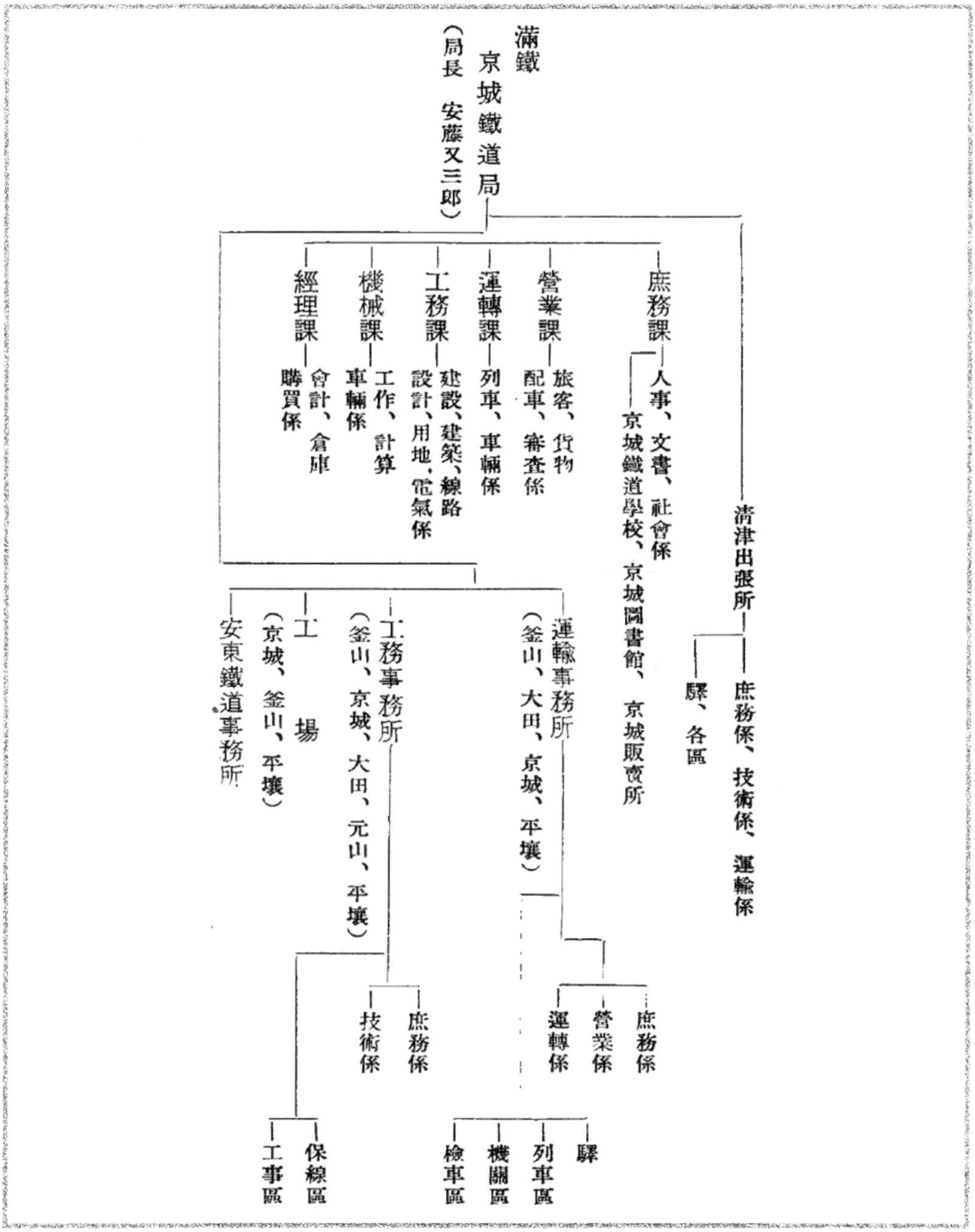

만철 위탁경영 당시 국·과장은 다음과 같다.

직명	이름	취임 연월일	직명	이름	취임 연월일
국장(사무취급)	요코이 지쓰로	1917.7.31	운전과장	에토 스케모리 (衞藤祐盛)	1923.4.21
국장	구보 요조	1917.9.28	공무과장	이나가키 진	1917.7.31
국장	안도 마타사부로	1923.6.6	〃	가와에 히데오 (川江秀雄)	1917.10.22
차장	구로사와 메이구로 (黑澤明九郎)	1923.6.6	〃	나카노 후카시 (中野深)	1923.6.6
총무과장	와시오 고쥰 (鷲尾弘準)	1917.10.22	경리과장	가토 마사미	1917.7.31
서무과장(겸)	오우치 가나메 (大內要)	1922.5.20	〃	오우치 가나메	1918.11.4
〃	구로사와 메이구로	1923.6.6	〃	도미타 쥬헤이 (富田重平)	1923.2.7
서무과장	이시자키 요리히사 (石崎賴久)	1924.1.7	건설과장	오기 히토시	1917.7.31
영업과장	미쓰모토 다케시게	1917.7.31	〃	나카노 후카시	1922.5.20
운수과장	안도 마타사부로	1917.10.22	보선과장	이시카와 신조 (石川眞三)	1922.5.20
영업과장	오카다 료시 (岡田亮之)	1922.5.20	기계과장	구로사와 메이구로	1922.5.20
〃	이와사키 히로타로 (岩崎廣太郎)	1924.3.3	〃	오사와 지사부로 (大澤次三郎)	1923.6.6
기차과장(겸)	요코이 지쓰로	1917.7.31	비서실 주임	와카소네 도고 (若曾根當伍)	1919.10.10
기차과장	사토 사부로 (佐藤三郎)	1917.7.31	공장장	구로사와 메이구로	1917.10.2.2
운전과장	사토 사부로	1922.5.20			

6) 만철 위탁경영 기간의 총독부 철도부

1917년(大正 6) 7월 31일 조선 국유철도의 만철 위탁경영 개시와 동시에 조선총독관방에 철도국을 설치, 감리·공무의 2과를 두고 국유철도의 건설 계획과 그 지휘·감독, 장래 계획에 속한 선로의 조사, 국유재산의 감리, 사설철도의 보조, 허가, 저당 등록, 만철의 위탁경영 업무와 사설철도 및 궤도의 감독 사무를 맡아서 처리했다. 철도국은 1919년(大正 8) 8월 20일 철도부(鐵道部)로 개칭하고 1925년(大正 14) 3월 말까지 계속하여, 위탁경영 해제와 함께 이를 폐지하여 현 철도국의 직제에 이를 더했다.

당시 철도부의 업무는 오로지 국유철도의 건설과 개량 및 사설철도의 보호·조장에 관한 기본 계획을 세우는 것이었다. 즉 매년도 의회에 대한 예산 편성과 요구 및 장래 국유, 사설철도가 될 예정 선로와 이들 연선의 경제 조사, 사설철도보조법의 제정 및 실시, 새 선로의 부설 면허 등이었다. 그중 특히 선로 조사의 결과는 뒤에 국유철도12개년계획의 유력한 자료가 되었을 뿐 아니라, 당시 급속히 발흥한 사설철도 건설 노선의 선정에 기초가 되었다.[143] 기타 철도부 시대에 행해진 조선철도(朝鮮鐵道) 외 5사의 합병[144] 알선과 당시 경제 상태의 추이에 따라 행해진 보조법의 적정한 개정 등은 사설철도의 전면적 발달을 조장하는 중요한 일이었다.

당시 조직과 간부 이름은 다음과 같다.

---

143 사설철도회사 유치를 위한 선로조사는 조선총독부 철도국이 만들어진 1910년대 초기부터 확인된다. 1910~1913년까지 진행한 최초의 경편철도망 조사에서는 총 49선(약 3,490.6km)이 선정되었다고 한다. 이를 1기선과 2기선으로 나누었는데 그중 1기선만 1929년 『조선철도사』에 수록되어 있다. 대구-포항, 경주-동래, 장호원-여주, 장호원-충주, 송정리-남원 등 이후 사설철도나 총독부 철도로 부설된 노선이 많이 포함되었다(朝鮮總督府 鐵道局, 1929, 『朝鮮鐵道史』, 朝鮮總督府 鐵道局, 716-718쪽). 만철 위탁경영 기간의 조선총독부 철도부가 실시한 선로조사의 흔적도 신문 자료 등을 통해 확인된다. 1924년 1~3월에 철도부는 광주부터 능주, 보성에 이르는 구간을 조사했다(「新設鐵道線路調査」, 『京城日報』, 1924.01.18). 해당 노선은 1930년 12월 남조선철도주식회사가 운영하는 사설철도로 개통되었고, 1936년 철도국에서 매수해 경전서부선이 되었다(매수 과정에 대해서는 박우현, 2017, 「1930년대 조선총독부의 사설철도 매수 추진과 특징」, 『역사문제연구』 38, 89-94쪽). 한편 1910년을 전후에 일본 육군이 대륙침략을 위해 급히 부설할 필요가 있다고 여겼던 경원선, 함경선, 길회선(후에 경도선) 등과 비교한다면 해당 노선들은 일본과 조선총독부의 구상 속에서 사설철도로 부설해도 좋은 노선으로 상정되었다고 볼 수 있다. 경원선, 함경선, 길회선 등이 주로 한반도 북부에 위치한 노선이라면 경편철도망 조사에 등장하는 노선들은 주로 한반도 남부에 위치한 노선이 많다는 점이 특징적이다.

144 1923년 9월 조선중앙철도(주), 서선식산철도(주), 남조선철도(주), 조선산업철도(주), 조선산림철도(주), 양강척림철도(주)의 합동으로 설립된 조선철도주식회사를 지칭한다.

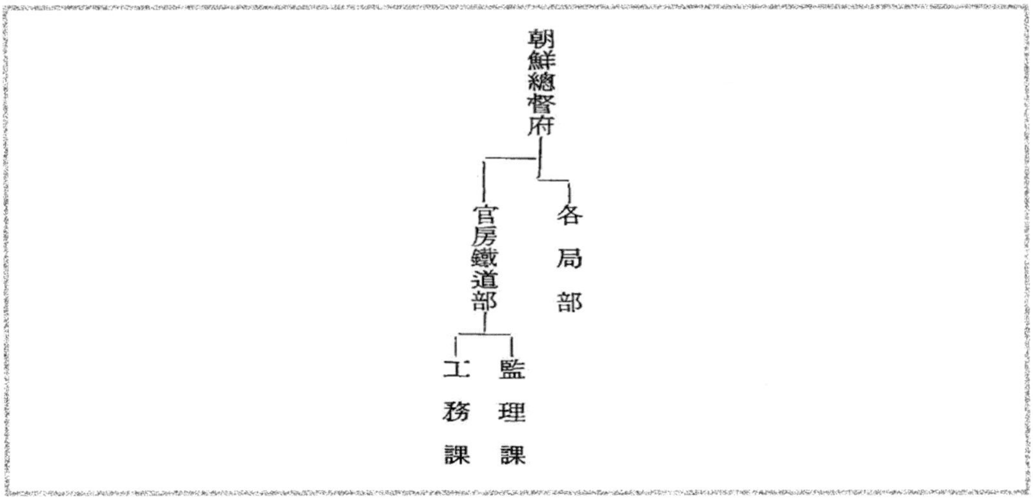

직명	이름	취임 연월일	직명	이름	취임 연월일
철도국장	히토미 지로 (人見次郎)	1918.7.31	감리과장	와다 슌	1918.7.31
철도부장	아오키 가이조 (青木戒三)	1919.5.8	〃	사와자키 오사무 (澤崎修)	1919.11.1
〃	와다 이치로 (和田一郎)	1919.8.2	공무과장	닛타 도메지로 (新田留次郎)	1918.7.31
〃	유게 고타로 (弓削幸太郎)	1921.2.12			

7) 총독부 철도국(직영 환원 이후)

조선 국유철도의 만철 위탁경영은 1924년도(大正 13)를 끝으로 계약을 해제하여, 1925년(大正 14) 4월 1일부터 총독부의 직영으로 복귀함과 함께, 칙령 제84호로 철도국관제가 제정되어 본국의 각 과는 서무·감독·영업·운전·공무·기계·경리의 7과로 하고, 각 과의 사무분장은 대개 만철 경영 당시의 것을 답습했다. 사설철도와 궤도의 감독을 위해서 감독과를 새롭게 설치하고, 지방에는 출장소(청진), 운수사무소(부산·대전·경성·평양), 공무사무소(부산·경성·대전·원산·평양)와 공장(경성·부산·평양)을 두고, 종래의 경성철도학교는 조선총독부철도종사원양성소로 개칭했다.

종사원의 신분 급여에 관해서는 철도국관제 제정과 더불어 필요한 직원특별임용령(칙령 제103호), 고등관 봉급령 중 특령(칙령 제96호) 등이 만들어지고, 기타 경리사무에 관해서는 조선철도용품자금회계법(법률 제18호)과 동 회계규칙(칙령 제48호) 등이 시행되었다.

〈철도국관제 초〉[1925년(大正 14) 4월 1일 칙령 제84호]

제1조 조선총독부 철도국은 조선총독의 관리에 속하고 조선에서의 국유철도와 부대 업무 및 사설철도와 궤도의 감독에 관한 사무를 관장한다. [본 조는 1932년(昭和 7) 7월 칙령 제202호와 1936년(昭和 11) 3월 칙령 제14호에 따라 다음과 같이 고침.]

제1조 조선총독부 철도국은 조선총독의 관리에 속하며 다음의 사무를 관장한다.

국유철도와 이에 관련하는 국영 자동차 및 부대 업무에 관한 사항

사설철도, 궤도, 기타 육운(陸運)의 감독에 관한 사항

제2조 철도국에 다음의 직원을 둔다. [최후의 개정: 1940년(昭和 15) 6월 29일 칙령 제443호.]

구분	1925년 4월 1일 당시	구분	1940년 6월 29일 개정
국장		칙임	-
이사	전임 1인	칙임	-
참사	전임 7인	주임	15인
부참사	전임 22인	주임	55인
기사	전임 55인	주임 (이 중 3인을 칙임으로 할 수 있음)	118인
서기	전임 890인	판임	1,914인
기수	전임 599인	판임	1,761인

전 항 직원 외에 철도국에 철도수(鐵道手)를 두고 판임관 대우로 한다. 정원은 조선총독이 정한다.

제3조 국장은 조선총독의 지휘·감독을 받아 국의 업무를 장리하고, 부하 직원을 지휘·감독한다.

제4조 이사는 상관의 명을 받아 사무를 관장한다.

이사는 국장 사고가 있을 때는 그 직무를 대리한다.

제5조 참사와 부참사는 상관의 명을 받아 사무를 관장한다.

제6조 기사는 상관의 명을 받아 기술을 관장한다.

제7조 서기는 상관의 명을 받아 사무에 관장한다.

제8조 기수는 상관의 명을 받아 기술에 관장한다.

제9조 철도수는 상관의 명을 받아 사무 또는 기술에 종사한다.

제10조 조선총독부는 필요한 곳에 출장소를 두고 철도국 사무를 분장할 수 있다.

제11조 철도국에 철도종사원양성소를 부설(附置)한다.

제12조 철도종사원양성소에 다음의 직원을 둔다.

구분			1932.7.29. 칙령 제202호
소장			
교유(敎諭)	전임 14인	판임(이 중 2인을 주임으로 할 수 있음)	7인("이 중 2인"을 "이 중 1인"으로 고침)
사감(舍監)			
서기	전임 2인	판임	1인

소장은 철도국의 고등관 중 조선총독이 임명한다.

제13조 소장은 철도국장의 명을 받아 양성소 임무를 장리한다.

제14조 교유는 소장의 지도를 받아 교육을 관장한다.

제15조와 제16조 생략

철도국 사무기구에 관해서는 조선총독부훈령으로 철도국사무분장을 제정했는데, 그 대요는 다음과 같았다.

〈조선총독부철도국사무분장규정 초〉[1925년(大正 14) 4월 1일 조선총독부훈령 제12호]

제1조 조선총독부 철도국에 서무과, 감독과, 영업과, 운전과, 공무과, 기계과와 경리과를 둔다.

- 서무과 : 기밀, 직원의 신분, 진퇴와 상벌, 직원의 요양과 위안, 공제조합, 관사의 배급, 국인(局印)과 관인의 관수(管守), 문서의 접수, 발송, 사열(査

閱)과 보존, 법규, 소송, 손해배상과 위자금, 제반 광고, 통계 보고와 국보(局報)의 발행, 무임승차증, 다른 과의 주관에 속하지 않는 사항

- 감독과 : 사설철도의 면허와 궤도의 허가, 사설철도와 궤도의 감독, 사설철도와 궤도의 저당·등록·대장과 통계, 사설철도의 보조
- 영업과 : 철도운수의 영업, 창고의 영업과 보세창고, 여관, 식당, 식당차, 기타 부대 영업, 객차와 화차 및 부속품의 운용, 운수 수입의 심사
- 운전과 : 열차의 운전, 신호와 보안, 차량의 보관과 검사, 기관차와 부속품의 운용, 전기·통신
- 공무과 : 철도와 건조물의 건설, 개량과 보존, 철도 용지, 전기·통신 시설의 건설·개량과 보존, 신설 선로의 조사
- 기계과 : 차량과 기계의 제작, 개량과 수리, 공장의 계획과 관리, 전력 시설과 그 공급
- 경리과 : 예산과 결산, 금전 출납, 물품의 조도·출납·보관과 처분, 재산의 정리

제9조 필요한 곳에 출장소, 운수사무소, 공무사무소와 공장을 두고, 다음 사무를 분장한다.

- 출장소 : 소관 철도와 건조물의 건설, 개량과 보존공사 및 소관 철도의 운수 영업과 부대 사무
- 운수사무소 : 관내 철도의 운수 영업, 창고 영업과 열차의 운전
- 공무사무소 : 소관 철도와 건조물의 건설, 개량과 보존공사
- 공장 : 차량, 기구와 기계의 제작, 개량과 수리작업

직영 환원 후 1933년(昭和 8)에 이르는 사이는 본국과 지방조직 모두 큰 변화가 없어서, 1926년(大正 15) 4월 총독부훈령 제9호에 따라 공무사무소에서의 일부 직무 권한을 변경한 것과, 1930년(昭和 5) 청진공장을 신설한 것 등이다. 그사이 오로지 주력을 철도 건설에 기울였다. 1933년(昭和 8)에 이르러 본국 기계과의 명칭을 고쳐 공작과(工作課)로 하고, 건설사무의 촉진을 꾀하기 위해 새로 건설과를 설치하여 본국을 8과로 했다. 각 과에 계(계장)를 두었고, 지방에서는 출장소·운수·공무의 각 사무소를 폐하고 새롭게 부산·대전·경성·평양·청진·원

산 6개소에 철도사무소를 설치하여 운수·개량·보선(保線) 사무를 관장시켰다. 동시에 사무소에 계(주임)를 설치했는데, 이 개정의 요점은, 각 과와 각 사무소에 계를 설치하여 각기 분장하는 사무의 범위를 명확히 하고, 지방기관은 철도사무소에 이를 통합하여, 각기 소관 구역 내 철도 운영의 원만한 수행을 기하는 것에 있었다. 개정 요항은 다음과 같다.

〈철도국사무분장규정 개정 초〉[1933년(昭和 8) 5월 1일 조선총독부훈령 제13호]

제1조 조선총독부 철도국에 서무과, 감독과, 영업과, 운전과, 건설과, 공무과, 공작과와 경리과를 둔다.

(중략)

제6조 건설과[선로와 건조물의 건설, 장래 건설할 선로의 조사계획, 전기·통신 시설의 건설]

제7조 공무과[토지, 선로와 건조물의 보존과 관리, 선로와 건조물의 개량, 전기·통신 시설의 개량과 보존]

제8조 공작과[차량과 기계의 제작, 개량과 수리, 공장 작업 전력 시설과 전력의 공급]

제10조 필요하다고 생각하는 곳에 철도사무소와 공장을 두고 다음 사무를 분장한다.

- 철도사무소[소관 구역 내 선로와 건조물의 개량, 보존, 운수 영업, 부대 업무 및 특별히 지정된 선로와 건조물의 건설]
- 공장[차량과 기계의 제작, 개량과 수리]

이후 1935년(昭和 10) 7월 건설 사업이 점점 절정에 다다르면서, 총독부훈령 제32호에 따라 철도국사무분장규정을 개정하여 "필요하다고 생각하는 곳에 철도사무소, '건설사무소'와 공장을" 두는 것으로 했다. 만포선(滿浦線) 건설을 위해 평양에, 혜산선(惠山線)과 백무선(白茂線) 건설을 위해 성진에 새롭게 건설사무소를 세웠다. 다음으로 1936년(昭和 11) 6월 경경선(京慶線: 중앙선) 건설을 위해 경성에, 같은 해 8월 안동(경북)에 이를 설치하고, 1938년(昭和 13) 1월 혜산선 공사 진행에 따라 성진을 폐하고, 같은 달 동해선(東海線) 건설공사 진척에 따라 강릉에 이를 설치함으로써 혜산·평원·동해·경경선 등 중요 간선의 건설 사업을 진행하고 있다.

철도사무소는 1935년(昭和 10) 6월 남조선철도(南朝鮮鐵道)의 매수에 따라 순천(順天)에, 만포선 건설 준공과 더불어 1940년(昭和 15) 4월 강계(江界)에 건설사무소를 설치하여 현재 8사무소가 되었다. 한편 경부·경의선의 복선공사를 실시하기 위해, 1937년(昭和 12) 6월 훈령 제30

호에 따라 철도국사무분장규정을 개정하여, 필요한 곳에 '개량사무소'를 두게 되었고 같은 달 부산·경성·평양에 개량사무소를 세워 사업의 촉진을 기하게 되었다.

본국에서는 1937년(昭和 12) 5월 전기 관계 사무의 증대와, 철도 전화(電化)의 장래에 대한 방책의 조사·연구가 필요하게 되어서, 종래 공무과에 속한 전력과 통신시설 관계 사무를 분리하여 새롭게 전기과(電氣課)를 설치했다. 같은 해 8월 감찰, 국 업무의 개선, 사고, 배상과 특수 수송 및 이들에 부수하는 업무를 정비 확충하기 위해 조사과(調査課)를 신설했다. 1938년(昭和 13) 6월 개량계획의 진행에 수반하여 공무과를 분리해 보선과(保線課), 개량과(改良課)의 두 과로 하고, 각기 분장사무를 정하여 본국을 11과로 했다. 또한 1932년(昭和 7) 7월 철도국 주관 업무 중에 육운의 감독에 관한 사항이 추가되어[별항 자동차 교통사업 부분 참조], 팽대하는 사업의 운영에 대처하고 있다.

1933년(昭和 8) 이후 개정된 각 과 주관 업무의 대체적인 개요는 다음과 같다.

〈철도국사무규정 중 개정 초〉[1937년(昭和 12) 5월 24일 조선총독부훈령 제30호]

제1조 중 "공작과"의 아래에 "전기과"를 추가, 전기과는 전력과 전기·통신 시설, 전력의 발생과 공급, 철도 전화에 관한 사항을 관장한다.

〈철도국사무규정 중 개정 초〉[1937년(昭和 12) 8월 7일 조선총독부훈령 제54호]

제1조 중 "서무과"의 아래에 "조사과"를 추가, 조사과는 철도 업무의 감찰과 개선, 철도 업무에서 중요한 계획의 조사, 인적·물적 자원의 정비와 운용 계획, 철도 사고의 심사와 손해배상, 위자금, 통계와 보고류의 조제, 철도 수입의 심사에 관한 사항을 관장한다.

〈철도국사무규정 중 개정 초〉[1938년(昭和 13) 6월 28일 조선총독부훈령 제36호]

제1조 중 "공무과"를 "보선과, 개량과"로 고치고, 보선과는 선로와 건조물의 보존과 관리, 철도 용지의 관리에 관한 사항, 개량과는 선로와 건조물의 개량, 장래 개량할 선로와 건조물의 조사 계획에 관한 사항을 관장한다.

(1) 철도국 각 과 계의 변천

본국 각 과의 계는 멀리 1906년(明治 39) 9월 철도 통일 당시에 관리국(管理局)이 부제(部制)를 채택해 그 아래에 과를 두었던 때, 공무부(工務部)는 기술 관계 각 과 외에 '주기괘(主記掛)'를 두어 서무와 계산 사무를 맡기 시작했다. 당시 '괘(掛)'는 과 사무의 한 단위는 아니고, 기술에 수반한 사무의 방계적 존재였다. 그 뒤 만철 위탁경영 시대인 1922년(大正 11) 5월 분과규정의 개정 때, '계(係)'와 '계 주임'을 설치했는데, 그 뒤 이를 폐지하고, 직영 환원 후 1933년(昭和 8) 5월 '계'를 설치하고 '계장'을 두기까지 각 과는 분장 사항의 대략의 분류에 따라 당해 사무의 중핵이 된 부참사 등의 사무관, 또는 기사나 판임관을 중심으로 하는 하나의 사무 단위를 형성하고 있었다.

지금 1933년(昭和 8) 이후 8개년에 이르는 사이 본국 계의 변천을 개관하면, 처음의 계 설치를 맞아서는 당해 과에서 사무 체계를 크게 나눠 집약하여 대개 2~3개의 계로 하고, 과 사무의 분업 병진을 도모했다. 그 뒤 차차 발생한 업무량의 증가에 따라 몇 개의 동일 종류의 사무 집약이 하나의 계를 구성하거나, 각 과에 분산된 사무를 정리 통합하여 당해 주관 과에 속한 한 개의 계를 신설하거나, 혹은 1개의 계를 분할하여 2개의 계가 되고, 나아가 1개의 과를 형성한 것도 있다. 그 가운데는 반대로 그 당시 사무상의 관계에서 소속이 바뀐 것도 있는데, 전체적으로 보면, 그 대부분은 철도 업무의 팽창과 함께 격증하는 사무량에 따라 설치되고, 강화하여 오늘날에 이르고 있다. 이하 그 대요를 연대순으로 서술한다.

1933년(昭和 8) 5월 1일 종래의 업무 조직과 직제 일부를 개정했을 때, 동시에 설치된 각 과의 계는 다음과 같다.

- 서무과 : 문서계(文書係), 인사계(人事係), 사회계(社會係)
- 감독과 : 감리계(監理係), 육운계(陸運係), 기술계(技術係)
- 영업과 : 서무계(庶務係), 여객계(旅客係), 화물계(貨物係), 심사계(審査係)
- 운전과 : 서무계(庶務係), 열차계(列車係), 차량계(車輛係)
- 건설과 : 서무계(庶務係), 계획계(計畫係), 공사계(工事係)
- 공무과 : 서무계(庶務係), 보선계(保線係), 개량계(改良係), 전기계(電氣係), 건축계(建築係)
- 공작과 : 서무계(庶務係), 차량계(車輛係), 기계계(機械係)

- 경리과 : 주계계(主計係), 회계계(會計係), 창고계(倉庫係), 조도계(調度係), 구매계(購買係)

(2) 서무과 조사계와 운전과 특수계

그 뒤 1935년(昭和 10) 10월에 이르러 철도사무 범위의 확대에 따라, 조사 사무가 많아지면서 서무과에 조사계(調查係)를 설치하고, 종래 각 과에 분장한 조사 사무의 통일과 종합적 조사를 담당시킴과 함께, 특수 의안의 심사·배상·통계 보고 및 업무 감찰에 관한 서무 등의 사무를 처리하도록 했다. 같은 해 11월 운전과에 특수계(特輸係)를 두어 특수 수송에 관한 업무의 진척을 꾀하게 되었다.

(3) 전기과 각 계와 건설과 설계계

다음으로 1936년(昭和 11) 4월 전기 업무의 확대에 따라 공작과에 전력계(電力係)를 신설하여 철도 전화의 조사, 전력설비의 계획과 설계, 전력설비의 관리, 전력설비품의 준비와 조사·연구, 전력의 발생과 변성(變成) 및 배급 계획 사무를 처리하도록 했다. 전기 관계 사무가 해마다 복잡다기해지고, 더욱 중요성이 커지자 1937년(昭和 12) 6월 전기과 설치와 더불어 통신계(通信係)와 전력계(電力係)를 두어 전기·통신과 조명 시설 및 철도 전기화, 전력 조사에 관한 사항을 관장시켰고, 그 뒤 사무가 많아져 종래 통신계에 속한 서무 관계 사무를 분리하여 1937년(昭和 12) 11월 전기과에 서무계(庶務係)를 설치했다. 건설과의 공사와 설계 관계 사무는 종래 공사계에서 분장했는데, 건설과 개량공사의 확장 신장과 더불어 설계 관계 사무를 분리하여 1937년(昭和 12) 6월 새롭게 설계계(設計係)를 설치했다.

(4) 조사과의 신설과 각 계

만주사변(滿洲事變) 이래 사업은 비상하게 신장하여 철도 예산도 총독부 예산의 3분의 1을 점하고, 기타 제반 업무가 매우 많아지면서 업무 전반에 걸쳐 철저한 조사 연구와 계획이 필요하게 되었다. 1937년(昭和 12) 8월 12일 조사과(調查課)를 신설하여 여기에 제1계, 제2계와 심사계(審査係)를 두고, 종래 서무과에 속한 조사계, 영업과에 속한 심사계의 사무를 옮겨 관장하게 했다.

(5) 보선과 개량과

1938년(昭和 13)에 들어 당시 공무과 주관이었던 개량공사가 급격하게 팽창하여, 종래 공무과 개량계 1계에서 부담하는 것이 과중해져, 3월 1일 이를 제1계, 제2계로 분할하고 각 분장을 정했다. 그런데 그 뒤 개량공사가 다종다양해지고 사무량도 격증했기 때문에, 종래와 같이 공무과 내의 계로는 공사의 원활과 완전한 수행을 기하기 어렵게 되어서, 1938년(昭和 13) 6월 공무과를 두 개로 나누어 보선, 개량의 두 과로 하여 보선과에 서무·제1·제2의 3계를, 개량과에 서무·계획·공사·건축의 4계를 두고, 각 분야에서 담당 업무의 진척을 꾀하게 되었다.

(6) 조사과 계의 충실

1939년(昭和 14) 4월 5일 시국의 진전에 따라 국가총동원 사무에 관한 철도 업무의 정비 확충을 꾀하기 위해 조사과에 기획계(企畫係)를 설치하고, 특수 수송 사무와 이에 관한 철도국 외와 접촉·연락을 긴밀히 하기 위해 종래 운전과 소속이었던 특수계(特輸係)를 조사과로 옮겼다. 1939년(昭和 14) 9월 1일 종래 조사과 제1계의 분장 사항으로서 처리했던 방공계획(防空計畫) 사무의 정비를 꾀하기 위해, 제1계, 제2계를 폐하고 조사계와 방공계로 하여 일부 사무의 폐합을 행하여 시국 관계 업무의 충실과 원활한 수행을 기했다.

(7) 경리과와 공작과

경리과의 물자 동원 사무도 매우 복잡하고 번다해져 종래의 구매·창고 두 계로 하여 겸하게 한 일이 도저히 완벽을 기할 수 없게 되어서, 1939년(昭和 14) 4월 5일 종래의 구매계를 제1, 제2로 분할했다. 제1계는 지금(地金)[145]·못과 징(釘鋲, 정병)·선로·차량·전기용품·기계공구류의 구입과 제작, 구입 통계 및 시황 조사를, 제2계는 목재·침목(枕木)[146]·석탄·유지(油脂)[147]·시멘트·벽돌·도료(塗料)·약품·건물·수도(水道)용품·비품기구·피복·직물·용지 장표(帳

---

145 도금·가공의 바탕이 되는 쇠를 말한다.

146 선로 밑에 까는 나무토막을 말한다.

147 동물이나 식물에서 채취한 기름을 말한다.

表)[148]·잡품류의 구입과 제작, 물품의 매각·대차와 수리, 운반 적재(積卸, 적사)와 노동력 공급 계약을 분장하고, 종래의 창고계에 속했던 물동 관계 업무는 물자조사계(物資調査係)를 설치하여 분장하는 것으로 했다. 5월 1일 공작과 차량 사무도 역시 번다해져 종래의 1계로는 사무 지체를 면할 수 없어서, 이를 2계로 분할하여 제1계는 주로 계획과 시행을, 제2계는 주로 설계를 맡기게 되었다.

(8) 영업과와 건설과

시국의 진전과 함께 당국의 화물 수송이 시정(施政) 이래 미증유의 성황을 보여, 수송량과 운용 화차 수에서 획기적인 대약진을 보일 뿐 아니라 장래 화물 배출 정세가 의연히 증가할 경향이 현저해서, 1939년(昭和 14) 8월 1일 종래 영업과 화물계가 관장했던 배차 사무를 분리하여 배차계(配車係)를 신설했다. 건설과에 1937년(昭和 12) 6월 신설한 설계계(設計係)는 그 뒤 업무량의 증가에 더불어 이를 2계로 분리하여, 제1계는 항(桁)[149]과 부속 강철 구조의 설계, 제2계는 기타 설계 사무를 담당하게 하여 1939년(昭和 14) 11월 1일부터 실시되었다.

(9) 서무과와 보선과

지나사변(支那事變) 이래 각 방면에서 기술자의 수요가 매우 높아져서 당국의 기술자 채용 역시 곤란해졌다. 최근에는 일반 종사원의 대량 채용에서 오는 경험자의 상대적 감소와 소질 저하가 많은 사업 운영에서의 원활을 결여하게 되었다. 이 대책으로 종래의 종사원양성소 강습과를 확충하고, 기술자의 적극적 양성에 노력하여 신규 채용자의 강습 및 현지 교육을 시행할 필요가 발생했다. 종래 각 과의 교양 사무는 겨우 서무의 여력으로써 행해져 온 것에 지나지 않았기 때문에, 1939년(昭和 14) 12월 1일 새롭게 서무과에 교양계(教養係)를 설치하여, 앞의 여러 방책에 대처하는 것으로 했다. 이와 동시에 보선과는 종래 과를 서무·제1·제2계로 나눠 구역제(區域制)에 따라 사무를 분장했는데, 제1계와 제2계가 각기 같은 종류의 사무를 취급하는 사무상의 불합리함이 있었기 때문에, 제1계를 선로계(線路係)로 개칭하여 현장 관계

148 장부나 전표 등의 총칭. 기입하기 위한 공란을 만든 사무용지를 말한다.
149 다리의 횡목(橫木)을 말한다.

공사에 전념시키고, 제2계를 계획계(計畫係)로 개칭하여 선로 보수에 관한 일반 계획, 조사와 연구 사항을 관장시키는 것으로 바뀠다.

(10) 감독과와 영업과

최근에는 1940년(昭和 15) 1월 15일 감독과의 육운계(陸運係)를 운수계(運輸係)와 자동차계(自動車係)로 분할하여 사설철도의 운영과 자동차 행정에 관한 사항을 분장시켰다. 동시에 영업과에 소운송계(小運送係)를 설치했다. 다년의 현안이었던 소운송업 감독 법규의 제정과 함께 이들 소운송업의 면허·검사·처분·지도·감독 등을 맡기고, 소운송 요금의 저하·통일과 시설 개선을 꾀하고, 부정한 경쟁과 부정한 취급 등을 방지하며, 공공적 운임정책의 철저를 도모하고, 이로써 소운송업자의 안정과 능력의 충실을 기하도록 했다.[150]

이상 각 과와 각 계, 지방사무소의 1940년(昭和 15) 7월 1일 현재의 조직 일람은 다음과 같다.

150 1940년 시행된 조선소운송업령 제정을 통한 소운송업 통제정책과 연결된 조직 개편이었다. 해당 법령의 골자는 소운송업을 총독부의 면허제로 전환함으로써 군소업자를 도태시키고 신점의 출현을 방지하며, 인가받은 업자에 대해서는 총독부가 적절한 지도, 감독을 행하겠다는 것이었다. 좀 더 구체적으로 말하면 본령이 공포된 시점에서 소운송업을 영위하고 있던 자는 5개월 이내에 조선총독에게 면허 신청을 내 허가를 받아야 하고, 총독은 소운송업의 통제상 필요하다고 인정되면 이들에 대해 1년 이내로 면허의 유효기간이나 사업의 종별 및 그 범위를 지정할 수 있었다. 중일전쟁 발발 이후 1938년 4월부터 시행된 국가총동원법을 시작으로 자행된 총동원체제의 일환이었다. 이로 인해 1930년대부터 이어져 온 총독부의 소운송업 통제 시도에도 불구하고 살아남았던 조선인 소운송업자들은 대부분 몰락의 길을 걷게 되었다. 소운송업과 관련된 연구는 정재정, 1999,「植民地期의 小運送業과 日帝의 統制政策」,『역사교육』48; 정재정, 1999,「제9장 철도연선의 소운송업과 한국업자의 동향(1908~1945)」,『일제침략과 한국철도(1892~1945)』, 서울대학교출판부; 정희윤, 2012,「植民地 時期 日帝의 朝鮮 小運送業 統制 過程」,『한일민족문제연구』23; 정희윤, 2012,「일제시기 소운송업 통제에 관한 국내 일간지의 보도경향」,『숭실사학』28; 조덕환, 2013,「조선총독부 철도국의 小運送 합동 정책과 鮮運同友會」,『대동문화연구』84; 이윤수, 2015,「1930년 철도운송정책의 전환과 운송업계의 대응-비합동 3파의 연합대회를 중심으로-」, 성균관대학교 사학과 석사학위논문 참조.

〈철도국 조직 일람〉[1940년(昭和 15) 7월 1일 현재]

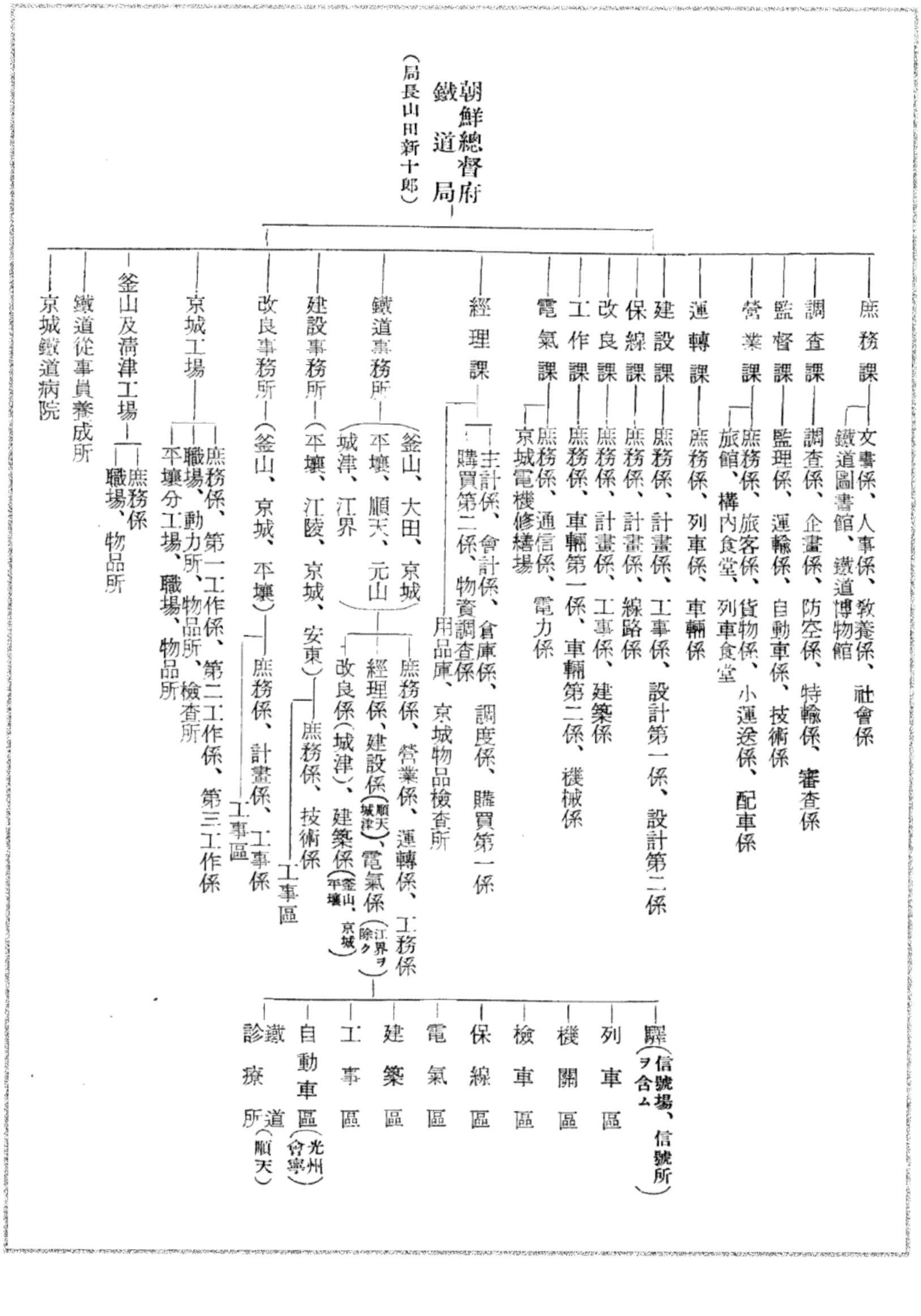

다음으로 1925년(大正 14) 직영 환원 이후의 국장과 각 과장 이름은 다음과 같다.

직명	이름	취임 연월일	직명	이름	취임 연월일
국장(사무취급)	시모오카 주지 (下岡忠治)	1925.4.1	영업과장	오와다 후쿠노리 (大和田福德)	1939.4.5
국장	오무라 다쿠이치 (大村卓一)	1925.5.26	운전과장	에토 스케모리	1925.4.1
〃	요시다 히로시 (吉田浩)	1932.10.4	〃	스가 하지메 (菅肇)	1936.6.27
〃	쿠도 요시오 (工藤義男)	1938.5.4	〃	마에하라 하지메 (前原肇)	1939.4.5
〃	야마다 신쥬로 (山田新十郎)	1939.7.24	공무과장	잇타 도메지로	1925.4.1
이사	토다 다다하루 (戶田直溫)	1926.1.13	〃	사이토 가타시 (齋藤固)	1927.9.19
〃	사와자키 오사무	1932.10.4	〃	시미즈 고지 (淸水幸次)	1933.5.1
〃	사와 게이지로 (澤慶治郎)	1935.1.15	건설과장	나가타 고노스케 (永田光之助)	1933.5.1
〃	니시자키 쓰루시 (西崎鶴司)	1937.7.3	〃	에자키 요시토 (江崎義人)	1936.1.15
서무과장	이시자키 요리히사	1925.4.1	보선과장	후세지마 신쿠로 (伏島信九郎)	1938.6.28
〃	사와자키 오사무	1932.10.15	〃	스즈키 사토시 (鈴木敏)	1939.4.5
〃	오기와라 사부로 (荻原三郎)	1935.1.15	〃	도도로키 겐지로 (轟謙次郎)	1939.10.1
〃	오시마 도라지 (大島寅治)	1939.4.5	개량과장	시미즈 고지	1938.6.28
조사과장	오시마 도라지	1937.8.12	기계과장	이와사키 마사오 (岩崎眞雄)	1925.4.1
〃	타나베 다몬 (田邊多聞)	1939.4.5	〃	오사와 지사부로	1930.3.13
감독과장	사와자키 오사무	1925.4.1	공작과장	후쿠미 데이지 (福見貞治)	1933.5.1

〃	오기와라 사부로	1932.10.15	〃	사키야마 산이치로 (崎山参一郎)	1939.4.5
〃	사와 게이지로	1935.1.15	전기과장	나가이 겐조 (永井研三)	1937.6.1
〃	니시자키 쓰루시	1937.7.3	경리과장	하야시 시게키 (林茂樹)	1925.4.1
영업과장	이와사키 히로타로	1925.4.1	〃	토다 다다하루	1929.1.21
〃	토다 다다하루	1926.1.13	〃	고바야시 리이치 (小林利一)	1932.6.14
〃	사토 사쿠로 (佐藤作郎)	1932.10.15			

8) 현업 기관

(1) 현업 지도기관

현업 지도와 감독기관인 지방사무소, 출장소 등은 1906년(明治 39) 철도 통일 이후 수차 변천을 거쳤는데, 지금 그 대요를 기술하면 다음과 같다.

① 1906년(明治 39) 이후 1917년(大正 6)까지의 변천

1906년 철도 통일 이전의 경부철도주식회사와 임시군용철도감부의 현업 지도기관은 각기 다른 기구에 의해 행해졌다. 통감부에 의한 통일경영이 시작되면서 운수 현업에 관해서는 관리국 운수부 영업과의 직할 소관으로서 지방에 역과 소(所)가 설치되고, 운전과 직속 기관으로서 기관고(機關庫)가 설치되었다. 공무부 아래에 보선사무소(경성·영동·초량)와 공장(초량·인천)이 설치되고, 보선수대기소(保線手詰所)를 보선사무소의 소관으로 했다. 1907년(明治 40) 3월 각 부국(部局)의 분장규정을 정하고 동시에 경성과 초량에 운수사무소를 설치했다. 1908년(明治 41) 4월 1일 경의선 영업 개시에 앞서 종래 관리국 아래에 있었던 사무소제도를 폐하고 초량·용산·평양의 3출장소제도로 하고, 출장소장 아래에 보선장(保線長)·운수장(運輸長)·차량장(車輛長)을 두었다. 보선장은 선로 건조물의 수리와 보존에 관하여, 운수장은 철도의 운수, 전기·통신과 신호에 관하여, 차량장은 차량의 운전, 보관과 보수에 관한 사무를 각기 장리하도록 했다.

② 영업·운전

1909년(明治 42) 6월 출장소를 폐하고 영업사무소를 용산·평양에 설치하고, 같은 해 12월 철도원 이관 때 이를 운수사무소로 고쳤다. 1910년(明治 43) 2월 운수 업무의 중앙집권을 꾀하기 위해 용산·평양운수사무소를 폐지하고 영업·운전[뒤에 기차과(汽車課)로 함] 2과의 파출원을 초량·평양의 2개소에 두었다.

1914년(大正 3) 3월 새롭게 부산에 차량장(車輛長)을 두어 용산·평양·부산 각 차량장의 담당(受持) 기관고를 다음과 같이 정했다.

- 부산차량장 : 초량·마산·대구·대전·목포 기관고와 이리·송정리 분고(分庫)
- 용산차량장 : 남대문·개성·인천 기관고와 복계(福溪) 분고
- 평양차량장 : 신막(新幕)·평양·정주·신의주 기관고

그 뒤 새로운 선로 개통과 더불어 담당 구역과 기관고의 변경이 있었는데, 차량장 재근지는 변경 없이 1917년(大正 6)까지 지속이 되었다.

③ 보선

보선기관 역시 그사이 몇 차례 변경을 거쳤다. 1908년(明治 41) 4월 경의선 영업 개시를 맞아 평양출장소장 아래에 보선장을 두고 관할 구역을 정하여 보선수대기소를 설치했는데, 같은 해 6월 평양영업사무소 설치와 함께 그 아래로 옮기고 동시에 보선대기소의 명칭을 고쳐 보선구(保線區)로 했다. 1909년(明治 42) 12월 철도원 관리국이 설치됨에 이르러, 용산에 운수사무소와 보선사무소, 평양에 출장소를 두고, 용산보선사무소는 경의선을, 평양출장소는 경의선을 소관으로 했다 1910년(明治 43) 2월 평양출장소는 평양보선사무소로 변경되어 그 사무를 계승했다. 이 제도는 1910년(明治 43) 총독부 철도국의 설치 때도 변경되지 않고, 1917년(大正 6) 만철 위탁경영에 이르기까지 지속이 되었다.

1917년(大正 6) 당시 보선사무소와 소관 보선구 이름은 다음과 같다.

- 용산보선사무소 : 초량·대구·김천·영동·태전(太田: 대전)·성환(成歡)·영등포·마산·연산(連

山)·이리·정읍·송정리·목포·청량리·철원·복계(福溪)·원산·고원·청진

- 평양보선사무소 : 용산·개성·신막(新幕)·황주(黃州)·평양·신안주(新安州)·정주·신의주·진남포

④ 건설·개량

철도 통일 당시의 건설과 개량 사업은 경부·경의선 속성구간의 교량(압록강·한강 등)의 건설과 선로, 정거장의 개량 등이었다. 현업 기관으로서 부산정거장 신축을 위해 초량건설사무소, 압록강철교 가설을 위해 압록강출장소를 설치했다. 1910년(明治 43) 6월 평남선 건설을 위해 평양에, 호남선 건설을 위해 대전에, 경원선 건설을 위해 용산에 각 건설사무소를 설치하고, 압록강출장소를 건설사무소로 고쳤다. 1911년(明治 44) 3월 평양을 폐하고 원산과 목포에 건설사무소를 설치했다. 같은 해 11월 압록강교량공사 완성에 따라 사무소를 폐지했고, 1912년(大正 1) 목포·원산 두 건설사무소를 고쳐 출장소로 하고, 건설·개량에 관한 사무 외에 일부 구간의 운수 영업에 관한 사무도 관장시켰다. 1914년(大正 3) 공사가 완성되어 목포출장소와 용산건설사무소를 폐지하고, 함경선 건설을 위해 새롭게 청진에 건설사무소를 설치했다.

이상의 기간에서 현업 감독기관은 철도 통일 이후 경영 주체의 변경과 조직 개정에 동반하여 수차 변천을 보았다. 요컨대 어떤 시기에는 지방에서의 직무 권한을 강화하고, 또 어느 시기에는 본국 중심의 업무 태세가 매우 농후해져 지방은 단순한 파출원제에 따라 운영된 시대도 있어, 그 시대에 적응한 과도기적 제도를 보였다.

⑤ 1917년(大正 6) 이후 최근까지의 변천

1917년 7월 만철 위탁경영 개시 당시는 대개 종전 제도에 의했는데, 1920년(大正 9) 2월 초량[1923년(大正 12) 6월 부산으로 개칭]·대전·용산[1924년(大正 13) 6월 용산은 경성으로 개칭)]·평양·원산과 성진에 공무사무소를 설치하여 보선작업에 관한 지도 및 감독기관이 되었다. 1924년(大正 13) 2월 성진을 폐지하고 원산공무사무소의 파출소로 했다. 직영 환원된 1925년(大正 14) 4월에 이르러 새롭게 청진에 파출소를 설치했다. 부산·대전·경성·평양의 4개소에 운수사무소, 경성·부산·평양 3개소에 공장을 세워 운수, 보선과 공작 작업의 현업 감독기관으로 정했다.

그중 원산공무사무소는 같은 해 10월 폐지되고, 그 뒤 1933년(昭和 8)에 이르기까지 큰 변화 없이 이어졌다.

⑥ 영업, 운전과 보선을 합하여 철도사무소 설치

1933년(昭和 8) 5월 출장소, 운수·공무사무소 제도를 폐지하고, 새롭게 부산·대전·경성·평양·청진·원산의 6개소에 철도사무소를 개설하고, 청진에 공장을 설치했다.

그 뒤 철도사무소는 북선선(北鮮線)[151]의 이관에 따라 1933년(昭和 8) 10월 청진을 폐하여 성진으로 옮겼다. 1936년(昭和 11) 6월 남조선철도(南朝鮮鐵道)의 매수와 경전선(慶全線)의 개설에 따라 순천(順天)에 이를 설치했다. 1940년(昭和 15) 4월에 만포선이 전부 개통된 뒤 과중해진 평양철도사무소 소관을 분할하여 강계에 이를 증설하여 각 소관 구역의 감독·통제를 완벽히 했다. 그사이 일부 사무소에서는 건설 사무도 취급하게 되어 오늘에 이르고 있다. 각 철도사무소에서의 1940년(昭和 15) 7월 1일 현재 관할 영업 km는 다음과 같다.

또한 철도사무소 계(係)의 변천에 관해서는 별도 항에서 서술하기로 한다.

- 부산철도사무소 522.2km
- 대전철도사무소 617.0km
- 경성철도사무소 587.2km

151 상삼봉에서 나진에 이르는 구간. 1919년 도문철도주식회사가 회령에서 상삼봉 사이 철도를 개통하여 영업을 시작했으며, 도문선(圖們線)으로 불렸다. 이후 1929년 조선총독부에서 회령~동관 사이 철도를 매수하며 도문서부선으로 불렸다. 1933년 10월 수성역에서 웅기역 구간이 남만주철도주식회사에 위탁경영된 뒤 '북선선'으로 불렸다. 1940년 10월 청진역에서 상삼봉역 구간이 다시 조선총독부 철도국으로 이관되었다. 현재 북한에서 함북선으로 불리는 구간에 속한다. 북선선과 관련된 연구는 芳井研一, 2000, 『環日本海地域社會の變容』, 「滿蒙」·「間島」·「裏日本」』, 青木書店; 송규진, 2013, 「일제의 대륙침략기 '북선루트'·'북선3항'」, 『한국사연구』 163; 송규진, 2013, 「일제강점기 '식민도시' 청진 발전의 실상」, 『사학연구』 110; 정재정, 2013, 「일제하 동북아시아의 철도교통과 경성」, 『서울학연구』 52; 井村哲郎, 2013, 「滿鐵の北鮮港灣建設と經營」, 『南滿洲鐵道沿線の社會變容』, 知泉書館; 大宮誠, 2013, 『日本海横斷航路の研究(1896~1945)』, 新潟大學大學院現代社會文化研究科 博士論文; 송규진, 2014, 「함경선 부설과 길회선 종단항 결정이 지역경제에 끼친 영향」, 『한국사학보』 57; 이용상·정병현·배은선, 2015, 「만철의 길회선 부설과 북선철도 위탁과정에 관한 연구」, 『한국철도학회논문집』 18.5; 정재정, 2015, 「일제하 '北鮮鐵道'의 경영과 日朝滿 新幹線의 형성」, 『역사교육논집』 54; 加藤桂木, 2017, 『植民地朝鮮の地域變容: 日本の大陸振出と咸鏡北道』, 吉川弘文館; 고태우, 2020, 「식민지기 '북선개발(北鮮開發)' 인식과 정책의 추이」, 『한국문화』 89 참조.

- 평양철도사무소 401.8km
- 순천철도사무소 400.9km, 자동차선 278.0km
- 원산철도사무소 568.3km
- 성진철도사무소 735.2km, 자동차선 94.0km
- 강계철도사무소 460.7km

합계 4,293.3km. 자동차선 372.0km

⑦ 건설사무소

1914년(大正 3) 용산건설사무소의 폐지 후 건설사무소는 설치되지 않았다. 그 공사는 청진 출장소, 각 공무사무소와 철도사무소 또는 공무과 혹은 건설과의 직할에 의해 행해졌는데, 건설공사의 증대와 더불어 1935년(昭和 10) 8월 평양과 성진에 이를 설치했다. 내부 조직을 서무, 기술의 2계로 하여 각 계에 주임을 두어 주관 사항을 처리하게 했다. 1936년(昭和 11) 7월 15일 경경선(京慶線) 북부 건설을 위해 경성(청량리)에, 같은 해 12월 1일 경경선 남부 건설을 위해 안동(경북)에 각 건설사무소를 설치했다. 그 뒤 혜산선의 공사가 완성되고 백무선도 역시 상당한 진행을 보게 되어서 1938년(昭和 13) 1월 15일 성진건설사무소를 폐지했다. 한편으로 동해선의 건설을 촉진하기 위해 강릉에 이를 설치했다. 만포선 준공과 더불어 평양건설사무소의 소관은 평원선만으로 되었다.

⑧ 개량사무소

1917년(大正 6) 이후 개량공사의 시행은 경부선의 일부와 기타 각 선에서 부분적으로 행해졌다. 대부분은 보선사무소 또는 공무사무소에서 시행이 되었다. 매수선의 개량도 역시 철도사무소에 의해 행해져, 계속 개량사무소로 하나의 작업 단위를 구성하지는 않았다.

그런데 1936년(昭和 11) 이후 경부, 경의 두 선의 광범위한 복선공사가 개시되기에 이르러, 공사의 완성을 기하는 점에서 관계 철도사무소에 개량계(改良係)를 설치했다. 그 뒤 공사 시행상의 직접적인 지도·감독의 필요에 의해서 1937년(昭和 12) 6월 1일 부산·경성과 평양에 3개의 개량사무소를 설치하고, 여기에 서무, 기술의 2계를 설치해 각 계에 주임을 두었다.

이들 세 사무소의 설치에 따라 복선, 기타 주요 개량공사는 착착 진척이 되었다. 그 뒤 공사량이 더욱 증대하고, 1사무소의 담당 공구는 보통 12공구 내외가 적당함에도 불구하고, 대체로 22공구 내외를 가져 그 담당 업무가 과대해져서 1~2 사무소를 증설하여 공사의 만전을 기할 필요가 생겼다. 그러나 기술원의 부족과 기타 사정에 따라 급히 그 대응책으로서 종래의 기술계(技術係)를 분할하여, 1940년(昭和 15) 3월 25일부터 계획, 공사의 2계로 함으로써 진용을 강화·쇄신했다.

⑨ 공장

공장 작업에 관해서는 종래 직제에 따른 사무분장을 정하지 않고, 업무 형태에 따라 이를 몇 개의 작업으로 구분하여 편의상 명칭을 부친 것에 지나지 않았는데, 1923년(大正 12) 6월 만철 위탁경영 시대에 경성철도국 공장규정이 제정되어 경성공장에 서무·제1공작·제2공작의 3계를 설치해 각 계에 주임을 두었다.

1925년(大正 14) 4월 국유철도의 직영 환원을 맞아 경성공장은 종전대로 변하지 않았는데, 부산공장에서는 서무계와 각 직장으로 했다. 1926년도(大正 15)에 이르러 경성공장에 물품계(物品係)·직장·동력실(動力室)을 신설하고 부산공장에 물품계를 설치했다. 1928년도(昭和 3)에는 경성공장에 검사계(檢查係)를 신설했다. 다시 1933년도(昭和 8)에 이르러 제3공작계를 설치하고, 동력실을 동력소(動力所), 물품계를 물품소(物品所)로 개칭했다.

이보다 앞서 1930년도(昭和 5)에 경성공장 분공장으로서 청진분공장을 신설하고, 종래부터 있던 평양분공장과 똑같이 물품계와 각 직장을 설치했다. 그중 청진분공장은 1934년도(昭和 9)에 이르러 청진공장으로서 분립하고, 여기에 서무계·직장·물품소를 두었고, 1936년도(昭和 11)에 이르러 검사계를 검사소(檢查所)로 개칭했다. 계의 증설은 그 뒤 행해지지 않았다.

⑩ 철도사무소에서 계(係)의 변천

1925년(大正 14) 4월 직영 환원 초두에 철도사무소의 전신이었던 운수사무소에 서무·영업·운전계를, 공무사무소에 서무·기술계를, 청진출장소에는 서무·운수·기술계를 설치했다.

1927년(昭和 2) 4월 청진출장소의 사무가 매우 많아져서 기술계를 보선·건설의 2계로 분할하고 별도로 경리계(經理係)를 두었는데, 다음 해 다시 운수계를 영업·운전의 두 계로 나누었다. 한편 공무사무소도 기술계를 보선·건설계로 분할했다.

1933년(昭和 8) 5월 철도사무소 개설과 더불어 앞서 기술한 각 계를 폐합하여, 그 내부 조직을 서무·영업·운전·공무·경리의 5계로 하고, 각 계에 주임을 두어 사무를 분장시켰다. 1935년(昭和 10) 8월 평양·성진건설사무소 소관 구역 이외의 전라선(全羅線)과 동해북부선의 건설공사를 분장하기 위해, 대전과 원산 두 철도사무소에 건설계를 설치했다. 1936년(昭和 11) 10월 15일 경부·경의선 복선공사 실시를 위해 부산·경성과 평양 각 철도사무소에 개량계(改良係)를 설치하여 특별히 지정된 개량공사를 행하게 했다. 그 뒤 전라선 전통(全通)에 따라 1937년(昭和 12) 3월 대전철도사무소 건설계 폐지되었다. 다음으로 같은 해 6월 부산·경성·평양철도사무소 개량계는 같은 곳에 각 개량사무소가 설치되면서 폐지가 되었다.

1938년(昭和 13) 1월 동해북부선의 건설 사무는 신설된 강릉건설사무소에서 일체를 관장하게 되었기 때문에, 원산철도사무소 건설계가 폐지되고, 동시에 종래 성진건설사무소가 관장한 혜산선 건설공사가 거의 완성을 고하여서, 성진건설사무소를 폐지하고, 성진철도사무소에 건설계를 설치하여 대신하도록 했다. 이들 철도의 건설과 개량공사의 진척과 병행하여, 영업 노선의 연장 및 일반 업무의 팽창과 더불어 전기시설도 급증하여서, 같은 해 4월부터 부산·경성과 평양의 세 철도사무소에 전기계(電氣係)를 신설하여 업무의 원활을 기하게 했다.

1939년(昭和 14) 4월 나남(羅南)·청진 간 노선 개량공사 및 백무선 북결수(北結水)·천수(天水) 간 재해에 따라 교량 개축공사 등의 실시를 위하여, 성진철도사무소에 개량계를 설치했다. 같은 해 5월부터는 건축 관계 업무의 합리화를 기하기 위해 부산·경성과 평양철도사무소에 건축계(建築係)를 신설하여, 건축물의 개량과 보존공사 사무를 분장시켰다. 계속하여 10월 6일부터 금지(金池)·담양(潭陽) 간 건설공사 개시와 더불어 순천(順天)철도사무소에 건설계를 설치했다.

1940년(昭和 15) 4월에 이르러 종래 공무계에 전기담당자를 배치하여, 잠정적 수단으로써 일부의 전기 사무를 분장시켰다. 대전·순천·원산과 성진의 각 철도사무소에도 전기 관계 사무의 팽창에 따라 새롭게 전기계를 설치했기 때문에, 강계를 제외하고 철도사무소의 전부에 전기계의 설치를 보기에 이르렀다.

(2) 현업 기관

철도 통일 이전의 현업 기관에 관해서는 각기 항에 기재한 것처럼, 역·기관고·보선수대기소 등의 명칭 아래에 각각의 업무를 분담했다. 그 뒤 선로의 연장과 현업 업무의 복잡화에 따라 영업·운전·공무·공장 등 각기 분야에서 각종 기관을 필요로 하기에 이르렀다. 지금 이를 역·열차구(列車區)·기관구(機關區)·검차구(檢車區)·보선구(保線區)·전기구(電氣區)·전기수선장(電機修繕場)·건축구(建築區)·건설·개량 각 공장구와 용품고(用品庫) 등으로 대별하여 직명, 직제 등의 대강을 기술하는 것으로 한다.

① 역

1906년(明治 39) 통일 당시는 경부·경인선의 보통역 45, 간이역 5, 계 50역과, 같은 해 9월 이관한 경의·마산선의 보통역 43을 합하여 합계 93역이었다.

당시 종사원 복무의 경우 1906년(明治 39) 8월 정해진 운수종사원복무규정(運輸從事員服務規程)에 따르면 역 소속 계통의 직명은 역장·조역(助役)[152]·예비조역·차장감독(車掌監督)·차장(車掌)[153]·출찰괘(出札掛)·소하물괘(小荷物掛)·연락괘(連絡掛)·전신괘(電信掛)·역무조역(驛務助役)·조차괘(操車掛)·차호수(車號手)·신호수·전철수(轉轍手)·제동수(制動手)·경수(警手)·세화역(世話役)·열차급사(列車給仕)[154]·답절번(踏切番)[155]·역부(驛夫)[156] 등이었다. 1908년(明治 41) 2월 1일 통감부철도관리국계원직제(統監府鐵道管理局係員職制)가 종전의 운수종업원복무규정을 기초로 제정되었는데 직명(職名)은 거의 종전의 복무규정에 있었던 것이었다. 1910년(明治 43) 철도원 소관 당시에도 일부의 직명을 변경하거나 새롭게 첨가한 것이 있었는데, 큰 변화는 없었다.

통일 당시 역장의 직제는, "역장은 일체의 역무를 처리하고 역원을 감독하는 자로 함"이었는데, 1908년(明治 41) 2월 규정이 개정되어 "역장은 '운수장(運輸長)의 지휘를 받아' (…) 이하 같은 글"로 개정되었다. 그 뒤 파출원, 운수사무소 등의 각 시대를 거쳐 직제와 직명에 적지 않은 변경이 있었다. 현재 직명은 역장(신호장, 신호수는 주임. 이하 같음)·조역·여객주임·화물주임·소하물(小荷物)주임·여객괘·화물괘·통신괘·역무괘·운전괘·구내괘(構內掛)·조차수·전철

152 주임자를 보조하는 사람. 대리. 또는 철도역의 부역장을 말한다.
153 열차, 전차, 버스 등의 차 안에서 여러 사무를 보는 승무원을 말한다.
154 사환. 잔심부름 하는 사람을 말한다.
155 건널목지기. 건널목 안내원을 말한다.
156 역무원. 역의 잡역부를 말한다.

수·경수·간수(看手)·난방수(煖房手)·역수(驛手) 등이다. 역장의 직제도 "역장은 철도사무소장의 지휘를 받아 소속원을 지휘·감독하고 역에 속한 일체의 업무에 종사함"으로 바뀌었다. 역의 수도 그 뒤 새로운 선로의 건설 혹은 사철 매수에 따라, 또는 기설선에서의 운수량의 증대와 더불어 신설 등에 의해 해마다 증가되어 1917년도(大正 6) 말에는 경원선, 호남선과 함경선 일부를 더하여 총수 199역[이 중 간이역 22개]에 달했다. 직영 환원된 1925년도(大正 14) 초두에는 함경선의 연장과 각 지선의 증설에 따라 총수 270역(간이역 39개)이 되었다. 1933년도(昭和 8) 말에는 도문(圖們)·혜산·만포, 기타 각 선의 연장 및 매수선의 증가 등에 의해 총수 520역[간이역 107개]이 되었다. 현재(1940년 7월 1일)는 경경선(京慶線)의 연장, 함경선의 일부 환원 등에 따라 총수 636역[간이역 148개, 신호장 6, 신호소 1]으로 증가했다.

② 신호장(信號場)

열차 운전상 필요에서 역간 거리가 장대한 구간에 설치된 신호장은, 1923년(大正 12) 3월 경부선 성현(省峴)터널 남쪽 입구에 성현신호장을 설치한 것이 시초였다. 그 뒤 각 선에 설치되었는데, 혹은 보통역으로 변경되거나 폐지되어, 1940년(昭和 15) 7월 1일 현재의 신호장은 경의선에서 남신의주(南新義州), 경원선에서 신탄리(新炭里), 성산리(城山里), 동가리(銅歌里), 동해중부선에서 경주제이(慶州第二), 경부선에서 신암리(新岩里)와 미륵(彌勒)의 7개소이다.

③ 조차장(操車場)

종래 조차장의 명칭을 가진 개소는 없었다. 만주사변 이래 여객과 화물의 격증에 따라 화차군(貨車群)의 집중과 선별 배분의 필요가 발생하여, 1938년도(昭和 13) 이후 대구·대전·경성·평양 등 각 조차장의 토공(土工) 공사에 착수하여 현재 착착 실시 중이다. 그 일부는 이미 지축(地築)을 완료하여 궤도 증설, 배선(配線) 모양 교체, 기타 제 시설을 행하고 있기 때문에, 가까운 장래에 조차장으로서의 업무를 개시할 예정이다.

④ 열차구(列車區)

원래 차장(車掌: 승무원)대기소로 칭하여 차장감독을 두고, 경성·초량·평양 등의 주요 역에 배치가 되었다. 1908년(明治 41) 2월 1일 제정된 통감부철도관리국계원직제 중 "차장감독은 운수장(運輸長)의 지휘를 받아 소관 내에서 차장의 집무를 감독하는 자로 함"으로 하여, 차장 감독 아래에 차장, 열차급사(列車給仕)를 두었다. 이 계원 직제는 그 뒤 일부 변경이 있었는데, 1923년(大正 12) 직제 개정에 따라 운수사무소가 대전·평양·부산·경성의 4개소에 설치되었을 때, 차장대기소를 폐지하고 열차구로 바뀌었다.

1933년(昭和 8) 철도사무소 설치를 맞아 부산·대전·경성·평양·원산·성진 각 철도사무소에 열차구를 두고[1936년 순천철도사무소 신설에 따라 추가함], 담당 구역은 각 철도사무소 소관 구역과 똑같이 정했다.

1940년(昭和 15) 4월 신설된 강계철도사무소의 열차구는 건물 관계상 아직 설치에 이르지 못했다. 현재 강계역장이 직무를 행하고 있다.

현재 열차구 계원의 직명은 열차구장·조역·차장·하물괘(荷物掛)·차장보(車掌補)·열차급사·열차수 등이다. 열차구장의 복무규정은 "소장의 지휘를 받아 소속원을 지휘·감독하고 열차구에 속한 일체의 업무에 종사함"[1933년(昭和 8) 5월 달(達) 제293호 현업원 직제에서 인용]으로 개정되어 오늘에 이르고 있다.

⑤ 자동차구(自動車區)

1936년(昭和 11) 3월 남조선철도 매수에 따라 종래 남조선철도주식회사가 경영하고 있었던 자동차사업은 국영으로 운영이 되고, 광주에 당국 최초의 자동차구를 설치했다. 그 뒤 1940년(昭和 15) 7월 북선선(北鮮線) 일부의 직영 환원에 따라 회령(會寧)에 자동차구를 설치했다. 현재 이 두 구에 의해 여객과 화물의 운영이 행해지고 있다. 자동차구에는 구장·조역·기술괘(技術掛)·사무괘·자동차 차장(車掌)·자동차 운전수·기공수(技工手)·기공조수와 자동차수를 두었다. 직제는 "자동차구장은 소장의 지휘를 받아 소속원을 지휘·감독하고 자동차구에 속한 일체의 업무에 종사함"으로 정해 실시하고 있다.

⑥ 기관구(機關區)

1906년(明治 39) 통감부 철도관리국 시대의 기관고(機關庫)는 운수부 운전과에 직속했다. 경부선에서는 초량·대구·마산·대전·서대문·인천, 경의선에서는 개성·신막·황주·평양·신안주·선천(宣川)·신의주의 14개소가 있었다. 그 직명은 기관고장·기관고조수·기관수·점화번

(點火番)·제품번(諸品番)·화부(火夫)·소제부(掃除夫)·탄수부(炭水夫) 등이었다.

1910년(明治 43) 4월 1일 직명이 개정되어 종래의 기관고장을 기관고주임으로, 점화번을 기관부(機關夫)로 각각 바꿨다. 당시의 복무규정은 "기관고주임은 차량장의 지휘를 받아 기관고 일체의 사무를 처리하고 소속 괘원(掛員)을 감독하는 자로 함"으로 정했다.

기관고의 소재지에 관한 1907년(明治 40) 이후의 변천 개략을 서술하면, 1907년(明治 40) 새로 남대문기관고를 개설하여 서대문과 황주(黃州) 두 기관고를 폐지했다. 1908년(明治 41) 다시 신안주, 용산 두 기관고를 폐하고 새롭게 정주에 기관고를 설치했다. 선천기관고를 그 분고(分庫)로 했는데, 1911년(明治 44)에 이르러 분고는 폐쇄가 되었다.

1912년(明治 45) 이후에는 호남선과 경원선의 부분 개업과 더불어 이리(裡里)에 기관고를 설치하여 대전기관고의 분고(分庫)로 했다. 1913년(大正 2)에는 목포와 원산 두 기관고를 신설하고, 남대문기관고의 분고를 복계(福溪)에 설치했다.

1914년(大正 3) 목포기관고의 분고를 송정리(松汀里)에 설치하고, 경원선 고산(高山)에는 원산기관고의 분고를 설치하여 각기 새로운 선로 연장에 동반하여 열차 운전을 행했다. 같은 해 11월 개성기관고는 폐쇄가 되고, 1915년도(大正 4)에 마산기관고를 초량기관고의 분고로 했다. 1916년(大正 5) 청진기관고를 신설했다. 1917년(大正 6) 신의주기관고, 이리분고와 고산분고를 폐쇄하고 새롭게 이리와 청진기관고, 청진기관고의 회령분고를 설치했다.

1919년(大正 8)에는 직제 개정에 따라 운수사무소를 설치했다. 각 기관고는 기관구(機關區)로 개칭하여 그 소속이 되었는데, 같은 해 복계분고를 폐하여 복계기관구로 하고, 남대문기관구를 용산으로 옮기고, 함흥에 새롭게 기관구가 설치되었다. 나아가 1923년도(大正 12) 송정리기관구가 폐지되고 1924년(大正 13) 성진에 기관구를 설치했다. 1928년(昭和 3)에 이르러 목포기관구 광주분구를 설치하고, 동해중부선의 매수에 따라 경주에 이를 설치했다. 1929년(昭和 4)에는 도문(圖們) 동부선 구간 개업에 따라 새롭게 웅기(雄基)에 기관구가 설치되었다.

1933년(昭和 8) 철도사무소가 개설되고 각 기관구는 그 소관으로 옮겨졌다. 같은 해 북선선(北鮮線) 이관에 따라 청진·회령을 줄이고, 1935년(昭和 10) 혜산선과 백무선의 공사 진행에 따라 백암(白岩)기관구가 설치되었다. 1936년(昭和 11) 남조선철도 매수에 따라 보성(寶城)기관구가 설치되었다가 곧바로 폐지되고, 전라선(全羅線) 운전을 겸하여 새롭게 순천에 이를 설치했다. 1937년(昭和 12) 혜산선 준공과 더불어 혜산진(惠山鎭)기관구가 설치되었다.

1938년(昭和 13)에 이르러 분구, 주재소(駐在所)와 주박소(駐泊所)의 명칭을 제정함과 함께, 희천(熙川)·양덕(陽德)·개천(价川)·광주(光州)·고성(高城)을 기관구 분구로 지정하고, 진남포 외 6개소를 주재소로 하고, 삼랑진(三浪津) 외 20개소를 주박소로 지정했다. 그 뒤 1939년(昭和 14) 만포선 전부 개통과 더불어 만포기관구를, 경경선(京慶線) 북부선 구간 개업에 따라 동경성(東京城)에 경성기관구 분구가 설치되었다. 같은 해 10월에는 희천분구를 폐지하여 이를 기관구로 변경했다.

1940년(昭和 15) 7월 1일 현재 기관구는 경부선에서 부산·대구·마산·대전·인천·경성의 6개소, 경의선에서 신막·평양·정주의 3개소, 경원 및 함경선에서 청진·회령·함흥·성진·복계·원산의 6개소, 호남선에서 목포·이리의 2개소, 혜산·만포, 기타 각 선로의 경주·순천·경북안동·희천·동경성·만포·백암·혜산진의 8개소, 총수 23개소에 달한다. 그밖에 4개의 분구를 갖기에 이르렀다.

기관구장의 복무규정과 기관구원의 직명도 그 뒤 변천이 있었다. 현재 기관구장의 복무는 "소장의 지휘를 받아 소속원을 지휘·감독하고 기관구에 속한 일체의 업무에 종사함"으로 바뀌었다. 직명도 기관구장·조역·서무괘·기술괘·검사괘·기관사(機關士)·기관조수·기관조수견습·합도수(合圖手)·기공장(技工長)·기공수(技工手)·난방수(煖房手)·고내수(庫內手)·탄수수(炭水手) 등으로, 종사원도 점차 증가하여 오늘에 이르고 있다.

⑦ 검차구(檢車區)

검차구는 1923년(大正 12) 4월 부산에 설치된 것을 효시로 하고, 같은 해 10월에 경성에 설치되었다. 그 이전의 업무는 기관구 또는 역에 분속했던 것이다. 당시 계원 직명은 현재와 큰 차이가 없다. 복무규정도 당시 운수사무소의 관할 아래 둔 관계상, "검차구장은 소장의 지휘를 받아 소속원을 지휘·감독하고 검차구에 속한 일체의 업무에 종사함"으로 정하여, 이것도 현재까지 계속되고 있다.

그 뒤 검차구는 대전, 평양의 두 지역[1925년(大正 14)]과 청진[1928년(昭和 3)]에 설치가 되었다. 1933년(昭和 8) 직제 개정과 함께 경성검차구로부터 분리하여 새롭게 원산에 설치되었다. 같은 해 북선선 이관에 따라 청진검사구는 만철로 이관되어서 새롭게 성진에 이를 설치했다. 1936년(昭和 11)에 이르러 순천에 이를 설치했다. 1938년(昭和 13) 2월 분구, 주재소, 주박소규정이 제정되어 대구·경주·이리·용산·만포와 백암을 검차구 분구로 했다. 검차구원 주재소는 마산 외 19개소에 이를 설치했다. 현재 검차구의 직명은 검차구장·조역·서무괘·기술괘·검차괘·검차조수·차전괘(車電掛)·차전조수(車電助手)·청소수(淸掃手)·난방수 등으로, 업무의 진전에 따라 점차 종사원 수가 증가하여 오늘에 이르고 있다.

⑧ 보선구(保線區)

철도 통일 당시 보선 업무는 경부·경인선은 보선사무소에서 관장하고, 경의·마산의 두 선은 임시철도건설부에서 오로지 전속 관할했다. 경부선의 보선지도기관인 보선사무소는 초량·영동·경성에 설치되어 각 사무소 아래에 보선수대기소를 두었다. 이를 제1구부터 제9구까지 분담 구역으로 나눠 초량은 제1구에서 제3구까지, 영동은 제4구와 제5구, 경성은 제6구에서 제9구에 걸쳐 각각 선로 보수를 맡았다. 1907년(明治 40) 전 구간을 11구로 고쳐 초량보선사무소 담당구간은 제1구에서 제3구, 영동은 제4구에서 제7구, 경성은 제8구에서 제11구를 보수하는 것으로 정했다. 임시철도건설부는 처음 용산·평양·신의주와 마산에 4출장소를 설치하고 각 소관의 건설, 개량과 운전사무와 함께 선로·건조물의 보존에 관한 사무를 분장하게 했다.

1908년(明治 41) 2월 직제 개정에 따라 종래의 보선사무소와 출장소를 폐하고, 새롭게 초량·용산·평양에 출장소를 설치했다. 그 아래에 보선장(保線長)을 두어 선로와 건조물의 수리 및 보존에 관한 사무를 맡아서 처리시키고, 별도로 건축과 전기공사에 관한 보선장에 부속된 공사괘(工事掛)를 두어 부하 계원을 감독시켰다. 1909년(明治 42) 6월 보선수대기소를 보선구로 개칭했다. 초량 관내는 초량·삼랑진·대구·김천·영동·대전제1·마산에, 용산 관내는 대전제2·조치원·성환·영등포·인천·용산·개성·계정(鷄井)·남천(南川)에, 평양 관내는 흥수(興水)·황주·겸이포(兼二浦)·평양·숙천(肅川)·정주·신의주에 각 보선구를 두었다.

그 뒤 보선구는 직제 개정과 더불어 영업사무소 혹은 보선사무소 등으로 소속을 바꾸고, 새로운 선로의 연장에 따라 점차 그 수가 증가했다. 1917년(大正 6) 7월 만철 위탁경영 때 사무분장이 개정되어, 종래의 보선장을 보선계(保線係) 주임으로 고치고 보선계를 대전·용산·평양과 청진에 설치하고, 보선구를 폐하여 보선수 재근지를 초량 외 17개소에 두었다. 다시 1920년(大正 9) 2월 분장규정이 개정되어 보선계를 폐지하고 보선구를 설치하며, 보선구 주임을 두고 동시에 신설된 공무사무소의 관할로 했다. 당시 보선구는 초량공무사무소 관내에 초량·대구·김천의 3구, 대전공무사무소 관내에 대전·성환·이리·정읍·목포의 5구, 용산공무사무소 관내에 영등포·용산·개성·신막·철원(鐵原)의 5구, 평양공무사무소 관내에 황주·평양·신안주·정주·신의주의 5구, 원산공무사무소 관내에 복계·원산·함흥의 3구, 성진공무사무소에 성진보선구와 청진출장소에 청진보선구를 두어 합계 23구였다. 1923년(大正 12) 2월 성진공무사무소를 폐하고 동시에 초량·용산은 각기 부산·경성공무사무소로 개칭이 되었다.

그 뒤 1925년(大正 14) 직영 환원 때, 공무사무소 소관 구역의 개정에 따라 보선구 소관 구역도 변경되었다. 1933년(昭和 8) 5월 종래의 공무·운수사무소를 폐하고 새롭게 철도사무소가 개설되기에 이르러 보선구 주임은 보선구장(保線區長)으로 바뀌었다. 당시 보선구 수는 부산철도사무소 관내는 초량 외 4구, 대전 관내 5구, 경성 관내 5구, 평양 관내 4구, 원산 관내 4구, 청진 관내 6구, 합계 28구였다. 그 뒤 신규 건설선의 연장, 사철선 매수와 운수량 증대 등에 따라 보선구도 해마다 점점 늘어나 1940년(昭和 15) 7월 1일 현재는 부산철도사무소 관내에 부산·대구·마산·경주의 4구, 대전 관내에 김천·대전·이리·정읍·경북 안동의 5구, 순천 관내에 목포·남원·순천·광주의 4구, 경성 관내에 성환·경성·개성·신막·철원·양평의 6구, 평양 관내에 평양·정주·신의주·순천(順川)의 4구, 원산 관내에 복계·원산·고원·함흥·고성(高城)의 5구, 성진 관내에 신북청(新北青)·성진·길주(吉州)·나남·청진·백암·유평동(楡坪洞)의 7구, 강계 관내에 희천·강계 2구, 합계 37구에 달한다. 종래 보선정장(保線丁場)이라 칭했던 보선수 대기소는 1936년(昭和 11) 7월에 이를 보선반(保線班)으로 개칭했다.

보선구 직제의 경우 보선구장은 "소장의 지휘를 받아 소속원을 지휘·감독하고, 보선구에 속한 일체의 업무에 종사함"으로 규정되어 있다. 보선구 종사원의 직명은 통일 당시는 보선수·보선조수·선로공부[공부장(工夫長)·조두(組頭)·공부]·수도번(隧道番: 터널번)·교량번(橋梁番)·답절번(踏切番: 건널목지기) 등이었다. 1908년(明治 41) 2월 직제 개정에 따라 건축공부·정용대공(定傭大工)·측량공부·전신(電信)공부 등이 추가되었다. 그 뒤 업무량 증대에 따라 1915년(大正 4), 1920년(大正 9), 1923년(大正 12), 1933년(昭和 8) 등에 각기 추가 또는 변경되었다. 현재의 직명은 다음과 같다.

보선구장[창설 당시 보선수, 1920년 보선구 주임, 1923년 이후 현재 직명이 됨], 조역[창설 당시 보선조수로 칭했고, 1923년 사무조역으로 함. 1933년 이후 현재 직명이 됨], 서무계, 기술계, 도공수(圖工手), 선로수장[線路手長. 원래 선로공부장·선로공장으로 칭함], 선로수[원래 선로공부·선로방(線路方)으로 칭함], 보안수(保安手), 토목수장[土木手長. 원래 토목공장(土木工長)으로 칭함], 토목수, 목공수, 창고수[倉庫手. 원래 고번(庫番)·고수(庫守)·고수(庫手)로 칭함], 정용수(定傭手), 간수[看手. 원래 교량번(橋梁番)·수도번·답절번으로 칭했는데, 1923년(大正 12) 일괄하여 경수(警手)로 개칭했다가 1933년(昭和 8) 현재 직명이 됨].

⑨ 전기구(電氣區)

전기와 통신설비에 관한 현업 기관은 1908년(明治 41) 2월 직제 개정 때, 보선장 부속 공사괘(工事掛)에 전기기술자를 두는 것으로 하여 보선장의 감독 아래 관할 구역의 전기와 통신설비에 관한 각종 공사를 담당시켰다. 당시는 전기 보급이 아직 미미하여 지방의 전기 업무는 특수한 주요 역에 한정이 되었다. 특히 시설이 많았던 용산에는 전기괘대기소를 설치, 전기괘 주임을 재근시켜 전기와 통신설비에 관한 업무를 관장시켰는데, 뒤에 통신구(通信區) 설치에 따라 이를 폐지했다.

1910년(明治 43) 4월 1일부터 초량·용산·평양의 3개소에 통신구를 세워 소관 구역을 정했다. 그 복무는 당시 철도원 총재 달(達)에 의한 전기종사원복무규정(電氣從事員服務規程)에서, "통신구 주임은 소속원을 지휘하여 전기·통신 및 신호기계와 그 전선로(電線路)에 속한 일체의 사무를 처리함"으로 규정하고, 관내에 전기공부를 배치하고, 각기 담당 구역을 정하여 업무를 행했다.

1910년(明治 43) 10월 1일 철도원 소관을 벗어남과 동시에 통신구가 폐지되고, "보선 소속 전기공사를 담당하는 공사괘 이하의 복무 방법은 보선수 이하 직제 중 보선수, 보선조수, 선로공부의 부분에 준하여 담당 구역의 전신·전화·전기신호기와 전등선의 보수 및 건설에 종사하는 자로 함"이라고 규정되어 다시 보선장 부속 전기공사괘(電氣工事掛)의 관장하는 바가 되었다. 그 뒤 1917년(大正 6) 만철 위탁과 함께 보선장제도가 폐지되어 보선괘(保線掛)가 설치되었는데, 그 뒤 큰 변화 없이 이어졌다.

그러나 이 사이 전기와 통신에 관한 시설의 보급 발달과 더불어, 전기 업무도 점차 충실해져서, 1920년(大正 9) 2월 공무사무소 개설에 즈음하여, 전기 업무를 보선에서 분리하여 부산·대전·경성·평양에 통신구를 설치하여 각기 소관 구역을 정하고, 전기·통신에 관한 현업 업무를 담당시켰다.

1933년(昭和 8) 5월 철도사무소가 개설됨과 동시에 통신구를 전기구(電氣區)로 개칭하고, 각 사무소 관내에 각 1구씩 설치가 되었다. 소관 구역은 철도사무소와 마찬가지로, 현재 강계를 제외한 7개 사무소에 설치되어 있다.

현재 전기구 계원의 직명은 전기구장 아래에 조역·서무괘·기술괘·전기수장(電氣手長)·전기수·창고수·정용수(定傭手) 등이다. 전기구장의 복무규정은 "전기구장은 소장의 지휘를 받아 소속원을 지휘·감독하고 전기구에 속한 일체의 업무에 종사함"으로 규정되어 있다.

⑩ 전기수선장(電機修繕場)

처음에 전기수선실(電機修繕室)로 불리며 1907년(明治 40) 12월 21일 현재 경성철도사무소 구내의 일부, 용산역 가까운 곳에 설치가 되었다.

당시 영업과에 소속하여 수선실 주임 1명을 두고 그 아래에 전기공(電氣工) 몇 명, 목공(木工) 1명을 배치했다. 작업은 모스 현자기(現字機)[157]의 수선을 주로 하고 부수적으로 전화기 수선을 행했다. 1909년(明治 42) 작업장을 용산보선사무소[현재의 철도회관 부근]로 옮김과 동시에 운전과 소속이 되었는데, 1910년(明治 43) 공무과 소관으로 바뀌어 전신·전화기·아크등[158]·기타 일반 전기 기기의 수선을 맡았다. 작업 증가와 함께 전기공과 기타 종사원을 증원했다. 선로 연장과 기계 시설의 증가 때문에 1922년(大正 11) 작업장을 현재의 소비부(消費部) 본부 쪽[현재의 전기 시험실]으로 이전함과 함께, 전기수선장으로 명칭을 고치고 전기공의 명칭도 전기수로 바꾸었다. 이사이 수선장 종사원의 작업은 점차 증가함에 비하여 설비는 불충분하고 숙련공이 부족한 관계로 상당히 업무가 바빠져 노고가 많았다. 1923년(大正 12) 직공을 증원하고 작업장을 개축하여 면목을 일신했다. 1925년(大正 14) 4월 직영 환원 뒤에도 종래와 같이 주임은 공무과 근무인 채 감독 임무를 담당했다. 수선장에는 기수 1명, 사무괘 2명, 기술괘 3명을 두어 업무의 원활을 기했다. 1926년(昭和 1) 전면적으로 통표폐색기(通票閉塞器) 개조가 필요해져서, 모지(門司)철도국에서 숙련공 몇 명을 불러 개조와 지도를 맡겼다. 그 뒤 폐색기의

157 모스 인쇄기(モ_ルス印字機)를 지칭하는 것으로 보인다.
158 아크 라이트(arc light)를 말한다.

개조와 일반 수리 기기가 격증하고, 재래 수선장 시설의 기기 교환 또는 증비(增備)의 필요가 발생하고, 작업장도 협소해져서, 1930년(昭和 5) 11월 옛 작업장 부근의 현재 위치로 벽돌조로 신식 설비를 도입한 작업장을 신축하여 공무과 전기계에 속한 수선장으로서 작업을 계속했다. 그 뒤 업무의 증가에 더불어 고정(備付: 비부) 기기와 제 설비를 보충했다. 해마다 수리 취급 수량이 격증하여 내부 기구를 개혁하고 업무의 합리화를 기할 필요가 생겨, 1931년(昭和 6) 6월 달(達) 제483호로 「전기수선장(電機修繕場) 설치의 건」이 정해져 6월 11일 처음 전기수선장에 주임(전임)을 두고, 공무과장의 명을 받아 소관 업무를 장리했다. 1937년(昭和 12) 6월 전기과 신설과 함께 소관이 이동하여 1939년(昭和 14) 11월부터 '경성전기수선장'으로 명칭이 정해졌다.

그런데 본 수선장은 종래 실질적으로는 현업 기관으로서 존재했는데, 직제에 이를 명시한 바가 없었기 때문에, 1939년(昭和 14) 12월 달(達) 제1579호와 제1580호로 직제를 정하고, 현업기관으로서의 완전한 형태를 정비하여, "전기수선장 주임은 전기과장의 명을 받아 소속원을 지휘·감독하고 전기수선장에 속한 일체의 업무를 처리함"으로 정했다. 1940년(昭和 15) 7월 초 현재는 주임 아래에 조역·기술괘·서무괘·기공수장(技工手長)·기공수·창고수와 정용수(定傭手)를 두고, 전기통신 관계 기계, 기구, 기타 전기 용품의 수선·개량을 행하고 있다.

⑪ 건축구(建築區)

건축에 관한 현업 기관은 창설 당시 경부선 건설 공구와 경의선 건축반의 일부 업무로 처리가 되었다. 통일 후 1908년(明治 41) 직제 개정에 따라 보선장에 속한 공사괘가 설치되어, 각종 건축물의 신설과 보존 및 보충공사를 담당하게 되었다.

당시 계원 직명은 공사계 주임 아래에 공사계원, 공부, 직공 등을 두고, 공사괘원의 복무규정은 "공사괘는 보선장의 지휘를 받아 선로, 정거장과 기타 제 건조물의 신축·개축 및 특별히 명을 받은 수선공사에 종사하고, 주임은 주관공사구 전반 상황에 대한 감독의 책임을 맡은 사람으로 함"으로 정했다. 공사계는 그 뒤 초량·용산과 기타 각소에 설치가 되었다.

1910년(明治 43) 총독부 철도국 개설과 함께 공사괘는 공무과의 직할 기관이 되었는데, 곧바로 이를 폐지하고, 건설사무소와 보선사무소의 공사계에 건축 사무 일체를 실시하게 하여 1919년(大正 8)에 이르기까지 계속했다.

1920년(大正 9)에 이르러 공무사무소에 건축공사계(建築工事係)를 설치하여 각 소관을 정하고, 건축물 보수, 개량과 신축에 관한 현업 업무를 관장시켰다. 1933년(昭和 8) 철도사무소가 개설될 때 건축구(建築區)로 개칭하여 1940년(昭和 15) 7월 1일 현재 8개의 철도사무소에 각 1구씩 설치되었다. 원산공장 건설을 위해 특별히 원산공장 건축구를 설치했다. 건축구장의 복무규정은 "소장의 지휘를 받아 소속원을 지도·감독하고 건축구에 속한 일체의 업무에 종사함"이라고 정했다. 계원의 직명은 건축구장·조역·서무괘·기술괘·도공수(圖工手)·목공수장(木工手長)·목공수·기공수(技工手)·도공수(塗工手)·창고수·정용수(定傭手) 등으로, 약진하는 업무량에 동반하여 종사원도 점차 증가하고 있다.

⑫ 건설과 개량공사구

경부·경의선의 건설 현업 기관에 관해서는 각기 항에서 서술한 대로이다. 철도 통일 직후 경의선 개량에 주력을 기울인 당시는 임시철도건설부(臨時鐵道建設部. 뒤에 임시건설부가 됨)의 밑에 평양출장소를 설치하고, 공무괘(工務掛) 파출소를 황주·평양·정주와 신의주에 두고, 오산(五山)에 괘원을 근무시켜 업무를 관장케 했다. 1909년(明治 42) 조직 개정 후 건설과 개량공사의 현업 기관으로서는 본국 또는 건설·보선 두 사무소, 혹은 출장소 관할 아래 현지에 건설과 개량의 각 공사계(工事係)를 배치했다. 공사괘를 수시로 각지의 공사 현장에 재근시키고, 그밖에 필요에 따라 기사(技師)를 공사괘 감독에 임명하여 지방에 재근시켜 특정 공구의 건설·개량공사를 감독하게 하는 것으로 했다. 이 제도는 1918년(大正 7)에 이르기까지 큰 변화 없이 이어졌다. 이사이 호남·경원 및 함경선의 건설공사와 1914년(大正 3) 이후 1919년(大正 8) 사이의 경부선 일부의 개량공사가 행해졌다.

1919년(大正 8)에 이르러 공무사무소와 출장소가 설치되어 그 소관으로 건설·개량공사계가 설치되었다. 조선철도12개년계획이 수립됨에 따라 새로운 선의 건설 및 매수, 각 선의 개량을 행하게 되어 각지에 건설공사계, 개량공사계를 설치했다. 그 수도 점차 증가했다.

1933년(昭和 8) 직제 개정에 따라 공무사무소를 폐하고, 그 사무는 철도사무소가 계승하게 되었다. 동시에 건설·개량공사계의 명칭을 변경하여 건설공사구, 개량공사구로 개칭했다. 그리고 건설 현업 사무는 직접 건설과가 관장하는 것으로 되어 개량 현업 사무는 주로 소관 철도사무소가 관장하는 것으로 되었다. 1935년(昭和 10) 건설사무소 부활을 맞아 종래 건설과 직할이었던 공사구(工事區)는 이들 건설사무소의 소관으로 옮겨지고 지역의 관계에 따라 또는 건설 구간이 비교적 단거리인 개소에 관해서는 철도사무소 소관이 되어 현재에 이르고 있다. 1940년(昭和 15) 7월 14일 현재 건설공사구는 평양건설사무소 소관(평원선) 내 창촌(倉村) 외 6구, 경성건설사무소 소관(경경선 북부) 내 동경성(東京城) 외 4구, 강릉건설사무소 소관(동해선 북부) 내 강동(江東) 외 6구, 안동건설사무소 소관(경경선 남부) 내 단양 외 1구 있다. 기타 평양철도사무소 소관인 것 1구, 백무선 건설을 위해 성진철도사무소 소관의 연사(延社) 외 1구 및 경전선(慶全線) 건설을 위해 순천철도사무소 소관의 순창(淳昌) 외 3구가 있다. 합계 28공사구에 의해 건설 현업 업무가 진행되고 있다.

1937년도(昭和 12)에 이르러 개량공사 촉진을 위해 새롭게 개량사무소가 설치됨에 따라, 종래 철도사무소 소관이었던 공사구는 개량사무소 소관이 되었다. 그 뒤 개량공사가 현저히 진척되어 1940년(昭和 15) 7월 15일 현재 부산개량사무소 소관 내 대구남공사구(大邱南工事區) 외 11구, 경성개량사무소 소관 내 직지사(直指寺)공사구 외 12구, 평양개량사무소 소관 내 한포(汗浦)공사구 외 14구로, 기타 순천철도사무소 관내 2공구, 성진철도사무소 소관 내 2공구, 합계 44공구에 이르고 있다.

현재 공사구 계원은 공사구장 아래에 조역·서무괘·기술괘·도공수(圖工手)·토목수장(土木手長)·토목수·전기수·창고수와 정용수 등이 있다. 공사구장의 복무는 "철도사무소장, 건설사무소장 또는 개량사무소장의 지휘를 받아 소속원을 지휘·감독하고 공사구에 속한 일체의 업무에 종사함"으로 정해져 있다.

⑬ 용품고(用品庫)

철도의 운영상 필요한 여러 재료와 용품의 보관, 출납을 행하는 용품고는 원래 경리과(經理課) 지방창고(地方倉庫)로 불리며 통일 시대부터 존속한 것으로, 초량·용산·평양·인천·신의주 등에 있었다. 1924년(大正 13) 원산에, 1930년(昭和 5) 청진에 설치되어 물품 회계 관리를 주재시켜 창고 주임으로 했다. 용산창고는 석탄, 침목(枕木), 철강, 기타 여러 재료와 각종 소모품 등을 취급하고, 기타 창고는 각기 지역 관계에 따라 석탄, 목재, 유지(油脂) 등을 취급했다. 그 역사는 상당히 오랜 것이었는데, 회계법에 따른 물품 회계 관리 이외에는 직제에 별단의 규정이 없었다.

이들 경리과 지방창고에서 취급한 철도용품은 용품 자금 회계에 속한 여러 용품과, 경상비 소속 용품의 다수에 이르고 지방 창고는 철도용품의 저장·보관과 배급을 행했다. 매년 업무의 확충에 더불어 창고의 업무량도 증가하여 종래 경리과 물품 회계 관리만을 두었던 이들 창고는 직제에 그 지위와 명칭을 확실하게 할 필요가 생겨, 1939년(昭和 14) 12월 「현업종사원 직제」가 개정되어 용품고와 물품검사소의 두 현업 기관을 분리·확립하여, 부산(초량)·경성(용산)·인천·평양·신의주·원산·청진에 용품고를 두고, 경성에 물품검사소를 설치하고, 성진·순천에는 종전대로 경리과 물품 회계관리로서 용품 사무를 담당하게 했다.

현업종사원직제에 따라 용품고종사원 직명은 용품고장(用品庫長)·조역·사무괘·수위(守衛)·자동차 운전수·목공수·기공수·봉공수(縫工手)·인쇄수·창고수·정용수로, 용품고장의 직제는 "경리과장의 지휘를 받아 소속원을 지휘·감독하고 용품고에 속한 일체의 업무에 종사함"으로 정해졌다.

⑭ 물품검사소

용품고와 동시에 설치된 물품검사소는 종래 직제에 별단의 정해진 바가 없이 용산 경리과 창고의 일부에서 사무를 취급했다. 용품고와 같이 1939년(昭和 14) 12월 직제가 추가되었다. 직명은 물품검사소 주임·조역·사무괘·기술괘·수위·창고수·정용수로, 주임은 "경리과장의 지휘를 받아 소속원을 지휘·감독하고 물품검사소에 속한 일체의 업무에 종사함"으로 정해졌다.

12. 전시 말 조선철도의 재편

〈자료 150〉 朝鮮總督府, 1944, 『第86回 帝國議會 說明資料(交通)』, 朝鮮總督府, 353～357쪽 · 362～369쪽 · 379～384쪽.

1) 1940년대 조선철도의 수송 상황[159]

만주사변을 계기로 지나사변, 특히 대동아전쟁의 발발 이래 조선 국유철도의 수송량은 비약적으로 증가해 왔다. 더욱이 1942년(昭和 17) 12월 이후 대(對) 중국 중요 물자의 육상 전가(轉嫁)수송[160]이 개시되어, 그 수송량은 전쟁의 진전에 따라 해마다 격증하는 추세에 있다. 최근 수송 상황은 대개 다음과 같다.

(1) 여객 수송

1944년(昭和 19) 2월 대륙 ■■ 화물의 수송량 ■■에 따른 여객열차의 대(大) ■■[1942년 10월의 여객열차 운송 km에 대하여 58% 감소]을 단행하여 통제 수송을 실시했다. 그러나 ■력(■力) 승차효율 향상에 노력한 결과 수송량에 대한 영향은 비교적 근소하여, 1944년도 수송량의 전년도 대비 감소율은 28% 정도에 그친 것으로 추정한다.

---

159 원문의 항목명은 '최근 조선철도의 수송 상황 여하'이다.

160 '전가수송'은 일제 말 아시아·태평양전쟁하에서 선박의 부족으로 인해 일본·조선·대륙을 잇는 해양 수송이 어려워지자, '조선 경유(經由) 육운(陸運) 전가수송 방침'에 기초해 그 운송을 조선철도를 통한 육상 수송에 집중시킨 것을 의미한다. 이때 해상 수송용 화물까지 조선철도에 전가되면서, 자연히 조선 내 여객 수송에는 심각한 통제가 가해져 일상적인 철도 교통이 사실상 마비되는 결과를 초래했다. 그 자세한 양상에 관해서는 林采成, 2005, 『戰時經濟と鐵道運營 : 「植民地」朝鮮から「分斷」韓國への歷史的經路を探る』, 東京大學出版會, 3장을 참조할 수 있다.

연도	수송 인원	증가지수	수송 인원 총운송거리〔延人粁〕[161]	증가지수
1936년도(실적)	33,708,178	100	2,024,343,510	100
1940년도(실적)	82,088,740	244	5,440,529,805	269
1942년도(실적)	108,477,181	322	7,494,255,951	370
1943년도(실적)	128,468,951	381	8,885,308,569	439
1944년도(계획)	92,216,917	274	6,372,188,977	315

(2) 화물 수송

연도	수송 톤(噸)수	증가지수	수송화물 총운송거리〔延噸粁〕[162]	증가지수
1936년도(실적)	10,845,604	100	2,224,974,318	100
1940년도(실적)	20,449,978	188	4,611,774,966	207
1942년도(실적)				
일반화물	25,460,975	235	6,570,505,677	295
전가화물	430,491	-	374,205,435	-
합계	25,891,466	239	6,944,711,112	312
1943년도(실적)				
일반화물	25,541,886	236	7,601,111,897	342
전가화물	1,999,371	-	1,688,900,994	-
합계	27,541,257	254	9,290,012,891	418
1944년도(계획)				
일반화물	30,561,830	282	8,750,047,525	393
전가화물	5,500,000	-	5,225,000,000	-
합계	36,061,830	354	13,975,047,525	628
1945년도(예상)				
일반화물	37,106,851	342	10,500,057,030	472
전가화물	9,210,000	-	6,911,883,000	-
합계	46,316,851	427	17,411,940,030	783

161 수송한 여객에 승차한 거리(km)를 곱한 것의 누계를 의미한다.

162 연톤천(延噸粁)은 수송한 화물(ton)에 운반한 거리(km)를 곱한 것의 누계를 의미한다.

앞서 설명한 것과 같이 지나사변 발발 전인 1936년도(昭和 11)를 기준으로 하면, 톤수에서는 1940년도(昭和 15)에 약 2배, 1945년도(昭和 20)에 약 4배가 되었다. 한편, 수송 인원 총운송거리[延人粁]에서는 실로 1940년도에 2배, 1945년도에 약 8배라고 하는 통상과 다른 팽창을 보기에 이르렀다. 그리고 이 중 전가화물 수송 총운송거리[延屯粁]는 전체 취급 화물 수량에 대하여 1942년도(昭和 17)는 겨우 5.4%에 지나지 않았으나, 1943년도(昭和 18) 18.2%, 1944년도(昭和 19) 37.4%, 1945년도 39.7%를 점하게 되었다. 조선 국유철도는 1945년도에는 그 화물 수송력의 약 40%를 전가화물 수송에 충당하려고 하는 상황이다. (교통국 운수과)

2) 화물수송량 격증 대응 방책[163]

(1) 응급 대책

가급적 여객열차를 축소하고 이를 통해 생기는 열차의 여유 용량 및 기관차를 화물열차의 수송으로 전용하기로 했다. 이에 1942년 10월까지는 화물열차와 열차당 승차거리(列車粁)가 거의 대등하였던 여객열차를 1943년 4월 이후 점차 축소하여, 1944년 4월에는 전체의 16%로 축소하였다. 이와 동시에 부족한 차량의 일부는 만철과 화북철도(華北鐵道)로부터 일시 융통하여 수송 요청에 대응하고 있다. 또한 화물열차의 수송력 증강을 꾀하기 위해 기관차의 견인력 증가, 화차의 적재량 증대(增積) 등을 실시해서 현재 보유 능력을 최고도로 발휘하는 데 노력하고 있다.

그리고 여객 수송에서는 열차 수가 극도로 감소한 것에 대응하여 여객열차의 속도를 가급적 줄이고, 한 열차당 연결 차량 수를 늘렸다[종래 급행열차는 9량 정도로 하고, 겨울철 13량, 기타는 16량으로 함]. 한편, 승차권 발매를 상당히 통제해서 긴급 여행자의 수송 확보를 꾀하고 있다.

(2) 시설 증강

관계 선구(線區)[164]의 수송력 증강, 특히 경부·경의 두 노선의 복선공사, 조차장(操車場) 신설,

163 원문의 항목명은 '화물 수송량 격증에 대하여 채택한 방책'이다.
164 철도의 선로를 구간에 따라 나눈 것을 말한다.

차량의 증비(增備), 차량 수선공장의 확충에 매진하고 있다. 그러나 자재·노무 등의 관계로 인해 급속하게 실현하기에 곤란하기 때문에, 가장 애로사항이 있는 구간의 공사를 촉진하고 그 진척 정도에 따라서 실제 수송력을 증강할 수 있도록 연구하면서 열심히 시공하고 있다.

이번에 경부·경의선의 복선화가 빠르게 추진된 것은 소요 자재의 일부가 될 레일 220km를 만철에서 철거 후 융통을 받아 1944년 12월 중으로 공사를 완성하기로 각의(閣議)의 양해가 성립되었기 때문이다. 따라서 여기에 조선 내의 자재를 합쳐서 소정 기한까지 완성할 수 있도록 노력 중이다.

조선 남부의 여러 항구는 총독부 기구의 개혁에 따라 항만·철도의 연계를 긴밀하고 원활하게 하기 위해 증강하고 있다. 또한 공법(工法)의 일부를 개혁하여, 특히 최근의 추세에 즉응하도록 기범선(機帆船)[165]의 접안 하역[166]에 주력을 기울여 그 성과를 거두도록 노력하고 있다. 또한, 조선 내 여러 항구로부터의 하역 기계 이동은 이미 완료하여 능력을 증강하는 외에, 내지와 다롄에서 하역 기계를 이주시켜 간선의 복선화를 완성할 수 있도록 조치하고 있다.

3) 전가화물의 장래 전망

전국(戰局)의 진전에 따라 대륙물자의 전가(轉嫁)수송은 갈수록 증가하는 추세에 있다. 1944년도(昭和 19) 전가화물 수송 계획은 당초 650만 톤[북중국 발(發) 조선 도착(止)을 제외]을 상정하고 있었지만, 정세가 변화하면서 당초 계획을 변경해 아래와 같이 계획하여 그 수송을 완수하기 위해 노력하고 있다.

제1·4분기 : 107만 톤
제2·4분기 : 104만 톤
제3·4분기 : 118만 톤
제4·4분기 : 113만 톤

---

165 발동기와 돛을 함께 장착한 비교적 작은 배를 말한다. 주로 내해(內海)와 근해의 화물 수송에 쓰인다.

166 부두에서 수출입 화물 작업을 할 때, 본선이 매여 있는 장소를 기준으로 하여 본선을 암벽 가까이 댄 후에 짐을 싣고 내리는 일을 말한다.

합계 : 442만 톤

1944년도 제4·4분기 1월~3월 계획

(단위: 톤)

지역	품목	수량
북중국 발	석탄	240,000
	선철(銑鐵)	45,000
	소금	89,000
	면화	2,000
	합계	376,000
만주 발	석탄	150,000
	선철	72,000
	강재(鋼材)	32,000
	비철(非鐵)	36,654
	소금	70,000
	코크스류	1,400
	콩	90,000
	콩깻묵(大豆粕)	10,000
	양곡(糧穀)	152,000
	종실(種實)	22,000
	합계	636,054
조선 발	선철	65,000
	비철	50,650
	합계	115,650
합계		1,127,704
1개월 평균		375,901

또한 1945년도(昭和 20)는 남선 중계(中繼)가 연간 702만 톤으로 전망되어, 그중 만주와 중국에서 내지로 향하는 수송 물자는 588만 톤, 월간 49만 톤으로, 이외에 조선 내 도착하는 석탄, 기타가 219만 톤이다.

4) 화객(貨客)의 수송 요청과 그 조정 방침

(1) 여객

1944년도(昭和 19)의 수송 요청 전망은 1943년도(昭和 18)의 수송 실적 및 기타를 반영해 1억 4,137만 5,000명 정도로 추정하고 있다. 그러나 수송력은 전가화물(轉嫁貨物)의 수송으로 인해 전년도 대비 약 30%가 줄어들었다. 또한 응징사(應徵士)[167], 노무자 등의 중요 여객이 증가하는 경향이어서, 이를 제외한 일반 여객에 대해서는 지구(地區) 또는 열차에 따라 30%에서 50%의 억제가 필요한 상황이다. 이에 침대차의 대폭 압축, 객차 개조를 통한 정원의 증가, 열차 속도 저하를 통한 연결차 수의 증가 등의 조치를 강구하여 수송 효율의 향상을 도모하고 있다. 한편, 승차권의 발매 제한, 주요 열차에 대한 지정제의 채용 등 취급상으로 여러 제한 방책을 마련해서 일반 여객을 억제하고 긴급·주요 여객의 수송을 확보하기 위해 노력하고 있다.

이를 연락 및 조선 내 수송으로 구분해서 살펴보면, 연락 수송에서는 1944년(昭和 19) 2월 이후 주요 직통 열차가 취소되면서 그 수송력이 43% 감소하게 되었다. 또한 운수통신성(運輸通信省) 항로연락선(航路連絡船)의 야간 운행편 폐지로 인해 해상수송력이 반감하게 되었다. 그렇지만 해상수송력에 대한 육상수송력의 관계는 약간 부족하게 된 수준으로, 근거리 여객의 직통열차 승차를 제한해서 지장을 초래하는 일이 거의 없이 연락여객 수송의 요청에 응하고 있다.

한편, 조선 내의 여객은 현재 수송력의 상황에 따라 대폭 조정할 필요가 있어서, 앞서 설명한 여러 방책을 통하여 여객 억제를 실시하였으며, 앞으로도 이를 계속할 방침이다. 다만 통근·통학자 및 기타 긴급한 주요 여객에 대한 수송은 이를 확보하도록 조치하고 있다.

(2) 화물

군용 화물의 수송에 대해서는 물론 절대 우선적으로 수송 취급을 하고 있다. 전가화물에 대해서는 대륙철도수송협의회 및 내선만지(內鮮滿支)수송연락협의회에서 결정한 철도수송계

---

167 '징용에 응한 사람'이라는 의미로, 1943년 7월 개정된 '국민징용령'에 의거해 동원된 노동자를 일컫는 말이다.

획에 기초하여 실시 중이다. 조선 내 주요 물자의 수송에은 그 중요도에 따른 통제 수송을 시행하고 있는데, 전력 증강 물자·생활 필수 물자의 수송 요청에 관해서는 생산 능력, 소운반(小運搬) 능력, 하역(積卸) 능력 등의 사정으로 인해 상당한 억제를 면치 못하는 상황이다. 그럼에도 대개 가급적 전량을 인수하도록 노력하고 있다.

5) 조선 내 철광석·석탄의 증산에 따른 철도수송력 증강 방책

조선에서 철광석의 주요 부존지(賦存地)는 종래 황해도 하성(下聖)·재령(載寧)이 조선철도 황해선의 연선(沿線)에, 함경북도 무산(茂山)이 북선척식철도의 연선에, 또한 평양 부근의 무연탄전이 서선중앙철도의 연선에 있었다. 이와 같이 대개 사설철도의 수송에 의지하는 곳이 많았기 때문에, 철도수송력이 이들 광물의 증산을 가로막았다. 이러한 사실에 비추어, 북선척식선[고무산(古茂山)-무산], 서선중앙철도의 일부 승호리(勝湖里)-신성천(新成川) 간 및 황해선 전체를 1944년(昭和 19) 4월 1일로 국가에서 매수해 그 운영의 강화를 도모하고 있다. 또한 황해선은 협궤철도여서 수송력이 충분하지 못해 철광석의 증산에 대응할 수 없었다. 이에 차량의 증비(增備), 선로 용량의 증가를 도모하는 동시에, 하성-사리원(沙里院) 간 약 40km의 건설공사를 급속하게 시행하여, 1944년 10월 1일 광궤 개축을 마치게 되었다. 또한 함경북도 북청(北青) 부근의 철광 개발을 위해, 북청-상본궁(上本宮)[산풍(山豊)] 간 43km에 철도 건설공사를 급속하게 시행하는 중이다. 이에 북청철산선(北青鐵山線)은 현재 노반공사는 거의 완료되어 궤도의 부설을 기다리고 있다.

또한 선로의 증강에 대응해서, 여객 열차의 압축 및 연결 차량의 증차인(增車引), 화물 증적(增積)을 시행하여 차량의 운용 효율을 높이기 위해 노력하고 있다. 한편, 철도 수송에 대해 밀접한 관계를 가진 항만 하역 시설을 증강하도록 해서, 남선 여러 항구 및 조선 내 주요 항의 확충공사를 시행 중이다. (교통국 공무과·운수과)

6) 전가화물 및 기타 조선 내 중요물자 수송상에 문제가 있는 장소의 상황과 그 대책

(1) 전가화물 수송상의 문제

① 선로

만철 안봉(安奉)·봉산(奉山) 두 노선의 복선 완성에 대응해서 조선철도의 복선화를 급속하게 완성할 필요가 있다. 물동(物動) 및 기타 사정으로 인해 특수한 방법을 강구하지 않으면 예정된 완성 시기를 확보할 수 없기 때문에, 비상조치로 만철에서 궤조(軌條, 레일) 및 부속품 220km 분량을 잠시 융통해서 받게 되었다. 현재 신속하게 공사 중으로, 1945년(昭和 20) 2월 말에는 3대 교량[청천강(淸川江), 대령강(大寧江) 및 왜관(倭館) 낙동강(洛東江) 교량] 구간과 남시(南市)-신의주(新義州) 간[양시선(楊市線)]을 제외하고는 모두 복선으로 개통할 예정이다. 3대 교량에 관해서는 구형(構桁)[168]의 제작과 가설에 시일이 필요해, 1945년 말까지 순차적으로 완성할 예정이다.

② 조차장

조차장 시설에 대해서는 조선 내에서 발생하는 낡은 레일도 충당하여, 대개 1944년도(昭和 19) 중에는 월간 50만 톤 정도의 전가화물 수송이 가능하도록 부산, 경성[수색(水色)], 평양의 각 조차장을 증강하고 있다.

③ 항만시설

부산, 마산, 목포 등의 남선 여러 항만의 시설은 그 증강에 힘껏 노력하고 있다. 앞서 설명한 조차장과 마찬가지로, 1944년도 말에는 월간 50만 톤의 대일(對日)물자의 적출이 가능하도록 측선(側線)[169] 부설, 하치장(荷置場) 증설, 하역 기계의 확충 등 공사를 시행 중이다.

168 트러스 보. 교량의 부재(部材)를 세모꼴로 짜서 맞춘 도리이다.
169 철도 선로의 본선 이외의 대피선(待避線) 따위의 선로를 말한다.

또한 앞으로의 수송 증가에 대응하기 위해 부산에 화차 항송(航送) 설비를 신설하는 동시에, 적기(赤崎)[170]지구에 안피(岸避)를 축조했다. 목포항에는 대안의 삼학도(三鶴島)에 항만시설을 축조하고 여기에 이르는 철도를 부설할 계획을 수립해서 1944년도부터 착공했다.

(2) 차량의 증비(增備)

차량은 전가화물이 격증하면서 현저하게 부족해졌다. 이에 따라 여객열차의 대폭 압축, 조선 내 화물의 수송 제한 등의 여러 방책을 강구하여 기관차·화차를 염출해서 이를 전용하고 있다. 한편, 차량의 신규 제조는 1945년도(昭和 20) 기관차 100량, 화차 1,600량으로도 도저히 1945년도 수송 계획을 충족하기가 어려워서, 종래와 같이 대륙철도에서 차입할 예정이다. 또한 차량의 증비·복선화의 완성에 따라 조차장·기관고·차량 수선공장의 확충, 급수시설의 증비 등에 정비가 필요하기 때문에 1945년도 이후 다시 추가 확충할 계획이다.

(3) 조선 내 중요물자 수송상의 문제점

조선 내 중요물자의 수송에 대해서는 그 수송량이 큰 경원·함경·평원·만포의 각 노선은 기설 능력으로는 도저히 원활한 수송을 기할 수 없기 때문에, 경원·함경선의 일부를 복선화하고, 선로 개량, 신호장 설치, 기관고의 확충 및 급수 설비 개량 등을 실시해서 수송력의 증강에 힘쓰고 있다. (교통국 공무과)

7) 철도방위계획 및 시설의 대요(大要)

(1) 방위 조직 및 방위 사무 개요

교통국은 총독부령에 기초해 관계 군(軍) 및 도(道)와 협의하여 매년 방공 계획을 설정·실시하고, 여기에 필요한 설비와 자재를 정비하고 있다. 방공조직은 방공 시에 수송 업무를 원활히 수행하는 것에 주안을 두고 평상 시의 업무 조직을 변경하지 않고 직접 방공활동에 이행할 수 있도록 고려하고 있다. 즉, 교통국에 방위 총본부를 두고, 교통국 전반의 지휘 통제

---

170 부산 남구에 위치한 적기만(赤崎灣) 지역을 의미한다.

에 따라 부산, 경성, 함흥 각 지방교통국에 지방교통방위본부를 설치하고 각 소관 구역의 방공계획 설정과 실시를 담당하게 하고 있다. 지방교통국 방위본부의 아래에는 방위 지부[각 지방국(地方局) 소관 지역 내의 철도사무소, 부두국(埠頭局), 건설사무소, 공장 및 항공관구소]를, 방위 지부의 아래에는 각 지구를 단위로 해서 편성한 방호단(防護團)을 설치해 방공의 실시를 맡기고 있다. 또한 방첩 및 모략의 방지 대책에 관해서는 "교통국 기·비밀(機祕密) 취급규정"을 제정하여 국(局) 내 기밀 취급을 강화하기 위해 노력하고 있다.

(2) 방위 시설

1937년도(昭和 12)부터 1940년도(昭和 15)까지는 주로 경보 전달용 통신 시설 및 등화관제 시설 등의 기본적인 설비를 마쳤으며, 1941년도(昭和 16)부터 국제정세의 급변에 따라 수송 중추기관의 방호에 중점을 두고 그 시설 강화에 노력하고 있다. 즉, 중요 지구에서 내탄적(耐彈的) 수송사령소의 설치, 통신 시설의 내탄 분산 설비, 소화용 저수조의 설치, 기관차 예비 급수 설비, 기관차 방폭(防爆) 및 방탄 설비, 기관차 전향선(轉向線) 설비, 운전용 유지(油脂) 격납고 분산 설비 등을 시행·정비 중에 있다. 이들 시설에 필요한 경비는 선로 및 건축물의 신설 또는 개축에 따른 부대(附帶) 방공 설비를 포함해 1943년도(昭和 18)까지 약 1,700만 엔에 달한다.

(3) 방위 훈련

방위 훈련의 기본 방침은 군(軍) 방공에 즉응해서 공습 아래의 수송력 확보, 이 중 특수 수송의 완수를 도모하기 위해 중요 시설의 방호 및 인적 자원의 확보를 주안점으로 하여, 항상 과감하고 강인한 방위정신을 견지·앙양하고 있다. 또한 시설·자재의 불비·부족을 보충하고, 방호 기능을 최고도로 발휘할 수 있도록 수시로 훈련하고 있다.

(4) 노무의 확보

공습에 대한 공포, 선전·모략 등으로 인한 하급 노무자의 도망에 관해서는 정신훈련, 대피호(待避壕)의 정비, 식량 비축 등을 통해 물심양면으로 그 안정책을 강구하여, 산일(散逸) 방지를 도모하고 있다. 이와 함께, 각 직장에 방략실천반(防略實踐班)을 결성하도록 하여 자위 결속을 강고히 하며, 직장을 포기하는 것을 저지하고 있다. 또한 복구 등의 공사용 노무자에 관해서는 교통국 건설공사에 사용 중인 것을 전용하도록 하고, 부족 노동력에 관해서도 노무자 확보에 노력하고 있다. 별도로 연선에 거주 중인 청장년들로 조직된 철도애호단(鐵道愛護團)을 연성·훈련시켜 필요에 따라 동원할 수 있도록 계획하였다.

(5) 방공 자재

방공 시설과 병행해서 저장 준비가 필요한 방공 자재는 매년 충족을 꾀하고 있다. 그 대강은 다음과 같다.

① 방공용품

a. 소화용품

가솔린 펌프(소형) 36대

완용(腕用) 펌프 104대

물통 양동이, 기타

b. 방호용품

방독면 19,100개(주요 방호지구 종사원 4만 3,000명의 4할 4푼의 배포율에 상당함)

방독복 1,600벌(주요 방호지구 방독 요원 수의 약 절반에 상당함)

c. 구급용품, 기타

철구(鐵兜) 20,400개

구급용 약품 360상자

이외에 들것을 상당수 배포함

② 복구 자재

복구 자재인 철강 자재의 준비에 관해서는 현재 남은 분량이 충분한 상태이다. 어쩔 수 없는 유사시에는 비교적 불요불급하다고 인정되는 지방의 지선(支線)을 철거해 전용하는 것으로 계획을 수립하여 만반의 준비를 강구하고 있다. 또한, 물동 계획이 허락하는 한에서 자재의 신규 획득에 노력하고 있다. (교통국 정비과)

8) 비상사태에 처한 긴급 대책 정비

교통국에서의 비상대책은 공습에 의한 수송 방해 및 총후(銃後) 교란 등을 방지하는 경우와, 오로지 북방 작전을 맞이하여 특수수송의 완수를 목표로 할 경우의 두 가지가 있다. 양자는 그 중점에 다소 차이가 있지만, 지하(地下) 모략 등에 대비하는 방모(防謀)·경비(警備)·경계 및 철도·항만·여러 기술 공작물 등의 피해에 대한 응급 복구 대책에 관해서는 장기적인 사항을 정한 영년(永年)계획과 매년 갱신할 필요가 있는 연도계획을 수립해서 비상사태를 극복하는 데 유감이 없도록 하고 있다.

(1) 비밀로 감춰 둘 필요가 있는 문서와 도면의 작성(調製)과 수발, 보관 등에 관해서는 엄중한 취급규정에 따라 단속하고 있다. 또한 전보의 경우는 암호를 사용하는 등 방첩의 강화를 꾀하고 있다.

(2) 경비·경계 방책에 관해서는 자체 경비책으로 교통국 국원을 주체로 하고, 나아가 전 조선 각지에 보조기관으로 철도애국단(鐵道愛國團)을 조성하도록 해서 단원을 연마하고 육성(錬成)시키고 있다. 이를 통해 필요에 따라 감시·순회 등을 이용해 경계를 담당하도록 하고 있다. 또한 일부 중요 공장에 대해서는 모략·침입을 방지하기 위해 특히 엄중하게 경계하고 있다.

또한 병기(戎器)를 이용한 경비가 필요하다고 인정되는 장소에 대해서는 그 구역과 개소, 기관의 성능, 중요도 등을 각 관계 방면에 연락하고, 경찰기관의 실력에 의한 경비를 요청하고 있다.

(3) 방공 대책으로는 이밖에 방공법(防空法)에 의거한 관서(官署) 방공 설정자로 소관 교통기관에 대한 방공계획을 설정하고, 이를 통해 방공을 실시하는 것으로 되어 있다.

그리고 본 계획은 관계 군(軍)과 조선총독으로부터 지령을 받은 공습 판단 및 계획 작성 요강, 기타에 기초하여, 남북 어느 방면의 공습에 대해서도 곧바로 실시할 수 있도록 전 조선에 걸쳐 다음 사항에 관해 상세한 계획을 책정하고 있다. 곧, 그 내용의 일단을 서술하면, 방공통신, 등화관제, 방호 감시, 방탄(防彈), 위장, 소방, 소화, 방독(防毒) 구호(救護) 분설(分設), 소개, 대피, 자재 배급, 응급 복구 등 공습으로 인하여 일어날 만한 모든 사항을 포함하였다. 특히 중요 교량 등의 응급 연락 및 복구 등에 관해서는 일정하게 상정하여 교량, 통신소 등에 응급연락 설비 우회 또는 대용시설, 가설비, 본(本) 복구 등으로 나눠 자재와 노동력 방법 등을 상세하게 계획하고 있다.

(4) 다음으로 특수수송 완수에 관한 계획에 관해서는 당국으로부터의 지시에 따라서 주도한 계획 및 대책을 수립하여 유감없게 하고 있다. (교통국 정비과)

13. 해방 직전 조선철도의 실태

〈자료 151〉 朝鮮關係殘務整理事務所交通班, 1980, 「終戰前後の運輸狀況(1946.05.)」, 『朝鮮終戰の記錄 : 資料篇』, 巖南堂書店, 160~168쪽.

1) 교통국의 조직 및 종업원

(1) 교통국의 소관 사항

조선총독부 교통국은 1943년(昭和 18) 12월 1일 해륙 운수행정 일원화의 요청에 따라 설치한 것으로 조선에서 해(海)·육(陸)·공(空)의 운수 업무 전반을 관장했고, 그 업무는 다음과 같이 매우 광범위했다.

① 국유철도와 그 부대사업의 운영
② 사설철도·궤도·자동차 교통사업·소운송, 기타 육운(陸運) 감독
③ 선박·조선·선원·항로 표지, 기타의 수운(水運) 및 항로 표지 부속 설비에 의한 기상관측
④ 항만 및 항만 내 공유수면에 관한 사항
⑤ 개항 단속에 관한 법령의 시행에 직접 필요한 항 내 행정·경찰에 관한 사항
⑥ 창고 영업에 관한 사항
⑦ 항공에 관한 사항

교통국에 총무·감리·운수·해사(海事)·항공·공무·항만·전기·공작·경리·자재의 11과를 두어 사무를 분장했다.

(2) 교통국의 조직

① 본국 직할 관서는 다음과 같았다.

[북선(北鮮)은 북위 38도 이북 지역, 남선(南鮮)은 그 이남 지역을 말한다. 이하 동일]

(단위: 개소)

	북선	남선	계
건설사무소	3	3	6
공장	1	2	3
항공관구소(航空管區所)	1	2	3
기술연구소		1	1

그 밖에 중앙종사원(從事員)양성소·교통종사원양성소·고등해원양성소·해원양성소·보통해원양성소가 있었다.

② 다음의 지역에 지방교통국(순천·평양은 지방운수국이라고 칭함)을 설치해서 교통국의 사무를 분장했다.
부산·순천·경성·평양·함흥

③ 지방교통(운수)국 소관의 관서(官署)는 다음과 같다.

(단위: 개소)

	북선	남선	계	소관국				
				경성	부산	순천	함흥	평양
철도사무소	3	3	6	3	1		1	1
부두국(埠頭局)	4	3	7	2	1	1	2	1
부두국 분국	10	6	16	5	1	1	8	1
부두국 출장소	63	7	70	37	5	2	26	
부두국 감시서	3	1	4	3			1	
공장	3	1	4		1		2	1

(3) 교통국의 종사원

교통국의 1945년(昭和 20) 4월 말 종업원은 다음과 같다.

(단위: 명)

구분	고등관	판임관 (판임관대우 포함)	고원	용인	촉탁	합계
인원	350	11,110	33,020	61,919	349	106,748

위 총인원의 내역은 다음과 같다.

(단위: 명)

구분	일본인	조선인	중국인	그 외 휴직·휴무자
인원	31,783	74,964	1	7,134

이 중 여자 종업원은 다음과 같다.

(단위: 명)

구분	일본인 여자 종업원	조선인 여자 종업원
인원	2,237	1,102

비고: 1944년도(昭和 19) 말 철도 영업 거리 1km당 평균 인원은 20.2명이었다. 이는 철도 관계 이외를 포함한 교통국 전체 인원에 대한 것이었다.

2) 철도

(1) 국유철도

주요 상황을 보면 다음과 같다.

① 영업거리[1945년(昭和 20) 9월 1일 현재]

(단위: km)

	광궤	협궤	합계
남선	2,058.8	89.6	2,148.4
북선	2,476.6	413.3	2,889.9
합계	4,535.4	502.9	5,038.3

[이 중 전기 운전구간은 복계(福溪)·고산(高山) 간, 북선 53.9km]

② 국유철도 재적 차량 수[1945년(昭和 20) 7월 31일 현재]

(단위: 량)

	광궤	협궤	합계
기관차	1,019	111	1,130
객차	1,882	145	2,027
화차	14,209	1,038	15,247

③ 1944년도(昭和 19) 국유철도 개산(概算) 영업 수입

(단위: 원)

구분	여객 수입	화물	기타	합계
금액	200,500,000	150,000,000	13,600,000	364,100,000

(2) 사설철도

조선에서는 일정 조건 아래 보조금을 줘서 사설철도의 발달을 촉진해 왔는데 개황은 다음과 같다.

① 경영 주체

구분	주식회사	공공단체
개수	18	2

② 영업 거리[1945년(昭和 20) 9월 1일 현재]

(단위: km)

구분	광궤	협궤	합계
남선	428.7	125.4	554.1
북선	667.8	173.1	840.9
합계	1,096.5	298.5	1,395.0

비고: 북선의 광궤에는 상삼봉(上三峰)·나진(羅津) 간 198.5km를 포함한다.

③ 사철 차량 수

(단위: 량)

구분	북선	남선	합계
기관차	97	47	144
객차	135	111	246
화차	984	470	1,454

④ 1944년도 운송량

(단위: 명, 톤)

구분	여객	화물
내용	24,066,000	5,495,000

⑤ 1944년도 실적 개요[1945년(昭和 20) 12월 31일]

(단위: 원)

구분	투자액	영업 수입	영업 지출	영업 수익금
금액	187,000,000	30,688,000	23,455,000	7,233,000

⑥ 1944년도 보조 금액: 651만 6,149원

3) 1944년도 국유철도 주요 시설의 증강

1944년도(昭和 19) 조선철도는 전황이 점점 급박해지면서 국내 자급 태세 확립에 따른 대륙 전가(轉嫁)화물[171]의 증송(增送) 요청과 조선 내 전력(戰力) 물자의 증산에 의한 증송 요청에 대응하여 전가화물에서는 전년도 대비 3배 증가한 550만 톤, 재래(在來)화물에서는 전년도 대비 18% 증가한 3,050만 톤, 총계 3,600만 톤을 계상(計上)하였고, 연톤천(延瓲粁)에서 실로 전년도 대비 50% 증가한 수송력을 확보했다.

한편 여객은 전년도 대비 24% 정도 대폭 수정을 염두에 두고 수송 계획을 수립했다. 이를

171 전가화물은 전가 수송에 의한 화물이다.

위하여 각종 자재의 핍박을 극복하고 많은 부문에 걸쳐 강력한 수송력 증강 운동을 전개함으로써 수송의 완수를 기하였다. 시설 측면은 간선 수송력의 획기적 증강, 전력 물자 수송책을 강구했다. 그러나 극도의 자재 부족 때문에 매번 큰 곤란에 빠졌고 자재의 입수 획득, 예정 계획의 변경 등 이 기간의 어려움은 극히 컸다. 1944년도(昭和 19) 중에 완성했던 시설 관계, 기타 사항의 주요한 것은 다음과 같다.

(1) 경부·경의선의 복선 완성

부산·안동 간 938.9km 중, 복선 미완성 구간 연장 295.7km의 경우 1944년도(昭和 19) 물동(物動)[172]으로는 시설이 곤란했다. 그런데 1944년(昭和 19) 7월 18일 중앙에서 급속히 완성할 필요를 느꼈다. 이에 남만주철도주식회사에서 소요 자재의 일부로서 레일(軌條) 212km분을 철거, 융통하여 1944년(昭和 19) 12월까지 완성하는 것으로 각의(閣議)의 양해가 성립되었다. 여기에 조선 내 자재를 아울러서 온갖 노력을 기울여 완성에 힘쓴 결과 1944년(昭和 19) 12월 복선의 레일이 연결되었다. 나아가 정비에 노력해 1945년(昭和 20) 2월 25일로 준공하여 전 구간의 복선 운행이 개시되었다.

(2) 황해본선[사리원(沙里院)-하성(下聖) 간]의 완성

하성의 철광석을 긴급 증산할 목적으로써 1943년(昭和 18) 10월 각의에서 결정되었던 황해본선(黃海本線) 41.7km의 신설 공사는 관계 종업원과 국외(局外) 관계자의 대단한 노력으로 각의 결정대로 진척시켰다. 1944년(昭和 19) 10월 1일 영업 개시에 나서 철광석의 증산에 기여하였다.

(3) 백무선의 전체 개통

전력 증강상 중요 자원인 목재의 반출을 서두르고, 연초부터 공사를 예의 촉진시켰던 백무선(白茂線)(협궤)의 미개업 구간, 즉 연사(延社)-무산(茂山) 간 54.9km는 1944년(昭和 19) 12월 1일부터 영업을 개시하여 다년의 현안이었던 백무선을 전체 개통하였다.

---

172 물자동원계획의 줄임말.

(4) 주요 간선의 증강 기타

대륙 전가물자의 증송에 따라 중계항(中繼港)으로 설정된 부산·마산·여수·목포·울산 각 항의 철도 종단 시설 및 간선의 부대 시설인 조차장(操車場)·기관차고·급수급탄(給炭) 시설의 증강, 전기 관계 공사, 차량 공장의 강화 등을 꾀해 현저히 공사의 진척을 보았다.

(5) 영업선의 철거와 전용(轉用)

1944년도(昭和 19) 철도의 증강계획 완수를 위해 필요한 강재(鋼材)는 물동 할당으로 충족하는 것이 불가능했다. 그러나 시설의 증강이 긴급하게 필요하여 다음과 같은 기설 영업선 약 169km를 철거하고, 여기서 얻은 강재로 간선의 강화, 중요물자의 증강 등 긴급하고 불가결한 노선의 부설에 전용하여 수송력 강화를 꾀했다.

국유 광주선[광주(光州)-담양(潭陽) 간 21.5km]
1944년(昭和 19) 11월 1일 중지
국유 경북선[점촌(店村)-경북 안동(慶北安東) 간 58.2km]
1944년(昭和 19) 10월 1일 중지
사설 금강산전철선[창도(昌道)-내금강(內金剛) 간 49.2km]
1944년(昭和 19) 10월 1일 중지
사설 경남철도 경기선[안성(安城)-장호원(長湖院) 간 41.4km]
1944년(昭和 19) 12월 1일 중지

4) 1944년도의 국유철도 수송 개황

(1) 화물 수송

1944년도(昭和 19) 상반기 철도 수송 상황은 매우 순조로웠다. 일반 화물은 예상보다 높은 실적인 1,508만 톤을 기록했는데, 대륙 전가화물은 배선(配船)의 감소에 따라 7월 이후 부산 부두에 있는 화물이 누증하고 출발지의 사정과 맞물려 실적이 189만 톤으로 계획 대비 80% 수준을 기록했다. 하반기에는 8월 이후 배선 부족에 의하여 남선 모든 항구 부두에 있는 화물이 누증하고 부두 하역 노동이 부진함에 따라 열차 운행에 정체가 초래되었다. 또한 11월 하순 이후 운전용 석탄의 유례없는 부족에 의해 부득이하게 일부 열차가 운행 중지되어, 화물 수송은 극도로 수축될 수밖에 없었다. 일반 화물에서는 1,254만 톤, 계획 대비 77%의 실적을 보였다. 대륙 전가화물에서는 이상의 사정 외에 출발지의 사정도 더해져 151만 톤, 계획 대비 59%의 실적을 보였다.

이리하여 1944년도(昭和 19) 연간을 통틀어, 일반 화물 2,762만 톤(계획 대비 82%), 전가화물 340만 톤(계획 대비 67%)의 실적으로, 전년도와 비교하면 다음과 같은 성적을 보였다.

(단위: 톤, %)

구분	1944년도 총수송 톤수	1944년도 총수송 연(延) 톤수
톤수	31,015,290	10,772,437,890
전년 대비 증가율	12.6	16.0

(2) 여객 수송

수송 거리 1,000km에 가까운 대륙 전가화물의 증송이 조선철도의 수송력에 미치는 영향은 매우 컸다. 시국의 요청에 의한 화물 수송의 강화는 여객 수송을 크게 압축시켰다. 1944년도(昭和 19) 연초부터 결전비상조치에 의한 여객 수송 제한이 단행되었는데, 하반기 운전용 석탄의 부족은 다시 여객 수송의 압박을 강화하게 되었다. 실적은 다음과 같은데, 과거 매년 10% 내지 20% 체증(遞增)을 유지해 온 여객 수송은 1944년도에 처음으로 감소를 보기에 이르렀다.

(단위: 명, km, %)

구분	1944년도 총수송 인원	1944년도 수송 인원 총운송거리(延人粁)
명수	106,372,624	8,752,176,838
전년 대비 증가율	-17.2	-1.5

5) 1945년도 상반기의 국유철도 정비 계획

1945년도(昭和 20) 상반기의 철도 정비계획은 오로지 조선 제4350부대의 지도에 의해 긴박한 전국(戰局)에 대응하여 공사를 서둘렀고, 육군의 원조와 종사원의 많은 노력에 따라 순조롭게 진전되었다. 상반기 철도 정비 계획은 다음과 같았다.

(1) 방침

① 방공 대책과 보수(補修)를 중점으로 하고 시설 확충은 주요 간선의 증강, 중계항에서 종단(終端) 시설의 강화 및 일부의 철도 재편성에 한정하며, 우선 1945년(昭和 20) 6월 말까지 완성할 것을 중시한다. 그 밖에 1945년 중기 이후가 되어서야 효력을 기대할 수 있는 것은 원칙적으로 중지한다.

② 조선군의 작전계획에 의거하여 철도 사용을 준비한다.

(2) 요령

① 방공 대책

우선 1945년(昭 20) 6월 말을 목표로 주요 간선과 전장(戰場)이 될 것으로 예상되는 지역의 철도 방공대책을 속히 개략적으로 만들어 놓고 되도록 빨리 이를 완성하도록 한다. 이를 위해,

a. 특히 중요하되 취약한 교량은 복구 준비를 완성하고 아울러 할 수 있는 한 우회교량을 완성한다.

b. 차량 방호, 공장의 분산 방호, 기관고·조차장·통신 대책을 실시한다.

c. 응급 연락을 준비한다.

d. 종사원 대책을 확립한다.

② 유지

a. 고정 시설은 주요 간선의 보수를, 윤전(輪轉) 재료는 기관차 및 화차의 보수를 최우선으로 한다.

b. 소요 자재는 조선 내 불급불요(不急不要)한 자재를 철거하여 전용한다.

③ 시설의 확충

a. 경부·경의 간선

- 대령강(大寧江)·청천강(清川江)·왜관낙동강(倭館洛東江)의 3대 교량의 복선화는 급속히 완성한다. 그리고 청천강은 철도대(鐵道隊)에서 먼저 우회교량을 가설하고 공기(工期)는 세 교량 모두 1945년(昭和 20) 6월 말까지 완성한다.
- 부산·평양·대전 조차장은 우선 1945년 5월 말을 목표로 하여 1944년도(昭和 19) 현재 보유 능력을 유감없이 발휘할 수 있도록 조차장 설비를 급속히 정비하고, 그다음에 가능한 한 능력의 증강을 꾀한다. 부산 조차장 확충을 위해 철도 병력을 지원한다.
- 공장·기관차 증강을 위해 철도대 병력 및 기재(器材)를 지원한다.

b. 남선 종단시설

- 부산지구 : 되도록 빨리 조차 집적 및 항만 능력의 증강을 꾀한다. 우선 1945년(昭和 20) 4월 말을 목표로 현재의 애로 부문을 급속히 보강한다.
- 울산지구 : 1945년 3월 말까지 울산·울산항 간의 철도 건설을 완성한다.
- 포항지구 : 포항항의 이용에 유감없게 하기 위해 경주·포항 간의 철도는 가급적 빨리 준궤(準軌)[173]로 바꾼다.
- 삼척지구 : 대략 1945년 9월 말까지 묵호항(墨湖港)의 현재 보유 능력을 완전히 발휘할 수 있도록 정비한다. 또한 양양(襄陽)·묵호항 간의 철도를 이에 즉응하도록 급속히 건설을 촉진한다. 필요한 자재의 대부분은 관동군(關東軍)에서 전용한 것을 사용하고 일부 현지에서 철거 전용한 것을 사용한다.
- 평원선의 증강 : 대략 1945년 6월 말까지 현재 선로 용량 직통 17열차를 24열차로 증강한다. 이를 위해 작업의 일부에 철도대 병력을 지원한다.
- 만포선 : 속히 현재 선로 용량 직통 11열차를 14열차로 증강한다.

---

173 표준궤. 레일의 폭은 1,435mm이다. 그보다 좁은 것을 협궤(1,067mm), 넓은 것을 광궤(1,524mm, 1,674mm)라 한다.

④ 자활 태세의 확립

특히 운전용 석탄의 자활을 촉진한다.

6) 1945년 초 국유철도의 수송 태세와 수송 실적

(1) 대일(對日) 전가화물의 군사 수송 처리

최고전쟁지도회의의 결정에 의거, 대일(대(對)대륙) 중요 총동원 물자의 수송을 확보하기 위하여 대륙철도 수송(대륙 중계항에서 선박 양탑(揚搭) 작업을 포함)을 군사 수송으로 처리하기로 하고 1945년(昭和 20) 3월 1일부터 실시하였다.

군사 수송으로 처리해야 할 중요 총동원 물자의 범위는 선만지(鮮滿支)에서 대륙철도를 통하여 조선 항만을 중계항으로서 일본에 환송시키는 것으로 하고, 발송지에서 중계항의 선박에 대한 탑재 작업까지를 군수품으로서 육군의 책임으로 처리하는 것이므로, 대륙철도 수송의 계획과 처리는 대륙철도사령관이, 선박에 대한 양탑 작업은 선박사령관이 담임했다.

(2) 조선철도의 군사 사용에 관한 칙령의 실시

조선철도는 1945년(昭和 20) 3월 10일부터 철도의 군사 사용에 관한 칙령[1942년(昭和 17) 7월 17일]이 실시되었다. 조선철도 군사 수송의 실시에 관하여 교통국장은 다음과 같이 육군 관헌의 지휘·감독을 받게 되었다.

① 조선철도의 군사 수송은 선만에 일관하는 경우 관동군 사령관의 위임에 의거하여 대륙철도사령관의 지휘·감독을 받는다.
② 마찬가지로 선만에 일관하지 않는 것은 조선군 관구(管區) 사령관의 위임에 의거하여 대륙철도사령관의 지휘·감독을 받는다.

(3) 수송 실적

1945년(昭和 20) 4월 점점 공습이 격해지는 상황에서 결전 수송이 개시되었다. 4~6월 3개월간의 수송 완수는 실로 핍박했던 전국(戰局)하의 황토(皇土) 결전과 곤란 타개에 직결되는 일대 사명이 되었다. 국내(局內)는 모두 필사정신(必死挺身)으로 모든 곤란을 타개하고 수송의 완수를 기하였다.

이 기간에는 전국 아래 군의 요청에 즉시 대응하고 군사 수송의 완수를 최우선으로 했으며, 대일 대륙 물자의 완송(完送)에 노력하는 동시에 조선 내 중요 총동원 물자·선만 교류 총동원 물자의 긴급 한도 수송 완수를 기했으므로, 수송력의 최대한 발휘를 위하여 열차 시각을 개정했다.

따라서 여객 수송은 종래에 비하여 한층 압박을 받았다. 간선 주요 구간도 직통 2대 정도로 하고 부산·신경(新京) 간은 급행 1대를 남기고 나머지를 전부 중지하였다. 화물 수송 또한 일반 수송은 기존의 수송을 반감할 수밖에 없었고, 이 때문에 조선 내의 중요물자 수송에 심대한 영향을 끼쳐 선내의 일부 경제·산업 부문에 치명적인 영향을 주기도 했다. 결전 수송 완수를 위한 일시적 타격은 어쩔 수 없었다. 또한 군사 사용에 관한 칙령이 실시되어 철도대의 진출과 동반하여 군에서 자재의 지원을 얻어 철도방위의 완비, 수송력 강화에 응급조치를 강구하고 모든 사태에 즉시 대응하여 유감이 없도록 하였다.

그리고 대일 대륙 물자의 남선 중계 수송 경로는 공습의 격화에 따라 위험성이 증대하여 이를 북선 항만으로 전환하는 계획을 세우고, 이에 대응할 항만 및 철도에 관하여 힘껏 강화를 서둘렀다.

이리하여 6월 하순, 군사 수송과 대일 대륙 물자를 중심으로 하는 결전 수송은 대부분 순조로운 성적으로 종료되었는데, 일반 화물 및 여객 수송에 주었던 영향은 심대했다. 4월 이후 7월에 이르는 기간의 수송 성적은 대체로 다음과 같다.

(단위: 톤, 명)

구분	화물 수송 총톤수	화물 수송 중 대일 전가	화물 수송 중 조선 내 군자(軍資)	여객 수송 인원*
4월	2,364,645	387,543	359,380	7,203,174
5월	2,750,433	400,809	453,684	7,249,347
6월	2,635,558	273,665	490,296	6,834,076
7월	2,170,052	258,303	496,391	6,652,060

비고: * 여객 수송 인원은 통과 인원을 포함하지 않은 개산(概算)이다.

Ⅲ

관련 법령

해제

Ⅲ장에서는 일제 시기에 제정된 조선철도 관련 주요 법령을 번역 수록했다. 1. 조선총독부철도국관제, 2. 조선총독부철도국사무분장규정, 3. 조선국유철도건설규정, 4. 조선사설철도보조법이다. 법령의 최초 제정부터 이후의 변화 과정을 통시적으로 살펴볼 수 있도록, 수록 내용에는 제정과 개정 내역을 모두 포함했다.

1. 조선총독부철도국관제와 2. 조선총독부철도국사무분장규정은 총독부의 철도 관련 기구 및 사무의 조직체계를 정한 규정이다. 각 시기별 변화에 따라 총독부 내에서 철도 관련 기구의 위상과 규모가 변화해 간 양상을 상세히 확인할 수 있다.

3. 조선국유철도건설규정은 철도 공사 및 차량 등의 건설 규격을 정한 규정이다. 선로의 궤간, 건축한계, 곡선, 궤도 규격, 신호등 규격, 선로 내 표식, 차량의 규격, 기관차 장치 등의 관련 규정이 포함되어, 일제 시기 조선철도 공사의 상세한 법적 근거를 확인할 수 있다.

4. 조선사설철도보조법은 일본 정부가 조선 내에서 민영으로 철도를 부설·운영하는 사설철도회사들에 지급하는 보조금을 정한 규정이다. 이 법령은 조선총독부에서 제정하는 하위 법령이 아니라 일본 정부가 규정하는 상위 법령으로, '일본제국'이라는 큰 틀 속의 하나의 부품으로서 조선철도가 가진 식민성을 보여 주는 대표적 법령 중 하나이다. 구체적으로 보조금의 지급 비율, 지급 총액 상한, 지급 기간 등의 내용이 포함되었다.

1. 조선총독부철도국관제

〈자료 152〉 朝鮮總督府鐵道局官制

1910년(明治 43) 9월 30일 칙령 제359호

「朝鮮總督府鐵道局官制」, 『朝鮮總督府官報 第二十八號』, 1910.09.30.

제1조 조선총독부 철도국은 조선총독의 관리에 속하고 조선에서의 철도 건설, 개량, 보존, 운수 및 부대 업무 그리고 경편철도 및 궤도에 관한 사무를 관장한다.

제2조 철도국에 아래 직원을 둔다.

장관			
기감(技監)		1인	칙임(勅任)
참사(參事)	전임	6인	주임(奏任)
부참사	전임	4인	주임
참사보	전임	9인	주임
기사(技師)	전임	38인	주임(그중 2인을 칙임으로 할 수 있음)
통역관	전임	1인	주임
서기, 기수	전임	409인	판임(判任)

제3조 장관은 기감으로 충당하고 조선총독의 지휘감독을 받아 국무를 처리하며 부하직원을 지휘감독한다.

제4조 기감은 기술에 관한 사무를 처리한다.

제5조 참사는 상관의 명을 받아 국무(局務)를 관장한다.

제6조 부참사 및 참사보는 상관의 명을 받아 국무를 보조한다.

제7조 기사는 상관의 명을 받아 기술을 관장한다.

제8조 통역관은 상관의 명을 받아 통역을 관장한다.

제9조 서기 및 기수는 상관의 지휘를 받아 서무 및 기술에 종사한다.

제10조 조선총독은 필요하다고 인정되는 지역에 출장소를 설치해 근무를 분장할 수 있다.

〈부칙〉

본령은 1910년(明治 43) 1월 1일부터 시행한다.

본령 시행 시 현재 조선철도관리국에 재근하는 철도원 기감, 참사, 부참사, 참사보, 기사, 통역, 서기 및 기수는 사령(辭令)을 하지 않고 조선총독부 철도국 기감, 참사, 부참사, 참사보, 기사, 통역관, 서기 및 기수에 각기 같은 관등 봉급으로 임하도록 한다.

1911년(明治 44) 4월 4일 칙령 제79호
「朝鮮總督府鐵道局官制中改正」, 『朝鮮總督府官報 第百八十號』, 1911.04.10.

조선총독부철도국관제 중 아래와 같이 개정한다.

제2조 중 '6인'을 '7인'으로, '4인'을 '7인'으로, '38인'을 '48인'으로, '409인'을 '460인'으로 개정한다.

〈부칙〉

본령은 공포일부터 시행한다.

1912년(明治 45) 3월 27일 칙령 제29호
「朝鮮總督府鐵道局官制中改正」, 『朝鮮總督府官報 號外』, 1912.03.28.

조선총독부철도국관제 중 아래와 같이 개정한다.

제2조 중 '7인'을 '6인'으로, '44인'을 '39인'으로, '460인'을 '455인'으로 개정한다.

〈부칙〉

본령은 1912년(明治 45) 4월 1일부터 시행한다.

1913년(大正 2) 4월 26일 칙령 제67호
「朝鮮總督府鐵道局官制中改正」, 『朝鮮總督府官報 第二百二十三號』, 1913.05.01.

조선총독부철도국관제 중 아래와 같이 개정한다.

제2조 중 '부참사 전임 6인'을 '부참사 전임 9인'으로, '39인'을 '40인'으로, '455인'을 '502인'으로 개정한다.

〈부칙〉

본령은 공포일부터 시행한다.

1914년(大正 3) 5월 14일 칙령 제92호

「朝鮮總督府鐵道局官制中改正」, 『朝鮮總督府官報 第五百三十九號』, 1914.05.19.

조선총독부철도국관제 중 아래와 같이 개정한다.

제2조 중 '40인'을 '41인'으로 개정한다.

〈부칙〉

본령은 공포일부터 시행한다.

1915년(大正 4) 3월 29일 칙령 제38호

'朝鮮總督府鐵道局官制中改正', 『朝鮮總督府官報 號外』, 1915.03.30.

조선총독부철도국관제 중 아래와 같이 개정한다.

제2조 중 '부참사 전임 9인'을 '부참사 전임 8인'으로, '참사보 전임 9인'을 '참사보 전임 8인'으로, '41인'을 '40인'으로 개정한다.

〈부칙〉

본령은 1915년(大正 4) 3월 31일부터 시행한다.

1916년(大正 5) 5월 25일 칙령 제145호

「朝鮮總督府鐵道局官制中改正」, 『朝鮮總督府官報 第千百四十五號』, 1916.05.30.

조선총독부철도국관제 중 아래와 같이 개정한다.

제2조 중 '장관'을 '장관 칙임'으로, '기감 1인 칙임'을 '이사 전임 1인 칙임'으로, '6인'을 '5인'으로, '502인'을 '514인'으로 개정한다.

제3조 중 '기감으로 충당하고'를 삭제한다.

제4조 이사는 상관의 명을 받아 국무를 처리한다.

〈부칙〉

본령은 공포일부터 시행한다.

1917년(大正 6) 7월 31일 칙령 제79호

「朝鮮總督府鐵道局官制廢止」, 『朝鮮總督府官報 號外』, 1917.07.31.

조선총독부철도국관제를 폐지한다.[174]

〈부칙〉

본령은 공포일부터 시행한다.

1925년(大正 14) 4월 1일 칙령 제84호

「朝鮮總督府鐵道局官制」, 『朝鮮總督府官報 號外』, 1925.04.01.

조선총독부철도국관제

---

174 '조선철도국관제'는 조선철도의 만철 위탁경영에 따라 1917년 7월 31일 폐지되어, 1925년 4월 1일 조선총독부 직영으로 환원된 이후 다시 제정되었다.

제1조 조선총독부 철도국은 조선총독의 관리에 속하며, 조선의 국유철도 및 그 부대 업무 그리고 사설철도 및 궤도의 감독에 관한 사무를 관장한다.

제2조 철도국에 아래의 직원을 둔다.

국장			칙임
이사	전임	1인	칙임
참사	전임	7인	주임
부참사	전임	22인	주임
기사	전임	55인	주임(그중 3인을 칙임으로 할 수 있음)
서기	전임	890인	판임
기수	전임	599인	판임

전항 직원 외 철도국에 철도수를 두고 판임관 대우로 한다. 그 정원은 조선총독이 정한다.

제3조 국장은 조선총독의 지휘감독을 받아 국무를 처리하고 부하 직원을 지휘감독한다.

제4조 이사는 상관의 명을 받아 사무를 관장한다.

이사는 국장 사고 시에 그 직무를 대리한다.

제5조 참사 및 부참사는 상관의 명을 받아 사무를 관장한다.

제6조 기사는 상관의 명을 받아 기술을 관장한다.

제7조 서기는 상관의 지휘를 받아 사무에 종사한다.

제8조 기수는 상관의 지휘를 받아 기술에 종사한다.

제9조 철도수는 상관의 지휘를 받아 사무 또는 기술에 종사한다.

제10조 조선총독은 필요하다고 인정되는 지역에 출장소를 설치하고 철도국 사무를 분장할 수 있다.

제11조 철도국에 철도종사원양성소를 부속 설치한다.

제12조 철도종사원양성소에 아래 직원을 둔다.

소장

교원 전임 14인 판임(그중 2인을 주임으로 할 수 있음)

사감

서기 전임 2인 판임

소장은 철도국부 내의 고등관 중에서 조선총독이 임명한다.

제13조 소장은 철도국장의 명을 받아 업무를 처리한다.

제14조 교원은 소장의 지휘를 받아 교육을 관장한다.

제15조 사감은 교원 중에서 조선총독이 임명하고 소장의 지휘를 받아 기숙사의 업무를 관장한다.

제16조 서기는 상사의 지휘를 받아 사무에 종사한다.

〈부칙〉

본령은 공포일부터 시행한다.

1927년(昭和 2) 8월 15일 칙령 제261호
「朝鮮總督府鐵道局官制中改正」, 『朝鮮總督府官報 第百九十五號』, 1927.08.22.

조선총독부철도국관제 중 아래와 같이 개정한다.

제2조 중 '부참사 전임 22인'을 '부참사 전임 23인'으로, '기사 전임 55인'을 '기사 전임 58인'으로, '서기 전임 890인'을 '서기 전임 906인'으로, '기수 전임 599인'을 '기수 전임 621인'으로 개정한다.

〈부칙〉

본령은 공포일부터 시행한다.

1928년(昭和 3) 8월 16일 칙령 제196호
「朝鮮總督府鐵道局官制中改正」, 『朝鮮總督府官報 第四百九十五號』, 1928.08.21.

조선총독부철도국관제 중 아래와 같이 개정한다.

제2조 중 '서기 전임 906인'을 '서기 전임 938인'으로, '기수 전임 621인'을 '기수 전임 640인'

으로 개정한다.

〈부칙〉

본령은 공포일부터 시행한다.

1929년(昭和 4) 11월 12일 칙령 제319호

「朝鮮總督府鐵道局官制中改正」, 『朝鮮總督府官報 第八百五十九號』, 1929.11.12.

조선총독부철도국관제 중 아래와 같이 개정한다.

제2조 중 '기사 전임 58인'을 '기사 전임 59인'으로, '서기 전임 938인'을 '서기 전임 946인'으로, '기수 전임 640인'을 '기수 전임 663인'으로 개정한다.

〈부칙〉

본령은 공포일부터 시행함

1930년(昭和 5) 8월 26일 칙령 제196호

「朝鮮總督府鐵道局官制中改正」, 『朝鮮總督府官報 第千九十九號』, 1930.08.30.

조선총독부철도국관제 중 아래와 같이 개정한다.

제2조 중 '서기 전임 946인'을 '서기 전임 968인'으로, '기수 전임 663인'을 '기수 전임 672인'으로 개정한다.

〈부칙〉

본령은 공포일부터 시행한다.

1932년(昭和 7) 7월 29일 칙령 제202호

「朝鮮總督府鐵道局官制中改正」, 『朝鮮總督府官報 第千六百七十一號』, 1932.08.02.

조선총독부철도국관제 중 아래와 같이 개정한다.

제1조 중 '및 궤도'를, '궤도, 기타 육운'으로 개정한다.

제2조 중 '부참사 전임 23인'을 '부참사 전임 14인', '기사 전임 59인'을 '기사 전임 55인'으로, '서기 전임 968인'을 '서기 전임 930인'으로, '기수 전임 672인'을 '기수 전임 637인'으로 개정한다.

제12조 중 '교원 전임 14인 판임(그중 2명을 주임으로 할 수 있음)'을 '교원 전임 7인 판임(그중 1명을 주임으로 할 수 있음)'으로, '서기 전임 2인'을 '서기 전임 1인'으로 개정한다.

〈부칙〉

본령은 공포일부터 시행한다.

1933년(昭和 8) 7월 1일 칙령 제171호

「朝鮮總督府鐵道局官制中改正」, 『朝鮮總督府官報 第千九百四十二號』, 1933.07.01.

조선총독부철도국관제 중 아래와 같이 개정한다.

제2조 중 '부참사 전임 24인'을 '부참사 전임 25인'으로, '기사 전임 55인'을 '기사 전임 56인'으로, '서기 전임 930인'을 '서기 전임 957인'으로, '기수 전임 637인'을 '기수 전임 668인'으로 개정한다.

〈부칙〉

본령은 공포일부터 시행한다.

1934년(昭和 9) 9월 4일 칙령 제258호

「朝鮮總督府鐵道局官制中改正」, 『朝鮮總督府官報 第二千三百一號』, 1934.09.08.

조선총독부철도국관제 중 아래와 같이 개정한다.

제2조 제1항 중 '기사 전임 56인'을 '기사 전임 57인'으로, '서기 전임 957인'을 '서기 전임

961인'으로, '기수 전임 668인'을 '기수 전임 664인'으로 개정한다.

〈부칙〉

본령은 공포일부터 시행한다.

1935년(昭和 10) 7월 16일 칙령 제199호
「朝鮮總督府鐵道局官制中改正」, 『朝鮮總督府官報 第二千五百五十六號』, 1935.07.20.

조선총독부철도국관제 중 아래와 같이 개정한다.

제2조 제1항 중 '부참사 전임 25인'을 '부참사 전임 27인'으로, '기사 전임 57인'을 '기사 전임 58인'으로, '서기 전임 961인'을 '서기 전임 1,037인'으로, '기수 전임 664인'을 '기수 전임 737인'으로 개정한다.

〈부칙〉

본령은 공포일부터 시행한다.

1936년(昭和 11) 2월 18일 칙령 제14호
「朝鮮總督府鐵道局官制中改正」, 『朝鮮總督府官報 第二千七百三十一號』, 1936.02.22.

조선총독부철도국관제 중 아래와 같이 개정한다.

제1조 조선총독부 철도국은 조선총독의 관리에 속하고 아래 사무를 관장한다.

1. 국유철도 및 이에 관련한 국영자동차 및 그 부대 업무에 관한 사항
2. 사설철도, 궤도, 기타 육운 감독에 관한 사항

〈부칙〉

본령은 1936년(昭和 11) 3월 1일부터 시행함

1936년(昭和 11) 8월 4일 칙령 제255호
「朝鮮總督府鐵道局官制中改正」, 『朝鮮總督府官報 第二千八百七十二號』, 1936.08.08.

조선총독부철도국관제 중 아래와 같이 개정한다.

제2조 제1항 중 '참사 전임 7인'을 '참사 전임 8인'으로, '부참사 전임 27인'을 '부참사 전임 33인'으로, '기사 전임 58인'을 '기사 전임 73인'으로, '서기 전임 1,037인'을 '서기 전임 1,186인'으로, '기수 전임 737인'을 '기수 전임 917인'으로 개정한다.

〈부칙〉

본령은 공포일부터 시행한다.

1937년(昭和 12) 8월 2일 칙령 제386호
「朝鮮總督府鐵道局官制中改正」, 『朝鮮總督府官報 第三千百六十九號』, 1937.08.07.

조선총독부철도국관제 중 아래와 같이 개정한다.

제2조 제1항 중 '참사 전임 8인'을 '참사 전임 13인'으로, '부참사 전임 33인'을 '부참사 전임 42인'으로, '기사 전임 73인 주임(그중 3인을 칙임으로 할 수 있음)'을 기사 전임 96인 주임(그중 4인을 칙임으로 할 수 있음)'으로, '서기 전임 1,186인'을 '서기 전임 1,393인'으로, '기수 전임 907인'을 '기수 전임 1,157인'으로 개정한다.

〈부칙〉

본령은 공포일부터 시행한다.

1938년(昭和 13) 8월 10일 칙령 제562호
「朝鮮總督府鐵道局官制中改正」, 『朝鮮總督府官報 第三千四百七十號』, 1938.08.10.

조선총독부철도국관제 중 아래와 같이 개정한다.

제2조 제1항 중 '부참사 전임 42인'을 '부참사 전임 45인'으로, '기사 전임 96인'을 기사 전임 109인'으로, '서기 전임 1,393인'을 '서기 전임 1,538인'으로, '기수 전임 1,157인'을 '기수 전임 1,382인'으로 개정한다.

〈부칙〉

본령은 공포일부터 이를 시행한다.

1938년(昭和 13) 11월 8일 칙령 제715호
「朝鮮總督府鐵道局官制中改正」, 『朝鮮總督府官報 第三千五百四十六號』, 1938.11.12.

조선총독부철도국관제 중 아래와 같이 개정한다.

제2조 제1항 중 '부참사 전임 45인'을 '부참사 전임 47인'으로, '기사 전임 109인'을 기사 전임 110인'으로, '서기 전임 1,538인'을 '서기 전임 1,586인'으로, '기수 전임 1,382인'을 '기수 전임 1,424인'으로 개정한다.

〈부칙〉

본령은 공포일부터 시행한다.

1938년(昭和 13) 11월 30일까지는 제2조의 개정 규정에도 불구하고 서기는 전임 1,556인, 기수는 전임 1,392인을 정원으로 한다.

1938년(昭和 13) 12월 1일 이후 1939년 2월 28일까지는 제2조의 개정 규정에도 불구하고 서기는 전임 1,566인, 기수는 전임 1,406인을 정원으로 한다.

1939년(昭和 14) 10월 18일 칙령 제712호
「朝鮮總督府鐵道局官制中改正」, 『朝鮮總督府官報 第三千八百三十號』, 1939.10.25.

조선총독부철도국관제 중 아래와 같이 개정한다.

제2조 제1항 중 '참사 전임 13인'을 '참사 전임 15인'으로, '부참사 전임 47인'을 '부참사 전

임 54인'으로, '기사 전임 110인'을 '기사 전임 118인'으로, '서기 전임 1,586인'을 '서기 전임 1,840인'으로, '기수 전임 1,424인'을 '기수 전임 1,691인'으로 개정한다.

〈부칙〉

본령은 공포일부터 시행한다.

1939년(昭和 14) 11월 30일까지는 제2조의 개정 규정에도 불구하고 서기는 전임 1,808인, 기수는 전임 1,660인을 규정으로 한다.

1940년(昭和 15) 6월 25일 칙령 제427호
「朝鮮總督府鐵道局官制中改正ノ件」, 『朝鮮總督府官報 第四千三十八號』, 1940.07.08.

조선총독부철도국관제 중 아래와 같이 개정한다.

제2조 제1항 중 '부참사 전임 54인'을 '부참사 전임 55인'으로, '서기 전임 1,840인'을 '서기 전임 1,914인'으로, '기수 전임 1,691인'을 '기수 전임 1,761인'으로 개정한다.

〈부칙〉

본령은 공포일부터 시행한다.

1940년(昭和 15) 11월 12일 칙령 제763호
「朝鮮總督府鐵道局官制中改正」, 『朝鮮總督府官報 第四千百五十二號』, 1940.11.22.

조선총독부철도국관제 중 아래와 같이 개정한다.

제1조의 2 조선총독부철도국은 경성에 두고 지방에 지방철도국을 두어 철도국의 사무를 분장한다.

지방철도국의 명칭 및 위치는 별표에 따른다.

지방철도국의 관할 구역은 조선총독이 정한다.

제2조 제1항 중 '이사 전임 1인'을 '이사 전임 2인'으로, '참사 전임 15인'을 '참사 전임 23임'

으로, '부참사 전임 55인'을 '부참사 전임 57인'으로, '기사 전임 118인'을 '기사 전임 123인'으로, '서기 전임 1,914인'을 '서기 전임 2,210인'으로, '기기수 전임 1,761인'을 '기수 전임 2,058인'으로 개정한다.

제4조 제2항 중 '이사'의 아래에 '(지방철도국장인 자를 제외함)'을 추가한다.

제9조의 2 지방철도국에 지방철도국장을 두고 이사 또는 참사로 이를 충당한다.

지방철도국장은 국장의 명령을 받아 지방철도국의 사무를 처리한다.

지방철도국장은 기사로 이를 충당할 수 있다.

제10조 조선총독은 필요하다고 인정되는 지역에 철도국 또는 지방철도국의 출장소를 둘 수 있다.

제12조의 제1항 중 '교원 전임 7인 판임(그중 1인을 주임으로 할 수 있음)'을 '교원 전임 13인 판임(그중 2인을 주임으로 할 수 있음)'으로 개정한다.

〈부칙〉

본령은 1940년(昭和 15) 12월 1일부터 이를 시행한다.

1941년(昭和 16) 1월 31일까지는 제2조의 개정 규정에도 불구하고 서기는 전임 2,199인을 정원으로 한다.

〈별표〉 지방철도국 명칭 및 위치

명칭	위치
경성지방철도국	경기도 경성부
부산지방철도국	경상남도 부산부
함흥지방철도국	함경남도 함흥부

1940년(昭和 15) 11월 22일 조선총독부령 제252호
「朝鮮總督府令第二百五十二號」, 『朝鮮總督府官報 第四千百五十二號』, 1940.11.22.

조선총독부 철도국관제 제10조의 규정에 따라 철도국의 사무를 분장하기 위해 철도국에 건설사무소 및 개량사무소를, 지방철도국의 사무를 분장하기 위해 지방철도국에 철도사무소 및 공장을 두고 그 명칭, 위치, 소관 구역 또는 담당 사무는 별표대로 정한다.

1940년 11월 22일

조선총독 미나미 지로(南次郎)

〈부칙〉

본령은 1940년(昭和 15) 12월 1일부터 시행한다.

본령은 1940년(昭和 15) 조선총독부령 제1호는 폐지한다.

〈별표〉

주관국명	명칭	위치	소관 구역 또는 담당 사무
철도국	경성 건설사무소	경기도 경성부	중앙북부건설선, 백무(白茂)건설선, 경전(慶全)건설선 및 평원(平元)건설선
	안동 건설사무소	경상북도 안동군 안동읍	중앙남부건설선 및 동해남부건설선
	강릉 건설사무소	강원도 강릉군 강릉읍	동해북부건설선
	경성 개량사무소	경기도 경성부	
	부산 개량사무소	경상남도 부산부	
	평양 개량사무소	평안남도 평양부	
경성지방 철도국	경성 철도사무소	경기도 경성부	경부본선 중 전동(全東) 전의(全義) 간 332.4km 이북, 경인선, 경의본선 중 신봉산(新鳳山) 사리원(沙里院) 간 경성 기점 198km 이남, 용산역, 경원선 중 평강(平康) 복계(福溪) 간 용산 기점 122.7km 이남 및 경경북부선
	평양 철도사무소	평안남도 평양부	경의본선 중 신봉산 사리원 간 경성 기점 198km 이북, 겸이포선, 평양탄광선, 평남선, 박천(博川)선, 신의주강안선, 평원서부선 및 만포(滿浦)선 중 순천(順川) 중평(中坪) 간 순천 기점 6km 이남
	강계 철도사무소	평안북도 강계군 강계읍	만포본선 중 순천 중평 간 순천 기점 6km 이북, 개천(价川)선 및 용등(龍登)선
	경성공장	경기도 경성부	
	평양공장	평안남도 평양부	

부산지방 철도국	대전 철도사무소	충청남도 대전부	경부본선 중 대구 지천(枝川) 간 부산 기점 128km, 전동전의 간 332.4km 간, 호남본선 중 임곡(林谷) 송정리(松汀里) 간 대전 기점 187km 이북, 군산선 및 전라선 중 전주 신리(新里) 간 이리 기점 27.7km 이북 및 경경남부선 중 화본(花本) 우보(友保) 간 경주 기점 74.5km 이북
	부산 철도사무소	경상남도 부산부	경부본선 중 대구 지천 간 부산 기점 128km 이남, 대구선, 경전남부선, 진해선, 동해남부선, 동해중부선 및 경경남부선 중 화본(花本) 우보(友保) 간 경주 기점 74.5km 이남
	순천 철도사무소	전라남도 순천군 순천읍	호남본선 중 임곡 송정리 간 대전 기점 187km 이남, 광주선, 경전서부선, 전라선 중 전주 신리 간 이리 기점 27.7km 이남 및 광려(光麗)선
	부산공장	경상남도 부산부	
함흥지방 철도국	원산 철도사무소	함경남도 원산부	경원선 중 평강 복계 간 용산 기점 122.7km 이북, 함경본선 중 속후(俗厚) 식북청(新北青) 간 원산 기점 235.3km 이남, 천내리(川內里)선, 평원동부선 및 동해북부선
	성진 철도사무소	함경북도 성진군 성진읍	함경보선 중 속후(俗厚) 신북청(新北青) 간 원산 기점 235.3km 이북, 북청선, 철산(鐵山)선, 차호(遮湖)선, 청진선, 회령탄광선, 혜산선, 백무선 및 회웅(會雄)선
	청진공장	함경북도 청진부	

1941년(昭和 16) 3월 20일 조선총독부령 제80호
「朝鮮總督府令第八十號」, 『朝鮮總督府官報 第四千二百十六號』, 1941.03.20.

1940년(昭和 15) 조선총독부령 제252호(조선총독부철도국관제 제10조의 규정에 따른 철도국의 건설사무소 및 개량사무소와 지방철도국의 철도사무소 및 공장) 중 아래와 같이 개정한다.

1941년(昭和 16) 3월 20일

조선총독 미나미 지로(南次郎)

〈별표〉 경성지방철도국 경성철도사무소의 항 중 '경원선 중 평강 복계 간 용산 기점 122.7km 이남'을 '경원선 중 고산(高山) 용지원(龍池院) 간 용산 기점 180.5km 이남'으로, 평양철도사무소의 항 중 '평원서부선'을 '평원선 중 신성천(新成川) 신흥 거흥(巨興) 간 서포 기점 90km 이남'으로 개정한다.

〈같은 표〉 함흥지방철도국 원산철도사무소의 항 중 '경원선 중 평강 복계 간 용산 기점 122.7km 이북'을 '경원선 중 고산 용지원 간 용산 기점 180.5km 이북'으로, '평원동부선'을 '평원선 중 신성천 거흥 간 서포 기점 90km 이동'으로 개정한다.

〈부칙〉

본령은 1941년(昭和 16) 4월 1일부터 시행한다.

1941년(昭和 16) 9월 16일 칙령 제856호
「朝鮮總督府鐵道局官制中改正」, 『朝鮮總督府官報 第四千四百一號』, 1941.09.22.

조선총독부철도국관제 중 아래와 같이 개정한다.

제2조 제1항 중 '부참사 전임 57인, 기사 전임 123인, 서기 전임 2,210인, 기수 전임 2,058인'을 '부참사 전임 59인, 기사 전임 130인, 서기 전임 2,426인, 기수 전임 2,244인'으로 개정한다.

〈부칙〉

본령은 공포일부터 시행한다.

1942년(昭和 17) 2월 24일 칙령 제102호
「朝鮮總督府鐵道局官制中改正」, 『朝鮮總督府官報 第四千五百二十八號』, 1942.03.04.

조선총독부철도국관제 중 아래와 같이 개정한다.

제2조 제1항 중 '부참사 전임 59인'을 '부참사 전임 64인'으로, '서기 전임 2,426인, 기수 전임 2,244인'을 '서기 전임 2,486인, 기수 전임 2,258인'으로 개정한다.

제12조 제1항 중 '철도종사원양성소' 아래에 '대체로'를 추가하고 '교원 전임 13인 판임(그 중 2인을 주임으로 할 수 있음)'을 '교원 전임 25인 판임(그중 4인을 주임으로 할 수 있음)'으로, '서기 전임 1인'을 '서기 전임 6인'으로 개정한다.

제17조 철도종사원양성소의 명칭 및 위치는 조선총독이 정한다.

〈부칙〉

본령은 공포일부터 시행한다.

1942년(昭和 17) 3월 28일 조선총독부령 제81호
「朝鮮總督府令第八十一號」, 『朝鮮總督府官報 第四千五百四十八號』, 1942.03.28.

1940년(昭和 15) 조선총독부령 제252호(조선총독부철도국관제 제10조의 규정에 따른 철도국의 건설사무소 및 개량사무소와 지방철도국의 철도사무소 및 공장의 명칭, 위치 및 소관 구역 또는 담당 사무) 중 아래와 같이 개정한다.

1942년(昭和 17) 3월 28일

조선총독 미나미 지로(南次郎)

별표 경성지방철도국하 경성철도사무소 항 중 '경경북부선'을 '경경선 중 영주(榮州) 안정(安定) 간 경주 기점 167km 이북'으로, 부산지방철도국하 대전철도사무소 항 중 '경경남부선 중 화본 우보 간 경주 기점 74.5km 이북'을 '경경선 중 화본 우보 간 경주 기점 74.5km, 영주 안정 간 경주 기점 167km 간'으로, 부산철도사무소 항 중 '경경남부선'을 '경경선'으로 개정한다.

〈부칙〉

본령은 1942년(昭和 17) 4월 1일부터 시행한다.

1943년(昭和 18) 1월 29일 칙령 제51호
「朝鮮總督府鐵道局官制中改正」, 『朝鮮總督府官報 第四千八百三號』, 1943.02.06.

조선총독부철도국관제 중 아래와 같이 개정한다.

제2조 제1항 중 '부참사 전임 50인, 기사 전임 110인, 서기 전임 2,250인, 기수 전임 1,917인'을 '부참사 전임 53인, 기사 전임 112인, 서기 전임 2,362인, 기수 전임 1,988인'으로 개정

한다.[175]

제12조 제1항 중 '교원 전임 25인 판임(그중 4인을 주임으로 할 수 있음)'을 '교원 전임 31인 판임(그중 5인을 주임으로 할 수 있음)'으로 개정한다.

〈부칙〉

본령은 공포일부터 시행함

1943년(昭和 18) 3월 30일 칙령 제284호
「朝鮮總督府鐵道局官制中改正」, 『朝鮮總督府官報 第四千八百五十六號』, 1943.04.12.

조선총독부철도국관제 중 아래와 같이 개정한다.

제2조 제1항 중 '참사 전인 23인 주임, 부참사 전임 53인 주임, 기사 전임 111인 주임(그중 3인을 칙임으로 할 수 있음) 서기 전임 2,362인 판임, 기수 전임 1,988인 판임'을 '서기관 전임 23인 주임, 사무관 전임 56인 주임, 기사 전임 111인 주임(그중 3인을 칙임으로 할 수 있음), 서기 전인 2,362인 판임, 기수 전임 2,120인 판임'으로 개정한다.[176]

제5조 중 '참사 및 부참사'를 '서기관'으로 개정한다.

제9조의 2 제1항 중 '참사'를 '서기관'으로 개정한다.

제12조 제1항 중 '교원 전임 31인'을 '교원 전임 36인'으로 개정함

〈부칙〉

본령은 1943년(昭和 18) 4월 1일부터 시행한다.

본령 시행 시 현재 조선총독부 철도국 참사 또는 조선총독부 철도국 부참사의 직에 있는 자가 사령을 받지 않았을 때는 각기 조선총독부 철도국 서기관 또는 조선총독부 철도국 사

175 앞서 1942년 관제 개정과 비교해 볼 때 인원 수가 맞지 않음을 확인할 수 있다. 관보 외에 일본국립공문서관이 제공하는 법률 사료에서도 위 내용으로 기재되어 있는데 이유를 확인할 수 없다.

176 앞서 1942년 관제 개정과 비교해 볼 때 인원수가 맞지 않았던 1943년 1월 29일 칙령에 의한 개정을 따르고 있음을 확인할 수 있다. 따라서 1943년 1월 29일 개정 내용이 오기라고 볼 수는 없고 1942년 개정과 1943년 1월 29일 개정 사이에 철도국 편제에 변화가 있었다고 생각된다. 어떤 변화인지는 추후 분석이 필요하다.

무관과 같은 관등 봉급으로 임명되는 것으로 한다.

본령 시행 시 현재 조선총독부 철도국 참사 또는 조선총독부 철도국 부참사로서 휴직 중인 자가 사령을 받지 않았을 때는 휴직이 끝나고 각기 조선총독부 철도국 서기관 또는 조선총독부 철도국 사무관과 같은 봉급으로 임명되는 것으로 한다.

앞 2항의 규정은 문관 임용의 자격에 관한 규정의 적용을 따른다.

1943년(昭和 18) 6월 30일까지는 제2조 및 제12조의 개정 규정에도 불구하고 서기는 전임 2,420인, 기수는 전임 2,905인, 교원은 전임 31인을 정원으로 한다.

1943년(昭和 18) 11월 30일 칙령 제893호
「朝鮮總督府交通局官制」, 『朝鮮總督府官報 第五千五十五號』, 1943.12.08.

조선총독부교통국관제[177]

제1조 조선총독부 교통국은 조선총독의 관리에 속하고 아래 사무를 관장한다.

1. 국유철도 및 이에 관련한 국영자동차 및 그 부대 사업에 관한 사항
2. 사설철도, 궤도, 자동차 교통사업, 소운송업 기타 육운에 관한 사항
3. 선박, 조선, 선원, 항로 표식, 기타 수운 및 항로 표식 부속 설비에 따른 기상 관측에 관한 사항
4. 항만 및 항만 내 공유수면에 관한 사항
5. 창고 영업에 관한 사항
6. 항공에 관한 사항

제2조 지방에 아래 3지방 교통국을 두고 교통국의 사무를 분장한다.

경성지방교통국

부산지방교통국

함흥지방교통국

177 조선총독부 사무분장 개편에 따라, 1943년 11월 30일 '조선총독부철도국관제'는 폐지되고 이를 대신해 '조선총독부교통국관제'가 제정되었다.

교통국의 사무를 분장하는 것 외 지방교통국은 아래 사무를 관장한다.

1. 관세, 톤세, 출항세 및 수이출입화물의 내국세에 관한 사항
2. 보세창고, 보세공장 기타 보세지역에 관한 사항
3. 수이출입화물의 취체, 수이출입화물에 관한 선박 및 항공기의 취체 및 화물의 수용에 관한 사항
4. 세관 화물취급인에 관한 사항
5. 외국위체관리법의 시행에 관한 사항
6. 수이출입 식물의 검사에 관한 사항
7. 해항 검역에 관한 사항

지방교통국의 위치 및 관할 구역은 조선총독이 정한다.

제3조 교통국에 아래 직원을 둔다.

국장			칙임
이사	전임	4인	칙임
서기관	전임	28인	주임
사무관	전임	63인	주임
항공관	전임	4인	주임
기사	전임	132인	주임(그중 3인을 칙임으로 할 수 있음)
표식기사	전임	1인	주임
서기	전임	2,860인	판임
기수	전임	2,276인	판임
표식기수	전임	177인	판임

전항 직원 외 교통국에 교통수를 두고 판임관 대우로 한다. 그 정원은 조선총독이 정한다.

제4조 국장은 조선총독의 지휘감독을 받아 국무를 처리하고 부하 직원을 지휘감독한다.

제5조 이사는 상관의 명을 받아 사무를 관장한다.

이사(지방교통국장인 자를 제외)는 국장 사고 시 그 직무를 대리한다.

제6조 서기관 및 사무관은 상관의 명을 받아 사무를 관장한다.

제7조 항공관은 상관의 명을 받아 항공에 관한 기술 또는 사무를 관장한다.

제8조 기사는 상관의 명을 받아 기술을 관장한다.

제9조 표식기사는 상관의 명을 받아 항로 표식의 보수 및 운용 그리고 기상 관측을 관장한다.

제10조 서기는 상관의 지휘를 받아 사무에 종사한다.

제11조 기수는 상관의 지휘를 받아 기술에 종사한다.

제12조 표식기수는 상관의 지휘를 받아 항로 표식의 보수 및 운용 그리고 기상 관측에 종사한다.

제13조 교통수는 상관의 지휘를 받아 사무 또는 기술에 종사한다.

제14조 지방교통국에 지방교통국장을 둔다.

지방교통국장은 이사로 이를 충당하고 국장의 지휘감독을 받아 지방교통국의 사무를 처리하며 부하 직원을 지휘감독한다.

단 제2조 제2항의 사무에 대해서는 조선총독의 지휘감독을 받는다.

지방교통국장은 개항취체에 관한 법령의 시행에 직접 필요한 항내 행정경찰에 관한 사무에 대해서는 경찰서장을 지휘감독한다.

제15조 조선총독은 필요하다고 인정되는 지역에 교통국 또는 지방교통국의 출장소를 둘 수 있다.

출장소의 명칭, 위치 그리고 관할 구역은 조선총독이 정한다.

제2조 제2항 제6호 및 제7호의 사무를 취급하고 지방교통국의 출장소는 조선총독이 이를 고시한다.

제16조 항로 표식의 종별, 명칭 및 위치는 조선총독이 정한다.

제17조 교통국에 교통종사원양성소를 부속 설치한다.

교통종사원양성소의 명칭 및 위치는 조선총독이 정한다.

제18조 교통종사원양성소에 대체로 아래 직원을 둔다.

소장

교원 전임 37인 판임(그중 5인을 주임으로 할 수 있음)

사감

서기 전임 6인 판임

제19조 소장은 교통국 내의 고등관으로 이를 충당하고 국장의 지휘감독을 받아 양성소 업무를 처리한다.

제20조 교원은 소장의 지휘를 받아 교육을 관장한다.

제21조 사감은 교원으로 이를 충당하고 소장의 지휘를 받아 기숙사의 일을 관장한다.

제22조 서기는 상관의 지휘를 받아 사무에 종사한다.

〈부칙〉

본령은 공포일부터 시행한다.

조선총독부철도국관제 및 조선총독부 세관관제는 폐지한다.

1944년(昭和 19) 3월 31일 칙령 제212호

「御署名原本·昭和十九年·勅令第二一二號·朝鮮總督府交通局官制中改正ノ件」(御28125100 國立公文書館), 1944.03.31.

조선총독부교통국관제 중 아래와 같이 개정한다.

제3조 제1항 중 '사무관 전임 63인'을 '사무관 전임 74인'으로, '기사 전임 132인'을 '기사 전임 156인'으로, '서기 전임 2,860인, 기수 전임 2,276인'을 '서기 전임 3,567인, 기수 전임 3,355인'으로 개정하고, '표식기사 전임 1인 주임'의 다음에 '의관 전임 17인 주임, 약제관 전임 1인 주임'을, '표식기수 전임 177인 판임'의 다음에 '의관보 전임 27인 판임, 약제관보 전임 11일 판임, 간호장 전임 1인 판임'을 추가한다.

제9조의 2 의관은 상관의 명을 받아 의무를 관장한다.

제9조의 3 약제관은 상관의 명을 받아 조제를 관장한다.

제12조의 2 의관보는 상관의 지휘를 받아 의무에 종사한다.

제12조의 3 약제관보는 상관의 지휘를 받아 조제에 종사한다.

제12조의 4 간호장은 상관의 지휘를 받아 간호에 종사한다.

제18조 중 '교원 전임 37인'을 '교원 전임 38인'으로 개정한다.

〈부칙〉

본령은 공포일로부터 시행한다.

1926년(大正 15) 칙령 제223호는 폐지한다.

1944년(昭和 19) 10월 16일 칙령 제596호

「朝鮮總督府交通局官制外四勅令中改正」, 『朝鮮總督府官報 第五千三百十九號』, 1944.10.26.

제1조 조선총독부교통국관제 중 아래와 같이 개정한다.

제3조 제1항 중 '의관 전임 17인'을 '의관 전임 21인'으로, '서기 전임 3,567인, 기수 전임 3,355인'을 '서기 전임 3,582인, 기수 전임 3,369인'으로, '의관보 전임 28인, 약제관보 전임 11인'을 '의관보 전임 31인, 약제관보 전임 15인'으로 개정한다.

〈부칙〉

본령은 공포일로부터 시행한다.

1944년(昭和 19) 11월 30일까지는 조선총독부교통국관제 제3조 제1항의 개정 규정에도 불구하고 조선총독부교통국 서기는 전임 3,581인, 조선총독부교통국 기수는 전임 3,360인을 정원으로 한다.

1945년(昭和 20) 6월 29일 칙령 제391호

「御署名原本·昭和二十年·勅令第三九一號·朝鮮總督府交通局官制中改正ノ件」(御29083100 国立公文書館), 1945.06.29.

조선총독부교통국관제 중 아래와 같이 개정한다.

제3조 제1항 중 '사무관 전임 74인'을 '사무관 전임 108인'으로, '기사 전임 156인'을 '기사 전임 222인'으로, '의관 전임 21인, 약제관 전임 1인'을 '의관 전임 32인, 약제관 전임 3인'으로, '서기 전임 3,582인, 기수 전임 3,369인, 표식기수 전임 177인, 의관보 전임 31인, 약제관보 전

임 15인, 간호장 전임 1인'을 '서기 전임 4,858인, 기수 전임 5,109인, 표식기수 전임 189인, 약제관보 전임 19인, 간호장 전임 11인'으로 개정한다.

제18조 중 '교원 전임 38인 판임(그중 5인을 주임으로 할 수 있음)'을 '교원 전임 41인 판임(그중 6인을 주임으로 할 수 있음)'으로 개정한다.

〈부칙〉

본령은 공포일로부터 시행한다.

1945년(昭和 20) 9월 30일까지는 제3조 제1항의 개정 규정에도 불구하고 서기는 전임 4,844인, 기수는 전임 5,104인을 정원으로 한다.

2. 조선총독부철도국사무분장규정

〈자료 153〉 朝鮮總督府鐵道局事務分掌規程

1910년(明治 43) 10월 1일 조선총독부훈령 제5호
「朝鮮總督府鐵道局事務分掌規程」, 『朝鮮總督府官報 第二十九號』, 1910.10.01.

제1조 조선총독부 철도국에 서무과, 감독과, 영업과, 운전과, 공무(工務)과, 공작과, 계리과 및 건설과를 둔다.

과에 과장을 둔다.

제2조 서무과에서는 아래의 사무를 관장한다.

1. 문서의 수수, 발송 및 편찬에 관한 사항
2. 소송에 관한 사항
3. 인사에 관한 사항
4. 구제조합에 관한 사항
5. 손해배상 및 위자료에 관한 사항
6. 통계 보고의 재료 취집 및 사고 보고에 관한 사항
7. 타 과에 속하지 않은 사항

제3조 감독과에서는 아래의 사무를 관장한다.

1. 철도 감독에 관한 사항
2. 경편철도에 관한 사항
3. 궤도에 관한 사항
4. 사설철도 및 외국 철도와 관련한 사항

제4조 영업과에서는 아래의 사무를 관장한다.

1. 여객화물의 수송 및 운임에 관한 사항
2. 운수상 시설개량에 관한 사항
3. 철도 및 선박 기타와의 연락운수에 관한 사항

제5조 운전과에서는 아래의 사무를 관장한다.

1. 열차의 운전 및 선박에 관한 사항

2. 철도용 전기통신에 관한 사항

제6조 공무과에서는 아래 사무를 관장한다.

1. 선로 및 건조물의 수리, 보존 그리고 개량에 관한 사항

2. 용지에 관한 사항

제7조 공작과에서는 아래의 사무를 관장한다.

1. 차량 및 기계의 설계에 관한 사항

2. 차량 및 기계의 제작, 수리에 관한 사항

제8조 계리과에서는 아래의 사무를 관장한다.

1. 세입, 세출의 예산 결산에 관한 사항

2. 세입 세출의 출납 및 감사에 관한 사항

3. 구제조합 보험금(掛金) 및 징수에 관한 사항

4. 운수성적의 조사 및 통계에 관한 사항

5. 철도용품의 조도(調度)에 관한 사항

제9조 건설과에서는 아래의 사무를 관장한다.

1. 철도의 건설에 관한 사항

2. 선로조사에 관한 사항

제10조 사무소 및 공장은 아래의 사무를 분장한다.

1. 건설사무소는 그 소관 내 건설공사에 관한 사무를 관장한다.

2. 보선사무소는 그 소관 내 보존 및 개량공사에 관한 사무를 관장한다.

3. 운수사무소는 그 소관 내 열차 운전 및 영업에 관한 사무를 관장한다.

4. 공장은 차량 기계, 기타의 제작 수리에 관한 사무를 관장한다.

본령은 공포일로부터 이를 시행한다.

1911년(明治 44) 3월 1일 조선총독부훈령 제17호

「朝鮮總督府鐵道局事務分掌規程中改正」, 『朝鮮總督府官報 第百四十八號』, 1911.03.01.

조선총독부철도국사무분장규정 제6조 제1호를 아래와 같이 개정한다.

1. 선로 및 건조물의 수리, 보존, 개량 그리고 특히 지정한 건설공사에 관한 사항

1912년(明治 45) 3월 28일 조선총독부훈령 제19호

「朝鮮總督府鐵道局事務分掌規程」, 『朝鮮總督府官報 號外』, 1912.03.28.

조선총독부철도국사무분장규정을 아래와 같이 개정함

제1조 조선총독부 철도국에 총무과, 영업과, 기차과, 공무과, 경리과 및 건축과를 둔다.

제2조 총무과에서는 아래의 사무를 관장한다.

1. 철도 경영의 일반 계획에 관한 사항
2. 제반 조사 및 통계에 관한 사항
3. 다른 교통기관과의 연락에 관한 사항
4. 철도의 감독에 관한 사항
5. 궤도 및 경편철도에 관한 사항
6. 직원의 거취, 신분 및 상벌에 관한 사항
7. 문서의 접수, 발송, 편찬 및 보존에 관한 사항
8. 성안(成案)의 심사에 관한 사항
9. 법규 및 소송에 관한 사항
10. 사고 보고에 관한 사항
11. 타 과에 속하지 않은 사항

제3조 영업과에서는 아래의 사무를 관장한다.

1. 운수 및 부대 영업에 관한 사항
2. 철도여관에 관한 사항
3. 창고업 및 보세창고에 관한 사항

4. 전기통신에 관한 사항

5. 여객 및 화물에 대한 손해배상 및 위자료에 관한 사항

제4조 기차과에서는 아래의 사무를 관장한다.

1. 열차의 운전 및 선박에 관한 사항

2. 차량, 기계, 기타 설계, 제작 및 수리에 관한 사항

3. 전기동력에 관한 사항

제5조 공무과에서는 아래의 사무를 관장한다.

1. 선로 및 건조물의 수리, 보존 및 개량공사에 관한 사항

2. 특히 지정한 건설공사에 관한 사항

3. 용지에 관한 사항

제6조 경리과에서는 아래의 사무를 관장한다.

1. 용품의 조도에 관한 사항

2. 예산 및 결산에 관한 사항

3. 출납에 관한 사항

4. 회계 감독에 관한 사항

5. 구제조합에 관한 사항

6. 운수 및 부대 영업의 심사 및 환불(拂戾)에 관한 사항

7. 운수 성적의 통계에 관한 사항

제7조 건설과에서는 아래의 사무를 관장한다.

1. 선로 및 건조물의 건설공사에 관한 사항

2. 선로 조사에 관한 사항

제8조 필요한 지역에 출장소, 건설사무소 및 공장을 두고 아래의 사무를 분장한다.

1. 출장소에서는 소관 내 철도의 건설, 개량, 보존, 운수 및 부대 업무에 관한 사항을 관장함

2. 건설사무소에서는 소관 내 건설공사에 관한 사무를 관장한다.

3. 공장에서는 차량 기계 기타 제작 수리에 관한 사무를 관장한다.

〈부칙〉

본령은 1912년(明治 45) 4월 1일부터 시행한다.

1925년(大正 14) 4월 1일 조선총독부훈령 제12호

「朝鮮總督府鐵道局事務分掌規程」, 『朝鮮總督府官報 號外』, 1925.04.01.

조선총독부철도국사무분장규정을 아래와 같이 개정함

제1조 조선총독부철도국에 서무과, 감독과, 영업과, 운전과, 공무과, 기계과 및 경리과를 둔다.

제2조 서무과에서는 아래의 사무를 관장한다.

1. 기밀에 관한 사항
2. 직원의 신분 거취 및 상벌에 관한 사항
3. 직원의 요양 및 위안에 관한 사항
4. 공제조합에 관한 사항
5. 관사의 배급에 관한 사항
6. 국인 및 관인의 관수(管守)에 관한 사항
7. 문서의 접수, 발송, 사열, 편집 및 보존에 관한 사항
8. 법규, 소송, 손해배상 및 위자료에 관한 사항
9. 제반의 광고에 관한 사항
10. 통계, 보고 및 국보(局報)의 발행에 관한 사항
11. 무임승차증에 관한 사항
12. 타 과의 주관에 속하지 않는 사항

제3조 감독과에서는 아래의 사항을 관장한다.

1. 사설철도의 면허 및 궤도의 허가에 관한 사항
2. 사설철도 및 궤도의 감독에 관한 사항
3. 사설철도 및 궤도의 저당, 등록, 대장(臺帳) 및 통계에 관한 사항
4. 사설철도의 보조에 관한 사항

제4조 영업과에서는 아래의 사무를 관장한다.

1. 철도운수의 영업에 관한 사항
2. 창고의 영업 및 보세창고에 관한 사항
3. 여관, 식당, 식당차 기타 부대 영업에 관한 사항
4. 객화차 및 부속품의 운용에 관한 사항
5. 운수 수입의 심사에 관한 사항

제5조 운전과에서는 아래의 사무를 관장한다.

1. 열차의 운전, 신호 및 보안에 관한 사항
2. 차량의 보관 및 검사에 관한 사항
3. 기관차 및 부속품의 운용에 관한 사항
4. 전기통신에 관한 사항

제6조 공무과에서는 아래의 사무를 관장한다.

1. 철도 및 건조물의 건설, 개량 및 보존에 관한 사항
2. 철도용지에 관한 사항
3. 전기통신 설비의 건설, 개량 및 보존에 관한 사항
4. 신설 선로의 조사에 관한 사항

제7조 기계과에서는 아래의 사무를 관장한다.

1. 차량 및 기계의 제작, 개량 및 수리에 관한 사항
2. 공장의 계획 및 관리에 관한 사항
3. 전력시설 및 그 공급에 해당하는 사항

제8조 경리과에서는 아래의 사무를 관장한다.

1. 예산 및 결산에 관한 사항
2. 출납에 관한 사항
3. 물품의 조도, 출납, 보관 및 처분에 관한 사항
4. 재산 정리에 관한 사항

제9조 필요한 지역에 출장소, 운수사무소, 공무사무소 및 공장을 두고 아래의 사무를 분장한다.

1. 출장소에서는 소관 내 철도 및 건조물의 건설, 개량 및 보존 공사 그리고 소관 내 철도의 운수 영업 및 그 부대 업무에 관한 사항
2. 운수사무소에서는 소관 내 철도의 운수 영업, 창고 영업 및 열차의 운전에 관한 사항
3. 공무사무소에서는 소관 내 철도 및 건조물의 건설, 개량 및 보존 공사에 관한 사항
4. 공장에서는 차량, 기구 및 기계의 제작, 개량 및 수리 작업에 관한 사항

1926년(大正 15) 4월 7일 조선총독부훈령 제9호
「朝鮮總督府鐵道局事務分掌規程中改正」, 『朝鮮總督府官報 第四千八十七號』, 1926.04.07.

조선총독부철도국사무분장규정 중 아래와 같이 개정하고 1926년(大正 15) 4월 1일부터 이를 시행한다.

제9조 제1호를 아래와 같이 개정한다.

1. 출장소에서는 소관 내 철도, 건조물 및 전기 공작물의 건설, 개량 및 보존 공사, 철도용지 그리고 소관 내 철도의 운수 영업 및 그 부대 업무에 관한 사항

제9조 제3호를 아래와 같이 개정한다.

3. 공무사무소에서는 소관 내 철도, 건조물 및 전기 공작물의 건설, 개량 및 보존 공사 그리고 철도용지에 관한 사항

1932년(昭和 7) 8월 1일 조선총독부훈령 제84호
「朝鮮總督府鐵道局事務分掌規程中改正」, 『朝鮮總督府官報 第千六百七十號』, 1932.08.01.

조선총독부철도국사무분장규정 중 아래와 같이 개정한다.

제3조 제4호 다음에 아래의 1호를 추가한다.

5. 철도 및 궤도 이외의 육운에 관한 사항

1933년(昭和 8) 5월 1일 조선총독부훈령 제13호

「朝鮮總督府鐵道局事務分掌規程中改正」, 『朝鮮總督府官報 第千八百八十九號』, 1933.05.01.

조선총독부철도국사무분장규정을 아래와 같이 개정한다.

제1조 조선총독부철도국에 서무과, 감독과, 영업과, 운전과, 건설과, 공무과, 공작과 및 경리과를 둔다.

제2조 서무과에서는 아래의 사항을 관장한다.

1. 기밀에 관한 사항
2. 직원의 거취 신분에 관한 사항
3. 공제조합에 관한 사항
4. 철도종사원양성소 및 철도의원에 관한 사항
5. 국인 및 관인의 관수에 관한 사항
6. 문서의 접수, 발송, 사열, 편집 및 보존에 관한 사항
7. 통계 및 보고류의 작성에 관한 사항
8. 타 과의 주관에 속하지 않는 사항

제3조 감독과에서는 아래의 사무를 관장한다.

1. 사설철도, 궤도, 기타 육운의 면허 또는 허가에 관한 사항
2. 사설철도, 궤도, 기타 육운의 감독에 관한 사항
3. 사설철도 및 궤도의 저당 및 등록에 관한 사항
4. 사설철도의 보조에 관한 사항

제4조 영업과에서는 아래의 사무를 관장한다.

1. 운수 영업 및 그 부대 업무에 관한 사항
2. 객화차 및 부속품의 운용에 관한 사항
3. 운수 수입의 심사에 관한 사항

제5조 운전과에서는 아래의 사무를 관장한다.

1. 열차의 운전, 신호 및 보안에 관한 사항

2. 기관차 및 부속품의 운용에 관한 사항

3. 차량의 검사에 관한 사항

4. 전기통신에 관한 사항

제6조 건설과에서는 아래의 사무를 관장한다.

1. 선로 및 건조물의 건설에 관한 사항

2. 장래 건설할 선로의 조사계획에 관한 사항

3. 전기통신 시설의 건설에 관한 사항

제7조 공무과에서는 아래의 사무를 관장한다.

1. 토지, 선로 및 건조물의 보존 및 관리에 관한 사항

2. 선로 및 건조물의 개량에 관한 사항

3. 전기통신 시설의 개량 및 보존에 관한 사항

제8조 공작과에서는 아래의 사무를 관장한다.

1. 차량 및 기계의 제작, 개량 및 수리에 관한 사항

2. 공장 작업에 관한 사항

3. 전력시설 및 전력의 공급에 관한 사항

제9조 경리과에서는 아래의 사무를 관장한다.

1. 예산 및 결산에 관한 사항

2. 급전 출납에 관한 사항

3. 관유재산 및 물품에 관한 사항

제10조 필요하다고 인정되는 지역에 철도사무소 및 공장을 두고 아래의 사무를 분장한다.

1. 철도사무소에서는 소관 구역 내 선로 및 건조물의 개량 보존, 운수 영업 및 그 부대 업무, 그리고 특히 지정된 선로 및 건조물의 건설에 관한 사항

2. 공장에서는 차량 및 기계의 제작, 개량 및 수리에 관한 사항

1933년(昭和 8) 10월 1일 조선총독부훈령 제37호

「朝鮮總督府鐵道局事務分掌規程中改正」, 『朝鮮總督府官報 號外』, 1933.10.01.

조선총독부철도국사무분장규정 중 아래와 같이 개정한다.

제3조 제2호 중 '사설철도'의 위에 '위탁국유철도'를 추가한다.

1935년(昭和 10) 7월 31일 조선총독부훈령 제32호
「朝鮮總督府鐵道局事務分掌規程中改正」, 『朝鮮總督府官報 第二千五百六十五號』, 1935.07.31.

조선총독부철도국사무분장규정 중 1935년(昭和 10) 8월 11일부터 아래와 같이 개정한다.

제10조 중 '철도사무소 및 공장'을 '철도사무소, 건설사무소 및 공장'으로 개정하고, 제2호를 제3호로 하고 제1호 다음에 1호를 추가한다.

2. 건설사무소에서는 소관 구역 내 선로 및 건조물의 건설에 관한 사항

1936년(昭和 11) 2월 29일 조선총독부훈령 제2호
「朝鮮總督府鐵道局事務分掌規程中改正」, 『朝鮮總督府官報 第二千七百三十七號』, 1936.02.29.

조선총독부철도국사무분장규정 중 1936년(昭和 11) 3월 1일부터 아래와 같이 개정한다.

제4조 제2호 중 '객화차 및'의 다음에 '자동차 그리고 그'를 추가한다.

제4조 제3호 다음에 아래의 1호를 추가한다.

4. 자동차 운전에 관한 사항

1937년(昭和 12) 5월 24일 조선총독부훈령 제30호
「朝鮮總督府鐵道局事務分掌規程中改正」, 『朝鮮總督府官報 第三千百四號』, 1937.05.24.

조선총독부철도국사무분장규정 중 1937년(昭和 12) 6월 1일부터 아래와 같이 개정한다.

제1조 중 '공작과' 아래에, '전기과'를 추가한다.

제6조 제1호 중 '선로 및 건조물'을 '신선(新線)'으로 개정함

제6조 제3호, 제7조 제3호 및 제8조 제3호를 삭제한다.

제9조를 제10조로 하고 제10조를 제11조로 한다.

제9조 전기과에서는 아래 사무를 관장한다.

1. 전력 및 전기통신시설에 관한 사항
2. 전력의 발생 및 공급에 관한 사항
3. 철도전화(鐵道電化)에 관한 사항

제11조 중 '건설사무소 및 공장'을 '건설사무소, 개량사무소 및 공장'으로 개정하고 제3호를 제4호로 하고 제2호의 다음에 아래의 1호를 추가한다.

3. 개량사무소에서는 특히 지정된 선로 및 건조물의 개량에 관한 사항

1937년(昭和 12) 8월 7일 조선총독부훈령 제54호

「朝鮮總督府鐵道局事務分掌規程中改正」, 『朝鮮總督府官報 第三千百六十九號』, 1937.08.07.

조선총독부철도국사무분장규정 중 아래와 같이 개정한다.

제1조 중 '서무과' 아래에 '조사과'를 추가한다.

제2조 중 제7호를 삭제하고 제8호를 제7호로 한다.

제3조를 제4조로 하고 이하 순차적으로 뒤로 물린다.

제3조 조사과에서는 아래의 사무를 관장한다.

1. 철도 업무의 감찰 및 개선에 관한 사항
2. 철도 업무에서 중요한 계획의 조사에 관한 사항
3. 인적 및 물적 자원의 정비 및 운용의 계획에 관한 사항
4. 철도 사고의 심사 및 손해배상, 위자료 등에 관한 사항
5. 특허 및 보고류의 작성에 관한 사항
6. 철도 수입의 심사에 관한 사항

제5조 중 제3호를 삭제하고 제4호를 제3호로 한다.

1938년(昭和 13) 6월 28일 조선총독부훈령 第36호

「朝鮮總督府鐵道局事務分掌規程中改正」, 『朝鮮總督府官報 第三千四百三十三號』, 1938.06.28.

조선총독부철도국사무분장규정 중 아래와 같이 개정한다.

제1조 중 '공무과'를 '보선과(保線科), 개량과'로 개정한다.

제8조 보선과에서는 아래의 사무를 관장한다.

1. 선로 및 건조물의 보존 및 관리에 관한 사항
2. 철도용지의 관리에 관한 사항

제9조를 제10조로 하고 이하 순차적으로 물린다.

제9조 개량과에서는 아래의 사무를 관장한다.

1. 선로 및 건조물의 개량에 관한 사항
2. 장래 개량할 선로 및 건조물의 조사계획에 관한 사항

1940년(昭和 15) 7월 16일 조선총독부훈령 제36호

「朝鮮總督府鐵道局事務分掌規程中改正」, 『朝鮮總督府官報 第四千四十五號』, 1940.07.16.

조선총독부철도국사무분장규정 중 1940년(昭和 15) 7월 20일부터 아래와 같이 개정한다.

제2조 서무과에서는 아래의 사무를 관장한다.

1. 기밀에 관한 사항
2. 직원의 거취 신분에 관한 사항
3. 손해배상, 위자료 및 소송에 관한 사항
4. 공제조합에 관한 사항
5. 직원의 보건에 관한 사항
6. 직원의 교양에 관한 사항
7. 국인 및 관인의 관수에 관한 사항
8. 통계 및 보고류의 작성에 관한 사항

9. 문서의 접수, 발송, 사열, 편찬 및 보존에 관한 사항

10. 타 과의 주관에 속하지 않는 사항

제3조 조사과에서는 아래의 사무를 관장한다.

1. 국가총동원에 관한 사항

2. 특수 수송에 관한 사항

3. 교통시설의 정비 확충에 관한 사항

4. 특명 사항에 관한 조사, 계획

5. 특수교통사정의 조사, 연구

6. 방공에 관한 사항

7. 철도 수입의 심사에 관한 사항

1940년(昭和 15) 11월 22일 조선총독부훈령 제67호
「朝鮮總督府鐵道局事務分掌規程中改正」, 『朝鮮總督府官報 第四千百五十二號』, 1940.11.22.

조선총독부철도국사무분장규정 중 1940년(昭和 15) 12월 1일부터 아래와 같이 개정한다.

제1조 중 '영업과'를 '운수과'로 개정한다.

제3조 제7호를 삭제한다.

제5조 중 '영업과'를 '운수과'로 개정한다.

제12조에 아래의 1호를 추가한다.

4. 철도 수입의 심사 및 운수 통계에 관한 사항

제13조 건설사무소에서는 소관 구역 내의 선로 및 건조물의 건설에 관한 사무를 관장한다.

제14조 개량사무소에서는 특히 지정된 선로 및 건조물의 개량에 관한 사무를 관장한다.

1941년(昭和 16) 4월 4일 조선총독부훈령 제43호
「朝鮮總督府鐵道局事務分掌規程中改正」, 『朝鮮總督府官報 第四千二百五十七號』, 1941.04.04.

조선총독부철도국사무분장규정 중 아래와 같이 개정한다.

제4조 제2호 중 '위탁국유철도,'를 삭제하고 제4호 중 '사설철도'의 아래에 '및 화물자동차운송사업'을 추가하고 아래의 2호를 추가한다.

5. 자동차운송사업조합 및 자동차운송사업조합연합회에 관한 사항
6. 사설철도의 매수 그리고 사설철도, 여객자동차운수사업 및 구간화물자동차운송사업의 보상에 관한 사항

1941년(昭和 16) 5월 13일 조선총독부훈령 제59호

「朝鮮總督府鐵道局事務分掌規程中改正」, 『朝鮮總督府官報 第四千二百八十八號』, 1941.05.13.

조선총독부철도국사무분장규정 중 1941년(昭和 16) 5월 15일부터 아래와 같이 개정한다.

제6조 제4호를 삭제한다.

제11조에 아래 1호를 추가한다.

4. 전기통신 사무에 관한 사항

1941년(昭和 16) 9월 17일 조선총독부훈령 제91호

「朝鮮總督府鐵道局事務分掌規程中改正」, 『朝鮮總督府官報 第四千三百九十七號』, 1941.09.17.

조선총독부철도국사무분장규정 중 1941년(昭和 16) 10월 1일부터 아래와 같이 개정한다.

제1조 중 '및 경리과'를, '경리과 및 수품과(需品科)'로 개정한다.

제12조 중 제3호를 아래와 같이 개정한다.

3. 국유재산에 관한 사항

제12조의 2 수품과에서는 아래의 사무를 관장한다.

1. 물품의 조달에 관한 사항
2. 물품의 보관, 배급 및 처분에 관한 사항

1942년(昭和 17) 11월 1일 조선총독부훈령 제55호

「朝鮮總督府鐵道局事務分掌規程中改正」, 『朝鮮總督府官報 號外』, 1942.11.01.

조선총독부철도국사무분장규정 중 1941년(昭和 16) 10월 1일부터 아래와 같이 개정한다.

제1조 조선총독부철도국에 총무과, 정비과, 감독과, 운수과, 운전과, 건설과, 공무과, 공작과, 전기과, 및 수품과를 둔다.

제2조 총무과에서는 아래의 사무를 관장한다.

1. 기밀에 관한 사항
2. 국인 및 관인의 관수에 관한 사항
3. 조직, 권한 및 문서 심사에 관한 사항
4. 문서의 접수, 발송 및 보존에 관한 사항
5. 예규, 공보, 통계 및 보고서류의 편찬 작성에 관한 사항
6. 손해배상 및 소송에 관한 사항
7. 인사에 관한 사항(정비과 주관 사항을 제외)
8. 국가총동원에 관한 총괄적 사항
9. 교통 동원에 관한 사항
10. 교통시설의 종합정비계획에 관한 사항
11. 교통 그리고 교통에 관한 일반 경제 및 자원 조사에 관한 사항
12. 예산 및 결산에 관한 사항
13. 금전 출납에 관한 사항
14. 국유재산에 관한 사항
15. 철도 수입의 심사 및 운수 통계에 관한 사항
16. 타 과의 주관에 속하지 않는 사항

제3조 정비과에서는 아래의 사무를 관장한다.

1. 정원, 채용 및 급여에 관한 사항
2. 국민동원에 관한 사항
3. 직원의 연성(鍊成)에 관한 사항

4. 공제조합에 관한 사항

5. 직원의 보건 및 주택에 관한 사항

6. 특수 수송에 관한 사항

7. 방위에 관한 사항

제4조 감독과에서는 아래의 사무를 관장한다.

1. 사설철도, 궤도 기타 육운(소운송업을 제외)의 면허 또는 허가 및 감독에 관한 사항

2. 사설철도 및 궤도의 저당 및 등록에 관한 사항

3. 사설철도 및 화물자동차운송사업의 보조에 관한 사항

4. 자동차운송사업조합 및 동조합연합회에 관한 사항

5. 사설철도의 매수 그리고 사설철도, 여객자동차운수사업 및 구간화물자동차운송사업의 보상에 관한 사항

제5조 운수과에서는 아래의 사무를 관장한다.

1. 운수 영업 및 그 부대 업무에 관한 사항

2. 객화차 및 자동차 그리고 그 부속품의 운용에 관한 사항

3. 자동차의 운전에 관한 사항

4. 소운송업에 관한 사항

제6조 운전과에서는 아래의 사무를 관장한다.

1. 열차의 운전, 신호 및 보안에 관한 사항

2. 기관차 및 부속품의 운용에 관한 사항

3. 차량의 검사에 관한 사항

제7조 건설과에서는 아래의 사무를 관장한다.

1. 신선의 건설에 관한 사항

2. 장래 건설할 선로의 조사계호기에 관한 사항

3. 선로 및 건조물의 개량에 관한 사항(공무과에서 관장하는 것 제외)

4. 장래 개량할 선로 및 건조물의 조사계획에 관한 사항

제8조 공무과에서는 아래의 사무를 관장한다.

1. 선로 및 건조물의 보존 및 관리에 관한 사항

2. 철도용지의 관리에 관한 사항

3. 선로 및 건조물의 방공 및 방재 대책에 관한 사항

4. 선로 및 건조물의 경이(輕易)한 개량에 관한 사항

제9조 공작과에서는 아래의 사무를 관장한다.

1. 차량, 기계 및 국영자동차의 제작, 개량 및 수리에 관한 사항

2. 공장 설비 및 기계 설비의 계획, 설계 및 관리에 관한 사항

3. 공장 작업에 관한 사항

제10조 전기과에서는 아래의 사무를 관장한다.

1. 전기에 의한 통신 시설, 신호 시설 및 보안 시설에 관한 사항

2. 전력시설 및 전력의 발생 공급에 관한 사항

3. 철도전화에 관한 사항

4. 전기통신 사무에 관한 사항

제11조 수품과에서는 아래 사무를 관장한다.

1. 물품의 조달에 관한 사항

2. 물품의 보관, 배급 및 처분에 관한 사항

3. 물자동원에 관한 사항

제12조 건설사무소에서는 소관 구역 내의 선로 및 건조물의 건설에 관한 사무를 관장한다.

제13조 개량사무소에서는 특히 지정된 선로 및 건조물의 개량에 관한 사무를 관장한다.

제14조 공장에서는 아래 사무를 관장한다.

1. 차량, 기계 및 국영자동차, 기타 물건의 제작, 개량, 조립 및 수리에 관한 사항

2. 공장 내에서 전등, 전력, 기타 동력에 관한 사항

1943년(昭和 18) 12월 1일 조선총독부훈령 제91호

「朝鮮總督府交通局事務分掌規程」, 『朝鮮總督府官報 號外』, 1943.12.01.

조선총독부교통국사무분장규정을 아래와 같이 정한다.

제1조 조선총독부교통국에 총무과, 정비과, 감리과, 운수과, 해사과, 항공과, 공무과, 항만

과, 전기과, 공작과, 자재과, 고등해원양성소, 해원양성소 및 보통해원양성소를 둔다.

제2조 총무과에서는 아래의 사무를 관장한다.

1. 국인 및 관인의 관수에 관한 사항
2. 문서의 접수, 발송, 사열, 편찬 및 보존에 관한 사항
3. 공보 및 통계에 관한 사항
4. 업무의 조사에 관한 사항
5. 손해배상 및 소송에 관한 사항
6. 인사에 관한 사항(정비과에서 관장하는 것 제외)
7. 국가총동원에 관한 총괄적 사항
8. 교통 동원에 관한 사항
9. 교통 시설의 종합정비계획에 관한 사항
10. 예산 및 결산에 관한 사항
11. 금전 출납에 관한 사항
12. 국유재산에 관한 사항
13. 운수 및 그 부대 수입의 심사에 관한 사항
14. 타 과의 주관에 속하지 않는 사항

제3조 정비과에서는 아래의 사무를 관장한다.

1. 정원, 채용 및 급여에 관한 사항
2. 국민 동원에 관한 사항
3. 직원의 양성 및 연성에 관한 사항
4. 직원의 보건 및 주택에 관한 사항
5. 공제조합에 관한 사항
6. 특수 수송에 관한 사항
7. 방위에 관한 사항

제4조 감리과에서는 아래의 사무를 관장한다.

1. 사설철도, 전용철도, 궤도, 자동차 교통 사업, 기타 육운(소운송업을 제외)에 관한 사항
2. 사설철도, 궤도, 자동차 사업 기타 육운(소운송업을 제외)의 조합 및 단체에 관한 사항

3. 자동차 기타 육운(사설철도, 궤도 및 소운송업 제외)용으로 공급하는 차량, 기계, 기구 기타 운영 물자에 관한 사항

4. 자동차 요원에 관한 사항

5. 국영자동차의 영업 및 그 부대 업무에 관한 사항

제5조 운수과에서는 아래의 사무를 관장한다.

1. 철도 운수 영업 및 그 부대 업무에 관한 사항

2. 부두의 관리 및 운영에 관한 사항

3. 관세 사무의 연락에 관한 사항

4. 열차의 운전, 신호 및 보안에 관한 사항

5. 차량 및 부속품의 운용, 검사 및 대차(貸借)에 관한 사항

6. 소운송업 및 창고 영업에 관한 사항

제6조 해사과에서는 아래의 사무를 관장한다.

1. 해상 수송에 관한 사항

2. 조선에 관한 사항

3. 항로, 선박 및 해원에 관한 사항

4. 항로 표식 기타 수운 및 항로 표식 부속 설비에 의한 기상 관측에 관한 사항

5. 선원보험 및 목선(木船)보험에 관한 사항

6. 항만운송업에 관한 사항

7. 개항취체규칙에 관한 사항

제7조 항공과에서는 아래의 사무를 관장한다.

1. 항공 사업에 관한 사항

2. 항공기공업에 관한 사항

3. 항공 취체에 관한 사항

4. 항공보안 시설에 관한 사항

5. 항공 기상에 관한 사항

6. 항공 요원 및 항공 기재에 관한 사항

제8조 공무과에서는 아래의 사무를 관장한다.

1. 철도의 건설에 관한 사항

2. 선로 및 건조물의 개량, 보수 및 관리에 관한 사항

3. 용지의 관리에 관한 사항

4. 공사(工事)용품의 운용 계획에 관한 사항

5. 선로 조사에 관한 사항

제9조 항만과에서는 아래의 사무를 관장한다.

1. 항만의 건설에 관한 사항

2. 항만의 개량, 보수 및 관리에 관한 사항

3. 항만 내 공유수면의 매립 및 사용에 관한 사항

4. 항만공사 용품의 운용 계획에 관한 사항

제10조 전기과에서는 아래의 사무를 관장한다.

1. 전기에 의한 통신, 신호 및 보안 시설에 관한 사항

2. 전력 시설 및 전력의 발생 공급에 관한 사항

3. 철도전화에 관한 사항

4. 전기통신 사무에 관한 사항

제11조 공작과에서는 아래 사무를 관장한다.

1. 철도차량, 기계 및 국영자동차의 제작, 개량 및 수리에 관한 사항

2. 공장 설비 및 기계 설비의 계획, 설계 및 관리에 관한 사항

3. 공장 작업에 관한 사항

제12조 자재과에서는 아래 사무를 관장한다.

1. 물품 구입의 예산 및 결산 그리고 용품 자금의 운용에 관한 사항

2. 물품의 수급 계획에 관한 사항

3. 물품의 조달, 보관, 배급 및 처분에 관한 사항

제13조 고등해원양성소, 해원양성소 및 보통해원양성소에서는 해원의 양성에 관한 사무를 관장한다.

1944년(昭和 19) 3월 29일 조선총독부훈령 제21호

「朝鮮總督府交通局事務分掌規程中改正」, 『朝鮮總督府官報 第五千百四十三號』, 1944.03.29.

조선총독부교통국사무분장규정 중 1944년(昭和 19) 4월 1일부터 아래와 같이 개정한다.

제4조 중 제5호를 삭제한다.

제6조 제3호 중 '해원'을 '선원'으로 개정함

제11조 제1호 중 '기계 및 국영자동차'를 '및 기계'로 개정함

1945년(昭和 20) 2월 24일 조선총독부훈령 제6호

「朝鮮總督府交通局事務分掌規程中改正」, 『朝鮮總督府官報 第五千四百十五號』, 1945.02.24.

조선총독부교통국사무분장규정 중 아래와 같이 개정한다.

제7조 제2호를 삭제하고 제3호를 제2호로 하고 이하 순차적으로 올린다.

1945년(昭和 20) 7월 28일 조선총독부훈령 제43호

「朝鮮總督府交通局事務分掌規程中改正」, 『朝鮮總督府官報 第五千五百四十五號』, 1945.07.28.

조선총독부교통국사무분장규정 중 1945년(昭和 20) 8월 1일부터 아래와 같이 개정한다.

제1조 중 '정비과'를 삭제하고 '공작과' 아래에 '경리과'를 추가한다.

제2조 제6호 중 '(정비과에서 관장하는 것 제외)'를 삭제한다.

제2조 중 제7호부터 제14호를 아래와 같이 개정함

7. 직원의 양성 및 연성에 관한 사항
8. 국민 동원에 관한 사항
9. 국가총동원에 관한 총괄적 사항

10. 교통 동원에 관한 사항

11. 교통 시설의 종합정비계획에 관한 사항

12. 직원의 보건 및 주택에 관한 사항

13. 공제조합에 관한 사항

14. 특수 수송에 관한 사항

15. 방위에 관한 사항

16. 타 과 주관에 속하지 않는 사항

제3조 삭제

제11조의 2 경리과에서는 아래의 사무를 관장한다.

1. 예산 및 결산에 관한 사항

2. 금전 출납에 관한 사항

3. 국유재산에 관한 사항

4. 운수 및 그 부대 수입의 심사에 관한 사항

3. 조선국유철도건설규정

〈자료 154〉 朝鮮國有鐵道建設規程

1927년(昭和 2) 10월 1일 조선총독부령 제98호

「朝鮮國有鐵道建設規程」, 『朝鮮總督府官報 號外』, 1927.10.01.

제1장 총칙

제1조 조선의 국유철도 건설은 이 영이 정하는 바에 의한다. 단, 아래 각호의 하나에 해당하는 경우에는 그렇지 않다.

1. 특수한 설계가 필요한 때
2. 기타 부득이한 사유가 있을 때

제2조 본선로(本線路)라 함은 열차의 운전에 상용하는 궤도를 말하고, 측선(側線)이라 함은 본선로가 아닌 궤도를 말한다.

제3조 궤간(軌間)이라 함은 궤조면에서 하방 16mm 이내의 궤조두부내측간의 최단거리를 말한다.

제4조 정차장이라 함은 아래 각호에 규정한 것을 말한다.

1. 역 열차가 정지하여 여객 또는 화물을 취급하기 위하여 설치된 장소
2. 조차장 역이 아닌 곳으로 열차의 조성 또는 차량의 입환(入換)을 위하여 설치된 장소
3. 신호장 역 또는 조차장이 아닌 곳으로 열차의 정지, 행위(行違) 또는 대피를 위하여 설치된 장소

제5조 신호소라 함은 정차장이 아닌 곳으로 수동으로 상치(常置)신호기를 취급하기 위한 장소를 말한다.

제6조 고정축거(固定軸距)라 함은 2 이상의 차축이 있는 불요성(不撓性) 대(臺)의 테두리에 중심선에 직각으로 특설(特設)된 횡동유간(橫動遊間)을 갖지 아니하는 차축 중 가장 전위의 차축과 가장 후위의 차축 중심 간 수평거리를 말한다.

제7조 선로는 시설의 정도에 따라 갑·을·병의 3종으로 구별한다.

전항의 선로 종별은 철도국장이 정한다.

제8조 본령 중의 규정은 특별히 지정한 경우 외에, 마모 또는 변형의 경우에 적용한다.

제2장 선로

제1절 궤간

제9조 궤간은 1.435m로 한다.

제10조 반경 800m 이하의 곡선 및 전철기의 첨단에는 전조의 궤간에 상당하는 확도(擴度)를 두어야 한다. 다만, 확도는 30mm를 최대한으로 한다.

전항 곡선의 확도는 외측 궤조(軌條)의 고도에 따라 체감하는 것을 요한다.

제11조 열차의 운전으로 인하여 발생한 앞 2조 궤간의 신축(伸縮)은 아래의 범위까지 정제(整齊)하지 않을 수 있다.

1. 곡선 및 철차(轍叉)의 경우에는 증신(增伸) 3mm

2. 기타의 경우에는 증신 6mm, 감축 3mm

제2절 건축한계

제12조 건물 기타 건조물 등은 건축한계 안에 포함하지 않을 수 있다. 다만, 정차장 안의 급수·급탄·전차·계중·세차 등의 제반 설비 및 신호주 등으로 본선로에 관계없는 것, 그리고 차고의 문로(門路) 및 내부 장치 등은 150mm까지, 전철 표지 등의 궤조면상에 돌출된 각 부는 225mm까지, 궤조면 위 1.1m 이상의 부분에 한하여 건축한계 안에 포함할 수 있다.

건축한계는 제1호 도(圖)에 의한다.

제13조 건축한계의 폭은 곡선의 경우 아래 식에 의하여 산출한 치수 이상을 확대할 것을 요한다.

$$W = 50000/R$$

W는 궤도중심선 각 측의 확대하여야 할 치수(mm)

R은 곡선 반경(m)

전항의 확대 치수는 완화곡선의 전장(全長)에서, 완화곡선이 없는 경우에는 외측궤조의 고도 및 확도에 따라 체감하는 것으로 하고, 복심곡선(複心曲線) 또는 근접한 동일 방향 2곡선의 경우의 확대치수 차의 체감도 이에 준한다.

제3절 궤도의 중심 간격

제14조 궤도의 중심 간격은 정차장 안에서는 4.25m 이상, 정차장 밖에서는 3.95m 이상이어야 한다. 다만, 정차장 밖에 3 이상의 궤도를 병설하는 경우에는 각 인접한 2중심 간격의 1은 4.25m 이상으로 한다.

전항의 중심 간격은 곡선에서는 건축한계 폭의 확대치수 이상 확대하여야 한다.

제4절 곡선 및 구배(勾配)

제15조 본선로의 곡선 반경은 갑종 선로는 400m 이상, 을종 선로는 300m 이상, 병종 선로는 200m 이상이어야 한다. 다만, 분기에 부대하는 곡선의 반경은 갑종 선로는 330m까지, 을종 선로는 230m까지, 병종 선로는 140m까지 단축할 수 있다.

제16조 측선 및 분기에 부대하는 곡선의 반경은 100m 이상이어야 한다. 다만, 특별한 경우에는 70m까지 단축할 수 있다.

제17조 갑종 및 을종의 본선로에는 반경 1,200m 이하의 곡선과 직선과의, 병종의 본선로에는 반경 800m 이하의 곡선과 직선과의 접속 개소에 상당하는 완화 곡선을 삽입하여야 한다. 다만, 완화 곡선의 길이는 갑종 선로는 곡선 외측 궤조고도의 600배 이상, 을종 선로는 동 480배 이상, 병종 선로는 동 400배보다 작을 수 없다.

제18조 본선로의 반향 곡선 간에는 완화 곡선 또는 외측 궤조고도의 체감부를 제외하고 갑종 선로에는 50m 이상, 을종 선로에는 30m 이상, 병종 선로에는 20m 이상의 직선을 삽입할 것을 요함

제19조 정차장 외의 본선로의 구배는 갑종 선로는 1,000분의 10보다, 을종 선로는 1,000분의 15보다, 병종 선로는 1,000분의 25보다 완만하여야 한다. 다만, 특별한 사유가 있는 경우에는 을종 선로는 1,000분의 25까지, 병종 선로는 1,000분의 40까지 가능하다.

제20조 정차장 안의 본선로 및 측선의 구배는 중력조차선(重力操車線), 저탄선(貯炭線), 기타 특별한 경우를 제외하고 100분의 3보다 완만하여야 한다. 다만, 상당의 보안 설비를 갖춘 경우에는 1,000분의 10까지 가능하다.

제21조 인접 구배를 이루는 외각의 정절(正切)이 갑종 선로는 1,000분의 4를, 을종 및 병종 선로는 1,000분의 5를 초과하는 개소에는 상당의 종절면(縱截面) 곡선을 삽입할 것을 요한다.

제5절 시공기면(施工基面) 및 궤도

제22조 축제(築堤) 또는 절취에 있어서 본선로의 시공기면은 궤도 중심에서 바깥 가장자리까지 갑종 선로는 2.6m 이상, 을종 선로는 2.3m 이상, 병종 선로는 2.15m 이상일 것을 요한다.

제23조 도상(道床)의 두께는 침목의 하면에서 시공기면까지 갑종 선로는 27cm 이상, 을종 선로는 18cm 이상, 병종 선로는 12cm 이상을 통례로 한다.

제24조 횡침목의 길이는 2.4m 이상을 통례로 한다.

제25조 직선은 좌우 양쪽 궤조의 높이를 균일하게 할 것을 요한다.

제26조 곡선은 그 반경 및 열차의 속도에 따라 외측 궤조에 상당한 고도를 두어야 한다. 다만, 분기에 부대하는 경우에는 그렇지 않다.

전항의 고도는 완화 곡선의 전장에서, 완화 곡선이 없는 경우에는 고도의 450배 이상의 길이에서 체감하여야 한다. 다만, 복심 곡선 또는 서로 근접한 동향 2곡선의 고도차는 반경이 큰 곡선상에서 그 고도차가 450배 이상 되는 거리에서 체감하는 것을 통례로 한다.

제27조 본선로의 궤조는 중량신제 1m당 갑종 선로는 50kg 이상, 을종 선로는 37kg 이상, 병종선로는 30kg 이상을 통례로 한다.

제6절 궤도 및 교량의 부담력

제28조 본선로의 궤도는 제63조에 규정하는 최대중량을 가진 차량이 최소한 시간당 40km 속도의 운전에 견디게 하여야 한다. 다만, 전철부 기타 특별히 속도를 지정

한 개소는 그렇지 않다.

제29조 본선로의 교량의 각부는 제2호도에 의한 표준 활중(活重)에 견디게 하여야 한다.

제7절 터널 및 교량

제30조 터널을 곡선 중에 만드는 경우의 곡선 반경은 400m 이상으로 하여야 한다. 다만, 특별한 사유가 있는 경우에 한해 300m까지 단축할 수 있다.

제31조 교통이 빈번한 도로 또는 하천에 가설하는 교량은 궤도 중심에서 좌우로 각 2m 이상 궤도 아래를 덮어야 한다.

제8절 정차장

제32조 여객을 취급하는 역에는 승강장·대합실·화장실 등 여객 취급에 필요한 설비를 요한다.

제33조 지방의 상황에 따라 특별히 전조의 규정에 의하지 않는 간이역을 설치할 수 있다.

제34조 화물을 취급하는 역에는 필요에 따라 하역장·창고 등 상당한 설비를 요한다.

제35조 곡선을 따라 승강장을 설치하는 경우의 곡선 반경은 400m 이상이어야 한다. 다만, 승강장이 곡선 외측에 있는 경우 또는 특별한 사유가 있는 경우에 한하여 300m까지 단축할 수 있다.

제36조 승강장 및 적사장(積卸場)의 가장자리 끝에서 궤도 중심까지의 거리는 1.675m이어야 한다.

전항의 거리는 곡선에 연(沿)한 승강장 및 적사장의 경우 제13조의 규정에 준하여 증가하여야 한다.

제37조 승강장의 폭은 본선로 간에 있는 것은 3m 이상, 기타의 것은 2m 이상일 것을 요한다.

승강장의 높이는 궤조면 위 30cm로, 적사장의 높이는 궤도면 위 90cm로 한다. 다만, 특별한 사유가 있는 경우에는 그렇지 않다.

제38조 승강장에 있는 기둥류는 궤조면 위 2.6m의 높이까지 승강장 가장자리 끝에서 1m 이상의 간격을 둘 것을 요한다.

승강장에 있는 본가(本家)·육교·지하도·대합실·화장실 등은 궤조면 위 2.6m의 높이까지는 승강장 가장자리 끝에서 1.5m 이상의 간격을 둘 것을 요한다.

제39조 기관차에 사용하는 급수기의 급수구 높이는 궤조면 위 3.2m 이상이어야 한다.

제40조 기관차용 전차대의 길이는 18m 이상, 화차용 천차대 또는 전차대의 길이는 9m 이상이어야 한다.

제9절 분기 및 평면 교차

제41조 정차장 밖에서는 본선로에서 본선로를 분기시킬 수 없다.

제42조 본선로는 상당한 보안 설비를 갖춘 정차장 또는 신호소 안의 경우를 제외하고 다른 철도 또는 궤도와 평면 교차할 수 없다. 다만, 다른 철도 또는 궤도가 인력 또는 마력을 동력으로 하는 경우에 상당한 보안 설비를 갖춘 때에는 그렇지 않다.

제10절 상치 신호기

제43조 정차장에는 장내 신호기를 설치하여야 한다. 다만, 폐색(閉塞) 구간의 중간에 있는 정차장으로 열차의 진로에 전철기가 없는 경우 또는 전철기를 상시 쇄정(鎖錠)할 수 있는 경우에는 그렇지 않다.

제44조 정차장에는 출발 신호기를 설치하는 것을 통례로 하고 필요에 따라 입환 신호기 및 유도 신호기를 설치할 것을 요함

제45조 정차장 밖 가동교(可動橋) 기타 특별히 방호가 필요한 지점에는 필요에 따라 엄호 신호기를 설치할 것을 요함

제46조 장내 신호기·출발 신호기 및 엄호 신호기에는 필요에 따라 전방의 상당한 거리에 원방(遠方) 신호기를 설치할 것을 요함

제11절 보안 설비

제47조 상호관계를 가진 상치 신호기·전철기 및 가동교 등은 연동장치로 하여야 한다. 다만, 본선로와 관계없는 것 및 상시 쇄정하는 전철기는 그렇지 않다.

제48조 궤조의 종단에는 차량 정지 장치를 설치할 것을 요한다.

제49조 열차 또는 차량의 정지 또는 유치(留置)하는 선로의 분기개소에는 접촉한계를 표시

한 표를 설치할 것을 요한다.

전항의 접촉한계표 설치 개소의 궤도 중심 간격은 3.95m 이상으로 한다.

제50조 차량이 본선로를 일출(逸出)하거나 열차가 과속 주행을 할 우려가 있는 개소에는 상당한 보안 설비를 할 것을 요한다.

제51조 정차장 및 신호소에는 전기통신 설비를 하여야 한다. 다만, 역원이 상주하지 아니하는 정차장은 그렇지 않다.

제52조 교통이 빈번한 건널목에는 차단기, 기타 상당한 보안 설비를 할 것을 요한다.

제53조 사람 또는 우마 등이 선로에 들어갈 우려가 있는 장소에는 책원(柵垣), 제당(堤塘) 또는 도랑 등을 설치할 것을 요한다.

제54조 열차를 피하기 곤란한 터널 또는 교량 등에는 대피소를 설치할 것을 요한다.

대피소 상호 간의 거리는 터널의 경우 40m 이내, 교량의 경우 80m 이내를 통례로 한다.

제12절 선로의 제표(諸標)

제55조 ① 선로에는 아래의 제표를 설치하여야 한다.

1. 1km마다 그 거리를 표시한 표
2. 구배 변경 개소에는 구배를 표시한 표
3. 열차의 속도제한, 기타 지역 운전 시 특별한 주의가 필요한 개소에는 이를 표시한 표
4. 건널목에는 필요에 따라 통행인의 주의를 환기시키는 표

전항 제1호 내지 제3호의 표는 선로의 동일한 쪽에 설치하여야 한다.

제3장 차량

제1절 차량의 한계

제56조 차량은 직선 궤도상의 정위(正位)에서 차량의 한계 밖으로 나갈 수 없다. 다만, 아래 각호에 규정하는 것은 그렇지 않다.

1. 외륜(외륜이 없는 경우에는 바퀴의 테. 이하 동일)폭 이내의 차량의 부분

2. 정지 중에만 개폐하는 차량의 문(열린 경우에 한함)

3. 제설장치, 우편 또는 통표수수기(通票授受器), 조중기(操重器), 기타 특수 장치(사용하는 경우에 한함)

차량의 한계는 제3호 도(圖)에 의한다.

제2절 윤축(輪軸) 및 각부의 구조

제57조 윤축의 배치 및 이에 관한 차량 각부의 구조는 30mm의 확도를 가지는 반경 70m의 곡선을 통과할 수 있는 구조이어야 한다.

제58조 고정축거는 4.8m보다 짧아야 한다.

제59조 전 2조의 규정은 곡선 반경이 큰 구간만을 운전하는 차량에는 적용하지 아니한다.

제60조 탄수차 및 객화차의 차륜 직경은 차륜 1쌍의 중심선으로부터 750mm의 거리에서 답면(踏面) 기준으로 750mm 이상이어야 한다.

제61조 외륜의 폭은 130mm 이상 150mm 이하이어야 한다.

외륜의 두께는 25mm 이상이어야 한다.

외륜 1쌍의 내면거리는 1,349mm 이상 1,356mm 이하이어야 한다.

제62조 바퀴 가장자리의 높이는 차륜 1쌍의 중심선으로부터 725mm의 거리에서 답면 기준으로 25mm 이상 35mm 이하이어야 한다.

바퀴의 가장자리의 두께는 23mm 이상이어야 한다.

바퀴의 가장자리 1쌍의 외측 가장자리의 거리는 제1항의 답면에서 10mm 하위의 차륜 1쌍의 중심선 기준으로 한 것의 2배가 1,395mm 이상 1,427mm 이하이어야 한다.

제3절 차중

제63조 기관차의 차륜 1쌍의 궤조에 대한 압력은 정지 상태에서 갑종 선로는 22톤 이하, 을종 선로는 18톤 이하, 병종 선로는 15톤 이하이어야 한다.

객화차의 차륜 1쌍의 궤조에 대한 압력은 정지 상태에서 13톤 이하이어야 한다.

제64조 기관차의 중량은 2차중을 연결하여 객화차를 연결 운전하는 경우에 제29조에 규

정한 교량이 견딜 수 있어야 한다.

제65조 객화차의 중량은 양단(兩端) 연결기의 연결면 간의 거리 1m당 평균 4.5톤 이하이어야 한다.

제66조 전 3조에 규정한 한도는 운전 구간 또는 연결 위치에 제한이 있는 차량의 경우 궤도 및 교량의 부담력 범위 안에서 초과할 수 있다.

제4절 연결기 및 제동기

제67조 차량에는 자동연결기를 장치하여야 한다.

자동연결기 연결면의 중심높이는 차량의 정지 상태에서 궤조면 위 815mm 이상 900mm 이하이어야 한다.

제68조 차량에는 관통공기제동기 또는 제동관(制動管)을 장치하여야 한다.

제69조 완급차로 사용하는 차량 및 기관차에는 관통제동기를 작용시킬 수 있는 장치를 하여야 한다.

제70조 기관차·기동차·객차 및 차장차에는 수동제동기를 장치하여야 한다.

제5절 기관차의 장치

제71조 기관차에는 다음 각호의 장치를 하여야 한다.

1. 2개 이상의 수면계
2. 2개 이상의 급수기
3. 2개 이상의 안전판(安全瓣)
4. 압력계. 다만, 눈금판에는 실용 최고압력을 표시하여야 한다.
5. 굴뚝 및 석탄차로부터 화분(火粉)의 방출을 방지하는 설비
6. 화실(火室) 천정에 1개 이상의 가용전(可熔栓)
7. 기적 또는 이에 상당하는 신호장치
8. 기관차 앞부분에 장애물 제거기

제6절 객화차의 장치

제72조 객차의 측면에 있는 외부 개방 문 및 미닫이문에는 2중의 폐쇄장치를 하여야 한다.

제73조 여객용 칸에는 통풍, 점등 및 필요에 따라 난방장치를 하여야 한다.

제74조 제71조의 규정은 기동차에 대하여 준용한다.

제7절 차량의 표기

제75조 기관차에는 아래 각호의 사항을 표기하여야 한다.

1. 국유철도의 문장
2. 번호

제76조 객화차에는 아래 각호의 사항을 표기하여야 한다.

1. 국유철도의 문장
2. 기호·번호
3. 자중
4. 객차에는 등급 및 여객 정원
5. 수하물차·우편차 및 화차에는 적재하중 및 적재용적

〈부칙〉

본령은 공포일로부터 시행한다.

본령 시행 전 공사에 착수 또는 준공한 선로, 건조물 및 차량에 대해서는 당분간 종전의 예에 의할 수 있다.

4. 조선사설철도보조법

〈자료 155〉 朝鮮私設鐵道補助法

1921년(大正 10) 3월 31일 법률 제34호

「御署名原本·大正十年·法律第三十四號·朝鮮私設鐵道補助法」(御12815100 國立公文書館), 1921.03.31.

제1조 조선에서 철도를 경영하는 주식회사의 매 영업연도의 익금(益金)이 철도의 경영에 필요한 불입(拂入)자본금액에 대하여 연 8%의 비율에 달하지 않을 때에는 조선총독은 회사에 대해 설립등기일부터 10년에 한하여 그 부족액을 보급할 수 있다. 단, 보조금은 철도의 경영에 필요한 불입자본금액에 대하여 연 8%에 상당한 금액을 초과할 수 없다.

제2조 사채 또는 차입(借入)금으로 철도의 건설비에 충당한 것에 대하여는 사채의 등기 또는 차입금을 행한 날부터 10년에 한하여 연 8%에 상당한 금액을 한도로 하여 사채 또는 차입금의 이자를 보급할 수 있다. 단 그 사채 또는 차입금으로 건설한 철도로부터 발생하는 익금이 있을 때에는 그에 상당하는 금액을 공제한다.

제3조 조선총독은 필요하다고 인정되는 때에 한 회사가 경영하는 철도를 몇 개의 구로 나누어 각 구에 대하여 전 2조의 규정에 준하여 보조할 수 있다. 이 경우 회사가 자본 또는 불입자본금액을 증가시켜 하나의 구 또는 몇 개의 구의 철도를 경영할 때에는 해당 구의 철도에 대한 보조의 기간은 자본 증가 또는 불입자본금액 변경의 등기일부터 기산할 수 있다.

제4조 전 3조의 규정에 의한 익금, 불입자본금액, 사채 및 차입금은 조선총독이 정하는 바에 의하여 산출한 금액에 의한다.

제5조 보조금의 연(年) 총액은 최고 250만 엔으로 한다.

제6조 보조금의 매년도 예산 잔액은 순차적으로 익년도로 이월하여 사용할 수 있다.

제7조 보조를 받는 회사가 법령, 법령에 의한 명령, 면허 또는 보조에 부가한 조건에 위반

하거나 공익을 해하는 행위를 했을 때에는 조선총독은 그 보조를 정지하거나 폐지할 수 있다.

제8조 보조를 받는 회사가 보조 기간 중 아래 각호의 1에 해당할 때에는 조선총독이 정하는 바에 의하여 이미 교부한 보조금을 상환하게 한다.

1. 면허를 취소당한 때
2. 기한 내에 공사 시행의 인가를 신청하지 않거나 공사에 착수하지 않거나 공사 시행의 인가를 받지 않아 면허의 효력을 상실했을 때
3. 합병 이외의 사유로 인하여 영업 개시 전에 해산한 때

제9조 사기로 인하여 보조금을 받았을 때에는 법정(法定) 이식(利息)을 부가하여 상환하게 한다.

제10조 전 2조의 규정에 의한 상환금은 국세체납처분의 예에 의하여 징수할 수 있다. 다만, 선취득권의 순위는 국세의 다음으로 한다.

〈부칙〉

본 법은 공포한 날부터 시행한다.

1923년(大正 12) 3월 27일 법률 제23호

「御署名原本·大正十二年·法律第二十三號·朝鮮私設鐵道補助法中改正」(御14070100 國立公文書館), 1923.03.27.

조선사설철도보조법 중 아래와 같이 개정한다.

제1조 및 제2조 중 '10년'을 '15년'으로 개정한다.

제5조 중 '250만 엔'을 '300만 엔'으로 개정한다.

〈부칙〉

본 법은 1923년(大正 12) 4월 1일부터 시행한다.

1925년(大正 14) 3월 28일 법률 제31호

「御署名原本·大正十四年·法律第三一號·朝鮮私設鐵道補助法中改正」(御15237100 國立公文書館), 1925.03.28.

조선사설철도보조법 중 아래와 같이 개정한다.

제5조 중 '300만 엔'을 '450만 엔'으로 개정한다.

〈부칙〉

본 법은 1925(大正 14) 4월 1일부터 시행한다.

1930년(昭和 5) 5월 16일 법률 제7호

「御署名原本·昭和五年·法律第七號·朝鮮私設鐵道補助法中改正」(御17404100 國立公文書館), 1930.05.16.

조선사설철도보조법 중 아래와 같이 개정한다.

제5조 중 '450만 엔'을 '500만 엔'으로 개정한다.

〈부칙〉

본 법은 공포일부터 시행한다.

1934년(昭和 9) 3월 27일 법률 제27호

「御署名原本·昭和九年·法律第二七號·朝鮮私設鐵道補助法中改正」(御19004100 國立公文書館), 1934.02.27.

조선사설철도보조법 중 아래와 같이 개정한다.

제1조 조선총독은 조선에서 공중의 용도로 제공하기 위하여 경영하는 사설철도에 대하여 해당 철도 영업 개시일로부터 15년을 한도로 보조금을 교부할 수 있다.

조선총독은 필요하다고 인정되는 때에 다시 5년을 한도로 전항의 기간을 연장할 수 있다.

제2조 전조의 보조금은 아래 각호에 의한 금액을 한도로 한다.

1. 전조 제1항의 기간 중에는 매 영업연도의 건설비에 대한 연 6%의 비율에 상당하는 금액. 다만, 매 영업연도의 이익금이 건설비에 대하여 연 1%의 비율에 상당하는 금액을 초과하는 때에는 그 초과액은 보조금액에서 공제한다.
2. 전조 제2항의 기간 중에는 매 영업년도의 건설비에 대하여 연 5%의 비율에 상당하는 금액. 다만, 매 영업년도의 이익금이 건설비에 대하여 연 1.5%의 비율에 상당하는 금액을 초과하는 때에는 그 초과액은 보조금에서 공제한다.

제3조 조선총독은 필요하다고 인정되는 때에 한 경영자가 경영하는 철도를 몇 개의 구로 나눠서 각 구에 대하여 전 2조의 규정에 준하여 보조할 수 있다.

제4조 중 '전 3조의 규정에 의한 이익금, 불입자본금액, 사채 및 차입금'을 '전 2조의 규정에 의한 건설비 및 이익금'으로 개정한다.

제7조 중 '보조를 받는 회사'를 '보조를 받는 철도의 관리자'로 개정한다.

제8조 삭제

제10조 중 '전 2조'를 '전조'로 한다.

〈부칙〉

본 법은 1934년(昭和 9) 4월 1일부터 시행한다. 다만, 본 법 시행 시 현재 보조를 받는 철도에 대한 보조에 대하여는 회사설립 등기일부터 15년의 기간 만료일[조선철도주식회사는 1934년(昭和 9) 12월 14일]을 포함한 영업연도의 말일까지는 개정 규정에도 불구하고 종전의 예에 의함

본 법 시행 시 현재 보조를 받는 철도에 대한 보조 기간에 대하여는 해당 철도의 건설비에 충당한 자금에 대하여 처음으로 보조를 행한 날을 제1조 제1항의 영업 개시일로 간주함

1939년(昭和 14) 3월 16일 법률 제14호

「御署名原本·昭和十四年·法律第一四號·朝鮮私設鐵道補助法中改正」(御22256100 國立公文書館), 1939.03.16.

조선사설철도보조법 중 아래와 같이 개정한다.

제1조 제1항 중 '15년을 한도로'의 아래에 '예산의 범위 내에서'를 더하고 제1조 제2항 중 '5년'을 '10년'으로 개정한다.

제2조 전조의 보조금은 매 영업연도의 건설비에 대해 연 5%의 비율에 상당하는 금액을 한도로 한다. 다만, 매 영업연도의 이익금이 건설비에 대해 연 1%의 비율에 상당하는 금액을 초과하는 때에는 그 초과액을 보고금액에서 공제한다.

제5조 삭제

〈부칙〉

본 법은 1939년(昭和 14) 4월 1일부터 시행한다. 다만, 본 법 시행 시 현재 보조를 받는 철도에 대한 보조에 대하여는 각기 현재 보조 기간이 만료되는 영업연도의 말일까지는 종전의 예에 의한다.

1944년(昭和 19) 2월 15일 법률 제29호

「御署名原本·昭和十九年·法律第二九號·朝鮮私設鐵道補助法中改正法律」(御27909100 國立公文書館), 1944.02.15.

조선사설철도보조법 중 아래와 같이 개정한다.

제1조 제2항 중 '10년'을 '15년'으로 개정한다.

〈부칙〉

본 법은 공포일부터 시행한다.

Ⅳ

실행 결과

해제

Ⅳ장에서는 일제시기 철도정책의 결과를 살펴볼 수 있는 6개의 주요 통계와 도표를 수록했다. 1) 조선총독부의 국유철도 운영·공사 규모, 2) 조선총독부의 국유철도 여객운수 운영 실태, 3) 조선총독부의 국유철도 화물운수 운영 실태, 4) 조선총독부의 연도별 철도 건설 및 개량비 지출 규모, 5) 조선철도의 노선별 개업 현황, 6) 조선총독부의 철도 재정(수입·지출) 변화이다. 이들 자료는 조선총독부에서 발간한 철도 관련 주요 통계 자료집인 『조선총독부통계연보』, 『조선철도상황』, 『조선교통상황』을 바탕으로 정리했다. 특히, 『조선철도상황』과 『조선교통상황』은 총독부 철도국이 매년 일본 제국의회에 참고 자료로 제출한 극비 자료로, 철도정책의 실행 결과를 상세하게 담고 있어 주목을 요한다.

6개의 통계 중 1) 조선총독부의 국유철도 운영·공사 규모, 2) 조선총독부의 국유철도 여객운수 운영 실태, 3) 조선총독부의 국유철도 화물운수 운영 실태는 일제 시기 조선철도의 전반적인 운영 규모의 양적 변화를 보여 준다. 이들 통계에 따르면, 일제하에서 조선철도는 영업 거리·부설 규모·여객운수 규모·화물운수 규모의 각 측면 모두에서 양적으로 확대되었음을 알 수 있다. 특히, 1931년 만주사변을 계기로 양적 확대가 비약적으로 늘어났음을 확인할 수 있다.

그러나 나머지 3개의 통계는 이러한 양적인 확대의 이면을 보여 준다. 먼저, 4) 조선총독부의 철도 건설 및 개량비 지출 규모와 5) 조선철도의 노선별 개업 현황을 통해 이러한 양적인 확대의 시기적·지역적 편중을 명확히 확인할 수 있다. 즉, 양적 확대가 한반도 전체에서 꾸준히·고르게 진행된 것이 아니라, 시기적으로는 일본의 대륙침략이 본격화된 1930년대 이후, 지역적으로는 군대 및 군수물자의 대륙 수송을 담당하는 노선이나, 한반도의 군수 자원 수탈에 직결된 노선에 집중된 것이다. 구체적으로 보면, 조선의 민생(民生)에 직결되었지만 대륙침략과는 무관한 노선의 경우 자금이 제대로 조달되지 않아 개업이 계속 연기되거나, 결국 해방 직전까지도 완공에 실패하는 경우가 있었음을 알 수 있다. 이와 대조적으로, 대륙으로 직결되는 노선은 만주사변 이후에야 부설 계획이 승인되었음에도 불구하고 구간별 개업을 즉각적으로 시행하거나, 건설 자금을 우선적으로 분배받은 것을 확인할 수 있다.[178]

다음으로, 6) 조선총독부의 철도 재정(수입·지출) 변화는 일제 시기 조선철도를 둘러싼 이러한 양적·질적 변화가 조선총독부의 재정에 미친 영향을 보여 준다. 이 표에 따르면, 조선총독부의 철도 수입과 영업이익은 모두 제1차 세계대전에 따른 경기 호황과 1931년의 만주사변, 1937년의 중일전쟁 발발을 기점으로 큰 폭으로 늘어났다. 특히 1930년대는 '특별군사수송'이라는 제도하에 조선철도를 이용한 대륙으로 군사 수송이 격증했기 때문에, 1930년대 후반 이후는 전시 노동력 동원이 급증했기 때문에 그러한 변화가 더욱 뚜렷했다. 또 한 가지 주목할 점은 일반 경기가 좋지 않았던 시점에도 총독부의 영업이익은 격증한 시기가 있었다는 점이다. 1920년대 후반은 긴축재정과 경기 악화로 일반 경제가 불황이었지만, 총독부의 철도 관련 영업이익은 크게 증가했다. 이는 산미증식계획의 여파로 미곡 수출이 늘어나면서, 조선인의 부족한 식량을 대용하기 위해 만주로부터 만주속(滿洲粟)과 콩깻묵의 수입량이 격증했기 때문이었다. 조선인의 사회경제적 상황 악화가 총독부의 철도 수입에는 이익이 된 것을 알 수 있다.[179]

---

178 해방 직전까지 완공에 이르지 못했던 동해선과 부설계획이 세워진 후 40여 년이 지나서야 가까스로 완공을 맞이했던 평원선이 이와 같은 식민지 철도 건설의 성격을 보여 준다. 관련 연구로는 전성현, 2017, 「일제강점기 東海線 3線과 지역」, 『석당논총』 69; 박우현, 2020, 「일제시기 평원선 부설과 횡단철도의 주변화(1904~1941)」, 『한국문화』 89 참조.

179 조선총독부 철도 재정의 상세한 분석과 그 식민지성에 대해서는 박우현·정태헌, 2020, 「일제시기 철도재정의 식민지성-회계과목 분석과 순익 추산을 중심으로-」, 『한국사학보』 78을 참고할 수 있다.

1. 조선철도의 운영 양상

〈자료 156〉 朝鮮總督府, 각년판, 『朝鮮總督府統計年報』

1) 조선총독부의 국유철도 운영·공사 규모

(단위: 개, km)

연도	정거 장수	영업 거리	개업선				미개업선		
			개업 단선	개업 복선 (이상)	개업 노선 계	궤도 연장	공사중 미개업선	공사전 미개업선	미개업선 계
1906	98	1,026.6	-	-	-	-	-	-	-
1907	101	1,032.4	-	-	-	-	-	-	-
1908	101	1,032.4	-	-	-	-	-	-	-
1909	100	1,030.8	-	-	-	-	-	-	-
1910	105	1,085.7	-	-	-	-	-	-	-
1911	121	1,235.3	-	-	-	-	-	-	-
1912	131	1,347.0	-	-	-	-	-	-	-
1913	154	1,561.4	-	-	-	-	-	-	-
1914	158	1,599.7	-	-	-	-	-	-	-
1915	162	1,619.8	1,614.08	10.796	1,624.88	2,020.56	-	-	-
1916	172	1,715.7	1,709.73	10.796	1,720.53	2,132.83	42.29	2.13	44.42
1917	177	1,757.4	1,751.56	10.796	1,762.36	2,194.11	2.13	-	2.13
1918	182	1,773.7	1,767.87	10.796	1,778.67	2,230.17	93.83	384.79	478.62
1919	187	1,855.9	1,850.56	10.796	1,861.36	2,363.48	40.92	353.92	394.83
1920	189	1,862.7	1,857.53	11.980	1,869.51	2,393.60	33.31	351.56	384.87
1921	191	1,874.9	1,869.81	11.980	1,881.79	2,426.99	61.18	314.67	375.84
1922	194	1,895.2	1,888.20	11.980	1,900.18	2,493.70	196.26	160.17	356.43
1923	207	1,913.5	1,906.92	11.980	1,918.90	2,518.19	205.37	132.27	337.64
1924	235	2,092.6	2,085.54	11.980	2,097.52	2,728.54	25.59	156.69	182.28
1925	242	2,106.8	2,102.30	11.980	2,114.28	2,752.49	38.30	104.61	142.91
1926	252	2,158.1	2,157.19	11.980	2,169.17	2,823.37	132.13	199.56	331.69
1927	288	2,344.0	2,342.21	11.980	2,354.19	3,064.65	137.04	1,459.39	1,596.43
1928	328	2,551.9	2,550.10	11.995	2,562.10	3,315.07	209.24	1,360.02	1,569.26

1929	368	2,751.5	2,738.94	11.995	2,750.93	3,575.80	83.10	1,353.20	1,436.30
1930	377	2,792.5	2,780.14	11.995	2,792.14	3,658.68	176.90	1,219.60	1,396.50
1931	420	3,008.5	3,003.04	11.995	3,015.04	3,919.82	214.00	1,045.50	1,259.50
1932	440	3,142.8	3,130.50	11.995	3,142.50	4,103.52	384.80	962.30	1,347.10
1933	413	2,935.4	2,922.45	11.995	2,934.44	3,826.45	365.40	855.80	1,221.20
1934	439	3,077.4	3,064.85	11.995	3,076.85	4,019.24	326.90	759.70	1,086.60
1935	493	3,389.5	3,375.51	11.995	3,387.51	4,405.18	329.50	607.60	937.10
1936	521	3,575.9	3,563.80	11.995	3,575.79	4,670.09	300.60	822.90	1,123.50
1937	542	3,737.3	3,706.36	28.867	3,735.22	4,917.36	400.50	561.60	962.10
1938	558	3,831.0	3,764.46	61.788	3,826.25	5,103.67	417.90	454.80	872.70
1939	599	4,089.5	3,900.30	-	4,088.32	5,615.22	428.80	290.90	719.70
1940	629	4,293.3	3,949.22	-	4,289.35	6,134.42	412.60	257.50	670.10
1941	654	4,463.4	3,998.84	-	4,468.37	6,586.44	-	-	-
1942	665	4,536.8	-	-	4,545.48	-	-	-	-
1943	677	4,567.5	3,980.45	600.275	4,580.73	7,042.71	355.30	386.80	742.10
1944		5,005.4	-	-	-	-	-	-	-

※ 출전: 朝鮮總督府, 『朝鮮總督府統計年報』, 朝鮮總督府, 각년판 참조.

※ 비고: 원문의 표 제목은 '국유철도 총 영업거리, 정거장 수'이다.

※ 비고: 단위의 통일을 위해 1930년 이전의 수치는 km로 보정했다.

2) 조선총독부의 국유철도 여객운수 운영 실태

(단위: 명)

연도	인원				1km당 연인원	1일 평균 인원	1km당 평균 인원	1일 1km당 평균 인원
	승객 인원 계	1등 승객 인원	2등 승객 인원	3등 승객 인원				
1907	2,625,772	10,070	79,183	2,536,519	159,055,610	7,174	153,934	423
1908	2,172,741	9,869	66,641	2,096,231	143,434,680	5,953	139,718	383
1909	1,930,442	9,400	58,353	1,862,639	130,555,468	5,289	127,352	349
1910	2,024,490	10,299	66,020	1,948,171	148,457,164	5,704	141,388	387
1911	2,429,687	9,981	66,982	2,352,724	168,974,747	7,178	148,094	405
1912	4,399,022	13,370	99,942	4,285,710	265,597,364	12,547	205,555	563
1913	4,995,441	13,165	114,409	4,867,867	279,613,040	14,577	190,927	523
1914	4,768,251	10,460	110,510	4,347,281	268,425,159	13,168	169,311	464

1915	5,040,471	9,207	115,969	4,915,295	300,945,320	13,828	186,772	510
1916	5,288,871	10,522	119,413	5,158,936	314,273,964	14,953	189,208	518
1917	7,064,972	13,816	173,055	6,878,101	434,935,694	19,625	251,190	688
1918	9,367,023	19,377	251,452	9,096,194	659,915,606	25,684	372,749	1,021
1919	12,184,485	23,501	362,639	11,798,345	742,563,390	34,381	413,569	1,130
1920	12,421,441	18,533	374,894	12,028,014	717,243,341	34,087	386,071	1,058
1921	13,821,144	15,548	376,261	13,429,335	770,857,320	38,022	413,195	1,132
1922	15,252,426	12,886	358,873	14,880,667	837,750,056	42,052	445,849	1,221
1923	16,760,483	10,519	312,088	16,437,876	913,013,241	46,007	480,382	1,313
1924	17,487,874	9,319	251,683	17,226,872	914,238,096	50,195	458,173	1,255
1925	18,241,062	9,574	227,236	18,004,252	954,827,376	50,168	455,504	1,248
1926	18,457,477	8,461	231,696	18,217,320	1,015,305,766	50,568	478,286	1,310
1927	20,058,401	7,095	241,961	19,809,345	1,072,557,164	54,304	482,135	1,317
1928	22,284,840	7,052	246,304	22,031,484	1,199,430,608	61,054	482,532	1,322
1929	23,225,584	7,440	235,966	22,982,178	1,353,635,184	63,632	506,354	1,387
1930	20,649,934	6,178	186,244	20,457,512	1,114,300,549	56,575	402,362	1,102
1931	19,673,704	4,393	149,116	19,520,195	1,065,197,205	53,753	362,522	990
1932	20,591,638	3,604	141,978	20,446,058	1,180,270,761	56,415	384,115	1,052
1933	24,641,483	5,597	206,165	24,429,721	1,328,947,116	60,927	438,004	1,200
1934	25,614,815	5,287	152,079	25,457,449	1,568,881,881	70,178	521,518	1,429
1935	29,344,188	6,894	179,556	29,157,738	1,763,136,433	80,175	558,043	1,525
1936	33,708,178	8,494	204,312	33,495,372	2,024,343,510	92,351	585,917	1,605
1937	35,906,129	8,957	231,153	35,666,019	2,469,141,862	98,373	680,279	1,864
1938	45,053,752	11,993	309,990	44,731,769	3,046,551,655	123,435	810,296	2,220
1939	59,694,228	23,584	508,777	59,161,867	4,274,973,826	163,099	1,091,668	2,983
1940	82,088,740	36,272	760,920	81,291,548	5,440,529,805	224,901	1,279,251	3,505
1941	89,972,508	41,354	892,109	89,039,045	6,134,421,808	246,500	1,386,717	3,799
1942	108,477,181	48,871	963,367	107,464,943	7,494,255,951	297,198	1,654,629	4,533
1943	128,468,951	70,214	1,342,625	127,056,112	8,885,308,569	351,008	1,946,057	5,317

※ 출전: 朝鮮總督府, 『朝鮮總督府統計年報』, 朝鮮總督府, 각년판 참조.

※ 비고: 원문의 표 제목은 '국유철도 여객운수, 승객 인원, 여객 연인원, 1일 평균 인원, 1km당 평균 인원'이다.

※ 비고: 단위의 통일을 위해 1930년 이전의 수치는 km로 보정했다.

3) 조선총독부의 국유철도 화물운수 운영 실태

① 연도별 전체 화물운수량

(단위: 수하물 kg, 화물 톤)

연도	수하물	화물 합계	화물 차급	화물 톤급	화물 소량급	화물 택급
1907	3,956,637	397,459	-	-	-	-
1908	4,730,687	749,543	-	-	-	-
1909	4,826,926	723,576	-	-	-	-
1910	5,434,555	902,999	-	-	-	-
1911	6,195,851	1,080,189	-	-	-	-
1912	7,190,671	1,123,119	-	-	-	-
1913	8,195,820	1,411,227	-	-	-	-
1914	8,728,246	1,408,889	-	-	-	-
1915	9,836,765	1,683,252	-	-	-	-
1916	11,162,935	1,927,360	-	-	-	-
1917	14,826,122	2,513,918	-	-	-	-
1918	24,435,680	2,650,368	-	-	-	-
1919	31,690,347	3,701,347	-	-	-	-
1920	29,961,361	3,237,254	-	-	-	-
1921	29,926,700	3,384,896	-	-	-	-
1922	32,603,588	3,852,479	-	-	-	-
1923	33,629,839	4,305,249	-	-	-	-
1924	32,760,557	3,855,289	-	-	-	-
1925	32,728,107	4,366,297	-	-	-	-
1926	32,535,779	5,107,851	-	-	-	-
1927	34,686,930	5,659,247	-	-	-	-
1928	38,471,618	5,981,486	-	-	-	-
1929	40,112,996	6,160,043	-	-	-	-
1930	38,576,981	5,936,008	-	-	-	-
1931	37,320,942	6,025,150	-	-	-	-

1932	38,490,514	6,248,863	-	-	-	-
1933	42,737,247	7,254,859	6,465,234	123,085	666,540	-
1934	50,307,640	7,681,776	7,685,343	142,418	754,015	-
1935	57,911,981	8,667,642	7,682,094	160,966	824,582	-
1936	65,332,211	9,980,227	8,863,007	192,199	925,021	-
1937	74,044,351	11,369,393	10,167,002	175,259	1,018,830	8,302
1938	98,288,286	13,923,898	12,532,934	-	1,325,166	65,798
1939	129,386,455	15,852,137	14,168,564	-	1,584,160	99,413
1940	135,683,993	18,344,663	16,769,679	-	1,458,653	116,331
1941	130,073,133	20,777,470	19,328,968		1,356,977	91,525
1942	157,827,324	23,147,162	21,741,270		1,333,814	72,078
1943	95,509,562	23,948,619	22,778,678		1,106,112	63,829

※ 출전: 朝鮮總督府, 『朝鮮總督府統計年報』, 朝鮮總督府, 각년판 참조.

※ 비고: 원문의 표 제목은 '국유철도 화물운수, 화물 톤수, 연톤 킬로, 1일 평균 톤수, 1km 평균 톤수'이다.

※ 비고: 단위의 통일을 위해 1930년 이전의 수치는 km로 보정했다.

② 연도별 평균 화물운수량

(단위: 톤)

연도	누적 톤수	1일 평균 톤수	1km 당 평균 톤수	1일 1km 당 평균 톤수
1907	40,516,425	1,060	39,372	108
1908	86,992,210	1,998	84,257	231
1909	93,920,332	1,928	91,096	250
1910	131,661,208	2,474	124,703	342
1911	147,868,081	2,951	129,618	354
1912	163,981,593	3,077	127,801	350
1913	201,828,499	3,866	137,654	377
1914	228,596,807	3,810	144,025	395
1915	294,245,874	4,599	182,410	498
1916	462,414,122	5,280	278,094	762
1917	651,431,625	6,887	375,855	1,030

1918	754,287,020	7,261	425,646	1,166
1919	926,670,775	10,113	515,590	1,409
1920	692,128,860	8,869	372,192	1,020
1921	719,230,934	9,274	385,151	1,055
1922	844,037,330	10,555	448,598	1,229
1923	974,864,145	11,763	511,874	1,398
1924	897,014,042	10,562	448,978	1,230
1925	956,121,288	11,962	455,621	1,248
1926	1,116,317,235	13,994	525,301	1,439
1927	1,178,182,986	15,462	529,069	1,446
1928	1,254,159,957	16,388	504,084	1,381
1929	1,296,130,490	16,877	484,426	1,327
1930	1,208,213,861	16,263	436,037	1,195
1931	1,296,877,728	16,462	441,475	1,206
1932	1,349,146,200	17,120	439,562	1,204
1933	1,484,731,489	19,876	489,849	1,342
1934	1,643,305,463	21,046	546,493	1,497
1935	1,788,692,364	23,682	566,365	1,547
1936	2,045,462,296	27,343	592,252	1,623
1937	2,667,540,666	31,149	735,204	2,014
1938	3,058,305,150	38,148	813,595	2,229
1939	3,770,325,803	43,312	963,120	2,631
1940	4,121,065,266	50,259	968,956	2,655
1941	4,961,950,846	56,925	1,121,928	3,074
1942	6,300,246,440	63,417	1,391,151	3,811
1943	8,372,338,693	65,433	1,833,024	5,008

※ 출전: 朝鮮總督府, 『朝鮮總督府統計年報』, 朝鮮總督府, 각년판 참조.

※ 비고: 단위의 통일을 위해 1930년 이전의 수치는 km로 보정했다.

2. 조선철도의 투자 규모와 개업 현황

〈자료 157〉 朝鮮總督府 鐵道局, 각년판, 『朝鮮鐵道狀況』, 朝鮮總督府 交通局, 1944, 『朝鮮交通狀況 1』

4) 조선총독부의 연도별 철도 건설 및 개량비 지출 규모

① 1906~1911년

(단위: 엔)

구분			1906년	1907년	1908년	1909년	1910년	1911년
건설 및 개량비	건설비	봉급*	12,864	192,255	133,851	114,245	116,585	156,109
		사무비		147,841	101,847	73,979	92,212	69,101
		경부선	479,083	544,691	411,318	330,794	60,818	418,616
		경의선		8,852,319	5,222,871	1,965,737	3,520,003	2,159,964
		마산선		487,901	157,940			
		평남선			6,551	157,128	564,157	268,083
		호남선					536,224	1,942,199
		경원선					565,578	2,563,254
		함경선						
		차량비	200,000	540,456	604,023	102,190	500,241	980,387
		철도여관						
		소계	691,947	10,765,463	6,638,401	2,744,073	5,955,818	8,557,713
	개량비	봉급*						
		사무비						
		공무비		83,856	401,294	39,936		67,544
		소계		83,856	401,294	39,936		67,544
	합계		986,062	12,165,599	7,693,797	3,056,724	5,955,818	8,625,257
수해복구비			294,115	1,316,280	654,102	272,715		
재해비								595,859
총합			986,062	12,165,599	7,693,797	3,056,724	5,955,818	9,221,116

※ 출전: 朝鮮總督府 鐵道局, 『朝鮮鐵道狀況』, 朝鮮總督府 鐵道局, 각년판; 朝鮮總督府 交通局, 1944, 『朝鮮交通狀況 1』, 朝鮮總督府 交通局 참조.

※ 비고: 원문의 표 제목은 '연도별·노선별 철도 건설비 철도개량비 재해비 결산'이다. 이하 표에서도 같음.

※ 비고: 봉급* 항목에는 봉급 외 제(諸) 급여가 포함된다. 이하 표에서도 같음.

② 1912~1917년

(단위: 엔)

구분			1912년	1913년	1914년	1915년	1916년	1917년
건설 및 개량비	건설비	봉급*	160,064	158,356	136,830	122,194	117,481	37,971
		사무비	94,295	70,588	110,328	56,217	31,587	82,688
		경부선	386,794	23,964	1,731			
		경의선	719,312	279,296	76,176	6,331		
		마산선						
		평남선	270,613	76,847	14,849	15,429	7,504	1,466
		호남선	2,376,854	2,278,228	1,714,966	679,546	1,190,511	914,279
		경원선	3,404,395	3,769,685	1,349,915	202,331	168,160	135,935
		함경선			1,209,185	3,216,117	3,171,172	1,959,265
		차량비	607,936	1,273,371	1,117,053	82,753	774,311	555,023
		철도여관	87,515	295,844	534,498	26,028	417	1,841
		소계	8,107,778	8,226,179	6,265,531	4,406,946	5,461,143	3,688,468
	개량비	봉급*	1,339	2,564	17,556	28,648	30,487	11,420
		사무비			4,253	2,775	5,095	21,801
		공무비**	658,531	240,644	1,034,613	2,459,708	1,937,780	2,048,613
		소계	659,870	243,208	1,056,422	2,491,131	1,973,362	2,081,834
	합계		8,767,648	8,469,387	7,321,953	6,898,077	7,434,505	5,770,302
재해비			612,883		225,813	261,253		
총합			9,380,531	8,469,387	7,547,766	7,159,330	7,434,505	5,770,302

※ 비고: 공무비** 항목에는 공사비가 포함된다. 이하 표에서도 같음.

③ 1918~1923년

(단위: 엔)

구분			1918년	1919년	1920년	1921년	1922년	1923년
건설 및 개량비	건설비	봉급*						
		사무비						
		총계비	118,655	138,375	258,996	276,132	268,213	242,906
		특별급여금						
		경부선						
		경의선						
		마산선						
		진해선			51,468	337,797	1,005,937	739,527
		평남선						
		호남선	306,545	115,781	447,982	458,738	213,301	
		경원선	78,726	99,385	64,423	97,328	247,885	
		함경선	2,268,452	6,453,067	6,601,341	8,017,107	10,801,640	8,637,869
		평원선					41,510	2,574
		평양탄광선	129,205	168,744	284,239	225,990	65,466	
		도문선						
		만포선						
		동해선						
		경전선						
		혜산선						
		차량비	2,806,652	3,745,257	3,786,257	4,188,921	2,224,413	2,157,240
		철도여관					268,096	
		소계	5,708,235	10,720,609	11,494,706	13,602,013	15,136,461	11,780,116
	개량비	봉급*						
		총계비	85,741	92,250	86,014	95,063	122,622	48,790
		사무비						
		특별급여금						
		차량비						
		공무비**	3,873,938	4,166,996	3,747,109	4,590,082	6,451,916	3,170,998
		소계	3,959,679	4,259,246	3,833,123	4,685,145	6,574,538	3,219,788
	합계		9,667,914	14,979,855	15,327,829	18,287,158	21,710,999	14,999,904
재해비					544,693		607,336	524,586
총합			9,667,914	14,979,855	15,872,522	18,287,158	22,318,335	15,524,490

④ 1924~1929년

(단위: 엔)

구분			1924년	1925년	1926년	1927년	1928년	1929년
건설 및 개량비	건설비	봉급*		228,281	234,603	273,346	317,743	324,170
		사무비		143,587	140,388	152,126	216,075	183,028
		총계비	228,872					
		특별급여금		81,159	4,941	7,757	69,146	28,211
		경부선						
		경의선						
		마산선						
		진해선	222,100	148,912	933,916	110,961	130,237	13,362
		평남선						
		호남선						
		경원선	31,520	35,442	9,756			
		함경선	7,192,329	5,473,006	9,511,073	10,018,913	2,457,204	1,795,076
		평원선			790,346	2,006,312	1,916,551	2,425,241
		평양탄광선						
		도문선				757,920	4,392,570	3,944,243
		만포선				10,382	25,803	1,668
		동해선				112,012	2,612,269	1,120,146
		경전선				14,753	129,368	987,294
		혜산선					73,493	49,891
		차량비	1,199,720	1,047,492	1,552,116	2,071,555	3,082,585	2,803,444
		철도여관						
		소계	8,874,541	7,157,879	13,177,139	15,536,037	15,423,044	13,675,774
	개량비	봉급*		96,220	73,210	86,260	99,713	102,042
		총계비	36,498					
		사무비		22,921	27,717	38,251	43,610	46,250
		특별급여금		23,568		17,196	12,612	14,183
		차량비				449,265	529,956	617,033
		공무비**	1,090,802	2,605,916	1,670,271	2,769,579	3,125,611	2,511,922
		소계	1,127,300	2,748,625	1,771,198	3,360,551	3,811,502	3,291,430
	합계		10,001,841	9,906,504	14,948,337	18,896,588	19,234,546	16,967,204
재해비			199,864	1,399,908	1,980,660	1,003,112	1,215,422	
총합			10,201,705	11,306,412	16,928,997	19,899,700	20,449,968	16,967,204

⑤ 1930~1934년

(단위: 엔)

구분			1930년	1931년	1932년	1933년	1934년
개량비	건설비	봉급*	324,808	304,619	315,360	315,405	316,749
		사무비	154,653	165,555	198,191	211,712	192,584
		특별급여금	26,588	27,867			
		경부선					
		경의선					
		마산선					
		진해선	41,780				
		평남선					
		호남선					
		경원선					
		함경선	108,386	33,142	31,939	112,468	100,469
		평원선	1,491,405	1,121,147	501,306	846,035	1,582,978
		평양탄광선					
		도문선	2,367,831	1,791,654	2,212,388	246,447	147,702
		만포선	21,233	760,355	3,041,310	3,601,303	5,436,025
		동해선	2,037,510	2,684,718	2,833,457	3,269,041	1,068,871
		경전선	1,584,362	1,579,798	393,089	953,906	408,371
		혜산선	13,297	853,373	3,577,756	3,293,750	2,519,626
		중앙선					
		차량비	1,454,034	767,935	1,319,622	1,066,987	1,213,924
		철도여관					
		소계	9,625,887	10,090,163	14,424,418	13,917,054	12,987,299
	개량비	봉급*	98,896	99,551	96,040	96,015	123,602
		사무비	35,089	38,465	48,815	64,797	77,824
		특별급여금	8,934	8,702			
		선로 개량					
		교량구교 개량					
		정거장 설비 개량					
		신호소 기타 신설					

		조차장 신설					
		통신설비 개량					
		부산진-삼랑진 복선공사					
		대전-영등포 복선공사					
		경성-평양 복선공사					
		수성-고무산 복선공사					
		용산-동경성 복선공사					
		매수선 개량					
		공장 설비					
		차량비	160,070	796,129	508,663	815,995	1,720,257
		임시 가족수당					
		전시 근면수당					
		공무비**	2,123,468	2,599,865	3,829,052	3,811,781	3,588,870
		소계	2,426,457	3,542,712	4,482,570	4,788,588	5,510,553
	합계		12,052,344	13,632,875	18,906,988	18,705,642	18,497,852
재해비			161,174			83,105	276,854
척식 철도 부설비	주임 봉급				3,865	6,022	5,115
	판임봉급			17,659	18,361	15,243	
	사무비			19,592	8,074	15,389	
	무산백암선			443,063	615,858	626,013	
	차량비				147,457	152,539	
	임시 가족수당						
	소계			484,179	795,772	814,299	
총합			12,213,518	13,632,875	19,391,167	19,584,519	19,589,005

⑥ 1935~1939년

(단위: 엔)

구분			1935년	1936년	1937년	1938년	1939년
건설 및 개량비	건설비	봉급*	328,268	387,326	477,473	501,293	545,553
		사무비	234,253	345,772	466,296	412,578	458,839
		특별급여금					
		경부선					
		경의선					
		마산선					
		진해선					
		평남선					
		호남선					
		경원선					
		함경선	29,141	7,771	22,077	128,114	974,212
		평원선	921,751	1,855,946	1,628,239	1,055,414	6,945,685
		평양탄광선					
		도문선	121,658	51,289	35,015	166,259	
		만포선	7,060,737	6,700,501	5,297,337	4,571,417	1,774,201
		동해선	2,115,630	1,358,925	3,666,860	2,638,452	3,641,209
		경전선	1,300,547	2,693,007	351,573	77,605	621,064
		혜산선	2,512,270	1,241,876	2,356,230	149,795	173,971
		중앙선		3,864,485	14,595,724	19,162,530	24,589,996
		차량비	1,785,050	1,437,000	1,376,528	2,172,528	5,163,068
		철도여관					
		소계	16,409,305	19,943,898	30,273,352	31,035,985	44,887,798
	개량비	봉급*	153,458	216,007	470,028	776,380	1,049,961
		사무비	119,532	278,475	471,034	638,049	1,079,746
		특별급여금					
		선로 개량			4,089,045	6,897,176	7,085,327
		교량구교 개량			3,176,511	3,676,048	8,007,456
		정거장 설비 개량			1,616,212	2,276,370	2,335,967
		신호소 기타 신설			454,545	1,316,357	1,020,125

	조차장 신설			219,944	1,520,580	5,550,055
	통신 설비 개량			850,131	1,082,356	1,184,936
	부산진-삼랑진 복선공사			1,642,006	4,086,888	491,336
	대전-영등포 복선공사			2,337,737	13,002,026	1,585,898
	경성-평양 복선공사				5,416,419	20,535,934
	수성-고무산 복선공사					890,647
	용산-동경성 복선공사					953,459
	매수선 개량			2,657,893	2,847,460	1,171,863
	공장 설비			799,342	1,300,372	2,597,093
	차량비	2,207,107	4,461,854	13,983,870	18,478,581	32,855,368
	임시 가족수당					
	전시 근면수당					
	공무비**	4,990,973	9,524,389			
	소계	7,471,070	14,480,725	32,768,298	63,315,062	88,395,171
합계		23,880,375	34,424,623	63,041,650	94,351,047	133,282,969
재해비			1,088,892	727,632	1,676,908	3,073,327
척식철도부설비	주임 봉급	2,548	2,548	2,072	2,729	2,456
	판임 봉급	13,869	9,073	14,550	11,519	6,837
	사무비	8,234	4,228	8,914	4,805	3,774
	무산백암선	769,911	994,535	1,041,250	576,244	627,739
	차량비	198,822	240,025	211,003	96,035	170,349
	임시 가족수당					
	소계	993,384	1,250,409	1,277,789	691,332	811,155
총합		24,873,759	36,763,924	65,047,071	96,719,287	137,167,451

⑦ 1940~1943년

(단위: 엔)

구분			1940년	1941년	1942년	1943년
건설 및 개량비	건설비	봉급*	442,668	406,205	356,257	371,902
		사무비	387,927	435,006	484,558	539,742
		조사시험비				79,537
		특별급여금				
		경부선				
		경의선				
		마산선				
		진해선				
		평남선				
		호남선				
		경원선				
		함경선	833,832	253,399		
		평원선	7,559,951	2,915,563	1,271,546	731,367
		평양탄광선				
		도문선				
		만포선	1,802,466	824,713	654,858	143,269
		동해선	6,775,068	7,596,484	3,480,725	1,236,430
		경전선	1,154,569	1,145,232	1,304,791	3,301,505
		혜산선	64,021	130,671		
		중앙선	8,697,116	7,014,298	4,376,395	2,144,333
		대삼선		2,103,550	3,531,476	4,417,699
		청라선			6,650,220	14,433,032
		무산백암선			3,046,157	3,040,515
		차량비	2,100,901	120,254	114,058	149,945
		철도여관				
		임시 가족수당	24,124			
		전시 근면수당			28,385	
		소계	29,842,643	22,945,375	25,299,426	30,589,276
		봉급*	1,330,057	1,399,873	1,501,034	1,732,136

개량비	사무비	1,403,115	2,080,732	2,513,395	2,695,968
	조사시험비				80,666
	특별급여금				
	선로 개량	6,642,355	7,021,649	5,425,228	5,608,531
	교량구교 개량	4,294,023	1,847,321	1,644,870	1,265,904
	정거장 설비 개량	2,806,557	5,667,757	5,266,477	7,303,093
	신호소 기타 신설	571,126	480,627	193,358	646,687
	남경성-경성 선로 증설	286,086	1,206,666	1,564,225	3,501,202
	평양-진남포 개량공사		629,129	1,605,949	989,270
	조차장 신설	10,824,229	9,908,872	8,560,583	10,937,352
	기계 설비비				942
	전화 설비비	457,685	747,464	3,557,198	1,793,499
	통신 설비 개량	332,006	949,982	1,213,866	1,294,779
	전기신호 보안 설비	731,575	2,414,177	2,442,316	2,418,922
	방공 설비비	203,419	1,676,303	971,458	1,799,070
	부산진-삼랑진 복선공사	360,502	285,420	120,622	24,144
	대전-영등포 복선공사	773,640	814,169	526,520	539,432
	경성-평양 복선공사	10,628,793	5,850,013	2,185,963	1,320,997
	수성-고무산 복선공사	2,560,686	3,166,422	282,065	133,861
	용산-동경성 복선공사	1,794,503	1,293,652	238,007	99,822
	삼랑진-대전 복선공사	10,502,184	25,080,274	15,472,753	9,445,072
	평양-신의주 복선공사	4,448,212	10,389,767	8,362,156	15,491,717
	용산-상삼봉 복선공사***			5,154,603	22,895,564
	매수선 개량	1,778,608	118,900	153,081	6,536,744
	공장 설비	4,879,103	9,525,926	9,200,133	10,302,268
	차량비	46,773,023	23,279,286	32,644,737	28,887,802
	임시 가족수당	48,526			
	전시 근면수당			65,546	
	공무비**				
	소계	114,430,013	115,834,381	110,866,143	137,745,444
합계		144,272,656	138,779,756	136,165,569	168,334,720
재해비		2,591,016	312,199	330,667	

척식 철도 부설비	주임 봉급	2,928	2,759		
	판임 봉급	15,755	21,263		
	사무비	11,884	18,614		
	무산백암선	841,028	1,903,602		
	차량비	668,027	497,624		
	임시 가족수당	726			
	소계	1,540,348	2,443,862		
총합		148,404,020	141,535,817	136,496,236	168,334,720

※ 비고: 용산-상삼봉 복선공사***는 일부 구간에 한하며, 복선공사 외에 기타 공사가 포함된다.

5) 조선철도의 노선별 개업 현황

① 1910년 이전~1918년

(단위: 엔)

구분	1910년까지	1911년	1912년	1913년	1914년	1915년	1916년	1917년	1918년
경부본선	부산-서대문 (442.4)						약목-김천 개량(10.1)		남대문-서대문 폐선(▲2.0)
마산선	마산-삼랑진 (40.1)								
경인선	영등포-인천 (29.7)								
경의본선	용산-신의주 (498.5)	신의주-안동 (2.6) 폐선(▲1.8)	개량(1.1)						
겸이포선	황주-겸이포 (14.4)						개량 (▲1.1)		
벽란도선	토성-벽란도 (5.8)	폐선 (▲5.8)							
평남선	평양-진남포 (55.2)								
평양탄광선		대동강-사동 (8.2)							사동-승호리 (16.2)
신의주 하급소선		신의주-신의주하급소(1.8)							
호남본선		대전-이리 (87.9)	이리-정읍 (44.0)	정읍-목포 (127.8)			개량(0.6)		
군산선		이리-군산 (23.0)							

경원선		용산-의정부 (31.3)	의정부-철원 (66.8)	철원-검불랑 원산-고산 (86.5)	검불랑-고산 (38.2)				
함경선 남부						원산-문천 (20.0)	문천-영흥 (34.4)		
함경선 중부									
함경선 북부							수성-창평 (42.9)	창평-회령 (41.9)	
청진선							청진-수성 (9.0)		

※ 출전: 朝鮮總督府 鐵道局, 『朝鮮鐵道狀況』, 朝鮮總督府 鐵道局, 각년판; 朝鮮總督府 交通局, 1944, 『朝鮮交通狀況 1』, 朝鮮總督府 交通局 참조

※ 비고: 원문의 표 제목은 '연도별 개업선로 구간별 현황'이다.

※ 비고: ( )는 변경된 구간의 거리를, ▲는 감소를 의미한다.

② 1919~1927년

(단위: km)

구분	1919년	1920년	1921년	1922년	1923년	1924년	1925년	1926년	1927년
경부본선									
마산선									
진해선								창원-진해 (20.6)	
경인선				인천-인천선거(1.3)					
경의본선		경선-성산리(개량, 5.6, ▲6.7)							
용산선		용산-성산리 (6.7)					폐지 (▲6.7)		
겸이포선		개량 ▲0.3							
벽란도선									
평남선									
평양탄광선	개량 (▲1.1)	개량 (▲0.3)			개량 (0.2)				
박천선								맹중리-박천 (9.3)	
신의주하급소선									
호남본선		거리변경 (0.1)		목포해안 인입선(0.7)					
군산선									
경원선									
함경선 남부	영흥-함흥 (69.5)			함흥-서호진 (18.0)	서호진-퇴조 (18.1)	퇴조-양화 (58.0)	양화-속후 (14.1)	속후-신북청 (8.9)	신북청-반송 9.7)

함경선 중부						길주-단천 (84.8)			
함경선 북부	수성-나남 (14.9)	나남-종성 (8.1)	종성-주을 (12.2)						
천내리선									용담-천내리 (2.7)
경전선(북부)									이리-전주 (매수, 15.5)
경전선(광주)									송정리-담양 (매수, 22.7)
평원선									서포-사인장 (15.0)

③ 1928~1936년

(단위: km)

구분	1928년	1929년	1930년	1931년	1932년	1933년	1934년	1935년	1936년
경부본선									
대구선									
마산선									
진해선									
경인선			개량 (▲0.2)						
경의본선									
용산선		용산-당인리 (6.7)	서강-신촌 (1.6)						
겸이포선									
평남선									
평양탄광선									
박천선									
신의주하급소선									
호남본선									
군산선			개량 (▲0.1)	군산-군산항 (1.7)					
경원선	개량 (0.9)								
함경선 남부	반송-군선 (24.1) 개량 및 기타 (1.4)		개량 (▲0.5)			수성-회령 (만철 위탁, ▲84.8)			
함경선 중부									
함경선 북부									

청진선						만철 위탁 (▲9.0)			
천내리선			개량 (0.1)						
북청선		신북청-북청 (9.4)							
철산선		나흥-이원철산(3.0)							
차호선		증산-차호 (4.9)							
회령탄광선	회령-계림 (10.6)				계림-신계림 (1.1)	만철 위탁 (▲11.7)			
경전선(북부)		개량 (0.1)	개량 (0.1)	전주-남원 (60.5)		남원-곡성 (20.3)			노선명 개칭 (▲106.1)
경전선(서부)									노선명 개칭 (134.6)
경전선(남부)				마산-진주 (매수, 70.0)					
경전선(광주)								구간 변경 (▲14.9)	
송려선								송정리-여수항 (매수 및 구간 변경, 174.9)	노선명 개칭 (▲174.9)
전라선									곡성-순천 (52.4) 노선명 개칭 (146.4)
평원선(서부)	사인장-순천 (22.3)	순천-신창 (19.6)	개량 (0.1)	신창-장림 (29.5)					장림-양덕 (27.4)
평원선(동부)									
만포선(본선)					순천-천동 (32.6)	천동-구장 (30.4)	구장-희천 (46.8)	희천-개고 (30.2)	개고-전천 (63.1)
개천선					신안주-천동 (매수, 36.0)	개천-천동 (개량, ▲6.5)			
용등선							구장-용등 (7.4)		
도문선(서부)		회령-동관진 (매수, 58.1) 상산봉·도문강교량 (1.5)			회령-상삼봉 (개량, ▲0.3)	상삼봉-동관 (개량 ▲0.1)			
도문선(동부)		웅기-신아산 (64.9)	신아산-훈융 (39.9)	훈융-온성 (24.7)	온성-남양 (14.5)	남양-도문교량 (1.2) 남양-동관 (18.7)			

동해선(남부)							부산진-좌천 (41.2)	좌천-울산 (31.8)	
동해선(중부)	대구-학산 (매수 107.4) 경주-울산 (매수 ▲41.4)							울산역 이전 (개량, ▲1.0)	구간 변경 (▲40.4)
동해선(북부)		안변-흡곡 (31.4)		흡곡-통천 (29.6)	통천-고성 (50.4)			고성-간성 (39.3)	
혜산선						길주-합수 (57.2)	합수-백암 (12.8)	백암-봉두리 (29.7)	
백무선							백암-산양대 (33.8)	산양대-연암 (22.1)	연암-유평동 (44.6)

④ 1937~1944년

(단위: km)

구분	1937년	1938년	1939년	1940년	1941년	1942년	1943년	1944년
경부본선								
대구선		대구-영천 (38.4)						
경북선			김천-안동 (매수, 118.2)					점촌-안동 (휴선, -58.2)
마산선								
진해선								
경인선								
경의본선								
용산선								
겸이포선								
평남선								
평양탄광선								승호리-신성천 (매수, 68.6)
박천선								
양시선							남시-신의주 (매수, 33.9) 남신의주-신의주(-5.2)	
신의주하급소선							신의주강안 (-1.8)	
호남본선								
군산선								
경원선								
원산선							원산-원산부두 (2.2)	

함경선 남부				수성-상삼봉 (환원, 125.2)	청진-수성 나남-수성 (선명 개칭, 9.0, 14.9)			
함경선 중부								
함경선 북부								
청진선				수성-청진 (환원, 9.0) 청진-청진항 (2.0)	청진-수성 (선명 개칭, 9.0) 청진-청진항 (구간 변경, 0.8)			
천내리선								
북청선								
철산선								
차호선								
성진선							성진-성진부두 (1.6)	
강덕선					나남-수성 (선명 개칭, 14.9) 구간 변경(0.8) 역 신설(청진서항, 2.4)			
무산선								고무산-무산 (매수, 57.9)
회령탄광선				회령-계림 (환원, 11.7)				
경전선(북부)								
경전선(서부)								
화순선						화순-복암 (임차, 11.1)		
경전선(남부)								
경전선(광주)								광주-담양 (휴선, -21.5)
송려선								
전라선								
평원선(서부)					양덕-성내 (58.7)			
평원선(동부)	고원-성내 (30.0)							
만포선(본선)	전천-강계 (47.5)	강계-만포 (49.3)						
개천선								
용등선								
용문탄광선					어룡-용문탄광 (7.1)			
도문선(서부)								

도문선(동부)								
동해선(남부)								
동해선(중부)		구간 변경 (-69.0)						
동해선(북부)	간성-양양 (41.9)							
혜산선	봉두리-혜산진 (42.0)							
백무선			유평동-연사 (36.3)					
경경선(남부)		경주-영천 (34.9) 영천-우보 (40.1)	우보-안동 (48.9)		안동-영주 (38.7)	영주-제천 (62.3)		
경경선(북부)			동경성-양평 (52.5)	양평-원주 (55.9)	원주-제천 (46.8)			
황해선								사리원-하성 (28.1)
토해선								토성-해주 (81.7)
옹진선								해주-옹진 (40.3)
장연선								사리원-장연 (81.8)
사해선								삼강-해주부두 (68.1)
내토선								화산-내토 (2.1)
하성선								신원-구하성 (5.5)

3. 조선철도의 재정 상태

〈자료 158〉 鮮交會, 1986, 『朝鮮交通史 2 資料篇』, 三信圖書有限會社.

6) 조선총독부의 철도 재정(수입·지출) 변화

① 1912~1914년

(단위: km)

구분				1912년	1913년	1914년
수입	철도 수입		객차 수입	3,456,778	3,882,009	3,665,779
			화차 수입	2,228,294	2,652,388	2,716,462
			창고 수입			
			잡수입	179,342	182,477	223,517
			소계	5,864,414	6,716,874	6,605,758
	여관 수입					
	수입 이자					
	조선철도 용품 자금 조입			1,166	559	57
	합계			5,865,580	6,717,433	6,605,815
지출	영업비	봉급	칙임 봉급	11,000	12,180	12,180
			주임 봉급	67,498	78,961	103,720
			판임 봉급	272,292	291,886	346,342
			휴직 봉급	1,067	2,168	359
			소계	351,857	385,195	462,601
		사업비	총계비	209,415	193,667	239,286
			운수비	2,000,466	2,164,245	2,225,876
			차량 수선비	680,021	755,357	683,730
			보존비	1,455,169	1,366,625	1,554,594
			보충비	262,894	192,260	86,351
			철도 여관비	51,030	90,184	119,236
			잡비	4	56	
			소계	4,658,999	4,762,394	4,909,073
		영업비 소계		5,010,856	5,147,589	5,371,674
	제 지출금	퇴관사금		1,571	1,123	1,588
		사망사금		285	495	225
		소계		1,856	1,618	1,813
	합계			5,012,712	5,149,207	5,373,487
영업이익				852,868	1,568,226	1,232,328

※ 출전: 朝鮮總督府 鐵道局, 『朝鮮鐵道状況』, 朝鮮總督府 鐵道局, 각년판; 朝鮮總督府, 『朝鮮總督府統計年報』, 朝鮮總督府, 각년판; 鮮交會, 1986, 『朝鮮交通史 2 資料篇』, 三信圖書有限會社 참조.

※ 비고: 원문의 표 제목은 '연도별 조선총독부 철도국 소속 철도 수입, 지출 내역'이다.

② 1915~1919년

(단위: 엔)

구분			1915년	1916년	1917년	1918년	1919년
수입	철도 수입	객차 수입	3,891,035	4,304,053	6,137,587	8,859,498	11,517,596
		화차 수입	3,060,552	3,835,953	6,131,589	7,472,277	10,129,804
		창고 수입	8,926	12,991	23,038	58,342	96,208
		잡수입	368,742	477,662	653,342	1,158,510	1,522,781
		소계	7,329,255	8,630,659	12,945,556	17,548,627	23,266,389
	여관 수입		142,206	146,378	209,338	341,451	568,122
	수입 이자				14,055	87,258	131,877
	조선철도 용품 자금 조입		123	232			
	합계		7,471,584	8,777,269	13,168,949	17,977,336	23,966,388
지출	철도경비	총계비	401,138	313,969	447,925	934,185	1,609,710
		사무비	244,720	248,540	265,164	216,289	382,364
		제1 운전비	1,299,864	1,586,834	2,213,304	4,182,786	7,392,399
		제2 운전비	172,216	210,236	293,235	554,165	979,400
		차량 수선비	760,800	774,329	903,792	1,416,081	2,209,670
		운수비	830,946	786,613	1,021,958	1,642,443	2,567,370
		공무비	393,360	381,382	497,781	585,239	825,411
		보존비	1,294,433	1,390,831	1,370,798	2,972,210	3,360,270
		보충비	125,103	270,606	132,105	1,348,554	684,413
		소계	5,522,580	5,963,340	7,146,062	13,851,952	20,011,007
	여관 경비		165,628	175,339	228,899	405,072	608,124
	지불 이자						106,603
	제 지출금		4,813	2,558	833		
	합계		5,693,021	6,141,237	7,375,794	14,257,024	20,725,734
영업이익			1,778,563	2,636,032	5,793,155	3,720,312	3,240,654

③ 1920~1924년

(단위: 엔)

구분			1920년	1921년	1922년	1923년	1924년
수입	철도수입	객차 수입	12,668,192	13,361,903	14,219,086	15,155,938	14,935,946
		화차 수입	11,148,615	11,454,094	12,732,935	14,488,299	14,091,921
		창고 수입	181,083	89,594	100,227	82,442	87,525
		잡수입	2,319,755	2,314,281	2,141,168	1,730,666	1,105,129
		소계	26,317,645	27,219,872	29,193,416	31,457,345	30,220,521
	여관 수입		705,190	693,739	771,735	773,082	675,790
	수입 이자		151,020	196,084	720,962	845,127	538,196
	조선철도 용품 자금 조입						
	합계		27,173,855	28,109,695	30,686,113	33,075,554	31,434,507
지출	철도경비	총계비	1,370,265	1,389,786	2,179,981	1,979,788	1,897,166
		사무비	332,424	391,655	498,310	673,425	651,097
		제1 운전비	7,757,032	6,276,096	6,160,517	6,759,924	6,606,122
		제2 운전비	1,027,709	831,504	816,191	941,635	980,656
		차량 수선비	2,590,733	2,725,558	2,567,477	2,705,424	2,634,143
		운수비	3,404,016	3,240,215	3,599,433	3,799,840	4,276,137
		공무비	1,313,140	1,239,508	1,398,916	1,489,558	1,985,985
		보존비	4,176,598	3,905,513	4,351,895	4,518,957	3,727,177
		보충비	471,037	593,286	1,093,938	1,195,180	402,337
		소계	22,442,954	20,593,121	22,666,658	24,063,731	23,160,820
	여관 경비		722,927	778,441	833,469	926,749	859,227
	지불 이자		162,868	258,317	363,169	494,227	688,962
	제 지출금						
	합계		23,328,749	21,629,879	23,863,296	25,484,707	24,709,009
영업이익			3,845,106	6,479,816	6,822,817	7,590,847	6,725,498

④ 1925~1930년

(단위: 엔)

구분				1925년	1926년	1927년	1928년	1929년	1930년
수입	철도 수입			47,301,280	51,811,608	57,284,144	58,478,819	63,038,849	54,640,027
수입	운수 수입	여객 수입		15,324,590	16,479,683	17,488,197	19,388,212	21,145,922	17,710,978
수입	운수 수입	화물 수입		15,520,146	17,727,574	19,462,803	20,215,664	20,730,546	19,569,495
수입	운수 수입	소계		30,844,736	34,207,257	36,951,000	39,603,876	41,876,468	37,280,473
수입	창고 수입			88,917	87,375	87,053	95,705	71,937	31,255
수입	여관 수입			710,314	805,070	863,433	1,007,009	1,078,363	938,449
수입	잡수입			654,454	735,091	552,035	584,422	570,268	602,887
수입	가수입 및 입체금 수입*			15,002,859	15,901,765	18,650,982	16,948,605	19,234,204	15,549,016
수입	병원요양소 수입				75,050	92,819	99,224	98,394	131,077
수입	철도 수탁 공사 수입**					86,822	139,978	109,215	106,870
수입	조선철도 용품 자금 과잉금 조입			858	141	427	479	252	
수입	합계			47,302,138	51,811,749	57,284,571	58,479,298	63,039,101	54,640,027
지출	철도작업비	봉급	칙임 봉급	17,834	30,300	26,685	28,840	31,276	26,820
지출	철도작업비	봉급	주임 봉급	148,890	153,650	177,868	174,495	179,655	174,595
지출	철도작업비	봉급	판임 봉급	1,713,069	1,712,913	1,827,454	1,871,033	1,951,549	1,985,905
지출	철도작업비	봉급	연공 가봉 및 특별 봉가급						992
지출	철도작업비	봉급	휴직 봉급	14,109	1,076	626	315	1,609	175
지출	철도작업비	봉급	소계	1,893,902	1,897,939	2,032,633	2,074,683	2,164,089	2,188,487
지출	철도작업비	사업비	총계비	760,755	785,822	804,430	810,220	721,396	563,561
지출	철도작업비	사업비	보존비	5,712,542	5,609,023	6,075,891	6,041,788	6,042,794	5,629,802
지출	철도작업비	사업비	차량 수선비	2,694,801	3,274,248	3,207,414	3,866,888	3,378,892	2,800,263
지출	철도작업비	사업비	기차비	6,241,982	6,625,297	6,962,962	7,597,771	8,504,575	7,670,291
지출	철도작업비	사업비	운수비	4,301,883	4,720,224	5,173,516	5,532,314	5,899,359	5,809,005
지출	철도작업비	사업비	여관비	779,481	840,282	913,851	1,038,448	1,131,170	978,739
지출	철도작업비	사업비	특별 급여비	974,381	216,833	260,176	573,412	573,346	2,209,107

			접대비	8,768	9,901	9,886	9,861	9,984	6,932
			보충비	366,575	1,098,776	1,217,054	825,248	448,428	299,828
			공제조합 급여금	197,618	198,102	210,681	231,589	257,831	263,755
			병원 및 요양비		199,780	215,828	217,174	228,033	219,370
			철도 수탁 공사비			86,822	139,978	109,320	106,766
			소계	22,038,786	23,578,288	25,138,511	26,884,691	27,305,128	26,557,419
		제 불려입체금 및 결손 보전비***		15,142,769	15,221,347	19,483,553	18,012,457	19,447,276	15,921,286
		합계		39,075,457	40,697,574	46,654,697	46,971,831	48,916,493	44,667,192
	제 지출금			4,011	4,534	6,957	5,389	5,401	6,454
	합계			39,079,468	40,702,108	46,661,654	46,977,220	48,921,894	44,673,646
영업이익				8,222,670	11,109,641	10,622,917	11,502,078	14,117,207	9,966,381

※ 비고: 가수입 및 입체금 수입*은 조선총독부 철도국의 노선과 연결된 다른 철도 또는 기선(汽船)에서 얻는 수입으로, 편의상 조선총독부 철도국에서 대신 징수한 수입을 의미한다.

※ 비고: 철도 수탁 공사 수입**은 조선총독부 철도국 외 별도의 기관이 철도를 건설할 때, 철도국의 노선과 연결되거나 교차하는 구간일 경우 철도국이 대신 공사를 시행하고 그 비용을 징수한 수입을 의미한다.

※ 비고: 제 불려입체금 및 결손 보전비***는 조선총독부 철도국이 대신 징수했던 가수입 및 입체금 수입을 지출한 것을 의미한다.

⑤ 1931~1932년

(단위: 엔)

구분				1931년	1932년
수입	철도 수입	여객 수입		6,702,773	18,128,035
		화물 수입		20,565,556	20,291,055
		소구화물 집배 수입		18,481	19,077
		잡수입	여관 수입	873,658	170,000
			의원 수입	109,703	120,668
			잡입	567,427	769,177
			소계	1,550,788	1,059,845
		철도 수탁 공사 수입		72,677	98,793
		가수입 및 입체금 수입		15,142,214	19,412,760
		소계		54,052,489	59,009,565
	조선철도 용품 자금 과잉금 조입				
	합계			54,052,489	59,009,565

지출	철도 작업비		44,987,050	46,874,980
	봉급	칙임 봉급	27,633	27,021
		주임 봉급	146,199	141,612
		판임 봉급	1,872,017	1,840,229
		연공 가봉 및 특별 봉가급	782	691
		휴직 봉급	4,680	5,704
		소계	2,051,311	2,015,257
	사업비	총계비	501,192	479,304
		보존비	5,692,837	5,633,050
		차량 수선비	2,790,818	3,055,148
		기차비	7,577,633	7,336,761
		운수비	5,663,422	5,809,512
		소구화물 집배비	18,589	19,074
		여관비	928,838	173,836
		병원 및 요양비	213,870	224,866
		특별 급여금	3,773,213	1,039,517
		접대비	5,889	5,950
		보충비	256,022	441,163
		공제조합 급여금	261,076	258,132
		철도 수탁 공사비	72,960	150,393
		소계	27,756,359	24,626,706
	제 불려입체금 및 결손 보전금		15,179,380	20,233,017
	제 지출금		4,531	5,817
	합계		44,991,581	46,880,797
영업이익			9,060,908	12,128,768

⑥ 1933~1938년

(단위: 엔)

구분				1933년	1934년	1935년	1936년	1937년	1938년
수입	철도 및 자동차 수입	여객 수입		20,455,065	24,778,584	27,794,622	31,917,362	37,509,879	48,165,571
		화물 수입		21,916,476	25,836,062	28,958,490	33,491,540	40,987,191	45,922,789
		자동차 수입				6,851	82,305	121,648	154,098
		소구화물 집배 수입		18,965	18,126	27,037	32,368	59,231	289,127
		잡수입	항만 수입						
			여관 수입	170,068	996,412	1,139,455	1,334,863	1,432,966	1,808,342
			의원 수입	128,335	126,134	150,032	162,833	182,349	228,142
			잡수입	971,495	1,183,124	853,362	888,131	1,367,969	2,329,536
			소계	1,269,898	2,305,670	2,142,849	2,385,827	2,983,284	4,366,020
		북선철도 위탁 경영 납부금		568,853	1,296,141	1,328,673	680,038	695,278	1,018,767
		수탁 공사 수입		214,858	93,759	132,614	129,538	177,327	416,363
		납부료							
		가수입 및 입체금 수입		21,762,046	29,603,991	30,079,322	35,597,976	43,858,851	58,485,200
		소계		66,206,161	83,932,333	90,470,458	104,316,954	126,392,689	158,817,935
	조선 철도용품 자금 과잉금 수입							199	260
	합계			66,206,161	83,932,333	90,470,458	104,316,954	126,392,888	158,818,195
지출	철도 작업비	봉급		2,066,274	2,091,705	2,229,611	2,424,748	2,709,982	3,002,765
		사업비	총계비	455,545	476,059	554,486	680,312	684,224	762,008
			보존비	6,235,864	7,118,329	7,836,891	8,565,074	11,228,649	12,708,049
			차량 수선비	3,190,208	4,131,428	4,969,940	5,293,198	6,382,116	6,398,809
			기차비	7,740,586	8,152,763	8,852,184	10,327,027	12,526,323	17,764,140
			운수비	6,011,202	6,624,782	7,238,014	8,359,584	10,474,267	11,551,455
			자동차비				186,979	203,038	185,939
			소구하물 집배비	18,965	18,126	27,037	32,368	59,231	289,127

		여관비	170,000	1,033,124	1,091,647	1,303,233	1,442,694	1,730,060
		병원 및 요양비	228,926	250,051	262,052	281,763	345,561	369,198
		접대비	5,950	5,950	5,950	5,938	5,946	5,160
		보충비	665,240	1,108,632	1,232,527	1,557,956	2,151,094	1,739,657
		공제조합급여금	253,450	263,337	288,561	318,606	380,484	428,863
		철도 수탁 공사비	164,174	92,959	132,614	132,753	173,987	415,968
		전시 근무수당						
		임시 가족수당						
		소계	25,140,110	29,275,540	32,491,903	37,044,791	46,057,614	54,348,433
	제 불려입체금 및 결손 보전금		22,085,382	30,945,919	31,258,343	36,923,681	45,513,330	58,721,164
	소계		49,291,766	62,313,164	65,979,857	76,393,220	94,280,926	116,072,362
제 지출금			6,914	6,700	-	9,634	8,994	6,919
합계			49,298,680	62,319,864	65,979,857	76,402,854	94,289,920	116,079,281
영업이익			16,907,481	21,612,469	24,490,601	27,914,100	32,102,968	42,738,914

⑦ 1939~1943년

(단위: 엔)

구분				1939년	1940년	1941년	1936년	1942년
수입	철도 및 자동차 수입	여객 수입		67,722,681	94,814,764	100,464,832	153,778,827	172,060,479
		화물 수입		54,372,176	64,246,778	69,486,667	86,945,567	116,920,071
		자동차 수입		191,099	293,184	300,329	426,701	526,777
		소구화물 집배 수입		483,732	931,483	999,219	1,055,524	923,529
		잡수입	항만 수입		655,022	863,012		1,185,305
			여관 수입	2,569,506	3,289,131	3,220,300	4,641,273	5,882,011
			의원 수입	239,152	291,715	358,749	526,930	530,976
			잡수입	2,498,913	2,663,607	4,168,653	4,589,228	5,309,319
			소계	5,307,571	6,899,475	8,610,714	9,757,431	12,907,611
		북선철도 위탁경영 납부금			1,378,220			
		수탁 공사 수입		472,014	223,482	218,846	133,472	197,463
		납부료			666,264	888,354	888,353	888,353
		가수입 및 입체금 수입		87,919,707	102,745,143	48,317,741	55,591,885	56,558,972
		소계		216,468,980	272,198,793	229,286,702	308,577,760	360,983,255
	조선철도 용품 자금 과잉금 수입			249	105			
	합계			216,469,229	272,198,898	229,286,702	308,577,760	360,983,255
지출	철도 작업비	봉급		3,305,482	4,027,970	5,041,865	5,803,094	6,258,385
		사업비	총계비	1,049,328	1,904,009	3,049,201	3,757,501	4,564,969
			보존비	14,929,896	19,243,194	21,143,810	28,664,695	30,139,652
			차량 수선비	8,021,485	10,461,451	12,777,730	16,550,400	19,329,419
			기차비	25,791,730	44,016,089	58,443,482	69,480,457	97,497,534
			운수비	13,991,332	21,402,869	25,992,248	30,763,762	39,186,231
			자동차비	216,265	312,248	397,009	559,184	556,610
			소구하물 집배비	483,732	931,483	999,219	1,055,524	923,529
			여관비	2,393,408	3,166,648	3,327,100	4,216,689	5,658,966

병원 및 요양비	439,106	537,710	818,077	1,127,775	1,435,970
접대비	5,355	4,265	7,348	7,205	7,520
보충비	3,363,614	3,366,081	3,240,378	4,375,583	4,793,607
공제조합 급여금	507,062	655,852	1,025,342	1,180,729	1,319,803
철도 수탁 공사비	475,280	221,952	217,923	132,827	197,463
전시 근무수당				50,527	
임시가족수당		257,943			
소계	71,667,593	106,481,794	131,438,867	161,922,858	205,611,273
제 불려입체금 및 결손 보전금	90,528,146	103,767,212	48,459,198	57,325,271	59,135,988
소계	165,501,221	214,276,976	184,939,930	225,051,223	271,005,646
제 지출금	12,579	16,483	45,491		
합계	165,513,800	214,293,459	184,985,421	225,051,223	271,005,646
영업이익	50,955,429	57,905,439	44,301,281	83,526,537	89,977,609

| 자료목록

〈자료 138〉	〈가을의 금강산 탐승객 사태(沙汰), 열차호텔 급설(急設)〉, 《동아일보》, 1933.09.20, 2면 8단	144
〈자료 139〉	山縣有朋, 1966, 「軍事上ノ要求ニ基ク朝鮮滿洲ニ於ケル鐵道經營方策」(1911.6), 『山縣有朋意見書』, 原書房, 323~333쪽.	161
〈자료 140〉	鐵道部長, 「朝鮮鐵道ノ經營ニ關スル件」, 朝鮮總督府 鐵道部, 1919.10.01.	170
〈자료 141〉	大村卓一 著, 1944, 「朝鮮鐵道と產業開發」, 『大陸に在りて』, 勝進社, 149~161쪽.	187
〈자료 142〉	大平鐵畊 編, 1927, 「第二 朝鮮鐵道普及計劃」·「第三 朝鮮鐵道十二年計劃」, 『朝鮮鐵道十二年計劃』, 鮮滿鐵道新報社, 29~228쪽.	194
〈자료 143〉	大村卓一 著, 1944, 「滿洲事變直後」, 『大陸に在りて』, 勝進社, 166~186쪽.	339
〈자료 144〉	運輸通信省 鐵道總局 業務局, 1944, 『日滿支連絡運輸ニ關スル協定』, 運輸通信省 鐵道總局 業務局, 1~13쪽.	344
〈자료 145〉	朝鮮總督府 鐵道局, 1940, 「第二章 國有鐵道の經營」, 『朝鮮鐵道四十年略史』, 朝鮮總督府, 69~113쪽.	353
〈자료 146〉	朝鮮總督府 鐵道局, 1940, 「第伍章 國有鐵道の建設及び改良」, 『朝鮮鐵道四十年略史』, 朝鮮總督府, 231~294쪽.	391
〈자료 147〉	朝鮮總督府 鐵道局, 1940, 「第十章 國有鐵道の營業」, 『朝鮮鐵道四十年略史』, 朝鮮總督府, 406~446쪽.	447
〈자료 148〉	朝鮮總督府 鐵道局, 1940, 「第十一章 國有鐵道の經理」, 『朝鮮鐵道四十年略史』, 朝鮮總督府, 447~463쪽.	485
〈자료 149〉	朝鮮總督府鐵道局, 1940, 「第三章 國有鐵道の組織」, 『朝鮮鐵道四十年略史』, 朝鮮總督府鐵道局, 114~173쪽.	500
〈자료 150〉	朝鮮總督府, 1944, 『第86回 帝國議會 說明資料(交通)』, 朝鮮總督府, 353~357쪽, 362~369쪽, 379~384쪽.	553
〈자료 151〉	朝鮮關係殘務整理事務所交通班, 1980, 「終戰前後の運輸狀況(1946.05.)」, 『朝鮮終戰の記錄 : 資料篇』, 巖南堂書店, 160~168쪽.	566
〈자료 152〉	朝鮮總督府鐵道局官制	581
〈자료 153〉	朝鮮總督府鐵道局事務分掌規程	605
〈자료 154〉	朝鮮國有鐵道建設規程	627
〈자료 155〉	朝鮮私設鐵道補助法	637
〈자료 156〉	朝鮮總督府, 각년판; 『朝鮮總督府統計年報』, 朝鮮總督府.	646
〈자료 157〉	朝鮮總督府 鐵道局, 각년판; 『朝鮮鐵道狀況』, 朝鮮總督府 鐵道局, 朝鮮總督府 交通局, 1944, 『朝鮮交通狀況 1』, 朝鮮總督府 交通局.	652
〈자료 158〉	鮮交會, 1986, 『朝鮮交通史 2 資料篇』, 三信圖書有限會社.	669

참고문헌

1. 자료

『東亞日報』『朝鮮日報』『每日申(新)報』『中外日報』『中央日報』『時代日報』
『朝鮮總督府統計年報』

朝鮮總督府 鐵道局, 각년판, 『朝鮮總督府鐵道局年報』.
朝鮮總督府 鐵道局, 각년판, 『朝鮮鐵道狀況』.
朝鮮總督府 鐵道局, 각년판, 『鐵道局年報』.
朝鮮總督府 鐵道局, 각년판, 『朝鮮の鐵道』.
「滿韓鐵道經營二關スル意見書」(防衛省防衛研究所所藏 文庫-宮崎-41), 1909.09.21.
「朝鮮·滿州二於ケル鐵道經營方策」(防衛省防衛研究所所藏 文庫-宮崎-49), 1911.05.
朝鮮總督府 鐵道局, 1912, 『朝鮮鐵道沿線市場一斑』.
朝鮮總督府 鐵道局, 1912, 『朝鮮鐵道線路案內』.
朝鮮總督府 鐵道局, 1912, 『湖南線線路案內』.
ウサードフエルド, 1913, 『朝鮮ニ於ケル交通問題』, 朝鮮總督府.
朝鮮總督府 鐵道局, 1914, 『朝鮮鐵道驛勢一斑』.
朝鮮總督府 鐵道局, 1915, 『朝鮮鐵道旅行案內』.
朝鮮總督府 鐵道局 編, 1915, 『朝鮮鐵道史』.
三線問題上京委員會, 1916, 『三線問題運動經過報告書』, 三線問題上京委員會.
林權助, 1917.5.11, 「滿鮮鐵道統一ニ關スル件ニ付在支那男爵林特命全權公使ヨリ報告」.
在吉林領事代理 深澤暹, 1917.5.14, 「滿鮮鐵道合併說ニ對スル支那紙論調ニ關スル件」.
鐵道部長, 1919, 「朝鮮國有鐵道ノ經營及出資ノ件」.
鐵道部長, 1919.10.1, 「朝鮮鐵道ノ經營ニ關スル件」.
「鮮鐵ヲ滿鐵ニ合併スルノ可否ニ關スル意見」, 1919.12, 『鮮滿鐵道合併に關する件』.
朝鮮總督府, 1923, 『朝鮮鐵道旅行便覽』.
朝鮮總督府 鐵道部, 1922·1923·1924, 『私設鐵道及軌道統計年報』.
南滿洲鐵道株式會社 庶務部調査課, 1925, 『朝鮮の私設鐵道』, 南滿洲鐵道株式會社.
龜岡榮吉·砂田辰一, 1927, 『(朝鮮)鐵道沿線要覽』, 朝鮮拓殖資料調査會.

大平鐵畊, 1927, 『朝鮮鐵道十二年計畫』, 鮮滿鐵道新報社.
松村正彦, 1927, 『朝鮮鐵道の研究』, 鐵道研究會.
小林利一, 1928, 『國有朝鮮鐵道經理事務の常識 前編』, 朝鮮印刷株式會社.
朝鮮總督府 鐵道局 編纂, 1928, 『朝鮮の鐵道』, 朝鮮鐵道協會.
大谷留五郎, 1929, 『朝鮮鐵道槪論』, 帝國地方行政學會朝鮮本部.
朝鮮總督府 鐵道局 編, 1929, 『朝鮮鐵道史』.
朝鮮總督府 鐵道局 庶務課, 1930~1933, 『朝鮮鐵道論纂』, 朝鮮總督府 鐵道局.
朝鮮交通學會, 1930, 『(朝鮮國有鐵道)貨物運賃等級要覽』.
朝鮮貿易協會, 1935, 『北鮮三港及裏日本諸港と滿洲との關係, 北支經濟槪況』.
江口寬治, 1936, 『朝鮮鐵道夜話』, 二水閣.
河合治三郎, 1936, 『私の鐵道生活』, 二水閣.
森尾人志, 1936, 『朝鮮の鐵道陣營』.
朝鮮鐵道史編纂委員會, 1937, 『朝鮮鐵道史 第1卷, 創始時代』, 朝鮮總督府 鐵道局.
朝鮮總督府 鐵道局 庶務課, 1937, 『(朝鮮總督府鐵道局)現業員共濟組合關係規則集』.
朝鮮總督府 鐵道局, 1938, 『朝鮮鐵道ノ事業槪要』.
朝鮮總督府 鐵道局, 1938, 「昭和13年 第74回 帝國議會說明資料」.
山崎勝治, 1939, 『金剛山電氣鐵道株式會社二十年史』, 金剛山電氣鐵道株式會社.
朝鮮總督府 鐵道局 編, 1940, 『朝鮮鐵道四十年略史』, 朝鮮總督府 鐵道局.
朝鮮總督府 鐵道局, 1941, 「昭和16年 12月 第79回 帝國議會說明資料」.
朝鮮總督府 財務局, 1943, 「昭和18年 第84回 帝國議會說明資料」.
大村託一 著, 1944, 『大陸に在りて』, 勝進社.
朝鮮總督府 交通局, 1944, 『朝鮮交通狀況 1』.
山縣有朋, 1966, 『山縣有朋意見書』, 原書房.
財團法人 鮮交會, 1971, 『朝鮮交通回顧錄(工作·電·編)』.
財團法人 鮮交會, 1973, 『朝鮮交通回顧錄(工務·港·編)』.
財團法人 鮮交會, 1975, 『朝鮮交通回顧錄(運輸編)』.
財團法人 鮮交會, 1976, 『朝鮮交通回顧錄(別冊 終戰記錄編)』.
財團法人 鮮交會, 1981, 『朝鮮交通回顧錄(行政編)』.
財團法人 鮮交會, 1986, 『朝鮮交通史 1：本卷』, 三信圖書有限會社.

2. 논저

〈한국어〉

고바야시 히데오, 임성모 역, 2004, 『만철: 일본제국의 싱크탱크』, 산처럼.

고태우, 2019, 『일제하 토건업계와 식민지 개발』, 연세대학교 사학과 박사학위논문.

______, 2020, 「식민지기 '북선개발(北鮮開發)' 인식과 정책의 추이」, 『한국문화』 89.

金元洙, 1998, 「日本의 京義鐵道 敷設權 획득기도와 龍岩浦事件 -러·일 개전과 관련하여-」, 『한일관계사연구』 9.

기유정, 2011, 『일본인 식민사회의 정치활동과 '조선주의'에 관한 연구 - 1936년 이전을 중심으로 -』, 서울대학교 정치학과 박사학위논문.

金景林, 1988, 「日帝下 朝鮮鐵道 12年計劃線에 關한 硏究」, 『경제사학』 12.

김근배, 2005, 『한국 근대 과학기술인력의 출현』, 문학과 지성사.

김동철, 2011, 「근대 부산의 교통발달과 기록-기차와 전차를 중심으로」, 『한국기록관리학회지』 11-1.

김두얼, 2019, 「철도사(鐵道史)의 르네상스: 개괄과 전망」, 『경제사학』 70.

김미영, 2005, 「근대소설에 나타난 '기차' 모티프 연구」, 『한국언어문학』 54.

김민영·김양규, 2005, 『철도, 지역의 근대성 수용과 사회경제적 변용 - 군산선과 장항선 -』, 선인.

김수영, 2000, 「解放 이전 建立된 鐵道官舍의 供給方式과 平面類型의 特性에 관한 硏究」, 한양대학교 건축학과 석사학위논문.

김양식, 2005, 「충북선 부설의 지역사적 성격」, 『한국근현대사연구』 33.

김영근, 2000, 「일제하 서울의 근대적 대중교통수단」, 『한국학보』 26-1.

김종혁, 2017, 『일제시기 한국 철도망의 확산과 지역구조의 변동』, 선인.

김지환, 2008, 「만철과 동북교통위원회」, 『중국근현대사연구』 40.

______, 2008, 「중국 철도 공동관리안과 북양군벌정부」, 『東洋學』 43, 단국대 동양학연구소.

______, 2014, 『철도로 보는 중국역사』, 학고방.

김찬수, 2011, 「일제의 사설철도 정책과 경춘선」, 『조선총독부의 교통정책과 도로건설』, 국학자료원.

김희진, 2014, 「日帝强占期 大邱商業會議所의 構成과 請願運動」, 서울대학교 사회교육과 석사학위논문.

다케우치 유스케(竹内祐介), 2013, 「朝鮮鐵道 黃海線 沿線市場의 物流構造 : 鐵道貨物輸送統計의 考察을 中心으로」, 『한일민족문제연구』 24.

도도로키 히로시, 2001, 「수려선 철도의 성격변화에 관한 연구」, 『지리학논총』 37.

류교열, 1997, 「明治憲法體制 準備와 鐵道政策(Ⅰ)」, 『일본어문학』 3.

문명기, 2017, 「대만총독부와 조선총독부 세입의 비교 분석: 일반회계보충금과 공채를 중심으로」, 『한국학논총』 48.

문제안 외, 2005, 『8·15의 기억 : 해방공간의 풍경, 40인의 역사체험』, 한길사.

박만규, 1982, 「韓末 日帝의 鐵道 敷設·支配와 韓國人動向」, 『한국사론』 8.

박우현, 2016, 「대공황기(1930–1934) 조선총독부의 사설철도 정책 전환과 특성」, 『역사와 현실』 101, 한국역사연구회.
______, 2017, 「1930년대 조선총독부의 사설철도 매수 추진과 특징」, 『역사문제연구』 38.
______, 2019, 「1920년대 조선사업공채 정책 변화와 재원조달의 부실화」, 『한국사연구』 185.
______, 2020, 「1910년대 조선사업공채 정책의 전개와 난맥상」, 『한국근현대사연구』 93.
______, 2020, 「일제시기 평원선 부설과 횡단철도의 주변화(1904~1941)」, 『한국문화』 89.
박우현·정태헌, 2020, 「일제시기 철도재정의 식민지성–회계과목 분석과 순익 추산을 중심으로–」, 『한국사학보』 78.
박장배, 2009, 「만철 조사부의 확장과 조사 내용의 변화」, 『중국근현대사연구』 43.
박준형, 2019, 「통학의 근대사: 경인선 기차통학을 중심으로」, 『서울학연구』 77.
박천홍, 2002, 『매혹의 질주, 근대의 횡단』, 산처럼.
박흥수, 2015, 『달리는 기차에서 본 세계』, 후마니타스.
裵基完, 1974, 「日帝의 韓鐵에 대한 投資 및 經營」, 『論文集』 8.
배석만, 2020, 「일제시기 장항항(長項港) 개발과 그 귀결」, 『역사와현실』 117.
배은선·정병현·이용상, 2014, 「한국철도의 남만주철도주식회사 위탁경영시 특징에 관한 연구」, 『한국철도학회논문집』 17–4.
사카모토 유이치, 2006, 「植民地期 朝鮮鐵道에 있어서 軍事輸送–시베리아출병, 만주사변과 부산을 중심으로」, 『한국민족문화』 28.
서일수, 2014, 「1930년대 海州의 도시기반시설 확충과 '식민권력'」, 『한국사연구』 167.
송규진, 2002, 「일제강점 초기 '식민도시' 대전의 형성과정에 관한 연구」, 『아세아연구』 45.
______, 2013, 「일제강점기 '식민도시' 청진 발전의 실상」, 『사학연구』 110.
______, 2013, 「일제의 대륙침략기 '북선루트'·'북선3항'」, 『한국사연구』 163.
______, 2014, 「함경선 부설과 길회선 종단항 결정이 지역경제에 끼친 영향」, 『한국사학보』 57.
송미경, 2015, 「일제강점기 사설철도회사의 설립과 조직(1910~1926)」, 동국대학교 역사교육학과 석사학위논문.
신예경, 2010, 『20세기 서울驛舍의 都市空間的 變貌』, 서울대학교 건축학과 박사학위논문.
염진일, 2016, 「조선총독부 철도국의 현업원 공제조합 운영과 그 성격(1909~1937)」, 서울시립대학교 국사학과 석사학위논문.
원두희, 2017, 「일제강점기 근대 관광지로서의 금강산」, 『기전문화연구』 38–2.
윤상원, 2016, 『동아시아의 전쟁과 철도–한국철도의 정치사』, 선인.
이군호, 2004, 「일본의 중국 및 만주침략과 남만주철도: 만주사변(1931) 이전까지를 중심으로」, 『평화연구』 12.
이노우에 유이치, 석화정·박양신 옮김, 2005, 『동아시아 철도 국제관계사 – 영일동맹의 성립과 변질 과정』, 지식산업사.

이병천, 1981, 「舊韓末 湖南鐵道敷設運動(1904~08)에 대하여」, 『경제사학』 5-1.

이송순, 2016, 『한국철도, 추억과 희망의 레일로드』, 선인.

이송순·정태헌, 2013, 「한말(韓末) 정부 관료 및 언론의 철도에 대한 인식과 수용」, 『한국사학보』 50, 고려사학회.

이영남·정재정, 2017, 「일제하 서울의 대단위 철도관사단지의 조성과 소멸」, 『서울과 역사』 97.

이용상 외, 2011, 『한국철도의 역사와 발전 1』, 북갤러리.

______, 2013, 『한국철도의 역사와 발전 2』, 북갤러리.

______, 2015, 『한국철도의 역사와 발전 3』, 북갤러리.

이용상·정병헌, 2017, 「일제 강점기 사설철도의 변화와 특징에 관한 연구」, 『한국철도학회 논문집』 20-1.

______, 2016, 「일제 강점기 철도관련 조직의 변화에 관한 연구」, 『한국철도학회 논문집』 19-2.

______, 2018, 「일제강점기 사설철도 경남철도주식회사의 특징에 관한 연구」, 『한국철도학회논문집』 21-2.

이용상·정병현·배은선, 2015, 「만철의 길회선 부설과 북선철도 위탁과정에 관한 연구」, 『한국철도학회논문집』 18-5.

이윤수, 2015, 「1930년 철도운송정책의 전환과 운송업계의 대응-비합동파 3파의 연합대회를 중심으로-」, 성균관대학교 사학과 석사학위논문.

李麟獸, 1978, 『나의 鐵道生活 40年』.

이창훈, 2001, 「경의선 철도의 정치외교사적 의미」, 『한국정치외교사논총』 22.

이철우, 2009, 『한반도 철도와 철의 실크로드의 정치경제학』, 한국학술정보.

이현희, 2001, 『한국철도사』 제1권, 한국학술정보.

이형식, 2019, 「조슈파 데라우치 마사타케(寺内正毅)와 조선통치」, 『역사와 담론』 91.

임성진, 2008, 「동북아 철도네트워크의 지정학적 의미 : 러일전쟁 전후와 탈냉전 이후 시기의 비교 고찰」, 인하대학교 정치학과 석사학위논문.

임채성, 2004, 「미군정하 신국가건설과 한국철도의 재편」, 『경제사학』 36.

______, 2004, 「한국철도와 산업부흥5개년계획」, 『경영사학』 19-1.

______, 2010, 「근대 철도 인프라스트럭처의 운영과 그 특징-한일비교의 시점에서」, 『경영사학』 25-1.

______, 2012, 『중일전쟁과 화북교통-중국 화북에서 전개된 일본제국의 수송전과 그 역사적 의의』, 일조각.

전성현, 2008, 「일제하 조선 상업회의소의 철도부설운동(1910~1923)」, 『석당논총』 40.

______, 2009, 「일제하 조선상업회의소와 '朝鮮鐵道十二年計劃'」, 『역사와 경계』 71.

______, 2011, 『일제시기 조선 상업회의소 연구』, 선인.

______, 2012, 「일제시기 지역철도 연구-근대 식민도시 부산의 전철 건설을 둘러싼 지역사회의 역학관계」, 『역사와 경계』 84.

______, 2016, 「일제시기 부산의 전차 운영을 둘러싼 지역 운동과 힘의 역학관계」, 『석당논총』 65.

______, 2017, 「일제강점기 東海線 3線과 지역」, 『석당논총』 69.

전현우, 2020, 『거대도시 서울 철도 : 기후위기 시대의 미래 환승법』, 워크룸 프레스.

鄭在貞, 1982, 「韓末·日帝初期(1905~1916년) 鐵道運輸의 植民地的 性格(上) –京釜·京義鐵道를 中心으로」, 『韓國學報』 8–3.
______, 1982, 「韓末·日帝初期(1905~1916년) 鐵道運輸의 植民地的 性格(下) –京釜·京義鐵道를 中心으로」, 『韓國學報』 8–4.
______, 1988, 「朝鮮總督府鐵道局의 雇傭構造에 관한 研究」, 『한국방송통신대학 논문집』 9.
______, 1990, 「植民地期의 小運送業과 日帝의 統制政策」, 『역사교육』 48.
______, 1999, 『일제침략과 한국철도』, 서울대학교 출판부.
______, 2001, 「日本의 對韓 侵略政策과 京仁鐵道 敷設權의 獲得」, 『歷史教育』 77.
______, 2005, 「근대로 열린 길, 철도」, 『역사비평』 70, 역사비평사.
______, 2005, 「역사적 관점에서 본 남북한 철도연결의 국제적 성격」, 『동방학지』 129.
______, 2007, 「조선총독부철도국장 大村卓一과 朝滿鐵道連絡政策」, 『歷史教育』 104.
______, 2013, 「일제하 동북아시아의 철도교통과 경성」, 『서울학연구』 52.
______, 2015, 「일제하 '北鮮鐵道'의 경영과 日朝滿 新幹線의 형성」, 『역사교육논집』 54.
______, 2016, 「일제말기 京慶線(서울–경주)의 부설과 운영」, 『서울학연구』 64.
______, 2018, 「龍山의 交通–船運에서 鐵道로–」, 『서울과 역사』 98.
______, 2018, 『철도와 근대 서울』, 국학자료원.
정재현, 2010, 「윈난 철도의 건설과 프랑스 제국주의」, 고려대학교 사학과 석사학위 논문.
정태헌, 2015, 「조선철도에 대한 滿鐵 위탁경영과 총독부 直營으로의 환원 과정 및 배경」, 『한국사학보』 60.
______, 2017, 『한반도철도의 정치경제학–일제의 침략통로에서 동북아공동체의 평화철도로』, 선인.
정희윤, 2012, 「植民地 時期 日帝의 朝鮮 小運送業 統制 過程」, 『한일민족문제연구』 23.
______, 2012, 「일제시기 소운송업 통제에 관한 국내 일간지의 보도경향」, 『숭실사학』 28.
조덕환, 2013, 「조선총독부 철도국의 小運送 합동 정책과 鮮運同友會」, 『대동문화연구』 84.
조형열, 2011, 「근현대 온양온천 개발 과정과 그 역사적 성격」, 『순천향 인문과학논총』 29.
______, 2017, 「일제강점기 일본인의 지역 연구–『아산군지』(1929)를 중심으로」, 『순천향 인문과학논총』 36–2.
주경식, 1994, 「경부선 철도건설에 따른 한반도 공간조직의 변화」, 『대한지리학회지』 29–3.
진수찬, 2003, 「京東鐵道(水驪·水仁線)의 부설과 변천」, 『인하사학』 10.
진시원, 2004, 「동북아시아 철도건설과 지역국가관계의 변화 : 19세기 후반과 20세기 초반 제국주의시기 중심으로」, 『평화연구』 12.
진시원, 2004, 「동아시아 철도 네트워크의 기원과 역사: 청일전쟁에서 태평양전쟁까지」, 『國際政治論叢』 44–3.
鐵道建設局 編, 1965, 『鐵道建設略史』, 交通教養助成會.
철도차량기술검정단, 1999, 『한국철도차량 100년사』, 철도차량기술검정단.

철도청, 1974, 『한국철도사 제1권－창시시대』, 철도청.

______, 1999, 『한국철도100년사』, 철도청.

최강희, 1996, 「한국의 철도 일백년(5)」, 『대한토목학회지』 44－5.

최덕규, 2004, 「러시아의 대만주정책과 동청철도(1894－1904)」, 『만주연구』 1.

KORAIL, 2010, 『철도창설 제111주년 기념 철도주요연표』.

한국철도기술연구원 엮음, 2005, 『일본철도의 역사와 발전』, BG북갤러리.

한국철도대학 100년사 편찬위원회, 2005, 『한국철도대학100년사』, 한국철도대학.

한국철도문화재단 외, 2019, 『2019 新한국철도사 총론』, 국토교통부 외.

한국철도시설공단, 2005, 『한국철도건설백년사』, 한국철도건설백년사.

허영란, 1997, 「1910년대 경기남부지역 상품유통구조의 재편」, 『역사문제연구』 2.

______, 2007, 「시가지 개조를 둘러싼 지역주민의 식민지 경험－안성의 철도·시장·공원 그리고 지역주민－」, 『역사문제연구』 17.

허우긍, 2010, 『일제강점기의 철도수송』, 서울대학교출판부.

허우긍·도도로키 히로시, 2007, 『개항기 전후 경상도의 육상 교통』, 서울대학교출판부.

〈일본어〉

加藤桂木, 2017, 『植民地朝鮮の地域變容: 日本の大陸振出と咸鏡北道』, 吉川弘文館.

高成鳳, 2006, 『植民地の鐵道』, 日本經濟評論社.

橋谷弘, 1982, 「朝鮮鐵道の滿鐵への委託經營をめぐって－第一次戰前後の日帝植民地政策の一斷面」, 『朝鮮史研究會論文集』 19.

菊島啓, 1994, 「朝鮮における鐵道の發達と特徵－植民地期の私設鐵道と專用鐵道を中心として」, 『清和法學研究』 1－1.

______, 2008, 「植民地朝鮮の私設鐵道に貫する研究－大正期設立の會社とその特徵」 『清和法學研究』 15－1.

國分隼人, 2007, 『將軍樣の鐵道：北朝鮮鐵道事情』, 新潮社.

大宮誠, 2013, 『日本海横斷航路の研究(1896~1945)』, 新潟大學大學院現代社會文化研究科 博士論文.

大村卓一追悼錄編纂會, 1974, 『大村卓一』.

老川慶喜, 2014, 『日本鐵道史－幕末·明治篇』, 中央公論新社.

林采成, 2005, 『戰時經濟と鐵道運營：「植民地」朝鮮から「分斷」韓國への歷史的經路を探る』, 東京大學出版會.

林采成, 2019, 『鐵道員と身体─帝國の勞動衛生』, 京都大學學術出版會.

芳井研一, 2000, 『環日本海地域社會の變容』, 「滿蒙」·「間島」·「裏日本」』, 青木書店.

北岡伸一, 1978, 『日本陸軍と大陸政策: 1906－1918年』, 東京大學出版會.

小林道彦, 1996, 『日本の大陸政策, 1895－1914：桂太郎と後藤新平』, 南窓社.

矢島 桂, 2009, 「植民地期朝鮮への鉄道投資の基本性格に関する一考察－－1923年朝鮮鐵道會社の成立を中心に」, 『經営史學』 44－2.

______, 2010, 「植民地期朝鮮における「國有鐵道十二箇年計劃」, 『歷史と經濟』 52-2.

______, 2012, 「戰間期朝鮮における鐵道金融の展開：朝鮮鐵道會社の社債發行を中心に」, 『社會經濟史學』.

______, 2012, 『戰間期日本の對朝鮮鐵道投資 1918~1929年』, 一橋大學 大學院經濟學研究科 博士論文.

野田正穗 編, 2003, 『日本鐵道史の研究：政策·經營/金融·地域社會』, 八朔社.

宇田正, 1995, 『近代日本と鐵道史の展開』, 日本經濟評論社.

井村哲郎, 2013, 「滿鐵の北鮮港灣建設と經營」, 『南滿洲鐵道沿線の社會變容』, 知泉書館.

竹內祐介, 2011, 「植民地期朝鮮における鐵道敷設と沿線人口の推移」, 『日本植民地研究』 23.

______, 2012, 「植民地期朝鮮の「鐵道輸送額」推計とその活用 ： 鐵道から見る帝國內分業と「朝鮮內」分業」, 『經濟科學』 60-2.

______, 2017, 「日本帝局下の滿洲—朝鮮間鐵道貨物輸送：安東·新義州ルートの場合」, 『經濟論叢』 191-1.

______, 2017, 「日中戰爭期植民地鐵道の「軍用品」輸送 ： 發着地の地域的分布の檢討を中心に」, 『年報·日本現代史』 22.

______, 2020, 『帝國日本と鐵道輸送 - 變容する帝國內分業と朝鮮經濟』.

平井廣一, 1997, 『日本植民地財政史研究』, ミネルヴァ書房.

〈영어〉

Lim Chai Sung, 2011, "The Development of Labor Hygiene in Colonial Korea, 1910-1945: The Health Conditions of Korean National Railways (KNR) Employees", *Seoul Journal of Korean Studies* 21.

| 찾아보기

ㄴ

ㄷ

ㄹ

ㅁ

ㅂ

ㅅ

ㅇ

ㅌ

ㅍ

ㅎ

동북아역사재단 일제침탈사 자료총서 43
경제편

식민지 산업기반 침탈(1)
조선 철도 정책의 수립과 운영

초판 1쇄 인쇄 2021년 12월 20일
초판 1쇄 발행 2021년 12월 31일

기획 | 동북아역사재단 일제침탈사 편찬위원회
편역 | 양지혜 · 박우현 · 김태현 · 이민성 · 고태우 · 구병준 · 이명학 · 박진서
펴낸이 | 이영호
펴낸곳 | 동북아역사재단

등록 | 제312-2004-050호(2004년 10월 18일)
주소 | 서울시 서대문구 통일로 81 NH농협생명빌딩
전화 | 02-2012-6065
팩스 | 02-2012-6189
홈페이지 | www.nahf.or.kr
제작 · 인쇄 | (주)동국문화

ISBN 978-89-6187-698-8 94910
978-89-6187-697-1 (세트)